शिवलीलामृत

# Sangit-Shri-Shivaji-Charitra
# संगीत श्री-शिवाजी-चरित्र

A Musical Poem of the interesting stories of Shrī Shivājī Mahārāj's amazing deeds
in Mrāṭhī, Hindī, Sanskrit and Music.

छत्रपति श्री शिवाजी महाराजांच्या अद्भुत लीलांची
**संगीत मय ओवी छंद कविता**

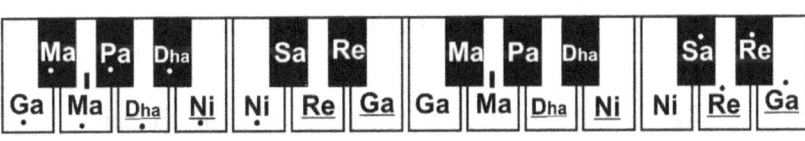

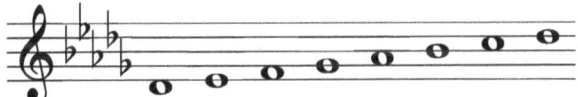

*Hindu Ratna Award Recipient*
## Prof. Ratnakar Narale

**SANSKRIT HINDI RESEARCH INSTITUTE**

**Composition : Dr. Ratnakar Narale,** Prof. Hindī, Ryerson University, Toronto.
B. Sc. (Nagpur), M. Sc. (Pune), Ph. D. (IIT, Kharagpur), Ph. D. (Kālīdas Sanskrit Univ. Nagpur);
Editor-in-Chief : Pustak Bharati Research Journal, ISSN 9006788
email : pustak.bharati.canada@gmail.com * web : www.pustak-bharati-canada.com

**Book Title :** संगीत श्री शिवाजी चरित्र

History making Sangīt-Shrī-Shivājī-Charitra is a न भूतं न च भविष्यति Musical epic of the interesting stories of Shrī Chhatrapati Shivājī Mahārāj's amazing deeds, in Mrāthī, Hindī, Sanskrit and Music. This World's first Opera-musical Style Marathi-Hindi mega epic is composed in short 110 musical stories illustrating the wonderful, amusing and history making inspirational deeds of Shiva avatar Shivājī. The stories are composed in ℌOvīs, ✍Dohās, ♪Chhandas, ⊛Shlokas and ✦**Brand New**, <u>all original</u>, lovely Songs in different Rāgs and Chhandas along with their Harmonium notations. The stories are ornate with Powādās, Lāvnīs, Geets, Bhajans, Ārtīs, Kīrtans, poems and Ghazals to colourfully depict the immortal events. You will not find such lovely, sweet, systematic and musical descriptions elsewhere, for this is a novel concept. If you read this poem with patience, you will be enlightened with knowledge and wisdom. It is more than just an epic. It is truly an ocean of wealth for knowledge seekers. It is laid out as user friendly as possible. It is a thoroughly mapped serious research work.

**Marathi, Sanskrit and Hindi Fonts :** Designed and Created by Ratnākar Narale.

**Front Cover Graphics :** Arvind Narale, Architect

**Published by :** PUSTAK BHARATI (Books India),
for Sanskrit Hindi Research Institute, Toronto, Ontario, Canada, M2R 3E4.

Copyright ©2020

ISBN 978-1-897416-84-6

© All rights reserved. No part of this book may be copied, reproduced or utilised in any manner or by any means, computerised, e-mail, scanning, photocopying or by recording in any information storage and retrieval system, without the permission in writing from the author.

समर्पण

महावीर बाप्पा रावळपासून आज पर्यंतच्या
सर्व स्वातंत्र्य सेनानी, हुतात्मा आणि प्रस्तुत सैनिकांच्या
परम त्याग व बलिदानास सादर समर्पित.

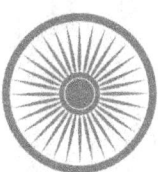

महावीर बाप्पा रावल से आज तक के
सभी स्वतंत्रता सेनानी और भारत के शहीद और प्रस्तुत जवानों के
परम त्याग व बलिदान को ससम्मान समर्पित.

SANSKRIT
PRIMER
Primary to Intermediate
Prof. Ratnakar Narale
Pustak-Bharati
Books-India

SANSKRIT
TEACHER
ALL-IN-ONE
For All Levels
Without
Transliteration
Prof. Ratnakar Narale
A to Z
REVISED
Pustak-Bharati
Books-India

Sanskrit Grammar
and
Reference Book
For All Levels
The Sanskrit Black Book
Prof. Ratnakar Narale
Pustak-Bharati
Books-India

GITA AS SHE IS

रत्नाकर रचित
गीतोपनिषद्
संस्कृत-हिंदी
Gitopanishad
Sanskrit-Hindi
Prof. Ratnakar Narale

Yoga-Sūtras of Patañjali,
Made Easy
Body Mind & Soul
Prof. Ratnakar Narale

HINDI
TEACHER
FOR
HINDU
CHILDREN
Prof. Ratnakar Narale
Sunita Narale
Pustak-Bharati
Books-India

Learn Hindi
Through English Medium
IN 20 EASY STEPS
Hindi Level I
Ratnakar Narale

संगीत श्री-कृष्णायन
Sangit-Shri-Krishnayan
BOOK 1 OF
Sangit Shri Krishna Ramayan in Hindi, Sanskrit and English
Prof. Ratnakar Narale
Pustak Bharati * Books-India

संगीत श्री-रामायण
Sangit-Shri-Ramayan
BOOK 2 of
Sangit Shri Krishna Ramayan in Hindi, Sanskrit and English
Prof. Ratnakar Narale
Pustak Bharati * Books-India

संगीत श्री-शिवाजी-चरित्र
Sangit-Shri-Shivaji-Charitra
Shri Shivaji's story in
Marathi, Sanskrit, Hindi, English and Music
Prof. Ratnakar Narale
Pustak Bharati * Books-India

TAMIL
TEACHER
With Transliteration & Devanagari
Primary to Intermediate
Self-Tutor
Prof. Ratnakar Narale
Pustak-Bharati
Books-India

URDU
TEACHER
With Transliteration & Devanagari
Primary to Intermediate
Self-Tutor
Prof. Ratnakar Narale
Pustak-Bharati
Books-India

GURUMUKHI
TEACHER
COLOR CODED
Punjabi Gurumukhi
ਪੰਜਾਬੀ ਗੁਰਮੁਖੀ
पंजाबी गुरमुखी
Prof. Ratnakar Narale
Sunita Narale

Learn Bengali
Through English / Hindi
With Transliteration & Devanagari
Ratnakar Narale
Self-Tutor

Learn Gujrati
Through English / Hindi
With Transliteration & Devanagari
Ratnakar Narale
Self-Tutor

Learn Marathi
Through English / Hindi
With Transliteration & Devanagari
Ratnakar Narale
Self-Tutor

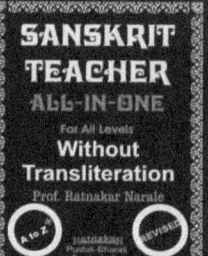

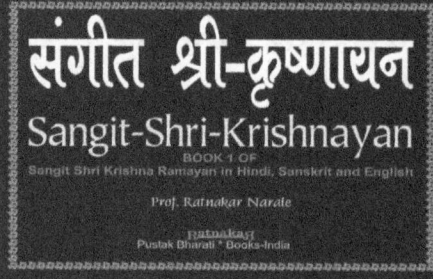

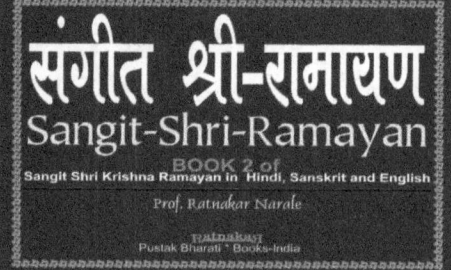

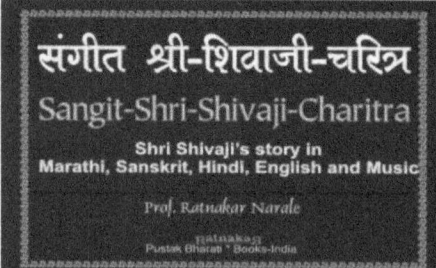

ABOUT THE AUTHOR :

Designer and Creator of the well known Sarasvati Font, Dr. Ratnakar Narale has Ph.D. from IIT, Kharagpur and Ph.D. from Kalidas Sanskrit University, Nagpur, India. He is an author, lyricist and musician. Ratnakar is Prof. of Hindī at Ryerson University, Toronto, Canada. He is living in Toronto since last 50 years.

He has studied **Sanskrit, Hindi, Marathi, Bengali, Punjabi, Urdu** and **Tamil** languages and has written books for learning these languages. He has written excellent and unique books on Gītā, Rāmāyaṇ, Shivājī and Music. His books can be viewed at www.books-india.com and they are available at amazon.com and other international book distributors.

His writings have been applauded by such organizations as the World Hindi Secretariat, Mauritius, Sangit natak Akademi, New Delhi; Indian Council for Cultural relations (ICCR), New Delhi; Strings N Steps, New Delhi; ATN News Channel, OMNI News Channel, Hindi Times, The Hitwad, The Tarun Bharat, the Lokmat, The Sakal, Des Pardes, Nav Bharat Times, Sahitya Amrit, The Voice, The Indian Express, ... etc.

He has received citations from some of the most prominent people as, **Hon. Atal Vihari Vajpai,** *Prime Minister of India;* **Hon. Basdeo Panday,** *Prime Minister of Trinidad and Tobaggo;* **Dr. Murli Manohar Joshi,** *Federal HRD Minister of India;* **Ashok Singhal,** *President, VHP, New Delhi;* **Shri Mohan Bhagavat,** *Sarsanghachalak, Rashtriya Swayamsevak Sangh, Nagpur, India,* etc.

His music compositions are endorsed by such great Indian music Maestros as *Bharat Ratna* **Dr. Ustad Bismillah Khan Trust,** New Delhi; *Padma Vibhushan* **Amjad Ali Khan,** New Delhi; *Padmashri* **Ustad Ghulam Sadiq Khan,** New Delhi; *Music Maestro* **Rashid Mustafa Thirakwa,** New Delhi; *Padmabhushan* **Ustad Sabri Khan,** New Delhi; *Padmabhushan* **Pandit Debu Chaudhuri,** New Delhi; *Puṇḍit* **Birju Mahataj,** New Delhi; etc.

### दादरा ताल

🎵 म-ग॒ म-म- म प-म-ग॒ म-प-, रे-ग॒ म-म- मध॒- प- मग॒-म- ।
रे-ग॒मम म- म ध॒-प- ग॒म-प-, रे-ग॒-मम म- म ध॒-प- मग॒-रे- ।।

गीत शारद ने मंजुल है गाया, साज नारद मुनि ने बजाया ।
रत्नाकर से है मंगल रचाया, शिवलीला को सुंदर सजाया ।।

🕉 श्लोकौ

श्री रामेण समो वीरो दासो हनुमतः समः ।
श्रीकृष्णेन समो योगी शिवाजियः समो नृपः ।। 1

काव्यं सुभाषितं तेषां छंदोरागैरलंकृतम् ।
सङ्गीतमीदृशं विश्वे भूतं न च भविष्यति ।। 2

*Nirmala Armstrong*
*Regional Councillor*

October 18th, 2017

Dr. Ratnakar Narale
Hindu Institute of Learning
2411 Dundas Street West
Toronto, Ontario
M6P1X3

### HINDU-RATNA AWARD

Dear Dr. Narale,

As a Regional Councillor for the City of Markham and a Honourary Co-Chair of the Markham Hindu Heritage Month Committee, it is my pleasure to request your presence at the Markham Hindu Heritage Month Celebrations and to inform you that you have been selected to receive a "Hindu Ratna Award" on the day of this event.

This event has been organized by members of the Hindu Canadian Community who formed the Markham Hindu Heritage Month Committee in partnership with the City of Markham. As such, this event will commemorate the proclamation that was made by the Markham City Council on December 12, 2016. On this day, a motion was passed to proclaim the month of November as Hindu Heritage Month in the City of Markham. This proclamation goes on to recognize the many ways that Hindu Canadians have contributed to Markham's growth and success and reaffirms the city's commitment to celebrating Markham's diversity.

During this event, the 'Hindu Ratna Award' will be graciously presented to you for your service to the Hindu Canadian Community. Please do inform whether you will be able to attend this event to receive your award in person.

**Event:** Hindu Heritage Month Celebrations - "Come Celebrate with us Hindu Heritage Month"

**Date:** November 12th, 2017

**Time:** 5:00 pm – 7:30 pm

**Location:** Markham Civic Centre, 101 Town Centre Blvd., Markham ON L3R 9W3

Sincerely,

Nirmala Armstrong
Regional Councillor

11वां विश्व हिन्दी सम्मेलन
18-20 अगस्त, 2018
मॉरीशस

## विश्व हिन्दी सम्मान

यह सम्मान पत्र डॉ. रत्नाकर नराले को विश्व में हिन्दी भाषा के प्रचार-प्रसार और विकास के प्रति उनके अमूल्य योगदान के लिए प्रदान किया जाता है।

20 अगस्त, 2018

*सुषमा स्वराज*
सुषमा स्वराज
अध्यक्ष, 11वां विश्व हिन्दी सम्मेलन

# अंतरराष्ट्रीय यात्रावृतांत प्रतियोगिता 2018
## International Travelogue Competition 2018

**भौगोलिक क्षेत्र 2 : अमेरिका**

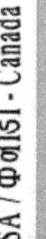

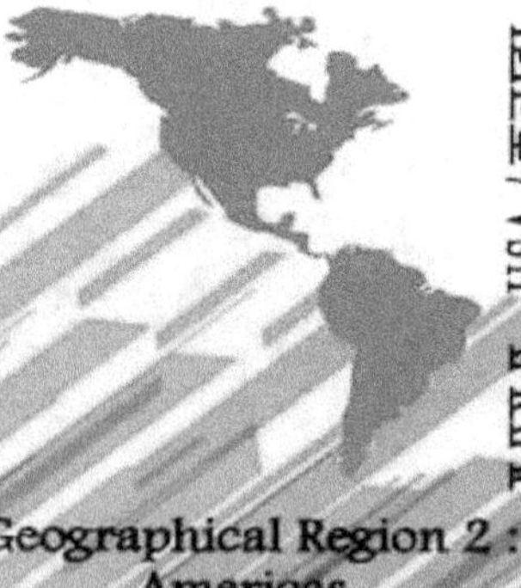

यू.एस.ए. - USA / कनाडा - Canada

प्रथम पुरस्कार - 300 अमेरिकी डॉलर
श्री रत्नाकर नराले - टोरंटो, कनाडा
द्वितीय पुरस्कार - 200 अमेरिकी डॉलर
श्रीमती शकुन्तला बहादुर - कुपर्टिनो, यू.एस.ए.
तृतीय पुरस्कार - 100 अमेरिकी डॉलर
श्री अशोक ओझा - न्यू जर्सी, यू.एस.ए.

**Geographical Region 2 : Americas**

1st Prize - 300 USD
Mr. Ratnakar Narale - Toronto, Canada
2nd Prize - 200 USD
Mrs. Shakuntala Bahadur - Cupertino, USA
3rd Prize - 100 USD
Mr. Ashok Ojha - New Jersey, USA

卐

Dedicated to
My loving Grandchildren
**Samay, Sahas, Saanjh, Saaya, Naksh and Nyra**
(July 03, 2017)

# INTRODUCTION

संगीतसंयुता हृद्या छंदोरागैरलंकृता ।
ईदृक्षी कविता विश्वे न भूता न भविष्यति ।।

**Hari Om.**

This epic poem of "*Sangīt-Shrī-Shivājī-Charita,*" is timeless. Such Opera Style colossal musical epic work संगीतमयं महाकाव्यं was never composed before and may never be composed again न भूतं न च भविष्यति ।

**The Scenario :**

At Kailāsa mountain, the abode of Lord Shiva, everything is serene. Lord Shiva has finished his meditation and Goddess Pārvatī has finished her daily chorus. They are sitting relaxed and discussing about the world events and the avatārs of Vishṇu and Shiva. Standing on the ground on the right side of Shiva are the Trishūl, Ḍamrū, Kamaṇḍalu and Nandī Bull. A peacock is dancing nearby. Children Gaṇesh and Sarasvatī are playing the game of Kāvya-chitram. Brahmājī is watching their game. Sanskrit is the common spoken language. Shrī Nārad muni, who regularly comes to pay homage to Lords Shiva-Pārvatī, is about to come. Gangā is flowing from the hair of Shivajī. Shiva's forehead is adorned with the moon. The Vāsuki snake is around the neck of Shiva. Pārvatī Devī is wearing a white Sārī and a necklace of wild flowers. Shivajī has Bibhuti on his body. He is wearing the deer hide around his waist and a necklace of Rudra beads on his neck.

One day while Shiva and Pārvatī were talking about the world events and the Avatārs, Pārvatī Devī got a desire to hear the story of *Shrī-Shivājī* avatār of Lord Shiva. She requested Shiva jī to tell story of *Shrī-Shivājī* in Marāṭhī, embellished with musical Rāgas and Chhandas. Shiva jī said, no problem! When Shrī Nārad muni came to Vaikuṇtha, Shiva jī told him Pārvat Devī's request. Shrī Nārad muni said, alright!

Accordingly, Shrī Nārad muni came in the pre-morning thoughts of an author and conveyed him Pārvatījī's request. The poet said, "I am neither a poet, nor I know Marathi, nor Hindī, nor Sanskrit, nor music, nor Shivājī's story, very well. I am also caught up in the struggle for my daily life, but I must obey the wishes of Pārvatī Devī. I will need help." Shrī Nārad muni said, no problem! You have dedication, faith and potential. That is all I am looking for. I will give you the eye witnessed stories and Shāradā Devī will give you the rest. The poet said, "*Hari Om, tathāstu.*" Shrī Nārad muni said, pray to Lord Gaṇesh and start! When the poem of *Sangīt-Shrī-Shivājī-Charita* was composed, Shrī Nārad muni took it to Shiva. Lord Shiva read it to Pārvatī Devī, while Shrī Nārad muni played the Vīṇā. Pārvatī Devī was joyful, she said, "a musical poem like this was never composed before and may never be composed again. न भूता न च भविष्यति."

**The Mega Epic :**
The present epic poem of *Sangīt-Shrī-Shivājī-Charita,* is in the form of 110 Short musical stories. While the shlokās, Ovīs, dohās, chhandas and geets are nested and intertwined to form the epic poem, each verses within each of the ten strings is classified and numbered accordingly in ascending order for easy and precise reference to any point in the poem.

**The Research work :**
The Musical poem of *Sangīt-Shrī-Shivājī-Charita* is formulated with a serious research work and contemplaion on each event in Shrī Shivājī's divine deeds. The presentation is designed with symbols, numbers, diagrams and footnotes to make it as user-friendly as possible. In order to meticulously ascertain the accurate step-by-step logical flow of each event, this monumental work has following notable points :

(i) While enhancing the stories, care has been taken to make sure there is a proper correlation without conflict between each of the 110 stories and between each verse of each story. No fantastic or incongruous descriptions. Care is also taken to meticulously include the contemporary finer details of each scene in each story. While writing, the stories are composed after serious thinking and thus, please read these stories on their own, without conflicting, comparing or confusing them with the stories written elsewhere. You will see a clear, realistic and logical sequence of the stories supported by reseach findings.

(ii) The footnotes given in this book have very valuable information.

(iii) It must be noted that when 🕉 shloka, ॐओवी Ovī, 𓂀 dohā, ♪ chhanda and 🎼geet consist a group, they are not translations of each other, but rather they all together make up one complete thought.

(iv) In order to match the average Indian voice, **D-flat-Major** Scale (*Black-1-Middle-Octave*) is used for wtiting the Harmonium music notations of each song in this book. The tunes given in this book are in their simple forms for the ease of the average music lovers and music learners. The advanced music professionals may improvise them to suite their own style and standard.

(v) In order to conserve space, the **N**otations for each song are innovatively given in the form of ♪ "music-words," for each word of the lyric, including the punctuation marks. The tablā *Tāl* is given in the form of the name of the *Tāl*. Unless the *Tāl* (rhythm) is mentioned, *Kaharvā tāl* is default and unless the name of 🎼*Rāga* is mentioned, mixed *rāga* is default.

(vi) For the first time you will discover in this book a new *rāga* chich I named 🎼***Ratnākar Rāga***, in which **Ni** (नि), when used, is regular (शुद्ध); and either the **Ga** (ग) or **Ni** (नि), but not both, is flat (कोमल). Also you will find a new meter called ♪ ***Ratnākar Chhanda*** (13, 11, 13, 13).


## 9. The Typical Story Format :

The 110 stories of the "*Sangīt-Shrī-Shivājī-Charita*" are individual units of the composite poem. The general format of each individual story includes the following seven elements :

(i)     The **Story Number** and **Title** for the core subject of the story.

(ii) **Core of the Story** : The body of the story is composed of various elements, depending up on the mood and the delicateness of the matter. They include Ovīs, Dohās, Chhandas and Rāgas. The special Chhandas include such names as Vasant-tilakā, (वसंततिलका) Shikhariṇī (शिखरिणी), Prithvī (पृथ्वी), Shārdūlavikrīḍit (शार्दूलविक्रीडित), Bhujangprayāt (भुजंगप्रयात), Faṭkā (फटका).etc.

## 10. Acknowledgements :

It took me over six years around the clock to critically study Vālmīki, Vyāsa, Kālīdās, Patañjalī, Pāṇini, Pingal, Satyānand, Brahmānand, Bhānu, etc. and to master the Phontographer, CorelDraw, PageMaker, MsOffice and Photoshop. It took additional five years to comb History, learn Music and to compose the poem of *Sangīt-Shrī-Shivājī-Charita.*"

I would like to express my humble gratitude to Shrī Nārad muni, Shāradā Devī, Shivajī, Pārvatī Devī and Gaṇeshjī, for their kind blessings for the success of this work. I would like to recognize the tireless help given by my caring wife Sunita during the long course of this divine project.

### IN THIS EPIC MUSICAL POEM

| Lyrical Item | संगीत पद | Count, *all original* |
|---|---|---|
| 1. Shlokas | श्लोक | 184 |
| 2. Ovīs | ओवी | 3,469 |
| 3. Dohās | दोहा | 3,137 |
| 4. Songs and Chhandas | गीत, राग, छंद | 236 |

## संगीत श्री शिवाजी चरित्र राग-छंद माला, पुष्प 1

**दादरा ताल, 12 मात्रा**

(संगीत श्री शिवाजी चरित्र मराठी)

**स्थायी**

**काव्य झाले न ऐसे कधी ही, राग-छंदांची दुथडी नदी ही ।**
**साधु संतांची शुभ देणगी जी, इथे गाथा ती प्रस्तुत आहे ।।**

♫ रे-सा रे-रे- रे ग-रे- सारे-ग-, रे-ग म-म-म गमप- मग- रे- ।
सारे ग-ग-ग मम प-मग- म-, सारे ग-ग- ग म-प-म ग-रे- ।।

**अंतरा-1**

**पुर्वजांचा जो आदर्श आहे, शास्त्र वचनांचा आदेश आहे ।**
**संत वाणीत संदेश आहे, इथे पद्यांत तो पेश आहे ।।**

♫ सां-सां<u>नि</u>-सां- <u>नि</u> <u>ध</u>-<u>नि</u>-<u>ध</u> प-म-, सां-सां <u>निनि</u>सां-<u>नि</u> <u>ध</u>-<u>नि</u>-<u>ध</u> प-म- ।
म-ग म-म-म प-म-ग म-प-, रेग म-म-म म- प-म ग-रे- ।।

**अंतरा-2**

**ज्ञानगंगा जी श्रीयुक्त आहे, सर्व काळांत जी मुक्त आहे ।**
**इतिहासांत जी उक्त आहे, इथे काव्यांत ती सूक्त आहे ।।**

**अंतरा-3**

**शंकराचा जो अवतार आहे, ज्याची लीला जगापार आहे ।**
**जो सदाचार भंडार आहे, त्या शिवाजीचे हे गीत आहे ।।**

  संगीत श्री शिवाजी चरित्र राग-छंद माला, पुष्प 2

दादरा ताल, 12 मात्रा

(संगीत श्री शिवाजी चरित्र हिन्दी)

### स्थायी

कविता होगी न ऐसी हुई है, राग-छंदों भरी ये नदी है ।
कवियों ने कथा जो कही है, ओवी-दोहों की वाणी यहीं है ।।

♪ रेरेसा रे-रे- रे ग-रे सारे- ग-, रे-ग म-म- मप- म- गरे- रे- ।
सासारे- रे- रेग- रे- सारे- ग-, रे-ग म-म- म प-म- गरे- रे- ।।

### अंतरा-1

इसमें वो है जो कहने सही है, परधर्मों की निंदा नहीं हैं ।
वेद शास्त्रों का आशय यही है, संत-मुनियों ने गाया वही है ।।

♪ सां-सां नि- सां- सां धधनि- धप- म-, सां-सांनि- सां- निध-नि- धप- म- ।
म-ग म-म- म प-मम गम- प-, रे-ग ममम- म प-म- गरे- रे- ।।

### अंतरा-2

ज्ञान गंगा जो मंगल बही है, उस शिवाजी की गाथा यही है ।
बात ग्रंथों में आगयी है, मैंने संगीत में वो कही है ।।

### अंतरा-3

पुण्य अवतार शिव-शंभुजी का, जिसका इतिहास है सबसे नीका ।
जिसका जीवन सदाचार गीता, उस शिवाजी की गाथा सही है ।।

# संगीत श्री शिवाजी चरित्र अनुक्रम

# THE MUSICAL STORIES
# of Sangīt-Shrī-Shivājī-Charita

## संज्ञा प्रकरण

| | | | |
|---|---|---|---|
| | श्लोक | Sanskrit Verse | 3 |
| | ओवी | Ovi | 4 |
| | दोहा | Dohā | 5 |
| | राग | Rāga | 6 |
| | छंद | Meter | 7 |
| | गीत | Song | 11 |

## वंदना प्रकरण

| | | |
|---|---|---|
| | मंगळाचरण | 14 |
| 1. | श्री गणेश वंदना – Prayers to Lord Gaṇesh | 21 |
| 2. | श्री सरस्वती वंदना – Prayers to Goddess Sarasvatī | 31 |
| 3. | शिव-भवानी-गणेश वंदना – Obeisance to Shiva Parvati and Ganesh | 45 |
| 4. | भारतभूमि वंदना – Obeisance to Mothe India | 51 |
| 5. | Obeisance to Motherland Maharashtra | 56 |
| 6. | संस्कृतदेववाणीवंदना – Obeisance to Sanskrit Deva-Vāṇī | 57 |
| 7. | राष्ट्रभाषा हिन्दी वंदना – Obeisance to National language IIindī | 60 |
| 8. | महाराष्ट्रभाषा मराठी वंदना - Obeisance to Marathi language | 64 |
| 9. | आई-बाबा वंदना – Obeisance to Mother and Father | 65 |
| 10. | मराठी संत मंडळी वंदना – Prayers to the Marathi Saints | 67 |
| | संत चक्रधर स्वामी – Saint Chakradhar | 68 |
| | संत नामदेव - Saint Namdev | 68 |
| | संत चोखामेळा – Saint Chokhamela | 70 |
| | संत एकनाथ महाराज – Saint Eknath | 71 |

संत तुकाराम - Saint Tukaram 72
11. श्री गुरु वंदना - Prayers to Gurus 74
गुरुवर महर्षि पिंगल - Prayer to Guru Pingal 76
गुरुवर महर्षि पतंजलि- Prayer to Guru Patañjali 78
गुरुवर दादोजी कोंडदेव - Prayer to Guru Dadoji Kondadev 83
गुरुवर समर्थ श्री रामदास स्वामी - Prayer to Samartha Ramdas Swami 85
12. वीर श्री छत्रपति शिवाजी महाराज वंदना - Prayer to Shri Shivaji 107
भगवा ध्वज वंदना - Prayer to Bhagava Flag 113
13. वीर मावळा वंदना - Obeisance to the brave Mavla people 116
14. राजपूत वीर वंदना - Prayers to the brave Rajputs 119
15. देवर्षि मुनिवर श्री नारद वंदना - Prayers to sage Shrī Nārad muni 120
16. मी रत्नाकर - Me, Ratnākar 125

## पार्श्वभूमि प्रकरण

17. पार्श्वभूमि व इतिहासाचे महत्व - Value of the Background and History 142
18. महाराष्ट्राची पार्श्वभूमि - Background History of Maharashtra, 325-270 BC 147
19. The Background History of Maharashtra : 270BC-175AD 148
1. सातवाहन वंश, (270 ई.पूर्व - 175 ई. 445 वर्ष) the Satvahanas 148
20. The Background History of Maharashtra : 250-490AD 150
2. वाकाटक वंश (250-490, 240 वर्ष) the Vakatakas 150
21. The Background History of Maharashtra : 340-1325AD 152
3. कदंब वंश (340-1310, 970 वर्ष) the Kadambas 152
4. चालुक्य वंश, बदामी (543-753, 210 वर्ष) the Chalukyas 154
5. कल्चुरी वंश, महिस्मती (550-1740, 1190 वर्ष) the Kalchuris 157
6. राष्ट्रकूट वंश, मालखेड (620-973, 353 वर्ष) the Rashtrakutas 159
7. काकतीय वंश, वरंगळ (1000-1325, 325 वर्ष) the Kakatiyas 161
8. होयसळ वंश, हालेबीड (1022-1346, 324 वर्ष) the Hoysalas 162
9. यादव वंश, देवगिरि (1069-1318, 249 वर्ष) the Yadavas 164
10. नायक वंश, विजयनगर (1336-1736, 400 वर्ष) the Nayakas 166
22. राजपूतांची कथा - Story of the Rajputs : from Prajapati to Year 636 AD 169
सिंध प्रांताची कथा - Story of Sindh, 631-753 AD 179
23. चाच महाराजाची कथा - Story of King Chach of Sindh 179

| | | | |
|---|---|---|---|
| 24. | दाहीर महाराजाची कथा – | Story of King Dahir, 678-712 | 182 |
| 25. | राजस्थान प्रांताची कथा – | Story of Rajasthan, 753-1000 AD | 186 |
| | गझनीच्या सतरा स्वाऱ्या – | Seventeen expeditions of Ghazni, 1000-1022 AD | 190 |
| 26. | गझनीची पहिली स्वारी – | The First expedition of Ghazni (1000 AD) | 190 |
| 27. | गझनीची दूसरी स्वारी – | The Second expedition of Ghazni (1001) | 192 |
| 28. | गझनीची तिसरी स्वारी – | The Third expedition of Ghazni (1004) | 194 |
| 29. | गझनीची चौथी स्वारी – | The Fourth assult of Ghazni (1005) | 195 |
| 30. | गझनीची पाचवी स्वारी – | The Fifth expedition of Ghazni (10074) | 196 |
| 31. | गझनीची सहावी स्वारी – | The Sixth expedition of Ghazni (1008) | 197 |
| 32. | गझनीची सातवी स्वारी – | The Seventh expedition of Ghazni (1009) | 199 |
| 33. | गझनीची आठवी स्वारी – | The Eighth expedition of Ghazni (1010) | 200 |
| 34. | गझनीची नऊवी स्वारी – | The Ninth expedition of Ghazni (1011) | 201 |
| 35. | गझनीची दहावी स्वारी – | The Tenth expedition of Ghazni (1013) | 202 |
| 36. | गझनीची अकरावी स्वारी – | The Eleventh expedition of Ghazni (1015) | 204 |
| 37. | गझनीची बारावी स्वारी – | The Twelfth expedition of Ghazni (1018) | 205 |
| 38. | गझनीची तेरावी स्वारी – | The Thirteenth expedition of Ghazni (1021) | 206 |
| 39. | गझनीची चौदावी स्वारी – | The Fourteenth expedition of Ghazni (1021) | 207 |
| 40. | गझनीची पंधरावी स्वारी – | The Fifteenth expedition of Ghazni (1022) | 208 |
| 41. | गझनीची सोळावी स्वारी – | The Sixteenth assult of Ghazni (1024) | 209 |
| 42. | गझनीची सतरावी स्वारी – | The Seventeenth expedition of Ghazni (1027) | 213 |
| 43. | पृथ्वीराज चव्हाणची कथा – | The Story of Maharana Prithviraj Chauhan | 215 |
| 44. | घोरीच्या अकराव्या स्वारीची कथा – | Story of Ghori's 11th expidition (1192) | 221 |
| 45. | सुलतानांचे दक्षिणेत प्रथम आक्रमण – | Story of the Invasion of South, 1294 AD | 227 |
| 46. | राणी पद्मिनीची कथा – | Story of Rani Padmini, 1303 AD | 230 |
| 47. | दक्षिणेत यवनांचा प्रसार – | Expansion of the Sultani power in South, (1307) | 234 |
| 48. | दक्षिणेत यवनांचा पुढे प्रसार – | Expansion of the Sultani power South, (1347) | 236 |
| 49. | दक्षिणेत यवनांच्या घडामोडी – | Developments in Bahamani Kingdom (1490) | 238 |

बिजापुर, 1490.

बीदर 1490.

अचलपुर 1490.

अहमदनगर 1490.

गोवळकोंडा. 1512.

50. पानीपतची पहिली लढाई - The First Great Battle of Panipat, 1526 AD 241
51. वीर महाराणा संग्राम सिंहाची कथा - Story of Rana Sangram Simha, 1527 244
52. खानवा ची लढाई - The Battle of Khanwa, 1527 AD 249
53. पानीपतची दूसरी लढाई - The Second Great Battle of Panipat, 1556 253
54. तालीकोट ची लढाई, विजयनगर चा अंत - The Battle of Talikot, 1565 255
55. वीर महाराणा प्रताप सिंहाची कथा - Story of Rana Pratap Simha, 1576 257
56. हळदीघाट ची लढाई - The Great War of Haldighat, 1576 AD 258

## श्री शिवाजी इतिहास प्रकरण

राजे शिवाजींचा पार्श्वभूमि इतिहास - Background History Shri Shivaji 266
57. शहाजी राजे भोसले - Story of Raje Shahaji Bhosle, 1629-1630 266
58. राजमाता जिजाबाई भोसले - Story of Queen Mother Jijabai 271
59. शिवाजींच्या आगमनाची तयारी - Preparation for Shri Shivaji's arrival 273
60. छत्रपति राजे शिवाजींच्या यांचा जन्म - Birth of Raje Shivaji, 1630 AD 276
61. महाराष्ट्रावर दुहेरी महासंकट - Great Tragedy - in Maharashtra, 1631 AD 292

## बाल शिवाजी प्रकरण

62. बाल शिवाजी-2 - Shivaji 2 years old, 1632 AD स्वराज्य आंदोलन 299
63. बाल शिवाजी-3 - Shivaji 3 years old, 1633 AD निजामशाही चा अंत 307
64. बाल शिवाजी-4 - Shivaji 4 years old, 1634 AD परिंड्याची लढाई 310
65. बाल शिवाजी-5 - Shivaji 5 years old, 1635 AD स्वातंत्र्याचे बाळकडू 315
66. बाल शिवाजी-6 - Shivaji 6 years old, 1636 AD शहाजी बंगलुरूला 319
67. बाल शिवाजी-7 - Shivaji 7 years old, 1637 AD शिवाजी जागीरदार 324
68. बाल शिवाजी-8 - Shivaji 8 years old, 1638 AD स्वातंत्र्य प्रेम 329
69. बाल शिवाजी-9 - Shivaji 9 years old, 1639 AD करा किंवा मरा 333
70. किशोर शिवाजी-10 - Shivaji 10 years old, 1640 AD सईबाई भोसले 337
71. किशोर शिवाजी-11 - Shivaji 11 years old, 1641 AD विजयनगर चे पुनर्स्मरण 341
72. किशोर शिवाजी-12 - Shivaji 12 yearsd, 1642 AD शहाजींचा ललित महाल 352
73. किशोर शिवाजी-13 - Shivaji 13 years old, 1643 AD आदिलशहा तोंडघशी 357
74. किशोर शिवाजी-14 - Shivaji 14 years old, 1644 AD संत रामदास 371
समर्थ रामदास महाराजांची कथा 374
संत तुकाराम महाराजांची कथा 379

## किशोर शिवाजी प्रकरण

| | | | |
|---|---|---|---|
| 75. | किशोर शिवाजी-15, | स्वराज्याची शपथ - Shivaji 15 years old, 1645 AD | 381 |

## तरुण शिवाजी प्रकरण

| | | | |
|---|---|---|---|
| 76. | तरुण शिवाजी-16, | तोरणा विजय : Shivaji 16 years old, 1646 AD | 391 |
| 77. | तरुण शिवाजी-17, | जावळी प्रकरण : Shivaji 17 years old, 1647 AD | 402 |

## वीर शिवाजी प्रकरण

| | | | |
|---|---|---|---|
| 78. | वीर शिवाजी-18 - खानाची सून प्रकरण, | Shivaji 18 years old, 1648<br>Protector of Womens' Honor. 1648. | 404<br>407 |
| 79. | वीर शिवाजी-19 - | Shivaji 19 years old, 1649, संत तुकारामांचे स्वर्गारोहण | 428 |
| 80. | वीर शिवाजी-20 - | Shivaji 20 years old, 1650, सोयराबाई भोसले | 437 |
| 81. | वीर शिवाजी-21 - | Shivaji 21 years old, 1651, सोयराबाई भोसले | 441 |
| 82. | वीर शिवाजी-22 - | Shivaji 22 years old, 1652, औरंगजेब चे आगमन | 444 |
| 83. | वीर शिवाजी-23 - | Shivaji 23 years old, 1653, पुतळाबाई भोसले | 447 |
| 84. | वीर शिवाजी-24 - | Shivaji 24 years old, 1654, शहाजी राजे मुक्त | 449 |
| 85. | वीर शिवाजी-25 - | Shivaji 25 years old, 1655, चंद्रराव मोरे | 452 |
| 86. | वीर शिवाजी-26 - | Shivaji 26 years old, 1656, लक्ष्मीबाई भोसले | 457 |
| 87. | वीर शिवाजी-27 - | Shivaji 27 years old, 1657, 40 किल्ले सर | 464 |
| 88. | वीर शिवाजी-28 - | Shivaji 28 years old, 1658, नौ सेना | 472 |
| 89. | वीर शिवाजी-29 - | Shivaji 29 years old, 1659, अफजलखान चा वध | 477 |
| 90. | वीर शिवाजी-30 - | Shivaji 30 years old, 1660, पन्हाळ्याहून सुटका | 504 |
| 91. | वीर शिवाजी-31 - | Shivaji 31 years old, 1661. कोकण विजय | 544 |
| 92. | वीर शिवाजी-32 - | Shivaji 32 years old, 1662, मिऱ्या डोंगराची लढाई | 551 |
| 93. | वीर शिवाजी-33 - | Shivaji 33 years old, 1663, शाहिस्तेखानचा पराभव | 556 |
| 94. | वीर शिवाजी-34 - | Shivaji 34 years old, 1664, सूरतची लूट-1 | 567 |
| 95. | वीर शिवाजी-35 - | Shivaji 35 years old, 1665, पुरंदरचा तह, सिंधुदुर्ग | 575 |
| 96. | वीर शिवाजी-36 - | Shivaji 36 years old. 1666. आग्ऱ्याहून सुटका | 598 |
| 97. | वीर शिवाजी-37 - | Shivaji 37 old brave man, 1667, स्वराज्य विस्तार | 628 |
| 98. | वीर शिवाजी-38 - | Shivaji 38 years old, 1668, सिद्दी आणि पोर्तुगीज | 635 |

| | | |
|---|---|---|
| 99. वीर शिवाजी-39 - | Shivaji 39 years old, 1669, वेडा औरंगजेब | 639 |
| 100. वीर शिवाजी-40 - | Shivaji 40 years old, 1670, गड आला पण सिंह गेला | 647 |
| 101. वीर शिवाजी-41 - | Shivaji 41 years old, 1671, साल्हेरची लढाई | 667 |
| 102. वीर शिवाजी-42 - | Shivaji 42 years old, 1672, साल्हेर विजय | 671 |
| 103. वीर शिवाजी-43 - | Shivaji 43 years old, 1673, पन्हाळगड विजय | 679 |
| 104. छत्रपति शिवाजी-44 - | Shivaji 44 years old, 1674, छत्रपति शिवाजी राज्याभिषेक | 688 |
| गंगा माता | | 705 |
| यमुना राणी | | 708 |
| नर्मदा देवी | | 710 |
| तापी देवी | | 712 |
| गोदावरी माता | | 714 |
| सिंधु नदी | | 717 |
| जिजाबाईंचा स्वर्गवास | | 724 |

# छत्रपति शिवाजी प्रकरण

| | | |
|---|---|---|
| 105. छत्रपति शिवाजी-45 - | Chhatrapati Shivaji 45 years old, 1675, अभिनंदन | 728 |
| 106. छत्रपति शिवाजी-46 - | Chhatrapati Shivaji 46 years old, 1676, जाणता राजा | 734 |
| 07. छत्रपति शिवाजी-47 - | Chhatrapati Shivaji 47 years old, 1677, जिंजी विजय | 737 |
| 108. छत्रपति शिवाजी-48 - | Chhatrapati Shivaji 48 years old, 1678, संभाजी राजे | 743 |
| 109. छत्रपति शिवाजी-49 - | Chhatrapati Shivaji 49 years old, 1679, घोर आघात | 751 |
| 110. छत्रपति शिवाजी-50 - | Chhatrapati Shivaji 50 years old, 1680, स्वर्गारोहण | 759 |
| शांति पाठ | | 765 |

**परिशिष्ट** — 767

दिल्लीचे सुलतानी वंश — 768

शिवाजींचे मित्र आणि शत्रु — 771

# हे लक्षात असावे

## Know this before you begin

1. लघु मात्रा "।" आणि गुरु मात्रा "ऽ" हे चिन्ह. **द्विकल** (।।, ऽ जसे : रघु, श्री) होतो; **त्रिकल** (।।।, । ऽ, ऽ। जसे : भरत, उमा, राम); **चौकल** अथवा **चतुर्मात्रा** (।।।।, ।।ऽ, ।ऽ।, ऽ।।, ऽ ऽ जसे : दशरथ, गिरिजा, गणेश, लक्ष्मण, सीता.)
2. विसर्गयुक्त ( : ) (जसे, कः ) आणि अनुस्वारयुक्त अक्षर दीर्घ असते (जसे, अंबर चा अं ).
3. तीन वर्णांच्या अक्षर समूहाला **गण** म्हणतात. माझ्या गण-क्रम पद्धतीत, बायनरी ऑक्टल च्या वैज्ञानिक आधारावर **शून्याला प्रथम अंक मानून** : 0 = 000 = ।।। (सर्वलघु) = **न गण**, 1 = 001 = ।। ऽ (अंतगुरु) = **स गण**; 2 = 002 = । ऽ। (मध्यगुरु) = **ज गण**, 3 = 011 = । ऽ ऽ (आदिलघु) = **य गण**; 4 = 100 = ऽ।। (आदिगुरु) = **भ गण**; 5 = 101 = ऽ। ऽ (मध्यलघु) = **र गण**; 6 = 110 = ऽ ऽ। (अंतलघु) = **त गण**; और 7 = 111 = ऽ ऽ ऽ (सर्वगुरु) = **म गण** आदि आठ गणक्रम होतो. लघु मात्रा = । = **ल**, और गुरु मात्रा = ऽ = **ग** आदि नसजयभरतम असा तांत्रिक दशाक्षर क्रम मानला आहे.
4. छंदांचे मुख्य दोन प्रकार : (1) **मात्रिक छंद**, जे पद्य लघु-गुरु मात्रा मोजून केले जाते, आणि (2) **वार्णिक वृत्त**, जे अक्षरें मोजून केले जाते. ज्या छंदाचे सर्वच चरण समान मात्रा अथवा वर्णांचे असते तो **सम छंद** असतो; ज्या छंदाची सम पदें आपसांत समान मात्रा अथवा वर्णांची असतात व विषम पदें आपसांत समान मात्रा अथवा वर्णांची असतात तो **अर्ध-सम छंद**; ज्या छंदात सर्व चरण असमान मात्रा अथवा वर्णांचे असतात तो **विषम छंद**. ज्या छंदाच्या चरणांत 32 पेक्षा अधिक मात्रा अथवा 26 पेक्षा अधिक वर्ण असतात त्याला **दंडक** म्हणतात.
5. **मात्रिक छंदांचे** मात्रा-संख्या अनुसार जे 32 वर्ग मानले जातात, ते असे :

एक मात्रेचा **चान्द्र** वर्ग, दोन मात्रांचा पाक्षिक, 3 मात्रांचा राम, 4 चा वैदिक, 5 चा याज्ञिक, 6 चा रागी, 7 चा लौकिक, 8 चा वासव, 9 चा आंक, 10 चा दैशिक, 11 चा रौद्र, 12 चा आदित्य, 13 चा भागवत, 14 चा मानव, 15 चा तैथिक, 16 चा संस्कारी, 17 चा महासंस्कारी, 18 चा पैराणिक, 19 चा महापैराणिक, 20 चा महादैशिक, 21 चा त्रैलोक, 22 चा महारौद्र, 23 चा रौद्रक, 24 चा अवतारी, 25 चा महाअवतारी, 26 चा महाभागवत, 27 चा नाक्षत्रिक, 28 चा यौगिक, 29 चा महायौगिक, 30 चा महातैथिक, 31 चा अश्वावतारी आणि 32 मात्रांचा लाक्षणिक वर्ग । तसेंच. **वार्णिक वृत्तांचे** अक्षर संख्या अनुसार 26 प्रकार आहेत : फक्त 1 वर्णाचा **उक्था**, 2 वर्णांचा अंत्युक्था, 3 चा मध्या, 4 चा प्रतिष्ठा, 5 चा सुप्रतिष्ठा, 6 चा गायत्री, 7 चा उष्णिक, 8 चा अनुष्टुभ्, 9 चा बृहती, 10 चा पंक्ति, 11 चा त्रिष्टुप्, 12 चा जगती, 13 चा अतिजगती, 14 चा शर्करी, 15 चा अतिशर्करी, 16 चा अष्टि, 17 चा अत्यष्टि, 18 चा धृति, 19 चा अतिधृति, 20 चा कृति, 21 चा प्रकृति, 22 चा आकृति, 23 चा विकृति, 24 चा संस्कृति, 25 चा अतिकृति आणि 26 वर्णांचा उत्कृति वर्ग ।

# १

# संज्ञा प्रकरण
## Key Definitions

# संज्ञा परिचय

**श्लोक, दोहा, राग, छंद, ओवी, भजन**

### 1. ॐ श्लोक छंद

**श्लोक छंद :** हा "अनुष्टुभ्" नामक छंद आहे. श्लोक छंदाला साधारण लेखक अनुष्टुभ-छंद म्हणतात, परंतु श्लोक छंद हा 256 अनुष्टुभ् वर्गाचा केवळ एक प्रकार आहे. श्लोक छंदात आठ वर्णांचे चार चरण असतात. ह्याच्या दूसऱ्या व चौथ्या (सम) चरणांत वर्णांचे प्रमाण समान असते आणि पहल्या व तीसऱ्या (विषम) चरणांत वर्णांचे प्रमाण समान असते, म्हणून ह्याल अर्धसम **छंद** असतो. श्लोक छंदाचे आदि रचेता श्री वाल्मीकि महामुनि होते. मराठी-वाङ्मयात भुजंगप्रयात पद्यांना सुद्धा श्लोक म्हटले जाते, उदा॰ मनाचे श्लोक, शिवाचे श्लोक.

卐 **ओवी॰** ब्रह्माचे चतुर्थ मुख । गायत्र्यादीत प्रमुख । वाचनांत देतो सुख । श्लोक छंद ।। **1** ।। ह्यास "अनुष्टुभ्" नांव । ह्यात संस्कृतीचा भाव । मनोरंजक प्रभाव । असामान्य ।। 2 ।। श्री वाल्मीकीने रचिला । ब्रह्माने जो सुचविला । वेद पांचवा लिहिला । ज्याच्या योगे ।। 3 ।। आठ-अक्षरांचे चार । चरणांचा हा प्रकार । सर्व शास्त्रांचा आधार । हाच छंद ।। **4** ।। सदा लघु पांचवें । सदा गुरु सहावें । लघु-गुरु सातवें । सम-विषमीं ।। **5** ।। सम पदान्त र गण । विषम पदीं म गण । श्लोकांचे समीकरण । तंतोतंत ।। **6** ।। छंद हाच सर्व श्रेष्ठ । काव्य लिहाया यथेष्ट । विचार कराया स्पष्ट । संक्षिप्ताने ।। 7 ।। शास्त्र गीता रामायण । महाभारत पुराण । सुभाषितांचे कवन । श्लोकांमुळे ।। **8** ।।

**श्लोक छंद व्याख्या**

(मराठी श्लोकात)

**श्लोकात पांचवें ऱ्हस्व, सहावे दीर्घ अक्षर ।**
**सातवें विषमीं दीर्घ, ऱ्हस्व समपदीं च ते** ।। 3

**पवित्र चार पादांचा, रामायणात जन्मला ।**
**बत्तीस अक्षरी छंद, नांव त्याला “अनुष्टुभ्” ।। 4**

(हिंदी दोहा छंद में)
**अष्टवर्ण-पद चार हों, विषम पद ग ल ग अंत ।**
**सम चरण ल ग ल अंत का, “श्लोक” अनुष्टुप् छंद ।। 1**

**♫ संगीत श्री शिवाजी चरित्र राग-छंद माला, पुष्प 3**

**श्लोक अनुष्टुभ छंद**

**श्लोक लक्षण :** 4 + । ऽ ऽ + 1 - 4 + । + ऽ + । + 1

**श्लोक-व्याख्या**

(संस्कृत दोहे में)

♫ ग-ग- ग-ग- ग-रे-मग-, मम-म- म-गरे- मग- ।
रेरे-रेरेगरे-सानि़, रेरेरे- मगरे-नि़सा- ।।

**‘श्लोके’ षष्ठो गुरुर्वर्णो लघुश्च पञ्चमः सदा ।**
**गुरुर्विषमयोर्ह्रस्वः सप्तमः समपादयोः ।। 6**
**चतुष्पादस्य श्रीयुक्तो वाल्मीकिकविना कृतः ।**
**द्वात्रिंशद्वर्णयुक्तो हि छंदोऽनुष्टुप्स कथ्यते ।।[1] 7**

---

[1] श्लोक व्याख्या, <u>अन्यत्र</u> : **श्लोके षष्ठं गुरु ज्ञेयं सर्वत्र लघुपञ्चमम् ।**
**द्विचतुष्पादयोर्ह्रस्वं सप्तममं दीर्घमन्ययोः** ।। (2 श्रुत बोध 10)
**पंचमं लघु सर्वत्र सप्तमं द्विचतुर्थयोः ।**
**षष्ठं दीर्घं विजानीयात् एतत्पद्यस्य लक्षणम्** ।। (1 छंदो मंजरी 4)
**पंचमं लघु सर्वत्र सप्तमं द्विचतुर्थयोः ।**
**गुरुं षष्ठं च जानीयात् शेषेष्वनियमोयतः** ।। (1 छंदो मंजरी 7)
**पंचमं लघु सर्वत्र सप्तमं द्विचतुर्थयोः ।**

**श्लोक व्याख्या**

(हिन्दी श्लोक छंद में)

**श्लोक में पाँचवाँ ह्रस्व छठा दीर्घ सदा रहे ।**
**द्वितीय चौथ में दीर्घ सातवाँ अन्य में लघु ।। 8**

**पवित्र चार पादों का वाल्मीकि ने रचा जिसे ।**
**बत्तीस वर्ण का छंद "अनुष्टुप्" कहा इसे ।। 9**

## 2. 卐 ओवी छंद[2]

**ओवी छंद :** ओवी चार चरणांची असते, त्यांतील प्रथम तीन चरणांत यमक असते. प्रथम तीन चरणांत प्रत्येकी **5 ते 18 पर्यंत** वर्ण असतात. चौथ्या चरणात पहिल्या तीन चरणांपेक्षा कमी अक्षरे असतात. रामदासी ओव्यांत तीन चरणांत सरासरी 8 अक्षरे व चौथ्या चरणात 4 ते 6 अक्षरे असतात. 8, 8, 8, 4 सूत्राने रचलेल्या ओव्या कोणत्याही रागाच्या कहरवा तालात संगीतबद्ध होऊ शकतात. ओवीच्या प्रथम तीन चरणांत गायत्री ते धृति पर्यंत कोणताही छंद अथवा सहा-अक्षरी ते अठरा-अक्षरी पर्यंत कोणतेही वृत्त असावे । ओवी आणि अभंग जरी समान सूत्रांचे असले तरी, त्यांत गाण्याच्या चालींची भिन्नता असते. संस्कृतचा जसा श्लोक, हिन्दी चा जसा दोहा तसाच मराठीचा ओवी छंद पुरातन, सर्वश्रेष्ठ व लोकप्रिय आहे. ह्यामुळे हे तीन छ.द ह्या काव्याचा पाया आहेत.

**卐ओवी॰** 'ओवी,' चतुष्पदी हार । आठ-आठ-आठ-चार । वर्ण-पुष्पें थोडी फार । यमक ही ।। 8 ।। ओवीच्या चरणांत । अक्षरें कमी जास्त । असो तरी चालतात । कधीं कधीं ।। 9 ।। अभंगाच्या चरणांत । नसो वर्ण कमी जास्त । फरक हा ह्या दोघांत । ध्यानीं असो ।। 10 ।। ओवी चे अन्त्य अक्षर । बोलावे देऊनी भर । लघु असेल अगर । तरी पण ।। 11 ।। प्रथम

---

**गुरु षष्ठं च पादानां चतुर्णां स्यादनुष्टुभि ॥** (वृत्तरत्नाकरम्)

[2] ▶ लक्षण गीत : ✍ **दोहा॰** **ओवी, चार चरण की, आठ-वर्ण के तीन ।**
**चौथा अक्षर-चार का, तीन यमक में लीन ।। 2**

तीन चरणांत । गायत्री ते धृति पर्यंत । असावा कोणता ही छंद । ओवीमध्ये ।। 12 ।। प्रथम तीन चरणांत । सहा ते अठरा पर्यंत । असावे कोणतेही वृत्त । अक्षरांचे ।। 13 ।। ओवीमध्ये भक्ति भाव । सुविचारांचा प्रभाव । अविचारांचा अभाव । स्निग्धपणा ।। 14 ।। प्रसंग ऐतिहासिक । विषय वा धार्मिक । निष्ठा असो हार्दिक । ओवीसाठी ।। 15 ।। ईश्वराची असो भक्ति । आई-बाबांची वा प्रीति । थोर नेत्यांची कीर्ति । प्रामाणिक ।। 16 ।। ओवी संतांची वाणी । कवि पंताची गाणीं । पूज्य गंगेचे पाणी । सुमधुर ।। 17 ।। ओवी छंद फार गोड । त्यात वात्सल्याची जोड । जिला नाही दूजी तोड । मराठीत ।। 18 ।। ओवी अंगाई गीत । वारकऱ्यांची प्रीत । विठ्ठलाची स्तुति तीत । अतोनात ।। 19 ।। एकनाथ ज्ञानेश्वर । रामदास मुक्तेश्वर । नामदेव लक्ष्मीधर । जनाबाई ।। 20 ।। मुकुन्दराय श्रीधर । नरहरी सोनार । चोखामेळा स्त्युत्य फार । ओवीकार ।। 21 ।।

## 3. ✍ दोहा छंद

**दोहा छंद :** श्लोकाप्रमाणे दोह्यात ही चार चरण असतात व हा अर्धसम छंद आहे । विशेष गोष्टी ह्या कि : (1) विषम चरणांत 13 मात्रा असतात व अंतिम वर्ण दीर्घ असतो. (2) सम चरणांत 11 मात्रा असतात व अंतिम वर्ण लघु असतो. (3) विषम चरणांच्या शेवटी ज गण (। ऽ।) नसावा. (4) सम चरणांच्या शेवटी ज गण (। ऽ।) आणि विषम चरणांच्या शेवटी र गण (ऽ। ऽ) उत्तम असतो. (5) अन्य वर्णांकरिता मात्रिक बन्धन नसते. ह्या मात्रिक स्वातंत्र्यामुळे दोह्यांमध्ये विविध चालीं उत्पन्न होतात. दोह्यांत लिहिलेली विस्तृत रचना ह्या गण-विविधतेमुळे कंटाळवाणी नसते. (6) कवितेतील सर्व दोहे कोणत्याही एकाच सूत्राने कधीही लिहिले जात नाहीत. (मराठी दोहा)

卐**ओवी॰** दोहा छंद हा दैवी । दिला शारदा देवी । भक्ति-भाव हा दावी । कवितेत ।। 22 ।। विषम-पदांत मात्रा तेरा । सम पदांत मात्रा अकरा । चार चरणांचा हा गजरा । छान अति ।। 23 ।। विषमपदीं ज-गण । समपदांत र-गण । शोभतो तो साधारण । दोह्यामध्ये ।। 24 ।। कबीर-तुलसी दोहे । वाचकांचे मन मोहे । विना चाल दोहा नोहे । छंदबद्ध ।। 25 ।। दोहा रुचतो मनाला । देतो मोद जनाला । सुंदर त्यास म्हणाला । रत्नाकर ।। 26 ।।

**दोहा छंद व्याख्या**

**दोहा दैवी छंद हा, दिव्य देणगी दान ।**
**विद्या देवीने दिला, पद्यरूप वरदान ।। 25**
**मधुर अर्ध-सम छंद हा, जिथे भक्ति चा भाव ।**
**कबीर-तुलसी लाडका, दोहा त्याचे नांव ।। 25**
**अकरा मात्रा सम पदीं, तेरा विषम पदांत ।**
**ज-र गण सम-विषमान्तचा, मंगल दोहा छंद ।। 25**
**दोहुनी अमृत तुल्य जे, कामधेनु चे क्षीर ।**
**दोह्याची रस धार ही, निर्मल गंगा नीर ।। 25**
**श्लोक ज्ञात जगती यथा, सदा मनोहर छंद ।**
**दोहा हिन्दी चा तथा, देतो मनआनंद ।। 25**

♫ संगीत श्री शिवाजी चरित्र राग-छंद माला, पुष्प 4

**दोहा छंद, हिंदी श्याख्या**

8 + ऽ।ऽ + 7 + ।ऽ।

**भक्ति भाव का छंद ये, मीठा बहुत सुहाय ।**
**तेरह-ग्यारह मत्त का, 'दोहा' इति कहलाय ।। 3**

♫ सा-सा सा-सा सा- रे-ग म-, प-प- धपम गम-म ।
सा-सासा रे-रेरे ग-प म-, प-प- धप मगम-म ।।

## 4. राग

ज्या संगीतसूत्राने गीत-संगीत गाण्या-वाजविण्याचे आरोही एवं अवरोही स्वर निश्चित **लयात** होतात, त्याला **राग** म्हणतात । जसे : बिलावल रागाचे सर्वच आरोही तथा अवरोही स्वर शुद्ध गुणाचे असतात व जाति संपूर्ण-संपूर्ण (7/7) असते. खमाज रागाचा फक्त अवरोही नि कोमल असतो व जाति षाडव-संपूर्ण (6/7) असते. जो स्वर अधो-रेखांकित लिहिला असेल तो कोमल

स्वर असतो (जसे : कोमल नि = नि), जो स्वर उर्ध्व-रेखांकित असेल तो तीव्र स्वर असतो (जसे : तिव्र म = मं ), ज्या स्वराखाली बिंदु लावला असेल तो मन्द्र सप्तकाचा स्वर असेल (जसे मन्द नि = ऩि ), आणि ज्या स्वरावर बिंदु असेल तो तीव्र सप्तकाचा स्वर असतो (जसे तीव्र नि = निं ). छंद रचनेत सूत्र-बद्धता जितकी अपरिहार्य असते, तितकीच राग रचनेत लय-बद्धता अनिवार्य असते. सप्तकातील कमीत कमी पांच स्वरांचा राग होतो

**ॐओवी॰** 'राग,' संगीताचे-सूत्र । स्वर-गुण नक्की यत्र । आरोही-अवरोही तत्र । विशिष्ट चि ।। 27 ।। ज्यात सप्तकाचे पांच । स्वर, ज्यांना लय साच । सरगम-वृंद हाच । जाणा "राग" ।। 28 ।। खाली-बिंदु स्वर मद्र । वर-बिंदु स्वर तार । विना-बिंदु मध्यस्वर । सप्तकांचे ।। 29 ।। ऊध्र्वरेखा डोई वर । जाणावा तो स्वर तीव्र । अधोरेखांकित स्वर । कोमल तो ।। 30 ।। सारेगमपधनिसा । सानिधपमगरेसा । रूपें त्यांची दोन्हीं दिशा । अलंकार ।। 31 ।।

**राग**

(मराठी व्याख्या, दोहा छंदात)

**पांच न्यूनतम स्वर जिथे, देती मन-आनंद ।**
**"राग" म्हणा शृंगार तो, लय भूषित ध्वनि वृंद ।। 4**
**चार सुरांचा राग ना, न दोन सुरांची तान ।**
**गळा फाडुनी ओरडा, ते न म्हणावे गान ।। 5**

(दोहा छंद में व्याख्या)

**पाँच न्यूनतम स्वर जहाँ, मन को दें आनद ।**
**"राग" कहा शृंगार वो, लय भूषित ध्वनि वृंद ।। 6**
**चार सुरों में राग ना, ना दो सुर में तान ।**
**गला फाड़ कर चीखना, ना कहलाता गान ।। 7**

**♫ संगीत श्री शिवाजी चरित्र राग-छंद माला, पुष्प 5**

**राग, संस्कृत व्याख्या**

♫ ग-ग- ग-ग-गरे-म- ग- ममम-म- पम-ग रे- ।
प-प-प-प-पध-प- म- गरे-म- प-गरे- नि़सा- ।।

**रागः संगीतसूत्रं यद्-गुणजाती स्वरस्य हि ।**
**आरोहीचावरोही च करोति निश्चितं खलु ।। 8**

**राग, हिंदी व्याख्या**

**राग संगीत का सूत्र, स्वर की लय जाति का ।**
**अवरोही व आरोही, सुर विशिष्ट भाँति का ।। 9**

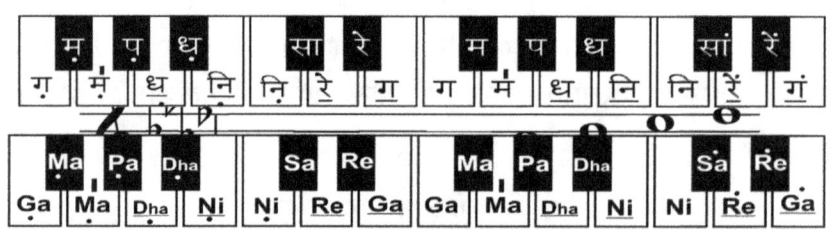

The D-flat-Major Scale

## 5. ♫ छंद

**छंद :** ज्या लक्षणसूत्राद्वारे पद्यातील अक्षरांचे अथवा मात्रांचे विशिष्ट **परिमाण** निश्चित केले जाते तो **छंद** (**अक्षरपरिमाणं छंदः**), तसेंच पद्याच्या विशिष्ट **शब्द-रचनेला वृत्त** म्हणतात (**काव्यरचना वृत्तम्**). वर्णांच्या मोजणीने **वार्णिक वृत्त** होते आणि मात्रांच्या गणनेने **मात्रिक छंद** होतो. राग रचनेत लय-बद्धता जितकी अपरिहार्य असते तितकीच सूत्र-बद्धता छंदरचनेत आवश्यक असते.

**छंद व्याख्या**

(दोहा)

**तीन वर्ण का गण बने, लघु गुरु कल का ठाठ ।**
**पिंगलमुनि ने गण कहे, न स ज य भ र त म आठ ।। 8**
**यथा सर्व ब्रह्माण्ड है, पंच भूत से व्याप्त ।**

छंद शास्त्र भी है तथा, दश अक्षर से प्राप्त ।। 9

कल गति यति प्रति पाद में, और चरण का अंत ।

नियुक्त हों जिस पद्य में, वह कहलाता "छंद" ।। 10

छंद बद्ध वह "पद्य" है, बिना छंद है "गद्य" ।

गद्य-पद्य मिल कर रचा, "चंपू" है वह हृद्य ।। 11.

## ♫ संगीत श्री शिवाजी चरित्र राग-छंद माला, पुष्प 6

### भुजंगप्रयात छंद[3]

। ऽ ऽ, । ऽ ऽ, । ऽ ऽ, । ऽ ऽ

♫ सारे- ग-म प-म- गरे-म- गरे-सा-

**जया सर्व मात्रा प्रमेया प्रमाणे ।**

**तया "छंद" हे नांव देतीं शहाणे ।। 1**

**अलंकार हा भूषणाच्या समान ।**

**करी रम्य, काव्यास, शोभा प्रदान ।। 2**

**卐ओवी॰** तीन वर्णी होतो 'गण' । लघु-गुरु मिसळून । म त र य ज भ स न । आठ गण ।। 32 ।। यथा विश्व हे एकूण । पांच भूत, तीन गुण । तथा छंद-शास्त्र पण । गण-व्याप्त ।। 33 ।। मात्रा, यति, चरणान्त । किती अक्षरें व त्यांत । सांगतो जो तंतोतंत । 'छंद' तोचि ।। 34 ।। छंदबद्ध लेख 'पद्य' । विना छंदाचे ते 'गद्य' । मिश्र जिथे गद्य-पद्य । 'चंपू' तेचि ।। 35 ।। छंद पद्याचे प्रमेय । छंदाने ते होते गेय । गणांना पद्याचे श्रेय । हेचि खरे ।। 36 ।।

---

[3] **♫ भुजंगप्रयात छंद** : ह्या 12 वर्ण, 20 मात्रांच्या छंदाच्या चरणांत चार य गण येतात. ह्याचे लक्षण सूत्र । ऽ ऽ, । ऽ ऽ, । ऽ ऽ, । ऽ ऽ असे असते. ह्यात 5-7 अथवा पदान्त विराम विकल्पाने असतो. प्रस्तुत पद्य सारे- ग-म प-म- गरे-म- गरे-सा- असे गाइले वाजविले जाते. मराठीत ह्या छंदाला श्लोक म्हटले गेले आहे, जसे मनाचे श्लोक.

▶ लक्षण गीत : ✍ **दोहा॰ चतुर् य गण का छंद जो, पाँच और यति सात ।**
**सुंदर, बारह वर्ण का, कहो "भुजंगप्रयात" ।। 12**

🎵 संगीत श्री शिवाजी चरित्र राग–छंद माला, पुष्प 7
### छंद प्रकार
(दोहा छंद – मराठी)

साचा वर्णांचा जिथे, चार–पदीं न समान ।
मात्रा–संख्या सम जिथे, "मात्रिक छंद" प्रमाण ।। 13

लघु–गुरु अक्षर क्रम जिथे, चारीं पदीं समान ।
अक्षर–संख्या सम जिथे, "वर्णवृत्त" हे नाम ।। 14

चारीं चरणीं सम जिथे, लक्षण–वर्ण विधान ।
नाम तया "समवृत्त" हे, देती कवि विद्वान ।। 15

प्रथम तीसरे सम जिथे, दोन व चार समान ।
नांव "अर्धसम" त्या मिळे, "दोहा–छंद" प्रमाण ।। 16

पद्याचे पद चारही, लक्षणांत असमान ।
"विषमवृत्त" ते जाणती, ज्यांना कविता ज्ञान ।। 17

🎵 संगीत श्री शिवाजी चरित्र राग–छंद माला, पुष्प 8
### छंद प्रकार
(दोहा छंद – हिन्दी)

सूत्र–युक्त कृत पद्य को, कवि कहते हैं "छंद" ।
अलंकार रस वर्ण का, मन को दे आनंद ।। 18

सुंदर लघु गुरु वर्ण का, चार चरण न समान ।
मात्रा संख्या सम जहाँ, "मात्रिक छंद" प्रमाण ।। 19

लघु गुरु अक्षर क्रम जहाँ, चारों चरण समान ।

संख्या भी सम वर्ण की, “वर्णवृत्त” है नाम ।। 20
लक्षण, संख्या सम जहाँ, रहे चरण में चार ।
कहा उसे “सम वृत्त” है, करके छंद विचार ।। 21
प्रथम तीसरा सम जहाँ, दो अरु चार समान ।
उसे “अर्ध सम” है कहा, दोहा छंद प्रमाण ।। 22
चारों पद जिस पद्य के, लक्षण में असमान ।
“विषम वृत्त” उसको कहें, जिन्हें छंद का ज्ञान ।। 23

## 6. भजन, गीत

### ♫ <u>संगीत श्री शिवाजी चरित्र राग-छंद माला, पुष्प 9</u>

**शार्दूलविक्रीडित छंद**[4]

ऽ ऽ ऽ, ।। ऽ, । ऽ।, ।। ऽ, ऽ ऽ।, ऽ ऽ।, ऽ

♪ सा-रे- ग-म गरे-ग म-प मगरे- ग-प- मग- म- गरे-

**वीणा टाळ मृदंग झांझ चिपळ्या नाना अशीं वादनें ।**
**ठेवोनी शुभ भक्तिभाव हृदयीं गाणें तथा नाचणें ।। 1**
**आनंदोत्सव काळ धार्मिक तथा पूजार्थ जीं गाईलीं ।**
**गीतें तीं म्हणती भलीं “भजन” ही, श्रद्धाळु जी मंडळी ।। 2**

### ♫ <u>संगीत श्री शिवाजी चरित्र राग-छंद माला, पुष्प 10</u>

---

[4] ♪ **शार्दूलविक्रीडित छंद** : ह्या छंदाच्या चरणांत 19 वर्ण, 30 मात्रा असतात. ह्यात म स ज स त त हे गण आणि एक गुरु वर्ण येतो. यति 12-19 वर विकल्पाने असते. ह्याचे लक्षण सूत्र ऽ ऽ ऽ, ।। ऽ, । ऽ।, ।। ऽ, ऽ ऽ।, ऽ ऽ।, ऽ असे असते. प्रस्तुत पद्य सा-रे- ग-म गरे- ग म- प मगरे- ग-प- मग-म- गरे- अशा प्रकारें गाइले व वाजविले जाऊं शकते.

▶ लक्षण गीत : **दोहा॰** **म स ज स त त गण से सजा, मुझको जिससे प्रीत ।**
**अंतिम गुरु का छंद है, “शार्दूलविक्रीडीत” ।। 24**

**भजन**

(चौपाई छंद[5])

**भक्ति-भाव हो भरा 'भजन' में ।**
**ताल मधुर रव मन रंजन में ।। 1**
**रुझान आवे वही सुनन में ।**
**अनुभव जो होवे दर्शन में ।। 2**

**भजन**

(दोहा छंद)

**दे कर मन सुख-शाँति जो, करता पुण्य प्रदान ।**
**"भजन" वही संगीत है, भक्ति युक्त वह गान ।। 25**

---

[5] **चौपाई छंद :** दोहा छंदाप्रमाणे ह्यात चार चरण असतात, पण (1) प्रत्येक चरणात 16 मात्रा असून लघु गुरु चा निश्चित क्रम नसतो. (2) चौपाईच्या शेवटी 'ज' गण (। ऽ।) अथवा 'त' गण (ऽ ऽ।) नसावा.

▶ लक्षण गीत : ✍ **दोहा॰** **मात्रा सोलह की कला, ना हो ज या त अंत ।**
**सभी जहाँ चौकल न हों, वह "चौपाई" छंद ।। 26**

# २

# वंदना प्रकरण
## Opening Prayers

# मंगळाचरण

♫ संगीत श्री शिवाजी चरित्र राग-छंद माला, पुष्प 11

**मुक्तछंद:**[6]

बुद्धिसिद्धिदातृभ्यो नमः

**श्रीपरमात्मने नम आत्मने नमः । नमो ब्रह्मणे गायत्र्यै नमः ।। 1**

**प्रकृत्यै नमः पुरुषाय नमः । नमः शिवाय पार्वत्यै नमः ।। 2**

**नमो विष्णवे लक्ष्म्यै नमः । गणेशाय नमः सरस्वत्यै नमः ।। 3**

**रामाय नमः सीतायै नमः । नमः कृष्णाय राधायै नमः ।। 4**

**वसुदेवाय नमो वासुदेवाय नमः । भीमार्जुनयुधिष्ठिरेभ्यो नमः ।। 5**

**देवकीयशोदामातृभ्यां नमः । विश्ववृक्षाय विराटरूपिणे नमः ।। 6**

**देवेभ्यो नमो गुरुदेवेभ्यो नमः । मात्रे नमः पित्रे नमः ।। 7**

**इन्द्राय नमो वरुणाय नमः । वायवे नमो वायुपुत्राय नमः ।। 8**

**अग्नये नमो द्यवे नमः । पृथ्व्यै नमो नवग्रहेभ्यो नमः ।। 9**

---

[6] ♫ **मुक्त छंद :** मुक्त छंद हा वर्ण तथा मात्रा वगैरे पासून बंधन मुक्त असतो. हा एक गद्य-पद्यात्मक स्वैर छंद असतो. मनाचे विचार यथातथा प्रस्तुत करण्याचे हे एक सुगम साधन आहे. मात्रा आणि वर्ण मोजण्याचे तथा छंदांचे पूर्ण ज्ञान न असतांसुद्धा कविता लिहिण्या ची सोय हा छंद सर्वांनाच प्रदान करतो. ह्या सवलतीमुळे आधुनिक युगात हा छंद सर्वाधिक प्रचलित आहे. मुक्त छंदरचनेला "मुक्तक" असेही म्हणतात ।

▶ लक्षण गीत : **दोहा॰** **वर्ण मत्त से मुक्त जो, कवि को दे आनंद ।**
**गद्य मय जो पद्य है, कहा "मुक्त" वह छंद ।। 27**

पञ्चभूतेभ्यो नमस्त्रिगुणेभ्यो नमः । सर्वभूतेभ्यो नमो वनस्पतये नमः ।। 10
नदीभ्यो नमः पर्वतेभ्यो नमः । सूर्याय नमश्चन्द्रमसे नमः ।। 11
वेदेभ्यो नमः सर्वोपनिषद्भ्यो नमः । नारदाय नमो ज्ञानाय नमः ।। 12
दत्तात्रयाय नमः स्कन्दाय नमः । प्रह्लादाय नमो ध्रुवाय नमः ।। 13
पाणिनिपतञ्जलिभ्यां नमः । यास्काय नमः पिङ्गलाय नमः ।। 14
वाल्मीकये नमो व्यासाय नमः । रामानन्दाय नमस्तुलसीदासाय नमः ।। 15
शिवाजीप्रतापाभ्यां नमो राज्ञीलक्ष्म्यै नमः । शङ्कराचार्याय रामानुजाय नमः ।। 16
वल्लभाचार्याय वरदाचार्याय नमः । यमुनाचार्याय माधवाय नमः ।। 17
वन्दे चाचं च दाहीरं श्रीबाप्पारावळं तथा । राणासंग्रामसिंहं च राणाप्रतापप्रभृतिम् ।। 18
मालोजीं च शहाजीं च जिजाबाईं नमाम्यहम् । दादोजीं कोण्डदेवं च वन्दे ज्ञानेश्वरं तथा ।। 19
रामदासं तुकारामं पुरन्दरेमहाकविम् । छत्रपतिं शिवाजीं श्रीं महाराष्ट्रस्य स्थापकम् ।। 20
बाजीं नमामि तान्हाजीं शेलारं च नमामि हि । सन्ताजीं च धनाजीं च हीरोजीं च नमाम्यहम् ।। 21
येसाजीं च फिरंगोजीं मावळावीरक्षत्रियान् । सर्वमुनिभ्यो नमः सर्वर्षिभ्यो नमः ।। 22
सर्वज्ञानिध्यानियोगिभ्यो नमः । सर्वकविभ्यो नमः सर्वसुहृद्भ्यो नमः ।। 23

## बुद्धि सिद्धि दात्यांना नमन, ओवी छंद

**卐ओवी॰** नमन परमात्म्याला । नमन अंतरात्म्याला । नमन ब्रह्मात्म्याला । गायत्रीला ।। 37 ।। नमन प्रकृतीला । नमन पुरुषाला । नमन शंकराला । पार्वतीला ।। 38 ।। नमन नारायणाला । नमन नारायणीला । नमन गणपतीला । शारदेला ।। 39 ।। नमन रामचंद्राला । नमन सीतादेवीला । नमन श्रीकृष्णाला । राधिकेला ।। 40 ।। नमन वसुदेवाला । नमन वासुदेवाला । नमन भीमार्जुनाला । युधिष्ठिराला ।। 41 ।। नमन देवकीला । नमन यशोदेला । नमन विराटरूपाला । विश्वतरूला ।। 42 ।। नमन सर्व देवांना । नमन सर्व देवतांना । नमन गुरुदेवांना । आईबाबांना ।। 43 ।। नमन इन्द्रदेवाला । नमन वरुणदेवाला । नमन वायुदेवाला । वायुपुत्राला ।। 44 ।। नमन अग्निदेवाला । नमन अंतरीक्षाला । नमन पृथ्वीमातेला । नवग्रहांना ।। 45 ।।

नमन पञ्चभूतांना । नमन गुणत्रयाला । नमन सर्वभूतांना । वनस्पतींना ।। 46 ।। नमन नदीदेवींना । नमन गिगिवरांना । नमन सूर्यदेवाला । चन्द्रदेवाला ।। 47 ।।

(आणि)

नमन सर्ववेदांना । नमन उपनिषदांना । नमन नारदाला । ज्ञानविद्येला ।। 48 ।। नमन दत्तात्रयाला । नमन स्कन्ददेवाला । नमन प्रल्हादाला । ध्रुवभक्ताला ।। 49 ।। नमन पाणिनीला । नमन पतञ्जलीला । नमन यास्कगुरूला । पिङ्गलाला ।। 50 ।। नमन वाल्मीकीला । नमन व्यासदेवाला । नमन रामानन्दाला । तुलसीला ।। 51 ।। नमन शङ्कराचार्याला । नमन वल्लभाचार्याला । नमन यमुनाचार्याला । माधवाला ।। 52 ।। नमन चाच नरेंद्राला । नमन बापारावळाला । नमन संग्रामसिंहाला । प्रतापाला ।। 53 ।। नमन मालोजींना । नमन शहाजींना । नमन जिजाबाईंना । नमन दादोजींना ।। 54 ।। नमन ज्ञानेश्वराला । नमन रामदासाला । नमन तुकारामाला । दादोजींना ।। 55 ।। नमन शिवाजीला । नमन तान्हाजीला । नमन बाजीप्रभूला । शेलारमामाला ।। 56 ।। नमन सन्ताजीला । नमन धनाजीला । नमन हीरोजीला । येसाजीला ।। 57 ।। नमन फिरंगोजीला । नमन माणकोजीला । नमन खंडोजीला । मावळ्यांना ।। 58 ।। नमन सर्वमुनींना । नमन सर्वऋषींना । नमन सर्वज्ञानींना । सर्वकवींना ।। 59 ।।

## बुद्धि सिद्धि दाता को नमन, दोहा छंद

**दोहा॰** **नमन करूँ परमातमा, परम ब्रह्म भगवान ।**
**गायत्री की वंदना, मस्तक टेक प्रणाम ।। 28**

♪ सासासा रेग– रेगम–गम–, पपप म–ग रेगम–म ।
ग–गम– ग– म–गरे–, सा–सासा रे–ग रेसा–सा ।।

**पुरुष–प्रकृति को मेरा, साष्टांग नमस्कार ।**
**भोले शंकर पार्वती! करिए मम उद्धार ।। 29**
**लक्ष्मी नारायण प्रभो! शेषशायी भगवान ।**
**पद्मनाभ लक्ष्मीश के, गाऊँ कीर्तन गान ।। 30**
**शिवनंदन श्री गणपति, गणेश श्री गणनाथ ।**

सरस्वती माँ शारदे! जोड़ूँ दोनों हाथ ।। 31
जनक नंदिनी जानकी, दशरथ सुत रघुनाथ ।
मनहर राधा कृष्ण को, नमन हृदय के साथ ।।32
अर्जुन, भीम प्रवीर को, और युधिष्ठिर भ्रात ।
यशोदा-नंदनंदिनी! प्रणाम तुमको, मात! ।। 33
विश्ववृक्ष अश्वत्थ तू, अद्भुत दैवी रूप ।
विश्वरूप श्रीकृष्ण जी! पूजूँ मैं, सुरभूप! ।। 34
देव-देवता सर्व ही, गुरुजन जितने ज्ञात ।
मात-पिता मम पूज्य के, चरणन में प्रणिपात ।। 35
नमो नमः प्रभु इंद्र को, वरुण देव! सम्मान ।
धन्य कियो पितु मातु को, राम भक्त हनुमान ।। 36
वन्दे पावक-देवता, अंतरिक्ष आकाश ।
धरती जगमाता तथा, नवग्रह दिव्य प्रकाश ।। 37
पँच भूत को धीमहि, तीन गुणों को और ।
सर्व भूतगण भूमि के, वनस्पति सब ओर ।। 38
गिरि सरिता सागर मही, नमामि तन मन जोड़ ।
सूर्य चंद्र तारे सभी, बिना किसी को छोड़ ।। 39

(और)

उपनिषदों को ध्याऊँ मैं, वैदिक ज्ञान प्रमाण ।
देवर्षि नारद मुनि, त्रिभुवन में रममाण ।। 40
तीन-मुखी गुरु दत्त श्री, सुर सेनापति स्कंद ।
सुभक्त ध्रुव प्रह्लाद को, स्मरण करूँ सह छंद ।। 41
गुरु पाणिनि पातंजलि, दीन्हा मुझको ज्ञान ।
यास्क पिंगल से मुझे, मिला छंद अभिधान ।। 42
व्यास बाल्मीक मम गुरो! तुम्हीं सच्चिदानंद ।

काव्य ज्ञान के स्त्रोत हो, तुलसी रामानंद ।। 43
जय भारत संतान वे, शिवा प्रताप महान ।
लक्ष्मी के बलिदान ने, दिया हमें अभिमान ।। 44
आदि शंकराचार्य श्री, नमन वल्लभाचार्य ।
रामानुज माधव तथा, यमुना वरदाचार्य! ।। 45
मीरा ने कीर्तन दिए, कविता ब्रह्मानंद ।
योग विवेकानंद ने, गायन सत्यानंद ।। 46
वंदन राजा चाच को, दाहीर को प्रणाम ।
बाप्पा रावल को नमो, नमः सिंह-संग्राम ।। 47
राणा प्रताप सिंह को, नमन हृदय के साथ ।
मालोजी को वंदना, नमन शहाजी तात! ।। 48
जिजाबाई मातु को, सादर हैं प्रणिपात ।
दूरदृष्टि स्वातंत्र्य की, जिन्हें श्रेष्ठ थी ज्ञात ।। 49
रामदास स्वामी तथा, तुकारामजी संत ।
श्रीयुत दादोजी गुरो! तुमको नमन अनंत ।। 50
शिवराया को वंदना, लख-लख-सौ-सौ बार ।
हिंदुराष्ट्र स्थापित किया, तुम्हें पुष्प के हार ।। 51

तान्हाजी, बाजी तथा, हीरोजी, शेलार ।
धनाजी, येसाजी! तुम्हें साष्टंग नमस्कार ।। 52
वीर मराठा-मावळे, परम जिन्हों के नाम ।
अर्पण कीन्हें प्राण भी, मातृभूमि के नाम ।। 53
ऋषि-मुनि योगी संत को, हिरदय अपना वार ।
ज्ञानी ध्यानी सकल कों, वंदन बारंबार ।। 54
कवि लेखक जन सर्व को, सुहृद जन प्रत्येक ।
प्रोत्साहन जिनसे मिला, वंदन घुटने टेक ।। 55

।। हरि ॐ तत् सत् ।।

ॐ श्लोक:

प्रीत्या च श्रद्धया वन्दे गणेशं स्वरदां गुरुम् ।
धियं प्राप्तुं स्वरं प्राप्तुं कृपामाप्तुं भजाम्यहम् ।। 10

♫ संगीत श्री शिवाजी चरित्र राग-छंद माला, पुष्प 12

**मन्दारमाला-छंद:**[7]

ऽ ऽ।, ऽ ऽ।, ऽ ऽ।, ऽ ऽ।, ऽ ऽ।, ऽ ऽ।, ऽ ऽ।, ऽ

♫ सा-रे- ग॒रे- प-मग॒-रे-मग॒- ध-पम-प- मग॒- म-ग॒रे- ग॒-रेसा-

---

[7] ♫ **मन्दारमाला छंद** : ह्या 22 वर्ण, 37 मात्रांच्या छंदात सात त गण आणि एक गुरु वर्ण योतो. ह्याचे लक्षण सूत्र ऽ ऽ।, ऽ ऽ।, ऽ ऽ।, ऽ ऽ।, ऽ ऽ।, ऽ ऽ।, ऽ ऽ।, ऽ असे असते. ह्यात 4, 10, 16, 22 वर्णांवर यति विकल्पाने येतो. प्रस्तुत पद्य सा-रे- ग॒रे- प-मग॒-रे-मग॒- ध-पम-प- मग॒- म-ग॒रे- ग॒-रेसा- असे वाजविले गाइले जाते.

▶ लक्षण गीत : ✍ **दोहा॰** **मत्त सैंतीस का बना, गुरु कल से हो अंत ।**
**“मंदारमाला” कहा, सप्त स गण का छंद ।। 56**

(मंगलाचरणम्)

वन्दे शिवं पार्वतीवल्लभं नीलकण्ठं हरं मङ्गलं शङ्करम् ।। 1
लम्बोदरं पीतपीताम्बरं चण्डिकानन्दनं श्रीगणेशं शुभम् ।। 2
कादम्बरीं ज्ञानदेवीं भजे भारतीं वैखरीं शारदामातरम् ।। 3
राधावरं कृष्णगोवर्धनं माधवं केशवं श्यामलं सुन्दरम् ।। 4
सीतापतिं रामभद्रं हरिं रामचन्द्रं रघुं जानकीवल्लभम् ।। 5
वातात्मजं मारुतिं व्यङ्कटं रुद्ररूपं कपिं रामदूतं वरम् ।। 6

♫ संगीत श्री शिवाजी चरित्र राग-छंद माला, पुष्प 13

**भुजंगप्रयात छंद**

। ऽ ऽ, । ऽ ऽ, । ऽ ऽ, । ऽ ऽ

♫ सारे- ग-मप-म- गरे- म-गरे- सा-!

(मंगळाचरण मराठी)

प्रभो नीळकंठा! नमो शंकरा, रे! नमस्कार माझा तुला श्री महेशा! । 1
नमस्ते चिदानंद रूपा विधाता! गणाधीश तू ज्ञानदाता गणेशा! । 2
मला ज्ञान संगीत विद्या कला दे, करूँ वंदना मी तुला भाग्यदेवी! । 3
घनश्याम राधावरा! प्रार्थना ही, कृपा केशवा कृष्ण-राधे! असावी । 4
रघो राघवा रामचंद्रा रमेशा! नमो जानकी मैथिली विश्वमाते! । 5
महायोगिनी पार्वती अन्नपूर्णा, नमो विष्णु-नारायणी भाग्यदाता । 6
नमो रामदासा केसरीनंदना, रे! नमो वायुपुत्र! नमो आंजनेया! । 7
महावीर वज्रांग-अंगी कपीशा! तुला वंदना रामदूता अजेया! ।। 8

✍दोहा॰ श्रीगणेश अब मैं करूँ, भज कर गणेश ईश ।
सरस्वती शिव पार्वती, राघव कृष्ण कपीश ।। 57

# 1. Prayers to Lord Gaṇesh

1. **श्री गणेश वंदना :**

## 1. Prayers to Lord Gaṇesh

♫ <u>संगीत श्री शिवाजी चरित्र राग-छंद माला, पुष्प 14</u>

**नन्दन-छंद:**[8]

।।।, ।ऽ।, ऽ।।, ।ऽ।, ऽ।ऽ, ऽ।ऽ

♫ सारेगरे प- मंग- धपमंग- पमं- गरे- ग-रे सा-

(श्री गणेश)

---

[8] **♫ नंदन छंद :** ह्या 18 वर्ण, 25 मात्रावाल्या अंत्यष्टि छंदात न ज भ ज र र गण येतात. लक्षण सूत्र ।।।, ।ऽ।, ऽ।।, ।ऽ।, ऽ।ऽ, ऽ।ऽ असे असते. विराम 11-7 पर विकल्पाने येतो. । प्रस्तुत पद्य सारेगरे प- मंग- धपमंग- पमं- गरे- ग-रे सा- असे बाजविले गाइले जाते.

▶ लक्षण गीत : ✍ **दोहा॰** **मत्त पच्चीस का बना, न ज भ ज र र गण वृंद ।**
**ग्यारह अक्षर पर यति, जानो "नंदन" छंद ।। 58**

# 1. Prayers to Lord Gaṇesh

**शिवसुत! हे प्रभो! सफलतां गुणं यशो देहि माम् ।**
**गजमुख! धीपते! गणपते! विभो! विधे! पाहि माम् ।। 1**
**भव मम रक्षको गजपते! गणेश! विघ्नेश! त्वम् ।**
**अघहर! सर्वदा करुणया हि सङ्कटात्त्राहि माम् ।। 2**

♫ **संगीत श्री शिवाजी चरित्र राग-छंद माला, पुष्प 15**

**पृथ्वी छंद**[9]

। ऽ।, ।। ऽ, । ऽ।, ।। ऽ, । ऽ ऽ, । ऽ

♫ मप- धपमग-, गम-पमगरे-, सारे- मगरे सा-

(गणेश वंदना, मराठी)

**गजानन प्रभो! गणेश्वर विभो! महाबुद्धि तू! ।**
**नमो गजपते! नमो शिवसुता! नमो निर्गुणा! ।**
**करीमुख प्रभो! कृपाकर विभो! महाकाय तू! ।**
**मला यश कला, मला विनय दे, मला ज्ञान दे ।।**

♫ **संगीत श्री शिवाजी चरित्र राग-छंद माला, पुष्प 16**

**मालिनी-छंदः**[10]

---

[9] ♫ **पृथ्वी छंद** : ह्या सुंदर वृत्तात 17 वर्ण आणि 24 मात्रा असतात. ह्यात ज स ज स य गण असतात, शेवटी लघु व गुरु वर्ण असतात. ह्याचे लक्षण सूत्र । ऽ।, ।। ऽ, । ऽ।, ।। ऽ, । ऽ ऽ, । ऽ असे असते. ह्यात 8-9 वर यति येतो. प्रस्तुत पद्य मप- धपमग-, गम-पमगरे-, सारे- मगरे सा- असे गाइले वाजविले जाते.

▶ लक्षण गीत : ✍ **दोहा॰ मत्त चौबीस से सजा, ज स ज स य, ल ग से अंत ।**
**सत्रह वर्ण, सुवर्ण सा, सुंदर "पृथ्वी" छंद ।। 59**

[10] ♫ **मालिनी छंद** : ह्या छंदाच्या चरणांत 15 वर्ण 22 असतात. ह्यात न न म य य गण येतात. लक्षण सूत्र । । ।, । । ।, ऽ ऽ ऽ, । ऽ ऽ, । ऽ ऽ असे असते. 8-7 वर यति विकल्पाने येतो.

▶ लक्षण गीत : ✍ **दोहा॰ मत्त बाईस हों जहाँ, सजा न न म य य वृंद ।**

# 1. Prayers to Lord Gaṇesh

। । ।, । । ।, ऽ ऽ ऽ, । ऽ ऽ, । ऽ ऽ

♫ सासासासासासासानि़सारे–, रे–गन–ग– मग–रे–

(गणेशवंदना)

**गणपतिगणनाथं लम्बकर्णं गणेशम् ।**
**शिवसुतगणराजं वक्रतुण्डं वरेण्यम् ।।**
**सकलभुवननाथं निर्गुणं विश्वमूर्तिम् ।**
**गजमुखलघुनेत्रं शम्भुपुत्रं भजेऽहम् ।।**

**संगीत श्री शिवाजी चरित्र राग-छंद माला, पुष्प 17**

**खयाल : 𝄞राग यमन,[11] तीन ताल 16 मात्रा**

(श्री गणेश वंदना)

**श्लोक:**

**गजाननः कलादेवो नृत्यसंगीतशिल्पकः ।**
**ददाति स कलाधीशः ज्ञानं बुद्धिं च कौशलम् ।। 11**

♫ मग–मप– धप–म–ग–, ग–मनि–सां–सांनि–धप– ।
गप–म प– धसांनि–ध–, म–म प–प ध प–मग– ।।

**स्थायी**

**मंगल वंदन तुझे, गणेशा! सुखकर गान तुझे, जगदीशा ! ।**

♫ नि–पप रे–सासा गग–, मनिधप–! गम॑गप पधम॑ पनिध, पपरे–सा– ।[12]

---

**आठ वर्ण पर यति जहाँ, कहा "मालिनी" छंद ।। 60**

[11] 𝄞 **राग यमन :** हा कल्याण थाटाचा राग आहे. ह्याचा आरोह असतो : नि़ रे ग म॑ प ध नि सां । अवरोह : सां नि ध प म॑ ग रे सा ।

▶ लक्षण गीत : **दोहा॰** **विद्यमान सुर सात ही, तिव्र म स्वर हो प्राय ।**
**वादी ग, नि संवाद का, राग "यमन" कहलाय ।। 61**

# 1. Prayers to Lord Gaṇesh

**अंतरा–1**

**गणपति बाप्पा, हे परमेशा! गणनायक जै जय, जगदीशा! ।**

♫ पगपप सां–सां–, निरें गरेंनिरेंसां–, पगरेसांनिध प– निनि धपरे–सा– ।

**अंतरा–2**

**बघून सुंदर काम तुझे, रे! मुनिजन येतीं शरण तुला, रे! ।**

**संगीत श्री शिवाजी चरित्र राग–छंद माला, पुष्प 18**

**खयाल : राग यमन, तीन ताल 16 मात्रा**

(श्री गणेश वंदना)

**स्थायी**

**मंगल वंदन सुमिरण प्यारे, सुखकर गान गणेश तुम्हारे ।**

♫ नि–पप रे–सासा गरेमंधप रे–सा–, ऩिऩिरेरे ग–मं मंनिधप परे–सा– ।

**अंतरा–1**

**गणपति बाप्पा परम पियारे, गण नायक विघ्नेश दुलारे ।**

♫ पगपप सां–सां– निरेंगं रेंनिरेंसां–, सांगं रेंसांसांनि धपगमंध परे–सा– ।

**अंतरा–2**

**निहार सुंदर काम तिहारे, भगत सभी हैं दास तुम्हारे ।**

---

[12] **स्थायी तान : 1.** मंगल वंदन ऩिरे गमं पध निरें । साऩि धप मंग रसा **2.** मंगल वंदन ऩिरे गमं गरे गमं । पध पमं गरे सा– **3.** मंगल वंदन निनि धप मंग रेसा । ऩिरे गमं पध निसा । **अंतरा तान : 1.** गणपति बाप्पा! हे परमेशा! : गरे गरे साऩि सा– । निध निध पमं प– गरें गरें सांनि धप । निनि धप मंग रेसा । **2.** गणपति बाप्पा! हे परमेशा! : ऩिरे गग रेग मंमं । गमं पप मंप धध । पध निनि धनि सांसां । धनि सांसां धनि सांसां धनि सां,ध निसां, धनि । सांनि धप मंग रेसा ।

# 1. Prayers to Lord Gaṇesh

卐ओवी॰ गणेश देवा! ज्ञान द्या । तुम्हींच वाणी चे आद्या । आम्हां सर्वां द्यावी विद्या । आदिनाथा! ।। 60 ।। तूच माता तूच पिता । तूच आम्हां बुद्धि दाता । परम तूच विधाता । गणनाथा! ।। 61 ।। द्यावी निष्ठा मज भक्ति । गीत लेखनाची युक्ति । श्लोक ओवी दोहे सूक्ति । सिद्धिनाथा! ।। 62 ।।

दोहा॰ **वन्दे गणपति शारदा! जय गुरु! जय भगवान्! ।**
**भक्ति बुद्धि देना मुझे, स्वर किरपा वरदान ।। 62**
**दया क्षमा मन में रहें, धीरज धरूँ अपार ।**
**श्रद्धा विद्या विनय हों, सदाचार व्यवहार ।। 63**
**सदा रहूँ मैं शरण में, स्मरण करूँ दिन-रात ।**
**मरण मुझे देना, प्रभो! परम शाँति के साथ ।। 64**

**संगीत श्री शिवाजी चरित्र राग-छंद माला, पुष्प 19**

(गणेशवंदना)

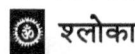

**श्लोकाः**

**शतवारमहं वन्दे लम्बतुण्डिं गणेश्वरम् ।**
**एकदन्तं च हेरम्बं चारुकर्णं गजाननम् ।। 12**
♪ रेरेरे-रेरेग- प-म- प-पप-ध- पम-गरे- ।
रे-गम-प- म ग-रे-सा- ऩिसारे-म- पम-गरे- ।।

**गं गं गं गं गणेशं श्रीं चतुर्बाहुं महोदरम् ।**
**विश्वमूर्तिं महाबुद्धिं वरेण्यं गिरिजासुतम् ।। 13**

**गणपतिं परब्रह्म शूर्पकर्णं करीमुखम् ।**
**पशुपतिमुमापुत्रं लम्बोदरं गणाधिपम् ।। 14**

**हस्तिमुखं महाकायं ढुण्ढिं सिद्धिविनायकम् ।**

# 1. Prayers to Lord Gaṇesh

वक्रतुण्डं चिदानन्दम्-आम्बिकेयं द्विमातृजम् ।। 15
महाहनुं विरूपाक्षं ह्रस्वनेत्रं शशिप्रभम् ।
पीताम्बरं शिवानन्दं देवदेवं शुभाननम् ।। 16
सर्वमङ्गलमाङ्गल्यं प्रभुं मूषकवाहनम् ।
ऋद्धिसिद्धिप्रदातारं विघ्नहरं विनायकम् ।। 17
जगदीशं शिवापुत्रम्-आदिनाथं क्षमाकरम् ।
अनन्तं निर्गुणं वन्द्यं यशस्करं परात्परम् ।। 18
आदिपूज्यं शुभारम्भं ज्ञानेशं मोदकप्रियम् ।
प्रातः सायमहं वन्दे गणेशं च सरस्वतीम् ।। 19
गौरीपुत्रं गणाधीशं गजवक्त्रं कृपाकरम् ।
भालचन्द्रं शिवाऽऽनन्दं पार्वतीनन्दनं भजे ।। 20
प्राप्तुं ज्ञानं युवाभ्याञ्च विद्यां भाग्यं शुभान्वरान् ।
नमस्कृत्य कृताञ्जलिः-रत्नाकरो भजाम्यहम् ।। 21

♫ संगीत श्री शिवाजी चरित्र राग-छंद माला, पुष्प 20

(प्रभु! तुझी लीला)

**स्थायी**

**शिखरिणी छंद**[13]

---

[13] ♫ **शिखरिणी छंद** : ह्या छंदाच्या चरणांत 17 वर्ण आणि 25 मात्रा असतात. ह्यात य म न स भ गण आणि एक लघु एक गुरु मात्रा असते. ह्याचे लक्षण सूत्र । ऽ ऽ, ऽ ऽ ऽ, ।।।, ।। ऽ, ऽ।।, । ऽ असे असते. ह्यात 6-11 वर यति विकल्पाने येतो. प्रस्तुत पद्य सारे-सानि़सा- रेग़रे-, रेरेरे ग़पमग़रेग़ रेग़रे सा- अशा प्रकारें वाजविले व गाइले जाऊं शकते.

▶ लक्षण गीत : ✍ **दोहा॰** **मत्त पच्चीस में सजा, य म न स भ ग का वृंद ।**
**छठी मत्त पर यति जहाँ, चारु "शिखरिणी" छंद ।। 65**

छंद रचनेत सर्व पंक्ति एकाच सूत्राने लिहिल्या जातात म्हणून साधारणपणें छंदाची रचना लघु असते. परंतु,

# 1. Prayers to Lord Gaṇesh

। ऽ ऽ, ऽ ऽ ऽ, ।।।, ।। ऽ, ऽ।।, । ऽ

♫ सारे-सानि़सा- रेग॒रे-, रेरेरे ग॒पमग॒रेग॒ रेग॒रे सा-

(प्रभूची लीला)

**विधात्याची लीला, ग्रहण करण्याला गहन ती ।**

**तरी, निष्ठाभावें, स्मरण करण्याला सुगम ती ।।**

**अंतरा-1**

**पृथ्वी छंद + शिखरिणी छंद**

। ऽ।, ।। ऽ, । ऽ।, ।। ऽ, । ऽ ऽ, । ऽ

। ऽ।, ।। ऽ, । ऽ।, ।। ऽ, । ऽ ऽ, । ऽ

। ऽ ऽ, ऽ ऽ ऽ, ।।।, ।। ऽ, ऽ।।, । ऽ

। ऽ ऽ, ऽ ऽ ऽ, ।।।, ।। ऽ, ऽ।।, । ऽ

♫ मप- ध॒पम ग॒-, ग॒म- पमग॒ रे-, सारे- मग॒रेसा-

**कुणीं नमन ही, कुणीं भजन ही, कुणीं प्रार्थना ।**

**कुणीं धन तथा, कुणीं सुख सदा, तुला मागतीं ।।**

**तुझी माया, देवा! कथन करण्याला कठिण ती ।**

**तरी, श्रद्धाभावें, मनन करुनी तारण असे ।।**

**अंतरा-2**

**सदा परम तो, गजानन तुला, असो आसरा ।**

**जगात सगळया, दयाळु प्रभु तो, सहारा खरा ।।**

**गणेशाची सेवा, सतत करुनी, तू सफल हो ।**

**सदा विद्यादाता, शिवसुत तुझे रक्षण करो ।।**

---

दीर्घ रुचिकर रचनेकरिता स्थायी एका छंदात व अंतरा वेगळ्या छंदात लिहितात. गातेवेळीं मात्रा रागानुसार लघु वा दीर्घ गाइली जाते. स्थायी करिता शिखरिणी छंद आणि अंतरा पृथ्वी छंदात लिहिण्याची काव्यरचना महाराष्ट्रात कविवे श्री कृष्णशास्त्री चिपळुणकर (1850-1882) ह्यांनी सुरु केली होती.

# 1. Prayers to Lord Gaṇesh

♪ संगीत श्री शिवाजी चरित्र राग-छंद माला, पुष्प 21

(प्रभु की माया)

स्थायी

शिखरिणी छंद

I S S, S S S, I I I, I I S, S I I, I S

♪ सारे–! सानिसा–, रेगरे–, रेरेरे गपमग रेग रेगरे सा–

(माया)

प्रभो! तेरी माया, ग्रहण करने में गहन है ।
मगर सच्चे मन से, स्मरण करके वो सुगम है ।।

अंतरा-1

पृथ्वी छंद + शिखरिणी छंद

I S I, I I S, I S I, I I S, I S S, I S
I S I, I I S, I S I, I I S, I S S, I S
I S S, S S S, I I I, I I S, S I I, I S
I S S, S S S, I I I, I I S, S I I, I S

♪ मप– धपम ग–, गम– पमग रे–, सारे– मगरेसा–

कोई नमन से, कोई भजन से, तुझे पूजता ।
कोई धन तथा, कोई सुख सदा, तुझे माँगता ।।
प्रभो! तेरी लीला, कथन करने में कठिन है ।
मगर पक्के मन से, मनन करना ही यजन है ।।

अंतरा-2

सदा चरण में, रहो शरण तो हरि साथ है ।
सभी जगत का, अनाथ जन का, वही नाथ है ।।
हरे! तेरी सेवा, सतत करना ही धरम है ।
सतत सच्चे मन से, करम करना उद्धरण है ।।

# 1. Prayers to Lord Gaṇesh

**संगीत श्री शिवाजी चरित्र राग-छंद माला, पुष्प 22**

**कीर्तन : 𝄞राग खमाज,[14] कहरवा ताल 8 मात्रा**

(गणपति देवा)

**स्थायी**

**गणपति माझा शुभवर दाता, परम कृपाळु सदय विधाता ।**

♫ मपपम पधधप पधधप ध-ध-, मपप मपसांधप पधप मम-म- ।

**अंतरा-1**

**शिवसुत एकदंत, लंबोदर माझा,**

**पार्वती-गिरिजा-उमा त्याची माता ।**

♫ धधनिसां सांसांसांसां सांरेंमंगं रेंसांसां-,

मपपम-पसांधप-पध पम म-म- ।

**अंतरा-2**

**विद्या दे तू! कला दे तू! दे तू! सुख सारे,**

**देवा! यश दे रे! मला, झडकरी आता ।**

**अंतरा-3**

**तन मन माझे, प्रभो! अर्पण तुजला,**

**होतो मोद मला तुझे, स्तुतिगीत गाता ।**

---

[14] 𝄞 **राग खमाज** : हा खमाज थाटाचा अति प्रचलित राग आहे. ह्याचा आरोह असतो : सा ग म प, ध नि सां । अवरोह : सां नि ध प, म ग, रे सा । अवरोही कोमल नि ह्या रागाची विशेषता आहे । ओम् जय जगदीश हरे सारखी सुंदर भजनें ह्या रागात गाइली जातात.

▶ लक्षण गीत : ✍ **दोहा॰** **आरोही रे वर्ज्य हो, वादी ग नि संवाद ।**

**"खमाज" के अवरोह में, कोमल रहे निषाद ।। 66**

**जो षाडव-संपूर्ण है, सुर शृंगारप्रधान ।**

**देत नाम "कांबोज" हैं, जिन्हें राग का ज्ञान ।। 67**

# 1. Prayers to Lord Gaṇesh

**संगीत श्री शिवाजी चरित्र राग-छंद माला, पुष्प 23**

**कीर्तन : 𝄞राग खमाज, कहरवा ताल 8 मात्रा**

(गणपति देवा)

**स्थायी**

**गणपति गणपति गणपति देवा! कोई लाए मोदक कोई लाए मेवा ।**

♫ मपपम पधधप पधनिनिनि निधध-, मप पम पसांधप पध पम म-म- ।

**अंतरा-1**

**गणपति गणपति गणपति देवा! कोई करे भगति तो कोई करे सेवा ।**

♫ धधनिसां सांसांसांसां सांरेंमंगं रेंसांसां-! मप पम पसांध प पध पम म-म- ।

**अंतरा-2**

**भजनन किरतन बहुविध देवा! लंबोदर लंबोदर लंबोदर देवा! ।**

**अंतरा-3**

**मुनि जन करियत जप-तप सेवा, गजमुख गजमुख गजमुख देवा! ।**

**अंतरा-4**

**अर्पण सब तव चरणन देवा! गौरीसुत गौरीसुत गौरीसुत देवा! ।**

**संगीत श्री शिवाजी चरित्र राग-छंद माला, पुष्प 24**

**भजन : 𝄞राग मालकंस,[15] कहरवा ताल 8 मात्रा**

(गणेश वंदना)

---

[15] 𝄞 **राग मालकंस** : हा भैरवी थाटाचा फार लोकप्रिय राग आहे. ह्याचा आरोह असतो : सा ग म, ध नि सां । अवरोह : सां नि ध म, ग म ग सा ।

▶ लक्षण गीत : ✍ **दोहा॰ कोमल ग ध नि, वर्ज्य प रे, सुंदर स्वर जंजीर ।**
**म सा वादि संवाद का, "मालकंस" गंभीर ।। 68**

## 2. Prayers to Goddess Sarasvatī

**स्थायी**

**स्वरदा ने मंजुल गाया है, नारद ने साज बजाया है ।**
**रतनाकर गीत सजाया है ।।**

♫ ममगम गसा निसाधनि सा-म- म-, म-गम गसा निसाध नि-सा-म- म-।
निनिनि-निनि नि-नि निधनिसांनि धम ।।

**अंतरा-1**

**तू ही बुद्धिऽ का बल दाता, तू ही ज्ञान का सोता है ।**
**तू ही ऋद्धिऽ सिद्धिऽ धाता, तूने भाग्य जगाया है ।।**

♫ ग- म- ध-नि- सां- सांसां गंनिसां-, नि- नि- नि-नि नि धनिसांनि धम- ।
ग- म- ध-नि- सां-सां- गंनिसां-, नि-नि- नि-नि नि-नि धधनिसांनि धमगसा ।।

**अंतरा-2**

**तू ही हमरा गुरु अरु माता, तू ही विश्व विधाता है ।**
**विघ्न विनाशक मंगलकारी, तू गणनायक भाया है ।।**

**अंतरा-3**

**तू माथे की रेखा लिखता, तू भगतन को दिखता है ।**
**आदि देव तू! चिदानंद तू! जग तेरी किरती गाया है ।।**

**2. श्री सरस्वती वंदना :**

## 2. Prayers to Goddess Sarasvatī

♫ संगीत श्री शिवाजी चरित्र राग-छंद माला, पुष्प 25

**चित्र छंद**[16]

---

[16] ♫**चित्र छंद** : ह्या 16 वर्ण, 25 मात्रावाल्या अष्टि छंदाच्या चरणांत र ज र ज र गण आणि एक गुरु वर्ण असतो. लक्षण सूत्र ऽ। ऽ, । ऽ।, ऽ। ऽ, । ऽ।, ऽ। ऽ, ऽ असे असते. । विराम पदान्त असतो.

▶ लक्षण गीत : ✍ **दोहा॰ मत्त पच्चीस का जहाँ, गुरु मात्रा से अंत ।**

# 2. Prayers to Goddess Sarasvatī

ऽ। ऽ, । ऽ।, ऽ। ऽ, । ऽ।, ऽ। ऽ, ऽ

(शारदा वंदना)

**छंददायिनी सरोजपाणि ध्यानगम्य देवी! ।**

**राग अर्पिणी सुभाषभाषिणी पवित्र आई! ।। 1**

**ज्ञान देवते कलाप्रसारिणी! सदा तृपा हो ।**

**श्वेतवस्त्रधारिणी, तुझी सरस्वती! कृपा हो ।। 2**

**ॐ श्लोकौ**

**सरस्वति नमस्तुभ्यं देवि मे हर मूढताम् ।**

**अहर्निशं च मां पाहि कुरु मे सर्वमङ्गलम् ।। 22**

**रचितुं काव्यसङ्गीतं शिवलीलामृतं शुभम् ।**

**बुद्धिं देहि च भाग्यं मे सिद्धिं मां देहि शारदे ।। 23**

**卐ओवी॰** विद्या राणी शारदा । प्रज्ञा देवी ज्ञानदा । स्वरदा तू वरदा । सरस्वती! ।। 63 ।। देवी! मी तव चरणीं । अगाध तुझी करणी । धन्य धन्य ही धरणी । तुझी माया ।। 64 ।। देवी! तुझा जयकार । लीला तुझी अपार । जगावर अधिकार । माते! तुझा । 65 ।। देवी! मला द्यावे ज्ञान । माझे लक्ष्यावे ध्यान । सद् विवेकाचे भान । असो मला ।। 66 ।। राग छंद यांचा बोध । गीत-संगीताचा मोद । गूढ इतिहास-शोध । द्यावा मला ।। 67 ।।

**दोहा॰** **विद्या राणी शारदा! तेरा जय जयकार ।**
**मम जीवन पर सर्वथा, तेरा ही अधिकार ।। 70**
**सविनय सभक्ति ज्ञान से, शारद पूजित होय ।**
**अविनय निष्फल शान का, रहे मूल्य ना कोय ।। 71**
**नमन करूँ मैं, शारदे! आकर तेरे द्वार ।**
**नष्ट करो मम मूढ़ता, मन में दो सुविचार ।। 72**
**कला मुझे दो, देवता! छंद राग का ज्ञान ।**

---

**जहाँ र ज र ज र शृंखला, वहीं "चित्र" है छंद ।। 69**

## 2. Prayers to Goddess Sarasvatī

नृप शिवबा के चरित के, लिखूँ सुमंगल गान ।। 73

**संगीत श्री शिवाजी चरित्र राग-छंद माला, पुष्प 26**

**आलाप**

♫ सां- रें सां- निध पम ग- रे ग-, धप मग रे- रे रे, ग रे सा- रे सा,

**स्थायी**

♫ सा-ध- पम-गरे गरेगरे सा-, सा-म- पधध गसां ध-प ध- ।

सा-ध- पमम रेरे गरेग-रे सा-, सा- म-पग-! गसांधप ध-।। सा-०

**देवी सरस्वती ज्ञान दे, आम्हां परम स्वर गान दे ।**

**आम्हां अमर अभिधान दे, हे शारदे! वरदान दे ।। दे०**

**आलाप**

♫ मग रेग म म म म-, धप मप नि नि नि नि-,

गरें सांनि ध- नि- गं रें सां

**अंतरा-1**

♫ सां-सां-! सांनिसां धनि- सांरेंगरेंग-, गं-रें- रेंरें- रेंरें गं-रेंसां-,

गं-रें- रेंरें- रेंरें गं-रेंसां- ।

सासाध- पम- रेरे गरेगरे सा-, गं-रें- रेंरें- रेंरें गं-रेंसां- ।। सा-

**देवी! तुला ही आरती, आम्हीं तुझे सुत भारती,**

**आम्हीं तुझे सुत भारती ।**

**सगळया जनां सुख दान दे, हे शारदे! वरदान दे ।। दे०**

**अंतरा-2**

**संगीत विद्या दायिनी! देवी महासुख कारिणी! ।**

**तू सद् गुणांचे वाण दे, ।। दे०**

**अंतरा-3**

**आम्हां कृपेचे छत्र दे, आम्हांस जगती यश मिळो ।**

## 2. Prayers to Goddess Sarasvatī

**सौभाग्य, माते! छान दे, हे शारदे! वरदान दे ।। दे०**

**अंतरा–4**

**स्वरदा कलेची देवता, आम्हांस देते योग्यता ।**

**आम्हांस चित्तीं ध्यान दे, हे शारदे! वरदान दे ।।**

**हे शारदे! वरदान दे, हे शारदे! वरदान दे, हे शारदे! वरदान दे ।। दे०**

**संगीत श्री शिवाजी चरित्र राग–छंद माला, पुष्प 27**

**आलाप**

♫ सां – रें सां – निध पम प – म ग –

गप निप रे – रे रे – ग प प – म म –

**स्थायी**

♫ प–निधनि पग–गसा म–प म–, ससा म– पधध रेंसां धनिप ध– ।

पपनिधनि पगग गसाम–प म–, सा– म–पध– रेंसांधनिप ध– ।। सा–०

**देवी सरस्वती ज्ञान दो, हमको परम स्वर गान दो ।**

**हमरा अमर अभिधान हो, माँ शारदा वरदान दो ।। दे०**

**अंतरा–1**

♫ सां–सां– सांसां– रेंरें गं–रेंगं–, गंमंरें– गं सांनि धनि गंरेंगंरेंसां–,

सां–रेंनि नि धप पप निधनिपम– ।

पप निध निप ग– गसाम–प म–, सा– म–पध– निसांरें–नि पग ।। सा–

**तेरी करें हम आरती, तेरे ही सुत हम भारती,**

**तेरे ही सुत हम भारती ।**

**सब विश्व का कल्याण हो, माँ शारदे वरदान दो ।। दे०**

**अंतरा–2**

**तुम ही हो बुद्धि दायिनी, तुम ही महा सुख कारिणी ।**

**तुम ही गुणों की खान हो, माँ शारदे वरदान दो ।। दे०**

# 2. Prayers to Goddess Sarasvatī

**अंतरा–3**

**तेरी कृपा से काम हो, जग में न हम नाकाम हों ।**
**हमको न कभी अभिमान हो, माँ शारदे वरदान दो ।। दे॰**

**अंतरा–4**

**तुम हो कला की देवता, देवी हमें दो योग्यता ।**
**हमको हुनर परिधान हो, माँ शारदे वरदान दो ।।**
**माँ शारदे वरदान दो, माँ शारदे वरदान दो, माँ शारदे वरदान दो ।। दे॰**

**संगीत श्री शिवाजी चरित्र राग-छंद माला, पुष्प 28**

**भजन : राग खमाज, कहरवा ताल**
(सरस्वती वंदना, मराठी)

**स्थायी**

**जै जै स्वरदा माता । देवी नमन तुला आता ।**
**दर्शन प्रांजळ सुंदर । आशिष पावन मंगल । मागू तुज गाता ।**
**जैऽ सरऽस्वती माताऽ ।।**

♫ म– म– ममम– गमप– । पध निसांसां सांरेंसां निधरे– ।
पधपध नि–निध पधपध । पधपध नि–निध पधमम । पपप– धप मगरे– ।
प– प– पपधप मगम– ।।

**अंतरा–1**

**जो मागे गुण तुजला । बुद्धि ज्ञानाचा । देवी ऋद्धि मानाचा ।**
**श्रद्धा हृदयी जयाला । वाञ्छित मिळुनी तयाला ।**
**ध्येय सफळ त्याला । जै॰ ।।**

♫ पम मगपम मग पमम–। सांरेंसांनि ध–पमप–। सांसां सांरेंसांनि ध–पमप–।
पधपध नीनीनी धपधम– । पधपध निनिनि धपधम– ।
प–प पधप मगरे– । प– प– पपधप मगम– ।।

## 2. Prayers to Goddess Sarasvatī

अंतरा–2

जो मागे सुर तुजला । सुंदर गानाचा । देवी मंजुळ तानेचा ।
संगित नृत्य शिकाया । अभिनय नाट्य शिकायाऽ ।
मार्ग सरळ त्याचा । जै० ।।

अंतरा–3

जो नर आर्त कलेचा । चित्राकारीचा । देवी वास्तुशिल्पाचा ।
चौसष्ट सगळी विद्या । अष्ट सिद्धीची लीला ।
प्राप्त सकळ त्याला । जै० ।।

अंतरा–4

जो कवि गायक लेखक । वाङ्मय विरचेता । देवी सरगम रचयेता ।
साहित्य साधन त्याला । बुद्धि चे धन त्याला ।
हेऽतु सबळ त्याचा । जै० ।।

अंतरा–5

जो शिक्षक नर ज्ञानी, बाण्याचा मानी । देवी विद्येचा वाणी ।
सेवा हृदयी ज्याच्या, ठेवा सात्विक ज्याचा,
हात सढळ त्याचा । जै० ।।

अंतरा–6

शुभ्र वसन नथ माळा । काजळ तिळ काळा । देवी मुकुट मणी नीळा ।
केयुर कंठी चाळा । कुन्दन गजरा पिवळा ।
रंग तुझा ढवळा । जै० ।।

अंतरा–7

नारद किन्नर शंकर । तुमचे गुण गाती । देवी तुमचे ऋण ध्याती ।
शरण जो चरणी आला । भजन हे स्मरणी ज्याला ।
मोक्ष अटळ त्याला । जै० ।।

# 2. Prayers to Goddess Sarasvatī

संगीत श्री शिवाजी चरित्र राग-छंद माला, पुष्प 29

**आरती : राग खमाज, कहरवा ताल 8 मात्रा**

(स्वरदा वंदना)

**स्थायी**

**जै जै स्वरदा माता । देवी स्मरण तेरा भाता ।**
**दरशन तुमरे सुंदर । सुमिरन तुमरे मंगल ।**
**चाहे सब ध्याता । ॐ जै सरस्वती माता ।।**

♫ म-म- ममम- गमप- । पध नीसांसां सांरेंसां नीधरे- ।
पधपध नीनीनीध पधमम । पधपध नीनीनीध पधमम ।
प-प- धप मगरे- । प- प- पपधप मगम- ।।

**अंतरा-1**

**जो आवे गुण पाने । ध्यान लगाने का ।**
**देवी ज्ञान बढ़ाने का ।**
**तेरे दर पर पावे । झोली भर कर जावे ।**
**ध्येय सफल उसका । ॐ जै सरस्वती माता ।।**

♫ पम मगपम मग पमम- । सांरेंसां नीध-पम प- ।
सांसां सांरेंसां नीध-पम प- ।
पधपध नीनी नीध पधम- । पधपध नीनी नीध पधम- ।
प-प पधप मगरे- । रे- प- पपधप मगम- ।।

**अंतरा-2**

**जो आवे सुर पाने । गान बजाने का ।**
**देवी तान सजाने का ।**
**संगित नृत्य सिखाने । नाट्य कला को दिखाने ।**
**मार्ग सरल उसका । ॐ जै सरस्वती माता ।।**

# 2. Prayers to Goddess Sarasvatī

अंतरा–3

जो प्यासा है कला का । चित्राकारी का ।
देवी शिल्पाकारी का ।
चौंसठ सारी कलाएँ । विद्या अष्ट लीलाएँ ।
साध्य सकल उसका । ॐ जै सरस्वती माता ।।

अंतरा–4

जो कवि गायक लेखक । वाङ्मय विरचेता ।
देवी सरगम रचयेता ।
साहित्य साधन पावे । बुद्धि का धन आवे ।
हेतु सबल उसका । ॐ जै सरस्वती माता ।।

अंतरा–5

शुभ्र वसन नथ माला । काजल का तिल काला ।
देवी हाथ कमल नीला ।
केयुर कंठी छल्ला । गजरा कुन्दन ड़ाला ।
मुकुट है नग वाला । ॐ जै सरस्वती माता ।।

अंतरा–6

नारद किन्नर शंकर । तुमरे गुण गाते ।
देवी तुमरे ऋण ध्याते ।
भगत जो शरण में आता । भजन ये तुमरे गाता ।
मोक्ष अटल उसका । जै जै सरस्वती माता ।।

## सरस्वतीपूजनम् ।

ॐ श्लोकाः ।

♫ ग–गग–गगरे–म–ग– प–पप–पमग–पम– ।
रेरे–रे प–म–ग– रेसा– रे–गम– पमग–रेसा– ।।

(वाणीपूजनम्)

## 2. Prayers to Goddess Sarasvatī

ॐ (आसनम्)

स्वर्णरत्नसमायुक्तं केकिपक्षविभूषितम् ।
गृहाण शारदे मातः सुन्दरं कमलासनम् ।। 24
ॐ सरस्वत्यै नम आसनार्थे कुशदर्भं समर्पयामि ।

ॐ (पाद्यम्)

वीणावादिनि गिर्देवि स्वरदायिनि ज्ञानदे ।
गृह्णीतात्त्वं मया दत्तं पाद्यं गङ्गाजलं शुभम् ।। 25
ॐ सरस्वत्यै नमः पादयोः पाद्यं समर्पयामि ते ।

ॐ (अर्घ्यम्)

विद्यादायिनि वागीशे गिरे गणपतिप्रिये ।
शब्दरूपेण त्वं देवि धनं भाग्यञ्च देहि माम् ।। 26
ॐ सरस्वत्यै नमोऽर्घं समर्पयामि ते ।

ॐ (आचमनम्)

सुरभीदुग्धयुक्तञ्च गङ्गानीरञ्च निर्मलम् ।
भाग्यदे तीर्थपानीयं स्वीकुरु देवि भारति ।। 27
ॐ सरस्वत्यै नम आचमनीयं नीरं समर्पयामि ।

ॐ (स्नानम्)

ब्रह्मपुत्रि कलादेवि विद्ये गृहाण वाङ्मयि ।
तोयमेतद्धि स्नानार्थम्-अमृतं जाह्नवीजलम् ।। 28
ॐ सरस्वत्यै नमः स्नानीयं जलं समर्पयामि ।

ॐ (वस्त्रम्)

ददे गिरे नवं वस्त्रं शोभनं बहुसुन्दरम् ।
आच्छादनं मया दत्तं स्वीकुरु प्रियदर्शिनि ।। 29

# 2. Prayers to Goddess Sarasvatī

ॐ सरस्वत्यै नमो वस्त्राभरणं समर्पयामि ।

ॐ (चन्दनम्)

सर्वसुरप्रिये वाचे गृह्णीताद्देवि चन्दनम् ।
कस्तूरीं कुङ्कुमं रक्तं केशरञ्च सुगन्धितम् ।। 30
ॐ सरस्वत्यै नमश्चन्दनं समर्पयामि ।

ॐ (अक्षतम्)

गृहाण वाणि वाग्देवि शुचिं तन्डुलमक्षतम् ।
स्वरदे ज्ञानदे देवि प्रसीद भुवनेश्वरि ।। 31
ॐ सरस्वत्यै नमोऽक्षतं समर्पयामि ।

ॐ (पुष्पम्)

पद्मपुष्पं जपापुष्पं कर्णिकारञ्च पाटलम् ।
चम्पकं बकुलं कुन्दं स्वीकुरु देवि मालतीम् ।। 32
ॐ सरस्वत्यै नमः पुष्पमालां समर्पयामि ।

ॐ (धूपम्)

सुगन्धितं प्रयच्छामि गोघृतेन समन्वितम् ।
धूपवर्त्तिञ्च कर्पूरं गृह्णीतान्मङ्गलं गिरे! ।। 33
ॐ सरस्वत्यै नमो धूपमाघ्रापयामि ।

ॐ (दीपः)

वाचे विद्ये जगन्माते जगदानन्ददायिनि ।
गृह्णीष्व पावनं दीपं-ऋद्धिसिद्धी च कारिणि ।। 34
ॐ सरस्वत्यै नमो दीपं सन्दर्शयामि ।

ॐ (नैवेद्यम्)

# 2. Prayers to Goddess Sarasvatī

**नैवेद्यं पञ्चपक्वान्नं निवेदयामि श्रद्धया ।**
**रसयुक्तञ्च प्रत्यग्रं स्वायंभूव्यै सुधारसम् ।। 35**
**ॐ सरस्वत्यै नमो नैवेद्यं निवेदयामि ।**

(आरात्रिकम्)
**इडे भारति श्रीविद्ये हंसगामिनि पाहि माम् ।**
**स्वररूपेण त्वं देवि सङ्गीतं ननु देहि मे ।। 36**
**ॐ सरस्वत्यै नम आरत्रिकं समर्पयामि ।**

(पुष्पाञ्जलिः)
**पिङ्गलां मङ्गलां मायां ब्रह्माणिं कमलासनाम् ।**
**कादम्बरीं कलां प्रज्ञां वन्देऽहं वरदायिनीम् ।। 37**
**ॐ सरस्वत्यै नमः पुष्पाञ्जलिं समर्पयामि ।**

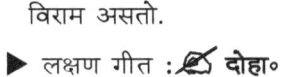

♫ **संगीत श्री शिवाजी चरित्र राग-छंद माला, पुष्प 30**

**गीता छंद**[17]

।। ऽ, । ऽ ।, । ऽ ।, ऽ ।।, ऽ । ऽ, ।। ऽ, । ऽ

(शारदा प्रार्थना, मराठी)

**स्वरदे! कृपा कर शारदे! वरदान दे, स्वरगान दे ।**
**सुर दे मला यश छान दे, अभिधान दे, शुभ ज्ञान दे ।। 1**
**वरदे! मला वर दे, सुनीति-अनीति चे अवधान दे ।**

---

[17] ♫ **गीता छंद :** ह्या 20 वर्ण, 28 मात्रांच्या छंदात स ज ज भ र स गण आणि एक लघु तथा एक गुरु वर्ण येतो. ह्याचे लक्षण सूत्र ।। ऽ, । ऽ ।, । ऽ ।, ऽ ।।, ऽ । ऽ, ।। ऽ, । ऽ असे असते. ह्यात 5-12-20 वर वैकल्पिक विराम असतो.

▶ लक्षण गीत : **दोहा॰** **मात्रा अट्ठाईस में, स ज ज भ र स गण वृंद ।**
**लघु गुरु मात्रा अंत का, पावन "गीता" छंद ।। 74**

# 2. Prayers to Goddess Sarasvatī

**मम जन्मस्थान महान भारत भूमि चा अभिमान दे ।। 2**

(शारदा प्रार्थना, हिंदी)

**वरदान दे स्वरदे! कृपा कर, वंदना मम, ज्ञानदे! ।**
**सब काम हो यशमान, हार्दिक याचना मम, ज्ञान दे ।। 1**
**वरदे! हमें कमनीय उज्ज्वल विश्व में अभिधान हो ।**
**मम मातृ भारत भूमि का, हमको सदा अभिमान हो ।। 2**

**संगीत श्री शिवाजी चरित्र राग-छंद माला, पुष्प 31**

**राग : मालकंस, कहरवा ताल 8 मात्रा**

(शारदा वंदना)

**स्थायी**

**स्वरदा ने मंजुल गाया है, नारद ने साज बजाया है ।**
**रतनाकर गीत सजाया है ।।**

♫ ममगम गसा निसाधनि सा-म- म-, म-गम गसा निसाध नि-सा-म- म-।
निनिनि-निनि नि-नि निधनिसांनि धम ।।

**अंतरा-1**

**देवी! तूने दिया ये गीत हमें, तू ही दिया संगीत हमें ।**
**तूने स्वर का ज्ञान दिया है, सुर हमने तुझसे पाया है ।।**

♫ गम! ध-ध धनि-नि- सां- सां-गंनिसां-, नि- नि निनि- नि-धनिसां निधम- - - ।
गग म- धध नि- सां-सां सांगंनिसां-, निनि निनिनि- निनिधनि सांनिधम गसा ।।

**अंतरा-2**

**सरस्वती तू बुद्धि दायिनी, विद्या की तू रानी है ।**
**आरती तेरी मन मंदिर में, यह ज्ञान दीप जलाया है ।।**

**श्लोकः**

(शारदावंदना)

# 2. Prayers to Goddess Sarasvatī

**नाशयति गिराऽज्ञानं सङ्गीतं च ददाति सा ।**
**वाणीं कलाश्च ज्ञानं च तस्मात्सा ज्ञानदा मता ।। 38**

♬ रे-रेरेरे- रेसा-ग-रे-, म-म-म- म- पम-ग रे- ।
प-प- पप-प ध-प- म- ग-म-म- प-मग- रेसा- ।।

✍दोहा॰ **सरस्वती को वंदना, सकल सफल हों काम ।**
**लिखूँ गीत मैं शारदे! पाहि! पाहि! तू माम् ।। 75**

♫ संगीत श्री शिवाजी चरित्र राग-छंद माला, पुष्प 32

**हरिणलुप्ता छंद**[18]

।। ऽ, ।। ऽ, ।। ऽ, । ऽ
।।।, ऽ।।, ऽ।।, ऽ। ऽ

(शारदा वंदना)

**स्वरदे! वरदे! ऋत ज्ञानदे! ।**
**शरम आदर का सद् दान दे ।। 1**
**हमको स्वर का सुर ज्ञान दे ।**
**परम माँ! किरपा कर शारदे! ।। 2**

(कवचम्)

ॐ **श्लोकाः**

**सुगमं कथनं पुण्यं शुभञ्च सर्वज्ञानदम् ।**

---

[18] ♬ **हरिणलुप्ता छंद** : ह्या 12 वर्ण, 16 मात्रावाल्या विषम छंदाच्या विषम पदांत स स स गण आणि एक लघु आणि एक गुरु मात्रा असते. सम चरणांत न भ भ र गण येतात. पदान्त विराम असतो. ह्याचे लक्षण सूत्र ।। ऽ, ।। ऽ, ।। ऽ, । ऽ - ।।।, ऽ।।, ऽ।।, ऽ। ऽ असे असते.

▶ लक्षण गीत : ✍ **दोहा॰ विषम पाद में स स स हों, लघु गुरु मात्रा अंत ।**
**न भ भ र गण सम में जहाँ, "हरिणलुप्त" है छंद ।। 76**

## 2. Prayers to Goddess Sarasvatī

**स्मर्तुं वाग्देवतायै यत्-सरस्वत्यै कृतं मया ।। 39**

♫ रे-रेरे- रेरेसा- ग-रे-, मम-म- म-पम-गरे- ।

प-प- प-प-पध-प- म-, पप-म-ग- मग- रेसा- ।।

**भगवतीं महाविद्यां वन्देऽहं परमेश्वरीम् ।**

**सरस्वतीं गिरादेवीं मातरं भक्तवत्सलाम् ।। 40**

**ब्राह्मि देवि नमस्तुभ्यं महाप्राज्ञे विशारदे ।**

**अज्ञं च मन्दबुद्धिं च पाहि मां शरणागतम् ।। 41**

**संगीत श्री शिवाजी चरित्र राग-छंद माला, पुष्प 33**

**भजन : राग यमन कल्याण, कहरवा ताल 8 मात्रा**

(शारदा वंदना)

**स्थायी**

**मंगल सुंदर सुमिरण प्यारे, सुखकर वंदन देवी तुम्हारे ।**

♫ -पमंरेरे ग-गग -पमंरेरे ग-ग-, -निनिरेरे मं-मंमं -मंधनि धप-मंग ।

**अंतरा-1**

**सुन कर वीणा तार सुखारे, भगतन सारे शरण तुम्हारे ।**

♫ -पग पप सां-सां- -सांसांनि धधसांनिप, -निगंरेंसां सांनिधप -मंधनि धप-मंग ।

**अंतरा-2**

**सरस्वती माता ज्ञान की दाती, शुभ वर दे दे परम पियारे ।**

**अंतरा-3**

**हम बालक हैं गोद में तेरी, ममता से तू हमको निहारे ।**

**संगीत श्री शिवाजी चरित्र राग-छंद माला, पुष्प 34**

**राग : भैरवी, कहरवा ताल 8 मात्रा**

(सरस्वती वंदना)

# 3. Obeisance to Shiva Parvati and Ganesh

**स्थायी**

**सरस्वती ने गाया है, नारद साज बजाया है ।**
**रतनाकर से रचाया है, मंगल गीत सजाया है ।।**

♫ साम-ममप- मग गमपम प-, प-पध प-म मरे-ग- म- ।
सामम-मप म गगमपम प-, प-पध पमम मरे-ग- म- ।।

**अंतरा-1**

**देवी तू भव माता है, मन तव भजनन गाता है ।**
**ज्ञानी शरण जो आता है, दान कला का पाया है ।।**

♫ सां-सांरें सां- निध ध-निरें सां-, सांसां सांरें सांसांनिध निधनिरें सां- ।
सां-सां- सांरेंसां नि निसांरें- सांरें, ध-म धनि- सां- धपमग म- ।।

**अंतरा-2**

**कर वीणा, गल माला है, नैनन काजल काला है ।**
**रूप सुमंगल प्यारा है, गान मधुर जग न्यारा है ।।**

**अंतरा-3**

**वंदन तुझको स्वर दाते! जय जय तेरी जय माते! ।**
**तेरी हम पर छाया है, वत्सल तेरी माया है ।।**

**3. शिव-भवानी-गणेश वंदना :**

# 3. Obeisance to Shiva Parvati and Ganesh

♫ संगीत श्री शिवाजी चरित्र राग-छंद माला, पुष्प 35

**खरारी छंद**[19]

---

[19] ♫ **खरारी छंद** : ह्या 32 मात्रा वाल्या लाक्षणिक छंदाचे लक्षण सूत्र 8, 6, 8, 10 असे असते.

▶ लक्षण गीत : ✍ **दोहा॰** **मत्त बत्तीस का बना, लघु गुरु गुरु हों अंत ।**
**विरम आठ छः आठ पर, वही "खरारी" छंद ।। 77**

# 3. Obeisance to Shiva Parvati and Ganesh

8, 6, 8, 5 + । ऽ ऽ

(शिव-पार्वती-गणेश)

**जै गंगाधर, जै गौरी, जग जन माता, जै जै गणनाथा ।**
**शंभु सदाशिव, भालचंद्र, शंकर भोळा, जै शुभ वरदाता ।। 1**
**शेरावाली, जै अंबे, जै जगदंबे, जै जै जगमाता ।**
**सिद्धिविनायक, जै गणपति, लंबोदर श्री, एकदंत माझा ।। 2**

卐**ओवी॰** दया देवी भवानीची । माया अतोनात जिची । शिवबाच्या कहाणीची । केली लीला ।। 68 ।। शंकराला ती म्हणाली । जशी आपुली प्रणाली । घ्यावा तुम्हीं योग्य काळीं । अवतार ।। 69 ।। "शिवबा" महान असा । शिव-अवतार जसा । अवघ्या जगीं ह्या तसा । झाला नसे ।। 70 ।। भारतात अधर्माचा । जोर झाला कुकर्मांचा । श्वास कोंडला धर्माचा । मुगलांनी ।। 71 ।। घ्याहो अवतार नाथा! । जशी बोलली श्रीगीता । जिजाऊचा पुत्र आता । तुम्हीं व्हावे ।। 72 ।। दाखवुनी पराक्रम । दूर करा त्यांचा भ्रम । वीर मराठ्यांचे श्रम । धन्य करा ।। 73 ।। झाले तुम्हीं हनुमान । रामदासी रूप छान । नष्ट कराया रावण । कपिवर ।। 74 ।। वेळ आता पुन्हा आली । नासधुस पुरे झाली । म्हणाली ती देवी-काली । शंकराला ।। 75 ।। चला-चला घाई करा । निघा आता तुम्हीं त्वरा । कुशी जिजाऊची भरा । पुत्र रूपें ।। 76 ।। "शिवाजी" हे नांव धरा । मराठ्यांना गोळा करा । शिरीं जिरें टोप तुरा । शोभिवंत ।। 77 ।। अश्वस्वार महाधीट । हाती तलवार नीट । अधर्माचा ज्याला वीट । शिवबा तो । 78 ।। शिव अंबा गणाधिप । शिवाजीचे मार्ग-दीप । संत वीर त्यासमीप । सर्व आले ।। 79 ।। थोर नारी जिजाबाई । धोरणी ती त्याची आई । बाळकडु त्यास देई । स्वातंत्र्याचे ।। 80 ।। स्वातंत्र्याचा एक ध्यास । अहोरात्र मनीं त्यास । भवानीचा वर खास । प्राप्त त्याला ।। 81 ।।

✍**दोहा॰** **माते! तेरा पुत्र ये, मर्द मराठा वीर ।**
**तोड़ेगा रणधीर ये, पारतंत्र्य जंजीर ।। 78**

♫ सा-रे- ग-रे- म-ग म-, प-म रेग-रे- म-म ।
ध-प-म- गगम-प म-, प-मग-रे ग-म-म ।।

# 3. Obeisance to Shiva Parvati and Ganesh

वैरी इसके क्रूर हैं, दुष्ट अधम शातीर ।
देगा शिवबा प्राण भी, मातृभूमि खातीर । 79
किया शिवा ने धन्य ये, मुळा-मुठा का नीर ।
गाते उसके गीत हैं, काव्यकार साहीर ।। 80

संगीत श्री शिवाजी चरित्र राग-छंद माला, पुष्प 36

**दादरा ताल**

(शिवलीलामृत)

**स्थायी**

**शिवलीलाऽमृतं ह्रद्यपुण्यं, इतिहासे इदं अग्रगण्यम् ।**
**सुन्दरं मंगलं वीरकाव्यं, साकारं करोति विधाता ।।**
**अद्‌भुतं मोददं चित्तरम्यं, स्फूर्तिदं प्रेरकं, ज्ञानगम्यम् ।**
**सभ्यतादं शुभं भक्तिकाव्यं, एषा सन्मानदा ज्ञानगीता ।।**

♫ मगम-म-मप- म-गम-प-, मपध-ध- निसां- नि-धप-म- ।
म-गम- म-मप- म-गम-प-, म-पध- ध-धनि- ध-पग-म- ।।
म-गम- म-मप- म-गमप-, म-पध- ध-निसां-, नि-धप-म- ।
म-पध-ध- नि-ध- प-मम-प-, म-प ध-ध-निसां- नि-धप-म- ।।

**अंतरा-1**

**तुकारामांची अभंग उक्ति, रामदासांच्या श्लोकांची सूक्ति ।**
**जिजाबाईंची स्वातंत्र्य वृत्ति, वर दिधला जो भवानी माता ।।**

♫ सांसांनि-रेंसां ध-नि-ध प-म-, सां-सांनि-सां-नि नि-ध-नि प-म- ।
मग-म म-म प-म-ग म-प-, मप धधध- ध- धनि-ध- प-म- ।।

**अंतरा-2**

**मर्द शूरांची सुंदर कहाणी, धर्मधीरांच्या कीर्तींची गाणीं ।**

# 3. Obeisance to Shiva Parvati and Ganesh

कर्मवीरांची ओजस्वी वाणी, भक्तिभावांत गाऊंया आता ।।

अंतरा–3

दान विद्येचे द्या गणनाथा! लिहूं शिवबाची मी दिव्य गाथा ।
ऐसी झाली न होणार गीता, राग–छंदांची सरगम सरिता ।।

संगीत श्री शिवाजी चरित्र राग-छंद माला, पुष्प 37

(शिव पार्वती)

**स्थायी**

आओ संतन, आओ भगतन, शिव शंकर के करिए कीर्तन ।
♫ सा–गम प–पप, प–धनि धपमम, गग ग–मम म– धपम– गगरेरे ।

**अंतरा–1**

जपा कमल के फूल चढ़ाओ, ज्योत जलाओ, भोग लगाओ ।
प्रसाद पाओ मंगल वाला, भालचंद्र को करके वंदन ।।
♫ रेग– ममम म– ध–प मग–म–, नि–ध पम–प–, ध–प मग–म– ।
सांसां–नि प–ध– सां–निध प–ध–, प–म ग–रे म– धपम– ग–रेरे ।।

**अंतरा–2**

शंभु पिता हैं, उमा है माता, गौरी–शंकर शुभ वर दाता ।
आओ सत् जन, शिव–अंबा के, पावन आशिष करिए अर्जन ।।

**अंतरा–3**

नाम शिवा के और उमा के, परम प्रेम से करिए सुमिरण ।
दीन दयाला शिव–दुर्गा के, ध्यान लगा कर करिए चिंतन ।।

**अंतरा–4**

हाथ जोड़ कर, शीश झुका कर, जय जय बोलो शिव–भोले की ।
निर्मल हिरदय, तन मन अपना, शिव चराणों में करिए अर्पण ।।

# 3. Obeisance to Shiva Parvati and Ganesh

संगीत श्री शिवाजी चरित्र राग-छंद माला, पुष्प 38

**भजन : 𝄞राग दुर्गा, कहरवा ताल 8 मात्रा**

(ओ दुर्गा देवी)

**स्थायी**

**ओ दुर्गा देवी! ओ दुर्गा देवी! ओ दुर्गा देवी वर दे ।**
**ओ किरपा तेरी, ओ किरपा तेरी, ओ किरपा तेरी कर दे ।।**

♪ रे म-म- पप-! म प-प- धध-! प ध-ध- सांध पप म- ।
सा रे-रे- मम-, रे म-म- पप-, म प-प- धप- मरे सा- ।।

**अंतरा-1**

**झोली मेरी, कबसे खाली, भरदे झोली, माता काली ।**
**ओ झोली मेरी, ओ झोली मेरी, ओ झोली मेरी देवी भरदे ।।**

♪ सा-रे- म-रे-, म-म- प-म-, प-प- ध-प-, ध-सां- ध-प- ।
म प-प- धध-, प ध-ध- सांध-, प धध पप मम रेरेसा- - ।।

**अंतरा-2**

**नैया मेरी, दूटी डोरी, तूही तारे, माता गौरी ।**
**ओ नैया मेरी, ओ नैया मेरी, ओ नैया मेरी देवी तरदे ।।**

**अंतरा-3**

**गोदी मेरी, मैया खाली, भरदे गोदी, मैया काली ।**
**ओ गोदी मेरी, ओ गोदी मेरी, ओ गोदी मेरी देवी भरदे ।।**

संगीत श्री शिवाजी चरित्र राग-छंद माला, पुष्प 39

**भजन : 𝄞राग काफी, कहरवा ताल 8 मात्रा**

(शिव पार्वती गणेश)

**स्थायी**

## 3. Obeisance to Shiva Parvati and Ganesh

शिव पार्वती गणेश, जय जय, शिव पार्वती गणेश ।
जय जय, शिव पार्वती गणेश ।
ध्याऊँ तुमको पाऊँ तुम को, वंदन करूँ महेश ।
शिव पार्वती गणेश ।।

♫ -निनि नि-निसांप पपध-प मग सानि़, -नि़सा रेपमरेसा नि़सा - - सा ।
मरे सानि़- नि़सा रेपमरेसा नि़सा- - - - - - सा ।
-मपनि- निनिनि- -सां-सां रेंनिसां-, -नि-निनि धमप धप- - -मधपमगरेसानि़ ।
नि़सा रेपमरेसा नि़सा- - - - - - सा ।।

**अंतरा-1**

ज्यों हि तुमरे सुमिरण कीन्हे, सपनन तुमने दर्शन दीन्हे ।
भवसागर से सुखसागर में, दूर-हुए क्लेश ।
शिव पार्वती गणेश ।।

♫ -निध म पपप- -नि धमम प-प-, -निधम- पपपसां- निधमम प-प- ।
-मप निनिसां सां- -सांगं रेंसांरेंनि सां-,
-नि-निनिधमप धप- - -मधपमगरेसानि़ ।
नि़सा रेपमरेसा नि़सा- - - - - - सा ।।

**अंतरा-2**

जो भी तुमरे दर पर आवे, पल में उसके घर भर जावे ।
दुःख जगत के वो तर जावे, तेरी कृपा उमेश ।
शिव पार्वती गणेश ।।

**अंतरा-3**

कोई तुमसे अलख नहीं है, सारी तुमसे व्याप्त मही है ।
तेरी कृपा से हसरत मेरी, पूर्ण हुई अशेष ।
शिव पार्वती गणेश ।।

# 4. Obeisance to Mothe India

4. भारतभूमि वंदना :

# 4. Obeisance to Mothe India

  संगीत श्री शिवाजी चरित्र राग-छंद माला, पुष्प 40

(भारत राष्ट्र गौरव गीत)

### स्थायी

कर्मभूमि ये भारत हमारा, सारी दुनिया में हमको है प्यारा ।
इसका इतिहास सुंदर नियारा, दिव्य भारत हमारा जियारा ।।

♪ म-गम-म- म प-म- गम-प, मप धधध- नि सां-नि- ध प-म- ।
म-प धधध-ध नि-ध- पम-प, म-प ध-ध- सांनि-ध- धप-म- ।।

### अंतरा-1

इसकी धरती है सोने की माटी, इसके सिर पर हिमालय की चोटी ।
इसकी नदियाँ हैं अमृत की धारा, इसके पग में समुंदर किनारा ।।

♪ सां-सां नि-सां- नि ध-नि- ध प-म-, सां-सां नि- सां- निध-नि- ध प-म- ।
म-ग ममम- म ध-प- ग म-प-, ग-म पप प- पध-नि- धप-म-।।

### अंतरा-2

इसकी आभा है अंबर की ज्योति, चाँद सूरज हैं कुण्डल के मोती ।
रम्य अनुपम है इसका दीदारा, विश्व का है ये उज्ज्वल सितारा ।।

### अंतरा-3

इसकी वायु में सौरभ घनेरा, इसका मंगल है साँझ और सवेरा ।
इसमें आनंद है अद्भुत अपारा, ये है कुदरत का मनहर नज़ारा ।।

### अंतरा-4

मोर कोयल पपीहे हैं गाते, टेर कुहू हैं मंजुल सुनाते ।
संग सावन का शीतल फुहारा, सारे वतनों में ये है दुलारा ।।

# 4. Obeisance to Mothe India

अंतरा–5

पर नारी यहाँ पर है माता, भाईचारे का सबमें है नाता ।
यहाँ इंसानियत का बसेरा, शुभ शाँति अहिंसा का नारा ।।

अंतरा–6

इसकी संतानें हैं वीर ज्ञानी, संत योगी कलाकार दानी ।
स्नेह सेवा शराफत का डेरा, स्वर्ग से प्रिय है देश मेरा ।
स्वर्ग से प्रिय है देश हमारा ।।

(कोरस)

जय हो जय हो, तेरी जय हो जय हो, जय हो जय हो, सदा जय हो जय हो ।
जय हो जय हो, तेरी जय हो जय हो, जय हो जय हो, सदा जय हो जय हो ।।

♪ सां– सां नि सां–, निध– नि ध प– ध–, सां– सां नि सां–, निध– नि ध प– म– ।
म– ग म– म–, मप– म ग म– प–, ध– ध नि नि, निसां– नि ध प– म– ।।

संगीत श्री शिवाजी चरित्र राग–छंद माला, पुष्प 41

(भारत-राष्ट्रगौरव-गीतम्)

स्थायी

भारतं कर्मभूमिरस्माकं, भारतं स्वर्गभूमिरस्माकम् ।

♪ म–गम– म–मप–म–गम–प–, म–पध– ध–निसां–नि–धप–म– ।

अंतरा–1

अस्ति राष्ट्रं समृद्धं सुवर्णं, यस्य तुङ्गो हिमाद्रि: किरीटम् ।
पीयूषं हि नदीषु च नीरं, पावनं पादयो: सिन्धुतोयम् ।।

♪ सां–सां नि–सां– नि–ध–नि– धप–म–, सां–सां नि–सां– निध–नि– धप–म– ।
म–गम– म पध–प– ग म–प–, ग–मप– प–पध– नि–धप–म– ।।

अंतरा–2

# 4. Obeisance to Mothe India

**रविरश्मिः प्रभा यस्य उक्ता, कुण्डले तारका यस्य मुक्ता ।**
**दर्शनम् अस्य देशस्य रम्यं, वर्णनं सुन्दरं ज्ञानगम्यम् ।।**

**अंतरा–3**

**यत्र सिंहा हरिणा अटन्ति, शुकाः पिका मयूरा रटन्ति ।**
**सर्वभूतेषु प्रीतिश्च सख्यं, प्रकृतेः रक्षणं कर्म मुख्यम् ।।**

**अंतरा–4**

**परनारी मता यत्र माता, परपुमान् तथा स्वस्य भ्राता ।**
**यत्र शाँतिरहिंसा नरत्वं, अनुकम्पा सदाचारतत्त्वम् ।।**

**अंतरा–5**

**यस्य पुत्राश्च कन्याश्च वीराः, ज्ञानक्षेत्रे रणे ये च धीराः ।**
**वेदवाक्यं मतं यत्र मन्त्रं, वाङ्मये भारतं पञ्चतन्त्रम् ।।**

**अनुपदम्**

**नमो नमो नमो जन्मभूमे । नमो नमो नमो मातृभूमे ।**
**नमो नमो नमो पुण्यभूमे । नमो नमो नमो पूज्यभूमे ।।**

संगीत श्री शिवाजी चरित्र राग–छंद माला, पुष्प 42

(भारत राष्ट्र गौरव गीत)

**स्थायी**

**भारतं सुंदरं स्वर्णभूमि, आम्हां सर्वांची ही सर्गभूमि ।**
**कर्मवीरांची ही कर्मभूमि, हिला शतवार वन्दे नमामि ।।**

♫ सा–नि़सा– सा–सारे– सा–नि़सारे–, सारे ग–ग–ग म– ग–रेसा–रे– ।
सा–नि़सा–सा–सा म– ग–रेग–म–, गम पपप–म ग–म– गरे–सा– ।

**अंतरा–1**

**राष्ट्र हे कीर्ति सम्पन्न भारी, टोप ह्याचा महत्तम हिमाद्रि ।**
**शीत सरितांचे पावन पाणी, पूज्य संतांची ही पुण्यभूमि ।।**

# 4. Obeisance to Mothe India

♪ सां-सां नि- रें-सां ध-नि-ध प-म-, सां-सां नि-रें- सांध-निनि धप-म- ।
ग-ग ममम-म प-म-ग म-प-, रे-ग म-म-म प- म-गरे-सा- ।।

अंतरा-2

इथे वायूत सौरभ सुगंधी, इथे आकाश-पाताळ संधि ।
चंद्र-सूर्याची कुडलें कानीं, पृथ्वीच्या पाठी ही स्वर्गभूमि ।।

अंतरा-3

मृग शार्दूल गज उंट प्राणी, मोर कोकीळ मिट्ठूची गाणीं ।
हर्ष सौंदर्य श्रावण मासीं, अशी भूमि निसर्गाची राणी ।।

अंतरा-4

पर दारा इथे वन्द्य माता, पर दादा इथे बंधु तात्या ।
सभ्यता नम्रता सर्व अंगी, सौख्य शांति अहिंसा ईमानी ।।

अंतरा-5

नर नारी इथे वीर ज्ञानी, भक्त योगी कलाकार दानी ।
स्नेह सेवा इथे खानदानी, दिव्य तत्त्वांची ही हिंदुभूमि ।।

(कोरस)

माते! जय जय तुझी तन-मनानी,
मुलें मंगल तुझी सर्व आम्हीं ।
जय हो जय हो, तुझी जय हो जय हो,
जय हो जय हो, सदा जय हो जय हो ।।

♪ सां- सां नि- सां-, निध- नि- ध प- ध-,
सां- सां नि- सां-, निध- नि- ध प- म-।
म- ग म- म-, मप- म- ग म- प-,
ध- ध नि- नि-, निसां- नि- ध प- म-।।

रत्नाकर रचित संगीत-श्री-शिवाजी चरित्र

# 4. Obeisance to Mothe India

संगीत श्री शिवाजी चरित्र राग-छंद माला, पुष्प 43

**भजन : राग भैरवी**

(वसुधैव कुटुम्बकम्)

**श्लोकः**

**सहचलेम सम्मिल्यागच्छत शाँतिप्रेमिणः ।**
**सहजीवेम सर्वे च वर्धेमहि च वै वयम् ।। 42**

ममममम-म ग-प-म-प-मग- रे-गम-पम- ।
धधप-म-ग रे-ग म-, ध-प-मग- रे ग- रेसा- ।।

**स्थायी**

**या जगती सगळे भ्राता, रे! पथ एक चि अनुसरती सारे ।**
**बस एकचि जो वर दान करे, प्रभु एकचि सकळ प्रदान करे ।**
**"वसुधैव कुटुंब" चि सत्य खरे ।।**

निसा सासागरे सासानि- सा-रेम, ग-! गम मगप म गगरेसासा- रेमग- ।
गग रेसासासा रे- गम गरेसा निसा-, सानि सा-गरे सासानि निसा-रे मग- ।
"गगगरेसासा सारे-ग" म गरेसा निसा- ।।

**अंतरा-1**

**ही सगळ्या वेदांची वाणी, सगळ्या शुभ-वचनांची राणी ।**
**बस एक आमुची भूमि रे! बस एक आमुचा स्वामी, रे! ।**
**"वसुधैव कुटुंब" चि सत्य खरे ।।**

प- मरेम- प-पमपनि- धपप-, पपमग गसासागमपगरे सानिसा- ।
सानि सा-ग रे-सानि- सा-रेम, ग-! गग रेसासा रे-गम- ग-रेसानि, सा- ।
"गगगरेसासा सारे-ग" म गरेसा निसा- ।।

**अंतरा-2**

**बस एक आमुचा दाता, रे! अन् एक महान विधाता, रे! ।**

5. Obeisance to Motherland Maharashtra

ह्या सृष्टीला जो सृष्ट करे, तो सगळ्यांचे सत्कृत्य करे ।
"वसुधैव कुटुंब" चि सत्य खरे ।।
अंतरा-3
ऋषिमुनिसंतांची वाणी ही, सर्वांत पवित्र कहाणी ही ।
जी प्रीत जगात सनातन, रे! ती रीत प्रभूचि पुरातन, रे! ।
"वसुधैव कुटुंब" चि सत्य खरे ।।

5. मातृभूमि महाराष्ट्र वंदना :

## 5. Obeisance to Motherland Maharashtra

संगीत श्री शिवाजी चरित्र राग-छंद माला, पुष्प 44

**भुजंगप्रयात छंद**

। ऽ ऽ, । ऽ ऽ, । ऽ ऽ, । ऽ ऽ

सारे-ग- मप-म- गरे-म- गरे-सा- ।

(जय महाराष्ट्र)

शिवाजी मराठा जयाचा पुढारी ।
महाराष्ट्र देशा! तुझा मी पुजारी ।।
मराठी जिथे मायबोली सुखारी ।
मुलें वीर, योगी, शहाणे, विचारी ।।

संगीत श्री शिवाजी चरित्र राग-छंद माला, पुष्प 45

**मातृभूमि महाराष्ट्र वंदना**

दादरा ताल 6 मात्रा

**श्लोक**

जन्मभूमिर्मता माता स्वर्गभूमिश्च सा मता ।

# 6. Obeisance to Sanskrit Deva-Vāṇī

दण्डवत्तामहं वन्दे साष्टागं च नमामि ताम् ।। 43

स्थायी

जै महाराष्ट्र! जै मातृभूमि! तुला अष्टांग वन्दे नमामि ।
पुण्यभूमि माझी कर्मभूमि, तुला साष्टांग वन्दे नमामि ।।

♫ म- गम-म-म प- म-गम-प- -, गम प-प-प ध-प- मग-म- - - ।
रे-गम-म- मप- म-गम-प- -, मग म-म-म ध-प- मग-म- - - ।।

अंतरा-1

शिवरायांची ही राष्ट्रभूमि, जिथे तान्हाजी बाजी सेनानी ।
तुको ज्ञानोबा रामदास स्वामी, अशा राष्ट्राला नमो नमामि ।।

♫ सांसांनि-नि-नि रें- सां-धनि-सां- -, सांसां नि-नि-नि रें-सां- धनि-सां- - -।
मग म-म-म प-मग-ग म-प- -, रेग म-म-म ध-प- मग-म- - - ।।

अंतरा-2

हिची समृद्ध सुपीक माती, ऊस कापूस संत्र्यांची शेती ।
इथे कोकीळ पोपट गाती, अशा मातेला नमो नमामि ।।

अंतरा-3

सुख संपन्न ही स्वर्णभूमि, साऱ्या जगामध्ये स्वर्गभूमि ।।
शेर वीरांची ही शौर्यभूमि, अशा देशाला नमो नमामि ।।

अंतरा-4

संत योगी इथे वेद गाती, इथे वीरांची पोलादी छाती ।
महा वीरांची ही रंगभूमि, हिला शतवार नमो नमामि ।।

6. संस्कृतदेववाणीवंदना :

# 6. Obeisance to Sanskrit Deva-Vāṇī

संगीत श्री शिवाजी चरित्र राग-छंद माला, पुष्प 46

शिखरिणी छंद

# 6. Obeisance to Sanskrit Deva-Vāṇī

। ऽ ऽ, ऽ ऽ ऽ, ।।।, ।। ऽ, ऽ।।, । ऽ

♫ सारे-! सानि़सा- रेगरे-, रेरेरेगप मग रेगरेगरेसा-

संस्कृतवाणी वंदना

**जगीं वाणी श्रेष्ठा परमतम ती संस्कृत असे ।**
**तिच्यापेक्षा दिव्या इतर कुणि भाषा इह नसे ।। 1**
**महासंतांनी जे अमर शुचि साहित्य रचले ।**
**गिरादेवीचे ते अनुपम अलंकार सगळे ।। 2**

**संस्कृतवाणी अष्टकम्**

**संगीत श्री शिवाजी चरित्र राग-छंद माला, पुष्प 47**

**श्लोक छंद**

♫ ग-ग-ग गगरे- म-ग-, प-प- म-म-मग-पम- ।
रे-रे-रेप- म ग-रे- सा, रे-गम-प- म ग- रेसा- ।।

**सर्वासु मधुरा दिव्या, रम्या गीर्वाणभारती ।**
**सर्वोत्तमा च श्रेष्ठा च, देववाणी च या मता ।। 1**

**देशवैदेशिकानां च भाषाणां जननी शुभा ।**
**दोषविकारशून्या सा व्याकरणसुमंडिता ।। 2**

**गिरा समाधिमास्थाय साक्षात्कृता महर्षिभिः ।**
**आशासिता गणेशेन गीर्देव्या विश्वकर्मणा ।। 3**
**ज्ञानविज्ञानसंयुक्ता छंदस्सङ्गीतसंयुता ।**
**गेया ज्ञेया च स्मर्तव्या, वन्द्या हृद्या मनोरमा ।। 4**
**न कठिना न क्लिष्टा च ना न्यूना नाऽनियंत्रिता ।**
**सुरसा च सुबोधा च ललिता सरला तथा ।। 5**
**अमृता मञ्जुला पुण्या मनोज्ञा विश्ववन्दिता ।**

# 6. Obeisance to Sanskrit Deva-Vāṇī

**गीता वेदेषु शास्त्रेषु रामायणे च भारते ।। 6**
**विरचिता गणेशेन सरस्वत्या च निर्मिता ।**
**वाल्मीकिना च व्यासेन, कालिदासेन गुम्फिता ।। 7**
**कविता गीतपद्यैश्च शिवछत्रपतेः शुभा ।**
**रत्नाकरेण वृत्तेषु छंदोरागेषु प्रस्तुता ।। 8**

卐**ओवी॰** सर्वांत मधुर छान । सगळ्यांत प्रतिभावान । सकळांत दिव्य महान । देववाणी ।। 82 ।। गिरा स्वर्गातून आली । इतरांची माता झाली । अन्य भाषां तिच्या खाली । सर्वोच्च ही ।। 83 ।। निर्मिली गणपतीने । मांडिली सरस्वतीने । वर्णिली उमापतीने । डमरू द्वारे ।। 84 ।। पाणिनीने विश्लेषिली । पतंजलीने टीका केली । पिंगलाने छंदविली । संस्कृत ती ।। 85 ।। वेद ब्रम्हाने बोलिले । श्लोक वाल्मीकीने दिले । वाङ्मय लिहिले व्यासें । कालीदासें ।। 86 ।। भाषेत अपार ज्ञान । गणित शास्त्र विज्ञान । काव्य निगंठु पुराण । मनोरम ।। 87 ।। न ही भाषा कठिण । न क्लिष्ट न कृपण । न त्रोटक हीण क्षीण । गहन ही ।। 88 ।।

**दोहा॰** **संस्कृत सबसे दिव्य है, सुंदर मधुर महान ।**
**अमृत वाणी है यही, सरस्वती वरदान ।। 81**
**ऋषि-मुनियों ने प्राप्त की, परम लगा कर ध्यान ।**
**किरपा से गणनाथ की, ध्यानी पाए ज्ञान ।। 82**
**देश-विदेशी भाष की, संस्कृत मंगल मात ।**
**दोषशून्य, समृद्ध जो, व्याकरण निष्णात ।। 83**
**युक्त ज्ञान-विज्ञान से, छंद काव्य का स्त्रोत ।**
**सुरस मनोरम गेय जो, शब्द प्रभा की ज्योत ।। 84**
**ना ही कठिन, न क्लिष्ट है, ना ही त्रुटि का नाम ।**
**सुरस सरल सुखदायिनी, कलित सुबोध ललाम ।। 85**
**विश्ववंदिता मंजुला, गाते तीनों लोक ।**
**पावन वाणी वेद की, रामायण के श्लोक ।। 86**
**भाषा रची गणेश ने, सराहते हैं व्यास ।**

7. Obeisance to National Language Hindī

**बाल्मिक कालीदास ने, धन्य किया इतिहास ।। 87**
**छंद राग लय वृंद में, शिव-राजा के गीत ।**
**रत्नाकर है रच रहा, विविध ताल संगीत ।। 88**

7. राष्ट्रभाषा हिन्दी वंदना :

## 7. Obeisance to National Language Hindī

**फटका छंद**[20]
8 + 8 + 8 + 6/5
(सुवचन)

**जगात सगळ्या लोकप्रिय जी, एकच भाषा हिंदी ती ।**
**स्वरस्वतीला शोभुनि दिसते, माथ्यावरची बिंदी ती ।। 1**
**जगीं न ऐसा प्रांत कुठे ही, हिंदी गाणीं प्रिय न जिथे ।**
**देश वेश जन भिन्न असोनी, गीतें ती सामान्य तिथे ।। 2**

**संगीत श्री शिवाजी चरित्र राग-छंद माला, पुष्प 48**
(राष्ट्रभाषा हिन्दी)
**स्थायी**
**वाणी सरस्वती की, है देन गणपति की ।**

---

[20] ♫ **फटका छंद :** ह्या लोकप्रिय छंदात 29 वा 30 मात्रा येतात. 30 मात्रा 8, 8, 8, 6 अथवा 29 मात्रा 8, 8, 8, 5 प्रमाणें असतात. दूसऱ्या एवं चौथ्या चरणान्त अनुप्रास असतो. फटक्याच्या ओळीत एक मात्रा अधिक वा कमी प्रस्तुत असू शकते. फटका छंद कहरवा किंवा तीन ताल मध्ये गाण्याकरिता चौवीसवी मात्रा अधिक दीर्घ करून गावी लागते,

▶ लक्षण गीत : **दोहा॰** **आभूषित कल तीस से, देता मन आनंद ।**
**सोलह कल पर यति जहाँ, मम प्रिय "फटका" छंद ।। 89**

# 7. Obeisance to National Language Hindī

**उज्ज्वल ये संस्कृति की, हिन्दी है राष्ट्रभाषा ।। हिन्दी है०**

♫ रे-रे- मप-मग- रे-, म प-ध पपमग- म- ।

नि-ध- प मगरे- म-, ध-प- म ग-मरे ग- ।।

**अंतरा-1**

**सुनने में है लुभानी, गाने में है सुहानी ।**

**सबसे मधुर ये जानी, ब्रह्मा इसे तराशा ।। हिन्दी है०**

♫ निनिध- प म- पध-प-, सां-नि- ध प- धप म- ।

रेरेरे- गप- म ग-म-, ध-प- मग- मरे ग- ।। ध-प-

**अंतरा-2**

**संस्कृत की ये सुता है, ऊर्दू की ये मीता है ।**

**मंगल सुसंगीता है, सुंदर ये हिन्दी भाषा ।। हिन्दी है०**

**अंतरा-3**

**हिन्दी ये वो जुबाँ है, जिस पर सभी लुभाँ हैं ।**

**दुनिया का हर सूबा ही, हिन्दी का है निबासा ।। हिन्दी है०**

**अंतरा-4**

**मनहर गुलों की क्यारी, बोली सभी से न्यारी ।**

**हिन्दी है सबको प्यारी, चाहे जो हो लिबासा ।। हिन्दी है०**

卐**ओवी०** मुलगी सरस्वतीची । देणगी गणपतीची । संस्कृति उज्ज्वल जिची । हिंदी वाणी ।। 89 ।। राष्ट्रभाषेचा आदर । संगीतमय ती फार । पसरली दिशां चार । जगामधीं ।। 90 ।। संस्कृतने शृंगारली । अवधी[21] ने लाडावली । उर्दू जींत समावली । हिन्दी भाषा ।। 91 ।। गोरखनाथ महाकवि । नौव्या शतकीं ज्यांची छवि । तेज:पुंज प्रतिभा रवि । हिन्दी-जगीं ।। 92 ।। मग चंदबरदाई ज्ञात । पृथ्वीराज-रासो प्रख्यात । बाराव्या शतकात विख्यात । इतिहासे ।। 93 ।।

---

[21] **अवधी :** अवधी हिंदी भाषा.

# 7. Obeisance to National Language Hindī

कबीर तुलसीदास । मीराबाई सूरदास । रामानंद रविदास । त्यानंतर ।। 94 ।। चौपई दोहे सोरठे । कवित्त वाङ्मय मोठे । जसे अन्य न कोठे । हिंदीमध्ये ।। 95 ।। हिन्दी भाषा ऋजुतम । चारु रम्य मनोरम । सांगती संत सुजान । हिंदुस्थानी ।। 96 ।। हिंदी भाषेत जी शान । ती न कुठे विद्यमान । भाषिकांना अभिमान । हिन्दीवाल्या ।। 97 ।।

**✍दोहा॰ वाणी कीन्ही शारदा, गणपति की है देन ।**
**परंपरा उज्ज्वल जिसे, सुंदर उसका बैन ।। 90**
**हिन्दी हमरी मातु है, हमको देती ज्ञान ।**
**देकर दैवी संस्कृति, दूर करे अज्ञान ।। 91**
**संस्कृत वाणी की सुता, उर्दू की है मात ।**
**नौ रस से जो पृक्त है, ज्ञानी जन को ज्ञात ।। 92**
**देवनागरी है लिपी, पवित्र हैं उच्चार ।**
**गद्य पद्य व्यवहार में, छंद राग शृंगार ।। 93**
**संस्कृत की ये उपनदी, अमृत इसका तोय ।**
**उर्दू नदी समा गई, गहरी नदिया होय ।। 94**
**नवम सदी में होगए, कविवर गोरखनाथ ।**
**हिन्दी भाषा फिर बढ़ी, बरदाई के साथ ।। 95**
**तुलसी मीरा जायसी, कबीर रामानंद ।**
**सूरदास रैदास के, पद दीन्हे आनंद ।। 96**
**दोहा रोला कुण्डली, चौपाई के संग ।**
**कवित्त सोरठ छंद से, हिन्दी पद में रंग ।। 97**
**हिन्दी भाषा सुगम है, कहते संत सुजान ।**
**चारु मनोरम सुखद है, जिन्हें काव्य का ज्ञान ।। 99**
**सुरस सुलभ सुखकार है, जग में भाषा एक ।**
**हिन्दी वह शुभ नाम है, जानत हैं जन नेक ।। 100**
**हिन्दी में जो शान है, और न पायी जाय ।**

# 7. Obeisance to National Language Hindī

हिन्दी जो है जानता, वही समझ यह पाय ।। 101
ऐसा कोई देश ना, जहाँ न हिन्दी लोग ।
जहाँ काव्य संगीत में, हिन्दी का न प्रयोग ।। 102
अलंकार से जो भरी, तुमने, हे वागीश! ।
हिन्दी भाषा दी हमें, धन्यवाद, जगदीश! ।। 103
हिन्दी भाषा से हमें, रहे सदा ही प्यार ।
हिन्दी भाषा को नमो, नम: कहो शत बार ।। 104

  संगीत श्री शिवाजी चरित्र राग-छंद माला, पुष्प 49

दादरा ताल

(राष्ट्रभाषा हिन्दी)

स्थायी

गीत शारद ने मंजुल है गाया, साज नारद मुनि ने बजाया ।
रत्नाकर से है मंगल रचाया, शिवलीला को सुंदर सजाया ।।

♪ म-ग म-म- म प-म- ग म-प-, म-प ध-ध- धसांनि- धप-म- ।
रेगम-म- म प-म गम-प-, मपध-ध-ध निध- पम-म ।।

अंतरा-1

सारी दुनिया में सबसे जो प्यारी, वही भाषा है हिन्दी हमारी ।
ब्रह्मा जी ने जिसे है तराशा, देववाणी की कन्या है न्यारी ।।

♪ सांसां निनिरें- सां धधनि- ध प-म-, सांसां नि-रें- सां ध-नि- धप-म- ।
मग म- म- मप- म- गम-प-, रे-गम-म- म ध-प- म ग-म- ।।

अंतरा-2

छंदों से जो भाषा सजी है, राग सुर से जो रंग रजी है ।
जो विधाता ने सुंदर रची है, वो है बोली हमारी पियारी ।।

अंतरा-3

## 8. Obeisance to Marathi language

तुलसी ने जो उज्ज्वल बनायी, मीरा ने जो है भक्ति से गायी ।
जिसमें स्वरदा की माया समायी, वो हिन्दी है गुलशन की क्यारी ।।

8. महाराष्ट्रभाषा मराठी वंदना :

## 8. Obeisance to Marathi language

संगीत श्री शिवाजी चरित्र राग-छंद माला, पुष्प 50

**बालानंद छंद**[22]

8 + 6, 8 + 6, 8 + 6, 8 + 6, 8 + 6, 8 + 6, 8 + 8, 8 + 8, 8 + 6, 8 + 6

(मराठी भाषा)

**गोड मराठी ही अमुची, मधुतम ह्या वाणीत रुचि ।।**
**कन्या संस्कृत ची प्यारी, सुता भारती ची न्यारी ।**
**मौक्तिक-आगर, अमृत-सागर ।**
**सुंदर काया नव-वधु ची, मंगल माया शिव प्रभु ची ।। 1 ।।**
**गीत लावण्या पोवाडे, अभंग ओव्या भारूडे ।**
**श्लाकांचे स्वर, शास्त्रांचे सुर ।**
**कल्पित कवनें कवितांची, भूपाळयांचे भाव शुचि ।। 2 ।।**

संगीत श्री शिवाजी चरित्र राग-छंद माला, पुष्प 51

**मातृभाषा मराठी वंदना**

रुपक ताल 7 + 7, 7 + 7 मात्रा

---

[22] **बालानंद छंद** : हा गाण्याकरिता फार मधुर छंद आहे. ह्याचे रचना सूत्र है 8 + 6, 8 + 6, 8 + 6, 8 + 8, 8 + 8, 8 + 6, 8 + 6 अशा प्रकारे. यति 8-6 वर विकल्पाने.

▶ लक्षण गीत : **दोहा॰** **सुंदर बालानंद है, आठ चरण का वृंद ।**
**चौदह कल के चरण से, होता "बालानंद" ।। 105**

# 9. Obeisance to Mother and Father

ॐ श्लोक

वाणी सरस्वती माता, विद्यादेवी च ती तथा ।
स्वरदा वरदा देवी, शारदा तीच भारती ।। 44

स्थायी

वाणी मराठी गोड ही, ज्ञानी कवि जन बोलतीं ।
देवी सरस्वती ने दिली, उज्ज्वळ मराठी संस्कृति ।। वा०

♫ प-निधनि पग-गसा म-प म-, सा-म- पध- रेंसां धनिपध - ।
प-निधनि पग-गसा म- पम-, सा-मम पध-रेंसां धनिपध - ।। सा-

अंतरा-1

संस्कृत सुमंगल माउली, देवाधिकांची नागरी ।
ज्ञानेश्वरी ची वैखरी, वरदान देतो गणपति ।।

♫ सां-सांसां सांनिसांधनि सांरेंगंरेंगं-, गंमंगंरें-गंसांनिधनि गंरेंगंरेंसां- ।
सां-निधनिपग- गसा म-पम-, सासाम-प ध-निसां रेंरेंनिपग ।। सा-

अंतरा-2

शिवबा तुकोबा सुत जिचे, कन्या जानाबाई जिची ।
रक्षक मराठे वीर हे, बोली मराठी धन्य ती ।।

अंतरा-2

शृंगारमय वाङ्मय जिचे, उच्चार अमृत-पय खरे ।
भाषा मराठी आमुची, ही गौरवान्वित भारती ।।

अंतरा-3

मधुर न वाचा आणखी, ऐसी जगी कीर्ति तुझी ।
टेकोनि मस्तक भक्ति ने, अर्पण तुला ही आरती ।।

9. आई-बाबा वंदना :

## 9. Obeisance to Mother and Father

## आई बाबा नमन

# 9. Obeisance to Mother and Father

संगीत श्री शिवाजी चरित्र राग-छंद माला, पुष्प 52

**राग : रत्नाकर, कहरवा ताल**

आई-बाबा

**श्लोक**

**जननी जन्मदा देवी सुखदा ज्ञानदा च सा ।**
**पिता च शाश्वतो देवो सर्वकाले नमामि तौ ।। 45**

**स्थायी**

**गडे! आई अमुची गोड अति, तिची प्रीति तुजला सांगु किती ।**
**अन्, बाबा अमुचे थोर मति, मी भाग्यवान बहु या जगती ।।**

♫ सानि़ सा-गरे सासानि़- सा-रे मग-, गम मगपम गगरेसा सा-रे मग- ।
सानि़ सा-गरे सासानि़- सा-रे मग-, ग- रेसासारे-रे गम गरे सानि़सा- ।।

**अंतरा-1**

**ती सरस्वती देवी माझी, अन् बाबा गणपति रूप खरे ।**
**मी परमेशाचा आभारी, ज्याची मजवरि इतुकी प्रीति ।।**

♫ प- मरेमप- पमपनि धपप-, पप मगगसा सागमप गरेसा नि़सा- ।
सानि़ सासागरेसा-नि़- सा-रेमग-, ग-रेसा सासारेरे गमगरे सानि़सा- ।।

**अंतरा-2**

**ती नामध्येय कीर्ति माझी, ती कला ज्ञान स्फूर्ति माझी ।**
**ती मंगलमय मूर्ति माझी, तिने केली सुखकर ही धरती ।।**

**अंतरा-3**

**ते पथदर्शक पालक माझे, बाबांचे ऋण अनुपम साचे ।**
**ते देउनि शुभ वरदान मला, सद्भाव सदा हृदयी भरती ।।**

संगीत श्री शिवाजी चरित्र राग-छंद माला, पुष्प 53

(माता)

# 9. Obeisance to Mother and Father

ॐ श्लोक:

**माता या सर्वजीवानां बलदा च शुभप्रदा ।**

**तां धेनुं शिरसा वन्दे पूज्याममृतदां सदा ।। 46**

♫ ध-ध- ध- नि-धप-ध-नि-, सांनिध- प- गम-पध- ।

नि- ध-प- गमप- म-ग-, ध-प-म-गमग- रेसा- ।।

**स्थायी**

**हमें जनम जो देती वो माता है, अरु दूध पिलाती वो माता है ।**

♫ पप पधनि ध प-ग म रे-ग- म-, पप सां-नि धप-ध नि ध-प- म- ।

**अंतरा-1**

**पेट में पाले, लोरी गा ले, प्यार उसी का भाता है ।**

♫ सां-नि ध नि-सां-, नि-धप म- प-, प-म गरे- म- ग-रे- म- ।

**अंतरा-2**

**गोद में ले ले, साथ में खेले, भार सहे भू माता है ।**

**अंतरा-3**

**कामधेनु बन, मन की मुरादें, पूरी करे गौ माता है ।**

**अंतरा-4**

**गौरी लछमी, सिया शारदा, जनम-जनम का नाता है ।**

**अंतरा-5**

**जनम की भूमि, धेनु जननी, स्वर्ग से ऊँची माता है ।**

**अंतरा-6**

**कर्मभूमि जो, धर्मभूमि वो, प्यारी भारत माता है ।**

**10. मराठी संत मंडळी वंदना :**

# 10. Prayers to the Marathi Saints

# 10. Prayers to the Marathi Saints

## 1. Saint Chakradhar Swami

**संत चक्रधर स्वामी 1194–1276**

**ओवी॰** चक्रधर स्वामी संत । कराया जाति-भेद अंत । स्थापिला महानुभाव पंथ । तत्त्वज्ञाने ।। 98 ।। असो मांग-महार । कुणी दलित चांभार । खुले स्वर्गाचे द्वार । म्हणाले ते ।। 99 ।। त्यागुनी गृह-निवास । स्नेह प्रपंच विलास । त्यांनी घेतला संन्यास । संत झाले ।। 100 ।। सेवा करीत रुग्णांची । त्यांना पारख गुणांची । मायभूमीच्या ऋणांची । मृत्यंजय ।। 101 ।। त्या महात्म्याला नमन । हात जोडोनी वंदन । पूर्ण श्रद्धेचे कवन । वहतो मी ।। 102 ।।

**दोहा॰** **आदि चक्रधर ख्यात थे, महाराष्ट्र के संत ।**
**पुण्य "महानुभाव" का, स्थापन कीन्हा पंथ ।। 106**
**जैसा गीता ने कहा, "सद् गुण जिसे स्वभाव ।**
**पतितों को भी स्वर्ग है," कहता महानुभाव ।। 107**
**ईश्वर के अवतार थे, माने गये महंत ।**
**निश दिन करने में लगे, जातिभेद का अंत ।। 108**
**बैरागी सेवक बने, तज कर गृह संसार ।**
**जन सेवा के कार्य से, किया समाज सुधार ।। 109**
**वंदन ऐसे संत को, सादर घुटने टेक ।**
**अमर नाम जिसका रहे, वर्ष सहस्त्र अनेक ।। 110**

## 2. Saint Namdev

**(संत नामदेव 1270–1350)**

**ओवी॰** नामदेव अनुभवी । वारकरी संतकवि । आदिकाळी त्यांची छवि । सर्वमान्य ।। 103 ।। पंढरपूर त्यांचे गाव । कीर्तनकार त्यांचे नाव । विठ्ठलात त्यांचा भाव । सर्वश्रुत ।। 104 ।। वाखाणावी कुणीं किती । करावी गा त्यांची स्तुति । भक्तशिरोमणी इति । सर्वज्ञात ।। 105 ।।

3. Saint Janabai

नामविद्येचे प्रणेते । नामवेदाचे ते नेते । कीर्तनाने मन जेते । सर्वख्यात ।। 106 ।। गाती जेव्हां ते कीर्तन । ऐकोनी त्यांचे अर्चन । करी विठ्ठल नर्तन । सर्वसाक्षी ।। 107 ।। अशा संताला वंदन । लाऊनी गंध चंदन । द्यावे तन मन धन । सर्वरिती ।। 108 ।।

दोहा॰ **नामदेव कविसंत थे, जाने गए महान ।**
**विठ्ल के वे भक्त थे, कीर्तनकार सुजान ।। 111**
**अभंग वाणी संत की, लेती मन को जीत ।**
**विठ्ठल था उनका सखा, प्रभु को उनसे प्रीत ।। 112**
**नामदेव को वंदना, करिए सौ-सौ बार ।**
**विनम्र मस्तक टेक कर, तन मन सब कुछ वार ।। 113**

## 3. Saint Janabai
### संत जनाबाई 1350

卐ओवी॰ "नामदेवाची मी दासी" । म्हणे जना देवापाशी । प्रीत त्यांची विठोबाशी । अविरत ।। 109 ।। संतकवि जनाबाई । हरिभक्त त्यांची आई । ओव्या त्यांच्या फार, बाई! । लोकप्रिय ।। 110 ।। ओव्या त्यांच्या गाती स्त्रिया । घरोघरी आया बाया । अशी त्या गीतांची माया । स्निग्ध अति ।। 111 ।। नामदेव त्यांचे गुरु । ज्ञानदेव कल्पतरु । गोरा, चोखा, सेना अरु । मित्रवृंद ।। 112 ।। जनाबाईंना वंदन । हात जोडोनी नमन । धरोनी कमळ चरण । भक्तिभावें ।। 113 ।।

दोहा॰ **संत मराठी वृंद में, जनाबाई महान ।**
**घर-घर उनके गीत थे, नारीजग सरनाम ।। 114**
**नमो जनाबाई तुम्हें, अमर तिहारे गीत ।**
**सदियों से हैं लाड़ले, सबको उनसे प्रीत ।। 115**

## संत ज्ञानेश्वर, निवृत्तिनाथ, सोपानदेव, मुक्ताबाई 1275-1297

卐ओवी॰ विठ्ठल पंत पिता । रुक्मिणी बाई माता । सुत ज्ञानाचा दाता । ज्ञानेश्वर ।। 114 ।। निवृत्तिनाथ भाऊ मोठा । सोपानदेव बंधु छोटा । ताईची सुमधुर छटा । मुक्ताबाई ।। 115 ।।

4. Saint Chokhamela

भागवत संप्रदाय । मनीषींचा समुदाय । भक्तकवि समवाय । ज्ञानोबांचा ।। 116 ।। भाष्य श्री गीतेवर श्रेष्ठ । भागवतप्रेम वरिष्ठ । मराठी वाङ्मयात ज्येष्ठ । ज्ञानेश्वरी ।। 117 ।। नमन तुवा कवीशा । बोधदात्या ज्ञानेशा । तुम्ही दाखविली दिशा । भाविकांना ।। 118 ।।

**दोहा॰** **श्री ज्ञानेश्वर संत थे, भक्ति-कवीश सुजान ।**
**गीता पर टीका लिखी, ज्ञानेश्वरी महान ।। 116**
**बड़े बंधु निवृत्ति ये, गुरुवर गहिणीनाथ ।**
**अनुज सोपानदेव थे, मुक्ता अनुजा साथ ।। 117**
**चारों बालक थे कवि, महान कीर्तनकार ।**
**वंदन उनको हम करें, साष्टांग नमस्कार ।। 118**

## 4. Saint Chokhamela
**(संत चोखामेळा 1338)**

**ओवी॰** चोखामेळा पूज्य फार । जरी जातीने महार । नामदेवांचा हुशार । शिष्य संत ।। 119 ।। जाति-भेदाने दु:खित । देवाला ते विचारित । कां आम्हां ह्या अगणित । यातना बा? ।। 120 ।। आम्हीं तुझीच लेकरे । मग दूजाभाव कां, रे? । मानसिक छळ सारे । आम्हांस कां? ।। 121 ।। रोज रोज ह्या उपेक्षा । कां बघतोस परीक्षा । कशाची गा ही शिक्षा । आम्हां लोकां? ।। 122 ।। चोखामेळा अभंगकार । रचना त्या मार्मीक फार । त्यांत न्यायान्याय विचार । ओतप्रोत ।। 123 ।। अशा या महासंतला । विठ्ठलभक्त अनंताला । वंदन पूण्य महंताला । दंडवत ।। 124 ।।

**दोहा॰** **चोखामेला पूज्य थे, कविवर संत महान ।**
**अभंग उनके दिव्य थे, भक्ति भाव का गान ।। 119**
**उच्चा-नीच के भेद से, पीड़ित उनका चित्त ।**
**अनन्य उनकी भक्ति थी, विठ्ठल से थी प्रीत ।। 120**
**वंदन ऐसे संत को, पग पर माथा टेक ।**
**उनके पथ पर हम चलें, चरित्र उनका देख ।। 121**

# 5. Saint Eknath


## 5. Saint Eknath


**(संत एकनाथ महाराज 1533–1599)**

**卐ओवी॰** काळ होता विकट फार । कोसळले संकट घोर । नेता नव्हता कुणी थोर । वाचवाया ।। 125 ।। राज्य हवे सुलतानांना । वतनदारी मराठ्यांना । गुलामी करणे जयांना । छान वाटे ।। 126 ।। सुलतानांचे ते दास । देती हिंदुंनाच त्रास । सांडती ते रक्त मांस । मराठ्यांचे ।। 127 ।। घालोनी राज्यात गस्त । करीती प्रजेला त्रस्त । कर वसूली मस्त । जशी हवी ।। 128 ।। गाई-म्हशी गुरे-ढोरे । धन-धान्य बाया-पोरे । पळविती बळजोरे । मनसोक्त ।। 129 ।। तोड-फोड ती थैमान । लूटावया फरमान । देत होते सुलतान । सैनिकांना ।। 130 ।। दुष्ट चोरांवर मोर । अशी परिस्थिति घोर । तेव्हां आले संत थोर । एकनाथ ।। 131 ।। दु:खितांना केले एक । जागे करोनी प्रत्येक । दिला त्यांना मंत्र नेक । विठोबाचा ।। 132 ।। करोनिया निरंतर । "हरि-विठ्ठल" गजर । जागविला ज्ञानेश्वर । जनमनीं ।। 133 ।। करावया जन प्रबुद्ध । ज्ञानेश्वरीची प्रत शुद्ध । केली एकनाथांनी सिद्ध । भक्तिभावे ।। 134 ।। दु:खितांचे एक नाथ । आले संत एकनाथ । दाखवाया भक्ति पथ । मराठ्यांना ।। 135 ।।

**✍दोहा॰**
**समय विकट था जब घिरा, हतबल था जब देश ।**
**नेता कोई था नहीं, हरने जन मन क्लेश ।। 122**
**सुलतानों के हो रहे, निर्घृण अत्याचार ।**
**प्रजा करत बरदाश्त थी, बन कर वह लाचार ।। 123**
**वीर पुरुष महाराष्ट्र के, बन कर उनके दास ।**
**मातृभूमि का घोर वो, होत रहा उपहास ।। 124**
**सुलतानों के सैन्य के, जो थे जन सरदार ।**
**तोड़-फोड़ अपहार का, उनको था अधिकार ।। 125**
**हिंदू जन जो थे दुष्ट, सुलतानों के दास ।**
**स्वजनों के ही घात में, मिलता उन्हें विलास ।। 126**
**ऐसे संकट काल में, जनता को आधार ।**
**एकनाथ जी संत ने, लीन्हा था अवतार ।। 127**

# 6. Saint Tukaram

जागृत जनता को किया, विष्णु भक्ति के नाम ।
"विठ्ठल" उनका मंत्र था, गाने को आसान ।। 128
ज्ञानेश्वर का ग्रंथ जो, लोप किया था काल ।
एकनाथ ने ढूँढ कर, कीन्हा गठित विशाल ।। 129
दुखी मराठों के लिए, एक दया का नाथ ।
एकनाथ वह संत था, भक्तिभाव के साथ ।। 130

## 6. Saint Tukaram
### संत तुकाराम

卐**ओवी॰** कुणबी कुळात जन्मले । वाण्याचे काम न जमले । मन भजनांत रमले । तुकोबांचे ।। 136 ।। करुनी उचित विचार । सोडला धंदा घर दार । जाहले विरक्त अपार । तुकाराम ।। 167 ।। आले पंढरपुर ग्रामें । विठ्ठल-रुकमाई धामें । रंगले हरि! हरि! नामें । अहोरात्र ।। 138 ।। इथे भेटले साधु संत । कीर्तन करणारे पंत । वारकरी यात्री अनंत । भक्तजन ।। 139 ।। करीत हरि नाम जाप । मिटला मानसिक ताप । मन स्थिरले आपोआप । देवाठायीं ।। 140 ।। चिपळ्या-एकतारा आणि । तुकोबाची अभंग वाणी । इंद्रायणी चे पाणी । अमृत ते ।। 141 ।। विठ्ठल! राम! कृष्णहरि! । जप हा मंगळ तिहेरी । गाउनी साजरी वैखरी । भक्तिभावें ।। 142 ।। उभारुनी भक्तांचा तरु । भक्तीचा प्रसार केला सुरू । शिवाजीने मानले गुरु । तुकोबाला ।। 143 ।।

**दोहा॰** कुनबी कुल में थे जने, किया वणिक उद्योग ।
धन-संपत्ति विरक्त थे, सिद्ध भक्ति का योग ।। 131
विठ्ठल-रुक्मिणी भक्त वे, होकर जगत-उदास ।
घर दारा सब छोड़ कर, मंदिर किया निवास ।। 132
पाकर वे संसार से, इक दिन बहुत विषाद ।
आये पंढरपूर में, जहाँ नाम का नाद ।। 133
वहाँ मिले सज्जन उन्हें, संत शिरोमणि लोक ।

# 6. Saint Tukaram

राम नाम के ध्यान में, चमका मन आलोक ।। 134
पाकर मंगल साधना, गाते भजनन गीत ।
विठ्ठल! विठ्ठल! जाप से, लागी उनको प्रीत ।। 135
वारकरी जन भक्त से, करके मेल मिलाप ।
बने भगत श्री विष्णु के, मिटा चित्त का ताप ।। 136
गाते पावन भजन वे, रचते दिव्य अभंग ।
नाचत खोकर भान वे, पूर्ण भक्ति के संग ।। 137

संगीत श्री शिवाजी चरित्र राग-छंद माला, पुष्प 54

**भजन : राग मिश्र, कहरवा ताल 8 मात्रा**

(जै श्री राम)

**स्थायी**

**जै श्री सांब भजो मन मेरे, नाम शिवा के गारे ।**
**जनम-जनम के पाप उतारे, तन के ताप उबारे ।।**

ग- मप रे-नि़ नि़सा- साग रे-सा-, ग-प पध- ध- निसांधप ।
सांसांसां सांसांसां सांरें नि-ध पधसांसां-, सांसां सांरे निधम पग - - मरेसाग- ।।

**अंतरा-1**

**घेरेंगे जब घोर अंधेरे, मेघ घनेरे कारे ।**
**या छेड़ेंगे भय दुस्तारे, मन वीणा की तारें ।**
**छोड़ेंगे यदि साथ पियारे, भव सागर मझधारे ।।**

निसांसां-रें- सांसां निधप धनिसांसां-, निसांसां सांनि-ध- निसांसां- ।
नि- सां-सां-सां- निसां सां-निधप-, धनि धपम- पध निसांसां- ।
निसांसां-सां- सांरें निधप धनि-सां-, धसां सां-निध मपग - - मरेसाग- ।।

**अंतरा-2**

**बोलेंगे जब शबद दुखारे, निर्दय दुनियावारे ।**

11. Prayers to Guru

या काटेंगे साँप विषारे, भूखे वदन पसारे ।
रोएँगे यदि गम के मारे, तेरे प्राण बिचारे ।।

अंतरा–3

झेलेंगे तब शिवजी प्यारे, दुख तन मन के सारे ।
खेलेंगे शिव खेल सुखारे, हरने ताप तुम्हारे ।
लेलेंगे प्रभु परम कृपारे, शरण में साँझ सकारे ।।

**11. श्री गुरु वंदना :**

## 11. Prayers to Guru

♫ संगीत श्री शिवाजी चरित्र राग–छंद माला, पुष्प 55

**मोटक छंद**[23]

ऽ ऽ।, ।ऽ।, ।ऽ।, ।ऽ

(𝄞राग : काफी)

♫ सानि़सा–रे रेग– ममप–म गरे– । सा–रे–ग पम– गरे म–ग रेसा– ।।
सा– रे–ग मप– निसां रें–सांनि ध– । प–ध– निधप– गम प–ग रेसा– ।।

(श्री गुरु)

**संगीत मुझे गुरुदेव दिया । रंगीन जिने मम विश्व किया ।। 1**
**है छंद दिया गुरु पिंगल ने । दोहे कविता रस रंगत में ।। 2**
**वृत्तांत कहा सब नारद ने । आशीष दिया शुभ शारद ने ।। 3**
**योगेश्वर श्री हरि योग दिया । गीता कहके भवबोध किया ।। 4**

---

[23] ♫**मोटक छंद** : ह्या 11 वर्ण, 16 मात्रावाल्या छंदात त ज ज गण आणि एक लघु आणि एक गुरु वर्ण येतो. ह्याचे लक्षण सूत्र ऽ ऽ।, ।ऽ।, ।ऽ।, ।ऽ असे असते. ह्यात 5, 11 वर विकल्पाने येतो.

▶ लक्षण गीत :✍ **दोहा०** **मात्रा सोलह से सजा, त ज ज और ल ग अंत ।**
**वर्ण पाँच पर यति जहाँ, जाना “मोटक” छंद ।। 138**

# 11. Prayers to Guru

**श्लोका:**

**गुरुं विना न विद्वत्ता पाण्डित्यं न कलानिधिः ।**
**प्रज्ञा विद्या न ज्ञानं हि वैदुष्यं न विवेचना ।। 47**

**सुश्रीगुरुः स सद्बुद्धिं सद्विचारं सदा सुखम् ।**
**सन्दर्शयति सन्मार्गं सारासारविवेचनम् ।। 48**

(तस्मात्)

**परब्रह्म गुरुर्देवो गुरुश्च शिवशङ्करः ।**
**नहि गुरुं विना युक्तिः-तस्माच्छ्रीगुरवे नमः ।। 49**

(अर्थात्, मराठी श्लोक)

**गुरु ब्रम्ह तथा विष्णु ,गुरु ही शिवशंकर ।**
**विद्या गुरु विना नाही, गुरूला वंदना सदा ।। 50**

(अर्थात्, हिन्दी श्लोक)

**गुरु ब्रह्म तथा विष्णु, गुरु ही शिव शंकर ।**
**बिना गुरु नहीं विद्या, वंदना गुरु को सदा ।। 51**

♫ <u>संगीत श्री शिवाजी चरित्र राग-छंद माला, पुष्प 56</u>

**सोरठ छंद**[24]

11, 11 + ऽ

**गुरु है दीपक ज्योत, गुरु ज्ञानन का स्त्रोत है ।**

---

[24] ♫ **सोरठ छंद :** ह्या छंदाची रचना दोह्याच्या विरुद्ध असते. अत: ह्यात (1) विषम (प्रथम व तृतीय) चरणांत 11 मात्रा, अंत ज गण (। ऽ।) आणि (2) सम (द्वितीय व चतुर्थ) चरणांत 13 मात्रा, अंत र गण से (ऽ। ऽ) असते. ह्याचा अन्त्य वर्ण प्राय: दीर्घ असतो. (3) सम चरणाच्या शेवटी 'ज' गण (लघु-गुरु-लघु) नसतो.

▶ लक्षण गीत : **दोहा॰** **ग्यारह मात्रा विषम में, सम तेरह, गुरु अंत ।**
**दोहे से उल्टा चले, सुंदर "सोरठ" छंद ।। 141**

Prayer to Guru Pingal

**गुरु नैनन की ज्योत, गुरु से ज्ञानी होत है ।।**

(आणि)

卐**ओवी॰** विना गंध पुष्प जसे । विना लय गीत जसे । विना गुरु ज्ञान तसे । निरर्थक ।। 144 ।। आद्य गुरु गणपति । विद्यादीप सरस्वती । ब्रम्हा-विष्णु-उमापति । गुरुरूप ।। 145 ।। गुरु ज्ञानाचा आदित्य । गुरु विना न साहित्य । विना गुरु न पांडित्य । गुरुकृपा ।। 146 ।। गुरु अंधळ्याची काठी । गुरु उठवी आडकाठी । गुरु हवा सिद्धीसाठी । जगजेठी ।। 147 ।। गुरु सच्चिदानंद । गुरु देतो आनंद । गुरु आनंदकंद । सत्यानंद ।। 148 ।। गुरु ज्ञानाचा उपाय । गुरु शिवाय अपाय । गुरूला नाही पर्याय । गुरु तार ।। 149 ।। गुरु वाल्मीकि व्यास । गुरु दादोजी रामदास । पाणिनि पिंगल कालीदास । पतंजलि ।। 150 ।। साष्टांग प्रणिपाताने । करोनी सेवा मनाने । बसोनी चरणीं ध्यानाने । ज्ञानार्जन ।। 151 ।।

**दोहा॰** **गुरु गणनायक शारदा, ब्रह्मा विष्णु महेश ।**
**गुरु करता कल्याण है, सदा भजो ज्ञानेश ।। 139**
**मार्ग मिले ना गुरु बिना, कला न विद्या दान ।**
**ना पांडित्य न साधना, मिले न सात्विक ज्ञान ।। 140**

## Prayer to Guru Pingal

**गुरुवर महर्षि पिंगल**

♫ **संगीत श्री शिवाजी चरित्र राग-छंद माला, पुष्प 57**

**कमललोचना छंद**[25]

।।।, ।।।, ।। ऽ, ।। ऽ, ऽ

(पिंगल)

[25] ♫ **कमललोचना छंद** : ह्या 13 वर्ण, 16 मात्रा वाल्या छंदात न न स स गण आणि एक गुरु वर्ण येतो. ह्याचे लक्षण सूत्र ।।।, ।।।, ।। ऽ, ।। ऽ, ऽ असे असते. यति चरणान्त असतो ।

▶ लक्षण गीत : **दोहा॰** **मात्रा सोलह हों जहाँ, न न स स गुरु गण वृंद ।**
**तेरह अक्षर से बने, "कमललोचना" छंद ।। 142**

# Prayer to Guru Pingal

**लघु गुरु कल क्रम पिंगल कीन्हे ।**
**न स ज य भ र त म[26] हैं गण दीन्हे ।। 1**
**कमलनयन हरि वंद्य यथा हैं ।**
**कविजग कुलगुरु छंद तथा है ।। 2**

卐**ओवी॰** दिली आम्हां यथाक्रम । न स ज य भ र त म । गणांची ही सरगम । पिंगलाने ।! 152 ।। कृष्ण जसा मननीय । चिंतनीय वंदनीय । काव्यजगीं तसा प्रिय । पिंगल तो ।। 153 ।। पाणिनीचा छोटा भाऊ । कुणाला हे असे ठाऊ । आम्हीं त्याचे गीत गाऊ । छंदांमध्ये ।।154 ।।

**दोहा॰ गुरुवर पिंगल ने दिया, न स ज य भ र त म गण वृंद ।**
**मात्रा क्रम से काव्य में, रस डालत है छंद ।। 143**

**संगीत श्री शिवाजी चरित्र राग-छंद माला, पुष्प 58**

**प्रार्थना : कहरवा ताल 8 मात्रा**

(श्री पिंगल)

**स्थायी**

**नमन करूँ गुरुदेव को, झुक कर बारंबार ।**

---

[26] **नसजयभरतम अष्टगण** : सर्वांचे मूळ **शून्य-अशून्य, लघु-गुरु, ह्रस्व-दीर्घ, अथवा 0-1 चे द्वंद्व** मानून, महर्षि पिंगलाने शून्य-एक ची अष्टगणना (बायनरी ऑक्टल) पद्धति सर्वप्रथम प्रस्थापित केली, जी आज वैज्ञानिक, संगणक एवं तांत्रिक विश्वाचा पाया झालेली आहे. हा आठ चा अंक छंदशास्त्रात योग, सिद्धि, वसु, दिग्गज, यम तथा अंग संज्ञांनी जाणला जातो. कल = मात्रा, कला, मत्त.

ह्या सिद्धांतानुसार **शून्याला प्रथम अंक मानून** : 0 = 000 = ।।। = न गण, 1 = 001 = ।। ऽ = स गण; 2 = 002 = । ऽ । = ज गण, 3 = 011 = । ऽ ऽ = य गण; 4 = 100 = ऽ ।। = भ गण; 5 = 101 = ऽ । ऽ = र गण; 6 = 110 = ऽ ऽ । = त गण; आणि 7 = 111 = ऽ ऽ ऽ = म गण । असा हा न स ज य भ र त म छंद-क्रम समजण्याची ही माझी स्वत:ची सरळ एवं तांत्रिक युक्ति आहे । आता हा नूतन तत्त्वयुक्त क्रम सर्वत्र स्वीकार असो.

# Prayer to Guru Patañjali

**चरण धरूँ कविराज जी! पिंगल प्रभो! तिहार ।। 144**

♫ ममम मप- ममध-प ध-, धनि सांरें सांनिधपध-ध ।

पपप पध- निनिसां-रें सां-! ध-निनि रेंसां- निधप-प ।।

**अंतरा-1**

**मनन मगन मन जोड़ के, विनय भक्ति के साथ ।**

**शरण गहूँ मैं आपकी, वंदन मेरे नाथ! ।। 145**

♫ ममम मपप मम ध-प ध-, धनिसां रें-सां निध ध-ध ।

पपप पध- नि- सां-रेंसां-, ध-निरें सांनिधप प-प ।।

**अंतरा-2**

**भजन पान नित आपके, काव्यसिंधु का क्षीर ।**

**धो डाले अज्ञान को, ज्ञान नदी का नीर ।। 146**

# Prayer to Guru Patañjali

**गुरुवर महर्षि पतंजलि**

**ॐ श्लोकः**

**शरणोऽस्मि गुरो तुभ्यं नतशीर्षः कृताञ्जलिः ।**

**त्वत्तः प्राप्तुं दिशं मार्गं रत्नाकरः पदे पदे ।। 52**

卐**ओवी॰** पिंगलाचा मोठा भाऊ । आम्हां आता झाले ठाऊ । त्या पतंजलीची गाऊं । योगगीते ।। 155 ।। गुरुवर्य तो महान । पाणिनीच्या तो लहान । अष्टाध्यायी-टीका छान । केली त्याने ।। 156 ।। व्याकरणमहाभाष्य । योगदर्शन रहस्य । आयुर्वेदाचे निर्देश । दिले ह्याने ।। 157 ।। चरक-परंपरेचा । योगज्ञानसंपदेचा । व्याकरणसंहितेचा । जनक हा ।। 158 ।। योगसूत्रें ज्याने केलीं । पांच अध्यायाची प्रणाली । त्याला आम्हीं कृतांजलि । नमस्कृत ।। 159 ।।

**दोहा॰ पतंजली ने है दिया, योग-सूत्र का शास्त्र ।**
**नतशीर्ष मैं कृतांजलि, रत्नाकर तव छात्र ।। 147**

# Prayer to Guru Patañjali

**संगीत श्री शिवाजी चरित्र राग-छंद माला, पुष्प 59**

**भजन : राग भैरवी,[27] कहरवा ताल 8 मात्रा**

(गुरु वंदना)

**पद**

**गुरु ब्रह्मा शिव, गुरु विष्णु है, गुरु चरणन में ज्ञान सही ।**
**गुरु चरणन में ज्ञान सही ।। गुरु०**

♫ -सांसां रेंसांसां- सांसां- सांसां रेंसांनि- नि-, -निनि निनिगंगं गंरें- रेंगंरें सांसां- - -।
-सांरें निधपप प- - निधनिप मम- ।। मप०

**स्थायी**

**गुरु राम है, गुरु श्याम है, श्री गणपति का अवतार वही ।**

♫ मप ध-ध ध- -, पम प-प प- -, मगरे, -रेरेगग म- धध-पधप मम ।

**अंतरा-1**

**ज्ञान सिखावे, राह दिखावे, गुरु के तले अंध:कार नहीं ।**

♫ -सां-नि धसां-सां- -, सां-निपरें -रें-, -रें.रें रें रेंरें- रेंरें-रेंगंरें सांसां- - - ।।

**अंतरा-2**

**भरम भगावे, भाग्य जगावे, गुरु से बड़ा अधिकार नहीं ।**

**अंतरा-3**

**छाँव गुरु है, नाव गुरु है, गुरु से बड़ी पतवार नहीं ।**

---

[27] **राग भैरवी** : हा भैरवी थाटाचा अति लोकप्रिय राग आहे. ह्याला रागांचा राजा समजतात. ह्याचा आरोह असतो : सा रे ग म प ध नि सां । अवरोह : सां नि ध प म ग रे सा । हा प्रात:काल चा राग आहे, परंतु हा राग कोणत्याही वेळी उपयुक्त असतो.

▶ लक्षण गीत : **दोहा॰ कोमल सुर जिसमें सभी, किसी न स्वर का त्याग ।**
**म सा वादि संवाद का, चारु "भैरवी" राग ।। 148**

# Prayer to Guru Patañjali

**अंतरा-4**

गुरु गुण गावो, गुरु ऋण ध्यावो, गुरु किरपा का भार नहीं ।

  संगीत श्री शिवाजी चरित्र राग-छंद माला, पुष्प 60

**भजनम्**

(अथ योगानुशासनम्)

**स्थायी**

चित्तवृत्तिनिरोधो हि ज्ञातं योगानुसाधनम् ।
स्वरूपसमवस्थानम् । अथ योगानुशासनम् ।। 53

♪ ग-गग-ग-गरे-म- ग-, म-म- म-म-पम-गरे- ।
मप-पपधप-म-प- । मग रे-सा-रेग-मग- ।।

**अंतरा-1**

निर्ममता च निष्कामो निग्रहश्च तटस्थता ।
क्लेशो न क्लिष्टकार्येषु न प्रीति: प्रियकर्मसु ।। 54
इति योगस्य पालनम् । मतं योगानुशासनम् ।। 55

♪ म-ममम- ग म-प-म-, प-मगम- निधपम- ।
प-म- ग रे-सारे-म-ग-, नि ध-प- मगम-पम- ।।
मग म-प-ध प-मप । मग- रे-सा-रेग-मग- ।।

**अंतरा-2**

समं सुखञ्च दु:खञ्च लाभालाभौ जयाजयौ ।
समत्वं शत्रुमित्रेषु तथा मानापमानयो: ।। 56
इति योगस्य लक्षणम् । मतं योगानुशासनम् ।।

**अंतरा-3**

प्रीतिदयाक्षमायुक्त: क्रोधलोभविवर्जित: ।
यस्मान्नोद्विजते कोऽपि किञ्चिन्नोद्विजते च यम् ।। 57

## Prayer to Guru Patañjali

इति योगस्य धारणम् । मतं योगानुशासनम् ।।

अंतरा-4

निस्स्पृहो निर्ममो युक्तो निर्विषादो निरामयः ।
विहीनः कर्तृभावेन निष्ठो भक्तो विना रजः ।। 58
इति योगस्य साधनम् । मतं योगानुशासनम् ।।

अंतरा-5

निर्मलो निरहङ्कारः शोकदोषविवर्जितः ।
आत्मयुक्तो घृणामुक्तः स्थिरमतिर्मनोबलः ।। 59
इति योगस्य चालनम् । मतं योगानुशासनम् ।।

अंतरा-6

अनिकेतो ब्रह्मचारी निरासक्तो निरङ्कुशः ।
संयतात्मा मिताहारी निर्दुःखः शान्तमानसः ।। 60
इति योगस्य वाहनम् । मतं योगानुशासनम् ।।

संगीत श्री शिवाजी चरित्र राग-छंद माला, पुष्प 61

**भजनम्**

योगः

**स्थायी**

**विद्धि त्वं, एतद्धि योगम्... । त्वं, जानीहि योगम् ।।**
♫ रे-म ग-, प-म-ग- रे-ग- । म-, प-मग- रे-सा- ।।

**अंतरा-1**

**निर्मलतनुषा, निश्चलमनसा ।**
**विग्रहनिग्रहणम्... । त्वं, जानीहि योगम्... ।।**
♫ रे-सासारेरेग-, प-ममगगरे- ।
सा-रेगम-गरेसा- । म-, प-मग- रे-सा- ।।

**अंतरा–2**

**निर्भयभवनं, निश्चयकरणम् ।**

**सुखबन्धनत्यजनम् । त्वं, जानीहि योगम्... ।।**

**अंतरा–3**

**प्रशान्तस्थानं, नितान्तध्यानम् ।**

**सज्जनसंयोगम् । त्वं, जानीहि योगम्... ।।**

**अंतरा–4**

**परजनभजनं, यद्वत् स्वजनम् ।**

**जनगणपरिचरणम् । त्वं, जानीहि योगम्... ।।**

**अंतरा–5**

**न विषयग्रहणं, धनसंग्रहणम् ।**

**न क्रोधरागमदम् । त्वं, जानीहि योगम्... ।।**

## संगीत श्री शिवाजी चरित्र राग–छंद माला, पुष्प 62

योग

**स्थायी**

**है, नाम इसी का यो...ग, तू, जान इसी को योग ।**

♫ सानि़, सा–रे रेग– म– पमगरेसा, रेसा, रे–रे गमग रेसा रे– – – – रे ।

**अंतरा–1**

**तन निर्मल हो, मन निश्चल हो,**

**दूर हों सुख के भो...ग । है, नाम इसी का योग ।।**

♫ सानि़ सा–रेरे ग–, रेग म–गरे सा–,

म–म म पम गरे सा– – सा, रे–, रे–रे गपम गरे सा– ।।

**अंतरा–2**

**नर निर्भय हो, दृढ़ निश्चय हो,**

## Prayer to Guru Patañjali

संयम का उपयोग । है, नाम इसी का योग ।।

अंतरा–3

स्थल प्रशाँत हो, चित नितांत हो,

सत् जन का संजोग । है, नाम इसी का योग ।।

अंतरा–4

कोई न अपना, न ही पराया,

सम जाने सब लोग । है, नाम इसी का योग ।।

अंतरा–5

पूर्ण अहिंसा, तन मन वच से,

कोह रहे ना सोग । है, नाम इसी का योग ।।

अंतरा–6

फल की कामना, विषय वासना,

ना हों ये सब रोग । है, नाम इसी का योग ।।

## Prayer to Guru Dadoji Kondadev
## गुरुवर दादोजी कोंडदेव

卐**ओवी॰** श्री दादोजी कोंडदेव[28] । मराठा–ब्राम्हण देव । वीर ते क्षत्रिय एव । गुरुवर्य ।। 160 ।।
नामांकित गुरुवर । कला विद्यांचे आगर । शिकविती नाना गुर[29] । शिवाजीला ।। 161 ।।
शस्त्रविद्या राजनीति । मायभूमीची प्रीति । स्वराज्याची जागृति । सुशासन ।। 162 ।।

**दोहा॰** **बाल शिवजी के गुरु, कोंडदेव शुभ नाम ।**
**शस्त्र–शास्त्र विद्या सभी, देत नीति का ज्ञान ।। 149**
**मातृभूमि से प्रेम भी, युद्ध कला का तंत्र ।**

---

[28] **दादोजी कोंडदेव मलठणकर** (1577–1649)

[29] **गुर** = गुरुमंत्र

# Prayer to Guru Patañjali

**सेच्चे सेवक जोड़ना, स्वराज्य का गुरुमंत्र ।। 150**

**संगीत श्री शिवाजी चरित्र राग-छंद माला, पुष्प 63**

**भजन : राग जोगिया,[30] कहरवा ताल 8 मात्रा**

**वाल्मीकि स्तवन**

**स्थायी**

**हे गुरु परम ध्यान दाता, स्तवन हमरे लीजियो ।**
**लीजियो वंदन हमारे, ज्ञान हमको दीजियो ।**
**उद्धार हमरा किजियो ।।**

रे- सारे- ममम प-म रे-सा- -, रेमम पधप- म-रेसा- ।
म-पध- सां-रेंरें सांनिधप-, म-ध प-म- प-मरे- ।
सा-सा-रे ममप- ध-पम- ।।

**अंतरा-1**

**शारद का अवतार तुम्हीं हो, शिवबा के करतार तुम्हीं हो ।**
**तुलसी का सुविचार तुम्हीं हो, ज्ञान का भँडार हो ।।**

म-पप ध- सांसांरें-सां निध- प-, ममप- ध- सांसां-रें-सां निध- प- ।
ममप- ध- सांसां-ध-प मरे- सा-, सा-रे म- म-रे-रे सा- ।।

**अंतरा-2**

**गद्य पद्य पद शरण तिहारे, कवि शाहिर गण चरण तिहारे ।**
**शारद का वरदान तुम्हीं हो, कुदरत का अनुदान हो ।।**

---

[30] **राग जोगिया :** हा भैरव थाटाचा राग है । ह्याचा आरोह असतो : सा रे म प ध सां । अवरोह : सां नि ध प म रे सा ।

▶ लक्षण गीत : **दोहा॰ ग वर्ज्य स्वर अवरोह में, आरोही ग नि त्याग ।**
**म सा वादि संवाद का, ज्ञात "जोगिया" राग ।। 151**

Prayers to Guru Samartha Ramdas Swami

**अंतरा-3**

**शिवबा को अनुराग है तुमसे, स्फूर्ति अमर चिराग है तुमसे ।**
**तुमरे तप से भाग्य हमारे, गुरु! तुम्हें आभार हो ।।**

## Prayers to Guru Samartha Ramdas Swami
## गुरुवर समर्थ श्री रामदास स्वामी

♫ **संगीत श्री शिवाजी चरित्र राग-छंद माला, पुष्प 64**

**मनाचे श्लोक षष्टक**

भुजंगप्रयात छंद

। ऽ ऽ, । ऽ ऽ, । ऽ ऽ, । ऽ ऽ

♫ सारे-! ग-मप- म-ग रे-म- गरे-सा-

गुरो! साधना द्याल माझ्या मनाला, लिहूं शब्द जो नारदश्री म्हणाला ।
शिवाजी नृपाची सुसंगीत गाथा, यथासांग लीला लिहायास, नाथा! ।। 1 ।।
समर्था! मला द्याल आशीष, देवा! समाधान माझ्या मनी पूर्ण ठेवा ।
लिहूं मी मराठीत, भावार्थ साधा, नसावी मनाला अहंकार बाधा ।। 2 ।।
समर्था! अशी शक्ति द्यावी मनाला, न जेणे कधीं कष्ट व्हावे कुणाला ।
सदा नम्र भावे लिहूं मी लिखाणें, सुखीचित्त वाचोनि व्हावे शहाणे ।। 3 ।।
गुरो! बुद्धि ऐसी मनाला ठसावी, मला स्फूर्ति ताजी सदा ही असावी ।
मनी शांति अत्यंत माझ्या बसावी, कधीही मनी भ्रांति माझ्या नसावी ।। 4 ।।
समर्था! मला द्याल छंदांत गोडी, तथा वाद्य संगीत रागांत थोडी ।
मला चांगली शब्द संपत्ति द्यावी, कधी तूट जेणेकरोनी न व्हावी ।। 5 ।।
समर्था! मला दान सौभाग्य द्यावे, विना विघ्न हे काम सिद्धीस जावे ।
प्रभूची कृपादृष्टि आम्हां असावी, सदा शारदा मा खुशीने हसावी ।। 6 ।।

## Prayers to Guru Samartha Ramdas Swami

卐ओवी० जन्मनांव नारायण । जांब गावीं बालपण । तुकोबा समकालीन । रामदास[31] ।। 163 ।। शुद्ध चैत्राची नवमी । रामजन्माच्याच दिनीं । शुभ मध्यान्हाच्या क्षणीं । जन्म झाला ।। 164 ।। राणूबाई त्यांची माता । सूर्याजी ठोसर पिता । गंगाधर त्याचे भ्राता । ज्येष्ठ बंधु ।। 165 ।। मित्र त्यांचे नाना प्रकार । कुणीं गवंडी सुतार । कुम्भार गौळी लोहार । ब्राह्मण वा ।। 166 ।। आसपास ज्यांचे ग्राम । एकनाथ तुकाराम । ह्या संतांचा परिणाम । मनावर ।। 167 ।। घरी हवे होते ज्या क्षणीं । पिता वारले बालपणीं । आली विरक्ति ह्यांचे मनीं । हळूंहळूं ।। 168 ।। विरक्त होउनी निघाले । पायीं पंचवटीला आले । रामाचे दर्शन मिळाले । भक्ति केली ।। 169 ।। वय त्यांचे बारा वर्ष । मनीं आला महाहर्ष । श्रीराम चरण स्पर्श । जेव्हां केला ।। 170 ।। आला ऊत विरक्तीला । बसले तिथेच भक्तीला । साधाया योगशक्तीला । तपश्चर्या ।। 171 ।। स्वयंस्फूर्त त्यांचे गात्र । स्वयंपठित ते छात्र । योगसाधनेला पात्र । नारायण ।। 172 ।। भक्तवृंद गोळा केला । म्हणाले, चला रे चला! । आले सर्व नाशिकला । प्रणबद्ध ।। 173 ।। केली स्थापना देवळाची । मूर्ति त्यात दगडाची । गेरव्या लाल रंगाची । मारोतीची ।। 174 ।।

✍दोहा० **रामदास धीमान श्री, गुरुवर थे गुणवान ।**
**सहृद रामानंद के, भजते थे श्रीराम ।। 152**
**शिवबा के गुरु श्रेष्ठ थे, कर्मयोग के संत ।**
**हिंदुधर्म रक्षक बने, परम समर्थ महंत ।। 153**
**"मुगल म्लेच्छ खल दुष्ट जो, दुष्टबुद्धि शठ नष्ट ।**
**करते अबला भ्रष्ट वे, देकर उनको कष्ट ।। 154**
**"देवालय वे तोड़ते, और जलाते ग्रंथ ।**
**मूर्ति पावन फोड़ते, अधर्म जिनका पंथ ।। 155**
**हत करने उन शत्रु को, लिखे नीति के श्लोक ।**
**जागृत कीन्हे सुप्त जो, मूढ़ मराठे लोग ।। 156**

---

[31] **समर्थ रामदास स्वामी** (1608-1682); **संत तुकाराम महाराज** (1598-1650); **संत एकनाथ महाराज** (1533-1599).

# Prayers to Guru Samartha Ramdas Swami

 संगीत श्री शिवाजी चरित्र राग-छंद माला, पुष्प 65

भजन : 𝄞 राग दुर्गा, कहरवा ताल 8 मात्रा

(मोहे राम मिलादो)

### स्थायी

मोहे राम मिलादो हनुमंता, मोहे दरस दिलादो भगवंता ।
लखन हि सम तुम राघव भाई, तुमरी माँ सीता देवी ।।

♪ मम ध-प मप-मरे रेरेप-प-, मप- धधप मप-मरे रेरेप-म- ।
रेरेरे रे मम मम ध-पम प-ध-, सांसांसां- रें- सां-ध- म-प- ।।

### अंतरा-1

तुमरे गुन सब जन को भाते, रघुपति तुमरे सद् गुण गाते ।
लीला तुमरी बरनत नारद, बाल्मीकि शौनक तुलसी जी ।।

♪ ममप- धध धध सांसां सां रेंधसां-, धधधध सां-सांसां- धसां रेंसां धपम- ।
प-प- धमपध पधमम रे-सासा, सां-सांसां रें-सांसां धधमप प- ।।

### अंतरा-2

तुमने रघुबर-काज संवारे, सुग्रीव को तुम राज दिलाए ।
संजीवन का परबत लाए, राम का आशिस तुमको ही ।।

### अंतरा-3

तुम ही बांधा पुल सागर पे, लंका जारी असुर संहारे ।
सारे कपि हैं तुमरे दासा, वाणी मीठी तुमरी ही ।।

ॐ ओवी॰ मूळ नांव नारायण । नवीन केले धारण । संन्यासाच्या कारण । रामदास ।। 175 ।। मग तपश्चर्येसाठी । नंदिनी नदीच्या काठीं । डोंगराच्या गुहे पाठी । एकांतात । 176 ।। गायत्री मंत्राचे ध्यान । रामचरित्राचे ज्ञान । मुखी नाम हनुमान । बारा वर्षे ।। 177 ।। कर्मयोगे सदा रत । ब्रह्मचर्याचे व्रत । मन मायभूमि नत । सदोदित ।। 178 ।। आले जेव्हां ते सिद्धीस । वय

# Prayers to Guru Samartha Ramdas Swami

केवळ चोवीस । निघाले ते वारीस । भारताच्या ।। 179 ।। पायीं केल्या नाना यात्रा । पुण्यक्षेत्रें मेळे जत्रा । धाम पावन सतरा । अनुभव ।। 180 ।।

**दोहा॰** **नारायण ने जब लिया, गृहस्थ से संन्यास ।**
**"रामदास" स्वामी बने, जन जागृति की प्यास ।। 157**
**नंदिनी नद के तीर पर, समाधिस्थ एकांत ।**
**गायत्री का जप किया, अखंड मन से शाँत ।। 158**
**रामचरित की साधना, बारह बरस महान ।**
**मुख में उनके एक ही, पूज्य नाम हनुमान ।। 159**
**ब्रह्मचर्य व्रत ले लिया, करने अचिवल काम ।**
**भारत यात्रा पर चले, जय रघुवर के नाम ।। 160**
**ग्राम-ग्राम वे घूम कर, देते सबको ज्ञान ।**
**कर्मयोग का ज्ञान भी, गुरु उनका हनुमान ।। 161**

**संगीत श्री शिवाजी चरित्र राग-छंद माला, पुष्प 66**

**आरती**

(हनुमान चालीसा, मराठी)

**।। रत्नाकरी श्रीहनुमान चाळीसा ।।**

(मूळ तुलसीदासी हनुमान चालीसा चे यथा मराठी रूपांतर)

**दोहा॰**

**श्रीगुरु चरण-कमळ धूळ, करि मन-दर्पण नितळ ।**
**कथन रघुवर सुयश विमळ, चतुर्विध देते फळ ।। 2122**
♫ सा-सासा सासासारेरेरे ग-रे, गग गग ग-गग पमग ।
रेरेरे गगगग ममम पमग, धप-मम ग-म- गरे- ।।
**बुद्धिहीन तनु जाणुनी, स्मरतो पवनकुमार ।**
**बुद्धि विद्या सबळ करुनी, हर मम क्लेश विकार ।। 2123**
♫ सा-सारे-रे रेरे ग-मग-, धपम- गगगपम-म ।

# Prayers to Guru Samartha Ramdas Swami

ग-ग म-म- पपप मगरे-, सासा रेरे म-ग रेसा-सा ।।

**चाळीसा**

चौपाई मात्रा 16-17; वर्ण 9-14

♫ म- पपसां-सां रें-सां निध प-मम । प- धसां-नि धपगरे- गम-मम ।

**जै हनुमान ज्ञान गुण सागर । जै कपीश त्रिभुवनी उजागर । 1**
**रामदूत विलक्षण बल धाम । अंजनी-पुत्र पवनसुत नाम । 2**

**महावीर विक्रम बजरंगी । कुमति नाशक सुमति चा संगी । 3**
**वर्ण सुवर्ण अति सुंदर वेश । कानी कुंडल कुरळित केश । 4**

**हाती वज्र व ध्वजा धारिजे । खांदीं मूंज-जानवे साजे । 5**
**शिव अवतार, केसरीनंदन । तेज प्रताप जगी तव वंदन । 6**

**विद्यावान गुणी अति चातुर । राघव काज कराया आतुर । 7**
**प्रभु चरित्र ऐकाया रस अति । राम लखन सीता मन वसती । 8**

**जरी रूप लघु, सिया दर्शनी । विकट-रूप-कपि लंका दहनी । 9**
**भीम रूप धरि असुरसंहारे । रामकाज सांवरले सारे । 10**

**आणी जडिबुटि लखन जगाया । हर्षित हरि उरि धरि तव काया । 11**
**रघु वदे, "किती स्तुति तव गाऊ । प्रिय मला तू भरत सम भाऊ" । 12**

**"सहस्त्र-मुख अहि यश तव गाई" । म्हणुनी, हरि आलिंगन देई । 13**
**शौनकादिक ब्रह्मादि मुनीश । नारद शारदेसहित अहीश । 14**

**यम कुबेर दिगपाल जगी हे । कवि कोविद म्हणु शकती नोहे । 15**
**हितगुज तू सुग्रीवे लाभले । राम मिळवुनी स्वराज्य दिधले । 16**

**मंत्र विभीषण तुझा ऐकला । लंकेश्वर जग प्रसिद्ध झाला । 17**
**सूर्य हजार युग योजन दूर । गिळला फळ ते समजुनी मधुर । 18**

# Prayers to Guru Samartha Ramdas Swami

प्रभु ची मुद्री धरुनी मुखात । सागर कुदला नवल नच त्यात । 19
दुर्गम काम जगातिल सारे । सुगम अनुग्रह तुझ्या सहारे । 20

तू रक्षक हरि द्वारी विशेष । आज्ञेविना न मिळे प्रवेश । 21
सुखें सगळी तुज येता शरण । रक्षण तू, कां भ्यावें आपण । 22

तेज-तुझ्याने त्रिभुवन तापे । तुझ्या भयाने त्रिलोक कापे । 23
भूत पिशाच हि निकट न येती । "महावीर" जर नाव ऐकती । 24

नाशती रोग त्रास हि सगळा । जपुनि निरंतर हनुमत माळा । 25
विघ्नांतुनि हनुमान सोडवी । तन-मन कर्म ध्यान जो लावी । 26

सकळिक राम तपस्वी राजा । रत तू सकळ तयाच्या काजा । 27
आणि मनोरथ जे कुणी लावे । तेचि अमित जीवन फळ पावे । 28

चारी युगी प्रताप तव तसा । प्रकाश जगती पसरतो जसा । 29
साधु पुरुष रक्षक तू न्यारा । असुर संहारक तू हरि प्यारा । 30

"अष्ट सिद्धि नउ निधि चा दाता" । तुज वर देत जानकी माता । 31
राम लीलामृत तुझ्याच पास । सदा रहा रघुपतीचा दास । 32

भजन तुझे रामाला मिळते । जन्मोजन्मी दुःख वितळते । 33
अंत्य मुक्ति मग रघुपति धामी । जन्म परत हरि-सेवक नामी । 34

अन्य देवता मनी न धरिती । हनुमत सेवक सुसुखे करिती । 35
जळती पाप विघ्नांचा अंत । जो स्मरतो हनुमंत बळवंत । 36

जै जै जै मारुति गोसावी । श्रीगुरु सम तव कृपा असावी । 37
जो स्मरतो हे स्तोत्र शत ठाइ । पावुनि मुक्ति महा सुखी होइ । 38

पाठ करुनि "हनुमान चालीसा" । घडे सिद्धि, साक्षी गौरीसा । 39
तुलसी अक्षय हरीचा दास । नाथा! हृदयी करा मम वास । 40

# Prayers to Guru Samartha Ramdas Swami

**दोहा॰**

**वायुसुत भयहर! कर हित, शुभकाया सुखरूप! ।**
**राम लखन सीता सहित, वस मम हृदि सुरभूप! ।। 2124**

♪ प-पपप धनिधप! मम गरे, गगम-म- पमग-ग ।
रे-रे रेरेरे ग-ग- ममम, धध पप मम गरेसा-सा ।।

**इति**

**तुलसीकृत हनुमान चालीसा । मराठी मधें जसा चा तसा ।।**

**ओवी॰** वाटेंत भेटले संत । नाना विद्वान महंत । भक्त शहाणे अनंत । उत्तरेला ।। 181 ।। पंचेवीसच्या वयात । आले ते हिमालयात । पवित्र देवलयांत । सनातन ।। 182 ।। इथे झाला साक्षात्कार । जीवन हेतु साकार । परमार्थाचा विचार । आला मनीं ।। 183 ।। गंगेत मारली उडी । झेलली रामाने कुडी । पाण्यात मारूनी बुडी । वर आले ।। 184 ।। जगोद्धाराची कळकळ । जनोद्धाराची तळमळ । धर्मविघ्नाची हळहळ । आली मनीं ।। 185 ।। "देव सेवा, देश सेवा । धर्म सेवा हाचि ठेवा । रामराया! दे गा देवा!" । ते म्हणाले ।। 186 ।।

**दोहा॰** **हिमालय पर आगए, यात्रा के दौरान ।**
**राहों में उनको मिले, सज्जान संत सुजान ।। 162**
**यहाँ हुआ परमार्थ का, उनको साक्षात्कार ।**
**जन्म हेतु जिसने किया, उनका अब साकार ।। 163**
**गंगा जल में स्नान कर, धो कर तन मन प्राण ।**
**समाज के उद्धार का, जगा उन्हें अरमान ।। 164**
**सेवा अपने देश की, और धर्म के काम ।**
**करने को आगे बढ़े, लिए राम का नाम ।। 165**

**संगीत श्री शिवाजी चरित्र राग-छंद माला, पुष्प 67**

**आरती : राग बिलावल, कहरवा ताल 8 मात्रा**

# Prayers to Guru Samartha Ramdas Swami

## आरती

## रत्नाकरकृत हनुमान चालीसा, हिंदी

दोहा०

सदा सहायक राम का, कर्म कुशल महावीर ।
राघव दूत महाबली, विद्युत वेग सुधीर ।। 166

♫ नि नि- निनि-सांसां सां- -सां सां- - -, नि-नि निनिनि रेंसांसां- - सा ।
नि-निनि प-प पग-परे- - -, ग-गरे रे-रे सासा- - सां ।।

चौपाई

जै हनुमान ज्ञान गुण सिंधु, जै कपीश करुणा के इंदु । 1
महावीर! तुम कपि बजरंगी, रामदास हरि[32] परम उमंगी । 2

♫ रेग ममम-म ग-म पम ग-रे-, ध- पम-ग रेरेगम पम ग-रे- ।
रे-रे-ग-ग गग गम पपप-म-, गरेरेग-म मम पपप मग-रे- ।।

ऋष्यमूक गिरि तोर निबासा, पम्पा सुंदर सर के पासा । 3
शब्द वेध के निपुण विधाता, विघ्न विनाशक तुम सुख दाता । 4

उड़ कर आसमान का भानू, लील्यो लाल गगन फल जानूँ । 5
तुम ज्ञानी अति चातुर बानी, पवन पुत्र अनुपम तूफानी । 6

क्षण में उड़ कर सागर लाँघा, राम-नाम लिख सेतु बाँधा । 7
अस्त्र शास्त्र श्रुति के तुम ज्ञानी, सरल मधुरतम तुमरी बानी । 8

रावण की वाटिका उजाड़ी, अहिरावण की बाँह उखाड़ी । 9
ढूँढी तुमने सीता माई, राघव को शुभ खबर सुनाई । 10

रावन को तुम बोले, “भाई! लौटा दे तू सीता माई” । 11

---

[32] हरि = वानर । राम, कृष्ण, विष्णु ।

# Prayers to Guru Samartha Ramdas Swami

अड़बंगा नहिँ तुमरी माना, पूँछ जराई वह दीवाना । 12

तुमने युद्ध बजाया डंका, फिर सोने की जारी लंका । 13
अपरंपारा तुमरी माया, जिसका पार न कोई पाया । 14

संजीवन का परबत लाए, शर से आहत लखन जियाये । 15
महा प्रतापी तुम, जगदीशा! ज्ञान सिंधु संपन्न कपीशा । 16

असुर निकंदन तुम सुर त्राता, धन्य अंजनी तुमरी माता । 17
काम राम के किए तमामा, जय जय कपिवर जय बलभीमा । 18

जै हनुमान राम के दासा, राम चरन तुमरा अधिबासा । 19
कपिवर तुमरी अमृत बाणी, राम-सिया को अति हर्षाणी । 20

राम-नाम रस भीनी काया, वक्ष फाड़ कर हरि दिखलाया । 21
फोड़ फोड़ माला के मोती, राम-नाम की ढूँढी ज्योति । 22

जो तुमरी लीला का ज्ञाता, किरपा राम-सिया की पाता । 23
जो हनुमान चलीसा गाता, भवसागर को पार लँघाता । 24

काम काज जिसको उलझाता, नाद नाम का तिन सुलझाता । 25
पी कर राम रसायन प्याला, नसीब जागे खुल कर ताला । 26

केसर-नंदन व्यंकट प्यारे! असुर निकंदन राम दुलारे! । 27
मुष्किल काज धरम के जेते, आतुर तुम करने को तेते । 28

तुम हो धीरज बल के दाता, आशिष दीन्हा सीता माता । 29
सुग्रीव को नृप तुमने कीन्हा, विभिषण को तुम मंतर दीन्हा । 30

निश-दिन राघव की कर सेवा, खाते परम मधुर तुम मेवा । 31
आवन जावन विद्युत गति से, राम काज करि सुकृत मति से । 32

# Prayers to Guru Samartha Ramdas Swami

विघ्न कष्ट संकट की वेला, तुमरा भगत न रहे अकेला । 33
बिकट विषम जब विपदा आवे, तुमरे सुमिरण से कट जावे । 34

घटना घोर घटे जिस बेरी, प्रभु आने में लगे न देरी । 35
क्षण में विशाल गिरिवर जैसे, क्षण में सूक्षम अणु सम ऐसे । 36

जिसमें हनुमत भक्ति जागी, उसकी सब बिध पीड़ा भागी । 37
जिसके मुख हनुमान सुनामा, होय सिद्धि वह पूरण कामा । 38

जो नर निश-दिन तुमको सुमरे, उस पर प्रेम अपारे तुमरे । 39
जिसके मुख रट हनुमत लागी, स्वर्ग दुआरे वह बड़भागी । 40

दोहा०

**पवन तनय हनुमान जी, अंजनी सुत बलवान ।**
**कपिदल-पति प्रभु! आपको, बारंबार प्रणाम ।। 167**

♫ सासासा रेरेरे रेरेग-रे ग-, प-मग रेरे गगम-म ।
पपपपपप पप ध-मम-, ग-म-ग-रे रेसा-सा ।।

**आज्ञा दीजो हे प्रभो! खुले राम का द्वार ।**
**सफल करूँ संगीत ये, होवे मम उद्धार ।। 168**

♫ सा-नि़- ध़-नि़- सा- रेसा-, पम- ग-रे सा- रे-रे ।
गगग मम- प-म-ग म-, ग-म- गग रे-सा-सा ।।

♫ संगीत श्री शिवाजी चरित्र राग-छंद माला, पुष्प 68

**पादाकुलक छंद**

4 + 4 + 4 + 4

(हनुमान भगत)

तुमरा मंतर जो है गाता, वो है रघुनंदन को भाता ।
जो है राम रसायन रीता, कटु संकट में वो है जीता ।। 1

# Prayers to Guru Samartha Ramdas Swami

**जो है तुमरे सद् गुण ध्याता, सीता देवी उसकी माता ।**
**कर जोड़े तुमरे दर आता, रघुपति दशरथ उसके ताता ।। 2**
**तुमरी शरणन जो है आता, उस भगत का भरत है भ्राता ।**
**जो हिरदय में तुम्हें बिठाता, उसे लखन भाई का नाता ।। 3**

卐**ओवी॰** मग पंजाबात आले । तिथे योगायोग झाले । त्यांना हरगोविंद[33] मिळाले । शीख गुरु ।। 187 ।। गुरूंनी स्वामींना जाणले । हरमंदिरात आणले । आपले विचार मांडले । स्वामींपुढे ।। 188 ।। इथे दोन मास राहिले । शीख संस्कार पाहिले । श्रद्धापुष्प वाहिले । स्वर्णमंदिरीं ।। 189 ।। वाखाणले शीख लोक । व्यक्त करुनिया शोक । गाऊनी गीतेचे श्लोक । प्रवचन ।। 190 ।। विचार-विनिमय झाले । गुरूंचे त्याग जाणिले । धर्म-संकट चेतावले । त्यांच्या मनीं ।। 191 ।। सुलतानांचे अत्याचार । जिथे तिथे बलात्कार । आक्रमण चहूंफेर । आले आहे ।। 192 ।। धर्मविघ्न आहे आगे । शस्त्रसज्ज होणें लागे । दुर्बलता ठेवुनी मागे । तोंड द्यावें ।। 193 ।। घेऊनी ह्याच लक्ष्या । मातृभूमिची रक्षा । न करतां प्रतीक्षा । सिद्ध झाले ।। 194 ।।

**दोहा॰** **फिर आए पंजाब में, रामदास सानंद ।**
**वहाँ मिले सौभाग्य से, श्री गुरु हरगोबिंद ।। 169**
**हरमंदिर में बैठ कर, हुआ भद्र आलाप ।**
**गीता पर प्रवचन दिया, आध्यात्मिक आलाप ।। 170**
**महाराष्ट्र में था यथा, मुगलों का उत्पात ।**
**वैसा ही पंजाब में, सुलतानी उन्माद ।। 171**
**सब विध अत्याचार था,बलात्कार दिन-रात ।**
**धर्मविघ्न पंजाब में, गुरुओं पर आघात ।। 172**
**लेकर नूतन चेतना, स्वामी लौटे देश ।**

---

[33] **गुरु हरगोविंद सिंह :** शीख पंथाचे सहावे गुरु । 1. गुरु नानक देव (1469-1539), 2. गुरु अंगद (1504-1552), 3. गुरु अमरदास (1479-1574), 4. गुरु रामदास (1534-1581), 5. गुरु अर्जुन देव (1563-1606), 6. **गुरु हरगोविंद सिंह (1595-1664).**

# Prayers to Guru Samartha Ramdas Swami

**जनता को जागृत किया, करने सिद्ध स्वदेश ।। 173**

## संगीत श्री शिवाजी चरित्र राग-छंद माला, पुष्प 69

**राग : आसावरी, कहरवा ताल 8 मात्रा**

(गुरुवाणी)

**स्थायी**

**अमृत वाणी, देन सबद की, आदिगुरु को, वाहेगुरु की।**

♫ पमपसां ध-पधमप, गरेम मपप प-, पधसां रेंसांरेंगं रेंसां, सांनिरें सांध- प- ।

**अंतरा-1**

**"दीपा मेरा एकु नामु," सीख ले बंदे, बात शुरु की।।**

♫ पमप- ध-पध सां-सां- रेंनिसां-, प-प ध सां-सां- सांरेंगं रेंसांध- प- ।

**अंतरा-2**

**"ऐहु मेरा एकु आधारु," पीयुश बानी, बाबेगुरु की।**

**अंतरा-3**

**"अंजन माही निरंजन रहिये, ऐहु योगु," बोले गुरु जी।**

**अंतरा-4**

**"नानक दुखिया सब संसारु," सुनो भई साधो, बात गुरु की।**

## संगीत श्री शिवाजी चरित्र राग-छंद माला, पुष्प 70

(ब्रह्म गुरु)

**स्थायी**

**ब्रह्म गुरु अरु विष्णु गुरु, शंभु सदाशिव गुरु ही हैं ।**

**आत्म गुरु परमात्म गुरु, बिना गुरु भव अपार है ।।**

♫ सा-नि़ सारे- गग रे-सा नि़सा-, प-म गरे-गग मप- म ग- ।

ध-प मग- मपध-प मग-, रेग- मप- धध पम-ग रे- ।।

# Prayers to Guru Samartha Ramdas Swami

**अंतरा–1**

**राम गुरु है, श्याम गुरु है, गुरु सरस्वती माता ।**
**निर्विकार गुरु, निरंकार गुरु, गुरु ज्ञान का दाता ।**
**गाओ गुरु गुण, ध्याओ गुरु ऋण, पार भँवर का गुरु ही है ।।**

♫ सा–रे गरे– सा–, रे–ग रेग– म–, गम– पध–पम ग–म– ।
ग–मप–प पप, निध–प–प पप, मप– नि–ध प– ग–म– ।
ग–म– पप पप, ध–प– मम मम, ग–रे पपप ध– पम– ग रे– ।।

**अंतरा–2**

**ज्ञान सिखाए, राह दिखाए, गुरु मन का उजियाला ।**
**भाग्य जगाए, पुण्य लगाए, गुरु सत् का प्रतिपाला ।**
**छाँव गुरु है, नाव गुरु है, तार भँवर का गुरु ही है ।।**

**अंतरा–3**

**तन सब गुरु का, मन सब गुरु का, कण–कण अर्पण काया ।**
**भान गुरु से, मान गुरु से, गुरु चरणों की माया ।**
**भाई गुरु है, माई गुरु है, आधार भव का गुरु ही है ।।**

卐**ओवी॰** करण्यासाठी संघटन । आदर्श एक हनुमान । देवस्थाने केलीं स्थापन । जागो–जागीं ।। 195 ।। दिली प्रेरणा व्यायामाची । जागृति यम–नियमांची । संघ–कार्यक्रमांची । जन मनीं ।। 196 ।। बारा वर्षांचे हे तप । करोनी कार्यसंकल्प । परतले आपोआप । महाराष्ट्रात ।। 197 ।। पैठणला स्वामी आले । गोसावीरूप राहिले । भक्तिकाव्य रचूं लागले । दासबोधादि ।। 198 ।। काव्यांद्वारें जन–जागृति । शिवरायाला दिली स्फूर्ति । करावया स्वातंत्र्य क्रांति । प्राणप्रणें ।। 199 ।।

✍**दोहा॰** **पैठण में आकर रचा, दासबोध का काव्य ।**
**भक्तिमार्ग का स्रोत जो, कर्मयोग गुर श्राव्य ।। 174**

**संगीत श्री शिवाजी चरित्र राग–छंद माला, पुष्प 71**

# Prayers to Guru Samartha Ramdas Swami

राग : 𝄞मालकंस, कहरवा ताल 8 मात्रा

(गुरुदेव वंदना)

**स्थायी**

**स्वरदा ने मंजुल गाया है, नारद ने साज बजाया है ।**
**रतनाकर गीत सजाया है ।।**

♫ ममगम गसा निसाधनि सा–म– म–, म–गम गसा निसाध नि–सा–म– म–।
निनिनि–निनि नि–नि निधनिसांनि धम ।।

**अंतरा–1**

**आदि गुरुऽवर श्री गणपति हैं, योगेश्वर गोविंद भी हैं ।**
**ब्रह्म विष्णु शिव रूप गुरुऽ के, राम–कृष्ण भजु मन मेरे ।।**

♫ ग–म मध–निनि सां–सांसांगंनि सां–, नि–नि–निनि निधधनिसां नि धम– – – ।
ग–म ध–ध निनि सां–सां सांगंनि सां–, नि–नि नि–नि निध धनि सांनिधमगसा ।।

**अंतरा–2**

**गुरु छाया है, गुरु माया है, गुरु से बड़ा नहीं दानी रे! ।**
**गुरु आधारा, गुरु है पारा, गुरु चराणासीन ज्ञानी है ।।**

**अंतरा–3**

**असमंजस में जब मनवा हो, शीश टेक जब "शाधि!" कहो ।**
**बंद भाग्य की खिड़की खोले, गुरु ताले की चाबी है ।।**

**अंतरा–3**

**अज्ञानी को ज्ञान दिलावे, राह दिखावे भटके को ।**
**हिरदय से अंधकार मिटावे, सादर गुरु को वंदन है ।।**

# श्रीमारुतिस्तोत्र ।

♫ संगीत श्री शिवाजी चरित्र राग–छंद माला, पुष्प 72

# Prayers to Guru Samartha Ramdas Swami

(रामदासी श्रीमारुतिस्तोत्र)

भीमरूपी महारुद्रा, वज्रहनुमान मारुती ।
वनारी अंजनीसूता, रामदूता प्रभंजना ।। 1 ।।

(रत्नाकरी श्रीमारुतिस्तोत्र)

ॐ अनुष्टुप् छंदसि संकृतश्लोका:

**भीमरूपो महारुद्रो वज्राङ्गी त्वंञ्च मारुति: ।**
**वनारिरंजनीपुत्रो रामदास: प्रभञ्जन: ।। 61**

(अनुष्टुप् छंद में हिन्दी श्लोक)

भीमरूपी महारुद्र, वज्रांगी तू प्रभंजन ।
वनारि अंजनीपुत्र, राम-सेवक मारुति ।। 62

✍दोहा० **भीमरूप बजरंग तुम, महारुद्र हनुमान ।**
**अंजनि के सुत मारुती, रामदूत अभिराम ।। 175**
**जारी तुमने वाटिका, बिगड़ा रावण काम ।**
**अतुलित तुम बलवान हो, वर देते प्रभु राम ।। 176**

महाबळी प्राणदाता, सकळां उठवी बळें ।
सौख्यकारी दु:खहारी, दूत वैष्णव गायका ।। 2 ।।

ॐ **श्लोकौ**

**प्राणदस्त्वं महाशक्ति: प्रबलो गिरिधारक: ।**
**सौख्यदाता व्यथाहर्ता दक्षो वैष्णवगायक: ।। 63**

प्राणदा तू महाशक्ति, उठाया द्रोण पर्बत ।
सौख्यकारी व्यथाहारी, गाते राघव की स्तुति ।। 64

✍दोहा० **महाबली हनुमानजी, तुम्हीं बचाते प्राण ।**
**सकल द्रोण लेकर उड़े, बची लखन की जान ।। 177**
**सुखदाता तुम परम हो, दुख मोचक भगवान ।**

तुम सेवक श्री राम के, गाते शुभ स्तुति गान ।। 178

दीनानाथा हरीरूपा, सुंदरा जगदंतरा ।
पातालदेवताहंता, भव्यसिंदूरलेपना ।। 3 ।।

श्लोकौ

**दीनानाथो मनोहारी सुन्दरो जगदन्तरः ।**
**असुराणां च हन्ता त्वं दिव्यसिन्दूरलेपनः ।। 65**

दीनानाथ मनोहारी, अंतरात्मा त्रिलोक का ।
काल है राक्षसों का तू, दिव्य सिंदूर से सजा ।। **66**

दोहा॰ **दीनानाथ श्री मारुती, मनहर तुम हरि रूप ।**
**अंतरंग सब विश्व के, हनुमत तुम सुरभूप ।। 179**
**रावण डरता आपसे, असुरों के तुम काल ।**
**दिव्य लेप सिंदूर की, सुंदर मूरत लाल ।। 180**

लोकनाथा जगन्नाथा, प्राणनाथा पुरातना ।
पुण्यवंता पुण्यशीला, पावना परितोशका ।। 4 ।।

श्लोकौ

**लोकनाथो जगन्नाथः प्राणेशस्त्वं सनातनः ।**
**पुण्यवान्पुण्यशीलश्च पावनस्तुष्टिदायकः ।। 67**

लोकस्वामी जगत्स्वामी, प्राणस्वामी पुरातन ।
पुण्यवान तथा पूज्य, तृप्तिदाता पवित्र तू ।। **68**

दोहा॰ **लोकनाथ प्रभु आप हैं, ईश जगत के नाथ ।**
**शोक विनाशक आप हैं, अति ममता के साथ ।। 181**
**प्राणनाथ श्री मारुती, परम पुरातन आप ।**
**पुण्य लगाते आप हैं, दूर भगाते पाप ।। 182**

# Prayers to Guru Samartha Ramdas Swami

ध्वजांगे उचली बाहो, आवेशें लोटला पुढे ।
काळाग्नि काळरुद्राग्नि, देखतां कांपती भयें ।। 5 ।।

🕉 श्लोकौ

हस्ते यशोध्वजं धृत्वा सेनानेता हरेश्च त्वम् ।
काळाग्निकाळरुद्राग्नी भीतौ दृष्ट्वा जवं च ते ।। 69

यशध्वज लिये आप, आवेश से जभी बढ़े ।
कालाग्नि-कालरुद्राग्नि काँप उठे डरे हुए ।। 70

दोहा॰ विजय-पताका को लिये, बढ़े आप सह जोश ।
रुद्ररूप वह देख कर, राक्षस खोए होश ।। 183
प्रलय-काल का अग्नि भी, रुका देख तव रूप ।
रुद्राग्नि भी डर गया, निहार रूप-अनूप ।। 184

ब्रह्मांडे माइली नेणों, आंवळे दंतपंगती ।
नेत्राग्नि चालिल्या ज्वाळा, भ्रुकुटी ताठिल्या बळें ।। 6 ।।

🕉 श्लोकौ

प्रसिष्यसि जगन्मन्ये दृष्ट्वा ज्वाले नु नेत्रयोः ।
भासुरे दन्तपङ्क्ती च व्यात्ते ते भृकुटी तथा ।। 71

देखके घोर नेत्राग्नि, तरेरी भृकुटी तथा ।
लगे तू विश्व ली लेगा, कराल दंत-पंक्ति से ।। 72

दोहा॰ तुमरे दाँत कराल हैं, कतार में बेजोड़ ।
अनुपम जिनका दृश्य है, असुरों का जी-तोड़ ।। 185
नृत-अनृत के युद्ध में, तुमरे नैनन आग ।
भस्म करोगे, जान कर, शत्रु गये सब भाग ।। 186

# Prayers to Guru Samartha Ramdas Swami

पुच्छ तें मुरडिलें माथा, किरिटी कुण्डलें बरी ।
सुवर्णकटिकांसोटी, घंटा किंकिणि नागरा ।। 7 ।।

ॐ श्लोकौ

**शिरसि मुकुटं कान्तं पार्श्वे पुच्छं व्यवस्थितम् ।**
**कुर्वन्ति कङ्कणी नादं कुण्डले नूपुरे धटी[34] ।। 73**

स्वर्ण मुकुट शीश पे, पीछे पुच्छ ललाम है ।
रम्य कुण्डल-कौपीन नाद नूपुर-घुँघरू ।। 74

दोहा॰ **सिर पर मुकुट सुवर्ण का, लगता बहुत ललाम है ।**
**चाप पुच्छ का पार्श्व में, अधिक बढ़ाता शान ।। 187**
**कुण्डल इतने रम्य हैं, कछु नहिं जिनके बाद ।**
**लाल लँगोटी पैंजनी, सुंदर घुँघरू नाद ।। 188**

ठकारे पर्वताऐसा, नेटका सडपातळू ।
चपळांग पाहतां मोठें, महाविद्युल्लतेपरी ।। 8 ।।

ॐ श्लोकौ

**गिरिरिव क्षणे दीर्घो वायुवदपरे क्षणे ।**
**अद्रिरिव क्षणे स्थाणुः-विद्युत्वच्चञ्चलः क्षणे ।। 75**

क्षण में गिरि से दीर्घ, क्षण में सूक्ष्म वायु सा ।
क्षण में मेरु सा स्थाणु, क्षण में वज्र चंचल ।। 76

दोहा॰ **क्षण में सूक्षम रूप है, तुमरा, पवनकुमार! ।**
**क्षण में विशालकाय है, पहाड़ समान अपार ।। 189**
**क्षण में तुम कूटस्थ हो, अचल हिमाद्रि समान ।**

---

[34] **कङ्कणी** = (मराठी) घुंगरू, (हिंदी) घुँघरू. **धटी** = (मराठी) लंगोटी, (हिंदी) लँगोटी।

क्षण में चंचल तुम हुए, बिजली से गतिमान ।। 190

कोटिच्या कोटि उड्डाणें, झेपावे उत्तरेकडे ।
मंद्राद्रीसारिखा द्रोणूं, क्रोधे उत्पाटिला बळें ।। 9 ।।

श्लोकौ

उड्डुयसे आकाशे योजनानि च कोटिशः ।
उत्तरेण द्रुतं गत्वा समूलं गिरिमानयः ।। 77
उडता व्योम फाँदके, योजन कोटि-कोटिशः ।
उड़ कर, उदीची से, लाया द्रोण समूल तू ।। 78

दोहा॰ कोटि-कोटि योजन उड़े, उत्तर में हनुमान ।
लाने को संजीवनी, करने तुरंत काम ।। 191
गिरि मंदाद्री-द्रोण भी, दिया उखाड़ समूल ।
उठा लिया पर्बत बड़ा, जैसे हलका फूल ।। 192

आणिला मागुता नेला, आला गेला मनोगति ।
मनासी टाकिलें मागेळ गतीसी तुळणा नसे ।। 10 ।।

श्लोकौ

आनयश्चानयो द्रोणं स्थापयितुं नु पूर्ववत् ।
गमनागमनं शीघ्रं परस्तान्मनसो हि ते ।। 79
जाकर शीघ्र दोबारा, वापस गिरि को रखा ।
आना-जाना तिहारा है, दूर्ज्ञेय मन से परे ।। 80

दोहा॰ तुरंत जाकर फिर वहाँ, लेकर द्रोण महान ।
पर्बत वापस रख दिया, बनें और के काम ।। 193
आना-जाना आपका, मन की गति से पार ।

अगम तिहारे काम हैं, जिनका पार अपार ।। 194

अणूपासोनि ब्रह्मांडा येवढा होत जातसे ।
तयासी तुळणा कोठें, मेरुमांदार धाकुटे ।। 11 ।।

श्लोकौ

**अणुरिव क्षणे भूत्वा ब्रह्माण्डमिव चापरे ।**
**निरूपमः स विश्वे वै बृहन्मेरुमपेक्षया ।। 81**

अणु समान छोटासा, ब्रह्माण्डसा विशाल भी ।
उसके मान का सानी, मेरुमांदेर भी नहीं ।। 82

दोहा॰ **अणु से भी सूक्षम कभी, होजाते हनुमान ।**
**कभी ब्रह्मांड से बड़े, कौन करे अनुमान ।। 195**
**लघु-दीरघ तव रूप की, तुलना, को-कर-पाय ।**
**शैल मेरु-मांदार भी, छोटे कद लग जाय ।। 196**

ब्रह्मांडाभोंवते वेढे, वज्रपुच्छें करूं शके ।
तयासी तुळणा कैची, ब्रह्मांडी पाहतां नसे ।। 12 ।।

श्लोकौ

**लाङ्गूलं ते बृहद्भूत्वा विश्वं शक्नोति वेष्टितुम् ।**
**एतस्य तुलना नास्ति त्रिभुवने नु कुत्र वै ।। 83**

लाँगूल आपकी लंबी, लपेट सकती मही ।
चीज न उसके जैसी, और भी विश्व में कहीं ।। 84

दोहा॰ **लंबी जब दुम आपकी, प्रभो! दीर्घ आकार ।**
**लपेट कर ब्रह्मांड को, व्याप्त करे संसार ।। 197**
**उसकी तुलना क्या करें, जिसका पार न वार ।**

# Prayers to Guru Samartha Ramdas Swami

त्रिभुवन में वह एक है, दैवी साक्षात्कार ।। 198

आरक्त देखिले डोळां, ग्रासिलें सूर्यमंडळा ।
वाढतां वाढतां वाढे, भेदिले शून्यमंडळा ।। 13 ।।

**श्लोकौ**

**रक्तवर्णरविं दृष्ट्वा खादितुं भानुमण्डलम् ।**
**उड्डीय कपिराकाशे परस्तान्नभसो गतः ।। 85**

देखके लाल वो भानु, खाने को सूर्यमंडल ।
नभ-मंडलसे पार, मारी छलाँग व्योम में ।। 86

दोहा॰ **रक्त रंग रवि देख कर, जान उसे फल लाल ।**
**लपके तुम नभ में, प्रभो! जब थे तुम कपि बाल ।। 199**
**गये गगन से पार तुम, लेकर एक उड़ान ।**
**गति तव मननातीत है, तुम्हें राम-वरदान ।। 200**

धनधान्यपशुवृद्धि, पुत्रपौत्र समस्तही ।
पावती रूपविद्यादि, स्तोत्रपाठें करूनियां ।। 14 ।।

**श्लोकौ**

**धनधान्यपशुप्राप्तिः पुत्रपौत्रादयस्तथा ।**
**रूपं विद्याः कलाः स्वास्थ्यं स्तोत्रपाठेन लभ्यते ।। 87**

धन-धान्य-पशु-प्राप्ति, पुत्र-पौत्रादि-संतति ।
रूप-विद्या-कला-स्वास्थ्य, स्तोत्र गाते, मिले सभी ।। 88

दोहा॰ **मिलते सुख धनधन धान्य हैं, पुत्र पौत्र परिवार ।**
**करके जप हनुमान का, सुखकर सब संसार ।। 201**
**रूप कला विद्या सभी, स्वप्न होत साकार ।**

**स्वास्थ्य मिले, सौभाग्य भी, किये नाम उच्चार ।। 202**

**भूतप्रेतसमंधादि, रोगव्याधि समस्तहि ।**
**नासती तुटती चिंता, आनंदें भीमदर्शनें ।। 15 ।।**

**श्लोकौ**

**भूतप्रेतपिशाचादिः-रोगव्याधी व्यथा तथा ।**
**नश्यति सकलाश्चिंता दर्शनेन हनूमता ।। 89**

भूत न प्रेत से बाधा, व्याधि न रोग भी कभी ।
दूर होती सभी चिंता, जाप से हनुमान के ।। **90**

**दोहा॰** **भूत न प्रेत पिशाच से, बाधा ना कछु होय ।**
**आधि-व्याधि ना रोग भी, छूते संकट कोय ।। 203**
**चिंता रहती दूर है, जप कर जिसका नाम ।**
**एक मात्र वह देव है, राम-भक्त हनुमान ।। 204**

**हे धरा पंधरा श्लोकीं, लाभली शोभली बरी ।**
**दृढदेहो निःसंदेहो, संख्या चंद्रकलागुणें ।। 16 ।।**

**श्लोकौ**

**एते पञ्चदशश्लोकाः स्तोत्रसूत्रे सुमण्डिताः ।**
**ददति सुखसौभाग्यं पठनं गायनं जपः ।। 91**

पन्द्रह पुण्य ये श्लोक, जो यहाँ उपरोक्त हैं ।
देते हैं सुख-सौभाग्य, पाठ गायन जाप से ।। **92**

**दोहा॰** **पन्द्रह ये जो श्लोक हैं, विद्यमान उपरोक्त ।**
**स्तोत्र-सूत्र जिनसे बना, रामदास का प्रोक्त ।। 205**
**मिलता सुख-सौभाग्य है, करके उनका जाप ।**

## 12. Obeisance Shri Shivaji

स्मरण गान उनका किये, मिट जाते हैं पाप ।। 206

रामदासीं अग्रगणू, कपिकुळासिं मंडणू ।
रामरूपी अंतरात्मा, दर्शनें दोष नासती ।। 17 ।।

🕉 श्लोकौ
परमो रामदासेषु कपिकुले स भूषणम् ।
रामरूपेण सर्वस्थं रूपं दोषापहं च तत् ।। 93
प्रधान रामदासों में, कपियों में महागुणी ।
दोषहारी महापूज्य दर्शन रामरूप का ।। 94

✍ दोहा॰  भक्तों में श्री राम के, परम कहा जो दास ।
कपि कुल में जो श्रेष्ठ है, सदा तुम्हारे पास ।। 207
रामरूप में वह बसे, तुमरे हिय में नित्य ।
दोष विनाशक पूज्य जो, हनुमत है वह सत्य ।। 208

।। इति श्रीरामदासकृत संकटनिरसनं मारुतिस्तोत्रं सम्पूर्णम् ।।

12. वीर श्री शिवाजी महाराज वंदना :

## 12. Obeisance Shri Shivaji

🎵 संगीत श्री शिवाजी चरित्र राग-छंद माला, पुष्प 73
आनंदकंद छंद

ऽ + 6, 7 अथवा ।। + 5

🎵 रे–प–मगरे ग–म–, सा– प–मग– रेग–म– ।
ग–म– पम– गरेम–, ग–म– पम– गरे–सा– ।।
(शिवाजी राजा)

आनंदकंद राजा, तो जाणता शिवाजी ।
माता तया जिजाऊ, ताता तया शहाजी ।। 1

## 12. Obeisance Shri Shivaji

केले स्वराज्य ज्याने, संपन्न, तो शहाणा ।
नैतीक दूरदृष्टि, राजा महान जाणा ॥ 2

### शिवाचे श्लोक

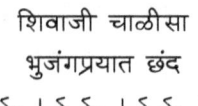
🎵 संगीत श्री शिवाजी चरित्र राग-छंद माला, पुष्प 74

शिवाजी चाळीसा
भुजंगप्रयात छंद
। ऽ ऽ, । ऽ ऽ, । ऽ ऽ, । ऽ ऽ

🎵 सारे-ग-म प- म-ग रे-म-गरे-सा-

गणाधीश जो पुत्र दुर्गा-शिवाचा, करी दान जो ज्ञान विद्या सुवाचा ।
करूं मान सत्कार मा-शारदा चा, शिवाजी च औतार श्रीशंकराचा ॥ 1

गणेशा! तुला मागणे हेचि नाथा! लिहूं मी शिवाची यथासांग गाथा ।
उमा-पार्वती-अम्बिके पूज्य माता! शिवा-शंकरा! द्या मला ज्ञान आता ॥ 2

समर्था! तुझे फार आभार, देवा! तुझे श्लोक माझा महाज्ञान ठेवा ।
शिवा! तो शिवाजी-स्वरूपें नमूं मी, रचोनी शिवा-श्लोक मोदें रमूं मी ॥ 3

यदा ही अधर्मास येतो उकाळा, उभारावयाला फिरोनी सु-काळा ।
जगी ईश घेतो पुन्हा जन्म नक्की, करायास आस्था सदिच्छेत पक्की ॥ 4

शिवाजी जसा जाणता थोर राजा, सदाचार आदर्श ज्याचा समाजा ।
न भूतो न भूयो भवेद्वा पुनर्वै, न झाला, न होईल, ऐसा पुन्हा ही ॥ 5

भवानी प्रसन्ना सदा ती जयाला, दिली दिव्य संगीन श्रीने तयाला ।
असा सद्गुणी आवडे जो जगाला, जगी धन्य राजा शिवाजी जहाला ॥ 6

जगी निंद्य ते सर्व सोडून राही, जनीं वंद्य ते जो करी सर्व काहीं ।

## 12. Obeisance Shri Shivaji

असा कोण राजा जगीं या जहाला, नमस्कार माझा शिवाजी नृपाला ।। 7

मनी वासना दुष्ट नाही जयाच्या, मनी बुद्धि पापिष्ट नाही जयाच्या ।
कधीही न जो नीति सोडून जातो, महाभाग राजा शहाणा शिवा तो ।। 8

मनी पाप-संकल्पना ज्यास नाही, मनी सत्य-संकल्पना ज्यास राही ।
मनी वासना ज्यास ना त्रास देतीं, जनीं त्या, "शिवाजी" असे नांव देती ।। 9

जयाचे मनी ना कधी क्रोध भारी, जयाचे मनी खेद नाही विकारी ।
जयाचे मनी मत्सरा वाव नाही, जगी त्या शिवाला सदा मान राही ।। 10

"मनी श्रेष्ठ धारिष्ट हे लक्ष्य ज्याचे, जनीं हीण-शब्दांस दुर्लक्ष त्याचे ।
स्वयें सर्वदा नम्र वाचा वदे जो, जनीं तो शिवा सर्वदा मोद देतो ।। 11

"जया स्वार्थ नाही, परार्थी खरा जो, न वांच्छा करी दूसऱ्यांचे जरा जो ।
रुजे ना जयाला कधी कर्म खोटे, रुते ते शिवाच्या मनीं दुःख मोठे ।। 12

"सदा सर्वदा प्रीत ज्याला शिवाची, नसे त्यास पर्वा कधीही जिवाची ।
सुखें सर्व दुःखें सदा तुल्य ज्याला, समाबुद्धियोगे खरे मुल्य त्याला ।। 13

"सुखें सर्व ज्याला असोनी हि प्राप्त, मनीं जोचि स्वातंत्र्य उत्साह व्याप्त ।
तया पुण्य ते पूर्वजन्मींच प्राप्त," शिवा तो करी सर्व चिंता समाप्त ।। 14

मनी मानसी-यातना जो न जाणी, कधी शोक-चिंता मनी तो न आणी ।
तितीक्षा तया विग्रहे पूर्ण पृक्त, असा तो शिवाजी "तदाकार" उक्त ।। 15

प्रजेची सुरक्षा न केली कदाही, तयाची अरीनेच केली तबाही ।
कळे सत्य ऐसे जया सर्वकाही, शिवाजीस त्या काळ देतो गवाही ।। 16

"विना वासना जो करी कर्म सारे, उरे कर्मयोगी मरोनी तथा, रे! ।
जसा जन्मतां मृत्यु नक्कीच येतो, तसा तो मरोनी पुन्हा जन्म घेतो ।। 17

## 12. Obeisance Shri Shivaji

"जगी जन्म घेतीं मरोनीच सारे, तरी, मृत्यु नाही जया कीर्ति तारे ।
जगी कीर्ति पावोनि जो "नित्य" झाला," "शिवाजी" असे नांव मृत्युंजयाला ।। 18

महावीर कित्येक आले नि गेले, उरें तेचि जे कीर्तिरूपी न मेले ।
जसे कृष्ण-रामादि जे मर्त्य नाही, तसा तो शिवाजी सदा स्तुत्य राही ।। 19

"जया शास्त्रवाणीवरी भक्ति राहे, तया आत्मविश्वास ही शक्ति आहे ।
मनी ज्यास देवावरी भाव पक्का, जनीं त्यास कोणीहि मारे न धक्का ।। 20

"जयाला सदा "सत्य" हे देव आहे, तयाला न मिथ्याचिये भेव राहे ।
"शिवं सुंदरं" हे जया तत्त्व आहे," "शिवा" हीच संज्ञा तया विश्व वाहे ।। 21

जगी जन्म-जन्मीं सदा कीर्ति ज्याची, मनीं सर्वकाळीं वसे स्फूर्ति त्याची ।
झिजोनी शिवा चंदनाचे परी तो, जनीं पावना धी सुगंधे करी तो ।। 22

जिजाऊ जया लाभली पूज्य आई, तयाचे मुखी यातना शब्द नाही ।
सदा मायभूमीवरी गर्व ज्याला, इथेची मिळाला खरा स्वर्ग त्याला ।। 23

"जपे सर्वदा नाम जो वेळ सारा, तया सर्व वेळीं प्रभूचा सहारा ।
मनीं पार्वती-शंकराचा पहारा, मिळे मोक्ष त्याला, चुके येरझारा ।। 24

"जयाचे मनीं ईश्वरी भाव राहे, कृपेने तया श्रीशिवा नित्य पाहे ।
मृतात्म्यास त्या कोणता मार्ग राहे, जया द्वार नक्की खुले स्वर्ग आहे ।। 25

"शिवाचे कृपेने असे साध्य सर्व, तरी कां धरावा मनी व्यर्थ गर्व ।
सदा सर्वदा नाम त्याचे म्हणावे, भजावे रटावे व वाचे वदावे ।। 26

"कधी वीट वाटू नये गायनाचा, विना नाम-उच्चार वाचाळ वाचा ।
सुखाने घडी लोटते नाम घेता, सदा नाम आहे मुखी तोच जेता ।। 27

## 12. Obeisance Shri Shivaji

"करे नाम रक्षा, टळे विघ्न सारे, विना नाम त्याला व्यथा तिग्म मारे ।
करोनी सदा अर्चना शंकराची, टळे आपदा सर्व ही त्या नराची ।। 28

"भये जो न भ्याला," असा तो शिवाजी, भवानी सदा छत्र त्याच्या जिवाची ।
शिवा सारखा राखणारा जयाला, बळें कोण मारील दैवी शिवाला ।। 29

"दिनानाथ ज्याचा महादेव आहे, तया काळ ही सर्वदा दूर राहे ।
जया काळभैरो स्वयं राखणारा, तया काय चिंता करे कोंडमारा ।। 30

"सदा सर्वदा देव सर्वत्र आहे, तुझ्या आंतल्या गुप्त आत्म्यास पाहे ।
बघोनी तयाला कृपादृष्टि-भावे, तुझी पूर्ण चिंता सदा त्यास राहे ।। 31

"यथा सांगतीं सर्व शास्त्रें पुराणें, यथासांग अंगी समाधान बाणे ।
तरी तू चलावे तयांचे प्रमाणे, सदा सांगती हे, मनीषी शहाणे ।। 32

"करी भ्रष्ट अंधार आदित्य जैसा, करी नष्ट विघ्नें तुझी शंभु तैसा ।
तरी तू शिवाला सश्रद्धा भजावे, सदा नाम त्याचे मनी गात जावे ।। 33

"कुठे चांगले काय तो बोध घ्यावा, स्वयं आपला लाभ नीत्या करावा ।
करावे सदा कृत्य नांवें शिवाचे, वदावे सदा सर्वदा गोड वाचे ।। 34

"असे अंतरी भाव भक्तास जैसा, वसे अंतरी तो महादेव तैसा ।
तरी नित्य सांभाळुनी बा मनाला, करी कार्य," हे तो शिवाजी म्हणाला ।। 35

शिवाने जसे कार्य संपन्न केले, जसे मातृभूमीस ह्या धन्य केले ।
तयाचे असो नित्य ध्यानी प्रमाण, करोनी तया गान देवासमान ।। 36

गडांच्या शिरीं उच्च बांधोनि किल्ले, महाराष्ट्र-स्वातंत्र्य आपन्न केले ।
अकस्मात मारोनि छापे झणाणें, चिरंजीव केली प्रथा ती शिवाने ।। 37

हनूमान औतार श्री शंकराचा, करी नष्ट तो दंभ लंकेश्वराचा ।

# 12. Obeisance Shri Shivaji

शिवाजी तसा दूसरा तो शिवाचा, करी नाश पापाचरी दानवांचा ।। 38

महेशाचिया सेवका वक्र पाहे, असा ह्या जगी वीर बा कोण आहे ।
यथासांग लीला तया ह्याच ग्रंथी, बघोनी असो तुष्ट तो एकदंती ।। 39

मरोनी उरे कीर्ति ज्याची जगात, सरोनी उरे प्रीति त्याची जनांत ।
जगी जन्म ज्याने दिला ह्या शिवाला, नमस्कार माझा सदा त्या शिवाला ।। 40

**संगीत श्री शिवाजी चरित्र राग-छंद माला, पुष्प 75**

**कीर्तन : राग भैरवी, कहरवा ताल**

(श्री शिवाजी वंदना)

**स्थायी**

**शिवबा अमुचा त्राता, रे! माता पिता अन् भ्राता, रे! ।**
**तूच गुरु अन् तूच सखा, स्वातंत्र्याचा दाता, रे ! ।।**

♫ सामम- मपमग गमपम प- - -, प-प धपम मम रे-गप म - - -! ।
सामम ममप मग गमप मप- - -, प-पधपमम- रे-ग-, म - - -! ।।

**अंतरा-1**

**गिरि-शिखरांवर तू चढला, आक्रमकांशीं तू लढला ।**
**ध्वज किल्यांवर फडफडला, धन्य जिजाऊ माता, रे! ।।**

♫ सांसांसांरेंसां-निध ध- निरेंसां- - -, सां-सांरेंसां-निध ध- निरेंसां - - - ।
धध धममधनिसां धपमगप - - -, प-प पपधपम रे-ग-, म - - -! ।।

**अंतरा-2**

**मित्र तुझे बाजी ताना, शत्रु हरविले तू नाना ।**
**वाटे, बघुनि तुझ्या लीला, गोकुळचा तू कान्हा, रे! ।।**

**अंतरा-3**

**अवतार शंकराचा न्यारा, सुत भारतमातेचा प्यारा ।**

Obeisance to Bhagva Flag

गातो स्तुति तव, जग सारा, अमुचा तूच विधाता, रे! ।।

# भगवा ध्वज वंदना

## Obeisance to Bhagva Flag

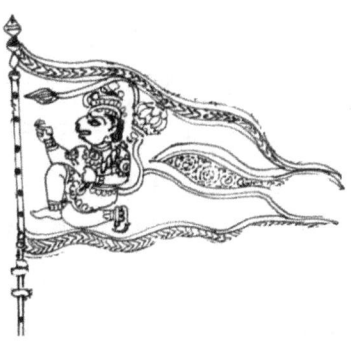

संगीत श्री शिवाजी चरित्र राग-छंद माला, पुष्प 76

भगवा ध्वज वंदना

**स्थायी**

**भगवा झेंडा, शिवरायाचा, स्वतंत्र्याचा सेतु ।**

**अंतरा-1**

**भगव्या झेंडया प्रणाम तुजला, आम्हाला यश दे तू ।**

**अंतरा-2**

**तूच कपिध्वज, गरुडध्वज तू, विजयश्रीचा केतु ।**

**अंतरा-3**

**सूर्य उगवता, रंग गेरवा, अथक स्फूर्तिचा हेतु ।**

संगीत श्री शिवाजी चरित्र राग-छंद माला, पुष्प 77

# Obeisance to Bhagva Flag

भगवा ध्वज वंदना

**स्थायी**

**भगवा! तुझे प्रणा – – – – – – म, नमस्ते! तुझे सला – – – – – – म ।**

**तन मन से स – – – – – – म्मान, तू ही हमरी शा – – – – – – न ।**

**तू सबसे है महान, तू भगवान ।।**

♫ मम धम मध– गम – – – – – – म–, मनि–धनि निध– सांनि – – – – धम ।

मम निनि धनि– धसांनि – – – – नि–, सां– सांरे सांनिधपम पग – – – – ग– ।

नि– निधधप प गम–म, म– मपमग ।।

**अंतरा–1**

**तू – – ही हमरे प्रा – – – – – – ण, तुझ पर हम कुरबा – – – – – – न ।**

**भगवा रंग निशा – – – – – – न, तुझको लाख प्रणा – – – – – – म ।**

**भगवा! तुझे प्रणा– – – – – – म ।।**

♫ सां – – रे सांनिधनि सां – – – – – – सां–, सांसां सांरें सांनि धपनि – – – – – – नि– ।

धधधप पमप मग – – – – – – ग–, निनि निध ध–प पम – – – – – – म– ।

ममधम मध– गम – – – – – – म– ।।

**अंतरा–2**

**दे दे शुभ वरदान, सिध हों हमरे काम,**

**करके सुस्वर गान, तुझको लाख प्रणाम ।।**

**अंतरा–3**

**तेरा उज्ज्वल नाम, हमरी है पहिचान ।**

**हे मेरे भगवान! तुझको लाख प्रणाम ।।**

♫ संगीत श्री शिवाजी चरित्र राग–छंद माला, पुष्प 78

भगवा ध्वज वंदना

**स्थायी**

रत्नाकर रचित संगीत-श्री-शिवाजी चरित्र

# Obeisance to Bhagva Flag

**भगवा झेंडा शिवरायाचा, स्वातंत्र्याचा केतु ।**

**अंतरा–1**

**भगव्या झेंड्या! वळदन तुजला, आर्यांना यश दे तू ।**

**अंतरा–2**

**सूर्य उगवता रंग तुझा तो, अथक स्फूर्ति चा सेतु ।**

**अंतरा–3**

**वीर मावळे तुझ्या कृपेने, रणांगणीं रणजेतु ।**

**अंतरा–4**

**देशबीक्त चा केंद्र बिंदु तू, प्रणाम अमुचा घे तू ।।**

♫ **संगीत श्री शिवाजी चरित्र राग-छंद माला, पुष्प 79**

भगवा ध्वज

**राग : पीलू**

**स्थायी**

♫ गगग म–म– गमधपगरेनिसा – –, गरेसा निसा–रेप गरेसानि़सा – – – ।

**भगवा झेंडा फडफडला – – –, आज गडावर फरफरला – – – ।**

**अंतरा–1**

♫ सासागमप–प– गमनिप गरे सा–, गरेसा निसा–रेप गरेसानि़सा – – – ।

**शिवरायाचा मंगल ध्वज हा, रंग गेरवा झळझळला ।**

**अंतरा–2**

**देवाधिकांच्या आरूढ राथावरी, स्त्रोत कीति चा खळखळला ।**

**अंतरा–3**

**स्वातंत्र्याचा मोद आगळा, निर्मळ लोकी दरवळला ।**

**अंतरा–4**

**भगवा ध्वज हा उज्ज्वल बघुनी, ओंगळ शत्रु डळमळला ।**

# 13. Obeisance the brave Mavla people

संगीत श्री शिवाजी चरित्र राग-छंद माला, पुष्प 80

**राग : रत्नाकर, कहरवा ताल**

भगवा झेंडा

**स्थायी**

**रण वीर शिवाजी राजा ने, भगवा झंडा फहराया है ।**
**यह लख कर भारत माता का, मन गौरव से भर आया है ।।**

♫ सानि़ सा-ग रेसा-नि़- सा-रेम ग-, गममग पमग- रेसासा-रेम ग- ।
सानि़ सासा गरे सा-निनि़ सा-रेम ग-, गग रेसासासा रे- गम गरेसानि़ सा- ।।

**अंतरा-1**

**कितनी सदियों से भारत माँ, अवमानित होकर बैठी थी ।**
**पर, आज उसे इक आशा का, शुभ किरण नजर में आया है ।।**

♫ पपमरे ममप- पम पनिधप प-, पपमगगसा सागमप गरेसानि़ सा- ।
सानि़, सा-ग रेसा- नि़नि़ सा-रेम ग-, गग रेसासा सारेरे गम गरेसानि़ सा- ।।

**अंतरा-2**

**वह नेता वीर मराठों का, जो सबको प्राण से प्यारा है ।**
**जिन जन के खातिर लड़ता है, उनके मन का वो राया है ।।**

**अंतरा-3**

**भगवा ध्वज को गुरुवर कहके, उसने अभियान चलाया है ।**
**सब देशभक्त जागृत करके, क्राँति का दीप जलाया है ।।**

**13. वीर मावळा वंदना :**


# 13. Obeisance the brave Mavla people


**ॐ श्लोकौ**

**वीरा धीराश्च योद्धारः शिवाज्यो मावळा भटाः ।**
**मावळासु महाश्रेष्ठा भोसलेपारिवारिकाः ।। 95**

# 13. Obeisance the brave Mavla people

**सङ्घटिताः कृतास्तेन प्रोत्साहिताश्च सज्जनाः ।**
**शिवाज्या राष्ट्रकर्तारः स्वातन्त्र्यप्राप्तिकारणात् ।। 96**

卐**ओवी॰** वीर मावळे घोडेस्वार । शूर सैनिक सरदार । हातीं धरतीं तलवार । पाठीं ढाल ।। 200 ।। बाराबंदी, धोतर । मिशा झुपकेदार । पागोटे डोईवर । वेश त्यांचा ।। 201 ।। भाषा मऱ्हाटी जुनी । बोलती हेल काढोनी । पूजती माता भवानी । महादेव ।। 202 ।। गाती पोवाडे लावणी । चोणके-डफ वाजवूनी । वीर ऐतिहासिक गाणीं । लोकगीतें ।। 203 ।। भोळे दिसती वरूनी । चाल त्यांची मर्दानी । बुलंद त्यांची वाणी । रणीं रौद्र ।। 204 ।। भोसले गुजर मोरे । जगताप घोरपडे । कंक आंग्रे मालुसरे । नरसाळा; ।। 205 ।। मोहिते जाधव शिंदे । पवार फर्जंद घाटगे । निंबाळकर काकडे । पालकर; ।। 206 ।। कावजी बलकवडे । महाला काशीद शिर्के । पांगेरा जंगम जेधे । मराठे सारे ।। 207 ।।

**दोहा॰**
**योद्धा सैनिक मावळे, प्रवीण अश्व सवार ।**
**पैदल भट भाला लिये, या कर तलवार ।। 209**
**सिर पर पगड़ी सोहनी, सजी पीठ पर ढाल ।**
**कर में ध्वज भगवा लिये, रंग गेरुआ लाल ।। 210**
**वीर मराठा मावळे, अगण्य भोला रूप ।**
**देश-प्रेम के काज में, रण पर रौद्र स्वरूप ।। 211**
**"जय भवानी!" घोषणा, "हर हर महादेव!" ।**
**महान ये "रणबाँकुरे," जाने हैं अतएव ।। 212**

**संगीत श्री शिवाजी चरित्र राग-छंद माला, पुष्प 81**

(वीर मावळा)

**स्थायी**

**तू धीट वीर अमुचा, तू नीट वीर अमुचा ।**
**तुजला प्रणाम अमुचा, रे मावळ्या! रे मावळ्या! ।।**

## 13. Obeisance the brave Mavla people

♪ सा- म-प म-ग रेगम-, रे- प-ध प-म पमग- ।
रेरेग- पम-ग मगरे-, सा- रे-गम-! प- मगरेसा- ।।

अतरा-1

शत्रु दुरूनी आला, त्याने विनाश केला ।
गौरव व देश अमुचा, सन्मान धर्म अमुचा ।।
तू तो खलास केला, त्यागून प्राण अपुला ।
तुजला सलाम अमुचा, रे मावळ्या! रे मावळ्या! ।।

♪ सा-प- धप-म प-ध-, पसां- नि-सां- निध-प ध-नि- ।
सां-निनि ध नि-ध पधप-, ध-निध नि-प धपम- ।
सा- म- पम-ग रेगम-, रे-प-ध प-म पमग- ।
रेरेग- पम-ग मगरे-, सा- रे-गम-! प- मगरेसा- ।।

अतरा-2

रक्षक महान अमुचा, आदर्श छान अमुचा ।
तू देश हा मराठा, आहेस धन्य केला ।
आजादी चा धनी तू, नित आमुच्या मनीं तू!
तुजलाच मान अमुचा, रे मावळ्या! रे मावळ्या! ।।

 संगीत श्री शिवाजी चरित्र राग-छंद माला, पुष्प 82

(मावळे लोक)

स्थायी

शूर शिवाजी चे सखे - - -, वीर मराठे - - -, मावळे ।
♪ प-म गरे-म- प- गरे-, प-म गरेम - - -, ग-रेसा- ।

अंतरा-1

भोसले मालुसरे, धीट हीं लेकरें ।
प्राणहि देतीं - - हसमुखें, शौर्य तयांना - - -, आवडे ।।

# 14. Prayers to the brave Rajputs

♪ सा-रेग- म-ग-रेसा-, नि-सा रे- म-गरे- ।
रे-गम ग-म- - - - पपमग, ध-प मग-प- - - -, म-गरे- ।।

अंतरा-2

कंक निंबाळकर, काकडे पालकर ।
कष्ट सोसतीं ते सुखे, हार तयांना नावडे ।।

अंतरा-3

मोहिते घोरपडे, झुंझावयाला खडे ।
शिव-भवानी चें कृपें, राज्य तयांना फावले ।।

14. राजपूत वीर वंदना :

# 14. Prayers to the brave Rajputs

ॐ श्लोकौ

वीरा धीराश्च शूराश्च राजपुत्रा महाबला ।
वन्दे तेषां महातेजो देशभक्तिं समर्पणम् ।। 97
त्यागबुद्धिमहं वन्दे वन्दे तेषां च गौरवम् ।
राजस्थानमहं वन्दे वन्दे भारतमातरम् ।। 98

दोहा॰ शूर वीर रणधीर थे, राजपूत घमसान ।
देशभक्त वलबीर थे, योद्धा वे तूफान ।। 213
महान उनके त्याग से, पाकर परम उमंग ।
महाराष्ट्र-इतिहास में, चढ़ा केसरी रंग ।। 214
रखिये उनके याद हम, दिव्य कर्म उपकार ।
गौरव उनका स्मरण में, रखे सदा संसार ।। 215
करिये उनको वंदना, झुकाय अपना शीश ।
देना उनको विश्व में, कीर्ति परम, जगदीश! ।। 216

# 15. Prayers to sage Shrī Nārad muni

**श्री शिवाजी चरित्र राग-छंद माला, पुष्प 83**

(राजस्थान चे वीर राजपूत)

**स्थायी**

**राजस्थानी, वीरांची ही, कर्मकहाणी, गहन असे ।**
**लेखी वाणी, ती लिहिण्याला, क्षुद्र असे ।।**

♫ रे-ध-प-ध-, म-प-ध- म-, प-धपम-ग-, रेगग गरे-।
रे-ध- ग-रे-, सा- रेरेग-सा-, रेगम गरे- ।। रे-ध-प-ध-,

**अंतरा-1**

**निधड्या वीरांच्या रक्ताने, जी रणभूमि लाल असे ।**
**चित्रण करण्या, रंग वेगळा, उचित नसे ।। राजस्थानी, ...**

♫ ममध- नि-ध-रें- सां-नि-ध-, सां- निधप-ध- नि-ध पम- ।
रे-धध पपध-, म-प ध-पम-, गगम गरे- ।। रे-ध-प-ध-,

**अंतरा-2**

**संकटकाळी देशभक्त जो, प्रण आपुला दान करी ।**
**ते ऋण त्याचे, आम्हीं विसरूं, कधीं कसें ।।**

**अंतरा-3**

**हिंदुभूमि ची सेवा जे नर, एक मनाने नित्य करीं ।**
**आपण त्यांचे, ते गुण गावें, स्तोत्र जसें ।।**

**15. देवर्षि मुनिवर श्री नारद वंदना :**

# 15. Prayers to sage Shrī Nārad muni

**शिखरिणी छंद**

। ऽ ऽ, ऽ ऽ ऽ, ।।।, ।। ऽ, ऽ।।, । ऽ

♫ सारे-सानि॒ सा- रेगरे-, रेरेरे गपमग रेगरेग रेसा-

**जगाची ह्या चिंता सतत करिती नारद मुनि ।**

# 15. Prayers to sage Shrī Nārad muni

जगी ह्यांचे जैसा जनहित नसे चिंतक कुणी ॥
तिन्हीं लोकीं विश्वे भ्रमण करुनी नित्य बघती ।
कुठे कोणासाठी उचित करण्या काय व किती ॥

### वसंततिलका छंद[35]

S SI, SII, ISI, ISI, SS

♪ सा-नि-, सारे-रेसारे ग-, मग॒रे- ग॒रे-सा-

(नारद-वीणा)

देवर्षिनारद! तुझी, अति दिव्य वीणा ।
ऐकोनि वादन तिचे, मन तोषवी ना ॥ 1
तल्लीन होत शिवजी, विधि, विष्णु सारे ।
पावोनि दर्शन तुझे, जन स्वर्गद्वारे ॥ 2

♪ संगीत श्री शिवाजी चरित्र राग-छंद माला, पुष्प 84

### स्निग्धा छंद[36]

SII, SSS, SSS

(नारद वंदना)

---

[35] ♪ **वसंततिलका छंद** : ह्या सुंदर छंदाच्या चरणांत चौदा वर्ण, 21 मात्रा येतात. यति आठव्या वर्णावर विकल्पाने येतो. ह्यात त भ ज ज गण आणि दोन गुरु वर्ण येतात. लक्षण सूत्र S SI, SII, ISI, ISI, S S असे असते. प्रस्तुत पद्य सा-नि- सारे-रे सारे ग॒-, मग॒रे- ग॒रेसा- अशा प्रकारें वाजविले व गाइले जाऊं शकते.

▶ लक्षण गीत : 🖋 दोहा० त भ ज ज ग ग गण की कला, देती मन आनंद ।
बारह कल पर यति जहाँ, "वसंततिलका" छंद ॥ 217

[36] ♪ **स्निग्धा छंद** : ह्या 9 वर्ण, 16 मात्रावाल्या छंदात भ म म गण येतात. लक्षण सूत्र SII, S S S, S S S असे असते. ह्यात 5, 9 वर यति विकल्पाने येतो.

▶ लक्षण गीत : 🖋 दोहा० सोलह कल अनुबंध जो, नौ अक्षर का वृंद ।
भ म म गणों का संघ जो, जाना "स्निग्धा" छंद ॥ 218

# 15. Prayers to sage Shrī Nārad muni

**नारद तेरी वीणा प्यारी, अद्भुत कीन्ही लीला न्यारी ।**
**दुष्ट जनों का कीन्हा नासा, पंडित जाने तेरी भासा ।। 1**

**ॐ श्लोक:**
**वीणां तां शारदादत्तां गृहीत्वा हि स भ्राम्यति ।**
**जनहिताय त्रैलोक्यं नादब्रह्मविभूषिताम् ।। 99**

**दोहा॰ वीणा दीन्ही शारदा, नादब्रह्म का स्त्रोत ।**
**त्रिलोकगामी तुम मुने! विश्वज्ञान की ज्योत ।। 219**

**卐ओवी॰** जन-हित ज्यांचे काम । मुनीश, नारद नाम । सर्व त्रिभुवन धाम । फिरती ते ।। 208 ।। ओढ त्यानां सद्धर्माची । सदोदित सत्कर्माची । तथा हानि अधर्माची । करावया ।। 209 ।। झाला होता रावण आधी । मग कंस-दुयोधनादि । मग सुलतानांची यादी । भारतात ।। 210 ।। हत्या दुष्ट दानवांची । रक्षा भद्र मानवांची । काळजी जन-सर्वांची । नारदाला ।। 211 ।। ऐसा जन-चिंतक कुणी । नाही अन्य सद्‌गुणी । त्रिलोक त्यांचा ऋणी । राहील हा ।। 212 ।। करूनी जगीं भ्रमण । बघती ते क्षणोक्षण । अत्याचारी कुठे कोण । दुष्ट नृप ।। 213 ।। परम वीणा मुनींची । अनहद तान तिची । मधुरतम वाणीची । मनोरम ।। 214 ।। तल्लीन होती देव । ब्रह्मा विष्णु श्री शिव । जन जगाचे एव । ऐकोनी ती ।। 215 ।।

**दोहा॰ आज यहाँ तो कल वहाँ, त्रिभुवन उनका धाम ।**
**जग तीनों में घूमते, करने जन हित काम ।। 220**
**प्रथम दुष्ट रावण हुआ, फिर आया था कंस ।**
**फिर आए खल पातकी, सुलतानों के वंश ।। 221**
**भद्र जनों का त्राण अब, नारद जी का काम ।**
**शिव से मिलने आगए, कहने को आह्वान ।। 222**

श्री शिवाजी चरित्र राग-छंद माला, पुष्प 85

(अमृत वाणी)

## 15. Prayers to sage Shrī Nārad muni

**स्थायी**

**मुनिवर! अमृत वाणी तोरी । रे, मनहर अद्भुत वीणा तोरी ।।**

♫ गमपम–! ध–पम ग–रे गम– । रे, मपमग पपमग रे–ग पम– ।।

**अंतरा–1**

**नारद शारद ज्ञान की गंगा, अंध पंगु बधिर जड़ गूँगा ।**

**निर्मल, नीर स्नान करी ।। मुनिवर!**

♫ सा–ऩिध़ रे–ऩिसा– रे–ग प म–म–, ध–प म–ग रेरेरे गम प–म– ।

ध–पप, ग–रे ग–म पम– ।। गमपम...

**अंतरा–2**

**सरबस ज्ञानी अंतर्यामी, जन हित कारण त्रिभुवन गामी ।**

**निर्भय, धर्म दान करी ।। मुनिवर!**

**अंतरा–3**

**राम कृष्ण शिव सब अवलंबा, कारज तोरा जुग–जुग लंबा ।**

**निस्पृह, सर्व कर्म करी ।। मुनिवर!**

**अंतरा–4**

**नारायण नारायण नारा, बार–बार मुख करत उचारा ।**

**तन्मय, अविरत गान करी ।। मुनिवर!**

**ॐ श्लोका:**

**मनुष्यं नारदो देवो दृष्टिक्षेपेण केवलम् ।**

**भस्मीकरोति तत्कालं यदि स कुपितो भवेत् ।। 100**

♫ गग–ग– ग–गरे– म–ग–, म–मम–प–म प–मग– ।

सा–सा सासा–सा म–ग–रे–, सासा सा– गमग– रेसा– ।।

**सर्वे पूजन्ति तस्मात्तं सर्वे बिभ्यति नारदात् ।**

**सर्वे मुनिं च स्निह्यन्ति नारदं हितकारकम् ।। 101**

# 15. Prayers to sage Shrī Nārad muni

**नारदः सर्वगो ज्ञातः सर्वज्ञो नारदस्तथा ।**
**शत्रुर्न कोऽपि मित्रं तं तटस्थो नारदो मुनिः ।। 102**

**ओवी॰** मुनिवर स्नेही जैसे । कधी तिखट ही तैसे । ऋषि जमदग्नि जैसे । क्रोध येतां ।। 216
।। क्रोध त्यां जे नर देतीं । कटाक्षाने भस्म होतीं । तरी, सर्व त्यानां मिती । भीति मुळे ।। 217
।। त्यानां सर्वांशी च प्रीति । स्वर्गापासोनी ही क्षिति । आशीष मुनीचे घेती । आनंदाने ।। 218
।। मुनिवर सर्वज्ञानी । सर्वव्यापी सर्वगामी । सर्वलोक बोधदानी । सर्वश्रुत ।। 219 ।। सर्व त्यानां देतीं मान । स्वागत करूनी छान । असो मोठे वा लहान । तीन्हीं जगीं ।। 220 ।।

**दोहा॰** **सर्वज्ञात नारद! तुम्हीं, सरबस तुमको ज्ञान ।**
**तुम्हीं सर्वगामी मुने! त्रिभुवन तुमरा स्थान ।। 223**
**मुनिवर जैसे स्निग्ध हैं, वैसे गुस्सेवार ।**
**एक नजर से भस्म वे, कर सकते संसार ।। 224**
**डरते सब जन दुष्ट हैं, मुनिवर से दिन-रात ।**
**आदर है करते सभी, लोग भुवन के सात ।। 225**

संगीत श्री शिवाजी चरित्र राग-छंद माला, पुष्प 86

**राग : मालकंस, कहरवा ताल 8 मात्रा**

(श्री नारद वंदना)

**स्थायी**

**स्वरदा ने मंजुल गाया है, नारद ने साज बजाया है ।**
**रतनाकर गीत सजाया है ।।**

ममगम गसा निसाधनि सा-म- म-, म-गम गसा निसाध नि-सा-म- म-।
निनिनि-निनि नि-नि निधनिसांनि धम ।।

**अंतरा-1**

**सर्वगामी श्री नारद मुनि हैं, सर्वज्ञानी सुख दाता हैं ।**
**जन हित हेतु भ्रमण विशारद, शुभ संदेशा लाता है ।।**

## 16. Me, Ratnākar

♪ ग‌-मध‌-नि‌ सां- सां-सांसां गंनि सां-, नि‌-निनि-नि‌ निध धनिसांनि‌ धम‌- - - ।
ग‌ग मम ध‌-नि‌- सांसांसां सांगंनिसांसां, निनि‌ नि‌-नि‌-निध धनिसांनि‌ धमग‌सा ।।

अंतरा-2
नारद जी की वीणा वाणी, जन का मन हरषाणी है ।
नादब्रह्म का अनहद स्वर वो, मन का दुख बिसराता है ।।

अंतरा-3
मुनिवर शत शत वंदन तुमको, तुम सत् के रखवारे हो ।
दुर्जन के तू काज बिगाड़े, सत् जन का तू त्राता है ।।

16. मी रत्नाकर :

## 16. Me, Ratnākar

♪ संगीत श्री शिवाजी चरित्र राग-छंद माला, पुष्प 87

# 16. Me, Ratnākar

**भद्रा छंद**[37][38][39]

ऽ ऽ।, ऽ ऽ।, ।ऽ।, ऽ ऽ

।ऽ।, ऽ ऽ।, ।ऽ।, ऽ ऽ

♫ म–ग–म प–प– धप ध–नि ध–प– ।

मप– निध– प– मगम– धप– म– ।।

(रत्नाकरोऽहम्)

**गोविंद माझ्या हृदयात राहो ।**

**मला सदा तो खुशहाल पाहो ।। 1**

**माझी सदा तो विपदा निसारो ।**

---

[37] **♫ भद्रा छंद :** हा एक मिश्र छंद आहे. **♫ उपेन्द्रवज्रा छंदात ♫ इन्द्रवज्रा छंद** मिळवून हा **♫ उपजाति भद्रा छंद** होतो. **उपेन्द्रवज्रा छंदात** ज त ज हे तीन गण (।ऽ।, ऽ ऽ।, ।ऽ।) आणि दोन गुरु मात्रा असतात. ह्यात चरणांची प्रथम मात्रा लघु असते. । **उपेन्द्रवज्राच्या** चारणांची प्रथम मात्रा गुरु करून (ऽ ऽ।, ऽ ऽ।, ।ऽ।, ऽ ऽ) त त ज ग ग गणांचा **इन्द्रवज्रा छंद** होतो. **भद्रा छंदात** विषम चरणांची प्रथम मात्रा दीर्घ आणि सम चरणांची प्रथम मात्रा लघु ठेवली असते.

▶ लक्षण गीत : **दोहा॰** **त त ज गण हों विषम में, दो गुरु मात्रा अंत ।**
**सम पद में ज त ज ग ग, जानो "भद्रा" छंद ।। 226**

[38] **♫ उपेन्द्रवज्रा छंद :** ह्या छंदात अकरा वर्ण आणि 17 मात्रा असतात. इथे ज त ज गण आणि दोन गुरु वर्ण असतात. ह्याचे लक्षण सूत्र ।ऽ।, ऽ ऽ।, ।ऽ।, ऽ ऽ असे असते. **इन्द्रवज्रा** छंदाचा पहिला वर्ण लघु करून हा छंद सिद्ध होतो.

▶ लक्षण गीत : **दोहा॰** **मात्रा सत्रह का बना, आदि ज त ज, ग ग अंत ।**
**अक्षर ग्यारह से सजा, "उपेन्द्रवज्रा" छंद ।। 227**

[39] **♫ इन्द्रवज्रा छंद :** ह्या अकरा वर्ण, 18 मात्राच्या छंदाच्या चरणात त त ज गण आणि दोन गुरु वर्ण असतात. लक्षण सूत्र ऽ ऽ।, ऽ ऽ।, ।ऽ।, ऽ ऽ असे असते. पदान्त विराम असतो.

▶ लक्षण गीत : **दोहा॰** **मत्त अठारह से सजा, ग्यारह अक्षर वृंद ।**
**नाम "इंद्रवज्रा" जिसे, वही त त ज ग ग छंद ।। 228**

# 16. Me, Ratnākar

सदा कृपेचे शुभ छत्र धारो ।। 2

संगीत श्री शिवाजी चरित्र राग-छंद माला, पुष्प 88

(प्रार्थना)

श्लोक

ज्ञानं दद्याद्गणेशो मां वाणीं दद्यात्सरस्वती ।
कथां च नारदो ब्रूयाद्-हरिर्रक्षेत्सदा हि माम् ।। 102

♫ प-प- प-प-पम-ग- प-, ध-ध- ध-ध-निध-पम- ।
धध- ध- नि-सांनि- ध-प-, मम-म-प-मप- ग म- ।।

सङ्गीतं भारती शैलीं वाल्मीकिस्तुलसीस्तथा ।
ब्रूयाच्च मे महाकाव्यं पार्वतीं शिवशङ्करः ।। 103
अन्धः पश्यति, मूकश्च भणति, बधिरस्तथा ।
शृणोत्यटति, पङ्गुश्च यत्कृपया, स पातु माम् ।। 104
सङ्गीतं वाङ्मयं ज्ञात्वा मन्थित्वा ज्ञानसागरम् ।
इदं रत्नं मया प्राप्तं कृतकृत्योऽस्म्यहं जनाः! ।। 105
शिवनाम स्मरन्वन्द्यं शुभारम्भं करोम्यहम् ।
सङ्गीतमयकाव्यस्य शिवछत्रपतेः शुभम् ।। 106

(नारदः)

श्लोक

अथ भूतहितार्थे हि विश्वमासीद्भ्रमन्यदा ।
भुवनाद्भुवनं गत्वाऽऽगतो भूमौ स नारदः ।। 107

♫ पप प-पपम-ग- प-, ध-धध-ध-निध-पम- ।
धधध-निसांनि- ध-प-मम- म-प- म प-गम- ।।

देशाद्देशं च गत्वा नु भारतं स यदाऽऽगताः ।

# 16. Me, Ratnākar

दृष्ट्वा वै दुर्दशामत्र खिन्नो मनसि सोऽभवत् ।। 108
निर्बला आकुला अत्र नरनार्यः निराशिनः ।
दुःखेन विह्वलाः सर्वे प्राणास्तेषां च पीडिताः ।। 109
सज्जनान्मुगला म्लेच्छा भ्रष्टान्कुर्वन्ति पापिनः ।
भग्नान्कुर्वन्ति निर्लज्जा मूर्तया मन्दिराणि च ।। 110
भ्रष्टान्कुर्वन्ति भद्राँश्च देवालयाश्च खण्डते ।
कर्तुं तेषां हि संहारं भञ्जते ये नु मूर्तयः ।। 111
केनोपायेन सद्धर्मः प्रस्थापितः पुनर्भवेत् ।
कथं हरामि दुःखं च तेषां संरक्षणं कथम् ।। 112

निवेदितुं शिवं देवं धर्मं प्रस्थापितुं पुनः ।
वैकुण्ठमागतस्तस्मात्-नारदश्चिन्तयन्मुनिः ।। 113
उवाच शंकरस्तस्मात्-शृत्वा निवेदनं मुनेः ।
जिजाबाय्या सुतो भूत्वाऽवतरिष्यामि नारद ।। 114
ब्रूते च पार्वती पश्चात्-हर्षेण नारदं मुनिम् ।
मुने शिवावतारः स लीलायुक्तो भविष्यति ।। 115
महावीरो महाधीराः सदाचारी च मोददः ।
आदर्शश्च महाज्ञानी भद्रश्छत्रपतिर्नृपः ।। 116

(ततः)

उवाच पार्वती देवी तत्पश्चाच्छतकत्रयम् ।
कुतूहलेन भृशं हि महर्षिं मुनिनारदम् ।। 117
गद्यपद्यस्वरूपेण शिवछत्रपतेः कथाः ।
गीताश्च लिखिता सन्ति विविधैः कविभिर्यदि ।। 118
सुसंगीतमयं काव्य नास्ति नु गुम्फितं मुने ।
छंदरागैः समायुक्तं यथा श्रीकृष्णरामयोः ।। 119

# 16. Me, Ratnākar

| |
|---|
| आदिशतां मुने तस्मात्-सुयोग्यं लेखितुं कविम् ।<br>छंदरागैः सुसम्पृक्तं काव्यं छत्रपतेः शुभम् ।। 120 |

(मुनिवर नारद)

卐ओवी॰ भूत-हित हेतु मनीं । घेऊनी एकदा मुनि । भटकत त्रिभुवनीं । आले इथे ।। 221 ।। त्यानां वाटे हिंदु-भूमि । जगामध्ये आहे नामी । दया क्षमा शांति प्रेमी । जन इथे ।। 222 ।। पण इथे दृश्य भिन्न । बघुनी ते झाले खिन्न । आणि छिन्न-विछिन्न । मन त्यांचे ।। 223 ।। इथे मंदिरे उध्वस्त । इथे सौजन्याचा अस्त । इथे सभ्य लोक त्रस्त । जागो-जागीं ।। 224 ।। अत्याचारांचे वर्चस्व । भ्रष्ट सर्वत्र सर्वस्व । जनीं स्वाभिमान ऱ्हस्व । जाहलेला ।। 225 ।। मुगलांचे सरदार । फोडतीं घरें मंदिर । करूनी ते धर्मांतर । बाटवीती ।। 226 ।। अत्याचार भ्रष्टाचार । लादती जिझीया कर । आई-बहिणींवर । बलात्कार ।। 227 ।। भस्म केलीं पुस्तकालयें, ज्ञान संग्रह कार्यालयें । लोक उगी बघतीं भले । धर्मांधांना ।। 228 ।।

**दोहा॰ सर्व-भूत हित के लिए, नारद महामुनीश ।**
**भुवन-भुवन में भेंट कर, आए भारत देश ।। 229**
**उनके मन थी धारणा, भारत पावन देश ।**
**दान-धर्म सत्कर्म से, पूजित है परमेश ।। 230**
**गाँव-गाँव मंदिर यहाँ, भक्ति-भाव सब ओर ।**
**भक्ति गीत उच्चार शुभ, सुबह निकलते भोर ।। 231**

(मगर)

**आए जब मुनिवर यहाँ, लेकर मन में आस ।**
**हाल यहाँ का देख कर, कर न सके विश्वास ।। 232**
**मंदिर-मूरत भग्न हैं, लोग हुए हैं त्रस्त ।**
**सब विध भ्रष्टाचार है, सदाचार है अस्त ।। 233**
**शास्त्र ग्रंथ हैं जल चुके, लाख-करोड़ तमाम ।**
**ज्ञान संपदा भस्म है, अपर द्वेष के नाम ।। 234**

## 16. Me, Ratnākar

**सुलतानों का राज है, धर्मांतर पर जोर ।**
**हिंदू जन हैं कर रहे, हाय! हाय! का शोर ।। 235**

(इत्यादि)

**ओवी॰** बघुनी ते चापापले । आणि मनीं हपापले । उल्ट्यापायीं परतले । वैकुण्ठाला ।। 229 ।। बघुनी ते कर्म घोर । मनीं त्यां एक विचार । करूं कसा मी उद्धार । ह्या लोकांचा? ।। 230 ।। शांति-प्रेमी होता देश । आता ध्वस्त हा नि:शेष । नाही सुख लवलेश । आता इथे ।। 231 ।। सद्धर्माला वाटे भय । अधर्म हा झाला लय[40] । आता होणे लागे प्रलय । अधर्मींचा ।। 232 ।। शंकराला मी भेटावे । भवानीला आळवावे । विघ्न हे कळवावे । लागे मला ।। 233 ।।

**दोहा॰** **लख कर अत्याचार को, घबड़ा गए मुनीश ।**
**आए मुनि कैलास पर, मिलने शिव जगदीश ।। 236**
**कैसी हो जनता सुखी, फिर से हो उद्धार ।**
**कैसे भ्रष्टाचार से, कैसे हो निस्तार ।। 237**
**शाँति-प्रीति मय देश था, हुआ पूर्ण उध्वस्त ।**
**जहाँ-तहाँ सद्भाव का, किया गया है अस्त ।। 238**
**अब तो होना चाहिए, इस अधर्म का अंत ।**
**शिवजी से मिल कर कहूँ, लो अवतार ज्वलंत ।। 239**

(म्हणून)

**ओवी॰** घाव मुनींच्या जिवाला । आले मुनि वैकुण्ठाला । भेटाया अंबा-शिवाला । झपाट्याने ।। 234 ।। नारायण! नारायण! । ऐकूं आले दिव्य गान । मधुर वीणा वादन । नारदाचे ।। 235 ।। ऐकुनी वीणेचा नाद । गौरी-शंकाराला ल्हाद । झाला मुनीशीं संवाद । सांगोपांग ।। 236 ।। शब्द मुनीचे गंभीर । नयनीं त्यांच्या नीर । बोलावया ते अधीर । दु:ख त्यांचे ।। 237 ।। त्यांच्या शब्दांमध्ये त्वेश । विलक्षण तो आवेश । करावया पूर्ण पेश । वृतांत तो ।। 238 ।।

---

[40] **लय** : अति, पुष्कळ.

# 16. Me, Ratnākar

घाई-घाईने म्हणाले । पृथ्वीवर काय चाले । तुम्हां वैकुण्ठी न कळे । धुमाकुळ ।। 239 ।। शांतिपूर्ण हिंदू देश । मुगलांनी केला शेष । हृदयीं सर्वांच्या क्लेश । अहोरात्र ।। 240 ।। सांगुनी तो सर्व हाल । झाले नारद बेहाल । स्वेदपूर्ण त्यांचे भाल । उभ्या-उभ्या ।। 241 ।। मग नारद म्हणाले । पूर्वी कंसादिक झाले । ह्यांच्यापुढे ते पडले । सर्व फीके ।। 242 ।। प्रभो! सांगा आता काय । ह्या पाप्यांवर उपाय । बंद व्हावी हाय! हाय! । आता कशी? ।। 243 ।।

दोहा॰ **वीणा नारद की सुनी, शिव! शिव! शिव ने नाद ।**
**शिव ने जाना कौन हैं, आए बरसों बाद ।। 240**
**प्रणाम शिवजी को किए, बोले मुनिवर बात ।**
**नैनन में आँसू भरे, काँप रहे थे गात ।। 241**
**शिव-अंबा थे सुन रहे, उत्सुकता के साथ ।**
**मुनिवर थे बतला रहे, उभय जोड़ कर हाथ ।। 242**
**भारत माता है दुखी, अधर्म का है जोर ।**
**सुलतानों ने देश भर, मंदिर डाले तोड़ ।। 243**
**उन्हें डर न भगवान से, करते भ्रष्टाचार ।**
**नर-नारी पर रात दिन, अत्याचार प्रहार ।। 244**
**ऐसा कोई पाप ना, जो न हो रहा रोज ।**
**नई-नई तरकीब की, करत रहे हैं खोज ।। 245**
**पुरा काल में होगए, कंसादिक जो दुष्ट ।**
**इनके आगे वे सभी, लगते बालक धृष्ट ।। 246**
**प्रभो! समय है आगया, लेने को अवतार ।**
**धर्म पुनः स्थापन करें, अधर्म का संहार ।। 247**

(शिव-भवानी)

卐ओवी॰ ऐकुनी नारद-कथन । विषण्ण शंकराचे मन । भवानी देवीला गहन । झाले दुःख ।। 244 ।। विचार करूनी निमिष । बोले शिव जगदीश । उमापति कैलासाधीश । नारदाला ।।

# 16. Me, Ratnākar

245 ।। मनीं माझ्या एक उपाय । पाप्यांना द्यावया अपाय । जन-कल्याण स्थापनाय । आला आहे ।। 246 ।। घ्यावा लागे अवतार । जन-सुख करतार । जिजाबाईंचा कुमार । होईन मी ।। 247 ।। घेईन मी जन्म ऐसा । लीलायुक्त कृष्ण जैसा । बाल-लीला सुद्धा तैशा । हुबेहुब ।। 248 ।।

**दोहा॰ सुन कर मुनिवर का कहा, शिव-दुर्गा दुख गात ।**
**आपस में आलाप कर, बोले मुनि से बात ।। 248**
**विनाश करके दुष्ट का, करने जन कल्याण ।**
**अधर्म का खंडन किए, करूँ धर्म का त्राण ।। 249**
**जिजामातु का पुत्र मैं, बन कर लूँ अवतार ।**
**जैसा लीला युक्त था, केशव कृष्ण कुमार ।। 250**

(शिवाजी)

**ओवी॰** आणि यथाकाळीं मग । आला पुत्र हीरा नग । आनंदित झाले जग । जिजाऊचे ।। 249 ।। शिवाजी तो शिव-रूप । बाल-लीला त्याच्या खूप । झाला मराठ्यांचा भूप । अद्धितीय ।। 250 ।। शिवजीने बहु प्राज्य । केले स्थापन राज्य । हिंदवी ते स्वराज्य । भारतात ।। 251 ।। बघुनी ते चमत्कार । उत्तेजित कथाकार । पोवाडे गीत अपार । लिहावया ।। 252।।

**दोहा॰ यथा शिव-उमा ने कहा, मिला जिजा को पुत्र ।**
**जिसने संस्थापित किया, स्वतंत्रता का सूत्र ।। 251**
**बालक आभामय सजा, शिव-शंकर का रूप ।**
**नाम शिवाजी शुभ मिला, बना मराठा भूप ।। 252**
**लीलाएँ उस पुत्र कीं, देख चकित सब देश ।**
**बोले यह तो कृण है, लगता यथा व्रजेश ।। 253**
**गाए पोवाडे कवि, इतिहास कथाकार ।**
**बोले यह बालक करे, सपनन को साकार ।। 254**

(नंतर)

# 16. Me, Ratnākar

卐ओवी० लोटले तीनशे वर्ष । झाले विविध संघर्ष । विरला हळूं हळूं हर्ष । मराठ्यांचा ।। 253 ।। झाले थोर शाहीर । सुंदर इतिहासकार । चित्रकार काहाणीकार । शिवाजींचे ।। 254 ।। नाही झाले तरी पण । संगीतमय वर्णन । जसे "कृष्ण-रामायण" । रत्नाकरी ।। 255 ।। एकदा अंबेला मति । ऐकाया संगीत-कृति । नारदाला म्हणाली ती । त्या प्रमाणें ।। 256 ।। मुनिवर! तुम्हीं जावें । त्या कवीला स्वप्न द्यावे । संगीत लिही म्हणावें । शिवाजींचे ।। 257 ।। छंद-राग सजवून । चरित्र ऐकाया मन । शिव-लीलेचे कथन । रत्नाकरी ।। 258 ।।

दोहा० **अनेक कविवर लिख चुके, कथा-कहानी-गीत ।**
**मगर न कृष्णायन नुमा, लिखा गया संगीत ।। 255**
**इक दिन अंबा को हुई, शिवचरित की याद ।**
**सुनने को संगीत मय, तीन-शतक के बाद ।। 258**
**नारद जी जब आगए, बोली उनको बात ।**
**जाकर उस कवि को कहो, लिखो छंद तुम, तात! ।। 257**

(और)

**लिखने को संगीत दो, कथा कहो तुम ठीक ।**
**छंद-राग का ज्ञान दो, लिख पाए वह नीक ।। 258**

(तस्मात्)

卐ओवी० घेओनी अंबेची आज्ञा । मुनि आले देण्या प्रज्ञा । कवीला हवी ती संज्ञा । लिहावया ।। 259 ।। नारद म्हणाले त्याला । लिही राग-छंद माला । कथा मी सांगेन तुला । तशी लिही ।। 3260।। भाषा असो सीधी-साधी । कविता मराठी-हिंदी । जशीं झालीं नाही आधी । पूर्वी कधी ।। 261 ।। स्मरूनी शिव-भवानी । गणेश-स्वरदायिनी । परम पिता-जननी । लिहूं लाग ।। 262 ।। नारायण! नारायण! । देऊनी ते ऐसे ज्ञान । झाले मुनि अंतर्धान । स्वर्गलोकी ।। 263 ।।

दोहा० **आज्ञा अंबा से लिए, गाते शिव! शिव! गान ।**
**निकल पड़े नारद मुनि, वीणा पर मधु तान ।। 259**
**रत्नाकर के ख्याल में, आए मुनिवर आप ।**
**देकर शुभ संदेश वो, किया मधुर आलाप ।। 260**

# 16. Me, Ratnākar

(बोले)

लिखना श्रद्धा भाव से, जैसे बोलूँ बोल ।
भाषा साधारण मगर, लिखियो अमृत घोल ।। 261
हुआ न हो पहले कभी, ऐसा कविता-काव्य ।
गिर्-गणेश के स्मरण से, लिखो कहानी श्राव्य ।। 262

दोहा॰ नारद ने मुझसे कहा, कथा सुनो तुम ठीक ।
कहता हूँ सो ही लिखो, भाव रखो धार्मिक ।। 263
स्मरण करो शिव पार्वती, गणपति शारद राम ।
रामदास स्वामी तथा, रामदास हनुमान ।। 264
जिस किरपा से मूक भी, बोल पड़त है बात ।
अंधा पाता दृष्टि है, अपंग सक्षम गात ।। 265
मुझको सचिदानंद श्री, देवें किरपा दान ।
जिसको पाकर लिख सकूँ, छत्रपति के गान ।। 266
स्फूरत ब्रह्मानंद दें, नारद, रामानंद ।
राग-छंद रस रंग दें, शंकर-परमानंद ।। 267

संगीत श्री शिवाजी चरित्र राग-छंद माला, पुष्प 89

भजन : राग मालकंस, कहरवा ताल 8 मात्रा

(रत्नाकर)

दोहा॰

सुर मधु तेरी वेणु का, जबसे सुना अनूप ।
आस दरस की है लगी, सपनन आ सुर भूप ।। 173
रेरे गम ग-गा प-म प-, पपनि- धप- निध-ध ।
म-म ममम म- प- मग-, रेरेरेरे ध- पग म-म ।।

## 16. Me, Ratnākar

**स्थायी**

प्यार हुआ है मुझको सुर से ।

♪ ग॒मग॒ सानिसा ध॒नि॒ सासाम- गग म-म ।

**अंतरा-1**

प्यार हुआ है मुझको जब से, मुरली मनोहर दामोदर से ।
ग्रीष्म गया है मेरे चित से, बसंत बरखा नित बरसे ।।

ग॒-म मध॒- नि- सांसांसां- गंनि सां-, निनिनि निनि-निध॒ धनिसांनिधम म- ।
सां-सां सांगं- गं- सांमंगंसां निनि सां-, सांमं-गं सांनिसां- ध॒नि सांनिधमगसा- ।।

**अंतरा-2**

रात न सूनीं कारी अँधेरीं, तरसाये चिंता न घनेरी ।
प्रीत मेरी धनुधर से जिगरी, बंसीधर से, श्रीधर से ।।

**अंतरा-3**

मीरा राधा जस बलिहारी, पार्थ सुदामा की जस यारी ।
चाह मेरी यदुवर से गहरी, बनवारी से, गिरिधर से ।।

 ॐ **श्लोक**

इष्टं गौर्या यथा योग्यम्-आदिष्टं च शिवेन यत् ।
नारदकृपया सर्वं रत्नाकरेण लिख्यते ।। 121

♪ प-प- प-प- पध॒- प-म-, ग-म-प- ध॒- पम-ग रे- ।
ग-ग-म-पध॒प- म-ग-, म-प-ध॒प-म ग-मरे- ।।

नारदेन यथोक्तं च स्वयं दृष्टं स्वयं श्रुतम् ।
प्रेरितं गिर्गणेशाभ्यां, रत्नाकरेण लिख्यते ।। 122

पिङ्गलेन यथाऽदिष्टं छंद:शास्त्रे महर्षिणा ।
छंदोयुक्तं रसप्रोतं रत्नाकरेण लिख्यते ।। 123

# 16. Me, Ratnākar

शिवछत्रपतेर्वृत्तं गीतादिभ्य: सुमण्डितम् ।
सुसंगीतमयं गेयं रत्नाकरेण लिख्यते ।। 124

छंदोरागसमायुक्तं भूतं न च भविष्यति ।
विद्यया रचितं काव्यं, रत्नाकरेण लिख्यते ।। 125

卐ओवी॰ जैसी बोलते पार्वती । जशी शंकराची प्रीति । तैसी ही सुखद अति । शिवलीला ।। 264 ।। कथा नारद सांगती । शब्द देते सरस्वती । कवनें सजवितो ती । रत्नाकर ।। 265 ।। गणेशास करोनी नमन । समजोनी प्रत्येक वचन । छंद-राग सहित कथन । अनुप्रास ।। 266 ।। वाल्मीकी अनुषुभ् छंद । ओवी-दोहे देती आनंद । नाना गण-वृत्तांचा वृंद । प्रस्तुत हा ।। 267 ।। शिव चरित्र मनोरम । लिहीले सुंदर सुगम । सनातन ज्याचा उगम । पुराणांत ।। 268 ।।

✍दोहा॰ गौरी ने चाहा यथा, ज्यों शिवजी की प्रीत ।
रत्नाकर है लिख रहा, शिवलीला संगीत ।। 268
सुने निहारे हैं यथा, नारद जी ने आप ।
रत्नाकर है लिख रहा, छंद राग आलाप ।। 269
यथा दे रहे प्रेरणा, श्री शारदा गणेश ।
रत्नाकर है लिख रहा, अनुप्रास तुक श्लेष ।। 270
बालमीक ने ज्यों हमें, दिया अनुष्टुभ् छंद ।
रत्नाकर है लिख रहा, श्लोक सहित आनंद ।। 271
महर्षि पिंगल ने यथा, कहा अष्ट-गण वृंद ।
रत्नाकर है लिख रहा, विविध मनोरम छंद ।। 272
शिवबा के शुभ चरित के, चारु मनोहर गीत ।
रत्नाकर है लिख रहा, राग-बद्ध संगीत ।। 273
सरस्वती ने जो रचा, अद्भुत ऐसा गीत ।
रत्नाकर है लिख रहा, वही अतुल संगीत ।। 274

# 16. Me, Ratnākar

♪ संगीत श्री शिवाजी चरित्र राग-छंद माला, पुष्प 90

कन्या छंद:[41]

ऽ ऽ ऽ ऽ

(विष्णु वंदना)

ईशं विष्णुं, रुद्रं वन्दे । रामं कृष्णं, देवांश्चाहम् ॥ 1
शान्ताकारं, लक्ष्मीनाथं । विश्वाधारं, जिष्णुं वन्दे ॥ 2

 संगीत श्री शिवाजी चरित्र राग-छंद माला, पुष्प 91

गज़ल : राग कल्याण

(मंदमति)

**स्थायी**

बेद पुरान दस पढ़े, हमें ज्ञान आया नहीं ।
तकरीर प्रवचन सब सुने, मगर ध्यान पाया नहीं ॥

♪ सा–सा सारे–सा ग– मंग–, धप– मं–ग ध–प– मंग– ।
सासारे–रे गगम– ध– पमं–, धप– मं–ग मं–ग रेसा– ॥

**अंतरा–1**

इल्म था जब बँट रहा, हमरे तक आया नहीं ।
सिलसिला तो आगया, मगर ऐलान आया नहीं ॥

♪ सा–रे ग– मं– धप मंग–, धधप– मंग ध–प– मंग– ।

---

[41] ♪ **कन्या छंद :** ह्या प्रतिष्ठा वर्गाच्या छंदाच्या चरणांत 4 वर्ण, 8 मात्रा येतात. ह्या छंदात केवळ म गण आणि एक गुरु वर्ण येता. ह्याचे लक्षण सूत्र ऽ ऽ ऽ ऽ असे असते, अर्थात ह्याचे सर्व वर्ण दीर्घ असतात.

▶ लक्षण गीत : दोहा॰   वर्ण चार, कल आठ का, म गण, गुरु कल अंत ।
सर्व गुरु अक्षर जहाँ, बोला "कन्या" छंद ॥ 275

# 16. Me, Ratnākar

सा-रेग- मं- प-मंग-, निध- प-ध-प मं-ग- रेसा- ।।

अंतरा-2

अक्ल पर ताले पड़े, हमें जेहन आया नहीं ।
उस्ताद बजा कर थक गए, हमें गान आया नहीं ।।

अंतरा-3

मुकद्दर का सिकंदर, नसीब पाया है वही ।
फरिश्ता बगल से निकल गया, हमें जान पाया नहीं ।।

(हिंदू)

स्वाभिमानी मनुष जो कहता, हिंदू अपने आपको ।
कृतकृत्य वो सफलमनोरथ, करता अपने बाप को ।।

श्लोकौ

(हिन्दु)

शतानां जन्मनामन्ते नरयोनिं स प्राप्यते ।
शतानां नरजन्मान्ते हिन्दुजन्म च लभ्यते ।। 126

संस्कुर्वन्ति नरान्येषु धर्मास्ते कृत्रिमाः खलु ।
हिन्दुर्भगवता दत्तो धर्मो नैसर्गिको हि सः ।। 127

दोहा॰ "चौरासी लख भग फिरे, नर योनि का योग ।
लाखों नर योनि फिरे, हिन्दु जन्म का भोग ।। 276
"कृत्रिम दीक्षा को लिए, अन्य धर्म में स्थान ।
हिन्दु धर्म ईश्वर दिया, जन्म जात है दान" ।। 277

श्लोक:

माता यस्य स्वयं प्रज्ञा शास्त्रवाक्यं पिता तथा ।
अन्तश्चक्षुर्भवेद्यस्यादर्शस्य किं प्रयोजनम् ।। 128

# 16. Me, Ratnākar

**संगीत श्री शिवाजी चरित्र राग-छंद माला, पुष्प 92**

**राग : 𝄞मालकंस, तीन ताल**

(रत्नाकर अनुनय)

**स्थायी**

**प्रभु तेरी दुआ से जीना है, अरु तेरी दुआ से मरना है ।**

♫ मम गमग सनि़सा धनि सा–म– म–, मम गमग सानि़सा धनि सासाम– म– ।।

**अंतरा–1**

**अब दे दे जो कुछ देना है, वापस ले जब लेना है ।**

**तेरी दुआ से जीना मरना, तेरे हाथ में सब कुछ है ।।**

♫ गग म– ध– ध– धध सांगंनि– सां–, नि–निनि नि– निनि धनि़सांनि– धम ।

सां–सां सांगं– गं– सांमंगंसां निनिसां–, सांमंगंसां नि–सां सां धनि सांनि धमगसा ।।

**अंतरा–2**

**मेरे सपने मेरे अपने, तेरी कृपा से सब शुभ हैं ।**

**तेरी दुआ और तेरी किरपा, डोरी तेरे हाथ में है ।।**

**अंतरा–3**

**तेरी छाया तेरी माया, तेरी दया भी साथ में है ।**

**जग तेरे हाथ बिलौना है, तेरे हाथ खिलौना है ।।**

**संगीत श्री शिवाजी चरित्र राग-छंद माला, पुष्प 93**

**दादरा ताल**

(हे प्रभो!)

**स्थायी**

**मेरे माता–पिताश्री तुम्हीं हो, मेरे भ्राता सखा भी तुम्हीं हो ।**

**ज्ञान सोता सविता तुम्हीं हो, मेरे धाता विधाता तुम्हीं हो ।।**

# 16. Me, Ratnākar

♪ सानि॒ सा–सा– सारे–सा– नि॒सा– रे–, सारे ग॒–ग॒– ग॒म– ग॒– सारे– सा– ।
सा–नि॒ सा–सा– साग॒–रे– सारे– म–, रेग॒ प–म– ग॒रे–म– ग॒रे– सा– ।।

### अंतरा–1

मेरे गानों की स्फूरत तुम्हीं हो, मेरे ध्यानों की सूरत तुम्हीं हो ।
मेरे ख्वाबों की मूरत तुम्हीं हो, मेरी साँसों के दाता तुम्हीं हो ।।

♪ रेग॒ म–म– म प–म– ग॒रे– म–, ग॒म प–प– प नि॒–ध॒– पम– प– ।
ग॒रे म–म– म प–म– ग॒रे– म–, रेग॒ म–म– ग॒ प–म– ग॒रे– सा– ।।

### अंतरा–2

मेरे जीवन की गाथा तुम्हीं से, सारे जन्मों का नाता तुम्हीं से ।
मेरा जीना सुहाता तुम्हीं से, मेरे ताता और त्राता तुम्हीं हो ।।

### अंतरा–3

मोहे भूमि पर लाया तुम्हीं ने, मोहे प्रीति से पाला तुम्हीं ने ।
मोहे मुक्ति दिलाना तुम्हीं ने, मेरी गीता कविता तुम्हीं हो ।।

### अंतरा–4

तेरे चरणों में मेरी जगह हो, मेरे मुख में हरि! तू बसा हो ।
तेरी किरपा की छाया सदा हो, मेरे प्रारब्ध कर्ता तुम्हीं हो ।।

# ३

# पार्श्वभूमि प्रकरण

## Shivaji's Background History

17. Importance of the Background and the History

## 17. पार्श्वभूमि व इतिहासाचे महत्व :

## 17. Importance of the Background and the History

♫ संगीत श्री शिवाजी चरित्र राग-छंद माला, पुष्प 94

**भुजंगप्रयात छंद**

। ऽ ऽ, । ऽ ऽ, । ऽ ऽ, । ऽ ऽ

♫ सारे- ग- मप- म- गरे- म-ग रे-सा-

(इतिहास)

**खरे काय वा काय मिथ्या गुणाचे ।**
**क्षतीचे तथा काय ते फायद्याचे ।। 1**
**यथा ही तथा सांगतो जो जगाला ।**
**शहाणाच तो, ज्ञात झाले जयाला ।। 2**

**श्लोक**

(पार्श्वभूमि)

**दर्शयतीतिवृत्तं किं, कुत्र, केन, कदा कृतम् ।**
**नो चेदन्धो विना दण्डं स्खलति निर्बुधो यथा ।। 129**

♫ ग-गगग-गरे-म- ग-, म-म, म-म-, पम- गरे- ।
प- प-प-प- पध- प-म-, गरेम- प-गरे- नि़सा- ।।

Harmonium Music Notation

**दोहा॰** **भले बुरे अनुभव हमें, देता है इतिहास ।**
**उनसे ही हमको मिलें, सबक, ज्ञान, विश्वास ।। 278**
**उसी नीति से हम चलें, वही हमें आधार ।**
**वही करे संसार में, हमरा बेड़ा पार ।। 279**
**"पार्श्वभूमि कहती हमें, हुआ कहाँ क्या काम ।**
**किसने कब था क्यों किया, किसका क्या परिणाम" ।। 280**
**बिना जान इतिहास जो, पढ़ता थोथी भास ।**

# 17. Importance of the Background and the History

**मूढ़ बुद्धि वो नर करे, अपना स्वयं बिनास ।। 281**

ॐ **इतिहासः सदाऽस्माकं मार्गदीपो नियन्त्रकः ।**
**सुकर्मणां स निर्व्याजो दोषाणां च हि दर्शकः ।। 130**

दोहा॰ **सबक हमें इतिहास का, उज्ज्वल दीप समान ।**
**रक्षा करके विघ्न से, देता लाभ महान ।। 282**
**जो पढ़ता है ध्यान से, स्नेहभाव के साथ ।**
**देशभक्ति मन में लिये, वह समझे यह बात ।। 283**

(अब सुनिये)

**अल्पबुद्धि मैं लिख रहा, स्फूर्ति लिये आधार ।**
**गणपति शंभु शारदा, नारद को आभार ।। 284**
**रहता मैं परदेस में, यथा दिया करतार ।**
**मगर सदा है खींचता, भारत माँ का प्यार ।। 285**
**मेरे विद्यार्थी, सखा, सुहृद, संतन लोग ।**
**देते हैं उत्तेजना, और प्रेम का भोग ।। 286**
**अधिक कही मेरी व्यथा, मैंने बिन कछु श्लाघ ।**
**अब आगे सुन लो कथा, बिन फिजूल का द्राघ[42] ।। 287**

卐**ओवी॰** इतिहास ज्याचे नाम । पार्श्वभूमि त्याचे काम । विदित जिथे तमाम । अनुभव ।। 269 ।। काय भले, बुरे काय । कुठे हित वा अपाय । न चाले कशा शिवाय । स्पष्टपणें ।। 270 ।। कुणी केले कधी काय । कुठे केव्हां असहाय । पर्याय वा निरुपाय । यथा तथा ।। 271 ।। न जाणता इतिहास । पुढे जाण्या घाई ज्यास । गोफाटा-विभ्रम त्यास । नक्की असे ।। 272 ।। इतिहासाचा जो बोध । विसरतो जो निर्बोध । वा करतो जो विरोध । त्यासी नाश ।। 273 ।।

---

[42] **द्राघ** = दीर्घता ।

# 17. Importance of the Background and the History

जाणतो जो इतिहास । अनुभवी ज्ञान त्यास । नीति नियम विश्वास । शहाणा तो ।। 274 ।।
भल्या-बुऱ्यांचा अभ्यास । आदर्शांचा विन्यास । मार्ग दीप इतिहास । महत्वाचा ।। 275 ।।

✍दोहा॰ **सुनो! सुनो! रे बंधुओं, पार्श्वभूमि की बात ।**
**वंदन करके मैं कहूँ, राजपूत सौगात ।। 288**
**नारद मुनि ने ज्यों कही, मुझे कथा दिन रात ।**
**मैं, रत्नाकर, वह लिखूँ, मधुर स्वरों के साथ ।। 289**
**ओवी, दोहे, श्लोक भी, नाना सुंदर छंद ।**
**गीत विविध-विध राग में, ताल मोद के कंद ।। 290**
**यथा करत है शारदा, सुर-सरगम बरसात ।**
**तथा विवेचन हैं आ रहे, सुनो! प्रेम के साथ ।। 291**

♫ संगीत श्री शिवाजी चरित्र राग-छंद माला, पुष्प 95

**हाकलि छंद**[43]

तीन चौकल + ऽ

(पार्श्वभूमिका)

**इतिहासास शुभ कार्य हे ।**
**दर्शविणें काय आर्य जे ।। 1**
**काय अनार्य, अनिवार्य जे ।**
**अकार्य अथवा निवार्य जे ।। 2**

---

[43] ♫**हाकलि छंद** : ह्या 14 मात्रा वाल्या मानव छंदाचे लक्षण सूत्र : तीन चौकल + ऽ असे असते. लक्षात असो कि "चौकल" म्हणजे चार मात्रांचा ।।।।, ।।ऽ, ऽ।। किंवा ऽऽ असा स्वतंत्र समूह. अर्थात्, प्रत्येक चरणात चौथी व पाचवी मात्रा, आठवी व नौवी मात्रा तसेंच बारावी व तेरावी मात्रा मिळून एक अक्षर बनलेले नसावे. मत्त = मात्रा.

▶ लक्षण गीत : ✍ **दोहा॰ जिसमें चौकल तीन हों, एक मत्त गुरु अंत ।**
**चौदह मात्रा से बना, कहा "हाकली" छंद ।। 292**

# 18. The Background History of Maharashtra, in brief

## 18. महाराष्ट्राच्या पार्श्वभूमीचा संक्षिप्त इतिहास :

## 18. The Background History of Maharashtra, in brief

### महाराष्ट्र

卐**ओवी॰** दैवी कुठे न अन्य । भूमि सुवर्ण धन्य । माती जी अग्निजन्य । कृष्ण रंग ।। 276 ।।
पश्चिमेला मेरु सह्याद्रि । उत्तर सातमाळा अद्रि । शंभु-महादेव गिरि । दक्षिणेला ।। 277 ।।
डोईवर नर्मदा नदी । कावेरी सरिता पदीं । डावीकडे सिंधु अब्धि । "दंडक" ते ।। 278 ।।
रामायणात प्रसिद्ध । घोर विपिन सिद्ध । वनवासाने शुद्ध । ते अरण्य ।। 279 ।। सातपुडा
ज्याचा माथा । वेद-भारत गातीं गाथा । पठार ते जाणा, नाथा! । "दख्खन" चे ।। 280 ।। वेद
गातीं ज्याची स्तुति । महाभारतात कीर्ति । "दक्षिण-पथ" ज्यास ख्याति । दख्खन ते ।। 281 ।।
नद्या-महानद्या नीर । पुण्यक्षेत्रें ज्यांचे तीर । तीर्थ गौ-मातेचे क्षीर । दख्खन ते ।। 282 ।। राष्ट्रें
जुनी जिथे सोळा । एका संस्कृतीत गोळा । ध्येयावर ज्यांचा डोळा । "महाराष्ट्र" ।। 283 ।।
चोल, चालुक्य सेंद्रक । आभिर, कल्चुरी, अश्मक । कदंब, निकुम्भ, मूलक । राष्ट्रकूट । यादव,
सातवाहन । नायक, होयसळ, बाण । काकतीय, वाकाटक । राष्ट्र सोळा ।। 284 ।। दहा
ह्यांतील प्रमुख । ज्यांनी दिले होते सुख । नावें ती अमुक-अमुक । येणे प्रमाणे ।। 285 ।।

✍**दोहा॰** **ज्वालामुखी से बनी, मिट्टी काल रंग ।**
**उपजाऊ महाराष्ट्र की, भूमि स्वर्ण निश्शंक ।। 293**
**पश्चिम-घाटी वाम में, उत्तर सप्त-पठार ।**
**दक्षिण में बहती जहाँ, कावेरी की धार ।। 294**
**"दंडक" जाना विपिन वो, रामायण में नाम ।**
**अगस्त्य मुनि ने था किया, प्रतिस्थान में धाम ।। 295**
**उत्तर नदिया नर्मदा, बाएँ सागर नीर ।**
**"दख्खन" जाना देश वो, जहाँ रुके रघुवीर ।। 296**
**कैकेयी ने जब दिया, राघव को वनवास ।**

# 18. The Background History of Maharashtra, in brief

पंचवटी में आ बसे, रचा नया इतिहास ।। 297
वेद-पुराणों ने दिया, "दक्षिण-पथ" था नाम ।
वनराई जिसमें घनी, हिंस्त्र जीव का धाम ।। 298
नदियाँ टीलों से सनी, धरती बहुत विशाल ।
मँडराते पशु विपिन में, डरावने विकराल ।। 299
ऐसे इसी प्रदेश में, जहाँ नदी के तीर ।
खेती-बाड़ी विपुल थी, गौमाता का क्षीर ।। 300
नदी किनारे शहर थे, छोटे-मोटे ग्राम ।
सोलह जाने राष्ट्र थे, ख्यात जिन्हें थे नाम ।। 301
दस उनमें जो प्रमुख थे, आगे है इतिहास ।
पार्श्वभूमिका है यही, महाराष्ट्र की खास ।। 302

# 18. The Background History of Maharashtra, in brief

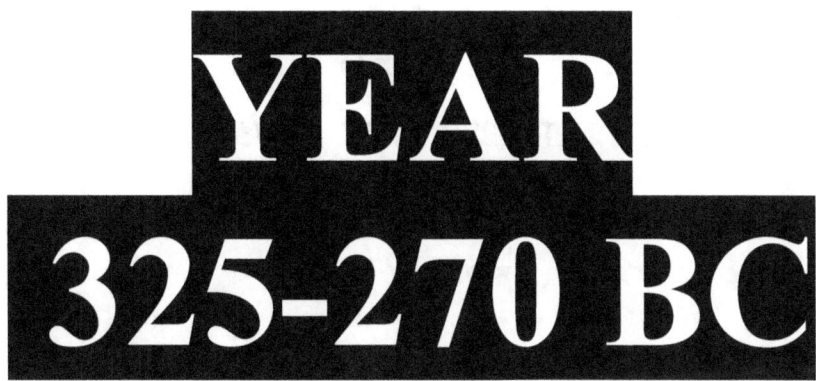

The Background History of Maharashtra, in brief : 325-270 BC

WORLD HISTORICAL STAGE Around Years 325 BC – 273 BC.

## Kingdoms and the Kings

Maurya, Chandragupta of Patliputra, Bihar (ruled 320-300BC), Bindusar (300-273BC), Ashok Vardhan (273-232BC); Sunga, Pushyamitra (187-151BC), Agnimitra (151-143BC), Tissa, Devanampiya of Shri Lanka (250-225BC); Kshatrapa, Chashtna of Malwa (110-140); Chou, Nan Wang of Imperial China (314-255BC); Hun, Mao-Tun of Mangolia (201-174BC); Emperor Korei of Japan (290-214BC); Seleucid King Saleucus Nicator of Syria and Palestine (305-281BC), Antiochus-1 (281-261BC), Antiochus-2 (261-246BC); Nabataen King Harithath-1 of Jordan (169-144BC); Ma'in Kings of Yemen (400-100BC); Babylonian king Nabu'Naid of Iraq (556-539BC); Archaemenid King Artakhshassa of Bactria (330-329BC), Parthian King Arshak (250-247BC); Roman Emperor Julius Ceasar (49-44BC); Italian King Hiero-2 (270-215BC); Greek king Areus-1 of Sparta (309-264BC), Alexander-3 Sikandar of Macedonia (336-323BC); Russian king Paerisades-2 (284-245BC), Egyptian Pharo Snedjemibre Nekhtharehbe (360-343BC), Ptolemy-1 (305-283BC), Ptolemy-2 (283-246BC); King Nastasen of Sudan (335-310BC); King Arsames of Armenia (260-228BC), Georgian King Parnavaz-1 of Iberia (299-234BC).

# 19. The Background History of Maharashtra, in brief : 270BC-175AD

19. The Background History of Maharashtra, in brief : 270BC-175AD

## 1. सातवाहन वंश, (270 ई.पूर्व – 175 ई. 445 वर्ष)

♫ <u>संगीत श्री शिवाजी चरित्र राग-छंद माला, पुष्प 96</u>

**हरिगीतिका छंद**[44]

16 + 9 + । ऽ

(सातवाहन वंश)

**आदि सनातन कुळ महान जे, गणले परिवार दहा ।**
**प्राचीन त्यांतिल सातवाहन, प्रसिद्ध सुशासक महा ।।**
**करुणावान कलांचा प्रेमी, वंश चरित्रवान हा ।**
**पैठणेश हा, सार्वभौम, जो इतिहास त्याचा पहा ।।**

卐**ओवी॰** आदि राजा "सातवाहन" । ज्यानी करूनी सुशासन । पार्श्वभूमि केली महान । महाराष्ट्राची ।। 286 ।। हिंदू राजाने, "पोरस" । दाऊनी रणीं धाडस । धाडला जेव्हां वापस । सिकंदर[45] ।। 287 ।। त्या समयी दक्षिणेत । जाहले थोर नरेश । सार्वभौम पैठणेश । सातवाहन ।। 288 ।।

---

[44] ♫ **हरिगीतिका छंद :** ह्या छंदाच्या चरणांत 28 मात्रा असतात, ज्यांच्या अंती एक लघु आणि एक गुरु वर्ण येतो. विराम 16-12 वर असतो.

▶ लक्षण गीत : ✍ **दोहा॰** **मात्रा अठ्ठाईस का, लघु गुरु कल से अंत ।**
**सोलह कल पर यति जहाँ, वह हरिगीतिका छंद ।। 303**

[45] **सिकंदर :** About 325 B.C. Sikandar of Macedonia came at the bank of river Jhelum. In a historic battle, the Hindu monarch Porus forced Sikandar to return back empty handed, and never to return back again.

# 19. The Background History of Maharashtra, in brief : 270BC-175AD

दोहा॰ राजा पोरस ने जभी, किया युद्ध घमसान ।
लौट सिकंदर था गया, वापस अपने धाम ।। 304
खड़ा रहा वह दिन कई, झेलम परले तीर ।
पार नहीं वह कर सका, उस सरिता का नीर ।। 305
बढ़ न सका वैरी, जहाँ, दृढ़ था भारत-नाथ ।
हिंदू सेना ने उसे, भेजा खाली हाथ ।। 306
झूठा वह इतिहास जो, कहता उल्टी बात ।
उन्हें सिकंदर हीर जो, लौटा खाली हाथ ।। 307
कोई राजा, जीत कर, ना जाता है लौट ।
निकला था जग जीतने, जब तक मिले न मौत ।। 308
उसी समय की बात है, बतलाता इतिहास ।
दक्षिण में राजा हुए, दक्खन जिन्हें निबास ।। 309
सतवाहन कुल में हुए, सार्वभौम थे वीर ।
लड़ते थे तलवार से, पट्टा भाला तीर ।। 310

ना तब क्रिस्ती लोग थे, ना मुगलों के बाप ।
ना धर्मों का थोपना, ना परिवर्तन-पाप ।। 311
ना धर्मों के एलची, ना था भ्रष्टाचार ।
लोग सनातन थे सभी, संस्कृति का आधार ।। 312
सेवा ही सत्कर्म था, सदाचार था धर्म ।
गीता में जो था कहा, वही "धर्म" का मर्म ।। 313

(सातवाहन)

卐ओवी॰ पहिला राजा सिमुक । आदि नृप जो प्रमुख । जिंकुनी वैरी विमुख । सार्वभौम ।। 289

# 20. The Background History of Maharashtra, in brief : 250-490AD

।। तीस राजे विख्यात[46] । सातवाहन ज्ञात । चारशे-साठ वर्षांत । जुन्या काळी ।। 290 ।। जसे ते दयाळु स्वामी । तसे ते कलांचे प्रेमी । चारित्र्यवान नामी । सदाचारी ।। 291 ।।

**दोहा०** शूर धुरंधर ख्यात था, सिमुक नाम का वीर ।
प्रतिस्थान में वह बसा, गोदावरी के तीर ।। 314
सतवाहन का पुत्र था, सिमुक जगत विख्यात ।
तीस-अधिप उस वंश के, इतिहास को ज्ञात ।। 315
सतवाहन नृप वीर थे, दान-धर्म में लीन ।
सद्धर्मी चारित्र्य के, सत्त्वशीलशालीन ।। 316

# 20. The Background History of Maharashtra, in brief : 250-490AD

## 2. वाकाटक वंश (250-490, 240 वर्ष)

♪ संगीत श्री शिवाजी चरित्र राग-छंद माला, पुष्प 97

विधाता छंद[47]

---

[46] **सातवाहन वंश** (250BC – 445AD) : सिमुक (270 इ. पूर्व–248 इ. पूर्व), कृष्ण (248 –230 इ. पूर्व), सत्कारिणी-1 (230-220 इ. पूर्व), पूर्णोत्संग (220-202 इ. पूर्व), स्कंदस्तंभी (202-184 इ. पूर्व), सत्कारिणी-2 (184-128 इ. पूर्व), लंबोदर (128-110 इ. पूर्व), अपिलक (110-98 इ. पूर्व), मेधस्वाती (98-80 इ. पूर्व), स्वाती (80-62 इ. पूर्व), स्कंदस्वाती (62-55 इ. पूर्व), मृगेंद्र (55-52 इ. पूर्व), कुंतल (52-44 इ. पूर्व), स्वातीकर्ण (44-43 इ. पूर्व), पुलुमावी-1 (43-19 इ. पूर्व), गौरकृष्ण (19 इ. पूर्व - 6), हल (6-7), मंडुक (7-12), पुरिंद्र (12-33), सुंदर (33-34), चकोर (34-62), गौतमीपुत्र (62-86), पुलुमावी-2 (86-114), शिवश्री (114-121), शिवस्कंद (121-128), विज्ञ (128-157), विजय (157-163), चंद्र (163-166), पुलुमावी-3 (166-175).

[47] ♪ **विधाता छंद** : ह्या 28 मात्रांच्या यौगिक छंदाची पहिली, आठवीं आणि पंघरावीं मात्रा लघु असते. ह्याचे लक्षण सूत्र । + 6 + । + 6, । + 13 प्रकारे असते. ह्या छंदाचे दूसरे नाव ♪ **शुद्धगा छंद** आहे.

। + 6 + । + 6, । + 13 = 14-14

(वाकाटक वंश)

**कुटुंब पुरातन दूसरा, जिसे वाकाटक था नाम ।**
**विदर्भ निवास था जिनका, कला आश्रय उनका काम ।।**
**नगर नागपुर मूल जिन्हें, कवि कलाकारों का धाम ।**
**धान-धान्य शाँति सब विध थी, सुख संपन्न था हर ग्राम ।।**

卐**ओवी॰** दूजे मुख्य सनातन । घराणे जे पुरातन । विदर्भ ज्यांचे वतन । "वाकाटक"[48] ।। 292 ।। कीर्ति गातात पुराण । लेण्यांत आहे पुराण । लिहीले कोरून पाषाण । नावें त्यांची ।। 293 ।। अधिप प्रमुख दहा । वाकाटक झाले महा । नावें नृपांची पहा । खाली दिलीं ।। 294 ।। विंध्यकीर्ति नृप आदि । विदर्भात त्याची गादी । वंशकेतू ही उपाधि । त्याला होती ।। 295 ।। "विष्णुवृद्ध" उपनाव । **नागपूर** त्याचे गाव । प्राकृत बोलीत प्रभाव । होता त्याचा ।। 296 ।। वाकाटक वीर फार । तसेंच ते शानदार । दानी ज्ञानी कलाकार । विद्याधर ।। 297 ।। राज्यात सुखें त्रिकाळ । विद्या-कलांचा सुकाळ । विदर्भाचा स्वर्णकाळ । हाच होता ।। 298 ।। सर्वत्र होती उन्नति । सर्व प्रकारे प्रगति । वैकुण्ठासारखी स्थिति । ह्या राज्यात ।। 299 ।। संस्कृत-काव्य उत्कर्ष । प्राकृत-वाङ्मय हर्ष । कालीदासास आकर्ष । झाला इथे ।। 300 ।। शैली कालीदासाची । संस्कृत-प्राकृताची । झाली प्रेरित साची । ह्याच मुळे ।। 301 ।। मेघदूत काव्य त्याचे । पद्य वैदर्भी रीतीचे । विद्यमान श्रेष्ठ असे । उदाहरण ।। 302 ।। "रामटेक" जे ग्राम । "रामगिरि" असे नाम । मेघदूतात विद्यमान । आढळते । दंडी, आनंदवर्धन, बाण । करती स्तुतीचे गान । वाकाटक नृपांचे छान । मुक्तकंठे ।। 303 ।।

---

▶ लक्षण गीत : ✍ **दोहा॰ मात्रा अट्ठाईस हों, दो गुरु कल से अंत ।**
**एक आठ पन्द्रह लघु, वही "विधाता" छंद ।। 317**

[48] **वाकाटक वंश** (250-490 AD : विंध्यशक्ति (250-270), प्रवरसेन (270-330), रुद्रसेन-1 (330-350), पृथ्वीसेन-1 (350-400), रुद्रसेन-2 (400-405), दिवाकर (405-420), दामोदर (420-450), नरेंद्र (450-470), हरीष (470-490).

# 21. The Background History of Maharashtra, in brief : 340-1325AD

✍दोहा० मुख्य पुरातन दूसरा, विदर्भ का था वंश ।
"वाकाटक" शुभ नाम का, महाश्रेष्ठ निश्शंक ।। 318
कीर्ति इस शिव वंश की, और नृपों के नाम ।
खुदे हुए हैं अश्म पर, महान जिनके काम ।। 319
विंध्यकीर्ति नृप आदि था, विदर्भ उसका स्थान ।
नागपूर में था बसा, "विष्णुवृद्ध" उपनाम ।। 320
वाकाटक नृप वीर थे, ज्ञानी दानी भूप ।
प्रजा सुखी थी राज्य में, धन संपन्न अनूप ।। 321
विदर्भ का सच था यही, "सुवर्णयुग" का काल ।
ग्राम-ग्राम उन्मेष था, लगभग दो-सौ साल ।। 322
संस्कृत-प्राकृत काव्य का, यहाँ हुआ उत्कर्ष ।
इस शैली को था किया, कालीदास ने स्पर्श ।। 323
वैदर्भी यह ढंग है, मेघदूत में व्यक्त ।
वाकाटक का काल था, कला-काव्य संपृक्त ।। 324

# 21. The Background History of Maharashtra, in brief : 340-1325AD

## 3. कदंब वंश (340–1310, 970 वर्ष)[49]

---

• 49] **कदंब वंश, तीन शाखा :** The three Kadamb lineages were :

1. Kadambas of Vanavasi (340-610, 270 years) : मयूरवर्मा (340–360), कण्ववर्मा (360–385), भगिरथ (385–410), रघुनाथ (410–425), काकुत्स्थ (425–450), शांतिवर्मा (450–475), मृगेश (475–490), मंधात्री (490–497), रविवर्मा (497–537), हरिवर्मा (537–547), कृष्णवर्मा (547–565), अजवर्मा (565–566), भोगीवर्मा (566–610).
2. Kadambas of Hanagal (1068-1196, 128 yrs) : जयवर्मा (1068–1075), शांतिवर्मा (1075–1108), तैलपा

# 21. The Background History of Maharashtra, in brief : 340-1325AD

♫ <u>संगीत श्री शिवाजी चरित्र राग-छंद माला, पुष्प 98</u>

**विद्या छंद**[50]

। + 13, 10 + ऽ ऽ

(कदंब वंश)

**कदंब घराणे तीसरे, स्थापित झाले कुंतल देशी ।**
**मयूर शर्मा कुळ स्थापक, गादी त्याची वनवासी ।।**

**ओवी॰** तृतीय "कदंब" वंश । ब्राह्मण कुळाचा अंश । करुनी पल्लवांचा[51] ध्वंस । उगवला ।। 304 ।। मयूर शर्मा ब्राह्मण । करी वेद पारायण । परी त्यात क्षात्र गुण । सुप्त होता । 305 ।। करूनी पल्लवांवर धाव । कराया त्यांचा पाडाव । जिंकले त्याने गाव । "वनवासी" ।। 306 ।। कुन्तल देशी ज्यांचे राज्य । लढावया सदा ते सज्ज । तीन शतकें अविभाज्य । नृप तेरा ।। 307 ।। कदंबांच्या शाखा तीन । प्रजा-सेवेत त्या लीन । शेवटी चारित्र्य हीन । झाल्या नष्ट ।। 308 ।।

**दोहा॰ कदंब नामक तीसरा, ब्राह्मण कुल का अंश ।**

---

(1108-1131), मयूरवर्मा (1131-1132), मल्लिकार्जुन (1132-1147), तैलमा (1147-1160), कीर्तिदेव (1160-1189), कामदेव (1189-1196).

3. Kadambas of Gomantak (980-1310, 330 yrs) : व्याघ्रवर्मा (980-1007), श्रेष्ठदेव-1 (1007-1052), जयकेशी-1 (1052-1080), विजयादित्य-1 (1080-1110), जयकेशी-2 (1110-1147), शिवचित्त (1147-1174), विजयादित्य-2 (1174-1187), जयकेशी-3 (1187-1220), त्रिभुवन (1220-1246), श्रेष्ठदेव-2 (1246-1310).

[50] ♫ **विद्या छंद :** इस 28 मात्रा वाले यौगिक छंद की पहली लघु और अन्त में दो गुरु मात्रा आती हैं । इसका लक्षण सूत्र । + 13, 10 + ऽ ऽ होता है ।

▶ लक्षण गीत : **दोहा॰ मात्रा अट्ठाईस में, आदि ल, दो गुरु अंत ।**
**कल चौदह पर यति जहाँ, वह है "विद्या" छंद ।। 325**

[51] **पल्लव :** Pallavas of Kanchipuram (355-540, 185 yrs)

# 21. The Background History of Maharashtra, in brief : 340-1325AD

आया चौथे शतक में, करके पल्लव-ध्वंस ।। 326
मयूर शर्मा ख्यात था, वेद विशारद विप्र ।
कठिन काल जब आगया, बना क्षात्र वह क्षिप्र ।। 327
"वनवासी" को जीत कर, किया वहाँ पर स्थान ।
टिका तीन-सौ साल तक, राज्य, सहित-सम्मान ।। 328

## 4. चालुक्य वंश, बदामी[52] (543-753, 210 वर्ष)

♪ संगीत श्री शिवाजी चरित्र राग-छंद माला, पुष्प 99

---

[52] **चालुक्य (543-1189)** : The main three Chalukyas linages were :

1. Western Chalukyas of Badami (543-753, 210 yrs) : पुलकेशी-1 (543-566), कीर्तिवर्मा (566-597), मंगलेश (597-608), पुलकेशी-2 (608-642), विक्रमादित्य-1 (642-680), विनयादित्य (680-696), विजयादित्य (696-733), विक्रमादित्य-2 (733-747), कीर्तिवर्मा-2 (747-753).

2. Chalukyas of Vengi (615-1070, 455 yrs) : विष्णुवर्धन (615-632), जयसिंह-1 (632-662), इंद्र (662-663), विष्णुवर्धन-2 (663-672), युवराज (672-696), जयसिंह-2 (696-708), कोक्किल (708-709), विष्णुवर्धन-3 (709-746), विजयादित्य-1 (746-764), विष्णुवर्धन-4 (764-799), विजयादित्य-2 (799-843), विजयादित्य-3 (844-892), चालुक्यभीम (892-917), विजयादित्य-4 (917-918), अम्माराजा-1 (918-924), विजयदित्य-5 (924-925), विक्रमादित्य-1 (925-926), चालुक्यभीम-2 (926-934), चालुक्यभीम-3 (934-945), अम्माराजा-2 (945-973), दानार्णव (973-1000), शक्तिवर्मा (1000-1010), विक्रमादित्य-2 (1010-1022), नरेन्द्र (1022-1061), राजेन्द्र (1061-1062), विजयादित्य-6 (1062-1070).

3. Chalukyas of Kalyani (696-1189, 493 yrs) : तैल-1 (973-997), सत्याश्रय (997-1009), विक्रमादित्य-1 (1009-1014), अय्यन्ना (1014-1018), जयसिंह (1018-1040), सोमेश्वर-1 (1040-1069), सोमेश्वर-2 (1069-1076), विक्रमादित्य-2 (1076-1127), सोमेश्वर-3 (1127-1138), जयदेव (1138-1150), तैल-2 (1150-1183), सोमेश्वर-4 (1183-1189).

Other two minor Chalukya branches were : 1. Western Chalukyas of Nakshisapura in Saurashtra (750-900, 150 yrs); 2. Chalukyas of Lat (590-750, 160 yrs).

# 21. The Background History of Maharashtra, in brief : 340-1325AD

**चुलियाला-1 छंद**[53]

13, 11 + । ऽ।।

(चालुक्य वंश)

**चौथा कुल चालुक्य था, पुलकेशी नृप मुख्य पुरातन ।**
**वातापी सुंदर बनी, राजधानी महान, सुशासन ।।**

卐**ओवी॰** पुलाकेशी मुख्य राजा । जयसिंह त्याचा आजा । बदामीला वाजा-गाजा । त्याचा असे ।। 309 ।। नंतरचे राजे आठ । त्यांची मान सदा ताठ । राष्ट्रकूटांशीं पडूनी गाठ । हारले ते ।। 310 ।। "वातापी" ही राजधानी । सुंदर ही जशी राणी । सुवर्णाची त्यांची नाणी । थाट असा ।। 311 ।। बोलावूनी नाना तज्ञ । पंडित विविध प्राज्ञ । केले सकळ याग-यज्ञ ।। चालुक्यांनी ।। 312 ।। शिल्पकलेत त्यानां गोडी । जीस भक्तिभावाची जोडी । कलावंतांना ते न सोडी । निरुद्योगी ।। 313 ।। मूर्ति-मंदिरें भव्य । शिल्पकर्म ज्यांचे दिव्य । कलाकारांचे कर्तव्य । त्यांत व्यक्त ।। 314 ।। उंच शिखरें नक्षीदार । स्तंभ गुळगुळीत फार । छतें कोरीव घुमटदार । भींती सुरेख ।। 315 ।। मंदिरें अति अलंकृत । अंतर्बाह्य कलावृत । विश्वामध्ये जे आदृत । नक्षीकाम ।। 316 ।। गिरि खोदूनी लेण्या केल्या । अद्भुत ज्या नावाजल्या । त्यांत कथा पुराणातल्या । दर्शविल्या ।। 317 ।।

जिंकोनी दिशांनी चार । वाढविले राज्य फार । अफाट ज्याचा विस्तार । श्रीमंत ते ।। 318 ।। विंध्यापासोनी नदी कावेरी । पूर्वसिंधु ते पश्चिमगिरि । राज्य त्यांचे दिशा चारीं । पसरले ।। 319 ।। कोशल, कलिंग, चोळ । पल्लव, पंड्या, चेर । त्यांच्या स्वामीत्वाचा फेर । मानलेले ।।

---

[53] ♫ **चुलियाला-1 छंद** : इस 29 मात्रा वाले दो पदों के महायौगिक छंद के अन्त में एक लघु मात्रा और फिर एक भ (ऽ।।) गण आता है । इसका लक्षण सूत्र 13, 11 + । ऽ।। होता है ।

▶ लक्षण गीत : ✍ **दोहा॰** **बना मत्त उनतीस का, लघु गुरु लघु लघु अंत ।**
**तेरह पर हो यति जहाँ, वह "चुलियाला" छंद ।। 329**

# 21. The Background History of MAHARASHTRA, in brief : 340-1325AD

॥ 320 ॥ साम्राज्य अफाट इतुके । करोनी तीन महाराष्ट्रकें[54] । सांभाळले जाऊं शके । व्यवस्थित ॥ 321 ॥ राज्य अफाट ते होताच । यथा काळ आली आच । शाखा झाल्या त्यांच्या पाच । चालुक्यांच्या ॥ 322 ॥

दोहा॰  चौथा कुल चालुक्य का, उज्ज्वल कीर्तिवान ।
कला-ज्ञान के जगत में, जिन्हें बहुत सम्मान ॥ 330
पुलकेशी नृप मुख्य था, इस कुल का सत्कार ।
"वातापी" के नगर में, स्थापन थी सरकार ॥ 331
शिल्पकला को राज्य में, मिला बहुत उत्साह ।
मंदिर बनें विशाल थे, शिल्पीकर्म अथाह ॥ 332
शिखर बनें उत्तुंग थे, चिकने स्तंभ विशाल ।
सुंदर गुंबद गोल थे, तक्षक करत कमाल ॥ 333
पर्बत-पत्थर काट कर, बने गुफा-प्रभुवास ।
शिला लेख, मूरत कला, सजा गई इतिहास ॥ 334
चालुक्यों ने जीत कर, शत्रु दिशा में चार ।
जमा करी धन संपदा, किया राज्य विस्तार ॥ 335
उत्तर गिरिवर विंध्य से, कावेरी पर्यंत ।
पूरब-पश्चिम सिंधु दो, सत्ता शक्ति अनंत ॥ 336

---

[54] महाराष्ट्रकें = 1 Maharashtrak = 33,000 towns.

# 21. The Background History of Maharashtra, in brief : 340-1325AD

## 5. कल्चुरी वंश, महिष्मती (550–1740, 1190 वर्ष)[55]

**♫ संगीत श्री शिवाजी चरित्र राग-छंद माला, पुष्प 100**

**मरहटा माधवी छंद[56]**

11, 8, 7 + । ऽ

(कल्चुरी वंश)

**कार्तवीर्यार्जुन का, वंश कल्चुरी, पाँचवाँ यह नया ।**
**दीर्घकाल विराजा, महीष्मती में, शैव माना गया ।।**

**卐ओवी॰** कल्चुरी पाचवें कुळ । नाना स्थानीं ज्याचे मूळ । कार्तवीर्यार्जुनाचीं मुलं । पौराणिक ।। 323 ।। दीर्घतम ह्यांचा काळ । बारा-शतकें राज्यपाळ । ख्यात काहीं, किरकोळ । नाना झाले ।।

---

[55] **कल्चुरी वंश, तीन शाखा :**

1. Kalchuris of Mahismati (550-700,150 yrs) : कृष्णराज-1 (550–575), शंकरगण (575–600), बुद्धराज (600–611), ... वामराज (675–700).
2. Kalchuris of Tripuri (825-1184, 359 yrs) : लक्ष्मणराज (825–850), कोक्कल-1 (850–890), शंकरगण-1 (890–900), बालहर्ष (900–925), युवराज (925–950), लक्ष्मणराज-2 (950–970), शंकरगण-2 (970–974), युवराज-2 (974–1000), कोक्कल-2 (1000–1037), गंगदेव (1037–1042), कर्णदेव (1042–1151), गयाकर्ण (1151–1155), नरसिंह (1155–1175), जयसिंह (1175–1180), विजयसिंह (1180–1184).
3. Kalchuris of Ratnapur (990-1220, 230 yrs) : कलिंगराज (990–1020), कमलराज (1020–1045), रत्नराज (1045–1065), पृथ्वीदेव-1 (1165–1114), जज्जल (1114–1141), रत्नराज-2 (1141–1154), पृथ्वीदेव-2 (1145–1181), रत्नराज-3 (1181–1190), प्रतापमल्ल (1190–1220)

[56] **♫ मरहटा माधवी छंद** : ह्या 29 मात्रांच्या महायौगिक छंदात चरणान्त एक लघु व एक गुरु मात्रा असते. ह्याचे सूत्र 11, 8, 7 + । ऽ ह्या प्रकारे असते.

▶ लक्षण गीत : **दोहा॰** **उनतीस मत्त का बना, लघु गुरु कल से अंत ।**
**यति ग्यारह उन्नीस पर, वही "माधवी" छंद ।। 337**

## 21. The Background History of Maharashtra, in brief : 340-1325AD

324 ।। शिवभक्त ते महान । महिष्मती मूळ धाम । मेकल पर्वतात स्थान । दख्खनात ।। 325 ।। पशुपत त्यांचा पंथ । कार्यकाळ ज्यांचा संथ । शिल्पकर्म होता छंद । धार्मिक ते ।। 326 ।। प्रथम राजा कृष्णराज । प्रजासेवें सदा सज्ज । अवाढव्य त्याचे राज्य । महिष्मतीचे ।। 327 ।। नवीन शाखा कल्चुरी । नौव्या शतकात दूसरी । राजधानी जिची त्रिपुरी । चेदी देशीं ।। 328 ।। प्रथम नृप लक्ष्मणराज । कोक्कल प्रतापी युवराज । केले अप्रतीम काज । या नृपाने ।। 329 ।। तीसरी शाखा रत्नपुरी । दहाव्या शतकाअखेरी । कलिंगराज कल्चुरी । राजा झाला ।। 330 ।। दोन-शतकें कारकीर्द । अवघी असे ज्ञात अर्ध । मग पाच शतकें दीर्घ । नसे ज्ञात ।। 331 ।। कल्चुरी हे राजे थोर । सात्त्विक विष्णु भक्त घोर । शिवभक्तीवर ही जोर । शिल्पकलेत ।। 3320 ।। आदर स्त्रियांचा इष्ट । शिलालेखांत आहे स्पष्ट । वीर नारी ह्यांच्या धृष्ट । इतिहासें ।। 333 ।।

**दोहा॰** **वंश पाँचवाँ कल्चुरी, बहुत भव्य विस्तार ।**
**विविध कुटुंबों में बँटा, बहुत बड़ा परिवार ।। 338**
**बारह-सदियों तक चला, इनका लंबा राज ।**
**सेवा रत रहते सदा, करने सात्त्विक काज ।। 339**
**महिष्मती, त्रिपुरी तथा, रत्नपुरी में वास ।**
**शाखा तीन महान थीं, तीन नगरियाँ खास ।। 340**
**अधिप कल्चुरी श्रेष्ठ थे, शिल्पकर्म लवलीन ।**
**भक्त शंभु अरु विष्णु के, धर्मकर्म शालीन ।।**
**शिलालेख में कल्चुरी, जाने गये महान ।**
**होता उनके राज में, नारी का सम्मान ।।**

# 21. The Background History of Maharashtra, in brief : 340-1325AD

## 6. राष्ट्रकूट वंश, मालखेड (620–973, 353 वर्ष)[57]

♫ संगीत श्री शिवाजी चरित्र राग-छंद माला, पुष्प 101

**ललितपद छंद[58]**

राष्ट्रकूट वंश

16, 8 + ऽ ऽ, अथवा 16, 8 + ।। ऽ अथवा 16, 8 + ।। ।।

16, 8 + ऽ ऽ

**दक्षिण मध्ये होउनी गेले, कुटुंब मोठे सोळा ।**
**राष्ट्रकूट कुळ महान झाले, त्यांतिल सोने-तोळा ।।**

卐**ओवी॰** कालगणनेच्या क्रमाने । सहावे जे राजघराणे । राष्ट्रकूट येणे प्रमाणे । विकसले ।। 334 ।। मानपूर, नंदिवर्धन । मालखेड अशी ही तीन । झाली घराणीं पुरातन । राष्ट्रकूट ।। 335 ।। प्रथम घराणे जे आदि । उगवले पाचव्या शतका आधी । कृष्णा नदीच्या खोऱ्यामधी । मानपूरला

---

[57] **राष्ट्रकूट वंश (550–1220) :** Rashtrakutas of Malkhed, Ellora (620-973) 353 years : दंतीदुर्ग (620–630), इंद्रराय-1 (630–650), गोविंदराय-1 (650–670), कर्कराय-1 (670–690), इंद्रराय-2 (690–710), दंतीदुर्ग-2 (710–757), कृष्णराय-1 (757–773), गोविंदराय-2 (773–774), ध्रुवराय (774–793), गोविंदराय-3 (793–814), अमोघवर्ष-1 (814–877), कृष्णराय-2 (877–911), जगति (911–914), इंद्रराय-3 (914–916), अमोघवर्ष-2 (919–918), गोविंदराय-4 (918–936), अमोघवर्ष-3 (936–939), कृष्णराय-3 (939–968), खोट्टिग (968–972), कर्कराय-2 (972–993).

[58] ♫ **ललितपद छंद :** ह्या 28 मात्रा वाल्या यौगिक छंदात शेवटी दोन गुरु, अथवा दोन लघु आणि एक गुरु, अथवा चार लघु मात्रांचा ृक चौकल  येतो. ह्याचे लक्षण सूत्र 16, 8 + ऽ ऽ, अथवा 16, 8 + ।। ऽ अथवा 16, 8 + ।।।। असे असते. ह्या छंदाचे अन्य नाव ♫ **सार छंद** आहे ।

▶ लक्षण गीत : ✍ **दोहा॰** **मात्रा अठ्ठाईस का, ग ग, ल ल, ल ल ल ल अंत ।**
**सोलह कल पर यति किये, बने "ललितपद" छंद ।। 341**

# 21. The Background History of Maharashtra, in brief : 340-1325AD

।। 336 ।। दूसरे राष्ट्रकूट घराणे सहाव्या शतकीं आनंदाने । अचलपूर[59] ज्यांचे राहणे । विदर्भात ।। 337 ।। तीसरे मालखेड वाले । सातव्या शतकात आले । दीर्घतम प्रसिद्ध झाले । राष्ट्रकूट ।। 338 ।। कुळ दंतीदुर्गाने स्थापिले । त्याने चालुक्यांना हरविले । राष्ट्रकूट सार्वभौम केले । ह्या वीराने ।। 339 ।।

मालखेडचे राजे वीस । राज्य नेले उच्च गतीस । मार्यादा न त्यांच्या कीर्तीस । कलाप्रेमी ।। 340 ।। शिल्पकाम असंभाव्य । पल्लव-चालुक्यांचे दिव्य । राष्ट्रकूटांनी केले भव्य । दक्षिणेत ।। 341 ।। बादामी, ऐहोळ, पट्टदकळ । लेण्या गुफा शिलालेख सखळ । भींती, कमानी, स्तंभ सकळ । वेरूळचे ।। 342 ।। कलाकारांना आश्रय । उद्योगधंद्यांना निश्चय । धर्मकर्मांना प्रश्रय । होता इथे ।। 343 ।। परंपरा त्यांची थोर । दुर्जनांचा नाही जोर । नृप सदाचारी घोर । साम्राज्यात ।। 344 ।। राष्ट्रकूटांचे सरकार । जया बृहत्तम विस्तार । कधी न ऐसा अधिकार । भारतात ।। 345 ।। कन्याकुमारी दक्षिणेला । हिमालय उत्तरेला । सागर दोहों बाजूला । ऐसी सत्ता ।। 346 ।।

✍दोहा॰ **छठा घराना श्रेष्ठ जो, राष्ट्रकूट शुभ नाम ।**
**तीन वंश इनके बसे, तीन अलग थे धाम ।। 342**
**मानपूर का प्रथम था, राजवंश मतिमान ।**
**पाँचवीं शती में बसा, कर्नाटक में स्थान ।। 343**
**छठी सदी में फिर फला, कुल दूसरा विशेष ।**
**अचलपूर में स्थित हुआ, विदर्भ में परिवेश ।। 344**
**इनके शासन काल में, बना विदर्भ महान ।**
**देश हुआ संपन्न था, भारत में सम्मान ।। 345**
**मालखेड का तीसरा, राष्ट्रकूट परिवार ।**
**आकर सप्तम शतक में, किया राज्य विस्तार ।। .46**
**दीर्घ काल तक यह चला, राष्ट्रकूट का राज ।**

---

[59] **अचलपूर :** Achalpur is ancient Nandivardhan.

सार्वभौम राजा हुए, नीति नियम से काज ।। 347
शिल्पकाम इस काल में, हुए अनेकों भव्य ।
मूर्ति, मंदिर थे बने, कला-जगत में दिव्य ।। 348
कीर्ति विश्व में थी घनी, फैली चारों ओर ।
राष्ट्रकूट का राज्य था, रामराज्य की तौर ।। 349
बादामी, ऐहोल के, मंदिर महा विशाल ।
पट्टदकल, बेलूर की, शोभा करत कमाल ।। 350
इनसे बढ़ कर ना हुआ, कोई राज्य महान ।
भारत के इतिहास में, इतना प्रसिद्धिवान ।। 351

## 7. काकतीय वंश, वरंगळ[60] (1000-1325, 325 वर्ष)[61]

संगीत श्री शिवाजी चरित्र राग-छंद माला, पुष्प 102

**मरहटा छंद**[62]

10, 8, 8 + ऽ।

---

[60] **वरंगळ :** Warangal is ancient Anumakonda.

[61] **काकतीय वंश :** Kakatiyas of Anumakonda (1000-1325, 325 yrs) : वेरातज काकत्या (1000-1075), वेतराजा-2 (1075-1110), प्रोदराजा (1110-1163), प्रतापरुद्र-1 (1163-1196), महादेव (1196-1199), गणपति (1199-1262), रुद्रम्मा देवी (1262-1295), प्रतापरुद्र-2 (1295-1325).

[62] **मरहटा छंद** : ह्या 29 मात्रांच्या महायौगिक छंदाच्या अन्ती एक गुरु व एक लघु मात्रा यरते. ह्याचे लक्षण सूत्र 10, 8, 8 + ऽ। असे असते.

▶ लक्षण गीत : **दोहा०** **उनतीस मत्त का बना, गुरु लघु कल हों अंत ।**
**दस अठरह पर यति जहाँ, वहाँ "मरहटा" छंद ।। 355**

# 21. The Background History of Maharashtra, in brief : 340-1325AD

काकतीय वंश

**सातवे पुरातन, काकतीय कुळ, अधिप धार्मिक महान ।**
**सूर्यवंशी ख्यात, आंध्र देशचे, नृप रेड्डी अभिधान ।।**

**卐ओवी॰** सातवा वंश काकतीय । दीर्घतम भारतीय । झाला बहु माननीय । महत्त्वचा ।। 347 ।। यर्रय्या ह्याचे कुळ । राष्ट्रकूट ज्यांचे मूळ । सूर्यवंशी ते समूळ । ज्ञात असो ।। 348 ।। वैदिकधर्म भगत । शैव-विष्णु-लिंगायत । आंध्र देशी विश्रुत । काकतीय ।। 349 ।। कलांचे आश्रयदाते । देवालयांचे निर्माते । काकतीय श्रेष्ठ होते । रेड्डी राजे ।। 350 ।। काकत्या श्रीवेतराजा । अनुमकोंड्याचा राजा । काकतीची करी पूजा । धार्मिक तो ।। 351 ।। धार्मिक होते शासक । शिवभक्ति उपासक । जैनांचे ही रक्षक । काकतीय ।। 352 ।।

**✍दोहा॰** **काकतीय का सातवाँ । सार्वभौम परिवार ।**
**भारत के इतिहास में, बहुत दीर्घ सत्कार ।। 352**
**राष्ट्रकूट के वंश से, निकला नया कुटुंब ।**
**"काकतीय" के नाम से, बढ़ा विपुल अविलंब ।। 353**
**विष्णु-शैव के भक्त थे, आंध्र देश में स्थान ।**
**"लिंगायत" भी है जिन्हें, गौरव का अभिधान ।। 354**

## 8. होयसळ वंश, हालेबीड[63] (1022–1346, 324 वर्ष)[64]

---

[63] **हालेबीड :** Halebid is ancient Dwarsamudra.

[64] **होयसळ वंश :** Hoysalas of Dwarsamudra (1022-1346, 324 yrs.) : सळ (1006), नृपकाम (1022–1047), विनयादित्य (1047–1063), एरेय्यंगा (1063–1100), बल्लाळ–1 (1100–1110), विष्णुवर्धन (1110–1152), नरसिंह–1 (1152–1173), वीर बल्लाळ–2 (1173–1220), नरसिंह–2 (1220–1233), सोमेश्वर (1233–1254), नरसिंह–3 (1254–1291), बल्लाळ–3 (1291–1342), बल्लाळ–4 (1342–1348).

# 21. The Background History of Maharashtra, in brief : 340-1325AD

♫ <u>संगीत श्री शिवाजी चरित्र राग-छंद माला, पुष्प 103</u>

**चवपैया छंद**[65]

10 + 8 + 10 + ऽ

होयसळ वंश

**आठवे होयसळ, कर्नाटकचे, हालेबीड घराणे ।**
**होयसळ कलांचे, समृद्धीचे, गातीं कवि जन गाणे ।।**

卐**ओवी॰** आठवा वंश होयसळ । कर्णाटकात ज्याचे बळ । सोमवंशी तयाचे कुळ । हालेबीडचे ।। 353 ।। प्रथम राजा नृपकाम । द्वारसमुद्र त्याचे धाम । केले कर्णाटकात नाम । ख्यात त्याने ।। 354 ।। तेरा राजे त्या कुळात । झाले तीन-शतकात । चार बल्लाळ होते त्यांत । होयसळ ।। 355 ।। राजांना सात्त्विक बुद्धि । राज्यात सुख-समृद्धि । कला-कौशल्याची वृद्धि । झाली इथे ।। 356 ।। शिल्पकर्म शिस्तबद्ध । होयसळांचे प्रसिद्ध । उच्चप्रति झाले सिद्ध । दक्षिणेत ।। 357 ।। कोरीव मूर्त्या सुंदर । सुंदरातीत मंदिर । वेलीं पानें फुलें झुंबर । महिरपी ।। 358 ।। देवता अप्सरा असंख्य । नाचती वाजविती शंख । मयूर फुलविती पंख । नानाविध ।। 359 ।।

✍**दोहा॰** **कर्नाटक में होगया, परम होयसल वंश ।**
**कुलभूषण थे अधिप वे, जैसे पंछी हंस ।। 356**
**शिल्प काम इस राज्य में, पाया बहु सम्मान ।**
**तरह तरह की मूर्तियाँ, स्तंभ शिखर, कमान ।। 358**

---

[65] ♫ **चवपैया छंद :** ह्या 30 मात्रा वाल्या महातैथिक छंदचे चरण 10-8-12 मात्रांचे असते. ह्याच्या शेवटी एक गुरु (ऽ) मात्रा, अथवा दोन लघु (।।) व दोन गुरु मात्रा (ऽ ऽ), अथवा दोन म गण (ऽ ऽ ऽ, ऽ ऽ ऽ) असतात.

▶ लक्षण गीत : ✍ **दोहा॰** **तीस मत्त का जो बना; ग, ल ल अथवा म म अंत ।**
**दस अठारह पर यति जहाँ, "चवपैया" है छंद ।। 357**

# 21. The Background History of Maharashtra, in brief : 340-1325AD

इनके मंदिर भव्य थे, सुंदर शोभावान ।
इतिहास में है मिला, उच्च कोटि का स्थान ।। 359

### 9. यादव वंश, देवगिरि (1069–1318, 249 वर्ष)[66]

♫ संगीत श्री शिवाजी चरित्र राग-छंद माला, पुष्प 104

**ताटंक छंद**[67]

16, 8 + ऽ ऽ ऽ

यादव वंश

**प्रसिद्ध झाले नवम् घराणे, देवगिरीच्या कीर्तीचे ।**
**यादव कुळ हे, गौरवशाली, सुंदर मंदिर मूर्तींचे ।।**

**ॐओवी॰** नऊवा वंश "यादव" । अनंत त्यांचे वैभव । महान त्यांचा गौरव । भारतात ।। 360 ।। सोमवंशी ययातीचे सुत । यदु वंशीय राजांच पूत । यादव नृप शांतीचे दूत । सनातन ।। 361 ।। शाखा त्यांच्या गणनातीत । मुख्य दोन असो विदित । कोष्ट्रु व सतराजित । उक्त इथे ।। 362 ।। कोष्ट्रु वंशातील वृष्णि । वृष्णि कुळात श्रीकृष्ण । ज्याने सोडविले प्रश्न । सौराष्ट्रात ।। 363 ।। जाऊनी तिथे आपण । केले शत्रूंचे दापन । केली द्वारका स्थापन । सुवर्णाची ।। 364

---

[66] **यादव वंश :** Yadavas of Devgiri (1069-1318, 249 yrs.) : सेऊणचंद्र (1069) ..., भिल्लम (1185-1191), जैतुगी (1191-1193), सिंघण (1193-1247), कृष्णदेव राय (1247-1261), महादेव राय (1261-1271), रामचंद्रदेव राय (1271-1312), शंकरदेव राय (1312-1316), हरपालदेव राय (1316-1317).

[67] ♫ **ताटंक छंद :** इस 29 मात्रा वाले महायौगिक छंद के अन्त में तीन गुरु मात्रा आती हैं । इसका लक्षण सूत्र 16, 8 + ऽ ऽ ऽ इस प्रकार होता है ।

▶ लक्षण गीत : ✍ **दोहा॰ उनतीस मत्त से बना, मत्त तीन गुरु अंत ।**
**सोलहवीं पर यति जहाँ, वही "ताटंक" छंद ।। 360**

# 21. The Background History of Maharashtra, in brief : 340-1325AD

।। सत्राजिताच्या कुळात । हैहय हेच मूळात । यादवी त्यांच्या मुलांत । सौराष्ट्राचे ।। 365 ।। यादवनृप सेऊणचंद्र । यादवांचा तो इंद्र । देवगिरि त्याचे केंद्र । कर्णाटकात ।। 366 ।। नृप सिंघण सर्वश्रेष्ठ । विद्वानांत तो होता ज्येष्ठ । पंडित नाना वरिष्ठ । दरबारी । 367 ।। संगीत-रत्नाकराचा कर्ता । शार्ङ्गधराचा भर्ता । चांगदेव-अनंताचा धर्ता । हाच नृप ।। 368 ।। महादेवराय महाशूर । द्वारावती नगराधीश्वर । पृथ्वीवल्लभ परमेश्वर । यादवांचा ।। 369 ।। नाही ज्यांना कशाचे भेव । पराक्रमी शंकरदेव । खोळेश्वर, बिचणदेव । सेनापति ।। 370 ।। गुडमराऊळ पंत । चक्रधरस्वामी संत । मुकुन्दराज महंत । महाजन ।। 371 ।। भास्कराचार्य शास्त्रज्ञ । लक्ष्मीधर खगोलज्ञ । धनेश चिकित्सा तज्ञ । केशवादि ।। 372 ।। असामान्य कविवर । संगीतज्ञ शारंगधर । ग्रंथ "संगीतरत्नाकर" । रचयिता ।। 373 ।। झाले ऐसे महामन । शिल्प-नृत्य कलावान । विद्योपासक महान । इथे झाले ।। 374 ।। देवगिरि, दिवेआगर । पैठण, पाटण, सिन्नर । नाशिक, कल्याण, करवीर । वैभवशाली ।। 375 ।। वाडे राजवाडे सुंदर । एकाहुनी एक मंदिर । शिल्प सौंदर्यांचे आगर । राज्यामधी ।। 376 ।।

**दोहा॰** **सोमवंश के पूत जो, राष्ट्रशांति के दूत ।**
**वंशज शुभ यदु वंश के, "यादव" कहे सुपूत ।। 361**
**अनेक शाखा में बँटा, यह यादव परिवार ।**
**"हैहय" शाखा का हुआ, असीम राज्य प्रसार ।। 362**
**राजा सेऊणचंद्र था, यादव कुल का इंद्र ।**
**पुण्य देवगिरि बन गया, यादव कुल का केंद्र ।। 363**
**नृप सिंघण विद्वान था, रत्न भरा दरवार ।**
**नाना पंडित बैठ कर, करते शास्त्र-विचार ।। 364**
**यादव थे इतिहास में, राजा जाने श्रेष्ठ ।**
**सुवर्ण-युग था यह कहा, यादव-काल वरिष्ठ ।। 365**

# 21. The Background History of Maharashtra, in brief : 340-1325AD

## 10. नायक वंश, विजयनगर (1336–1736, 400 वर्ष)[68]

### ♫ संगीत श्री शिवाजी चरित्र राग-छंद माला, पुष्प 105

### कुकुभ छंद[69]

---

[68] **नायक वंश :** Nayaks of Vijayanagar (1509-1736, 227 yrs.) :

**1. मदुरा (विजयनगर) घराणे :**

**(1). संगम घराणे** : हरिहर-1 (1336–1356), बुक्क-1 (1356–1377), हरिहर-2 (1377–1404), विरूपाक्ष-1 (1404–1405), बुक्क-2 (1405–1406), देवराय-1 (1406–1422), रामचंद्र (1422), विजय-1 (1422–1430), देवराय-2 (1430–1446), मल्लिकार्जुन (1446–1465), वीरूपाक्ष-2 (1465–1485); (2.) **तुलुव घराणे** : नरसिंहराय-1 (1485–1490), नरसा नायक (1490–1503), नरसिंहराय-2 (1503–1509), कृष्णदेवराय (1509–1529), अच्युतदेवराय व तिरुमल नायक (1529–1542), वेंकटराय (1542); (3). आराविडू घराणे : *रामराया (1542–1565 तालीकोट ची लढाई 1565); कृष्णप्पा-1 (1565–1572), वीरप्पा-1 (1572–1595), कृष्णप्पा-2 (1595–1601), कृष्णप्पा-3 (1601–1609), वीरप्पा-2 (1609–1623), तिरुमल (1623–1659), छोकन्नाथ (1660–1682), वीरप्पा-3 (1682–1689), मंजम्मल (1689–1706), विजयरंग (1706–1732), राणी मिनाक्षी (1732–1736), चंदासाहेब (1736).

**2. तंजाऊर घराणे :** शिवप्पा (1549–1572), अच्युतप्पा (1572–1600), रघुनाथ (1600–1634), विजयराव (1634–1663).

**3. जिंजी घराणे** : वेंकटपति (1464–1500), कृष्णप्पा-1 (1500–1521), रामचंद्र (1521–1550), वेंकटराय (1550–1570), कृष्णप्पा-2 (1570–1620).

**4. इक्केरी घराणे** (1499–1532) : सदाशिव नायक (1523–1536), दोड्डा साकण्णा (1536–1570), चिक्का साकण्णा (1570–1580), रामराजा (1580–1592), वेंकटप्पा-1 (1592–1629), वीरभद्र (1629–1645), शिवप्पा (1645–1660), वेंकटप्पा-2 (1660–1661), भद्रप्पा (1661–1664), सोमशेखर-1 (1664–1671), राणी चेन्नम्मा (1671–1696), बासवप्पा-1 (1696–1714), सोमशेखर-2 (1714–1739), बासवप्पा-2 (1739–1754), बासवप्पा-3 (1754–1757), राणी वीरम्मा (1757–1763)

[69] ♫ **कुकुभ छंद** : ह्या 30 मात्रा वाल्या महायौगिक छंदाच्या अंती दोन गुरु मात्रा येतात. ह्याचे लक्षण सूत्र

# 21. The Background History of Maharashtra, in brief : 340-1325AD

16, 10 + ऽ ऽ

नायक वंश

**विजयनगर का महाप्रतापी, नायक कुल वैभवशाली ।**
**सोमवंश का, शाँति चहेता, प्रसिद्ध कुल था खुशहाली ।।**

卐**ओवी॰** दहावा वंश "नायक" । स्मृति राखण्या लायक । झाला कीर्तिदायक । भारतात ।। 377 ।। विजयनगर हे साम्राज्य । महाविशाल वैभवी राज्य । अनेक प्रांतांत विभाज्य । दक्षिणेचे ।। 378 ।। पेनुगोंडा, तंजाऊर । येलनाडू, उमत्तूर । तुलुव, मदुरा, म्हैसूर । चंद्रगुती ।। 379 ।। बसवपट्टण, जिंजी । चितलदूर्ग, इक्केरी । बलम, उदयगिरि । इत्यादिक ।। 380 ।। गौड, ओयार, नायक । जे जे अधिपत्यालायक । ते ते प्रजासुखदायक । अधिकारी ।। 381 ।। नायक हेच राजे । राजकारणांच्या काजें । ढोल त्यांचाच वाजे । त्या राज्यांत ।। 382 ।। तेच कर घेतीं । देच न्याय देतीं । तेच सेनापति । त्या राज्यांत ।। 383 ।। राज्यें त्यांत मुख्य चार । जे जे झाले ख्यात फार । त्यांचा संक्षिप्त विचार । खाली आहे ।। 384 ।। सतराव्या शतका नंतर । जिंजी-तंजाऊर वर । राज्य झाले साकार । मराठ्यांचे ।। 385 ।।

**दोहा॰** **विजयनगर साम्राज्य था, वैभवपूर्ण विशाल ।**
**इनके प्रांत अनेक थे, "नायक" थे प्रतिपाल ।। 366**
**उनमें चार वरिष्ठ थे, राज्य बड़े मशहूर ।**
**इक्केरी, मदुरा तथा, जिंजी, तंजाऊर ।। 367**
**सत्रहवीं शति के गये, जिंजी-तंजाऊर ।**
**राज्य मराठों के हुए, दक्षिण में अति दूर ।। 368**

---

16, 10 + ऽ ऽ असे असते.

▶ लक्षण गीत : **दोहा॰** **तीस मत्त का जो बना, दो गुरु कल से अंत ।**
**सोलहवीं पर यति रहे, वही "कुकुभ" है छंद ।। 369**

# 21. The Background History of Maharashtra, in brief : 340-1325AD

## मराठी लोक, भूमि व भक्तिभाव

卐ओवी० मराठी माणुस शांत । स्वभाव सभ्य प्रशांत । देशप्रेमात नितांत । स्वाभिमानी ।। 386 ।। मराठी बाई सुशील । धार्मिक विनयशील । सुनीता सहनशील । पतिव्रता ।। 387 ।। मंगळसूत्र बांगड्या । कुंकू लुगडे फुगड्या । गौर फुलांच्या परड्या । सण वार ।। 388 ।। तोडे वाक्या बेसर । चोळी शालू अंगावर । कमरेला पदर । खोचलेला ।। 389 ।। जाई चमेलीच्या कळ्या । टाळ मृदंग चिपळ्या । ताट वाट्या गंज पळ्या । रवी जातें ।। 390 ।। गाई वासरें बकऱ्या । दूध-तूप शेण-गौऱ्या । कुदळ्या फावडे आऱ्या । शेतीवाडी ।। 391 ।।

दोहा० **शाँत मराठे लोग हैं, सीधा सरल स्वभाव ।**
**देश प्रेम उनमें भरा, सद्भाव से लगाव ।। 370**
**नारी में है सादगी, धार्मिक शुद्ध विचार ।**
**विमल विनय सुशीलता, पवित्रता सुविचार ।। 371**
**मर्द मराठे सौम्य हैं, सीदे-सादे लोग ।**
**दिए शब्द को पालना, निष्ठा इनका शौक ।। 372**

卐ओवी० महाराष्ट्राच्या सरिता । अमृत नीर झरिता । जीवन आम्हां करिता । गंगाजळ ।। 392 ।। तापी भीमा पूर्णा । वर्धा कारवा गिरणा । मुळा मुठा घोड कृष्णा । वैनगंगा ।। 393 ।। नीरा गुजवणी मीना । भामा पुष्पावती सीना । आर्या कन्हान तिरणा । दूधगंगा ।। 394 ।। मासे आंध्रा अरणा । इंद्रावती दुधना । माहेर मुन वुन्ना । पोनगंगा ।। 395 ।। पैनगंगा जांब वेण्णा । दमणगंगा कोयना । वासिष्ठी अंबा पवना । इंद्रायणी ।। 396 ।। वारणा मानेर पांझरा । कुकडी मांडवी मांजरा । प्राणहिता वेळ प्रवरा । गोदावरी ।। 397 ।।

दोहा० **पावन सरिता स्रोत हैं, बहते यहाँ महान ।**
**पवित्र जल को सींच कर, खेती करे किसान ।। 373**

卐ओवी० महाराष्ट्र भूमि पवित्र । ग्राम-ग्राम तीर्थक्षेत्र । मुख्य काहीं उक्त अत्र । भक्तिभावें ।। 398 ।। चांदूरची रेणुकादेवी । कोल्हापूरची महालक्ष्मी । तुळजापूरची भवानी । देवी माता ।। 399 ।।

22. Story of the Rajputs : from Prajapati to Year 636 AD

अमरावती अंबादेवी । कौंडण्यपूर सखूमाई । गीताईची आंबेजोगाई । योगेश्वर ।। 400 ।। रामटेकचा श्रीराम । देहूचा तुकाराम । लोणीचा सखाराम । पुण्य धाम ।। 401 ।। पैठणचा एकनाथ । वणीचा श्रीरंगनाथ । परळीचा बैजनाथ । ज्योतिर्लिंग ।। 402 ।। आळंदीचा ज्ञानेश्वर । लातूरचा सिद्धेश्वर । बीडचा कंकालेश्वर । शिवशंभु ।। 403 ।। दत्तात्रय माहूरचा । विनायक ओझरचा । मोरया चिंचवडचा । गणपति ।। 404 ।। देउळगावचा बालाजी । घुईखेडचा बंडोजी । आंभोऱ्याचा शंभुजी । चैतन्येश्वर ।। 405 ।। जेतुऱ्याच खंडोबा । म्हसवडचा नागोबा । पंढरपूरचा विठोबा । तीर्थस्थानें ।। 406 ।।

**दोहा॰ ग्राम-ग्राम में हैं बने, मंगल तीरथ धाम ।**
**बसे सरिता तीर पर, सिद्ध करत सब काम ।। 374**

# 22. राजपूतांची कथा

# 22. Story of the Rajputs : from Prajapati to Year 636 AD

## प्रजापति

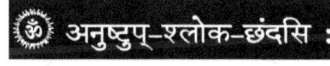

**ॐ अनुष्टुप्-श्लोक-छंदसि :**

(रत्नाकर उवाच)

**ॐ श्लोक**

**चक्रे स्वगात्रजान्ब्रह्मैकविंशति प्रजापतीन् ।**
**तेभ्यश्च भूतले सृष्टाः प्रजाः सर्वा यथा गतिः ।। 131**

**कश्यपः कर्दमोऽत्रिश्च वसिष्ठश्चाङ्गिरा यमः ।**
**मरीचिर्विकृतो हेतिः स्थाणुर्धर्मो भृगुः क्रतुः ।। 132**

**प्राचेता संस्त्रयो दक्षः पुलस्तः पुलहस्तथा ।**
**शेषो नेमी प्रहेतिश्च कुमारौ नारदो मनुः ।। 133**

# 22. Story of the Rajputs : from Prajapati to Year 636 AD

卐**ओवी॰** ब्रम्हाने आदि काळीं केले । गात्रांतुनी वेगवेगळे । एकवीस ऋषि सगळे । प्रजापति ।। 407 ।। कश्यप, कर्दम शेष । अत्रि, हेति, अंगीरस । भृगु, नेमी प्राचेतस । दक्ष, धर्म ।। 408 ।। वसिष्ठ, मारीचि, स्थाणु । पुलह, विकृत, क्रतु । संस्त्रय, प्रहेति, मनु । यम आदि ।। 409 ।।

**दोहा॰** **आदि काल में ब्रह्म ने, किए प्रजापति सृष्ट ।**
**इक्किस परम प्रजा पिता, यथा अधः निर्दिष्ट ।। 375**
**कश्यप, कर्दम, यम, स्थाणु, अत्रि, अंगिरस, हेति ।**
**वसिष्ठ, मरीचि, प्रचेता, नारद, पुलह, प्रहेति ।। 376**
**भृगु, शेष, संस्त्रय, नेमी, मनु, दो सनत्कुमार ।**
**दक्ष, क्रतु, विकृत, धर्म ने, सृष्ट किए संसार ।। 377**

(ऐका आता)

卐**ओवी॰** ऐका! ऐका! श्रोता जन । राजपूतांचे वर्णन । बोलूं करुनी वंदन । तुम्हां सर्वां ।। 410 ।। यथा वदे मुनिवर । सांगतो मी रत्नाकर । योजुनीया भाषा चार । इये ग्रंथीं ।। 411 ।। नाना राग, नाना छंद । गीत ओव्या श्लोक वृंद । मनीं देतीं जे आनंद । यथायोग्य ।। 412 ।। आधी पूर्ववृत्त ह्यांत । आलीं नाम कुळें त्यांत । टीका वृत्ति नाही ज्यात । सर्व भोग्य ।। 413 ।। भाषा साधीच मराठी । ना शहरी, ना गावठी । कृपा करो जगजेठी । सिद्धीसाठी ।। 414 ।।

जे वाचतीं सावधानें । स्नेह श्रद्धा बोधाने । देशभक्ति मोदाने । त्यानां भाग्य ।। 415 ।। देते काव्य सरस्वती । ज्ञान देतो गणपति । कथा नारद देती । लिहावया ।। 416 ।। रत्नाकर अल्पमति । काम करि यथा गति । पण चिकाटीचा अति । हेचि खरे ।। 417 ।। त्याचे अनुगामी जन । कवि योगी संत पण । देवाठायीं ज्यांचे मन । दृढपणे ।। 418 ।। विदेशाच्या धरे वर । आहे सध्या त्याचे घर । पण मातृभूमीवर । त्याचे लक्ष ।। 419 ।। पुरे झाली माझी कथा । नको अधिक ही प्रथा । पुढे चलूं ध्येय यथा । प्रीति असो ।। 420 ।।

**दोहा॰** **सुनिये भारात वासियों, राजपूत इतिहास ।**
**जैसा मुनिवर कह गए, लिखा यहाँ है खास ।। 378**
**ओवी-दोहे-श्लोक हैं, स्वर लिपि सरगम गीत ।**
**भाषा इसमें तीन हैं, चतुर्थ है संगीत ।। 379**

## 22. Story of the Rajputs : from Prajapati to Year 636 AD

**विविध ताल के राग हैं, अनेक छंद-प्रकाश ।**
**भाषा सादी-सरल है, फिर भी बहुत मिठास ।। 380**
**जो पढ़ता यह शाँति से, इतिहास का विधान ।**
**इस पर दृढ़ विश्वास से, उसे सत्य का ज्ञान ।। 381**
**रत्नाकर है लिख रहा, यथा उसे आदेश ।**
**शिवजी से लाए यथा, मुनिवर हैं संदेश ।। 382**

(लक्ष द्या)

**卐ओवी॰** आता द्यावे अवधान । पर्श्वभूमि ही प्रधान । करोनी अनुसंधान । लिहीली मी ।। 421 ।। पार्श्वभूमि आम्हां बोले । काय कुणीं केव्हां केले । हानि हित काय झाले । अनुभव ।। 422 ।। उचित काय अनुचित । काय पाळावे निश्चित । काय टाळावे क्वचित । व्यवहारें ।। 423 ।। जो न जाणे पार्श्वभूमि । अंधळा माणुस कृमि । प्रस्तावतो जन्मोजन्मीं । तो अज्ञानी ।। 424 ।। न वाचतां इतिहास । पुढे जाण्या ध्यास ज्यास । करी वेळेचा परिहास । उगी हौस ।। 425 ।। आपला जो इतिहास । सांगे भले बुरे खास । कुणां करावा विश्वास । कुणां नाही ।। 426 ।। जाणोनी नीति अनीति । करावी कुणाशीं प्रीति । उचित न कुठे मीती । ज्ञान देई ।। 427 ।। कुठे कुणी केला दोष । कुणा जाणावे निर्दोष । कुठे आहे खरा तोष । सोदाहरण ।। 428 ।। इतिहासाची दिव्य ज्योत । जो अनुभवांचा स्त्रोत । वाहतो तो ओत प्रोत । आम्हां साठी ।। 429 ।।

**✍दोहा॰** **पूर्ववृत्त संपूर्ण है, अधूरा न इतिहास ।**
**देश प्रेम से है भरा, अनुपम काव्य विलास ।। 383**
**पार्श्वभूमि कहती हमें, कहाँ किया क्या कौन ।**
**सबक सिखाती है हमें, खुद रह कर भी मौन ।। 384**
**बिना जान कर सबक ये, जो पढ़ता है पाठ ।**
**ठोकर वो खाता सदा, खुले न उससे गाँठ ।। 385**
**अंधेरे में वह चले, उसे न सत्य विवेक ।**
**कार्याकार्य विमूढ़ वो, मति भ्रम उसे अनेक ।। 386**

# 22. Story of the Rajputs : from Prajapati to Year 636 AD

## सृष्टि निर्मिति

卐**ओवी॰** गोष्ट आता एकदाची । सृष्टीच्या निर्मात्याची । जीव जन्म-दात्याची । ऐका आता ।। 430 ।। होऊनी वादळांचा अंत । भवसागर झाले शांत । शेष नागाला जे पसंत । ठीक वेळी ।। 431 ।। नीळे नीळे आसमंत । नभ झाले शोभिवंत । निरवले सारे ध्वांत । मोद! मोद! ।। 432 ।। भवसागरी एकांत । लक्ष्मी सवें लक्ष्मीकांत । शेष-शैयेवरी शांत । बैसलेले ।। 433 ।। लक्ष्मी देवी झाली हृष्ट । नारायण झाले तुष्ट । तेव्हां श्री म्हणाली गोष्ट । श्रीपतींना ।। 434 ।। नाथ! कराया प्रजा सृष्ट । आता वाटे घडी इष्ट । दिसतात मला स्पष्ट । सुलक्षणें ।। 435 ।। राहु-केतु नाही रुष्ट । गेले सकल अरिष्ट । अमंगळ झाले नष्ट । स्वामी! आता ।। 436 ।। अनहद प्रणव नाद । शिव-डमरूचा निनाद । पुण्य पावन प्रतिसाद । अंतराळीं ।। 437 ।। जेव्हां घडी अनुकूल । निरवले प्रतिकूल । नाभीला पडली उल । श्रीविष्णूच्या ।। 438 ।। पद्म-बीज प्रसवले । आणि कोंब उगवले । देठावर उमलले । पुंडरीक ।। 439 ।। वर दिला शिव सांब । देठ झाले अति लांब । जशी धनुष्याची कांब । आपोआप ।। 440 ।। पाकळ्यांचे सिंहासन । दिव्य विधीचे आसन । वरी आरूढ चतुरानन । ब्रम्हदेव ।। 441 ।। चार मुखें चार ऋषि । बघतात चारीं दिशीं । वेदवाणी अहो-निशीं । त्यांच्या मुखीं ।। 442 ।। मग झाला साक्षात्कार । विधि केला चमत्कार । करूनी श्रींचा सत्कार । ब्रम्हाजी ने ।। 443 ।। रूप जरी ते अभंग । गात्रें झालीं जणू भंग । प्रसूतीने अंग-अंग । विधात्याचे ।। 444 ।। करावया जीव निर्मिति । गात्रांतुनी झाली सृति । जन्मां आले प्रजापति । एकवीस ।। 445 ।।

✍**दोहा॰** **एक बार की बात है, हुआ शुभ चमत्कार ।**
**प्रसन्न-मन थे ध्यान में, सृष्टि के करतार ।। 387**
**अंत हुआ तूफान जब, दूर हुआ सब ध्वांत ।**
**मिटा प्रभंजन गगन का, भवसागर था शाँत ।। 388**
**आसमान भी नील था, सागर नीला रंग ।**
**लक्ष्मी जी संतुष्ट थी, नारयण के संग ।। 389**
**शेषनाग की सेज पर, लेटे थे भगवान ।**

# 22. Story of the Rajputs : from Prajapati to Year 636 AD

बैठी थी नारायणी, करत सृष्टि का ध्यान ।। 390
लक्ष्मी बोली विष्णु को, अनहद है शुभ नाद ।
शिव का डमरू बज रहा, बहुत काल के बाद ।। 391
नारायण ने हाँ कही, किया ओम् पर ध्यान ।
प्रणव नाद ब्रह्मांड में, मंगल जिसकी तान ।। 392

(सृष्टि)

आया क्षण जब प्रसव का, ग्रह सारे अनुकूल ।
महाविष्णु की नाभि से, उगा पद्म का फूल ।। 393
बढ़ा नाल उस पुष्प का, बहुत दीर्घ आकार ।
बना पद्म के मध्य में, आसन गोलाकार ।। 394
आसन पर आरूढ़ थे, ब्रह्मदेव भगवान ।
चार वदन, दिश चार में, करत वेद का गान ।। 395
हुई विलक्षण बात फिर, अद्‌भुत एकाएक ।
भंग हुआ तन ब्रह्म का, गात्र-गात्र प्रत्येक ।। 396

(प्रजापति)

हुए प्रसूत फिर गात्र से, प्रजापति इक्कीस ।
प्रजा सृष्ट जिनसे हुईं, हम जिनके वारिस ।। 397
प्रजापिताओं ने करीं, विविध प्रजाएँ सृष्ट ।
बरत कर चौंसठ कला, यथा काल था इष्ट ।। 398
पृथ्वी पर जो फिर हुए, जीव जंतु सब सृष्ट ।
निहार कर उस घटित को, भूमाता थी हृष्ट ।। 399

(प्रजा)

सर्वश्रेष्ठ नर योनि थी, वर्ण जिन्हें कुल चार ।
नैसर्गिक रचनाकृति, गुणत्रय के आधार ।। 400
ब्राह्मण क्षत्रिय वैश्य भी, शुद्र वर्ण थे चार ।

# 22. Story of the Rajputs : from Prajapati to Year 636 AD

**अपने-अपने गुण यथा, तथा करत व्यवहार ।। 401**
**अनुशीलन ब्राह्मण करे, रक्षा करते क्षात्र ।**
**वणिज कर्म गुण वैश्य का, शुद्र शुश्रुषा पात्र ।। 402**
**क्षत्रिय, जो रणवीर हैं, बलिष्ठ जिनका गात्र ।**
**वहीं क्षात्र राजा बनें, सिंहासन के पात्र ।। 403**
**क्षत्रिय पुरुषोत्तम कहा, दाशरथी श्रीराम ।**
**न्याय नीति जिसकी सदा, सर्वोत्तम शुभ काम ।। 404**
**धरती राजस्थान की, "सर्वश्रेष्ठ" अभिधान ।**
**महाराष्ट्र का था यथा, भारत में सम्मान ।। 405**

**卐ओवी०** पुलह, भृगु, शेष, पुलस्त । संस्त्रय, प्राचेता, विकृत । दक्ष, क्रतु, यम, वसिष्ठ । अंगीरस ।। 446 ।। मरीचि, धर्म, प्रहेति । स्थाणु, अत्रि, नेमी, हेति । कश्यप, कर्दम इति । पजापति ।। 447 ।। प्रजापतींनी केल्या सृष्ट । प्रजा यथा यथा इष्ट । कला योजुनी चौसष्ट । जगा मधी ।। 448 ।। पृथ्वी वर जे जे दृष्ट । जीव-जंतु झाले सृष्ट । बघुनी भू-माता हृष्ट । झाली फार ।। 449 ।। नर जाति प्राथमिक । वर्ण चार नैसर्गिक । ब्रह्म क्षात्र शुद्र वणिक् । केले त्याने ।। 450 ।। अध्ययन ब्रह्म धर्म । रक्षा क्षत्रियांचे कर्म । धंदा कृषि वणिक्काम । शुद्र सेवा ।। 451 ।। क्षत्रियांचे वीर जन । रणशौर्य त्यांचे धन । नृप त्यांत महाजन । पृथ्वीवर ।। 452 ।। क्षत्रियांत श्रेष्ठ नाम । दाशरथी श्रीराम । न्याय नीति त्यांचे काम । अनुपम ।। 453 ।।

**ॐ श्लोक**

(चतुर्वर्णाश्रमः)

**ब्रह्मक्षात्रवणिक्शूद्राः-चतुर्वर्णाः कृता यदा ।**
**विभाजितानि कार्याणि गुणकर्मानुसारतः ।। 134**
**गुणावलम्बिता मात्रं भूतानां वर्णपद्धतिः ।**
**जात्याः कुलस्य रङ्गस्य नात्र स्थानं न भावना ।। 135**

(ब्रह्मकर्म)

**तपः शान्तिः कृपा शुद्धिः-आर्जवं च क्षमा दमः ।**

## 22. Story of the Rajputs : from Prajapati to Year 636 AD

श्रद्धाऽऽस्तिक्यं च सत्यञ्च विप्रधर्मस्य लक्षणाः ।। 136

रक्षणायान्यवर्णानां यस्य ज्ञानं रतं सदा ।

द्विजो गुरुर्नरो नारी वर्णभेदेन ब्राह्मणः ।। 137

(क्षात्रकर्म)

रणे शौर्यं च वीर्यं च चातुर्यमभयं तथा ।

स्वाभाविकं बलं दानं लक्षणं क्षात्रकर्मणः ।। 138

रक्षणमन्यवर्णानां कृत्वा प्राणसमर्पणम् ।

वर्णभेदानुसारेण क्षात्रधर्मस्य लक्षणम् ।। 139

(वैश्यकर्म च शूद्रकर्म च)

वाणिज्यं च कृषेः कर्म वैश्यधर्मस्य लक्षणम् ।

सेवाभावस्य पावित्र्यं शूद्रधर्मस्य सद्गुणः ।। 140

वर्णः कोऽपि न नीचस्थः सर्वेषु च महानराः ।

अविचारोऽनृतो जातेः सर्ववर्णाः समाः सदा ।। 141

सर्वे भवन्तु सम्मान्याः सर्वे सन्तु समानतः ।

अपमानोऽस्ति वैषम्यं वर्णाश्रमे समानता ।। 142

यथा रथस्य रश्मिश्च हयाश्चक्राणि सारथिः ।

तथा देहस्य चत्वारि गात्राणि सदृशानि च ।। 143

विप्रः शीर्षं करौ क्षात्रः वैश्यो रुण्डं तनोस्तथा ।

शूद्रः पादौ चतुर्थांशो विनैकं निष्क्रियाः पराः ।। 144

(वर्ण-जाति)

卐ओवी॰ ब्राह्म क्षात्र वैश्य शुद्र । वर्ण चार केले भद्र । जाति कुप्रथा अभद्र । ध्यानीं असो ।। 454 ।। वर्ण गुणावलंबित । कार्यानुसार अंकित । नसे दोष पद्धतीत । म्हणे कृष्ण ।। 455 ।। तप शांति कृपा शुद्धि । आर्जव क्षमा सुबुद्धि । श्रद्धा आस्तिक्याची सिद्धि । ब्रह्मकर्म ।। 456 ।। रणीं गाजविणे शौर्य । अंगीं अतोनात वीर्य । सर्व स्थितींमध्ये धैर्य । क्षात्रकर्म ।। 457 ।। उद्यम

# 22. Story of the Rajputs : from Prajapati to Year 636 AD

व्यापार कर्म । वाणिज्य वैश्यांचा धर्म । सेवा-भावांचे सुकर्म । शुद्रधर्म ।। 458 ।। वर्ण चारही समान । सर्वांना एकच मान । सर्वांत जन महान । विद्यमान ।। 459 ।। ब्राह्मण परशुराम । क्षत्रियांत श्रीराम । वैश्य श्री तुकाराम । क्षुद्र कोण ।। 460 ।। शुद्र विदुर नाम । सुवचन त्यांचे काम । नीतिवीर त्यांचा मान । शहाण्यांत ।। 461 ।। शुद्रांत ही झाले संत । चारी वर्णांत महंत । चारित्र्याने श्रीमंत । जन झाले ।। 462 ।। सर्व वर्णीं महा जन । कुणी मोठा न लहान । जसा जो गुणवान । तसा वर्ण ।। 463 ।। कर्म क्षत्रियांचे विशेष । रक्षण करीती देश । त्यागवृत्तीचे नि:शेष । क्षात्रवीर ।। 464 ।। सर्व वर्ण सम मान्य । जातींत जन्मास स्थान । उच्च-नीच अपमान । जातींमध्ये ।। 467 ।। चक्र रश्मि अश्व सूत । रथ-अंग अंतर्भूत । अन्य तीन अनुपयुक्त । एका विना ।। 468 ।। चार वर्णांचा समाज । योग्य काल, उद्या, आज । चाले सुरळीत काज । जगामध्ये ।। 469 ।। जातीं कृत्रिम झाल्या । मानवाने त्या केल्या । स्वार्थातुन ज्या व्याल्या । नष्ट व्हाव्या ।। 470 ।। काम केले ब्रह्माने छान । दिले क्षत्रियांना जे स्थान । नृप झाले तेच महान । इतिहासें ।। 471 ।।

**दोहा॰ ब्रह्म, क्षात्र, विश, शूद्र जो, वर्ण कहे हैं चार ।**
**अनुसार हि गुण कर्म के, प्रकृति के आधार ।। 406**
**केवल गुण आधार हैं, किए "वर्ण" जो चार ।**
**रंग जाति कुल धर्म का, जिसमें नहीं विचार ।। 407**
**गुण-कर्म के आधार ही, वर्ण किए सत्‌नाम ।**
**जहर जाति का घोल कर, वर्ण भये बदनाम ।। 408**
**शाँति, शुद्धि, दम, सरलता, तप निग्रह का ज्ञान ।**
**आस्तिक बुद्धि, विमलता, "ब्रह्म-वर्ण" का काम ।। 409**
**रक्षण करने अन्य का, रत है जिसका ज्ञान ।**
**नर नारी उस वर्ण के, द्विज ब्राह्मण अभिधान ।। 410**
**ढारस श्रद्धा चतुरता, रण में निर्भय धीर ।**
**तेज दान बल शूरता, "क्षात्र-वर्ण" का वीर ।। 411**
**प्राण हथेली पर धरे, रण में देना जान ।**

# 22. Story of the Rajputs : from Prajapati to Year 636 AD

रक्षा तीनों वर्ण की, क्षात्र वर्ण का मान ।। 412
गौधन, कृषि, ब्यौपार हैं, "वैश्य-वर्ण" के काम ।
सेवा-भाव पवित्रता, "शूद्र-वर्ण" का नाम ।। 413
ऊँच नीच कोई नहीं, सब हैं वर्ण समान ।
मन गढंत जाति प्रथा, सब हैं वर्ण महान ।। 414
महापुरुष सर्वत्र हैं, कोई ना अपवाद ।
चारों वर्ण समान हैं, रहे सदा यह याद ।। 415
वैश्यों में श्रीकृष्ण हैं, क्षत्रिय थे श्रीराम ।
शुद्र पुत्र श्री विदुर जी, ब्राह्मण परशुराम ।। 416

(जाति)

ऊँच नीच कोई नहीं, सब हैं वर्ण समान ।
जाति स्वार्थ्य का काम है, जिसमें है अपमान ।। 417
अश्व रश्मि रथ के यथा, चक्र सारथी अंग ।
तथा धर्म के चार हैं, चारों वर्ण तुरंग ।। 418
शीश विप्र, पद शूद्र हैं, वैश्य तना, कर क्षात्र ।
एक देह इनसे बना, चार देह के गात्र ।। 419

## राजपूत

ॐ श्लोक

प्रजापतिर्वसिष्ठेन यज्ञाग्नेर्निर्मितानि हि ।
क्षात्रकुलानि षट्त्रिंशत्-राजर्षिमुनिना पुरा ।। 145

ककुत्स्थं गुहिलोतं च परमारं सदावरम् ।
चालुक्यं प्रतिहारं च चाहमाणं च गोहिलम् ।। 146
टाकं च धनपालं च मकवानं च सैन्धवम् ।
अभिचारं मरूवं च दोयमानं च हैहयम् ।। 147

# 22. Story of the Rajputs : from Prajapati to Year 636 AD

चापोत्कटं दधिष्टं च हरितटं च यौतिकम् ।
अनिगं राजपालं च कविनीसं च देवरम् ।। 148
गैरं कारट्टपालं च कोटपालं मटं हुलम् ।
परिहारं च राठोडं छंदं रोसजुतं तथा ।। 149
सिलारं च कलापं च निकुम्भवरमादिनि ।
एतेषां क्षत्रिया वीरा राजस्थाननिवासिनः ।। 150

दोहा॰ वसिष्ठ मुनि ने यज्ञ से, कीन्हे थे निर्माण ।
क्षात्र छत्तीस गोत्र के, राजपूत गुणवान ।। 420
नामध्येय उन वंश के, यहाँ करूँ निर्देश ।
राजपुताना देश का, सुवर्ण भूमि निवेश ।। 421
ककुत्स्थ मट गुहिलोत भी, राजपाल चौहान ।
कोटपाल धनपाल भी, राजपाल मकवान ।। 422
मरूड़ सैंधव गौर भी, चालुक्य छंद परमार ।
अनिग कारट्टपाल भी, गोहिल हुल अभिचार ।। 423
चापोत्कट राठौड़ भी, निकुम्भवर प्रतिहार ।
हैहय यौतिक टाँक औ, हरितट दधिष्ट सिलार ।। 424
कविनीस रोसजुत तथा, सदावर परिहार ।
देवर कलाप महान थे, राजपूत परिवार ।। 425

卐ओवी॰ क्षात्र भूमि राजस्थान । सर्वश्रेष्ठ तिचा मान । महाराष्ट्र ज्यासमान भारतात ।। 472 ।। राजस्थानी राजपूत । ज्यांची वीरश्री अद्भुत । केलीं ब्रम्हाने संभूत । कुळें छत्तीस ।। 473 ।। ककुत्स्थ, गुहिलोत, गौर । चाहमाण, मट, परमार । चालुक्य, गोहिल, प्रतिहार । परिहार ।। 474 ।। टांक, सैंधव, धनपाल । मरूड, राठोड, राजपाल । दोयमान, कारट्टपाल । कोटपाल ।। 475 ।। हैहय, अनिग, चापोत्कट । यौतिक, छंद, हरितट । मकवान, कवनीस, दधिष्ट । अभिचार ।। 476 ।। देवर, हुल, निकुम्भवर । कलाप, रोसजुत, सिलार । सदावर हीं कुळें वीर । राजपूत ।। 477 ।।

Story of Sindh, 631-753 AD

# YEAR 636

**CONTEMPORARY HISTORICAL STAGE**
**Kingdoms and the Kings.**

E. Chalukya king of **Vengi** : Jaysimha (ruled 632-663); W. Chalukya king of **Badami** : Pulakeshi II (r. 608-642); Chalukya king of **Lata** : Buddha Varma Raja (610-643); Gurjar Raja of **Bhinmal** : Samant Dadda (628-640); Pallava king of **Kanchipuram** : Narsimha Varma I (630-668); Chalukya king of **Badami** Pulakeshi II (608-642); Pandya King of **Madura** : Maravarma Avanishulamani (620-645); Maitraka king of **Vallabhi** : Dhruva Sena (629-645); Ahom king **Kamrup Assam** : Bhaskar Varma (594-650); Shendraka king of **Gujrat** : Bhanu Shakti (600-640); Pushyabhuti king of **Thanesar and Kanauj** : Harsha Vardhan (606-647); *Hindu Rai king of **Alor, Sindh** : Chach (631-671); Karkota king of **Kashmir** : Durlabh Vardhan (631-680).

## सिंध प्रांताची कथा

## Story of Sindh, 631-753 AD

## 23. चाच महाराजाची कथा

## 23 Story of King Chach of Sindh

संगीत श्री शिवाजी चरित्र राग-छंद माला, पुष्प 106

हिंदुभूमि संरक्षक महाराजा चाच

**स्थायी**

**जय! जय! हिंदुभूमि की गाएँ,**
**जन्मभूमि की, मातृभूमि की,**
**सब मिल जय जय गाएँ । जय जय ...**

♬ साग! मप! ध-मप-म गसा ग-म-,
ध-धध-ध नि-, ध-धप-ध मप,
धध मन पम गसा ग-म- । साग! मप! ...

**अंतरा-1**

**शूर वीर सुत भारत माँ के, रण भूमि पर योद्धा बाँके ।**
**गाथा उनकी आज सुनाएँ ।।**

♬ सां-सां सां-सां निसां धनिसांसां सां- गं-, निनि निनि धम नि-नि- नि-नि-।
ध-धम पमपग, सागम धप-म- ।।

**अंतरा-2**

**मर्द बहादुर पुत्र सिंध के, रक्षण कर्ता परम हिंद के ।**
**सद्गुण उनके, आओ गाएँ ।।**

**अंतरा-3**

**हिंदुभूमि पर हमले आए, रणधीरों ने वे लौटाए ।**
**उनके माथे, तिलक लगाएँ ।।**

**卐ओवी॰** सन सहाशे छत्तीस । देण्या दाग हिंदुभूमीस । अरब निघाले स्वारीस । शस्त्रधर ।। 478।। उमर-इब्न-अल्-खत्ताब । ज्याला खलिफाचा खिताब । ज्याच्या मोहिमांना रुबाब । आक्रमक ।। 479।। जिंकुनी सिरिया-इराण[70] । आले पहिले आक्रमण । अरबांचे अतिक्रमण । सिंध प्रांतीं ।। 480 ।। आली राज्यावर आंच । रणीं जिंकला नृप "चाच"[71] । नामांकित हिंदू

[70] Syria and Iran in years 632-636.

[71] **चाच :** Hindu Rai King Chach of Alor, Sindh (4. 631-671).

हाच । सौराष्ट्रात ।। 481 ।।

दोहा॰ सन छहसौ-छत्तीस था, निकले अरब धर्मांध ।
हिंदुभूमि को छीनने, खड्ग कमर पर बाँध ।। 426
कई जंग कों जीत कर, खलिफा जिसे खिताब ।
भेजत सेना हिंद पर, उमर-इब्न-खत्ताब ।। 427
अरब आक्रमक चल पड़े, तानाशाही तौर ।
सिरिया-इरान जीत कर, चले सिंध की ओर ।। 428
यही आक्रमण प्रथम था, जाना कहने योग्य ।
इसी समय से फिर-गये, हिंदुभूमि के भाग्य ।। 429
राजा तब था सिंध का, महाप्रतापी "चाच" ।
सुखी शाँत वह देश था, आयी जिस पर आँच ।। 430
कीर्तिमान वह अधिप था, धार्मिक उसके काम ।
नीति नियम का वीर था, विश्रुत उसका नाम ।। 431
सार्वभौम था सिंध में, चाच महान नरेश ।
सिंधु नदी पर था बसा, धनाड्य उसका देश ।। 432
घुसे अरब जब सिंध में, लेकर सेना साथ ।
मार भगाया चाच ने, लौटे खाली हाथ[72] ।। 433

---

[72] **उमर-इब्न-अल् खत्ताब :** Three armed Arab Expeditions from Bahrain, ordered by Umar-ibn-al-Khattab (586-644, ruled. 634-644), the second Khalifa of Madina, were severely defeated at the port of Bharuch, by the great Hindu King Chach in year 636-637.

# 24. Story of King Dahir of Sindh, 678-712

# YEAR 712

**CONTEMPORARY HISTORICAL STAGE**
**Kingdoms and the Kings.**

E. Chalukya king of **Vengi** : Vishnu vardhan III (ruled 709-746); W. Chalukya king of **Badami** : Vijayaditya (r. 696-733); W. Chalukya king of **Lata** : Shrayashraya Shiladitya (669-733); Maitraka King of **Vallabhi** : Shiladitya III (691-722); Pallava king of **Kanchipuram** : Narsimha Varma II (680-720); Pandya King of **Madura** : Kochchadiyan Ranadhira (700-730); Rashtrakuta king of **Maharashtra** : Dantidurga (752-756); Gurjar king **Bhinmal** : Jayabhatta IV (706-786); Karkota king of **Shrinagar Kashmir** : Pratapaditya (680-712); Karkota king of **Shrinagar** : Vijayaditya Chandrapida (712-720); *Hindu Rai king of **Alor, Sindh** : Maharaja Dahir (678-712); *Arab Governor of Sindh : Muh. bin Qasim (712-715).

## दाहीर महाराजाची कथा
## 24. Story of King Dahir of Sindh, 678-712

 संगीत श्री शिवाजी चरित्र राग–छंद माला, पुष्प 107

महाराजा दाहीर

स्थायी

गाथा अभंग ज्यांची, कीर्ति अखंड ज्यांची ।
ख्याति अनंत ज्यांची, गाऊं स्तुति तयांची ।।

♪रे-रे- मप-म ग-रे-, मपध- पम-म ग-म- ।
नि-ध- पमगरे म-म-, ध-प- मग- मरे-ग- ।।

# 24. Story of King Dahir of Sindh, 678-712

**अंतरा–1**

**भारत अखंडतेचे, रक्षक स्वतंत्रतेचे ।**
**उज्ज्वळ परंपरेचे, गाऊं स्तुति तयांची ।।**

♫ नि–धध पम–पध–प–, सां–निनि धप–धप–म– ।
रे–रेरे– गप–मग–म–, ध–प– मग– मरे–ग– ।।

**अंतरा–2**

**जे आर्य सद्‌गुणांचे, प्रतिमा ज्वलंत ज्यांची ।**
**प्रतिभा प्रचंड ज्यांची, गाऊं सुति तयांची ।।**

**अंतरा–3**

**दाहीर हिंदु राजा, जो शेर–वीर राणा ।**
**वाघीण त्याची राणी, गाऊं सुति तयांची ।।**

**卐ओवी॰** सन सातशे–बारा । अरबी मोहीमांचा मारा । केला बेजार सारा । सिंध प्रांत ।। 482 ।। घेऊनिया धर्माची कट्यारी । आली बिन–क़ासिम[73] ची स्वारी । संगे त्याच्या लश्कर भारी । धर्म वेडे ।। 483 ।। कराया परधर्मांचा अस्त । करीत देवळें उध्वस्त । चालून आले फौजी मस्त । सिंध वरी ।। 484 ।। बघुनी स्थिति गंभीर । आला रणीं नृप दाहीर[74] । सवे त्याची राणी खंबीर । तोंड देण्या ।। 485 ।। झाली लढाई घोर । शत्रुसेना वरजोर । रक्त पिपासु अघोर । जिंकली ती ।। 486।। राजाचा केला शिरच्छेद । राणीला करुनी कैद । पाठविली नजरबंद । खलीफा

---

[73] **बिन–क़ासिम :** The sixth Ummayad Khalifa Walid-1 Abdul Malik (668-715, r. 705-715) of Damascus Syria, dispatched an Arab expidition in year 712 under Muh.-bin-Qasim, the governor of Shiraz Fars. Qasim was recalled to Iraq and put to death in year 715. A new governor was installed at Multan, Sindh.

[74] **दाहीर :** Kings of Chach Dynasty : 1. Chach (643-671), Chandar (671-678), Dahir, King of Sindh (678-712).

# 24. Story of King Dahir of Sindh, 678-712

कडे ।। 487 ।। सिंध पडला यवनां हाती । ज्यांची झाली धीट छाती । केली राज्याची माती । बाटवुनी ।। 488 ।।

✍दोहा॰ राजा था अब सिंध का, महावीर दाहीर ।
राजा-रानी उभय थे, जगजाने रण धीर ।। 434
आयी सेना म्लेच्छ[75] वो, फैलाने निज धर्म ।
कासिम नेता सैन्य का, कटुतम जिसके कर्म ।। 435
दीवाने सब धर्म के, लेकर कर तलवार ।
आया कासिम सिंध में, करने धर्म प्रसार ।। 436
मूरत मंदिर तोड़ता, करता हिंदू भ्रष्ट ।
लूट मार करते हुए, देता सबको कष्ट ।। 437
किया युद्ध दाहीर ने, रानी भी थी साथ ।
रानी लड़ती शेरनी, शेर जिसे था नाथ ।। 438
रण में नृप दाहीर को, लगा अचानक बाण ।
गिरा धरा पर अश्व से, मगर न निकले प्राण ।। 439
रानी लड़ती रह गयी, मगर न पायी जीत ।
रण पर वह पकड़ी गयी, घायल जिसका मीत ।। 440
कासिम ने दाहीर का, काट दिया सिर आप ।
खलिफा को रानी मिली, करने गंदे पाप ।। 441
रक्तपात मुलतान में, भीषण कत्लेआम ।
जनता पर जबरन हुआ, धर्मांतर का काम ।। 442
टूटे मंदिर सिंध के, किये हिंदू जन भ्रष्ट ।
पवित्रता सब प्रांत की, अरबों ने की नष्ट ।। 443

---

[75] **म्लेच्छ :** Hindi **म्लेच्छ;** Marathi **म्लेंच्छ.** Non-Ayran, Barbarian.

Story of Sindh, continued

# YEAR 750

## सिंध प्रांताची कथा व पुढे

## Story of Sindh, continued

卐ओवी॰ सन सातशे पन्नास । उम्मायद वंशाचा नाश । नवा खलीफा अब्बास[76] । इराकचा ।। 489 ।। खलीफा मारवान मेला । उम्मायद वंश गेला । सिंध स्वतंत्र झाला । आता देश ।। 490 ।। मग खलीफा अब्बास । नवी दिशा ध्यास त्यास । सशस्त्र धर्म प्रसारास । राजस्थानीं ।। 491 ।।

✍दोहा॰ सन सातसौ-पचास में, खलीफा का देहांत ।
खिलाफ़त अब इराक में, उमयद कुल का अंत ।। 444
सिंध प्रांत को मिल गया, सिरिया से स्वातंत्र्य ।
अधीन अब बगदाद के, हुआ सिंध परतंत्र ।। 445
नये खलीफ़ा ने किया, नये तौर पर काम ।
काम वही धर्मांधता, और वही अंजाम ।। 446
दिशा दूसरी में किये, हमले फिर घमसान ।
चला सैन्य अब छीनने, धरती राजस्थान ।। 447

[76] **अब्बास :** Khalifa Abdul-ul-Abbas as-Saffah (722-754, r.750-754), the first Abbasid Khalifa of Bagdad, Iraq. Khalifa Marwan-II (684-750) was 14th and the last Ummayad Khalifa at Damascus, Syria.

# 25. Story of King Bappa Raval

# YEAR 753

राजस्थान प्रांताची कथा

## Story of Rajasthan, 753-1000 AD

**CONTEMPORARY HISTORICAL STAGE**
**Kingdoms and the Kings.**

E. Chalukya king of **Vengi** : Vijayaditya I (ruled. 746-764); W. Chalukya king of **Badami** : Kirtivarma II (r. 746-757); Maitraka King of **Vallabhi** : Shiladitya IV (722-760); Pallava king of **Kanchipuram** : Nandi Varma II (731-795); Pandya King of **Madura** : Maravarma Rajsimha (730-765); Rashtrakuta king of **Maharashtra** : Dantidurga (752-768); W. Ganga king of **Mysore** : Shri Purusha (725-788); W. Ganga king of **Talkad** : Shivamara I (750-760); Chapotkata king of **Anhilwara** : Vana Raja (746-806); pala king of **Mudagiri Bengal** : Gopala I (750-770); Gurjar king **Bhinmal** : Jayabhatta IV (706-786); Pratihara king of **Kanauj** : Nagabhatta I (725-760); W. *Guhila king of **Chittod Mewad** : Bappa Rawal (730-753); Ahom king of **Kamrup Assam** : Balavarma II (750-765); Karkota king of **Shrinagar** : Jayapida (751-782); Arab Governor of **Sindh** : Musa ibn Kabut-Tamini (750-757).

बाप्पा रावळ राजाची कथा

## 25. Story of King Bappa Raval

ना होता बाप्पा अगर, ना फिर राणा संग ।
ना राणा परताप भी, शिवबा की न उमंग ।।

(बाप्पा रावळ)

# 25. Story of King Bappa Raval

卐ओवी॰ अरबांच्या स्वाऱ्या आल्या । नव्या नव्या धाडीं केल्या । पण त्या परास्त झाल्या । राजस्थानीं ।। 492 ।। शूर गुहिलोत वीर । उभे जाहले खंबीर । हातीं घेउनी शीर । लढावया ।। 493 ।। वीर नेता बाप्पा रावळ[77] । अंगकाठी त्याची धाकड । राज्य रक्षा त्याची आवड । देशभक्त ।। 494 ।। राज्य त्याचे मेवाड । राजधानी चित्तोड । अन्य नसे जिला जोड । वायव्येला ।। 495 ।। अरबांना हरविले । अजिंक्य पद मिळविले । आक्रमक पळविले । बहु वेळा ।। 496 ।।

संगीत श्री शिवाजी चरित्र राग-छंद माला, पुष्प 108

**दादरा ताल**

(बापा रावळ - मराठी)

**स्थायी**

**स्वाऽतंत्र्याचे तू पेरले बी, आणि केली अमर ती प्रणाली ।**

♫ मगम-म-म प- म-गम- प-, मप ध-ध- निसां- नि- धप-म-।

**अंतरा-1**

**बाप्पा! वीरांचा तू वीर होता, राणा संगाचा आदर्श नेता ।**

**तुझी संग्राम गाथा निराळी, आई अंगाई रूपें म्हणाली ।।**

♫ सांसां! नि-सां-नि ध- नि-ध प-म-, सांसां! नि-सा-नि ध-नि-ध प-म- ।

मम म-म-म प-म- गम-प-, मप ध-ध-ध नि-ध- पग-म- ।।

**अंतरा-2**

**प्रतापाला तुम्हीं दोन नेते, शौर्य स्फूर्तीचे आगऽर होते ।**

**तूच अर्जुन, सखा पांडवांचा, त्याग बुद्धि अमर तूच केली ।।**

**अंतरा-3**

**तुझा अभ्यास शिवबाने केला, त्याने झेंडा पुढे तोच नेला ।**

---

[77] **बाप्पा रावळ :** Bappa Raval, King of Chittod Mewad (730-753)

# 25. Story of King Bappa Raval

स्मृति राहो तुझी या जगाला, तुझी भूमिका चिरकाल झाली ।।

संगीत श्री शिवाजी चरित्र राग-छंद माला, पुष्प 109

**दादरा ताल**

(बापा रावल - हिंदी)

**स्थायी**

**तूने स्वातंत्र्य का बीज बोया, और चलाई प्रणाली अमर है ।**

♫ धऩिऩ सा-सा-सा रे- सा-ऩि सा-रे-, सा- रेग-ग- गम-ग रेऩिऩि सा- ।

**अंतरा-1**

**तेरे पथ पर चला संग-राणा, उसने तुझको ही आदर्श माना ।**

**तूने सीनों में गौरव पिरोया, तेरे कर्मों का अद्‌भुत असर है ।।**

♫ पप म- प- मग- म-ग रे-सा-, पप मप- म ग-म- रे-सा- ।

धऩिऩ सा-सा- सा रे-सा- ऩिसा-रे-, सारे ग-ग- ग म-ग- रेऩिऩि सा- ।।

**अंतरा-2**

**राणा परताप ने तुझको पूजा, तुमसे आदर्श ना कोई दूजा ।**

**तू ही अर्जुन यथा पांडवों का, तेरी कीर्ति धरा पर अजर है ।।**

**अंतरा-3**

**फिर शिवाजी ने तीनों को माना, तुमको वीरों का भी वीर जाना ।**

**तुमको भूलें कभी ना जमाना, एहसानों की जिसको कदर है ।।**

दोहा॰ **सिंध प्रांत जब आगया, उन अरबों के हाथ ।**
**नये आक्रमण होगये, शुरू जोश के साथ ।। 448**
**हमले राजस्थान पर, किये अनेकों बार ।**
**मगर हमेशा ही उन्हें, मिली युद्ध में हार ।। 449**
**बाप्पा रावल ने उन्हें, पीटा बारंबार ।**
**अराबों ने फिर हार कर, छोड़ दिया अविचार ।। 450**

# 25. Story of King Bappa Raval

राजपूत गुहिलोत यह, महा धुरंधर वीर ।
बाप्पा रावल नाम का, महान नृप गंभीर ।। 451
रक्षण कीन्हा धैर्य से, उसने अपना देश ।
राजा वह मेवाड का, राजस्थान नरेश ।। 452
चितौड़ उसका नगर था, सुख वैभव संपन्न ।
अमन चैन सब राज्य में, सदा हुए निष्पन्न ।। 453

संगीत श्री शिवाजी चरित्र राग-छंद माला, पुष्प 110

भजन : राग मिश्र, तीन ताल 16 मात्रा

(बाप्पा रावळ)

स्थायी

गाऊं या! बाप्पा, रावळ चे गुण गाऊं ।

♫ गम प- म-ग-, ध-पम ग- पप ग-म- ।

अंतरा-1

वीर प्रतापी खरा, राजपूत हा । ॠण तयाचे ध्याऊं ।।

♫ म-ध निसांसां सांसां-, नि-सांरें-सां नि- । पध निध-प- ग-म- ।।

अंतरा-2

मातृभूमि चा, राजदूत हा, शरण तयाला जाऊं ।।

अंतरा-3

घोर विपद जरी, तरी मजबूत हा । लोह तयाची बाहु ।।

अंतरा-4

विस्मृत होऊ नये, नृप अभिभूत हा । चरित तयाचे पाहूं ।।

## Seventeen expeditions of Mahmud Ghazni, 1000-1027 AD

# YEAR 1000

**CONTEMPORARY HISTORICAL STAGE**
**Kingdoms and the Kings.**

Chalukya king of **Kalyani** : Satyashray Iravabedanga (ruled 997-1009); Chalukya king of **Anhilwara** : Chamunda Raja (r. 995-1009); Kakatiya king of **Warangal** : Beta I (1000-1030); Chola king of **Tanjavur** : Raja Raja I, the Great, (985-1014); Chera king of **Kerala** : Bhaskar Varma (962-1019); Eastern Ganga king of **Kalingnagar** : Vajrahasta IV (980-1015); Western Ganga king of **Talkad, Mysore** : Rakkasa (985-1024); Kalachuri King of **Tripuri** : Yuvraj Deva (974-1000); Kalachuri King of **Tripuri** : Vikramaditya (1000-1048); Silahara king of **Thane** : Aparajit (997-1010); Pala king of **Mudagiri, Bengal** : Mahipal I (995-1048); Varma king of **Kamrup Assam** : Brahmapal (990-1010); Raghava king of **Nepal** : Uday Dev (995-1008); Chudsama king of **Saurashtra** : Kawat I (982-1003); Parmar king of Dhar, **Malwa** : Sindhu Raja (995-1010); Pratihara king of **Kanauj** : Vijayapala (960-1018); Kachhawaha king of **Gwalior** : Mangala Raja (995-1015); Chandella king of **Bundelkhand** : Ganga Raja (1000-1019); Guhila king of Mewad, Udaipur : Suchi Varma (989-1110); Lohara Queen of Kashmir : Didda (980-1003); Hindu Shahiya king of **Waihind, Kabul, Udbhandpur and Nagarkot** : Jaypal (965-1002); Death of Shri Shankaracharya (788-820); Death of Shri Ramanujacharya (1017-1137).

गझनीच्या सतरा स्वाऱ्या

## Seventeen expeditions of Mahmud Ghazni, 1000-1027 AD

### 1. गझनीची पहिली स्वारी, सन 1000

(वाहिंद)

रत्नाकर रचित संगीत-श्री-शिवाजी चरित्र

# 26. The First expedition of Mahmud Ghazni, 1000 AD

# 26. The First expedition of Mahmud Ghazni, 1000 AD

卐ओवी० <u>सन नऊशे नव्वद</u> । अरबांचा उन्माद । देश छेद-विच्छेद । अफगाण ।। 497 ।। साबुकतिगीन यामिनी[78] । जिंकता झाला गझनी । केली तिला राजधानी । अरबांची ।। 498 ।। करूनिया मोठी चाल । हरविला त्याने काल । हिंदू राजा जयपाल[79] । वाहिंदचा ।। 499 ।।

<u>सन एक हजार</u> । गझनीचा सरदार । आक्रमक होता फार । महमूद[80] ।। 500 ।। स्वाऱ्या त्याने केल्या सतरा । गुजरात वर खतरा । लूट-मार त्याचा फेरा । प्रतिवर्षी ।। 501 ।। वजीर त्याचा महमूद । करीत होता तरतूद । केले हिंदूंविरुद्ध युद्ध । पहिली स्वारी ।। 502 ।।

**दोहा०**
**अगले दो-सौ साल में, जीत लिया ईरान ।**
**काबुल, गज़नी, घोर भी, अरबों ने अफगान ।। 454**
**इन दो-सौ कुल साल में, खून सना अफगान ।**
**आगे के दस साल में, आये दो सुलतान ।। 455**
**नौ-सौ-नब्बे वर्ष में, गजनी का सुलतान ।**
**साबुकतिगीन यामिनी, महमूद था गुलाम ।। 456**
**बना जभी महमूद वो, गज़नी का सुलतान ।**
**बहुत आक्रमक क्रूर था, मूर्तिफोड़ शैनात ।। 457**
**सत्रह हमले हिंद पर, तोड़ फोड़ की घोर ।**
**लूट-मार कतलें करीं, धर्मांतर घनघोर ।। 458**
**गज़नी के सुलतान ने, मारा श्री जयपाल ।**

---

[78] **साबुकतिगीन :** Nasir-ud-din Sabuktigin (r. 977-997)

[79] **राजा जयपाल :** King Jaypal (r. 965-1002). Hindu Shahi kings of Kabul, Usbhandpur and Nagarkot (867-1026) : Lakkar (867-870), Samanta Tormana (870-902), Kamalu (902-950), Bhimapala-1 (950-965), Jayapala-1 (965-1002), Anandpala (1002-1012), Jayapala-2 Trilochanpala (1012-1021), Bhimapala-2 (1021-1026).

[80] **महमूद गजनी :** Yamin-ud-daulah Abul Quasim Mahmud, Sultan of Ghazni (r. 998-1030)

# 26. The First expedition of Mahmud Ghazni, 1000 AD

हिंदू अधिप वह हिंद का, उधेड़ दी फिर खाल ।। 459
आया पहली बार जब, गज़नी का सुलतान ।
टूट पड़ा वाहिंद पर, करने कत्ले आम ।। 460

संगीत श्री शिवाजी चरित्र राग-छंद माला, पुष्प 111

(गजनी का वाहिंद पर हमला)

**स्थायी**

**गजनी का राक्षस आया है, असुरों की सेना लाया है ।**
**निज धर्म थोपने आया है ।।**

♫ सानि़सा- गरे सा-नि़नि़ सा-रेम ग-, गममग पम ग-रेसा सा-रेम ग- ।
गग रेसासा रे-रेगम गरेसानि़ सा- ।।

**अंतरा-1**

**वह विध्वंसक शठ पापी है, वह क्रूर बड़ा खलकामी है ।**
**वह भीषण खून पियासा है, वह दीन-धरम दीवाना है ।**
**वह लूट मचाने आया है ।।**

♫ पप मरेम-पप पम पनिधप प-, पप मगग सासाग मपगरेसानि़ सा- ।
सानि़ सा-गरे सा-नि़ नि़सा-रेम ग-, गग रेसासासारेरे गमगरेसानि़ सा- ।।
गग रेसासा सारे-गम मगरेसानि़ सा- ।।

**अंतरा-2**

**वह भ्रष्टाचार मचावेगा, वह मंदिर-मूरत तोड़ेगा ।**
**वह नर-नारी को सतावेगा, वह भ्रष्टाचार मचावेगा ।**
**वाहिंद जलाने आया है ।।**

## 2. गझनीची दूसरी स्वारी, सन 1001

(पेशावर, उद्‌भांडपुर)

# 27. The Second expedition of Mahmud Ghazni, 1001

# 27. The Second expedition of Mahmud Ghazni, 1001

卐**ओवी॰** आली पुन्हा टोळधाड । सेना सैनिकांची द्वाड । माणुसकीची न चाड । ज्यांचे ठायी ।। 503 ।। चालोनी पंजाब वर । लुटोनिया पेशावर । जाळले उद्भांडपुर । दूजी स्वारी ।। 504 ।। मार-काट केली घोर । स्त्रीयांवर अत्याचार । बाटविले लोक फार ।। वा कापले ।। 505 ।। लूट घेऊनी जाता झाला । लाख कैदी मिळाले त्याला । धर्म त्यांना दिला आपला । गझनीने ।। 506 ।। आनंदपाल[81] झाला राजा । जयपाल ज्याचा आजा । उत्साह तयाचा ताजा । तोंड देण्या ।। 507 ।।

**दोहा॰** **हमला फिर पंजाब पर, पेशावर की लूट ।**
**जला दिया उद्भांडपुर, हिंदू रहे अटूट ।। 461**

<u>**संगीत श्री शिवाजी चरित्र राग-छंद माला, पुष्प 112**</u>

(गजनी ची पेशावर वर स्वारी)

**स्थायी**

**आला ग! पुन्हा, गजनीचा राक्षस आला ।**

♫ मम प मग-, -सांनिनिध म-पध म-म ।

**अंतरा-1**

**सेना लुटारूंची घेऊन आला, सेना लुटारूंची घेऊन आला,**
**मुळी ग! लाज न त्याला ।**

♫ -म-ध निसां-सांसां- -नि-सांसां धसांनिध ।
-म-धनि सांनिरेंसांसां- -निसांसां- धसांनिध ।
-नि-नि नि रेंसांनि ध पनिध- ।। ममध पध मग ।।

---

[81] **आनंदपाल :** King of Peshawar-Udbhandapur (r. 1002-1013)

## 28. The Third expedition of Mahmud Ghazni, 1004

अंतरा–2
मंदिर-मूर्त्या तो फोडील बाई, देवा! दे शाप तू त्याला ।
अंतरा–3
जाळ-पोळ करील तो, खून खराबा, धार्माचा वेडा ग, मेला! ॥

## 3. गझनीची तिसरी स्वारी, सन 1004

(मुलतान)

## 28. The Third expedition of Mahmud Ghazni, 1004

ओवी॰ मुलतान वर हल्ला । जय अल्ला! हाय अल्ला! । सिंध देशी हाच कल्ला । तीजी स्वारी ॥ 508 ॥ राजा जिथे बाजी राय । दृढ होता त्याचा पाय । एकटा तो करी काय । हारला तो ॥ 509 ॥ मग झाली कत्ले-आम । घेऊनी धर्माचे नाम । रक्तपात त्यांचे काम । लूट केली ॥ 510 ॥

दोहा॰ हमला फिर मुलतान पर, करने को बरबाद ।
लूट-मार कतलें हुईं, हाय! हाय! फरियाद ॥ 462

 संगीत श्री शिवाजी चरित्र राग-छंद माला, पुष्प 113

(गजनी का मुलतान पर हमला)

स्थायी
वह गुंडा गजनी आया है, उसने सब सिंध जलाया है ।
भारत माता को रुलाया है ॥

♪ सानि सा-गरे सासा-नि- सा-रेम ग-, गममग पम ग-रे सासा-रेम ग- ।
गरेसासा रे-ग- म मगरेसानि सा- ॥

अंतरा–1
उसकी सेना शैतान बड़ी, हिंदू राजा से आन लड़ी ।

## 29. The Fourth assult of Mahmud Ghazni, 1005

उसने भगवान भुलाया है, उसने मुलतान जलाया है ।
भारत को दाग लगाया है ।।

♪ पपमरे म–प– पमपऩिध पप–, प–मग॒ ग॒सासाग॒ मप ग॒रेसा ऩिसा– ।
साऩिसा– ग॒रेसा–ऩि ऩिसा–रेम ग॒–, गग॒रेसा सासारे–ग॒ मग॒रेसाऩि सा– ।।
ग॒रेसासा सा– रे–ग॒ मग॒रेसाऩि सा– ।।

अंतरा–2
वह हानि करने आया है, मनमानी करने आया है ।
उसने नरमेध रचाया है, अरु अत्याचार मचाया है ।
उसे खून-खराबा भाया है ।।

## 4. गझनीची चौथी स्वारी, सन 1005

(मुलतान)

## 29. The Fourth assult of Mahmud Ghazni, 1005

ओवी० मुलतान दिशां चारी । जाळपोळ हानि भारी । लूट-मार पुन्हा भारी । चौथी स्वारी ।।
511 ।।

दोहा०  फिर से आया लौट कर, खसोटने को सिंध ।
भीषण भ्रष्टाचार से, दुखी कर दिया हिंद ।। 463

 संगीत श्री शिवाजी चरित्र राग-छंद माला, पुष्प 114

(गजनी का मुलतान पर दूसरा हमला)

स्थायी
देखो, फिर से गजनी आया है, वह भीषण संकट लाया है ।
उसको बुत भंजन भाया है ।।

♪ साऩि, सासा ग॒रे सासाऩि– सा-रेम ग॒–, ग॒म मग॒पम ग॒-रेसा सा-रेम ग॒– ।

गरेसा- रेरे ग-मम गरेसानि़ सा- ।।

**अंतरा-1**

**वह धर्म-नीति का अंधा है, वह हिंसक पापी बंदा है ।**
**वह दहशतवादी गंदा है, धमकाना उसका धंदा है ।**
**पर-धर्म मिटाने आया है ।।**

♪ पप मरेम प-पपम पनिध प-, पपमगगसा सागमप गरेसानि़ सा- ।
सानि़, सासागरेसा-नि़- सा-रेम ग-, गममगपम गगरेसा सा-रेम ग- ।
गगरेसासा सारे-गम गरेसानि़ सा- ।।

**अंतरा-2**

**वह पागल नरक का राही है, वह अकल का दुश्मन पाजी है ।**
**वह अज्ञानी बेचारा है, वह द्वेष जलन का मारा है ।**
**उसने मुलतान जलाया है ।।**

# 5. गझनीची पाचवी स्वारी, सन 1007

(पेशावर)

## 30. The Fifth expedition of Mahmud Ghazni, 1007

**ओवी॰** पेशावर वर न्यारी । पुन्हा आली त्याची स्वारी । कापाकापी केली भारी । पंचम स्वारी ।। 512 ।।

**दोहा॰** **पेशावर पर फिर किया, हमला दूजी बार ।**
**काट-पीट छल लूट भी, बेहद अत्याचार ।। 464**

संगीत श्री शिवाजी चरित्र राग-छंद माला, पुष्प 115

(गजनी का पेशावर पर दूसरा हमला)

# 31. The Sixth expedition of Mahmud Ghazni, 1008 AD

**स्थायी**

**मैली चादर ओढ़के आया, शातिर ये दीवाना ।**
**हे परमेश्वर! किरपा करके, सन्मति उसको देना ।।**
♫ ग-मप रे-निनि सा-साग रे-सा-, ग-पप ध- ध-निसांधप ।
सां- सांसांसां-सांरें! निनिधप धसांसां-, सांसांसांरे निधमप ग - - मरेसाग- ।।

**अंतरा-1**

**शिक्षा उसको गलत मिली है, हिंसा का है मारा ।**
**उसके कुल की रीत चली है, पातक जिनको प्यारा ।**
**सबक सिखाओ उसको प्रभु जी! या नरकासन देना ।।**
♫ निसांसां- रेंरेंसां- निधप धनिसां सां-, निसांसां- सांनि- ध- निसांसां- ।
निनिसां- सांसां सां- नि-सां सांनिध प-, धनिधप ममपध निसांसां- ।
निसांसां सांसां-रें- निधप- धनि सां-, धसां सां- निधमपग - - मरेसाग- ।।

**अंतरा-2**

**पेशावर पर फिर से आया, लेकर भीषण सेना ।**
**लूटमार बरबादी कीन्ही, सुना न उनका रोना ।**
**हे जगदीश्वर! पावन प्यारे! शाप अधम को देना ।।**

# 6. गझनीची सहावी स्वारी, सन 1008

(नगरकोट)

# 31. The Sixth expedition of Mahmud Ghazni, 1008 AD

**卐ओवी॰** नगरकोट आटपाट । गावात भरभराट । निवासी राजपूत जाट । हिंदुशाही ।। 513 ।।
अफगाण खिलजी टर्क । मिळाले गझनीला सर्व । चारही दानवांना गर्व । केली स्वारी ।। 514

।। झाला आनंदपाल उभा । हिंदुसंघाने[82] दिली मुभा । राखण्याला आपला सूभा । धीट पणें ।। 515 ।। आली गझनीची लाट । यत्न केले अटोकाट । झाली घोर काटाकाट । अमर्याद ।। 516 ।। हारला सुलतान एव्हां । झाले भीषण युद्ध जेव्हां । निघाला पाठमोरा तेव्हां । षष्ठ स्वारी ।। 517 ।।

**दोहा॰ नगरकोट पर फिर किया, हमला था खूँखार ।**
**राजपूत प्रतिकार ने, उसे भगाया मार ।। 465**

**संगीत श्री शिवाजी चरित्र राग–छंद माला, पुष्प 116**

(गजनी ची नगरकोट वर स्वारी)

**स्थायी**

**मळकी चादर ओढुनी आला, हृदयाचा हा काळा ।**
**हे भगवंता! कृपा करोनी, सद्‌बुद्धि द्या त्याला ।।**

♫ गगमप रे–निृनिृ सा–साग रे–सा–, गगपपध– ध– निसांधप ।
सां– सांसांसां–सांरें! निधप धसां–सां–, सांसांसांरेनिध मप ग – – मरेसाग– ।।

**अंतरा–1**

**शिकवण त्याला चूक मिळाली, शांति नावडे त्याला ।**
**हिंसा त्याच्या रीत कुळाची, द्वंद्व आवडे त्यानां ।**
**शाप घोर प्रभू! द्यावा कटुतम, द्या नरकासन त्याला ।।**

♫ निसांसांसां रें–सां– निधप धनिसांसां–, निसांसां सा–निध– निसांसां– ।

---

[82] **हिंदुसंघ :** First time in the history it appears that a Hindu alliance was formed to face the aggression of Ghazani. They won the war with unity, but they did not learn lesson from it. The members of the alliance were : (1) Mangala Raja Kachhapaghata (r. 995-1015) of Gwalior; (2) Durlabha Raja Chahamana (r. 999-1030) of Ajmer; (3) Ganda Raja Chandella (r. 1000-1025) of Kalinjar; (4) Raja Vijaypal Pratihara (r. 960-1019) of Kanauj; (5) Ajayapaladeva Tomara (r. 1003-1019) of Dhillika; (6) Sindhu Raja Parmara (r. 995-1010) of Malwa; etc.

निनिसां- सां-सां- नि-सां सांनिधप-, धनिध पममपध निसांसां- ।

निसांसां सां-सां रेंरें! निधप- धनिसांसां, धसां सां- निधमपग - - मरेसाग- ।।

**अंतरा-2**

**नगरकोट वर चालुनी आला, घेउनी भीषण सेना ।**

**लूटमार नर हत्या केली, क्रूर कांड ही नाना ।**

**हीन आसुरी द्या प्रभु! योनि, जन्मो जन्मीं त्याला ।।**

# 7. गझनीची सातवी स्वारी, सन 1009

## (नारायणपुर)

## 32. The Seventh expedition of Mahmud Ghazni, 1009 AD

卐**ओवी॰** मग नारायणपुर । मारहाण भरपुर । जाळपोळीचा धूर । सप्तं स्वारी ।। 518 ।। राजा भीम देव तिथे । देवगृहें जिथे तिथे । भक्त जन फार इथे । पुण्य भूमि ।। 519 ।। लढला तो रात्रंदीन । तोंड दिले मास तीन । येऊ दिला नाही शीण । योद्धा खरा ।। 520 ।। हार मानी ना सुलतान । त्याला रक्ताची तहान । त्याने कापली भीमाची मान । जिंकला तो ।। 521 ।।

**दोहा॰** **नारायणपुर पर किया, गझनी ने आघात ।**
**मंदिर तोड़े, तस्करी, अधर्म छल उत्पात ।। 466**

**<u>संगीत श्री शिवाजी चरित्र राग-छंद माला, पुष्प 117</u>**

(गजनी ची नारायणपूर वर स्वारी)

**स्थायी**

**चला पुढे रे! चला लढाया, बघा पुन्हा तोच दुष्ट आला ।**

**गडे! मिळोनी लढूँ तयासी, राणांगणी देऊ मात त्याला ।**

**राणांगणी देऊ मात त्याला ।।**

## 33. The Eighth expedition of Mahmud Ghazni, 1010 AD

♫ साप- पपध मप! पधनिसां निध-प-, गम- धपम गसा सानिध- निसारेगग- ।
साप- पपधमप पधनिसां निध-प-, गम-धपम गसासानि ध-नि सा-गग- ।
गम-धपम गसासानि ध-नि सा-सां- ।।

**अंतरा-1**

**स्वदेश प्रेमी, जे स्वाभिमानी, त्वरा करोनी, रणात आले ।**
**सहा दिशांचे, पराक्रमी ते, महान राजे, एकत्र झाले ।**
**महान राजे, एकत्र झाले ।**

♫ गम-म ध-नि- सां सां-सांनिरेसां-, निनि- निसां-सां-, निसांरेंसां ध-प- ।
पप- पपधमप, पधनिसांनिध- प-, गम-ध पमगसा, सानिध-नि सा-गग- ।
गम-धपम गसासानि ध-नि सा-सां- ।।

**अंतरा-2**

**"जै जै भवानी! नमो" म्हणोनी, उगारले बाण खड्ग भाले ।**
**महा अघोरी, अशा शत्रुला, भरतसुतांनी, परास्त केले ।।**

# 8. गझनीची आठवी स्वारी, सन 1010

(मुलतान)

## 33. The Eighth expedition of Mahmud Ghazni, 1010 AD

**卐ओवी॰** आली पुन्हा त्याची गदा । मुलतानवर यदा । झाला सर्वनाश तदा । अष्टं स्वारी ।। 522 ।।

**✍दोहा॰** **फिर से हमला सिंध पर, कीन्हा तीजी बार ।**
**सर्वनाश मुलतान का, अधर्म का आचार ।। 467**

संगीत श्री शिवाजी चरित्र राग-छंद माला, पुष्प 118

## 34. The Ninth expedition of Mahmud Ghazni, 1011 AD

गजनी का मुलतान पर तीसरा हमला

**स्थायी**

**गजनी आया है ।**

**लूटमार मुलतान जलाने, सेना लाया है । गजनी आया है ।**

♬ ऩिसाऩिध़ ऩिरेरेग सा– ।

ग–गग–ग गरेगपप मग–रे–, सागरेसा ऩिसाऩिध़ रे– । ऩिसाऩिध़ ऩिरेरेग सा– ।।

**अंतरा–1**

**ध्वस्त किया है प्रांत सिंध का, संकट लाया है । गजनी आया है ।।**

♬ सा–रे गम– म– ग–म प–म ग–, गमगरे साऩिध़ऩि रे – – । ऩिसा ऩिध़ ऩिरेरेग सा– ।।

**अंतरा–2**

**भ्रष्ट कर रहा नर–नारी को, मातम छाया है । गजनी आया है ।।**

**अंतरा–3**

**धरती पर उस गुनहगार ने, कहर मचाया है । गजनी आया है ।।**

## 9. गझनीची नऊवी स्वारी, सन 1011

(स्थानेश्वर)

## 34. The Ninth expedition of Mahmud Ghazni, 1011 AD

卐**ओवी॰** नवी धाड स्थाणेश्वर । देवस्थान ख्यात फार । ध्वस्त झाले ते मंदिर । नववी स्वारी ।। 523 ।।

✍**दोहा॰** **स्थानेश्वर पर आक्रमण, तोड़े देवस्थान ।**
**लूट मार घमसान की, बन कर शठ तूफान ।। 468**

संगीत श्री शिवाजी चरित्र राग–छंद माला, पुष्प 119

# 35. The Tenth expedition of Mahmud Ghazni, 1013 AD

(गजनी का स्थानेश्वर पर हमला)

चाल : रवि गेला रे

**स्थायी**

**खल आया है, गजनी का हथियारा ।**

**जुलमी हिरदय का कारा ।।**

♫ सानि़ सा-गरे ग-, ममगरे सा- रेगसारेग- ।

सारेग- पमगग रेग रेगसा- ।।

**अंतरा-1**

(हिंदी)

**स्थानेश्वरपुर पावन है, शिव दर्शन मन भावन है, उस पुर आया रावण है ।**

**वह दीवाना, तोड़ फोड़ करदेगा, सुलतान वो गजनी वाला ।**

♫ गगग-ममममम प-मग म-, गग ग-मम मम प-मगम-, गग मम म-पध प-म-ग- ।

सानि़ सा-गरेग-, म-ग रे-सा रेगसारेग-, सारेग-प म गगरेग रेगसा- ।।

**अंतरा-2**

(मराठी)

**जन सैरावैरा पळती, तलवारीने कटुनी मरती, पर-धर्मास बळी ते पडती ।**

**अति निर्दय हा, शठ राक्षस-अवतारी, पापी हलकट काळा ।।**

# 10. गझनीची दहावी स्वारी, सन 1013

## (नगरकोट)

# 35. The Tenth expedition of Mahmud Ghazni, 1013 AD

**卐ओवी॰** वारला राजा आनंदपाल । आता नृप त्रिलोचनपाल[83] । नगरकोटचा भूपाल । हिंदुशाही ।। 524 ।। आले पुन्हा गझनी सैन्य । झाले युद्ध असामान्य । नगरकोट स्थिति दैन्य । दहावी

---

[83] **त्रिलोचनपाल :** (r. 1012-1021)

स्वारी ।। 525 ।।

दोहा॰ स्थानेश्वर पर आक्रमण, तोड़े देवस्थान ।
लूट मार घमसान की, बन कर शठ तूफान ।। 469

संगीत श्री शिवाजी चरित्र राग-छंद माला, पुष्प 120

## गजनी का नगरकोट पर दूसरा हमला

चाल : दोहा छंद

♫ सासासासा-सा सासा रे-गम-, पप धप मग म-म- ।
सा-सा सारे-रेरे ग-प म-, पपप- धप मगम- ।।

**स्थायी**

नगरकोट पर आगया, फिर से वह शैतान ।
नीच नराधम क्रूर वो, गजनी का सुलतान ।। 1 ।।
लूट-मार करने लगा, जैसा उसका दीन ।
बलात्कार अपहार भी, लंपट लज्जाहीन ।। 2 ।।
मंदिर मूरत तोड़ना, चोरी उसका काम ।
नंगे ओछे पाप से, जग में वह बदनाम ।। 3 ।।
नगरकोट समृद्ध था, कीन्हा उसने ध्वस्त ।
आग लगा कर नगर वो, किया पूर्ण उध्वस्त ।। 4 ।।
प्राण हजारों के लिये, करके कत्ले आम ।
भ्रष्ट हाजारों कर दिये, परिवर्तन के नाम ।। 5 ।।
सिर पर उसके पाप की, गठरी बहुत विशाल ।
चला नरक के द्वार पर, स्वयं बिछा कर जाल ।। 6 ।।
धरती पर जो थे हुए, पैदा जन शैतान ।
उनमें यह खल ज्ञात था, गजनी का सुलतान ।। 7 ।।
कीड़ा उसके मगज में, कर में थी तलवार ।

**हिंदुजनों पर वह करे, बिना हिचक के वार ।। 8 ।।**
**मूर्ख शिरोमणि म्लेच्छ वो, जिसे खून की प्यास ।**
**गजनी के सुलतान को, जानत है इतिहास ।। 9 ।।**

# 11. गझनीची अकरावी स्वारी, सन 1015

(लोहकोट, कश्मिर)

## 36. The Eleventh expedition of Mahmud Ghazni, 1015 AD

**卐ओवी॰** वाढली हाव गझनीची । लोहकोट लूटण्याची । पण झाली हार त्याची । अकरावी स्वारी ।। 526 ।। वीर काश्मीरी पंडीत । लढले फार थंडीत । केले शत्रु विखंडित । जिंकले ते ।। 527 ।।

**दोहा॰** **लोहकोट पर स्तेन ने, कीन्हा हमला घोर ।**
**पंडित वीरों ने मगर, मार भगाया चोर ।। 470**

**संगीत श्री शिवाजी चरित्र राग-छंद माला, पुष्प 121**

(गजनी का लोहकोट पर हमला)

**स्थायी**

**जब कश्मिर की शुभ धरती पर, शठ गजनी ने था पाँव दिया ।**
**कश्मिर के पंडित वीरों ने, उस गजनी को था ताड़ दिया ।**
**उसको सीमा से पार किया ।।**

♪ सानि़ सा-गरे सा- नि़नि़ सासारेम गग, गममग पम ग-रे सासा-रेम ग- ।
सानि़सासा गरे सा-नि़नि़ सा-रेम ग-, गम मगपम ग- रेसा सा-रे मग- ।
गरेसासा रे-ग- म मगरेसानि़ सा- ।।

**अंतरा-1**

**उसकी सेना शैतान बड़ी, हिंदू राजा से आन लड़ी ।**

**उसने भगवान भुलाया है, उसने मुलतान उजाड़ा है ।**
**भारत को दाग लगाया है ।।**

♪ पपमरे म-प- पमपनिध पप-, प-मग गसासाग मप गरेसा निसा- ।
सानिसा- गरेसा-नि निसा-रेम ग-, गगरेसा सासारे-ग मगरेसानि सा- ।।
गरेसासा सा- रे-ग मगरेसानि सा- ।।

**अंतरा-2**

**कश्मिर के पंडित वीर बड़े, भूमि के रक्षक हैं तगड़े ।**
**भारत माता के गौरव में, वैरी के आगे अड़िग खड़े ।**
**इतिहास में नाम कमाया है ।।**

# 12. गझनीची बारावी स्वारी, सन 1018

(मथुरा)

## 37. The Twelfth expedition of Mahmud Ghazni, 1018 AD

**卐ओवी॰** माजूनी मग दिमाख । सैन्यासह दोन लाख । केली त्याने मथुरा राख । बारावी स्वारी ।। 528 ।। मंदिरांची तोडफोड । आश्रमांची मोडतोड । ह्या पाप्याला नाही जोड । दुष्टबुद्धि ।। 529 ।। शांतताप्रिय राजे । बघुनी संकट ताजे । शरण गेले लाजे । निरुपाय ।। 530 ।।

**दोहा॰** **आया गझनी अधम वो, मथुरा करने भ्रष्ट ।**
**तोड़े मंदिर लूट कर, नगरी कीन्ही नष्ट ।। 471**

संगीत श्री शिवाजी चरित्र राग-छंद माला, पुष्प 122

(मथुरा)

(गजनी का मथुरा पर हमला)

**स्थायी**

**आज, पावन मथुरा भ्रष्ट हुई, गजनी ने नगरी नष्ट करी ।**

♫ मम गमगसा निसाधनि सा-म मम-, ममगम गसा निसाधनि सा-सा मम- ।।

**अंतरा-1**

**एक दुष्ट था कंस होगया, अत्याचारी नृप मथुरा में ।**
**महा दुष्ट अब गजनी आया, अधम न जैसा दुनिया में ।**
**देखो, मथुरा उसने भ्रष्ट करी ।।**

♫ ग-म ध-ध नि- सां-सां सांगं-निसां-, नि-नि-नि-नि- धनि सांनिध- म- ।
सांसां- गं-गं गग सांमंगंसां नि-सां-, सांमंगं सां नि-सां- धनिसांनि धमगसा ।।

**अंतरा-2**

**गजनी का ये चोर लुटेरा, विष ने जिसका तन मन घेरा ।**
**दुराचार ही जीवन जिसका, उस पापी ने डाला डेरा ।**
**देखो, उसने नगरी ध्वस्त करी ।।**

# 13. गझनीची तेरावी स्वारी, सन 1021

(माहोबा)

## 38. The Thirteenth expedition of Mahmud Ghazni, 1021 AD

**ॐओवी॰** मग राज्य माहोबाचे । चंदेला राजे ज्याचे । झाले पारिपत्य त्यांचे । तेरावी स्वारी ।। 531 ।।

**दोहा॰** **फिर माहोबा तक बढ़ा, करने भ्रष्टाचार ।**
**चंदेला राजे सभी, माने अपनी हार ।।** 472
**लौटा फिर गझनी लिये, धन संपत्ति अपार ।**
**सोना हीरे मूर्तियाँ, बंदी अश्व अपार ।।** 473

**संगीत श्री शिवाजी चरित्र राग-छंद माला, पुष्प 123**

## 39. The Fourteenth expedition of Mahmud Ghazni, 1021 AD

(माहोबा)

**स्थायी**

**जिथे जिथे तो जातो चोर, करतो निर्घृण पापें घोर ।**
**नेमुनी निज अधिकारी थोर, करतो धर्म प्रचार अघोर ।।**

♫ रेसारे गप- म- धपमप ध-, गगम- प-मम ध-प- म- ।
गरे गममम म- प-ध निध-ध, सांसांनि- ध-ध धप-म गरे- ।।

**अंतरा-1**

**जाळुनी पोळुनी मथुरा सारी, केली माहोबावर स्वारी ।**
**सुलतानांची जैसी रीति, एकची त्यांचे ध्येय समोर ।।**

♫ ग-मम प-ध-धध सांरेंसां- नि-ध-, प-ध- नि-ध-प-पप म-प- ।
रेरेरे-ग-ग- म-म- प-प-, सां-निध प-ध- प-म- प-म गरे- ।।

**अंतरा-2**

**माहोब्याची दिव्य मंदिरों, केलीं त्याने ध्वस्त खंडरें ।**
**दिला न त्याला कुणीं प्रतिकार, हाय! हाय! चा एकच शोर ।।**

## 14. गझनीची चौदावी स्वारी, सन 1021

## (लाहोर)

## 39. The Fourteenth expedition of Mahmud Ghazni, 1021 AD

卐ओवी॰ मग लूटले लाहोर । नासधूस केली फार । चोरले द्रव्य अपार । चौदावी स्वारी।।532 ।।

✍दोहा॰ **आया फिर से लौट कर, नीच लुटेरा चोर ।**
**रक्तपात भीषण किया, नष्ट किया लाहोर ।। 474**

संगीत श्री शिवाजी चरित्र राग-छंद माला, पुष्प 124

(गजनी का लाहोर पर हमला)

## 40. The Fifteenth expedition of Mahmud Ghazni, 1022 AD

चाल : See Roshani

स्थायी

हरि ओ- - - म्! हरि ओ- - - म्! हरि ओ- - - म्! शिव ओ- - - म्!
शिव ओ- - -म्! शिव ओ- - -म्! शिव ओ- - - म्! हरि ओ- - - म्!

♪ सा

अंतरा-1

अज्ञानी के खोल दे प्रभो! बंद अकल के तू ताले ।
पापी जन को श्राप दे प्रभो! हे जग के रखवाले! ।।
हरि ओ- - - म्! हरि ओ- - - म्! हरि ओ- - - म्! शिव ओ- - - म्! ।।

♪ पप

अंतरा-2

सबक सिखादे इन दुष्टों को, तू तो माँ रणचंडी है ।
गलत राह पर भटके हैं ये, दुष्ट नीच पाखंडी हैं ।
हरि ओ- - - म्! हरि ओ- - - म्! हरि ओ- - - म्! शिव ओ- - - म्! ।।

अंतरा-3

भ्रष्ट करत हैं तीर्थ धाम कों, मूर्ख अधम ये अंधे हैं ।
बंद करो प्रभु! शिव अवतारी! पातक इनके गंदे हैं ।
हरि ओ- - - म्! हरि ओ- - - म्! हरि ओ- - - म्! शिव ओ- - - म्! ।।

## 15. गझनीची पंधरावी स्वारी, सन 1022

(ग्वाल्लेर)

## 40. The Fifteenth expedition of Mahmud Ghazni, 1022 AD

ॐ ओवी॰ मग गाठले ग्वाल्लेर । त्यानंतर कालिंजर । लूटपाट केली फार । पंधरावी स्वारी ।।

## 41. The Sixteenth assult of Mahmud Ghazni, 1024-1025 AD

533 ॥

दोहा०  फिर ग्वालियर नगर का, किया बहुत विनाश ।
फिर कालिंजर लूट कर, लौटा वह बदमाश ॥ 475

संगीत श्री शिवाजी चरित्र राग-छंद माला, पुष्प 125

ग्वाल्हेर

स्थायी

वाढली त्या दुष्टाची हाव, कुठेही त्याला ना मज्जाव ।
वाढली त्या दुष्टाची हाव ॥

♪ सारेग– प– म–गरेनि– सा–सा, गगम– प–म– ग– रे–ग– ।
सारेग– प– म–गरेनि– सा–सा ॥

अंतरा–1

हिंदू राजे सौम्य वृत्तीचे, एकीचे बळ क्षात्र नीतिचे ।
विसरले, गीतेचा सद्भाव ॥

♪ ग–ग– म–म– ग–म प–मग–, म–म–प– पप धनिसां नि–धप– ।
गगगम–, प–म–ग– रेनिसा– ॥

अंतरा–2

धर्म बदलुनी झाले सेवक, पाय चाटुनी त्यांचे बेशक ।
आणुनी मर्दुमकीचा आव ॥

# 16. गझनीची सोमनाथ मंदिरा वर सोळावी स्वारी, सन 1024–25

## 41. The Sixteenth assult of Mahmud Ghazni, 1024-1025 AD

सोमनाथ

श्लोकौ

# 41. The Sixteenth assult of Mahmud Ghazni, 1024-1025 AD

**सोमनाथं महाकालं केदारं मंगलेश्वरम् ।**
**विश्वेशं वैद्यनाथं च घुश्मेशं मल्लिकार्जुनम् ।। 151**

**रामेश्वरं च नागेशं त्र्यम्बकं भीमशंकरम् ।**
**ज्योतिर्लिंगानि पुण्यानि पठनियानि नित्यशः ।। 152**

卐**ओवी॰** ज्योतिर्लिंग सोमनाथ । महाकाळ, वैद्यनाथ । विश्वेश, केदारनाथ । रामेश्वर ।। 534 ।। घुश्मेश्वर, मंगलेश्वर । नागेश्वर, त्र्यंबकेश्वर । मल्लिकार्जुन, भीमशंकर । पूज्य बारा ।। 535 ।। जयांचे नाम स्मरण । नियमित उच्चारण । सुखाचे देते मरण । पुण्य होते ।। 536 ।। भवानी जगाची माता । शंकर जगाचा पिता । सोमनाथ पुण्यदाता । भक्तांसाठी ।। 537 ।। जे करिती त्याची उपेक्षा । कुणीं न पापी त्यांच्यापेक्षा । अशक्य तयांची मुमुक्षा । नर्कातुनी ।। 538 ।। ऋषि मुनि द्विज सारे । येती सोमनाथ द्वारें । गाती शिव! शिव! नारे । चारी वर्ण ।। 539 ।। परम तुझी विभूति । जिची तिन्हीं लोकीं कीर्ति । गातीं चौदा भुवन स्तुति । सोमनाथा! ।। 540 ।। अर्धनारी तुझे रूप । नटराज सुरभूप । डमरूधर स्वरूप । भोलानाथा! ।। 541 ।।

**दोहा॰** **शिव-शंकर पितु जगत के, गिरिजा जग की मात ।**
**सुपूत उनके भगत हैं, जो भजते दिन-रात ।। 476**
**सेवक शिव के ऋषि-मुनि, ज्ञानी ध्यानी लोग ।**
**ब्रह्म शूद्र क्षत्रिय सभी, वणिक वर्ण संजोग ।। 477**
**शिव शंकर नटराज हैं, अर्धनारी अनूप ।**
**डमरूधर शिवशंभु का, अष्टमूर्ति स्वरूप ।। 478**
**कीर्ति तीनों लोक में, भुवन चतुर्दश व्याप्त ।**
**द्वादश ज्योतिर्लिंग को, पंचानन हैं प्राप्त ।। 479**
**मलिकार्जुन ओंकार जी, सोमनाथ के नाथ ।**
**महादेव तुम शिव प्रभो, पशुपति भोलेनाथ! ।। 480**

卐**ओवी॰** गजनीचे घोडेस्वार । सैनिक तीस-हजार । आले माजुनी फार । सौराष्ट्रात ।। 542 ।। सोमनाथचे शिवलिंग । फोडुनी ते केले भंग । लूटले द्रव्य अथांग । मंदिराचे ।। 543 ।। झाला

# 41. The Sixteenth assult of Mahmud Ghazni, 1024-1025 AD

मग त्यासी गर्व । लुटोनी रूपये सर्व । कापले हिंदू खर्व । द्वेष अपूर्व ।। 544 ।। जरीं शीर कटूं दिले । परी शरण न गेले । धर्मासी न सोडीले । खरे ते वीर ।। 545 ।। घेउनी मंदिर द्वार । चोरुनी द्रव्य अपार । परतला गुंड अघोर । सोळावी स्वारी ।। 546 ।। कधी न झाला ऐसा दुष्ट । नरकात ही केव्हां सृष्ट । धर्मांधळा शठ जो खाष्ट । इतिहासे ।। 547 ।।

**दोहा॰ गजनी आया फिर लिये, सैनिक तीस-हजार ।**
**हमला अब सौराष्ट्र पर, बिना कतई प्रतिकार ।। 481**
**सोमनाथ शिव शंभु का, मंदिर श्रीशालीन ।**
**सागर तट पर था खड़ा, युग-युग से प्राचीन ।। 482**
**गजनी ने हमला किया, मंदिर पर घमसान ।**
**फोड़ी मूरत शंभु की, शाप दिये भगवान ।। 483**
**गुंडे पापी म्लेच्छ ने, कीन्ही मूरत भंग ।**
**लूटा धन वैभव घणा, झिझका ना वह नंग ।। 484**
**काटे हिंदू अभय जो, खड़े सभी कर जोड़ ।**
**राक्षस वह तलवार से, आस्था सका न तोड़ ।। 485**
**देवालय का द्वार भी, ठग ने लिया उतार ।**
**मढ़ने अपनी कब्र पर, होकर फौत-शिकार ।। 486**

संगीत श्री शिवाजी चरित्र राग-छंद माला, पुष्प 126

(जय सोमनाथ!)

**स्थायी**

**जय एकलिंग जी भोले- -! जय सोमनाथ जी भोले- -!**

रेसा रेगगमं-ग रे- गमंप- -! गरे रेगमंगसा-सा रेमं मंगग- -!

**अंतरा-1**

**दैवी तुमची सुंदर काया, मंगल तुमची माया ।**
**शुभ शुभ आम्हां तू वर दे रे! बं बं बं बं बं बं भोले! ।**

# 41. The Sixteenth assult of Mahmud Ghazni, 1024-1025 AD

**डम डम डम डम डमरू बोले ।।**

♫ सा-रे- गगग- म॑-म॑म॑ पगम॑-, ग-पम॑ गरेग- सारेग- ।

म॑म॑ म॑म॑ प-म॑- प- म॑ग रे-ग-! ग- ग- म॑- ग- रेगम॑-! ।

गरे रेग म॑ग गसा रेम॑म॑ग ग-ग-ग ।।

**अंतरा-2**

**हे शंकर! तू ज्योतिर्लिंगा! गंगाधर शिवअंगा! ।**

**तव द्वारावरी पूजक आले, बं बं बं बं भोले! ।**

**डम डम डम डम डमरू बोले ।।।।**

**अंतरा-3**

**सांब सदाशिव शंभु महेशा, त्रिपुरारी जगदीशा! ।**

**"जय जय" घोष तुझा हा चाले, बं बं बं बं भोले! ।**

**डम डम डम डम डमरू बोले ।।**

**संगीत श्री शिवाजी चरित्र राग-छंद माला, पुष्प 127**

**राग : भीमपलासी**

**सोमनाथ जी**

**स्थायी**

**सोमनाथ का पावन धाम, ज्योतिर्लिंग श्री शिव भगवान ।**

**एकलिंग जी! शुभ दो वरदान, शंकर भोले किरपावान ।।**

♫ रेगमपमग रे- गरेगम प-, ध-पम-ग रे- मग मगरे- ।

सारेरेग-रे रे-! गग म- पपम-, ध-पप म-ग- ममग-रे- ।।

**अंतरा-1**

**तुमरा मंदिर स्वर्ग समाना, तुमरी मूरत स्वर्ण ललामा ।**

**पूजन कीर्तन तुमरे, भोले! भगतन को देता सुखदान ।।**

♫ रेरेग- म-मम प-प पध-ध-, निनिध- प-पप म-प मग-रे- ।

42. The Seventeenth expedition of Mahmud Ghazni, 1027 AD

प-पप ध-पप धपम, ग-म-! पपपप ध- प-म- गमरे- ।।

अंतरा-2

शिव का मंदिर सर्वसनातन, ऋषि मुनियों ने कीन्हा स्थापन ।
नंदीश्वर! तुम भाते मोहे, सबसे मंगल तुमरा नाम ।।

अंतरा-3

त्रिशूलधारी तुम त्रिपुरारी! डमरूधर तुम जय गंगाधर! ।
विघ्नविनाशक तुमको माना, भव में ऊँचे तुमरे काम ।।

# 17. गझनीची सतरावी स्वारी, सन 1027

## (पंजाब)

## 42. The Seventeenth expedition of Mahmud Ghazni, 1027 AD

卐ओवी॰ दाखविण्या पुन्हा बढाई । गझनीची अंत्य चढाई । जाट वीरांशीं लढाई । सतरावी स्वारी ।। 548 ।।

दोहा॰ सत्रहवाँ हमला किया, सिंधु नदिया पार ।
रोका जाटों ने उसे, लौटा वह लाचार ।। 487
आया ना फिर हिंद में, मरने तक वह लौट ।
तीन वर्ष में दुष्ट को, आयी आखिर मौत ।। 488

संगीत श्री शिवाजी चरित्र राग-छंद माला, पुष्प 128

सोमनथ

स्थायी

थकला राक्षस पापें करुनी, डोई वर गाठोडे धरुनी ।
मिळाला त्याला अंतिम मार ।।

♫ गगग- म-मम प-म- गगम-, ग-ग- मम प-ध-प- ममम- ।
मग-रे- प-म- ग-रेनि़ सा- ।।

**अंतरा-1**

**जाट भटांनी एक होउनी, स्वातंत्र्याचा केतु रोउनी ।**
**खेदले त्याला सीमेपार ।।**

♫ सा-रे गम-म- प-म रेगम-, रे-रेगम-म- प-म ग-मग- ।
ग-मप- म-गरे ग-रेनि़- सा- ।।

**अंतरा-2**

**पुन्हा न आला कधी परतुनी, डिंग हाकतो मिथ्या वरतुनी ।**
**संपला त्याचा अत्याचार ।।**

**अंतरा-3**

**सेवक त्याचे भीरू हिंदु, धर्म बदलुनी, मिथ्या इंदु ।**
**मिळाला जसा नवा संस्कार ।।**

# 43. Story of Maharana Prithviraj Chauhan, 1163-1192 AD

# YEAR 1192

## 43. Story of Maharana Prithviraj Chauhan, 1163-1192 AD

### CONTEMPORARY HISTORICAL STAGE
### Kingdoms and the Kings.

E. Ganga king of **Kalinganagar** : Rajaraja I (ruled 1171-1192); E. Ganga king of **Kalinganagar** : Aniyank Bhima I (r. 1192-1194); W. Chalukya of **Kalyani** : Someshwara IV (1184-1200); W. Chalukya of **Anhilwara** : Bhima II (1178-1241); Chola king of **Tanjavur** : Kulottunga III (1178-1216); Pandya King of **Madura** : Jatavarma Kulashekhar (1190-1216); Hoysala king of **Halebid and Kannanur** : Vir Ballala II (1173-1220); Kadamba king of **Hangal and Vanavasi** : Kamdeva (1189-1196); Kakatiya king of **Warangal** : Pratap Rudra Deva I (1163-1196); Kalachuri king of **Ratnapur** : Prithvideva III (1190-1200); Gutta king of **Guttal** : Vir Vikramaditya II (1187-1236); Ratta king of **Lattatur** : Lakshmi Deva I (1160-1199); Silahara king of **Thane** : Aparaditya I (1185-1203); Silara king of **Karad** : Bhojdeva III (1178-1193); Varma king of **Venad Travankor** : Uday Martand Varma (1175-1195); Yadava king of **Devgiri** : Bhillama (1185-1192); Yadava king of **Devgiri** : Jaitugi (1192-1200); Sena king of **Nadia, Bengal** : Lakshman Sena (1178-1205); Ahom king of **Kamrup, Assam** : Vallabh Deva (1175-1195); Thakuri king of **Kathmandu, Nepal** : Lakshmi Kamadeva (1187-1193); Chudsma king of **Saurashtra** : Mahipala II (1184-1201); Chandella king of **Bundelkhand** : Parmardi Deva (1165-1202); *Chahamana king of **Ajmer and Delhi** : Prithviraj Chauhan (1163-1192, r. 177-1192); Gahadwala of **Kanauj** : Jaichandra Rathod (1170-1194); Maharawal of **Jaisalmer** : Shaliwahan (1168-1200); Parmar king of **Dhara, Malwa** : Shubhat Varma (1178-1200); Guhila Rana of **Udaipur, Mewad** : Padma Simha (1190-1213); Kachhawaha Raja of **Ambar, Jaipur** : Pujan Deva (1185-1205); Utpala king of **Shrinagar, Kashmir** : Jagdeva (1181-1199); Sumra of **Sindh and Baluchistan** : Duda III (1190-1204).

## 43. Story of Maharana Prithviraj Chauhan, 1163-1192 AD

# पृथ्वीराज चव्हाणची कथा

卐ओवी॰ **सन अकराशे ब्याण्णव** । कोसळले घोर दुर्दैव । सुरू झाले दुखी पर्व । इतिहासाचे ।। 549।। आणुनी उगाच आव । नाठाळांची करणें कींव । दुष्ट जनांशीं सद्भाव । होतो घात ।। 550 ।। नर जो न दुर्दर्शी । पडुनी तो तोंडघशीं । देतो निज गळीं फाशी । दुष्टां हाती ।। 551 ।। नर जो असा नेणा । दाखवुनी मोठेपणा । पडतो मग उताणा । नीति सांगे ।। 552 ।। कोण साव, कोण चोर । कोण साधु, कोण ढोर । कोण उभा जो समोर । ओळखावे ।। 553 ।। काय त्यांची वंशावळ । हरामखोरीची झळ । मनीं त्यांच्या किती मळ । ध्यानीं असो ।। 554 ।। जे जातीनीं कृतघ्न । जाणावे त्यानां विघ्न । ते धोक्याशीं संलग्न । कटु सत्य ।। 555 ।। कोण आप, कोण साव । कोण वर, कोण श्राप । कोण पाप, कोण ताप । असो माप ।। 556 ।। कोण व्याज दगाबाज । कुणां नाही काहीं लाज । कोण संकटाचे बीज । अंदाज घ्या ।। 557 ।। कुणा सभ्यतेची तूट । कुणा मनीं आहे फूट । कुणा पोटीं काळकूट । परखावे ।। 558 ।। कोण खरा, कोण खोटा । कुणां माणुसकीचा तोटा । कोण बिन-बुडाचा लोटा । समजावे ।। 559 ।। कोण भद्र, कोण नीच । हृदयी कुणाच्या कीच । बुद्धि कुणाची गलिच्छ । उमजावे ।। 560 ।। वैरी मागे दया-माया । करूं नये गयावया । माथां काठी द्यावी तया । बोध असो ।। 561 ।। अधमांना न सोडावे । त्यांसीं सख्य न जोडावे । त्यांचे चरण तोडावें । लक्ष असो ।। 562 ।।

ॐ **श्लोकौ**

**शल्यं सूक्ष्मं तनोर्ज्ञात्वा नोत्सारणं हि दोषवत् ।**
**पूतिर्भूत्वा तनुं व्याप्य तद्विषस्य हि कारणम् ।। 153**

**अग्नेः सूक्ष्मः कणश्चापि दावाग्नेर्मूलमुच्यते ।**
**शत्रुपक्षे दया तद्वद्-आत्मघातस्य कारणम् ।। 154**

दोहा॰ **भोली सूरत में छुपे, तक्षक जैसे लोग ।**
**तिनका सूक्षम भी यथा, देता विष का रोग ।। 489**

## 43. Story of Maharana Prithviraj Chauhan, 1163-1192 AD

卐**ओवी॰** बोचला जो लघु काटा । जाणूं नये त्याला छोटा । उद्या करी मोठा तोटा । त्याचा फोड ।। 563 ।। छोटा जरी कण अग्नि । होऊं शके तो दावाग्नि । मग तरु-प्राणीं वनीं । भस्मसात ।। 564 ।। काळकूट थेंब एक । विष जो कण प्रत्येक । मारूशके तो अनेक । भूल नसो ।। 565 ।। एक कांदा सडलेला । नसो पाशीं पडलेला । उपदेश बोललेला । चाणाक्याने[84] ।। 566 ।। अवेळीं जी केली चूक । विरोधीला लागे भूक । बसे ना मग तो मूक । घातकी जो ।। 567 ।। भले तुम्हीं फार शूर । बळ तुम्हां भरपूर । असो दिरंगाई दूर । ऐन वेळीं ।। 568।। असा तुम्हीं वीर कीती । वेळीं विसरूनी नीति । कलुषित मग कीर्ति । जन्मोजन्मीं ।। 569 ।। जेव्हां असे वेळ योग्य । केला विचार अयोग्य । तो दुष्परिणाम भोग्य । पीढोपीढीं ।। 570 ।। अविश्वासु ज्यांची जाति । वळणीं ते त्यांचे जातीं । करीतीं विश्वासाची माती । निश्चितच ।। 571 ।।

### पृथ्वीराज चव्हाण

卐**ओवी॰** वीर योद्धा पृथ्वीराज । कुणीं न जैसा आज । केले चूक एक काज । दुर्दैवाने ।। 572 ।। परीणाम तिचा भारी । वैरी तोच त्याला मारी । धूळ झाली सत्ता सारी । अरे! अरे! ।। 573 ।। पेरले गेले तेव्हां बीज । पडली दैवावरी वीज । जाहले भाग्य खारीज । क्षय आला ।। 574 ।। त्या व्याधीचे किटाणुं । वाढले अणु-अणु । महारोग तो जणूं । भारताला ।। 575 ।। न बघता जन्मावळी । पडूं दिले शठाला गळीं । होताची मग तो बळी । घात केला ।। 576 ।। विसरोनी पूर्व-कर्म । ज्याचा हीन गुण-धर्म । त्यासीं करोनी सुकर्म । आत्मघात ।। 577 ।।

पृथ्वीराज राजा हल्ली । राज्य अजमेर-दिल्ली । स्तुति त्याची गल्लोगल्ली । सर्वमुखीं ।। 578 ।। राजपुत्र चाहमण । श्रेष्ठ योद्धा त्याला मान । चक्रवर्तीचा सन्मान । शोभे त्याला ।। 579 ।। पृथ्वीराज अजमेरचा । सुपुत्र तो सोमेश्वरचा । दत्तक पुत्र तोमरचा । दिल्लीवाल्या ।। 580 ।। अशा रीतिं त्याची सत्ता । अजमेर-दिल्ली पट्टा । अपूर्व ती मालमत्ता । तया काळीं ।। 581 ।। सामंत गोविंदराज । दिल्लीचे सांभाळी काज । अजमेर पृथ्वीराज । ही व्यवस्था ।। 582 ।।

---

[84] **चाणाक्य :** Chanakya, also known as Vishnugupta and Kautilya (371-283 BC)

## 43. Story of Maharana Prithviraj Chauhan, 1163-1192 AD

पृथ्वीराज संयोगीता । अनुपम प्रिय-प्रीता । जणूं भासे राम-सीता । जोडपें ते ।। 583 ।। आजानुबाहु नरेश । गुणसंपन्न सुरेश । सार्वभौम महेश । पृथ्वीराज ।। 584 ।। देखणा सुरेख फार । रूप सुंदर अपार । कन्दर्पाचा अवतार । पृथ्वीराज ।। 585 ।। श्रेष्ठ क्षात्र पराक्रमी । धीर राणा तो विक्रमी । कलांचा महान प्रेमी । पृथ्वीराज ।। 586 ।। दिल्ली-अजमेर स्वामी । थोर धनुर्धर नामी । अश्वस्वार अग्रगामी । पृथ्वीराज ।। 587 ।। जाणिला तो युद्ध वीर । तथाचि तो दयावीर । दानवीर धर्मवीर । पृथ्वीराज ।। 588 ।। परम तो शिव भक्त । रवि सम तेज युक्त । रागक्रोधादि मुक्त । पृथ्वीराज ।। 589 ।। दिव्य योद्धा शौर्यशाली । तेजोवलयात लाली । विजयश्री त्याचे भाली । पृथ्वीराज ।। 590 ।। नखशीख वीरोचित । रज-सतो गुणान्वित । क्षात्रधर्म शास्त्राधीत । पृथ्वीराज ।। 591 ।।

### पृथ्वीराज चौहान

**दोहा॰** **सन ग्यारह सौ बानबे, आया संकट घोर ।**
**किया द्रोह सुलतान ने, नमकहराम अघोर ।। 490**
**कृतघ्न का करके भला, भयी भयानक भूल ।**
**लुच्चा नमकहराम वह, दीन्हा भीषण शूल ।। 491**
**दूरदृष्टि यह ना जिसे, होता उसका नास ।**
**मुँह के बल औंधा गिरे, और गले में फाँस ।। 492**

(अत:)

**दरसाने को दिल बड़ा, दया दुष्ट पर व्यर्थ ।**
**जिसे न यह पल्ले पड़ा, उसके साथ अनर्थ ।। 493**
**यही सूत्र है नीति का, रखे सदा जो याद ।**
**गड्ढ़े में वह ना गिरे, यह सुनने के बाद ।। 494**
**कौन भला या है बुरा, कौन संत या दुष्ट ।**
**पहिचाने जो यह सदा, वही रहे संतुष्ट ।। 495**
**क्या उसकी औकात है, कैसा उसका वंश ।**
**क्या उनके गुण-धर्म हैं, कितना सत् का अंश ।। 496**

# 43. Story of Maharana Prithviraj Chauhan, 1163-1192 AD

मन में कितना मैल है, किस बदले की प्यास ।
जानो कितनी सभ्यता, फिर उस पर विश्वास ।। 497

(और)

कौन मित्र के योग्य है, कौन बदलता रंग ।
कालकूट किसमें भरा, किसका जाली ढंग ।। 498
खानदान जिसका सड़ा, जानो उसको विघ्न ।
ओछा धोखेबाज़ वो, होगा सदा कृतघ्न ।। 499
कौन साधु या साँप है, कौन है दगाबाज़ ।
जिसके हिरदय पाप है, बिगाड़ देगा काज ।। 500
कौन बला का बीज है, किसमें जरा न लाज ।
धूर्त फरेबी कौन है, इसका हो अंदाज ।। 501
किसकी नीयत है बुरी, कौन नीच हैवान ।
किसके दिल में कीच है, कौन तमस्-गुणवान ।। 502

(और भी)

किसमें कुमति है भरी, किसका करना खंड ।
किसको करनी है क्षमा, किसको देना दंड ।। 503
जो नर बेईमान है, उससे क्या इकरार ।
उसकी झूठी याचना, करो सदा इनकार ।। 504
काँटा छोटा ही सही, होता विष का मूल ।
उसे छोड़ कर देह में, देगा आगे शूल ।। 505
चिनगारी छोटी भी हो, दावाग्नि की बीज ।
वैरी पर करना दया, आत्मघात की चीज़ ।। 506
एक सड़ी सी प्याज भी, कर देती दुर्गंध ।
एक बूंद भी जहर की, हने कुटुंब सबंध ।। 507
लापरवाही अल्प भी, बने फाँस की डोर ।

# 43. Story of Maharana Prithviraj Chauhan, 1163-1192 AD

गलत समय जो भूल की, फल उसका फिर घोर ।। 508

(तथा ही)

यद्यपि तुम अति शूर हो, बल भी हो भरपूर ।
दुष्मन को ना समझ कर, हो जाओगे चूर ।। 509
नीति नियम को छोड़ कर, अगर किया अविचार ।
जनम-जनम भुगतें सजा, वंशज रिश्तेदार ।। 510
दूषित जिसका खून है, उन पर कर विश्वास ।
आत्मघात का फिर उसी, गले लगेगा फाँस ।। 511

(पृथ्वीराज)

महा प्रतापी वीर था, राणा पृथ्वीराज ।
हुआ न होगा ना हि है, उसके जैसा आज ।। 512
उसने कीन्हा एक ही, नीति-प्रतिकूल काम ।
कृतघ्न को करके क्षमा, मिला घोर अंजाम ।। 513
चिरस्थायी परिणाम से, हुआ अमित नुकसान ।
म्लेच्छों को सत्ता मिली, गये अनगिनत प्राण ।। 514
धनु से निकला तीर जो, वापस लौट न पाय ।
लगा रोग जो देह में, अंग न काटा जाय ।। 515

(और)

दिल्ली अरु अजमेर का, राजा पृथ्वीराज ।
सर्वश्रेष्ठ भट वीर वो, सर्वस्तुत्य था आज ।। 516
पृथ्वीराज अजमेर का, राजपूत चौहान ।
दिल्ली का वह नृप बना, दत्तक-सुत सम्मान ।। 517
वीरों का वह वीर था, गुण संपन्न सुरेश ।
योद्धा पृथ्वीराज था, अजमेर का महेश ।। 518
बाहुबली वह परम था, महान अश्व सवार ।

44. Story of Ghori's 11th expidition (Year 1192)

इन्द्र समान स्वरूप था, कर उसके तलवार ।। 519
क्षत्रिय श्रेष्ठ पराक्रमी, शूर विक्रमी धीर ।
महाधनुर्धर मारता, आँख मूँद कर तीर ।। 520
कला रसिक उत्कृष्ठ था, प्रेम-रंग रस लिप्त ।
पत्नी प्रिय संयोगिता, अथाह जिससे प्रीत ।। 521
दानी पृथ्वीराज था, दया क्षमा भँडार ।
धर्मवीर शिवभक्त था, याद रखे संसार ।। 522

## घोरीच्या अकराव्या स्वारीची कथा
## 44. Story of Ghori's 11th expidition (Year 1192)

### घोरीची अकरावी स्वारी

卐ओवी॰ मियास-उद्दीन घोरी[85] । गझनी-शाह अघोरी । वारंवार करे स्वारी । भारतात ।। 592 ।।
पुन्हा तो एकदा घोरी । कराया दिल्लीवर स्वारी । आला चव्हाणाच्या द्वारीं । बदमाश ।। 293
।। चार दिन झाले युद्ध । सुलतान होता क्रुद्ध । हारोनी प्रतिबद्ध । कैदी झाला ।। 594 ।।
दहावी ती त्याची स्वारी । हारला तो होता घोरी । चव्हाण त्या क्षमा करी । पुन्हा पुन्हा ।। 595
।। कैदेमध्ये सुलतान । एक-मास दिनमान । मग दिले प्राण दान । चव्हाणाने ।। 596 ।।
दाखविण्या मोठेपणा । माफ केले दुष्टजना । नीतीने जे केले मना । तेच केले ।। 597 ।।
सशस्त्र जो येतो रणीं । शत्रु तो राजकारणी । मारावें त्यास झणीं । नीति सांगे ।। 598 ।।
(घोरी का दसवाँ हमला)

दोहा॰ मियास-उद्दीन घोर का, महा दुष्ट सुलतान ।
बारबार हमला करे, भारत पर घमसान ।। 523

---

[85] **घोरी :** Muizz-ud-din Muh. ibn Sam Ghori, Sultan of Ghor province in Afghanistan (r. 1163-1206).

## 44. Story of Ghori's 11th expidition (Year 1192)

दिल्ली पर उसने किया, हमला दसवीं बार ।
हारा फिर से युद्ध में, कैद हुआ इस बार ।। 524
क्षमा याचना खूब की, दिया झूठ अहसास ।
कीन्हा पृथ्वीराज ने, छद्मी पर विश्वास ।। 525
छोड़ दिया सुलतान को, करके बहु सम्मान ।
दूध पिलाया साँप को, सुहृद सच्चा मान ।। 526
विनाश की हो जब घड़ी, पापी लगता पूत ।
झूठा लगता सत्य है, मिथ्या लगे सबूत ।। 527
नीति छोड़ कर जो किया, उदारता से काम ।
महा भयानक फिर मिले, उसका दुष्परिणाम ।। 528
हमला तुम पर जो करे, शस्त्र-सैन्य के साथ ।
उसको जीवन दान क्यों, करने आतमघात ।। 529
रण पर आता युद्ध को, लेने तुमरी जान ।
उस पर करनी क्यों दया, शठ को सुहृद मान ।। 530

ॐ श्लोक:

सुभाषितम्

हत्वाऽवध्यं हि यत्पापं शास्त्रेषु विदितं खलु ।
वध्यं तदेव चाहत्वा पातकं कथितं तथा ।। 155

दोहा॰ "अवध्य के वध के लिए, शास्त्र कहत जो पाप ।
ना करके वध वध्य का, वही लगत है आप" ।। 531

## घोरीची अकरावी स्वारी

卐ओवी॰ आला घोरी एकाएक । घेउनी सेवक एक । कुतुबुद्दीन-ऐबक । भारतात ।। 599 ।।

# 44. Story of Ghori's 11th expidition (Year 1192)

अकरावी त्याची स्वारी । पुन्हा आला खाष्ट घोरी । जयचंद[86] झाला वैरी । चव्हाणाचा ।। 600 ।। "रेवा-तटी[87] करतो केली" । सूचना ही घोरीला गेली । त्याने सेना तिकडे नेली । लढावया ।। 601 ।। युद्ध आले अचानक । परिस्थिति भयानक । रणीं आला एकाएक । पृथ्वीराज ।। 602 ।। राम-रावणाचे जसें । युद्ध झाले हे ही तसें । लक्ष्मणाला शुद्ध नसे । लागोनी बाण ।। 603 ।। तीच होती परिस्थिति । पृथ्वीराजाची स्थिति । झाले नाही भाग्य मिती । ऐन वेळीं ।। 604 ।। धक्का-धक्काई झाली । वेळ आणीबाणीची आली । पृथ्वीराज पडला खाली । कैद झाला ।। 605 ।। दिल्ली आली यवनांचे हातीं । सुलतानाची फुगली छाती । सुभेदार[88] नेमुनी पाठी । परतला ।। 606 ।। विसरोनी ईमानीला । क्रोध आला गुमानीला । आणले त्याने गझनीला । चव्हाणाला ।। 607 ।। ह्यानी कर नाही जोडले । त्यानी ह्याला नाही सोडले । डोळे मग ह्याचे फोडले । सुल्तानाने ।। 608 ।। घोरीचा भृत्य प्रधान । ऐबक-कुतुबुद्दीन । झाला दिल्लीचा सुलतान । धर्मांधळा ।। 609 ।। दिल्लीत मग अत्याचार । फोडलीं मंदिरे फार । बांधला त्यांवर मिनार । निजी नावें ।। 610 ।। फोडुनी ध्रुव-स्तंभ । केला त्याने आरंभ । शिल्पकारीचा दंभ । कुतुब मनोरा ।। 611 ।।

## अफगाणिस्तानात

卐**ओवी**॰ मग परीक्षा शब्द-वेधाची[89] । पायीं बेड्या निगड-बद्धाची । अपिहित-नेत्र युद्धाची । सुदैवाने ।। 612 ।। "चार-बास आठ-वीत उंच । दिसतो सुलतानाचा मंच । उभा मंचावरी एवं

---

[86] **जयचंद :** Gahadwala of Kanauj : Jaichandra Rathod (1170-1194), a cousin brother of Prithviraj Chauhan.

[87] **रेवा :** Reva is another name for the Narmada river.

[88] **कुतुबुद्दीन ऐबक :** Qutb-ud-din, slave of Muh. Ghori. He became independent from Afghanistan and ruled as Sultan of Delhi (r. 1206-1210).

[89] **शब्दवेधी परीक्षा :** March 15, 1206.

# 44. Story of Ghori's 11th expidition (Year 1192)

च । चुकूं नको" ।। 613 ।। चंदाने[90] दिला संकेत । गुप्त भाषेत अंकित । जाणोनी ते ईंगित । सोडला बाण ।। 614 ।। लागला शर छातीत । पडला खाली मातीत । होउनी तो मूर्छित । सुलतान ।। 615 ।। शर छातीत शिरला । गर्व घोरीचा विरला । नशीब-क्रम फिरला । मृत्यु काळीं ।। 616 ।। आश्चर्य घडले असें । ज्याला तुळणा नसें । झाले जशास तसें । आता तरी ।। 617 ।। पृथ्वीराजाने जसे बोलले । एकमेकांना त्यांनी मारले । धारातीर्थीपतन पावले । दोन्हीं वीर ।। 618 ।।

(सन 1206, कुतुबुद्दीन)

卐**ओवी॰** **<u>सन बाराशे-सहा</u>** । म्लेंच्छ सुलतान पहा । दिल्लीचा पहिला हा । कुतुबुद्दीन ।। 619 ।। तोडली फोडली मथुरा । मंदिरांचा केला चूरा । मानेवरी मारला सूरा । जो न नत ।। 620 ।। जाळली-पोळली नालंदा । जुने अमुल्य ग्रंथ सुद्धा । बुद्धभिक्षु चेंदामेंदा । दशहजार ।। 621 ।।

(घोरी का ग्यारहवाँ हमला, 1192)

✍**दोहा॰** **कीन्हा जो अफगान में, करने धर्म प्रसार ।**
**वह दुहराने हिंद में, आता बारंबार ।। 532**
**घणी विफलता हिंद में, पाकर भी दस बार ।**
**घोरी लज्जित ना हुआ, ना माना वह हार ।। 533**
**हमला ग्यारहवाँ किया, घोरी ने घमसान ।**
**लेकर सेना आगया, भारत में सुलतान ।। 534**
**सेवक लाया साथ में, ऐबक कुतुबुद्दीन ।**
**घोरी जैसा दुष्ट था, धर्म-प्रसारण लीन ।। 535**
**आया जब वह हिंद में, साथ मिला जयचंद ।**

---

[90] **चंद :** Chand Bardai (1148-1206), Prithviraja's trusted friend from Lahore. The great Author of Prithviraj Raso. He writes : "**चार बाँस चौबिस गज अँगुल अष्ट प्रमाण । ता ऊपर सुल्तान खड़ा है, मत चुक्कै चौहान!**" (पृथ्वीराज रासो. समय 67, छंद 554)

## 44. Story of Ghori's 11th expidition (Year 1192)

घर का भेदी, लालची, और बुद्धि का मंद ।। 536
घोरी को दी सूचना, जयचंद ने तत्काल ।
"वन में पृथ्वीराज है, कर दो उस पर चाल" ।। 537
निहार हमला म्लेच्छ का, अकस्मात अनिवार ।
अवाक् पृथ्वीराज था, लड़ने बेतैयार ।। 538
छिड़ी लड़ाई जोर की, लड़ा खूब रणवीर ।
शर से आहत, गिर पड़ा, बदल गयी तकदीर ।। 539
कैद किया सुलतान ने, नमकहरामी जोड़ ।
दीन्हीं पृथ्वीराज की, दोनों आँखें फोड़ ।। 540
घोरी वापस जब गया, संग लिये चौहान ।
ऐबक को दिल्ली मिली, बना नया सुलतान ।। 541
ऐबक ने फिर नगर में, कीन्हे अत्याचार ।
गिरा दिये मंदिर कई, करने खड़ा मिनार ।। 542

(अफगाणिस्तान में)

आये जब वे घोर में, घोरी में था जोश ।
आयी जनता महल में, जय! जय! करती घोष ।। 543
भरा प्रदर्शन घोर में, घोरी को आनंद ।
बंदी पृथ्वीराज था, सँग बरदाई चंद ।। 544
उच्च मंच पर था खड़ा, घोरी का सुलतान ।
प्रजा खड़ी थी देखने, तिरंदाज तूफान ।। 545
खड़े मंच के सामने, अन्धे पृथ्वीराज ।
सँग बरदाई चंद भी, बाज रहे थे साज ।। 546
करके पृथ्वीराज को, गुप्त-भाष संकेत ।
बरदाई ने दे दिया, उसे ठीक संदेश ।। 547
"चतुर्-बाँस, चौबीस गज, उँगल-अष्ट प्रमाण ।

# 44. Story of Ghori's 11th expidition (Year 1192)

वहाँ खड़ा सुलतान है, चुकियो मत चौहान" ।। 548
छोड़ा पृथ्वीराज ने, उसी लक्ष्य पर बाण ।
लगा बाण सुलतान को, छोड़े उसने प्राण ।। 549

संगीत श्री शिवाजी चरित्र राग-छंद माला, पुष्प 129

घोरी

**स्थायी**

**जैसा गजनी, तैसा घोरी, वारंवार करी तो स्वारी ।**
**मिळाले त्याला जीवन दान ।।**

♫ सारेग- ममम-, - म-गरेनि़- सा-सा, गगम- प-म- ग- रे-ग- ।

**अंतरा-1**

**ह्या सापाला दूध पाजुनी, झाला घातक मस्त माजुनी ।**
**जयाला नाही मुळी ईमान ।। मिळाले ...**

♫ ग-ग- म-म- ग-म प-मग-, म-म-प- पप धनिसां नि-धप- ।
गगगम-, प-म-ग- रेनि़सा- ।।

**अंतरा-2**

**जात शत्रु ची घ्यावी जाणुनी, कपट तयाचे पाडा हाणुनी ।**
**अन्यथा घाली तो थैमान ।। मिळाले ...**

**अंतरा-3**

**तीच तीच ना चूक करावी, दुष्ट शत्रूला सूट न द्यावी ।**
**फिरुनी तो घेइल तुमचे प्राण ।। मिळाले ...**

**अंतरा-4**

**पृथ्वीराजने भूल करोनी, सुलतानाला दिले सोडुनी ।**
**मग बघा, झाला तो बेईमान ।। मिळाले ...**

45. Story of the Invasion of South, 1294 AD

# YEAR 1294

**CONTEMPORARY HISTORICAL STAGE**
**Kingdoms and the Kings.**

E. Ganga king of **Kalinganagar** : Narasimha II (ruled 1279-1306); Pandya King of **Madura** : Kulashekhar (1268-1310); Hoysala king of **Halebid** : Ballala III (1291-1342); Kakatiya Queen of **Warangal** : Rudramba Devi (1262-1295); *Yadava king of **Devgiri** : Ramachandra (1271-1311); Waghela king of **Anhilwara** : Sarang Dev (1275-1297); Somavamsi King of **Orissa** : Narasimha II (1279-1306); Ahom king of **Kamrup, Assam** : Sukhan Gupta (1293-1332); Balban Governor of **Bengal** : Rukn-ud-din Kai-kumas Balbani (1291-1298); Karnataka king of **Tirhut** : Harisimha Deva (1280-1325); Malla king of **Kathmandu, Nepal** : Anantmalla (1274-1310); Chandella king of **Bundelkhand** : Hammira Varma (1289-1315); Maharawal of **Jaisalmer** : Mularaja (1293-1306); Parmar king of **Dhara, Malwa** : Bhoj I (1285-1300); Turkish Sultan of **Delhi :** *Jalal-ud-din Khilji (1290-1296); Utpala king of **Shrinagar, Kashmir** : Simha Deva (1286-1301); Chudsma king of **Saurashtra** : Mandlik I (1260-1306); Jhadeja Raja of **Kachchh** : Jam Mada (1270-1295); Sumra of **Sindh and Baluchistan** : Duda IV (1279-1304); + Death of Swami Ramanand (1299-1410).

## सुलतानांचे दख्खन वर पहिले आक्रमण
## 45. Story of the Invasion of South, 1294 AD

(जुनीं घराणीं)

卐**ओवी॰** नर्मदा करते विभाजन । भारताचे विभाग दोन । वर उत्तर, खाली दख्खन । भौगोलिक ।। 622 ।। ख्यात कुळें दक्षिणेत । दिव्य हिंदू संस्कृति ज्यांत । शिल्प कला संगीत देत । इतिहासें ।। 623 ।। राष्ट्रकूट, सतवाहन । चापोत्कट, शालिवाहन । होयसळ, कदंब, बाण । काकतीय ।। 624 ।। रत्ता, चेरा, कलचूर । वर्मा, पंड्या, वडियार । चोळ, गंग, शिलाहार । अराविदु ।। 625 ।। नायक, चालुक्य, यादव । सनकायन, पल्लव । रेड्डी, सलूव, तुलूव ।

# 45. Story of the Invasion of South, 1294 AD

वकातक ।। 626 ।।

(तेरावें शतक)

<u>**तेराव्या शतकात**</u> पुराणीं । दक्षिण भारतात घराणीं । नामांकित कथनीय आणि । मुख्य तीन ।। 627 ।। होयसळ हलेबीडचे । काकतीय वरंगळचे । यादव देवगिरीचे । त्या क्रमाने[91] ।। 628 ।। हळेबीड कर्नाटकात । वरंगळ आंध्रप्रदेशात । देवगिरि महाराष्ट्रात । राजधान्या ।। 629 ।। तिन्हीं कुळें सोमवंशी । वार्ष्णेय शाखेचे अंशी । संतति जे यदुवंशी । श्रीकृष्णाचे ।। 630 ।।

## देवगिरि, १२९४

卐**ओवी॰** कृष्णदेव रायाचा पुत्र । रामदेव राय[92] पवित्र । <u>**अंतिम**</u> यादव <u>**स्वतंत्र**</u> । महावीर ।। 631 ।। राज्यात शांति सर्वत्र । वैभव सुख एकत्र । सार्वभौम त्याचे छत्र । बलाढ्य जो ।। 632 ।। जसा तो वीर विक्रमी । तसा तो कलांचा प्रेमी । संत-कवींचा तो स्वामी । बहुश्रुत ।। 633 ।। ज्ञानेश्वर, नामदेव[93] । तापस महानुभाव । ह्याच्या राज्याचे वैभव । ईश्वरीय ।। 634 ।। शिल्प काव्य कलांचा ज्ञानी । हेमाद्रि[94] ह्याचा मंत्री नामी । वीर टिक्कम्मा सेनानी, मुख्य मंत्री ।। 635 ।। असे वैभव झाले भंग । पवित्रता झाली बेरंग । थरकापले त्याचे अंग । एकाएकी ।। 636 ।।

(तेव्हां)

卐**ओवी॰** <u>**सन बाराशे चौऱ्याण्णव**</u> । राज्यादूर होता यादव । आले चालून दुर्दैव । दिल्लीहून ।। 637 ।। टपून होता खिलजी । बघत वाट संधीची । यादव दूर जाण्याची । स्वारी साठी ।। 638

---

[91] **तीन वंश क्रम :** Hoysalas (<u>**1006**</u>-1348, 342 years); Kakatiyas (<u>**1030**</u>-1323, 293 years); and Yadavas (<u>**1069**</u>-1316, 247 years).

[92] **रामदेवराय :** Krishnadev Ray Yadav (r. 1240-1260); Mahadev, Brother of Krishnadev (r. 1260-1271); Ramdev, Son of Krishnadev (r. 1271-1312).

[93] **ज्ञानेश्वर :** Sant Dnyaneshvar (1275-1296), Sant Namdev (1270-1350), Muktabai (1279-1297), Sopandev (1277-1297), Nivruttinaath (1270-1297), Chakradhar Swami (1194-1276), etc.

[94] **हेमाद्रि :** Hemadri's special style of Temple-architecture bacame well known as "Hemadpanthi (हेमाडपंती) style," called after his name.

# 45. Story of the Invasion of South, 1294 AD

।। आला तेव्हां खिलजी[95] चालून । टाकली देवगिरि[96] घेरून । नाइलाजाने मग झुकून । तह केला ।। 639 ।। अजिंक्य नृप झाला जिंक्य । गेले यादवांचे स्वातंत्र्य । आले सुलतानी पारतंत्र्य । दक्षिणेत ।। 640 ।। लागला जो आता क्षय । झाला पुढे तो अक्षय । शिवाजीने केला निर्भय महाराष्ट्र ।। 641 ।।

✍दोहा॰ **बारह-सौ चोरानबे, स्मरणीय निश्शंक ।**
**दक्षिण के इतिहास में, यवनों का आतंक ।। 550**
**हमला खिलजी ने किया, अवाक् दक्षिण देश ।**
**लड़ने यादव आगया, रामचंद्र नरेश ।। 551**
**रामदेव ने हार कर, मान लिया अनुबंध ।**
**यवनों का महाराष्ट्र से, हुआ प्रथम संबंध ।। 552**
**बोया बीज अधर्म का, फल जिसका अति घोर ।**
**बढ़ी जड़ें जिसकी घनीं, फैलीं चारों ओर ।। 553**

♫ संगीत श्री शिवाजी चरित्र राग-छंद माला, पुष्प 130

**छंद भुजंगप्रयात**

। ऽ ऽ, । ऽ ऽ, । ऽ ऽ, । ऽ ऽ

♫ सारे- ग-म प-म- गरे-म- गरे-सा-

**करोनी महाभ्रष्ट ते उत्तरेस, अघी म्लेंच्छ आले बघा दविणेस ।**
**करोनी पार विंध्या गिरीला, महाराष्ट्र ओलांडुनी फौज खास ।।**
**कराया धर्म प्रस्तार येथे, जसा उत्तरेचा सफाया ।**
**महादुष्ट आले कर्णाटकात, पदध्वस्त झाला दुखी रामराया ।।**

---

[95] **खिलजी :** Ala-ud-din Khilji Muh. Shah I (r. 1296-1316), the 15th Sultan of Delhi was the nephew of Jalal-ud-din Khilji Firuz Shah II (r. 1290-1296), the 13th Sultan.

[96] **देवगिरि :** Devgiri, the grand capital of Yadavas, then became future Daulatabad.

46. Story of Rani Padmini, 1303 AD

# YEAR 1303

## ४६. राणी पद्मिनीची कथा
## 46. Story of Rani Padmini, 1303 AD

**श्लोकः**

**पत्नीवत्परदारा च येभ्यः कन्याः स्वसाः पराः ।**
**आगता यवनाः पापा भ्रष्टं कर्तुं नु भारतम् ।। 156**

卐**ओवी॰ <u>सन तेराशे तीन</u>** । काम यवनांचे हीन । अश्लील लज्जाहीन । महाघोर ।। 642 ।। कठोर क्रूर महान । खिलजी अलाउद्दीन । दिल्लीचा सुलतान । चौदावा तो ।। 643 ।। त्याला हवी ती पद्मिनी । चित्तोडची महाराणी । लक्ष्मणसिंहाची पत्नी । लावण्यवती ।। 644 ।।

चित्तोडची महाराणी । रोचक तिची कहाणी । गाईली कीर्तीची गाणीं । पद्मावतात ।। 645 ।। सिंघला गावची कुमारी । चम्पावतीची कन्या न्यारी । गंधर्वसेन सदाचारी । पिता तिचा ।। 646 ।। हिरामणि तिचा तोता । बोलत तो गोड होता । राजस्थानी काव्य ज्ञाता । दैवी पक्षी ।। 647 ।। शौर्य धैर्य त्याग दान । होते तिचे गुण महान । नारी-जगती तिला मान । अद्वितीय ।। 648 ।। कला संगीताची प्रेमी । स्वतः ती गायत्री नामी । कलावंत तिच्या धामीं । आश्रयात ।। 649 ।। जशी ती राणी सुंदर । तशीच ती धुरंधर । स्वभीमनी मशहूर । जगामध्ये ।। 650 ।। राजपूत ती सिंहीण । क्षत्रियधर्मात लीन । राजस्थान मालकीण । पतिव्रता ।। 651 ।।

खिलजीने केली स्वारी । मेवाडच्या चित्तोडवरी । राजपूत लढले भारी । पण हारले ।। 652 ।। कापले गेले सारे वीर । अलग त्यांचे धड-शीर । स्त्रीया त्यांच्या धरूनी धीर । किल्यावर ।। 653 ।। त्यांनी पेटविली चिता । केला मायामोह रिता । अठवुनी त्यांनी सीता । अग्निपरीक्षा ।। 654 ।। उभ्या झाल्या सभोंवती । मिळविण्या वीरगति । आगी मध्ये गेल्या सती । जौहार केला

# 46. Story of Rani Padmini, 1303 AD

।। 655 ।। वीरांगनांचे ते धैर्य । पाहिले खानाने शौर्य । व्यर्य गेले त्याचे क्रौर्य । निराशला ।।
656 ।।

✍दोहा॰ सन तेरह-सौ-तीन की, निंदनीय है बात ।
दिल्ली के सुलतान की, निर्घृण जिसकी जात ।। 554
चौदहवाँ सुलतान वो, नाम अलाउद्दीन ।
खिलजी शठ अश्लील वो, बर्बर लज्जाहीन ।। 555
सुनी खबर उसने जभी, "चितौड़ नृप की दार ।
मन मोहक है पद्मिनी, विश्व सुंदरी नार" ।। 556
हवास उसका जग पड़ा, लाने उसको छीन ।
बुरी नज़र पर-दार पर, विचार उसका हीन ।। 557
पाजी लंपट दुष्ट वो, कपटी काला साँप ।
कूटकूट मन में भरा, कालकूट सा पाप ।। 558
हँसनिया पर वह मरा, कपटी काला काग ।
राजपूत की स्त्री मिले, उसके मन में आग ।। 559

(तभी)

खिलजी ने हमला किया, चितौड़ पर घमसान ।
राजपूत लड़ने लगे, वीर जिन्हें अभिधान ।। 560
कट कर धरती पर गिरे, मगर न माने हार ।
स्त्रीयाँ कूदी आग में, करने को जौहार ।। 561
जल कर सारी मर गयीं, मगर न आयीं हाथ ।
स्वर्ग गयीं वीरांगना, दिया शरण जगनाथ ।। 562
खिलजी लौटा हार कर, बुझ ना पायी प्यास ।
मर कर जीते वीर वे, उज्ज्वल वह इतिहास ।। 563

संगीत श्री शिवाजी चरित्र राग-छंद माला, पुष्प 131

# 46. Story of Rani Padmini, 1303 AD

(खिलजी)

**स्थायी**

**आला ग मेला! वात्रट खिलजी आला ।**

♫ मम प मग-, -सांनिनिनि धममपध म-म ।

**अंतरा-1**

**घेऊनी सैन्य तो, लंपट आला, पद्मिनी शरण न त्याला ।**

♫ -म-धनि सां-सां सां, -नि-सांसां धसांनिध, -निनिनि निरेंसां नि धपनि-ध ॥

**अंतरा-2**

**वीरांगनांनी, जौहार केला, काहीं न खेद ग! त्याला ।**

**अंतरा-3**

**मारूनी काका, सुलतान झाला, मुळी न लाज, ग! त्याला ।**

**अंतरा-4**

**क्रूर नराधम वापस गेला, काळीख त्याच्या कुळाला ॥**

**संगीत श्री शिवाजी चरित्र राग-छंद माला, पुष्प 132**

(राणी पदमावती)

**स्थायी**

**राजस्थान की पावन देवी, रानी पद्मावती ।**

**वो तो, नारी जगत महान थी ।**

**जिसे, सानी कोई न थी ॥**

♫ सां-रेंसांसां-सां ध सां-रेंसां सां-सांनि, निरेंसांनि, धपगमपनि- - - - ।

ध प, म-म- ममप मनिप-म ग- - - - ।

सासा, ध-ध-प धपनिध पम- - - - - - ॥

**अंतरा-1**

**जग मे. सुंदर, नारी अनुपम, नैतिक उसकी बुद्धि ।**

# 46. Story of Rani Padmini, 1303 AD

धर्मचारिणी वह तो नारी, सीता जैसी सती ।। जिसे ...

♪ धध ध- ध-धध, ध-ध- निनिनिप, पनिपम गगपम म- - - म- - - ।
सां-रें सां-सांसांध सांसां रेंसां सां-सांनि, निरेंसांनि धपगम पनि- - - ।। धप...

अंतरा-2

पतिव्रता वह, नीति निपुण थी, राजस्थान की शान थी ।
लक्ष्मी का अवतार धरा पर, मेवाड़ की जान थी ।। जिसे ...

  संगीत श्री शिवाजी चरित्र राग-छंद माला, पुष्प 133

(राणी पदमावती)

स्थायी

राजस्थानी, देवी पावन, राणी पद्मावती ।
श्री लक्ष्मीचे प्रतिरूप ती, जशी, दूजी न कोणीं ।।

♪ सां-रेंसांसां-सांध, सां-रेंसां सां-सांनि, निरेंसांनि, धपगमपनि- - - ।
धप, म-म- ममप मनिप-म ग- - - ।
सासा, ध-ध-प धपनिध पम- - - - - - ।।

अंतरा-1

पतिव्रता ती सुशील अनुपम, जगतीं सुंदर नारी ।
तिची कीर्ति त्रिभुवन गामी, जशी अन्य न कोणीं ।।

♪ धध ध- ध-धध, ध-ध- निनिनिप, पनिपम गगपम म- - - म- - - ।
सां-रें सां-सांसांध सांसां रेंसां सां-सांनि, निरेंसांनि धपगम पनि- - - ।। धप...

अंतरा-2

दीनकरुण ती, नीति निपुण ती, प्रजाप्रिय ती माता ।
तिची माया ममता न्यारी, तशी धन्य न कोणीं ।।

47. Expansion of the Sultani power in the south, 1307 AD

# YEAR 1307

## ४७. दक्षिणेत यवनांचा प्रसार
## 47. Expansion of the Sultani power in the south, 1307 AD

(वरंगळ 1307)

**ओवी॰** **सन तेराशे सात** । तेरा वर्षांच्या आत । झाला पूर्ण घात । देवगिरीचा ।। 657 ।। वजीर मलिक कफूर । सेना घेउनी त्यानंतर । आक्रमतो वरंगळ[97] वर । काकतीयाच्या ।। 658 ।। बघुनी ती स्वारी उग्र । राजा श्रीप्रतापरुद्र । गेला शरण तो भद्र । वजीराला ।। 659 ।। दिली त्याने खंडणी भारी । हीरे-मालमत्ता[98] सारी । झाला मांडलिक द्वारी । कफूराच्या ।। 660 ।। खिलजी आता आनंदात । शिरूं लागला दख्खनात । कराया सर्व आत्मसात । दक्षिणेचे ।। 661 ।।

**दोहा॰** **सन तेरह-सौ-सात में, हुई देवगिरि नष्ट ।**
**दिल्ली के सुलतान ने, किया राज्य वह भ्रष्ट ।। 564**
**वजीर उस सुलतान का, मलीक-कफूर नाम ।**
**करता धर्म-प्रसार का, उत्सुकता से काम ।। 565**
**सेना भेजी मलिक ने, म्लेच्छों की घमसान ।**
**काकतीय के राज्य का, किया बहुत नुकसान ।। 566**

---

[97] **वरंगळ :** Original Telugu name was Orukkal (the Isolated Rock), that became the site of the rock-fortress of Anumakonda.

[98] **हीरे-मालमत्ता :** The jewels probably included the Supreme Gem Kohinoor (this name it received in 1739), which was obtained from the Golkonda mines, just west of Warangal.

राजा प्रतापरुद्र ने, दिया वरंगल देश ।
समझौते के रूप में, खिलजी बना नरेश ।। 567
दक्षिण में सुलतान का, खुला होगया हाथ ।
धर्म-प्रसारण के लिये, बहुत जोश के साथ ।। 568

48. Further expansion of the Sultani power in the south, 1347 AD

# YEAR 1347

## ४८. दक्षिणेत यवनांचा पुढे प्रसार

## 48. Further expansion of the Sultani power in the south, 1347 AD

(गुलबर्गा 1347–1527)

卐ओवी॰ <u>**सन तेराशे सत्तेचाळीस**</u> । आली देवगिरि मोडकळीस । अळीमिळी–गुपचिळीस । तुकलघाच्या[99] ।। 662 ।। आता नवे घराणे पहा । राजा झाला बहामन शाह । बहामनी राज्याचा महा । हसन गांगू ।। 663 ।। सुलतान पदवी जोडली । देवगिरि त्याने सोडली । गुलबर्गाला नेली । राजधानी ।। 664 ।। हसन आला जेव्हां । पुढे वर्षात दहा । राज्य वाढले महा । बहामनी ।। 665 ।। प्रांत झाले त्याचे चार । <u>**दौलताबाद**</u>, <u>**बरार**</u> । <u>**गुलबर्गा**</u>, <u>**बीदर**</u> । दक्षिणेत ।। 666 ।।

✍दोहा॰ **सन तेरह–सौ–बीस में, खिलजी कुल का अंत ।**
**तुघलक जो राजा बने, दक्षिण में न पसंद ।। 569**
**फिर सन सन्तालीस में, हुआ नया फरमान ।**
**हसन गांगू ने पद लिया, "बहामनी सुलतान" ।। 570**
**स्वतंत्र दिल्ली से हुआ, उनसे नाता तोड़ ।**

---

[99] **तुघलक :** When 19th Delhi Sultan Muh. ibn Tughluq I, the Crazy, (r. 1325-1351) lost his control over his southern capital Devgiri by 1347, Hasan Gangu Abul Muzaffar Ala-ud-din Bahaman Shah (r. 1347-1358) captured Devgiri. He founded the Bahamani Kingdom of Dakkhan (r. 1347-1538, 191 years), independent from Delhi. He moved his capital to Gulbarga and bore the title of Sultan

गुलबर्गा में जा बसा, देवगिरि को छोड़ ।। 571
आगे के दस साल में, बढ़ा बहामनी राज ।
प्रांत चार उसके हुए, तब था यथा समाज ।। 572
गुलबर्गा बीदर तथा, दौलताबाद बरार ।
प्रशासकीय विभाग थे, बहामनी के चार ।। 573

49. Further developments in the Bahamani Kingdom, 1490 AD

# YEAR 1490

## ४९. दक्षिणेत यवनांच्या घडामोडी

## 49. Further developments in the Bahamani Kingdom, 1490 AD

### बिजापुर-बीदर-अचलपूर-अहमदनगर 1490

(बिजापुर, 1490)

卐ओवी॰ सन चौदाशे नव्वद । चार घराणीं आरब्ध । तुटोनी ती कारकीर्द । बहामनी ।। 667 ।।
यूसुफ आदिल खान[100] । आला गादीवर छान । मराठीचा होता मान । या शाहला ।। 668 ।।
लाज त्याला होती थोडी । त्याला मराठीची गोडी । परंतु न द्वेष सोडी । हिंदूंचा तो ।। 669 ।।
पहिले आदिल-शाही । चारांत जे दीर्घ राही । ज्याची राजधानी शाही । बिजापुर ।। 670 ।।

✍दोहा॰ **सन चौदह-सौ-नब्बे चढ़ा । नये जोश के संग ।**
**बहामनी शासन हुआ, चार राज्य में भंग ।। 574**
**युसूफ आदिला खान ने, कहा अलग मैं आज ।**
**स्थान बिजापुर है मेरा, करूँ वहाँ से राज ।। 575**
**आदिल शाही वंश यह, चारों में दृढ़ हाल ।**
**शासन इसका दीर्घ था, लगभग दो-सौ साल ।। 576**

(बीदर 1490)

---

[100] **आदिल शाह :** Abul Muzaffar Yusuf Adil Khan (r. 1490-1510), a powerful minister of Muh. Gawan, and the Governor of the fort of Daulatabad, broke off from Bahamani kingdom in 1490, and founded the Adil Shahi Dynasty of Bijapur (1490-1686), 196 years.

# 49. Further developments in the Bahamani Kingdom, 1490 AD

卐**ओवी**० आदिलचा वजीर बारीद[101] । तुटला तो जैसा वारिद । होऊन स्वतंत्र जलद । वेगळा तो ।। 671 ।। राजकारणी निडर । तुर्की त्याचे पितर । केली राजधानी स्थिर । बीदरला ।। 672 ।। जुने बहामनी नगर । **बीदर** गाव सुंदर । वसले डोंगरावर । किल्ला तिथे ।। 673 ।।

**दोहा**० **वजीर आदिल शाह का, कासिम बारिद खान ।**
**स्वतंत्र वह भी हो गया, बीदर उसका स्थान ।। 577**

(अचलपुर 1490)

卐**ओवी**० तीसरे इमाद शाही । चारांत जे स्वल्प राही । घराणें ते ख्यात नाही । वऱ्हाडचे ।। 674 ।। फतहउल्ला इमाद[102] । अंगात आणुनी उन्माद । दिली नाही त्याने दाद । गुलबर्गाला ।। 675 ।। झुगारुनी बहामनी । उभारुनी दृढ वाहिनी । केली त्याने राजधानी । **अचलपुर**[103] ।। 676 ।।

**दोहा**० **फतहउल्ला इमादने, किया वही फिर काम ।**
**अचलपुर में आ बसा, बरार में जो ग्राम ।। 578**
**सेना उसने की खड़ी, करने को प्रतिकार ।**
**बरार का सुलतान यह, लड़ने हुआ तयार ।। 579**
**इमाद शाही वंश यह, टिका चौरासी साल ।**
**चारों कुल में स्वल्प था, इसका शासन काल ।। 580**

(अहमदनगर, 1490)

---

[101] **बारीद शाह :** Qasim Barid Shah (r. 1492-1504) broke off from the Bahamani Kingdom. He took the title of Sultan and founded the Barid Shahi Dynasty (r. 1492-1619) of Bidar, 127 years.

[102] **इमाद शाह :** Fatahallah Khan (r. 1490-1504), a Hindu convert from Vijayanagar, was a Governor of the fort of Gawilgadh. He captured the city of Mahur and built his capital at Achalpur. He broke off from Gulberga and took the title of Sultan. He founded the Imad Shahi Dynasty (r. 1490-1574) of Achalpur, 84 years.

[103] **अचलपुर** = जुने नंदिवर्धन.

# 49. Further developments in the Bahamani Kingdom, 1490 AD

**卐ओवी॰** निजामशाही चौथे घराणें । जशी संधी त्याच प्रमाणे । बहामनी झाले उताणे । ओळखून ।। 677 ।। मलिक अहमद[104] झाला बंड । केला त्याने सेवेत खंड । घेउनी सेना प्रचंड । फितुर तो ।। 678 ।। झाला स्थिर प्रथम जुन्नरला । दोन वर्ष तिथे स्थिरला । मग **अहमदनगरला** । राजधानी ।। 679 ।।

**दोहा॰ बगावती फिर होगया, अहमद मलिक निजाम ।**
**अहमदशाही वंश का, "निजाम-शाही नाम" ।। 581**

(गोवळकोंडा. 1512)

**卐ओवी॰ सन पधराशे बारा** । आला नवा खतरा । फितुर झाला गड राखणारा । गोलकोंड्याचा ।। 680 ।। राजकारणी कुशल हा । सेनानी अनुभवी महा । सेविले होते सुलतान सहा[105] । कुतुबने ।। 681 ।। **गोळकोंड्याचा** किल्लेदार । वरंगळचा वजीर । कुली कुतुब खंबीर । स्वतंत्र झाला ।। 682 ।। आली नवी कुतुबशाही । कारकीर्द दीर्घ नाही । नवी धाड येऊं पाही । दिल्लीवाली ।। 683 ।।

**दोहा॰ सन पन्द्रह-सौ-बारह में, कुतुब खान को दंभ ।**
**गोलकोंडा स्वतंत्र का, नया राज्य आरंभ ।। 582**
**कुतुब खान का वंश यह, कुतुब-शाह के नाम ।**
**बहामनी से टूट कर, हुआ अलग सुलतान ।। 583**

---

[104] **निजाम शाह :** Malik Ahmad Bahri (1490-1509), son of Nizam-ul-Mulk Hasan Bahri, rebelled against Bahaman Sultan Mahmud (1482-1578) and became independent. He founded the Nizam Shahi Dynasty (r. 1490-1636) of Ahmadnagar, 146 years.

[105] **कुली कुतुब शाह :** Kuli Qutub Khan (r. 1512-1543) served six sultans, namely : 1. Bahamani Sultan Muh. Shah Lashkari (r. 1463-1482) of Warangal; 2. Muh. Shah Bahaman (r. 1482-1518) of Gulberga; 3. Ala-ud-din Imad Shah (1504-1529) of Berar; 4. Yusuf Adil Shah (r. 1489-1510) of Bijapur; 5. Burhan Nizam Shah (r. 1509-1533) of Ahmadnagar; and 6. Amir Barid Shah (r. 1504-1538) of Bidar. In 1518 he was the Governor of the fort of Golkonda. He founded the Qutub Shahi Dynasty (r. 1518-1687) of Golkonda, 169 years. As usual for the Sultans, he was murdered by his son Jamshid (r. 1543-1550).

# Kingdoms and Kings at 1526 AD

# YEAR 1526

## Kingdoms and Kings at 1526 AD

**CONTEMPORARY HISTORICAL STAGE**
**Kingdoms and the Kings.**

Nayak Ruler of **Madura** : Kattyama Kamayya (1524-1526); Nayak Ruler of **Madura** : Chinnappa (1526-1530); Nayak Ruler of **Ikkeri** : Sadashiva Rao (1513-1536); Chera King of **Kerla** : Vir Uday Martand Varma (1516-1535); Raja of **Kochin** : Uni Rama Koil II (1503-1537); Tuluv king of **Vijayanagar** : Krishna Dev Raya (1509-1529); Nizam Shahi Sultan of **Ahmadnagar** : Burhan Shah I (1509-1553); Imad Shahi Sultan of **Brar** : Ala-ud-din Imad Shah (1504-1529); Barid Shahi Sultan of **Bidar** : Amir Barid Shah I (1504-1538); Adil Shahi Sultan of **Bijapur** : Ismail Khan (1510-1534); Qutb Shahi Sultan of **Golkonda** : Quli Qutub Shah (1518-1543); Bahmani Sultan of **Gulbarga** : Waliullah Shah (1523-1526); Bahmani Sultan of **Gulbarga** : Kalimallah Shah (1526-1527); Faruqi Sultan of **Khandesh** : Miran Muh. I (1520-1537); Wodiyar Raja of **Mysore** : Chama Raja III (1513-1553); Gajapati King of **Orissa** : Prataprudra (1497-1540); Ahom king of **Kamrup, Assam** : Dhinga Raja (1497-1539); Sultan of **Bengal** : Nasir-ud-din Nusrat Shah (1519-1532); Malla king of **Kathmandu, Nepal** : Suryamalla (1520-1530); Khilji Sultan **Malwa** : Muh. Shah II (1520-1537); Chauhan king of **Bundi** : Surajmal (1520-1531); Maharawal of **Jaisalmer** : Jait Simha II (1516-1532); Sisodiya Maharana of **Mewad, Udaipur** : Sangram Simha (1509-1528); Guhila Rana of **Mewad, Jodhpur** : Ganga Simha (1515-1532); *Lodi Sultan of **Delhi :** Afghani Sultan Ibrahim Khan Lodi (1517-1526); Swati Sultan of **Kashmir** : Ibrahim I (1526-1527); Shahmiri Sultan of **Kashmir** : Mahmud Shah IV (1520-1527); Muzaffarid Sultan of **Gujrat** : Bahadur Shah (1526-1537); Langah Ruler of **Sindh** : Husain II (1524-1526); Arghun Ruler of **Qandhar** : Mirza Husain (1524-1556); First Portuguese Fort at **Tirumumpara** (1503) and at **Kollam** (1519); 6th Portugese Governor of **Goa** : Dom Philippe Mascarenhas (r. 1524-1526); 7th Portugese Governor of **Goa** : Lope Vaz de Sampaya (r. 1527-1529); + Death of Kabir (1440-1518); Death of 1st. Sikh Guru Shri Nanak Dev (1469-1539).

50. The First Great Battle of Panipat, 1526 AD

# ५०. पानीपतची पहिली लढाई
# 50. The First Great Battle of Panipat, 1526 AD
## बाबर – इब्रहीम लोदी, 1526

(मुगल बाबर)

**ॐओवी॰** तीन संग्राम इतिहासें । झाले विख्यात अति खासें । रणभूमि एकच असे । "पानीपत" ।। 684 ।। पहिले लोदी–बाबरचे[106] । दूजे हीमू–अकबरचे[107] । तिसरे होते पेशव्यांचे[108] । दुराणीशीं ।। 685 ।।

**सन पधराशे सव्वीस** । युद्ध इतिहासात खास । "पहिले" जाणिले ज्यास । पानीपतचे ।। 686 ।। पहिला मुगल बाबर । काबुलचा राजा शूर । निघाला मोहिमेवर । सेनेसह ।। 687 ।। ओलांडुनी लाहोर–नगर । सरहिंद व अंबाला पार । आले मुगल दरोडेखोर । पानीपतला ।। 688 ।। ऐकोनी बाबर आला । एप्रि–एकवीसला । इब्राहीम लोदी आला । रणांगणीं ।। 689 ।। झाली लढाई घनघोर । लोदीचा चालेना जोर । हारोनी युद्ध ते थोर । वध झाला ।। 690 ।। दिल्ली आली मुगलां हातीं । लोदी कुळाची झाली माती । त्यांची न लढण्याची छाती । लोपले ते ।। 691 ।।

---

[106] **पानीपतची पहिली लढाई, 1526 :** The First Battle of Panipat was fought between Afghani Sultan Ibrahim Lodi of Delhi and Afhgani Sultan Babar of Kabul. Ibrahim Khan Lodi was the 40th Sultan of Delhi (r. 1517-1526). Afghani ruler Zahirud-din Babar of Kabul, became the 39th Sultan of Delhi (r. 1526-1530). This Mughal was the descendent of Mongol Chengiz Khan (1162-1227) and Turkish Taimur Langh (1336-1405).

[107] **पानीपतची दूसरी लढाई, 1556 :** The Second Battle of Panipat was fought between Himu and Akbar. Samrat Hemachandra Vikramaditya or Himu (1501-1556) was the last Hindu Emperor who ruled Delhi. The Mughal ruler of Kabul, Abul Fatah Jalal-ud-din Muh. Akbar (1542-1605) became the 49th Sultan of Delhi (r. 1556-1605).

[108] **पानीपतची तिसरी लढाई, 1761 :** The Third Great Battle of Panipat between Afghani invader Ahmad Shah Durani also known as Abdali (1722-1772) of Kabul and the Great Marathas under Peshve Sadashiv Rao (1730-1961) and Peshve Vishvas Rao (1742-1761) of Pune.

# 50. The First Great Battle of Panipat, 1526 AD

✍दोहा॰ तीन युद्ध इतिहास में, "पानीपत" के नाम ।
हुए बहुत विशेष हैं, घोर जिन्हें परिणाम ।। 584
"लोदी-बाबर" नाम से, पहिला जाना जाय ।
"हीमू-अकबर" दूसरा, मुगल राज्य बनवाय ।। 585
लड़े "दुराणी-पेशवे," तीजा युद्ध कहाय ।
कटे मराठे युद्ध में, महाराष्ट्र पछताय ।। 586

(युद्ध)

पन्द्रह-सौ-छब्बीस में, पानीपत का युद्ध ।
दो अफगानों मे हुआ, लोदी-मुगल विरुद्ध ।। 587
दिल्ली में सुलतान था, लोदी इब्राहीम ।
काबुल से बाबर चला, लिये धैर्य निस्सीम ।। 588
पानीपत में रण हुआ, युद्ध हुआ घमसान ।
लोदी जब मारा गया, मुगल बना सुलतान ।। 589

51. Story of Great Rajput Rana Sangram Simha, 1527 AD

# YEAR 1527

## ५१. वीर महाराणा संग्राम सिंहाची कथा
## 51. Story of Great Rajput Rana Sangram Simha, 1527 AD

### राणा संग

**卐ओवी॰** मेवाडचा संग्राम सिंह[109] । नरवीरांत नरसिंह । दूजा न कुणीं इह । योद्धा तैसा ।। 692 ।। सिसोदिया त्याचा वंश । रुद्रभद्राचा तो अंश । शत्रूंचा तो करी ध्वंस । रणांगणीं ।। 693 ।। मेवाडचा राजपूत । सिसोदिया-गुहिलोत । महाप्रतापी विख्यात । सर्वत्र तो ।। 694 ।। तेजस्वी त्याचे वदन । वीरश्री त्याची अगम । निष्ठा त्याची परम । शिवावर ।। 695 ।। संग्रामसिंह महाराणा । देशभक्ति त्याचा बाणा । योद्धा सर्वश्रेष्ठ जाणा । त्या काळचा ।। 696 ।।

(व्यक्तित्व)

**卐ओवी॰** एक डोळा फुटलेला । एक हात तुटलेला । एक पाय मोडलेला । तरी शूर ।। 697 ।। देहावरी अंशी खुणा । धैर्य न त्याचे उणा । आवेश त्याचा दूणा । प्रति रणी ।। 698 ।। लोदीला त्याने लोळविले । अनेक शत्रु पळविले । बहु आश्चर्य घडविले । राणांवर ।। 699 ।। नृपवर राणा संग । अंग-अंग त्याचे भंग । वीरता तरी अभंग । कंज कंज ।। 700 ।। वीजे समान चपळ । हिमाद्रि समान अचळ । विजय त्याचा अढळ । लढाईत ।। 701 ।। जगी अति मशहूर । रणीं शूरांचा शूर । वीर महा धुरंधर । जाणिला तो ।। 702 ।। जिंकला तो सदा युद्ध ।

[109] **राणा संग :** Sisodiya Maharana Sangram Simha (1482-1528, r. 1509-1527), was the great grandson of Maharana Kumbha (r. 1433-1468) of the Guhilot-dynasty of Bappa Rawal (r. 730-753) of Chittod, Mewad, Rajasthan.

# 51. Story of Great Rajput Rana Sangram Simha, 1527 AD

नाना शत्रूंच्या विरुद्ध । झाला सधन समृद्ध । अतोनात ।। 703 ।। उडवी अरींचा फडशा । वाघातोंडी शेळ्या जैशा । शत्रु पडतीं तोंडघशा । ह्याच्या पुढें ।। 704 ।। अफाट त्याचे मनोबळ । भुजा तयाच्या प्रबळ । हृदय त्याचे सढळ । सिंधु जैसा ।। 705 ।। सगळ्यांहुनी सरस । विजयश्रीचा कळस । अढळ त्याचा विश्वास । निरंतर ।। 706 ।। ज्याचे मनीं नाही शंका । सर्वत्र वाजला डंका । विदित जो रावां-रंकां । या जगती ।। 707 ।।

**संगीत श्री शिवाजी चरित्र राग-छंद माला, पुष्प 134**

**गीत : राग रत्नाकर, कहरवा ताल 8 मात्रा**

(राणा संग)

**स्थायी**

**राणा संग नांव, देही अंशी घाव ।**
**टाकिले अंग, मायभूमि साठी ।।**

♫ नि़-रे गमं प-प, ध-प मं-ग मं-मं- ।
नि-धप ध-ध-, प-मंग-मं ग-ग- ।।

**अंतरा-1**

**चित्तोड त्याची, राजधानी छान, मेवाड त्याचे, जीव की प्राण ।**
**राणावरी त्याने, तन मन सर्व, केले बलिदान, मायभूमि साठी ।।**

♫ प-मं-ग प-प-, ध-पमं-ग ध-ध-, सां-नि-ध प-प-, ध-पमं ग-ग- ।
नि़रेगमं प-प-, धप मंग मं-मं-, निध पपध-ध-, प-मंग-मं ग-ग- ।।

**अंतरा-2**

**संग्राम सिंग, पोलादी अंग, ध्वग त्याचा भगवा, केशरी रंग ।**
**हातीं तलवार, गाजली फार, केले त्यानी युद्ध, मायभूमि साठी ।।**

**अंतरा-3**

**त्याचा राजस्थान, जगामधीं मान । अति शौर्यवान, पुत्र जयाचे ।**
**ज्यांचे गुणगान, गाती कवि संत, झटले ते वीर, मायभूमि साठी ।।**

# 51. Story of Great Rajput Rana Sangram Simha, 1527 AD

(आणि)

**卐ओवी॰** ध्यास ज्यास रात दिन । क्षणैक विश्रांति विण । धैर्य न कदापि क्षीण । रत्ती भर ।। 708 ।। राज्यरक्षा त्याचे ब्रीद । शस्त्र-कला विशारद । कधीं न तया विषाद । लवलेश ।। 709 ।। मायभूमीची तळमळ । बंधुभावांची कळकळ । दिवंगतांची हळहळ । त्याचे मनीं ।। 710 ।। निष्ठा तयाची अढळ । धृति त्याची अटळ । झाली न जी डळमळ । कादापि ही ।। 711 ।। झाली न त्याची हार । केले शत्रु-संहार । प्रबळ खड्ग-प्रहार । रणांगणीं ।। 712 ।। कुणाचे हात काटतो । कुणाची मुंडी छाटतो । रणचंडी तो वाटतो । विरोधींना ।। 713 ।। भयप्रद त्याचा आवेश । जोशप्रद केशरी वेश । ओतप्रोत त्याचा त्वेश । खड्ग हाती ।। 714 ।। वेग त्याचा प्रचंड । स्फूर्ति त्याची अखंड । धैर्याचा तो मार्तंड । राणा संग ।। 715 ।। जैसा तो विक्रमी घोर । तैसा तो दानी थोर । सप्तरंगी जैसा मोर । बहुगुणी ।। 716 ।। राणा संग रणजीत । युद्धांत अपराजीत । शौर्यात कथनातीत । एकमात्र ।। 717 ।। तयासीं तुळणा कैसी । कौन्तेय अर्जूनाजैसी । इतिहासे दुर्मिळ ऐसी । पौरुषता ।। 718 ।।

(आणखी ही)

**卐ओवी॰** राजस्थानचा हा वीर । प्रचंड जो रणधीर । रणांगणीं तो खंबीर । महायोद्धा ।। 719 ।। संग्रामसिंहाची कीर्ति । देई शूरवीरांना स्फूर्ति । शंभुरूप त्याची मूर्ति । सर्वमनीं ।। 720 ।। बाप्पा रावळ सम शूर । वीर-रसाने भरपूर । संकटें पळतीं दूर । त्यापासोनी ।। 721 ।। राजपूत तो आर्य । करी कर्तव्य कार्य । प्रकट त्याचे औदार्य । घडीं घडीं ।। 722 ।। लढवैया तो सर्वोत्तम । पुरुषांत पुरुषोत्तम । राणा नृपांत महत्तम । सर्वश्रुत ।। 723 ।। चित्तोडच्या सिंहाची ख्याति । नरवीर समग्र गातीं । नाम स्मरण त्याचे ध्यातीं । घरोघरीं ।। 724 ।।

(तसेंच)

**卐ओवी॰** राणा हा स्वार महान । अश्व त्याचा गतिमान । पळे शीघ्र तूफान । वायु सम ।। 725 ।। अश्व तो बुद्धिमान । वेळ-काळाचे त्याला भान । रक्षावया स्वामी-प्राण । जागृक तो ।। 726 ।। पांढरा शुभ्र त्याचा रंग । डौलदार त्याचा ढंग । आकर्षक त्याचे अंग । इन्द्राश्व तो ।। 727

# 51. Story of Great Rajput Rana Sangram Simha, 1527 AD

।। लढला लढाया कित्येक[110] । जिंकला रण प्रत्येक । माघारला मात्र एक । "खानवा" ची ।। 728 ।।

## महाराणी करुणावती

卐ओवी॰ राणी त्याची करुणावती । अप्सरे सम रूपवती । सीते सम श्रेष्ठ सती । साक्षात् लक्ष्मी ।। 729 ।। बुद्धिमान सरस्वती । तारा[111] सम तिची नीति । रामा सम जिचा पति । भाग्यशालिनी ।। 730 ।। चित्तोडची राजमाता । प्रजा तिचे सुत-सुता । स्नेहभाव आणि ममता । अनुपम ।। 731 ।। मेवाड गाई तिची स्तुति । राणा पुरुष, ती प्रकृति । देव-देवीची आकृति । जनमनीं ।। 732 ।। प्रजेचे पाही योग-क्षेम । मुलांसम त्यांसीं प्रेम । मातृभूमि तिचे हेम । जीवापाड ।। 733 ।। सावित्रीसम पतिव्रता । गंगेसम पवित्रता । दामिनीसम क्षिप्रता । तिचे अंगी ।। 734 ।। राणाजींची ती शक्ति । शंकराशीं तिची भक्ति । गंधर्व-किन्नर प्रभृति । गातीं स्तुति ।। 735 ।। राजस्थानची उन्नति । जनगण मन जागृति । नीति प्रीति धृति द्युति । तिचे गुण ।। 736 ।। सेवाभावाची ती नदी । राज्यचिंता पदोपदीं । मेवाडची ऋद्धि-सिद्धि । हिच्यामुळे ।। 737 ।।

दोहा॰ **महाराज मेवाड का, योद्धा राणा संग ।**
**धुरंधरों में धीर था, रणवीरों में सिंह ।। 590**
**महाप्रतापी ख्यात था, सिसोदिया का वंश ।**
**अनन्य भट निष्णात था, राजपूत शिव अंश ।। 591**
**निशान जिसके देह पर, सिर से लेकर पाँव ।**
**लगे विविध विध शस्त्र के, रण में अस्सी घाव ।। 592**
**देशभक्त उस वीर के, सदा जयश्री साथ ।**
**फूटा लोचन एक था, एक टाँग अरु हाथ ।। 593**
**समितिंजय इस वीर ने, कभी न पायी हार ।**

---

[110] **लढाया :** Battles of Idar, Ahmadnagar, Bilasnagar, Gujrat, Khatoli, Malwa, Delhi, etc.

[111] **तारा :** The righteous queen of Bali, the king of Kishkindha. See Story No. 180, page 1202, Sangīt-Shrī-Rāmāyan, ISBN **978-1-897416-81-5.**

# 51. Story of Great Rajput Rana Sangram Simha, 1527 AD

लोदी सम सुलतान को, दीन्हीं इसने मार ।। 594
जीते इसने रण सभी, खातोली, गुजरात ।
इदार, अहमदनगर भी, विराम-बिन दिन रात ।। 595

(और)

बिजली सम चंचल बड़ा, अश्व-सवार अनूप ।
अचल शैल सम दृढ़ खड़ा, चितौड़गढ़ का भूप ।। 596
अतुल मनोबल धैर्य का, प्रबल भुजा का वीर ।
उदार हिरदय कर्ण सा, गहरा सागर नीर ।। 597
उसकी सेना पर उसे, अटल सदा विश्वास ।
किसी समस्या घोर से, हुआ कभी न उदास ।। 598
राज्य सुरक्षा ही उसे, सबसे बढ़ कर काम ।
लीन प्रजा उसकी सदा, देश प्रेम के नाम ।। 599
मतृभूमि का भक्त वो, सदय प्रजा का पाल ।
वीर पूर्वजों का करे, आदर समग्र काल ।। 600

(और भी)

धीरज का वह मेरु था, वदन तेज मार्तंड ।
नस-नस में बहती सदा, सरिता-स्फूर्ति अखंड ।। 601
कीर्ति गान इस सिंह के, गाते वीर अनंत ।
घर-घर में स्तुति संग की, जिसे न कोई अंत ।। 602
महा विक्रमी संग था, बाप्पा रावल रूप ।
वही उसे आदर्श था, राणा सूर्य स्वरूप ।। 603
घोड़ा उसका शुभ्र था, धौला सफेद रंग ।
विद्युत गति से दौड़ता, सवार राणा संग ।। 604
ऊँचा तगड़ा अश्व वो, चिकना उसका अंग ।
चलता सुंदर चाल से, शानदार सा ढंग ।। 605

## 52. The Battle of Khanwa, 1527 AD

(तथा ही)

रानी राणा संग की, करुणावति प्रख्यात ।
रूपमती लावण्य थी, सरस्वती साक्षात ।। 606
माता वह चितौड़ की, राजनीति विद्वान ।
देवी वह मेवाड़ की, राणा जी की शान ।। 607
घोड़ा उसका दौड़ता, वायु वेग, सह जोश ।
वैरी डरते संग से, निहार उसका रोष ।। 608

## ५२. खानवा ची लढाई, १५२७
## 52. The Battle of Khanwa, 1527 AD

ओवी॰ सन पंधराशे सत्तावीस । राजपूतांचा होईल ऱ्हास । मुगल येतील उदयास । दिल्लीपति ।। 738 ।। आले संकट प्रबळ । लोदी झाले नष्ट समूळ । राजपुतान्यावर झळ । मुगलांची ।। 739 ।। राणा संग झाला उभा । मुगलांना न देण्या मुभा । कराया म्लेंच्छांचा सूभा । राजस्थान ।। 740 ।। आले चंदेरी, अंबर । आले बुंदी अजमेर । नव्हतेच गत्यंतर । विघ्नापुढे ।। 741 ।। खानव्याला झाले युद्ध । बाबरी सैन्य होते सिद्ध । राणा संगाचे विरुद्ध । धर्मांधळे ।। 742 ।। मुगल सैन्य पर्याप्त । कराया मेवाड व्याप्त । बंदुका-तोफांनी युक्त । बाबराचे ।। 743 ।। गोळे तोफांचे आदळले । काहींचे धैर्य गळाले । मदतनीस पळाले । रण सोडुनी ।। 744 ।। मदतनीस होते भोळे । कधी न पडले गोळे । बघुनी दीपले डोळे । घाबरले ।। 745 ।। राणा संगाची सेना । रणातुनी हटेना । हारली ती किंबहुना । प्रथम वार ।। 746 ।। मुगल जिंकले तथापि । रक्त पिपासु होते पापी । झाली सुरू कापाकापी । राजपूतांची ।। 747 ।। धारातीर्थ झाले पति । वीरांगना न पडल्या हातीं । हाजारों त्या गेल्या सती । जौहारात ।। 748 ।।

दोहा॰ फिर सन सत्ताईस में, आया संकट घोर ।
राजपूत-इतिहास में, आये मुगल अघोर ।। 609
लोदी दिल्ली के लड़े, हुए पूर्ण बरबाद ।
आया बाबर तख्त पर, मुगल हुए आबाद ।। 610

## 52. The Battle of Khanwa, 1527 AD

मुगलों ने मेवाड पर, तानी जब थी तोप ।
तुरंत राणा संग ने, उनको दीन्हा रोक ।। 611
युद्ध भूमि थी खानवा, करने को संग्राम ।
चार और नृप आगये, मातृ भूमि के नाम ।। 612
अंबर, चंदेरी तथा, बुंदीगढ़, अजमेर ।
राजस्थानी सैन्य ने, रण लीन्हा तब घेर ।। 613
राजपूत तलवार से, लड़े खूब रणवीर ।
मुगल तोप बंदूक से, किये वार गंभीर ।। 614
हुआ युद्ध घमसान था, बारुद की बौछार ।
गोले तोपों से गिरे, रण पर हाहाकार ।। 615
साथी राणा के डरे, छोड़ दिया संग्राम ।
राणा लड़ता रह गया, बिना किये विश्राम ।। 616
काटाकाटी फिर हुई, गिरे धनाधन वीर ।
युद्ध विसर्जित होगया, राणा बचा सुधीर ।। 617
राणा आहत था हुआ, गया राज्य से दूर ।
करने को सेना नयी, रणवीरों की शूर ।। 618
मगर देह वह तज गया, कुछ ही वर्षों बाद ।
इतिहास इस महान को, रखे हमेशा याद ।। 619
दिल्ली में अब होगया, बाबर[112] का अधिकार ।
बचा न कोई सूरमा, करने को प्रतिकार ।। 620

---

[112] **बाबर :** Babar became the founder of the Mughal Dynasty (r. 1526-1858, 332 yrs). The 40th Sultan of Delhi, he quickly extended his sway up to Ayodhya, where he demolished Shri Rama Temple to build "Babri-Masjid" over it.

# 52. The Battle of Khanwa, 1527 AD

 संगीत श्री शिवाजी चरित्र राग-छंद माला, पुष्प 135

राग : यमन कल्याण

छंद : भुजंगप्रयात

(राणा संग)

### स्थायी

महावीर मेरा, महा संग राणा ।

♪ ऩिरे-ग-म॑ प-प-, धप- म॑-ग रे-सा- ।

### अंतरा-1

किसी शख्स से ना, गिरा सूरमा ये,

किसी दुक्ख से ना, दुखा आतमा ये ।

खुशी से इसी के, स्तुति गीत गाना ।।

♪ ऩि म॑- ग-म॑ ग- म॑-, प म॑- ग-रे ग- म॑-,

प म॑- ग-रे ग- म॑-, ग-रेसा- सा- ।

सारे- ग- म॑ग- म॑-, धप- म॑-ग रे-सा- ।।

### अंतरा-2

इसे देह पर घाव अस्सी हुए थे ।

अगर पाँव, कर, आँख आहत भए थे ।

तभी जंग में जीतता ये शहाणा ।।

### अंतरा-3

इसे धर्मवीरों का है वीर माना ।

इसे कर्मवीरों का भी वीर माना ।

महा शूर योद्धा यही एक जाना ।।

# 52. The Battle of Khanwa, 1527 AD

# YEAR 1556

**CONTEMPORARY HISTORICAL STAGE**
**Kingdoms and the Kings.**

Nayak of **Madura** : Vishvanath Nayak (1529-1564); Nayak of **Ikkeri** : Dodda Sakanna (1536-1570); Nayak of **Tanjavur** : Shivappa (1549-1572); Raja of **Vennad, Kerla** : Ramavarma I (1545-1556); Raja of **Kochin** : Vira Keral Varma I (1537-1565); Ali Raja of **Cannanore** : Ali Adil I (1545-1591); Tuluv king of **Vijayanagar** : Sadashiva Raya (1542-1570); Aravidu King of **Vijayanagar** : Rama Raya (1542-1565); Nizam Shahi Sultan of **Ahmadnagar** : Husain Shah I (1553-1565); Imad Shahi Sultan of **Brar** : Darya Imad (1529-1560); Barid Shahi Sultan of **Bidar** : Ali Barid (1538-1582); Adil Shahi Sultan of **Bijapur** : Ibrahim I (1535-1557); Qutb Shahi Sultan of **Golkonda** : Ibrahim (1550-1581); ***End of Bahamani Kingdom** at **Gulberga** (1347-1538); Faruqi Sultan of **Khandesh** : Miran Mubarak Shah II (1537-1566); Wodiyar Raja of **Mysore** : Timma Raja II (1553-1572); Rani of **Charuagadh, Gondwana** : Durgavati (1545-1564); Bhoi King of **Orissa** : Raghunath Jena (1556-1559); Ahom king of **Kamrup, Assam** : Khora Chapha Shukhan (1553-1603); Sultan of **Bengal** : Bahadur Shah Khizar Khan Sur (1554-1560); Malla king of **Kathmandu, Nepal** : Narendra Malla (1538-1560); Khilji Sultan **Malwa and Gujrat** : Ahmad Shah II (1553-1561); Sultan of **Mandu** : Baz Bahadur (1556-1562); Chauhan king of **Bundi** : Surjansimha (1554-1585); Bhati Rawal of **Jaisalmer** : Malladeva (1550-1561); Sisodiya Rana of **Mewad, Udaipur** : Udaysimha II (1537-1572); Rathod Rana of **Mewad, Jodhpur** : Malladeva (1532-1584); Rathod Rana of **Marwad , Bikaner** : Kalyan Simha (1542-1571); Kachhawaha Rana of **Ambar-Jaipur** : Bharmalla (1547-1559); *Mughal Sultan of **Delhi** : Nasir-ud-din Humayun, 2nd term (1555-1556); Swati Sultan of **Kashmir** : Ismail (1555-1557); Chak Sultan of **Kashmir** : Habib Shah (1556-1561); Muzaffarid Sultan of **Gujrat** : Ahmad Shah II (1554-1561); Jadeha Rao of **Kachchha** : Khengar I (1548-1585); Langah Ruler of **Sindh** : Husain II (1524-1526); Arghun Ruler of **Qandhar** : Mirza Husain (1524-1556); 19th Portugese Governor of **Goa** : Francisco Baretto (1555-1558); + 1st Christian Missionary Francis Xavier (1506-1552) in Goa (1542-1545); Death of Meerabai (1450-1547); Death of Surdas (1479-1586).

53. The Second Great Battle of Panipat, 1556 AD

# ५३. पानीपतची दूसरी लढाई
# 53. The Second Great Battle of Panipat, 1556 AD

## महाराजा विक्रमादित्य हीमू – अकबर 1556

卐ओवी॰ <u>सन पंधराशे छप्पन</u> । हीमूचे दिल्ली शासन[113] । लढाईत त्याचे पतन । पानीपतला ।। 749 ।। सिकंदर सूर[114] चा प्रधान । सेनानी शूर महान । हीमू वीर ब्राम्हण । दिल्लीपति ।। 750 ।। पाहुनी ती संधि सोनेरी । सैन्याची करोनी तयारी । अकबराने[115] केली स्वारी । हीमूवर ।। 751 ।। काबुल, लाहोर, जालंदर । सरहिंद अंबाला पार । आला चालोनी अकबर । पानीपतला ।। 752 ।। हीमू सेना झाली सिद्ध । घनघोर झाले युद्ध । हारोनी हीमू झाला बद्ध । वध झाला ।। 753 ।। अकबर दिल्लीचा सुलतान । मुगल जाणला महान । हिंदूंचा करोनी सन्मान । लोकप्रिय ।। 754 ।।

✍दोहा॰ **शाह सिकंदर सूर के, हीमू सचिव महान ।**
**दिल्ली के राजा बने, शिकस्त कर सुलतान ।। 621**
**हीमू ब्राह्मण वीर थे, प्रखर तेज आदित्य ।**
**दिल्ली के राजा बने, नाम विक्रमादित्य ।। 622**
**सन पन्द्रह छप्पन्न में, आया फिर तूफान ।**
**पानीपत में रण हुआ, "युद्ध-दूसरा नाम" ।। 623**
**सुन दिल्ली की क्रांति को, काबुल का सुलतान ।**

---

[113] **हीमू :** While Nasir-ud-din Humayun (1508-1556), the 2nd Mughal Sultan of Delhi (First term 1530-1556) was in exile for 15 years (1540-1555), Himu took the title of Raja Vikramaditya and ruled Delhi (1555-1556)

[114] **सिकंदर सूर :** Ahmad Khan Sur Sikandar Shah III, the 44th Dehli Sultan (r. 1554-1555)

[115] **अकबर :** Jalal-ud-din Akbar (1542-1605) of Kabul, became the 3rd Sultan (r. 1556-1605) of Mughal Dynasty (r. 1526-1857) of Delhi.

## 53. The Second Great Battle of Panipat, 1556 AD

अकबर भारत आगया, करने काम तमाम ।। 624
पानीपत में जब रुका, अफगानी सुलतान ।
हीमू लड़ने चल पड़ा, लेकर सब सामान ।। 625
हीमू-अकबर का हुआ, घमासान जब युद्ध ।
हीमू आहत होगया, और हुआ बेशुद्ध ।। 626
हीमू जब पकड़ा गया, उस अकबर के हाथ ।
सिर उसका उड़वादिया, कुत्सितता के साथ ।। 627
हुमायून[116] फिर से बना, दिल्ली का सुलतान ।
उसी साल वह मारा गया, अकबर पाया स्थान ।। 628
अकबर नव सुलतान का, शुरू वही फिर काम ।
मुगल राज्य को लादना, जिसे लगा न लगाम ।। 629

---

[116] **हुमायून :** Humayun (1508-1556), the 41th Sultan of Delhi (r. 1530-1540) was overthrown by Farid-ud-din Sher Shah Sur (1486-1545, r. 1540-1545), the 42nd Sultan. On Akbar's victory at Panipat (1556) he became Sultan of Delhi 2nd time. He was soon murdered or died the same year.

54. The Great Battle of Talikot, 1565 AD

# YEAR 1565

## ५४. तालीकोट ची लढाई, विजयनगर चा अंत
## 54. The Great Battle of Talikot, 1565 AD

### तालीकोट उर्फ राक्षसीतंगडी, 1565

卐ओवी॰ सन पंधराशे पासष्ट । झाले प्रसिद्ध तालीकोट । म्लेंच्छांचे यत्न अटोकाट । हिंदूंविरूद्ध ।। 755 ।। नष्ट होते बहामनी । जुने राज्य झुगारुनी । आलीं नवीन घराणीं । त्यांचे जागी ।। 756 ।। एकगट राजे पाच[117] । तालीकोटला झाले कूच । खेळावया डावपेंच । लढाईचे ।। 757 ।। हिंदू राजा रामराया[118] । पुढे आला लढावया । यत्न शांतीचे गेले वाया । नाइलाज ।। 758 ।। दोन्हीं सेना झाल्या सिद्ध । एकमेकांच्या विरुद्ध । घनघोर झाले यद्ध । हारले हिंदू ।। 759 ।। रामराया झाला बद्ध । त्याचा केला शिरच्छेद । वियनगर झाले ध्वस्त । कापाकापी ।। 760 ।। राज्यात कत्लेआम । जसे त्यांचे सदा काम । घेउनी धर्माचे नाम । अरे! अरे! ।। 761 ।।

✍दोहा॰ **पन्द्रह-सौ-पैंसठ चढ़ा, अवलक्षण के साथ ।**
**विजयनगर-ऐश्वर्य का, ले आया अधपात ।। 630**
**जुटे पाँच, षडयंत्र में, दक्षिण के सुलतान ।**

---

[117] **पंच-म्लेंच्छ संघ :** Bahamani kingdom of Gulbaerga being demolished in 1538, the new sultans were : **1.** Husain Nizam Shah of Ahmadnagar (r. 1554-1565), **2.** Ibrahim Qutub Shah of Golkunga (r. 1550-1581), **3.** Burhan Imad Shah of Berar (r. 1560-1568); **4.** Ali Barid Shah of Bidar (r. 1538-1582) and **5.** Ali Adil Shah of Bijapur (r. 1557-1580).

[118] **रामराया :** Shri Ramaraya of Vijayanagar (r. 1543-1565), the most important ruler of the Tuluva Dynasty of Vijayanagar (r. 1505-1570)

हिंदुराष्ट्र-संपन्न को, करने नष्ट तमाम ।। 631
विजयनगर का राष्ट्र ये, पृथ्वी पर था स्वर्ग ।
वैभवशाली सधन था, अमन शांति परिपूर्ण ।। 632
रामदेव जब राज्य से, गए हुए थे दूर ।
सुलतानों को मिल गया, मौका तब भरपूर ।। 633
कीन्हा हमला पाँच ने, समझौता दुतकार ।
मिला विजय षड्यंत्र को, रामदेव को मार ।। 634
सुलतानों ने फिर किया, जनपद जन संहार ।
भीषण कत्लेआम को, हुआ नहीं प्रतिकार ।। 635
तालिकोट का युद्ध यह, हारा हिंदु-समाज ।
दक्षिण में अब दृढ़ हुआ, सुलतानों का राज ।। 636

# 55. Story of Great Rajput Rana Pratap Simha, 1576 AD

# YEAR 1576

## ५५. वीर महाराणा प्रताप सिंहाची कथा
## 55. Story of Great Rajput Rana Pratap Simha, 1576 AD

  संगीत श्री शिवाजी चरित्र राग-छंद माला, पुष्प 136

राग बिलावल, तीन ताल 16 मात्रा

(शंकर भोले!)

**स्थायी**

गौरी शंकर नटवर भोले! डम डम डम डम डमरू बोले ।

♪ सां-धप मगमरे गमपग मरेसा-, साग मरे गप निनि सांसांरेंसां निधप- ।

**अंतरा-1**

गंगा बहती काली जटा से, नाग गले में तुमरे डोले ।

♪ प-प- धधनि- सां-सां सांरेंसां-, सांगंमं गंरेंसांधप गमपग मरेसा- ।

**अंतरा-2**

तांडव नाचत प्रलय कराने, नैन तीसरे तुमने खोले ।

**अंतरा-3**

त्रिशूलधारी! की मरजी से, कभी शोले कभी पड़ते ओले ।

56. The Great War of Haldighat, 1576 AD

## उदयपुरचा राणाप्रताप सिंह, 1576

卐ओवी॰ वीर राणा प्रताप सिंह[119] । मायभूमीशीं त्याचा स्नेह । राणा संग पितामह । चित्तोडचा ।। 762 ।। संग्रामसिंहाचा नातु । राज्यरक्षा एक हेतु । न हवी इतर वस्तु । ह्या वीराला ।। 763 ।। उदयपुर त्याची गादी । धर्मरक्षा त्याची नांदी । मुगलांची अंदाधुंदी । चोहीकडे ।। 764 ।। ऊंचपूरा, देखणा । रुंद छाती, ताठ कणा । उदयपुरचा राणा । प्रतापसिंह ।। 765 ।। तोंडावर त्याच्या लाली । विशालता त्याच्या भाली । अंगी त्राणवस्त्र घाली । उठावदार ।। 766 ।। गळ्यामध्ये रुद्रमाला । हातात लोखंडी भाला । मुखावर तेज ह्याला । इन्द्रासम ।। 767 ।। डोळे केस काळे भोर । माथ्यावर चंद्रकोर । अंगामध्ये हत्तीजोर । महायोद्धा ।। 768 ।। पीळदार त्याचे अंग । गौर त्याचा त्वचा-रंग । आकृतीने होतीं दंग । बघणारे ।। 769 ।। स्फूर्ति त्याची अतोनात । भाट-कवि स्तुति गात । भक्तिपूर्ण सुर सात । आनंदाने ।। 770 ।। अंगी त्याच्या जोश भारा । देह पुलकित सारा । "एकलिंगजी!" चा नारा । चला पुढे ।। 771 ।।

## ५६. हळदीघाट ची लढाई
## 56. The Great War of Haldighat, 1576 AD

卐ओवी॰ <u>सन पंधराशे छहात्तर</u> । आली गदा मेवाडवर । आला चालोनी अकबर । दिल्लीवाला ।। 772 ।। अफाट ती मुगल सेना । अंत कुठे तिचा दिसेना । हत्ती घोडे शस्त्र नाना । मारेकरी ।। 773 ।। परभूमिआक्रमक । परस्त्री लज्जालुंठक । परस्वातंत्र्य वंचक । धर्मांधळे ।। 774 ।। मूर्ति-मंदिर भंजक । अत्याचारात रंजक । मूढबुद्धीचे मातंग । स्वेच्छाचारी ।। 775 ।। अकबर त्यांचा राजा । औरंगजेबाचा आजा । आला भारतात ताजा । काबुलचा ।। 776 ।।

---

[119] **राणा प्रताप :** Maharana Pratap Simha (1540-1597, r. 1572-1597) of Udaypur, was the grandson of great Maharana Sangram Simha (r. 1509-1527) of Chittod, Mewad, Rajasthan.

# 56. The Great War of Haldighat, 1576 AD

इकडोनी आले वीर । राजपूत रणशूर । रणनीति धुरंधर । मेवाडचे ।। 777 ।। "एकलिंगजी!" चे नारे । हर! हर! गातीं सारे । प्राणप्रणीं लढणारे । राजपूत ।। 778 ।। ओलांडुनी वाळवंट । अरवली ची वनवाट । रणभूमि हळदीघाट । संघर्षाला ।। 779 ।।

मुगल एक-लाखावर । राजपूत बारा-हजार । दहांना एकाचा मार । हे प्रमाण ।। 780 ।। दहांना एक भारी । पसरले दिशां चारीं । मग युद्ध ललकारी । "एकलिंगजी!" ।। 781 ।। आरंभ झाली कापाकापी । कटले अर्ध-लाख पापी । अकबर धृष्ट तथापि । हत्यावर ।। 782 ।। आला राणाप्रताप तेथ । हौदा अकबराचा जेथ । युद्ध झाले सुरू अथ । सदसच्चे ।। 783 ।। नैतिकताऽनैकतेचे । सदाचार-दुराचाराचे । स्वातंत्र्य-आक्रमकांचे । धर्माधर्माचे ।। 784 ।। प्रताप मुगलांविरुद्ध । लढतो ते कसोटी-युद्ध । कुणाला न कुणाची शुद्ध । अस्ताव्यस्त ।। 785 ।। चोही कडे अंदाधुंद । वाट घाटीची अरुंद । तिथे सुरक्षित खाविंद । मुगलांचा ।। 786 ।। त्याला बघुनी हर्षावला । राणा प्रताप सरसावला । घोडा तिकडे वळविला । बहु वेगे ।। 787 ।।

卐ओवी॰ राणा उमद्या घोड्यावर । उभा अकबरा समोर । दृष्टिक्षेप एक नजर । म्लेंच्छाकडे ।। 788 ।। बघोनी तो त्याचा भाला । तेजस्वी यमदूताला । क्षणेंच दचकोनी भ्याला । अकबर ।। 789 ।। पाहुनी त्याचे मुख तेज । मुगल पडला निस्तेज । म्हणे, "मुझे ये देगा भेज । पाताळ में" ।। 790 ।। "कभी न देखा ऐसा वीर । रणभूमि पर रणधीर । लगाता है आलमगीर । महायोद्धा" ।। 791 ।। "आखों में इसके आग । देख ठिकाने जाते भाग । साक्षात ये वासुकि नाग । डस देगा" ।। 792 ।।

राणाने तोलला भाला । तीन गज लंबा वाला । फेंकण्या जो उगारला । म्लेंच्छावर ।। 793 ।। बघुनी तो भाला-वार । यमदूतासम प्रहार । प्राणघातक भयंकर । प्रतापचा ।। 794 ।। भीतीने अकबर झुकला । बघुनी त्यासी राणा रुकला । अकबराचा मत्यु चुकला । नीतिपरत्वें ।। 795 ।। "झुकवुनी अपुली मान । याचतो जो जीवदान । क्षमा तया करी प्रदान" । हिंदू धर्म ।। 796 ।। राणाने भाला न सोडला । जीवनदान दिले त्याला । घोडा आपुला वळविला । विजयी तो ।। 797 ।। निघाला घोडा शूर । नेण्या स्वामीला दूर । पळाला तो चौखूर । रणातुनी ।। 798 ।।

(राणा प्रताप सिंह, 1576)

# 56. The Great War of Haldighat, 1576 AD

✍दोहा॰ राणा प्रताप सिंह था, वीरों में आदर्श ।
गौरव उसकी कीर्ति का, नभ को करता स्पर्श ।। 637
उदयपूर का वीर वो, रुद्ररूप बजरंग ।
सिसोदिया के वंश का, दादा राणा संग ।। 638
राणा वर मेवाड़ का, महामना रण वीर ।
महा प्रतापी बाँकुरा, राजपूत रण धीर ।। 639
रक्षक हिंदू धर्म का, तन मन धन के साथ ।
महावीर नरश्रेष्ठ था, राजपुताना नाथ ।। 640
म्लेच्छ आक्रमक धूर्त का, किया प्रखर विरोध ।
लड़ा प्राण के अंत तक, लेने को प्रतिशोध ।। 641
बाहुबली यह वीर था, तेजस्वी आकार ।
अटल उसे विश्वास था, योद्धा था दमदार ।। 642
सुदृढ सुगठित गात्र थे, माथा भाल विशाल ।
कर में भाला लोह का, शिरस्त्राण असि ढाल ।। 643
उसकी स्फूर्ति अखंड थी, मातृभूमि से प्यार ।
गाता गाने जग सभी, प्रताप के सुखकार ।। 644

(हल्दीघाटी की लड़ाई)

पन्द्रह-सौ-छिहत्तर में, दिल्ली के सुलतान ।
अकबर ने हमला किया, राणा पर घमसान ।। 645
अपार सेना मुगल की, करत घोर उत्पात ।
हाथी घोड़ों से सजी, बंदूक तोप तैनात ।। 646
राज्य-राज्य को जीतती, मार-काट घनघोर ।
जन गण के सिर फोड़ती, चली, संपदा चोर ।। 647
मंदिर-मूरत फोड़ती, भ्रष्ट करत सत् लोग ।
स्त्री-लज्जा को लूटती, विषय वासना भोग ।। 648

## 56. The Great War of Haldighat, 1576 AD

आये मुगल मेवाड़ में, करने कलुषित भ्रष्ट ।
सुषमा राजस्थान की, बल से करने नष्ट ।। 649
एक लाख से अधिक थे, मुगल सिपाही दुष्ट ।
अंधे पागल धरम के, नृशंसता-संतुष्ट ।। 650

(इधर से)

राजपूत भी चल पड़े, करने दो-दो हाथ ।
सेना नायक शूर जो, प्रताप उनके साथ ।। 651
हल्दी घाटी में हुआ, दो सेना संघर्ष ।
दस हजार परताप के, बीरों के मन हर्ष ।। 652
काट-छाट भारी हुई, भीषण नर संहार ।
मुगल धनाधन गिर पड़े, कटे पचास-हजार ।। 653
अकबर का हाथी खड़ा, दिखा सैन्य के बीच ।
राणा दौड़ा उस तरफ, हय की लगाम खींच ।। 654
खड़े आमने-सामने, दो राजा उस वक्त ।
नृत, अनृत के सामने, खड़ा धैर्य से युक्त ।। 655

(तब)

एक-टकी से देख कर, राणा ने सुलतान ।
भाला ताना फेंकने, लेने उसकी जान ।। 656
प्रचंड लख कर कुन्त वो, डरा मुगल सुलतान ।
झुका बचाने प्राण को, माँगा जीवन दान ।। 657
राणा भी दिल का बड़ा, धैर्य वीर महान ।
रोका भाला, देख कर, शरणागत सुलतान ।। 658
अकबर की वह याचना, नम्र, किये स्वीकार ।
लौटा राणा समर से, चेतक अश्व सवार ।। 659
नीति युद्ध के नियम का, कहा कृष्ण ने सार ।

# 56. The Great War of Haldighat, 1576 AD

डरे थके निःशस्त्र पर, करे न योद्धा वार ।। 660
जिने झुकाया शीश है, माँगे शरण तिहार ।
राजा हो या रंक हो, उस पर ना हो वार ।। 661
शरणागत पर कर दया, निकला वह रण छोड़ ।
उसने माँगी जब क्षमा, दोनों कर को जोड़ ।। 662
क्षात्र धर्म संग्राम में, मिली तुझी को जीत ।
गायेंगे हम भारती, तेरे यश के गीत ।। 663

ॐ श्लोक

नीतिबद्धा वयं सर्वे मर्तुं मारयितुं तथा ।
एषा नीतिः सतो धर्मः क्षात्रस्य क्षात्रकर्म च ।। 157

(नीतियुद्धस्य नियमाः)

नीतिसूत्राणि श्रीकृष्णः सकलान्स्पष्टमब्रवीत् ।
उवाच नियमानेतान्-पालयन्तु हि सैनिकाः ।। 158

आहतं शरणाधीनं न कोऽपि सैनिकस्तुदेत् ।
भग्नं स्यादायुधं यस्य योद्धव्यो न स सैनिकः ।। 159

न च पलायिनो हत्या न घातो रणत्यागिनः ।
मृतदेहतिरस्कारो विखण्डनं च पातकम् ।। 160

धर्मक्षेत्रे समं सर्वं लाभालाभौ जयाजयौ ।
एवमाज्ञाऽस्ति शास्त्राणां पालयेयुर्दृढं भटाः ।। 161

दोहा॰ धर्मक्षेत्र पर सम सभी, लाभ-हानि जय हार ।
आज्ञा है यह शास्त्र की, नीति-युद्ध का सार ।। 664
नियम नीति के कृष्ण ने, बोले सभी विशाल ।
और कहा, सब सैनिकों! पालन हो हर काल ।। 665

## 56. The Great War of Haldighat, 1576 AD

जिसका छूटा अस्त्र हो, या टूटी तलवार ।
जो आहत या शरण हो, उस पर करो न वार ।। 666
जो आया हो शरण में, या नहिं लगता ढीठ ।
उस भट पर ना वार हो, जो दिखलावे पीठ ।। 667
इसी नीति के युद्ध को, कहा धर्म का युद्ध ।
जीना मरना सम जहाँ, समबुद्धि है शुद्ध ।। 668

**Shrī Shivājī Mahārāj's amazing deeds**

शिवलीलामृत

Sangit-Shri-Shivaji-Charitra

संगीत श्री-शिवाजी-चरित्र

The Musical Poem of the interesting stories of
Shrī Shivājī Mahārāj's amazing deeds
in Mrāṭhī, Hindī, Sanskrit and Music.

छत्रपति श्री शिवाजी महाराजांच्या अद्भुत लीलांची
सचित्र संगीत मय मराठी-हिन्दी कविता

# Shrī Shivājī Mahārāj's amazing deeds

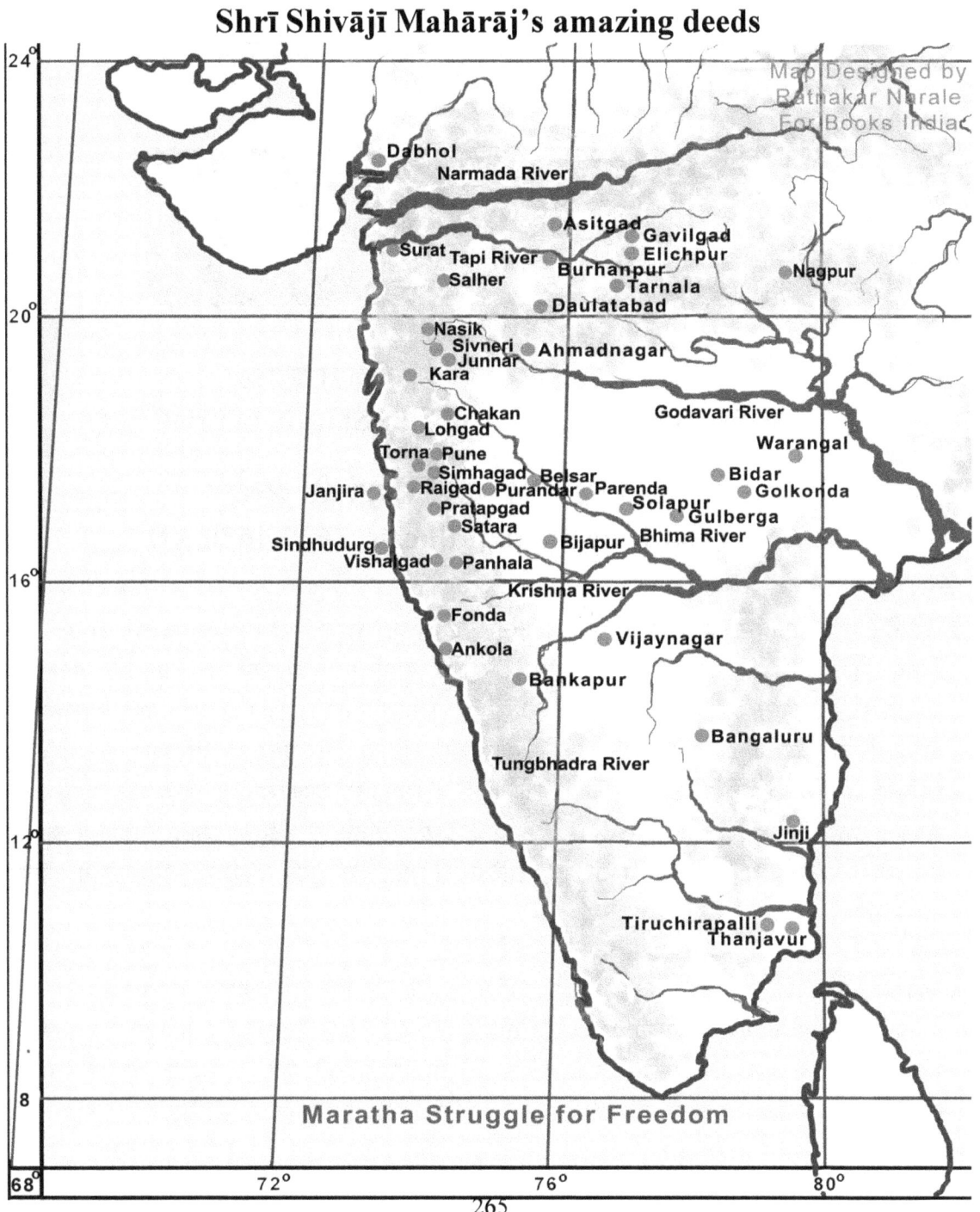

57. Story of Raje Shahaji Bhosle, 1629-1630 AD

# YEAR 1629

## राजे शिवाजींच्या पार्श्वभूमि चा संक्षिप्त इतिहास
## The Background History of Shri Shivaji, in brief

## ५७. शहाजी राजे भोसले ह्यांची कथा
## 57. Story of Raje Shahaji Bhosle, 1629-1630 AD

(उत्तरेला 1576-1630)

卐ओवी॰ राणा प्रताप नंतर । आले सुखांत अंतर । स्वाऱ्या, छापे निरंतर । अकबराचे ।। 799 ।। विनष्ट मूर्ति-मंदिर । आई-बहिणीं अपहार । कराया धर्मांतर । जबरीने ।। 800 ।। जाळपोळ भ्रष्टाचार । रक्तपात अनाचार । व्यभिचार अपरंपार । करती ते ।। 802 ।। मारहाण, गळेकाट । नासधूस नायनाट । धुमाकुळ लूटपाट । यवनांची ।। 803 ।। निरादर तिरस्कार । अविचार भडिमार । अंधार बेसुमार । मुगलांचा ।। 804 ।। मुगलांचे अत्याचार । तोड-फोड दुराचार । झाले उत्तरेला फार । भारतात ।। 805 ।। विना प्रबळ प्रतिकार । विना कठोर प्रहार । बाटले निराधार । उत्तरेचे ।। 806 ।। ध्वस्त झाले परिवार । ज्यांना न सुखी आधार । निघाले ते घरदार । साडोनिया ।। 807 ।।

(मग)

दक्षिणेला प्रवास ज्यांचा । इथे तिथे निवास त्यांचा । तरी दृढ विश्वास त्यांचा । स्वतःवर ।। 808 ।। कुणां पसंत महाराष्ट्र । कुणीं निवडला सौराष्ट्र । काहीं गेले इतरत्र । यथा मति ।। 809 ।। सोडोनी आपुला देश । सह खेद, सह क्लेश । भाग्याला होउनी पेश । निघाले जे ।। 810 ।। त्यजुनी तो धुमाकुळ । राजस्थान जयांचे मूळ । असेच होते एक कुळ । भैरोसिंहाचे ।। 811 ।।

# 57. Story of Raje Shahaji Bhosle, 1629-1630 AD

**卐ओवी०** महाराष्ट्रात ते रुळले । मराठ्यांत ते मिसळले । कर्तृत्वाने ते उजळले । नांव भोसले ।। 812 ।। कर्तबगार ते घराणे । विनयशील ते शहाणे । ते पांडवांच्या प्रमाणे । नीतिवीर ।। 813 ।। ह्या कुटुंबात महावीर । कर्तबगार उजागीर । धीमान रणखंबीर । भैरोसिंह ।। 814 ।। भैरोसिंह हाच भैरोजी । भैरोजी हे भोसाजी । भोसाजीचे "भोसले" जी । महाराष्ट्रात ।। 815 ।।

## शहाजी राजे भोसले

**卐ओवी०** भोसले कुळात मालोजी[120] । मालोजीचे सुत शहाजी[121] । चतुर मुत्सद्दी साहसी । मराठा वीर ।। 816 ।। शहाजी फार हुशार । आदिलशाही[122] सरदार । सेनानी विश्वासु फार । पुणे निवासी ।। 817 ।। शहाजीची एक बाई । दूरदर्शी जिजाबाई[123] । दूजी भार्या तुकाबाई[124] । सौम्य सदा ।। 818 ।। जिजाबाईचा सुत शिवाजी । आणि दूजा संभाजी । तुकाबाईचा एकोजी । शूर सारे ।। 819 ।।

**✍दोहा०** **अकबर, वीर-प्रताप से, पाकर जीवन दान ।**
**कृतघ्न उस सुलतान ने, कीन्हे कांड महान ।। 669**

---

[120] **मालोजी भोसले :** Maloji Bhosle (d. 1605), his wife Umabai Bhosle. Maloji's brother was Vithoji Bhosle, his wife Aaubai Bhosle.

[121] **शहाजी भोसले :** Shahaji (1594-1664), son of Maloji and Dipabai Bhosle, served four Dakkhani Sultans : **1.** Burhan Nizam Shah of Ahmadnagar (from 1628 to 1629), **2.** Hasan Nizam Shah of Ahmadnagar (from 1631 to 1633), **3.** Muh. Adil Shah of Bijapur (from 1633 to 1636) and **4.** Ali Adil Shah of Bijapur (from 1637 to 1661).

[122] **आदिल शाह :** Ibrahim Adil Shah (r. 1558-1627) and Muh. Adil Shah (r. 1627-1657) of Bijapur.

[123] **जिजाबाई :** Jijabai (1595-1674) was the daughter of Lakhoji and Mhalsabai Jadhav of Sindkhed, Buldhana. Her elder surviving son was Sambhaji (1619-1654) and younger son was Shivaji (1630-1680).

[124] **तुकाबाई :** Tukabai was born in Mohite family of Supa. Her son Vyankoji or Ekoji Bhosle (1630-1685) became the Raja of Tanjavur (1674-1685).

## 57. Story of Raje Shahaji Bhosle, 1629-1630 AD

घुसे मुगल मेवाड़ में, करने अत्याचार ।
तोड़-फोड़ व्यभिचार भी, भीषण भ्रष्टाचार ।। 670
मूरत-मंदिर गिर पड़े, माँ बहिनों की लाज ।
राजपूत-मेवाड़ का, अस्तव्यस्त था राज ।। 671
स्त्रियाँ जलीं जौहार में, पति जो स्वर्ग-दुआर ।
मुगलों की बौछार का, हुआ नहीं प्रतिकार ।। 672
दुखमय जीवन वह जभी, बहुत हुआ अनिवार ।
बिखर गये कुल थे कई, ध्वस्त हुए परिवार ।। 673
देश छोड़ कर जो गये, होकर के लाचार ।
नये प्रांत की भूमि में, मिला उन्हें आधार ।। 674

(इस तरह से)

कोई कुल सौराष्ट्र या, महाराष्ट्र की ओर ।
कोई यहाँ वहाँ गये, जहाँ मिला पर ठौर ।। 675
ऐसा ही बिखरा हुआ, एक नम्र परिवार ।
कुनबा भैरोसिंह का, राजपूत "प्रतिहार" ।। 676
स्थान-स्थान फिरता हुआ, रखे आत्मविश्वास ।
महाराष्ट्र में आगया, करने नया निवास ।। 677
भैरोजी, फिर "भोसले," बने मराठा वीर ।
खाते, "भाकर-लोणचे, कढी, रव्याची-खीर" ।। 678
समाज में मिलजुल गये, नायक बने महान ।
मातृभूमि की थी उन्हें, याद और सिसकान ।। 679
मुगलों के व्यभिचार से, दुखमय राजस्थान ।
राजपूत बलिदान भी, वीरों के गुणगान ।। 680
इसी वंश में होगये, "मालोजी" शुभ नाम ।

# 57. Story of Raje Shahaji Bhosle, 1629-1630 AD

**चतुर साहसी वीर थे, "वेरुळ"[125] उनका धाम ।। 681**
**मालोजी के पुत्र थे, वीर "शहाजी" नाम ।**
**मुत्सद्दी निर्भीक थे, योद्धा वर गुणवान ।। 682**
**सुलतानों की चाकरी, करी अनेकों वर्ष[126] ।**
**मगर म्लेच्छ-संस्कार कों, किया कभी ना स्पर्श ।। 683**
**पुत्र शहाजी का "शिवा," शिवजी का अवतार ।**
**मातृ शिवाजी की, "जिजा," नीति-मनीषी नार ।। 684**

(दक्षिणेला, सन 1599-1600)

**卐ओवी॰** सन पंधराशे नव्याण्णव । दिल्लीवर सुलतान नव । हडपले दुष्टाने वैभव । भारताचे ।। 820 ।। सन सोळाशे, दक्षिणेवर । आला सेनेसह अकबर । घेण्याला अहमदनगर । निजमशाही ।। 821 ।। सैन्य घेऊनी राणी शूर । चाँदबीबी[127] आली समोर । झाले युद्ध घनघोर । वध झाला ।। 822 ।। जिंकला लढाईत अकबर । सर झाले अहमदनगर । उघडले मुगलांनी द्वार । दक्षिणेचे ।। 823 ।। निजामशाहीचा उद्धार । करावया मलिक-अंबर[128] । आला मूर्तझाच्या बरोबर । जुन्नरला ।। 824 ।। करूनी भीषण हल्ला । मग लगेच जिंकला । दौलताबादचा किल्ला । अंबरने ।। 825 ।। आता निजामशाहीवर । वजीर मलिक-अंबर । पण नृप अकबर । दिल्लीवाला ।। 826 ।। पुणे प्रांताची जागीर । मालोजी जहागीरदार । निजामशाहचे चाकर । बहादुर[129] ।। 827 ।। पाच वर्षांचा कुमार । शहाजीराजे हुशार । पावता झाला जागीर । पुणे-

---

[125] **वेरुळ :** Maloji Bhosle and his younger brother Vyankoji Bhosle lived at Werul in 1552.

[126] **शहाजी :** See the footnote above, on previous page.

[127] **चाँदबीबी (1550-1599) :** Wife of Ali Adil Shah I (r. 1557-1580) of Bijapur, daughter of Husain Nizamshah (1554-1565) of Ahmadnagar. She was killed in a stry attack.

[128] **मलिक अंबर (1544-1626) :** an Abysinian Arab slave from Bagdad, became a soldier and then a general of Murtaza Nizam Shah II (r. 1600-1610).

[129] **बहादुर :** Bahadur Nizam Shah (r. 1596-1600). Maloji Rao Bhosle died 1599.

# 57. Story of Raje Shahaji Bhosle, 1629-1630 AD

सुप्याची ।। 828 ।। शहाजीराजे बालक । होईपर्यंत वयस्क । विठोजी[130] झाले चालक । जागीरीचे ।। 829 ।।

(सन 1605-1621)

卐ओवी॰ सोळाशे-पाच इसवी सन । आले मुगलांवर तूफान । मेला अकबर सुलतान । दिल्लीवाला ।। 830 ।। झाले सुरू डाव-पेच । माराकाटी खेंचाखेंच । जे नेहमी होते तेंच । गादीसाठी ।। 831 ।। शेवटी जिंकला जहाँगीर । कापूनी प्रतिस्पर्ध्यांचे शीर । जो सिंहासनासाठी अधीर । राजा झाला[131] ।। 832 ।। जहाँगीरला भूक दक्षिणेची । मराठ्यांचे मुलूख भक्षिण्याची । केली सुरवात प्रेशण्याची । फौजा त्याने ।। 833 ।। पाठविल्या त्याने स्वाऱ्या । लूटमार करणाऱ्या । विध्वंसक दुष्ट साऱ्या । सोळा वर्षे ।। 834 ।। शाहजादा शाहजहान । त्याचा सेनापति तूफान । घेऊनी लश्कर महान । येत असे ।। 835 ।। मुगल चांडाळांची टोळी । करी ती मुलूखांची होळी । कत्तलीं, लूटी, जाळपोळीं । हाहा:कार ।। 836 ।। करूनी शेती-वाडी नास । लावी हिंदूंना गळफास । बाटवुनी बायांना त्रास । देतीं मेले ।। 837 ।

✍दोहा॰ **सन सोलासौ जब चढ़ा, बदकिस्मत के साथ ।**
**अकबर ने जम कर किया, दक्षिण पर आघात ।। 685**
**जीत लिया अहमदनगर, अकबर ने, अभिभूत ।**
**मुगलों का झंडा गड़ा, दक्षिण में मजबूत ।। 686**
**चाँदबीबी मर गयी, लड़ते उनके साथ ।**
**निजामशाही पर गिरा, भीषण था आघात ।। 687**

---

[130] **विठोजी भोसले :** Vithoji Rao, the younger brother of Maloji Rao Bhosle, became the holder of Pune-Supe Estate (15599-1628) in the name of Shahaji Raje Bhosle.

[131] **जहाँगीर :** Nur-ud-din Muh. Salim Jahangir (son of Akbar), 51$^{st}$ Sultan of Delhi (r. 1605-1627). At this juncture, Akbar's kingdom included 15 subhas (provinces) : 1. Kabul (Afghanistan), 2. Lahor, 3. Sindh (Multan and Tattah), 4. Dilli, 5. Awadh, 6. Bihar, 8. Bengal, 9. Allahabad (Prayag), 10. Ajmer, 11. Malwa (Mandu), 12. Gujrat (Ahmadabad), 13. Khandesh (Burhanpur), 14. Berar (Gawilgadh) and 15. Ahmadnagar.

58. Story of Jijabai

मलीक अंबर ने किया, उपाय उस पर खास ।
जीत दौलताबाद को, किया किले में वास ।। 688

(फिर)

सन सोलहसौ-पाँच में, अकबर का देहांत ।
दिल्ली में थी खलबली, सारा राज्य अशांत ।। 689
मराकाटी मच गयी, ज्यों सुलतानी रीत ।
फिर ना कोई बंधु था, ना ही कोही मीत ।। 690
जहाँगीर ने कर दिये, अपने काँटे साफ ।
बैठा गादी पर वही, बिना किसी को माफ ।। 391
अगले सोलह साल फिर, दक्षिण पर आघात ।
भेजे हमले खूब थे, शाहजहाँ के साथ ।। 392
शहजादा तूफान था, करता भ्रष्टाचार ।
तोड़-फोड़ धोखाधड़ी, मारकाट खूँखार ।। 693

# ५८. राजमाता जिजाबाईची भोसले
## 58. Story of Jijabai

संगीत श्री शिवाजी चरित्र राग-छंद माला, पुष्प 137

**लावणी**[132]

(वीरांगना जिजाबाई)

**स्थायी**

ती जिजा बाई वाघीण, जहरी नागीण, करी संगीण, मराठा जात । 1
ती नार पक्या बांध्याची, अच्छ्या खांद्यांची, कच्च्या कांद्यांशीं, भाकरी खात । 2

---

[132] **लावणी :** मराठमोळी लावण्त रचना जी काव्य-संगीत-नृत्य मनोत्म सादर करते ती लावणी.

# 58. Story of Jijabai

**तू तिला देऊं नको आट, लाऊं नको नाट, लावेल तुझी वाट, करील ती घात । 3**
**अरे गड्या, शहाची दार, धोरणी नार, लढा लढणार., शिवाची मात । 4**

(राजमाता)

**卐ओवी॰** कन्या लखोजी जाधवांची[133] । पत्नी राजे शहाजांची । पूज्य माता मराठ्यांची । धोरणी स्त्री ।। 838 ।। शहाजी राजे श्रीमंत । वित्तनाथ मूर्तिमंत । सुख-साधनें अनंत । त्यांचे घरी ।। 839 ।। पालख्या-मेणे नोकर । हत्ती-घोडे चाकर । धन-धान्यांचे आगर । पत्नीसाठी ।। 840 ।। घरी होतीं सुखें सर्व । सोने चांदी अर्थ खर्व । ऐश-आरामांचा स्वर्ग । जिजाऊला ।। 841 ।। पण तिला नको सुख । तिला पारतंत्र्याचे दुःख । तिला होती एक भूक । स्वातंत्र्याची ।। 842 ।। तिला हवे होते राज्य । तिला हवी होती फौज । तिला मराठ्यांचा ध्वज । हवा होता ।। 843 ।। राज्य सार्वभौम हवे । कायदे-कानून नवे । हिंदु-संस्कृतीचे दिवे । उजळावे ।। 844 ।। पण हे करावे कसे । परम रहस्य जसे । खानाला सुगावा नसे । अशा रीति ।। 845 ।। आला जर त्याला वास । खोळंबेल त्याचा श्वास । पाठवील सैन्य खास । सूड घेण्या ।। 846 ।। करील तो कत्लेआम । जाळील तो सारे ग्राम । कापील तो तिची मान । सुलतान ।। 847 ।। डूबली ती विचारात । पण भोळी आचारात । साधारण ती चारांत । वरपांगी ।। 848 ।। बोलली ती विश्वासूंना । वृद्ध प्रौढ झूजारूंना । भद्र गुरु हितेच्छूंना । गुप्तपणें ।। 849 ।। सोनोपंत डबीरांना, नारो मुजुमदारांना । कष्टाळू कारभाऱ्यांना । अनुभवी ।। 850 ।।

**卐ओवी॰** सन सोळाशे-एकोणतीस । दिला कोधाग्नि जिजाबाईस । स्वप्न आपुले नेण्या तडीस । स्वातंत्र्याचे ।। 851 ।। घटना अशी घडली । वीज च जशी पडली । जिजाबाई रडली । अति दुःखें ।। 852 ।। दौलताबादच्या किल्यावर । केले निजामाने[134] खून चार । पिता, तीन भाऊ[135] ठार । जिजाऊचे ।। 853 ।। पिता लखोजी जाधव । बंधु यशवंतराव । अचलोजी, रघु नांव ।

---

[133] **लखोजी जाधव :** Lakhuji Jadhav of Shindkhed (1570-1629).

[134] **निजाम :** Nizam Burhan Shah -3 of Ahmadnagar (r. 1610-1631).

[135] **पिता :** Father of Jijabai Lakhuji Jadhav and her three brothers Yashvantrao, Achloji and Raghuji Jadhav. Fourth brother, Bahadur Jadhav survived.

59. Preparation for Shri Shivaji's arrival

अनुक्रमें ।। 854 ।। पीडेने ती हळहळली । चिंतेने ती तळमळली । प्रतिशोधाकडे वळली । दुष्कृत्याच्या ।। 855 ।। शहाजी ही संतापले । निजामावर कोपले । बंडाचे बीज रोपले । पुण्यामध्ये ।। 856 ।। पुणे सत्ता बिजापुरी । दुष्ट पापी खरीखुरी । विष हलाहल ऊरी । आदिलशाही ।। 857 ।। पुण्यातून जिजाऊला । न्यावे कोणत्या बाजूला । जिथे शक्य न शत्रूला । शिरकाव ।। 858 ।। महावीराची ती ताई । शोकव्याप्त होती बाई । भावी राजाची ती आई । शोकव्याप्त ।। 859 ।। चिंता तिची शहाजीला । धस्स झाले अति जिला । कसे संरक्षावे तिला । प्रश्न होता ।। 860 ।। शिवनेरी किल्यावर । केले त्यांनी तिचे घर । जिथे तिला भरपूर । संरक्षण ।। 861 ।।

卐ओवी० जसा शहाजींचा बेत । तसे विघ्न होते येत । पुण्याला ते शह देत । बिजापुर ।। 862 ।। आदिलाने बिजापुरी । पाठविली सेना भारी । हत्याकांड करणारी । पुण्यावर ।। 863 ।। जाळपोळ लूटमार । बायांवर अत्याचार । जिथे तिथे भ्रष्टाचार । पुण्यामध्ये ।। 684 ।। पुण्यावर आली होळी । जळल्या घरांच्या ओळीं । रक्तसिक्त गल्या-बोळीं । चहूंकडे ।। 865 ।। जशी देवगिरि नष्ट । करूं गेले हेंही दुष्ट । तसे पुणें झाले भ्रष्ट । होते आता ।। 866 ।। पुणे-नाशिक ते पंचवटी । मुळा-मुठा गोदावरी तटीं । उठल्या चितांच्या लाटीं । नभस्पर्षी ।। 867 ।।

## ५९. शिवनेरी वर शिवाजींच्या शुभागमनाची दैवी पूर्वतयारी

## 59. Preparation for Shri Shivaji's arrival

(चैत्र-वैशाख, पूर्वतयारी)

卐ओवी० गेली थंडी, येतोय वसंत । भावी-मातेचा मन पसंत । जिजाबाईला सुख अनंत । शिवनेरीवर ।। 868 ।। चैत्र पौर्णिमा आली । हनुमान जयंती झाली । शिवनेरी सजविली । आनंदाने ।। 869 ।। सुगंध आम्र-मोहरांचा । आंबट कैऱ्या-बहारांचा । कोकिळा-कूजन रवांचा । मौसम हा ।। 870 ।। परशुराम जयंती । शंकराचार्य जयंती । राणा प्रताप जयंती । चैत्राच्या अंती ।। 871।। चैत्र वैशाखचा ऋतु । सिद्ध होत होम-क्रतु । वसंत जयतु-जयतु! । कुसुमाकर ।। 872 ।। झूल्यावर झूलते जिजा । आल्हादित जीव जिचा । पुत्र येणार, हो! तिचा । शिवराया ।। 873 ।। महिना चैत्राचा होता । उष्ण वाऱ्यांचा जो स्त्रोता । देत जिजाऊला होता । आशीर्वाद

# 59. Preparation for Shri Shivaji's arrival

।। 874 ।। श्रीराम-जन्माचा मास । पवित्र हा काळ खास । देईल दृढ विश्वास । जिजाऊला ।। 875 ।। जिजाऊ मातेच्या पोटी । द्याया गर्भाची ओटी । करतो यत्न कोटि । ब्रम्हदेव ।। 876 ।। जिजा-शहाजींचा स्नेह । दोन तन एक देह । शिवनेरी चे ते गेह । धन्य झाले ।। 877 ।। यथा ब्रम्हाजींचे मन । दिले शुभ वरदान । गर्भाचे सु-आगमन । करावया ।। 878 ।।

दोहा॰ **मौसम कोसा चैत्र का, हरे आम की घात ।**
**कोयल काली आम्र पर, कूहु कूहु है गात ।। 694**
**बसंत देता है खुशी, रिम झिम बरखा मेह ।**
**बिंदु-बिंदु नभ से गिरे, सबन लगावत नेह ।। 695**

**संगीत श्री शिवाजी चरित्र राग-छंद माला, पुष्प 138**

**खयाल : राग बसंत,[136] कहरवा ताल 8 मात्रा**

(बसंत बरखा)

**स्थायी**

**रंग गुलों की शोभा न्यारी, गंध सुगंधित हिरदय हारी ।**

♫ सां-नि धप- मंग मंधनिसां रेंनिसांमंध, सां-नि धप-मंग गमंधम गरेसा- ।

**अंतरा-1**

**बसंत बरखा बरसत रिमझिम,**
**मंजुल रंगों की फुलवारी ।**

♫ गमं-ध धनिसांसां- सांसांसांसां निरेंसांसां,
निरेंमंगं रें-सां- निध सांसांनिरेंसांनिधपमंध ।

---

[136] राग बसंत : यह पूर्वी ठाठ का राग है । इसका आरोह है : सा ग, मं ध रें सां नि सां । अवरोह है : रें नि ध प, मं ग मं ग, मं ध मं ग, रे सा ।

▶ लक्षण गीत : दोहा॰ **वर्ज्य स्वर प आरोह में, सा म वादि संवाद ।**
**कोमल रे ध "बसंत" के, देत बसंती का नाद ।। 696**

# 59. Preparation for Shri Shivaji's arrival

**अंतरा–2**

**मोर पपीहा कोयल कारी,**

**कूजत कूहु कूहु बारी-बारी ।**

**<u>संगीत श्री शिवाजी चरित्र राग-छंद माला, पुष्प 139</u>**

**खयाल : राग बहार, एक ताल 12 मात्रा**

(ऋतु बसंत)

**स्थायी**

**बिंदु बिंदु अंबु झरत, ऋतु बसंत आई ।**

**शीतल पवन पुरवाई, मन में उमँग है लाई ।।**

♪ नि सां रेंसांनि सांनिधनिप पपप, मप निपग-म मनिधनि-सां ।

निधनिपप मपग गमरे-सा, साम म पगमनि धनि-सां- ।।

**अंतरा–1**

**रंग-रंग मंजरियाँ, फूल फूल चंचरीक ।**

**पपैया की मधुर तान, बहुत मन भाई ।।**

♪ मगम निधनि सां-सांनिसां-, नि- नि निसांसां निसांरेंसांनिधध ।

सांमंगंमरेंगं रें निसांरेंसां निधध, धधसांरेंसांसांधनिसांसांनिप मपनिनिपम गमरेसानि़सा ।।

## 59. Preparation for Shri Shivaji's arrival

# YEAR 1630

**CONTEMPORARY HISTORICAL STAGE
AT THE TIME OF SHIVAJI'S BIRTH
Kingdoms and the Kings.**

Nayak of **Madura** : Tirumal Nayak (1623-1659); Nayak of **Ikkeri** : Virabhadra (1629-1645); Nayak of **Tanjavur** : Raghunath (1600-1634); Raja of **Vennad, Kerla** : Ravivarma-2 (1611-1663); Raja of **Kochin** : Vira Keral Varma-3 (1624-1637); Ali Raja of **Cannanore** : Ali Adil-2 (1610-1647); Aravidu Nayak of **Vijayanagar** : Ramadavaraya (1618-1630), Veknata-3 (1630-1642); *Nizam Shahi Sultan of **Ahmadnagar** : Burhan Shah-3 (1610-1631); Adil Shahi Sultan of **Bijapur** : Muh. Adil Shah (1627-1657); Qutb Shahi Sultan of **Golkonda** : Abdullah Qutb Shah (1626-1672); Wodiyar Raja of **Mysore** : Chamaraja (1617-1638); Ahom king of **Kamrup, Assam** : Pratap Simha (1603-1641); Malla king of **Patan, Kathmandu, Nepal** : Siddhi Narsimha Malla (1620-1661); Chauhan king of **Bundi** : Ratan Simha (1607-1631); Chauhan of **Kotah** : Madhu Simha (1625-1656); Bhati Rawal of **Jaisalmer** : Kalyandas (1613-1650); Sisodiya Guhila Rana of **Mewad, Udaipur** : Jai Simha-1 (1622-1667); Rana of **Mewad, Jodhpur** : Gaj Simha (1620-1638); Rathod Rana of **Marwad, Bikaner** : Gaj Simha (1620-1638); Kachhawaha Rana of **Ambar-Jaipur** : Jay Simha (1622-1667); Jhadeja Rao of **Kacchh** : Bharmal I (1585-1631); *Mughal Sultan of **Delhi** : Shihab-ud-din Khurram, Shah Jahan-1 (1627-1658). (1) <u>British</u> East India Co. ships arrive at the port Surat in 1608. British Embassy of King James I (r. 1603-1625) under Sir Thomas Roe (1615-1618) at court of 46th Mughal Sultan Nur-ud-din salim, Jahangir (r. 1605-1627); British EICo. at Bombay in 1665; (2) **Danish** East India Co. at Tranquebar in 1616. (3) <u>French</u> East India Co. in 1666, founded by Jean Baptist Colbert (1619-1683), it arrived at Surat in 1667, Masulipattanam in 1668, Pondecherry and Karaikal in 1674, Mahe in 1725; (4) United **Dutch** East India Co. established at Coromabdel (1608-1825), Surat (1616-1825), Calcutta (1627-1825), Malbar (1661-1795).

60. Birth of Raje Shivaji, 1630 AD

## 60. छत्रपति राजे शिवाजींच्या यांचा जन्म :

### 60. Birth of Raje Shivaji, 1630 AD

**श्लोक**

(सुभाषितम्)

**यदा यदा हि धर्मस्य हानिर्भवति वञ्चकैः ।**
**अभ्युत्थानमधर्मस्य पृथिव्यां मम कर्म वै ।। 162**

दोहा॰ **दुष्ट जनों के कष्ट से, जब-जब धरती रोय ।**
**दुराचार संहार ही, मेरा करतब होय ।। 697**

संगीत श्री शिवाजी चरित्र राग-छंद माला, पुष्प 140

**दादरा ताल**

(धर्म रक्षक)

**स्थायी**

**यदा यदा हि धर्म की, हानि होती है यहाँ ।**
**प्रभु धरा पे आन कर, जहाँ बसाते है नया ।।**

♫ साप- धम- प ग-म प-, नि-ध प-ध म- पध- ।
रेम- धप- म प-ध पप, मप- धप-म ग- मरे- ।।

**अंतरा-1**

**हिरणकशिपु को नृसिंह विष्णु ने, गोद में अपनी लिटा लिया ।**
**भक्त प्रलाद के पापी बाप को, मार्ग स्वर्ग का दिखा दिया ।।**

♫ रेगगगगगग म- धपम ग-प म-, नि-ध प धनिध- पम- गप- ।
ग-म पध-ध ध- सां-नि ध-प ध-, प-म ग-रे ग- पम- गरे- ।।

**अंतरा-2**

**बाल कृष्ण ने, पापी कंस को, एक चुटकी में गिरा दिया ।**

# 60. Birth of Raje Shivaji, 1630 AD

अग्रसेन के, दुष्ट पुत्र को, भवसागर से उठा लिया ।।

अंतरा–3

योगेश्वर ने, कुरुक्षेत्र पर, धर्म–कर्म का ज्ञान दिया ।
भगत पार्थ को, योग सिखा कर, दुर्योधन को मिटा दिया ।।

श्लोकौ

(अवतारस्य उद्देश:)

धर्मं हत्वा दृढोऽधर्मो भवेद्विघ्नो यदा यदा ।
सम्भवामि नरो भूत्वा स्वयं भूमौ तदा तदा ।। 163
रक्षणाय च भद्राणां संहाराय दुरात्मनाम् ।
उत्थापनाय धर्मस्य सम्भवामि युगे युगे ।। 164

दोहा॰ नश कर धर्म, अधर्म का, होता जब अधिकार ।
रक्षण करने धर्म का, लेता मैं अवतार ।। 698
रक्षण करने भद्र का, असुरों का संहार ।
आता समुचित काल में, लेकर मैं अवतार ।। 699

(ज्येष्ठ–आषाढ, जिजाऊची गर्भधारणा)

ओवी॰ यथा ब्रम्हाची कृपा । जशी भवानीची तृपा । गर्भ शिव–अनुरूपा । जिजा–पोटीं ।। 879
।। ज्येष्ठ गणेश चतुर्दशी । भौमप्रदोष शुभ राशि । होती निर्जळा–एकादशी । उपवास ।। 880
।। आला वटपौर्णिमा सण । सूर्याचा मृगनक्षत्रागम । सौर वर्षा ऋतु उपक्रम । दक्षिणायन ।। 881
।। आषाढ मासारंभ । चंद्रदर्शन प्रारंभ । व्यासपूजा समारंभ । गुरुपौर्णिमा ।। 882 ।।

दोहा॰ जैसा अंबा ने कहा, और दिया वरदान ।
ब्रह्मा के आशीष से, उचित हुआ परिणाम ।। 700
जिजा गर्भिणी होगयी, नारद के उपकार ।
मनुज रूप में आगया, शिवजी का अवतार ।। 701

(श्रावण–भद्रपद, सावन)

# 60. Birth of Raje Shivaji, 1630 AD

**卐ओवी॰** श्रावणात मंगळागौरी । सजली दागिन्यांनी नौरी । भरली दुग्धामृत चौरी । पूजेसाठी ।। 883 ।। ठाकली नागपंचमी । दुर्वाष्टमी, दुर्गाष्टमी । आषाढी देवशयनी । चातुर्मास ।। 884 ।। पुत्रदा एकादशी गरिमा । रक्षाबंधन नारळी पौर्णिमा । श्रीकृष्ण जयंती महिमा । गोपालकाला ।। 885 ।। मघानक्षत्री सूर्य-प्रवेश । जेव्हां आला पोळ्याचा दिवस । करते जिजाबाई नवस । पुत्रासाठी ।। 886 ।। हरितालिकेचा दिन । गणेशचतुर्थी सण । ऋषिपंचमी चा पण । आला नि गेला ।। 887 ।। श्रावणाचे काळे ढग । आंधारले सारे जग । आभाळात वीज, मग । चमकते ।। 888 ।। नद्या तळें पाण्याने भरतीं । मोर नाचतीं, कोकिळा गातीं । नाना रंग पुष्पांनी फुलतीं । तरु वेलीं ।। 889 ।। शिवनेरी चा परिसर । हिरवा गार चहूं फेर । जिजाऊचे मनाचे मोर । नाचे थैया ।। 890 ।। कविजन रचतीं गीत । ज्यांत राधा-कृष्ण प्रीत । अवनी हिरवी रंगीत । चहूंकडे ।। 891 ।।

**दोहा॰** **सावन शुभ ऋतु आगई, पुलकित सबके अंग ।**
**सुखदायी वर्षा गिरी, हरित धरा का रंग ।। 702**
**नदी-ताल जल से भरे, तरु-बेली पर फूल ।**
**गाते पंछी पेड़ पर, पड़ती मन को भूल ।। 703**
**शिवनेरी पर मोद था, कवि जन गाते गीत ।**
**स्मरण दिलाते अमर वो, राधा-मोहन प्रीत ।। 704**

**संगीत श्री शिवाजी चरित्र राग-छंद माला, पुष्प 141**

**कजरी[137] : कहरवा ताल 8 मात्रा**

(सावन की कजरी)

**स्थायी**

**कैसी ये सुहानी सावन की कजरिया,**
**शीतल रिमझिम झरियाँ ।**

---

[137] **कजरी :** हा एक श्रावण ऋतु समयी गाईला जाणारा फार पुरातन गीत प्रकार आहे ।

# 60. Birth of Raje Shivaji, 1630 AD

**शीतल रिमझिम झरियाँ,**

**शीतल रिमझिम झरियाँ ।। शीतल॰ ।।**

♬ म-म- मप पनिनि-निध पधध ध पम म-म-प-म-,

ग-सा-सा- ग-म-पधपध- म-गम- - - - - ।

सां-सां-सां- सां-सां-सांरेंसांरें- नि-धप- - - - -,

ग-गसासा- ग-म-पधपध- म-गम- - - ।।

**अंतरा-1**

**गरजत बिजुरिया, बरसत बदरिया ।**

**गरजत बिजुरिया, बरसत बदरिया ।**

**कान्हा रे छलकत, मोरी गगरिया । शीतल॰ ।।**

♬ म-म-मपप- नि-नि-सां-सां-, सां-सां-सां-सांनि निरेंसांरेंनि-ध- ।

म-म-मपप- नि-नि-सां-सां-, सां-सांरेंरेंमंमंगं गंरेंरेंसांसांनिध- ।

म-म- मप- - निनिनिनि ध- - - प- म-म-प-म-, ग-गसासा- ।।

**अंतरा-2**

**दूर मोरी नगरिया, छोड़ मोरी डगरिया ।**

**कान्हा रे भीग गयी, मोरी चुनरिया ।। शीतल॰ ।।**

**अंतरा-3**

**आज तोरी साँवरिया, लूँगी मैं खबरिया ।**

**ना कर बरजोरी, मोरे कनाईया ।। शीतल॰ ।।**

संगीत श्री शिवाजी चरित्र राग-छंद माला, पुष्प 142

**ठुमरी : कहरवा ताल 8 मात्रा**

(सावन के बादर)

**स्थायी**

**घिर आए सावन के, बादर कारे ।**

# 60. Birth of Raje Shivaji, 1630 AD

**आजा री सजनीया, पपीहा पुकारे ।।**

♫ गम पसांनिसां-नि पपग-म- ग-सा-नि- -, निसागरे गम- - - म- - - - - - ।

मपग- म पधपनि-धप- - -, पधपमग रे गमपप-प- ।।

**अंतरा-1**

**मतवारी मोरनीया, नाच दिखावे ।**

**धुन टेर मोरवा की, मनवा रिझावे ।।**

♫ - - -पपनि-नि सां-सां-सांसांसां- - - -, नि-सां- सांनिसांनिरेंसां-नि-प- - - ।

पसां सां-रें नि-नि-धप प- - - -, गमगरे गमप- -प- ।।

**अंतरा-2**

**मेहा रे झरी तोरी, नेहा लगावे ।**

**शीतल रीम झीम, मोती पसारे ।।**

संगीत श्री शिवाजी चरित्र राग-छंद माला, पुष्प 143

**राग : गौड़ मल्हार,[138] तीन ताल 16 मात्रा**

(सावन की बादरिया)

**स्थायी**

**कारी बादरिया भीनी चादरिया, चादरिया मोरी भीनी साँवरीया ।**

♫ -गरे मगरेसा- गरेग मपगपमग, -गरेपपप- पप धनि सांध पगपमग ।

**अंतरा-1**

**पल छिन तड़पत मोरा मनवा, गरजत बरसत कारो बदरवा ।**

---

[138] **राग गौड़ मल्हार :** हा खमाज ठाठ चा राग आहे । आरोह : सा, रे ग रे म ग रे सा, रे म प, ध नि सां । अवरोह : सां, ध नि प म, ग म रे सा ।

▶ लक्षण गीत : **दोहा॰ म सा वादि संवाद में, संपूरण विस्तार ।**
**मृदु निषाद अवरोह से, राग "गौड़ मल्हार" ।। 705**

# 60. Birth of Raje Shivaji, 1630 AD

**अधीर भई मैं बाँवरिया, अधीर भई मैं बाँवरिया ।।**

♪ -पग पप निधनिनि सां-सां- निरेंसां-, -निनिनिनि निनिनिनि धनिसांनि सांध निधप ।
-मरेप पपध प- धनिसांधपगपमग, -मरेप पपध प- धनिसांरेंसांनिधप गपमग ।।

**अंतरा-2**

**कड़कत चमकत बैरी बिजुरिया, आजा बलमवा मोरी डगरिया ।**
**हार गई मैं साँवरिया, हार गई मैं साँवरिया ।।**

**संगीत श्री शिवाजी चरित्र राग-छंद माला, पुष्प 144**

**गीत : राग भीमपलासी, कहरवा ताल 8 मात्रा**

(सावन आयो)

**स्थायी**

**गरजत बरसत सावन आयो, प्यासन दुखियन के मन भायो ।**

♪ मपनिसां निधपमप ग-गम गरेसा-, पनिसाग रेरेसासा प- गम गरेसा- ।

**अंतरा-1**

**सब के मन में जोश जगायो, वन में पपीहा बहु हरषायो ।**
**मोर कोयलिया नाच नचायो ।।**

♪ पप प- निमप गम पनिसां सांगंरेंसां-, निनि सांमं गंरेंसां- पनि सांसांनिधप- ।
प-गं गंरेंरेंसां- नि-नि निध-प- ।।

**अंतरा-2**

**तरु बेली पर फूल खिलायो, हरी हरियाली अनूप बिछायो ।**
**दुखी नैनन की आस बुझायो ।।**

**संगीत श्री शिवाजी चरित्र राग-छंद माला, पुष्प 145**

(ऋतु सावन)

**स्थायी**

# 60. Birth of Raje Shivaji, 1630 AD

**ऋतु सावन की, मोद बढ़ावे, मन का मोर नचावे ।**
**हरा गलीचा तले बिछावे, तरु पर रंग रचावे ।।**
♫ सारे म-पप प-, प-म सांध-प-, मम प- ध-प मगरेसा- ।
मप- पप-प- धनि- धप-म-, धध धध प-म गरे-सा- ।।

**अंतरा-1**

**सुंदर सौरभ फूल फूल पर, तितली भ्रमर भुलावे ।**
**मंजुल झोंका मंद पवन का, पादप बेली डुलावे ।।**
♫ सा-रेरे म-मम प-ध नि-ध पम, पपध- निनिसां रेंनि-सां- ।
रें-सांनि ध-प- नि-ध पमम प-, म-पप ध-प मगरेसा- ।।

**अंतरा-2**

**चह चह चिड़ियाँ पपीहे मैना, मनहर गान सुनावे ।**
**आम्र वृक्ष पर काली कोयल, कूहू कूहू गावे ।।**

**अंतरा-3**

**सात रंग ये इन्द्र धनुष के, क्षितिज को हार पिन्हावे ।**
**पल में वर्षा पल में सूरज, बादर खेल खिलावे ।।**

**अंतरा-4**

**मधुर फलों के गुच्छ पेड़ पर, सबका मन ललचावे ।**
**बाल बालिका वृंद वृंद में, सावन हर्ष मनावे ।।**

**अंतरा-5**

**चाँद सितारे नील गगन के, चाँदनी रात सुहावे ।**
**अनूप नजारा सावन का ये, इन्द्र भी देख लजावे ।।**

(आश्विन-कार्तिक)

**卐ओवी॰** आश्विनारंभ झाला । घटस्थापनेचा दिन आला । विजयादशमीचा सोहळा । दसऱ्याचा ।। 892 ।। झेंडू फुलांची माला । हार गुलाबांचा वाहिला । तुळजा भवानीला । भक्तिभावें ।। 893 ।। कोजागिरी खुशी । गोवत्स द्वादशी । धनत्रयोदशी । लक्ष्मीपूजा ।। 894 ।। शुभ

# 60. Birth of Raje Shivaji, 1630 AD

दीपावली । भाऊबीज झाली । दुर्गाष्टमी झाली । हेमंत आला ।। 895 ।।

 दोहा॰ विजयादशमी आगई, सब विध ह्लाद अनंत ।
जब गुजरी दीपावली, तब आया हेमंत ।। 706

 संगीत श्री शिवाजी चरित्र राग–छंद माला, पुष्प 146

(दिवाली भजन)

स्थायी

घर–घर दीप जलाओ सखी री, आज दीवाली ।
घर–घर दीप जलाओ सखी री, आज दीवाली ।
आतशबाज़ी जलाओ रे भैया, आज दीवाली ।।

♪ पप पप पनि ध पम–म मम प, मग म–प–ध– – – ।
सांसां सांसां सां–सां निध–ध धध ध, धम –मधनिरेंसांध–पम ।
प–पप पनिध पम–म म मप, मग म–प–ध–पम ।।

अंतरा–1

लछमी पूजा करो रे भैया, लछमी पूजा करो रे भैया ।
मिर्दंग ढोल बजाओ, सखी री आज दीवाली ।।

♪ –ग–ग– गमम– मध धप पमम–, –सां–धनि सां–सांध –धनि रेंसां ध–पम ।
–पपपप पनिध पम–म, मम प मग म–प–ध– – – ।।

अंतरा–2

धन देवी की आरती मंगल, कीर्तन गान सुनाओ, सखी री ।

अंतरा–3

आज घर आयो दशरथ नंदन, अवध में आनंद छायो, सखी री ।

अंतरा–4

बाल बालिका वनिता सुंदर, रंग रंगोली सजायो, सखी री ।

# 60. Birth of Raje Shivaji, 1630 AD

(मार्गशीर्ष-पौष, हेमंत)

**ओवी॰** मार्तंड भैरव स्थापना, दत्त जयंतीची साधना । उत्तरायण उपक्रमा । हेमंत ऋतु ।। 896 ।। शीत वायु हेमंताचा । अंगीं दिला हर्ष साचा । गर्भिणी बाईची त्वचा । पुलकित ।। 897 ।। जवळ येत होता दिवस । आप्त करीत होते नवस । देव-देवतांचे दरस । भाग्यासाठी ।। 898 ।। मकर संक्रांत आली । तीळ-गुळ गोड बोली । भेट सुहृदांची झाली । स्नेहभावें ।। 899 ।।

**दोहा॰ ऋतु शीतल हेमंत की, दीन्हा मन को हर्ष ।**
**गर्भवती को सुख दिया, सर्द हवा का स्पर्श** ।। 707

(माघ-फाल्गुन, शिशिर)

**ओवी॰** वसंत पंचमी आली । भीष्म द्वादशी संपली । गुरुप्रतिपदा झाली । मग होळी । 900 ।। दिवस भरत आले । प्रण वैकल्प सुरू झाले । व्रत संकल्प आटोपले । जिजाऊचे ।। 901।। पुण्य आशीर्वाद आले । प्रवचन सुरू झाले । सुईण वैद्यजी आले । अनुभवी ।। 902 ।। भवन पूज्य सजविले । चित्र भवानीचे लावले । शंकराला आराधले । ये गा देवा! ।। 903 ।। सर्व सामग्री आली । सुसज्जता सर्व झाली । प्रसन्न जिजाऊ झाली । बाळांतिण ।। 904 ।। वद्य-तृतीया आली । मंगळ पहाट झाली । प्राची किरणांची लाली । उमटली ।। 905 ।। सकाळ ती उगवली । पूर्व दिशा उजळली । विघ्नें सकळ टळलीं । शुभ घडी ।। 906 ।। पाखरांची चिवचिव । प्रभात-हवेत हिव । उत्कट सर्वांचा जीव । पुत्रासाठी ।। 907 ।। एकेक क्षण दीर्घ झाला । मग अन्त्य निमिष आला । शिव-अवतार आला । जिजापोटी ।। 908 ।।

**दोहा॰ होली का व्रत जब हुआ, हुए सफल संकल्प ।**
**समय प्रसव का आ रहा, वक्त बचा था अल्प** ।। 708

**संगीत श्री शिवाजी चरित्र राग-छंद माला, पुष्प 147**

शिवाजी जन्म

**स्थायी**

**शुभ मंगल जेव्हां क्षण आला, पुत्र जिजामातेला झाला ।**

# 60. Birth of Raje Shivaji, 1630 AD

**अंतरा–1**

**नाकी–डोळीं सुघड देखणा, लाऊं तीट ग! त्याला ।**

**अंतरा–2**

**गुरुवर म्हणतीं, भाग्यवान हा, करील ह्या देशाला ।**

**अंतरा–3**

**देवी भवानीच्या मायेने, शिव–अवतार ग! आला ।**

**ओवी॰** ऐकूनी बाळाचे रडूं । नाशले विचार कडू । विश्वास लागला घडूं । सर्व मनीं ।। 909 ।। अर्ध्या निमिषाच्या आंत । सर्व हृदी हर्षाघात । किल्यावर अतोनात । वीजगती ।। 910 ।। आनंदाची वर्षा झाली । नौबतें वाजूं लागलीं । शंख सनई मुरली । एकतान ।। 911 ।। शके श्रीशालीवाहन । पंधराशे–एक्कावन । फाल्गुन वद्य तीन । शुक्लपक्ष ।। 912 ।। कन्या रास, संवत्सर । शिशिर हस्तनक्षत्र । सिंह लग्न, शुक्रवार[139] । पुत्र आला ।। 913 ।। कीर्तिः श्रीर्वाक्स्मृतिर्मेधा । धृतिः क्षमा तथा सुधा । देवी–देवता अष्टधा । वर दिले ।। 914 ।। ब्रह्मा विष्णु शिव दत्त । गजानन झाले व्यक्त । ऋषि मुनि संत भक्त । हृष्ट झाले ।। 915 ।। ज्ञानी ज्योतिष्य हुशार । हस्तरेखा जाणकार । बोलावले त्वरें चार । कुण्डलीकार ।। 916 ।। करोनी गणित विचार । नवग्रहांचा गुणाकार । झाली कुण्डली तयार । बालकाची ।। 917 ।। बघुनी जन्मपत्री दिव्य । जाणले शुभ भवितव्य । स्वराज्याचे स्वप्न भव्य । पंडितांनी ।। 918 ।। ऐकोनी भाकित अनन्य । जैसे न कुणाचे अन्य । वाटले सर्वांना धन्य । सभेमध्ये ।। 919 ।। नमूनी मुलाचा पाळणा । घालून चार प्रदक्षिणा । दिल्या सढळ दक्षिणा । पंडितांना ।। 920 ।।

**दोहा॰** **संत महाजन आगए, देने आशीर्वाद ।**
**मंगलतम पल आ रहा, कई युगों के बाद ।। 709**
**शिव की मूरत कक्ष में, कर दी विराजमान ।**
**वैद्य पुरोहित दाइयाँ, लाए सब सामान ।। 710**
**मंगल पल जब आगया, करने वर साकार ।**

---

[139] **तो दिनांक :** Friday, February 19, 1630.

# 60. Birth of Raje Shivaji, 1630 AD

जन्म शिवाजी का हुआ, सुंदर शिव अवतार ।। 711
सुन कर प्रसूति-कक्ष से, रोने की आवाज ।
बजी तालियाँ मोद से, बजे सुमंगल साज ।। 712
विद्युत गति से मोद वो, बिखरा चारों ओर ।
शिवनेरी पर भर गया, जय! जय! शिव! का शोर ।। 713
ब्रह्म-विष्णु-शिव आगए, देने को वरदान ।
संत समागम गा उठा, वेद मंत्र का गान ।। 714
शिवनेरी पर मावळे, बजाने लगे ढोल ।
बच्चे नर नारी सभी, नाचे हिरदय खोल ।। 715

(और)

बालक का कर देख कर, ज्योतिष बोले बोल ।
बालक होगा विक्रमी, अर्जुन के समतोल ।। 716

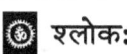

संगीत श्री शिवाजी चरित्र राग-छंद माला, पुष्प 148

(शिवाजी जन्म)

**श्लोक:**

**यदा यदा हि धर्मस्य हानिर्भवति सज्जना: ।**
**अभ्युत्थानमधर्मस्य पृथिव्यां जायते शिव: ।। 165**

♫ मम- मम- म ग-प-म- प-म-ग-रेग म-पम- ।
प-प-ध-निधप-म-म-, ध-प-म- प-मग- रेसा- ।।

**स्थायी**

**गडे! आला जन्मी राज कुमार, भासे जैसा शिव-अवतार ।**
**मुख-मंडल त्याचे दमदार, काम सुमंगल तो करणार ।।**

♫ सानि़! सा-गरे ग-रे- म-गरेग-, प-म- ग-रे- गगरेरेसा- ।
सासारे-गग रे-म- गरेग-, प-म गरे-गग म- गरेसा- ।।

# 60. Birth of Raje Shivaji, 1630 AD

**अंतरा-1**

**सुंदर त्याचा रंग सांवळा, जैसा शिव-शंकर तो नीळा ।**
**लोचन त्याचे मोहक फार, त्याचे अंगीं गुण बेशुमार ।।**

♪ म-मम प-प- नि-ध नि-धप-, सां-नि- धधप-मम प- गरेग- ।
सोरेग रे-ग- म-गरे ग-, प-म- ग-रे- मम गरेसा- ।।

**अंतरा-2**

**होईल मोठा वीर मराठा, वर ऐसा दे, पंढरीनाथा! ।**
**स्वप्न करोनी तो साकार, राज्य हिंदवी हे करणार ।।**

**अंतरा-3**

**हस्तीं त्याच्या रेखा मंगल, भाग्य ललाटीं त्याचे उज्ज्वळ ।**
**योजुनि शूर गुणीं सरदार, होइल त्याचे शुभ सरकार ।।**

**अंतरा-4**

**सद्गुण हा ची त्याचा ठेवा, वर ऐसा तू दे गा, देवा! ।**
**अश्व सवारी तो करणार, रण जिंके त्याची तलवार ।।**

**ओवी॰** असल्या या नाजुक वेळी । शहाजी राजे महाबळी । होते अळीमिळीगुपचिळी । मोहीमेवर ।। 921 ।। शुभ वार्ता त्यांना गेली । पुत्र प्राप्ति तुम्हां झाली । जिंकताच युद्धस्थळीं । घरी यावे ।। 922 ।। दर्याखानाची टोळी । हरवुनी शीघ्र काळीं । परतले राजे घरी । आनंदाने ।। 923 ।। जिंकुनी रोहिला-स्वारी । आले जेव्हां राजे घरी । झाली सुंदर तयारी । बारश्याची ।। 924 ।। पाळणा सजला सुंदर । टांगले चिमण्यांचे झुंबर । मऊ गादी, नरम कंबल । बाळासाठी ।। 925 ।। बाळ हासरें धीट । सजविलेले नीट । लावुनी गाली तीट । पाळण्यात । 926 ।। बाळ बाळसेदार । गोंडस सुकुमार । राजबिंडा कुमार । गोड दिसे ।। 927 ।। अंगी रेशमी अंगडे । शिरीं जरीचे कुञ्चडे । त्यावर मोती लोंबडे । मनोरम ।। 928 ।। गळ्यात पोत काळी । वाघनखी साखळी । जिवती विराजली । धातीवर ।। 929 ।। डोळ्यात काळे काजळ । पायात चांदीचे चाळ । मनगट्या-प्रवाळ । लाल मणी ।। 930 ।। गोल चंदनाचा पाट । सजले सोन्याचे

# 60. Birth of Raje Shivaji, 1630 AD

ताट । पूजेचा मंगळ थाट । होता तिथे ।। 931 ।। नटल्या मानकरणी । सजल्या मायबहिणी । जमा झाल्या कुळबिणी । त्या भवनी ।। 932 ।। जिजाऊ नेसल्या शालू । वर स्वर्ण कलाबतू । चूडामणी अष्टपैलू । माथ्यावर ।। 933 ।। भूषित त्या, जशी राणी । मंद कंकण किंकणी । कुसुम गुंफित वेणी । काळी भोर ।। 934 ।। झाले मग नामकरण । जाणोनी उचित कारण । केला अवतार धारण । ज्या शिवाने ।। 935 ।। तोच शिवा, हा बाबा । दिले त्यास नांव "शिवबा" । विना मुळी खोळंबा । त्या बाळाला ।। 936 ।। त्या शिवाचे जे चरित्र । जसे नसे इतरत्र । संगीतमय पवित्र । लीलामृत ।। 937 ।।

**दोहा॰** **ऐसे भी शुभ काल में, अवश शहाजी आप ।**
**शिवनेरी से दूर थे, भुगत रहे थे शाप ।। 717**
**आदिलशाही दास थे, सेवा रत दिन-रात ।**
**आ न सके घर देखने, पुत्र जन्म साक्षात ।। 718**
**युद्ध जीत कर आगए, जभी शहाजी धाम ।**
**धूमधाम से फिर हुआ, नामकरण का काम ।। 719**
**नाम शिवाजी शुभ दिया, सुत का उचित यथार्थ ।**
**शिव का जो अवतार है, वही उसे है सार्थ ।। 720**

**संगीत श्री शिवाजी चरित्र राग-छंद माला, पुष्प 149**

**छंद**

**12-12 मात्रा**

**वर्ष साडे तीन-शे, कमी-जास्त न फारसे ।**
**लोटले दुःखामधे, आज शिवाचे बारसे ।।**
**दैत्यांचा कच्चा घडा, पापें भरलीं एक-शे ।**
**शीघ्र अति फुटणार तो, बघूं हे घडते कसे ।।**

(1 मार्च 1630)

# 60. Birth of Raje Shivaji, 1630 AD

卐**ओवी**॰ नुकतेच सरले बारसे । झाले नाही दिवस फारसे । शहाजींना अतिथि सारखे । जाणें पडे ।। 938 ।। वार्ता दिली तातडीची । त्वरें निघण्याच्या घडीची । नव्या मुगल-आघाडीची । सेवकाने ।। 939 ।। म्हणाला, “आला शाहजहान । मोठी मुगल-फौज घेऊन । बुऱ्हाणपुरला तो येऊन । उतरला” ।। 940 ।। निराशेचा करून लोप । जिजाऊचा घेऊन निरोप । मालकाचा टाळून प्रकोप । निघले ते ।। 941 ।।

✍**दोहा**॰ **नामकरण कर पुत्र का, देकर आशीर्वाद ।**
**अवश शहाजी चल पड़े, अल्प दिनों के बाद** ।। 721
**सुलतानों की दास्यता, होकर भी यह पाप ।**
**बेबस सेवक थे बने, होगा पश्चाताप** ।। 722

**संगीत श्री शिवाजी चरित्र राग-छंद माला, पुष्प 150**

(शहाजींचा पश्चाताप)

**स्थायी**

**जिजा म्हणे, स्वामी! दुःख हे जिवाला ।**
**कां हो! दूर जाता, सोडुनी शिवाला ।। 1**
♫ रेनि़-रे-ग, रे-ग-! पमं॑-ग- रेग-मं॑- ।
मं॑प- मं॑-ग रे-ग-, मं॑ग- रे-नि़ सा-सा- ।।
**आज जाणे लागे, सोडुनी मुलाला ।**
**हुकूम निघाया, आहे ग! आला ।। 2**
**आम्हीं आदिलाचे, दास झालो आहो ।**
**काही तोड नाही, आता त्याला ।। 3**
**जे न शक्य झाले, करणे अम्हाला ।**
**करो सुत माझा, सफळ तयाला ।। 4**
**होउनी तो राजा, भूप मराठ्यांचा ।**
**करो रे! हे देवा! स्वतंत्र देशाला ।।**

# 60. Birth of Raje Shivaji, 1630 AD

संगीत श्री शिवाजी चरित्र राग-छंद माला, पुष्प 151

श्री शिवाजीला जन्मसुमनांजली

**भुजंगप्रयात छंद**

। ऽ ऽ, । ऽ ऽ, । ऽ ऽ, । ऽ ऽ

♫ सारे-ग- मप- म-गरे- म-ग रे-सा-

**शिवाजी जसा जाणता थोर राजा,**
**सदाचार आदर्श ज्याचा समाजा ।**
**न भूतो, न भूयो, भवेद्वा पुनर्वै,**
**न झाला, न होईल, ऐसा कधीही ।। 1 ।।**

**अधर्मास येतो यदा ही उकाळा,**
**उभारावयाला फिरोनी सु-काळा ।**
**जगीं ईश घेतो पुन्हा जन्म नक्की,**
**करायास आस्था सदिच्छेत पक्की ।। 2 ।।**

61. The Great Tragedy on Maharashtra, 1631 AD

# YEAR 1631

61. बाल शिवाजी-1 :

## महाराष्ट्रावर दुहेरी महासंकट

61. The Great Tragedy on Maharashtra, 1631 AD

### बाळ शिवाजी, एक वर्षाचा

卐ओवी॰ जय शिव शंकर भोळा! । रोज सगळे होतीं गोळा । बाळ बघाया एकडोळा । शिवरूप ।। 942 ।। डोळे मोठे सुंदर फार । बुबुळ काळे पाणीदार । दाट केस डोई वर । कुरळित ।। 943 ।। लाल गुलाबी गोरे गाल । विशाल शोभिवंत भाल । तिळतिळ बाढतो बाळ । चंद्रासम ।। 944 ।। डोळ्यात काजळ काळे । पायात चांदीचे वाळे । करदोड्यात पोवळें । लाल रंग ।। 945 ।। बाळाच्या गालावर तीट । काळी भोर लावली नीट । गुण जिचे ठायी अभीष्ट । सुरक्षेचा ।। 946 ।। आआ-उऊ बोलतो कधी । पाय-अंगठा तोंडामधी । कृष्णच वाटतो अगदी । बाळ शिवा ।। 947 ।। परतूं लागला, बसूं लागला । घुसूं लागला, रांगूं लागला । रोज नवीन त्याच्या कला । हर्ष देतीं ।। 948 ।। रांगता-रांगता झाले काय । शिवबा अजून तान्हा नाय । हळूहळू फुटले पाय । शिशु झाला ।। 949 ।। आज निघाले दोन दांत । हिरकणी सम भासतात । काष्ठ-रिंगणे चावतात । शिवबाचे ।। 950 ।। जसा-जसा गेला काळ । मुखातुनी गळली लाळ । बोलूं लागला आता बाळ । मामा! बाबा! ।। 951 ।। बेलूं लागला बोबडे । खेळकर मन बडे । वांकुल्या दावी थोबडे । मग हसे ।। 952 ।। हात धरूनी उभा ठाके । एक पाऊल पुढे टाके । गुडगुडी चालवूं लागे । पडे-झडे ।। 953 ।। चाले आईचे बोट धरूनी । आई बघते गहिंवरूनी । आनंदित कौतुक करूनी । सर्वजन ।। 954 ।।

# 61. The Great Tragedy on Maharashtra, 1631 AD

दोहा॰ प्रिय जन आते देखने, नन्हा शिव अवतार ।
चंद्र वदन आभा भरा, जैसा कृष्ण कुमार ।। 723
काली आँखें हिरन सी, घूँघर वाले बाल ।
विशाल सुंदर भाल है, गोल गुलाबी गाल ।। 724
काजल काला नैन में, माथे चंदन लाल ।
पग में नूपुर रजत के, दुष्ट जनों का काल ।। 725
आआ-ऊऊ बोल कर, सबको देता प्यार ।
मुख अँगूठा पाँव का, लगता कृष्ण कुमार ।। 726
चंद्रकला सम बढ़ रहा; प्रति दिन नूतन काम ।
लगा बैठने रेंगने, दिखता सब अभिराम ।। 727
कदम कदम चलने लगा, माँ की उँगली थाम ।
गिरता उठता भागता, गति को नहीं लगाम ।। 728
शिवबा सबका लाड़ला, सुंदर राज कुमार ।
तारा नैनन का शिवा, माता का मनहार ।। 729

संगीत श्री शिवाजी चरित्र राग-छंद माला, पुष्प 152

अंगाई गीत

स्थायी

बा, शिवबा रे! नीज गडे शिवराया!
तुजवरी भवानी छाया ।

अंतरा-1

पातक मोंगल करिती, अपुल्या भूमीवर फिरती ।
विषभरी तयांची काया, तुजवरी शिवाची माया ।।

अंतरा-2.

हा देश स्वतंत्र असावा, जुलमींचा पाश नसावा ।

# 61. The Great Tragedy on Maharashtra, 1631 AD

**दणदणीत व्हावे योद्धा, शत्रूंना नष्ट कराया ।**
**अंतरा-3.**
**होउनी जाणता राजा, तू करशिल मुक्त समाजा ।**
**बघ, सगळे जग आतुर हे, तव अद्‌भुत शौर्य पहाया ।।**

(सन 1631चे दुतर्फा महासंकट)

**ॐओवी॰** सन सोळाशे-एकतीस । महाराष्ट्राच्या दुर्गतीस । आले विशेष प्रसिद्धीस । इतिहासें ।। 955 ।। इकडे किल्यावर आनंद । तिकडे मुगलांचे आतंक । इथे-तिथे निसर्गाचा डंख । महा भारी ।। 956 ।। मराठी जनांची हानि । केली सुरू मुगलांनी । तानाशाही नियमांनी । अतोनात ।। 957 ।। जाळपोळ लूटमार । अपहार भ्रष्टाचार । तोडफोड दुराचार । सुलतानी ।। 958 ।। कृषकांवर भारी कर । लूटतीं कुणाचेही घर । हेरगिरी करीती चर । गुप्तपणें ।। 959 ।। निरपराध जातीं फाशी । जिथे-तिथे प्रेतांच्या राशि । कुणी न बोले कुणाशीं । भीतीमुळे ।। 960 ।। एकीकडे मुगलांचा फास । दूजीकडे निसर्गाचा त्रास । दोनही बाजूंनी सत्यानाश । मराठ्यांचा ।। 961 ।।

**दोहा॰** **घातक निकला साल ये, सोलह-सौ-इकतीस ।**
**मुगलों के उत्पात ने, रखा देश को पीस ।।** 730
**हिंदू जनता लूट कर, किया देश को नष्ट ।**
**परधर्मी को कूट कर, नर-नारी की भ्रष्ट ।।** 731
**रक्तपात सब ओर था, देश हुआ बेहाल ।**
**खेती-बाड़ी ध्वस्त थीं, भीषण पड़ा अकाल ।।** 732
**सज्जन सूली पर चढ़े, लाशों के थे ढेर ।**
**कोई ना कुछ कर सके, देख रहे अंधेर ।।** 733
**किसान सब बरबाद थे, भूखमरी थी घोर ।**
**मारकाट विध्वंस था, मुगली चारों ओर ।।** 734

**संगीत श्री शिवाजी चरित्र राग-छंद माला, पुष्प 153**

# 61. The Great Tragedy on Maharashtra, 1631 AD

(हे प्रभो!)

**स्थायी**

**प्रभु बताओ दुखी जहाँ का, अजीब खेला क्यों है रचाया ।**
**ये शोर दुखियों की आतमा का, कहो प्रभु जी क्यों है मचाया ।।**

♫ साप- पपधमप पधनिसां निध- प-, गम-ध पमगसा सानिध- निसारेगग- ।
सा प-प पधमप प धनिसांनिध- प-, गम- धपमगसा सानिध- निसा-सा- ।।

**अंतरा-1**

**यहाँ न कोई किसी का भाई, न दोसती में कहीं सचाई ।**
**ये हाल जीने का इस जहाँ में, बताओ प्रभु जी क्यों है बनाया ।।**

♫ गम- म ध-नि- सांसां- सां निरेसां-, नि नि-निसां- सां- निसांरें सांध-प- ।
प प-प पधमप प धनिसां निध- प-, गम-ध पमगसा सानि ध- निसारेगग- ।।

**अंतरा-2**

**कहीं लड़ाई या बेवफाई, मगर भलाई न दे दिखाई ।**
**बेहाल आँसू पीना जहाँ में, बतादो प्रभु जी क्यों है सनाया ।।**

**अंतरा-3**

**कहीं बुराई कहीं दुहाई, कहीं जुदाई कहीं रुलाई ।**
**ये साज रोने का इस जहाँ में, न जाने प्रभु जी क्यों है बजाया ।।**

(पुणे नगर)

**卐ओवी॰** दोन हजार वर्ष पुराणे । गजबजते कसबे पुराणे । त्या मुलखात देखणे । मुठेवर[140] ।। 962 ।। मावळ विभागात प्रसिद्ध । "नमुन्याचे" नगर जे सिद्ध । देवळें सुंदरतासमृद्ध । पुणे गाव ।। 963 ।। टोलेजंग त्यात वाडे । रस्त्याकाठी उंच झाडें । बाजार, शाळा, आखाडे । पुण्यामध्ये ।। 964 ।। आदिलाने केले ध्वस्त । घरें-दारें जाळोनी अस्त । भव्य ऐश्वर्य केले फस्त ।

[140] **मुठा :** Mutha river.

# 61. The Great Tragedy on MAHARASHTRA, 1631 AD

मूर्खपणें ॥ 965 ॥ कत्तल केली खुले आम । पुणे गाव केले स्मशान । पागल झाला सुलतान । बिजापुरी ॥ 966 ॥

दोहा॰ पुणे पुरातन था पुरा, मुठा नदी के तीर ।
आबादी काफी बड़ी, जहाँ-तहाँ मंदिर ॥ 735
बड़े-बड़े प्रासाद थे, सुंदर थे उद्यान ।
श्रेष्ठ केंद्र थे नगर में, संस्कृत संस्कृति ज्ञान ॥ 736
आदिल ने सब था किया, जला-गिरा कर नष्ट ।
मंदिर-मूरत तोड़ कर, स्थान किए थे भ्रष्ट ॥ 737
कतलें भीषणतम करी, नगर किया शमशान ।
अंधा था वह धरम का, बिजापुरी सुलतान ॥ 738

 संगीत श्री शिवाजी चरित्र राग-छंद माला, पुष्प 154

(हे औरंगजेब!)

### स्थायी

मंदिर-मूरत तोड़े तुमने, बहुत कमाया पाप है ।
अभी होश में आजा, वरना, तुम्हें मिलेगा, शाप रे! ॥
♪ सां-धप गरेसारे ग-प- गरेसा-, सासासा रेग-प- ध-सां ध- ।
सांध- ध-प ध- प-ग-, रेरेसा, रे-ग- पग-प-, ग-रे सा-! ॥

### अंतरा-1

शब्द वेद के सुन ले प्यारे, तेरे मन को भाएँगे ।
आँखें तेरी खुल जाएँगी, फिर पछतावे आप, रे! ॥
♪ सा-रे ग-ग ग- पपप- ध-ध-, सां-रें सांनिध- सांनिध- ।
ध-ध प-प- धध प-म-ग- पप ममग-म- ग-रे सा-! ॥

### अंतरा-2

आसमाँ से इस धरा तक, सब शिवा का राज है ।

# 61. The Great Tragedy on Maharashtra, 1631 AD

**शरण उसकी आ चरण में, वो दयालु मात है ।।**
**अंतरा–3**
**त्याग सारा ये झमेला, छोड़ जाना विवश है ।**
**हाथ उसका थाम ले रे, तू अकेला, तात! है ।।**

(निसर्गाचा कोप)

**卐ओवी॰** निसर्गाचा आला कोप । सुकाळाचा झाला लोप । चिंतेने उडाली झोप । सुजनांची ।। 967 ।। आला दुष्काळ भयंकर । वारिद निरभ्र अंबर । धरा कोरडी निरंतर । चहूंकडे ।। 968 ।। धरणी पारोशी भेगाळली । वनस्पति सुकोनी वाळली । कृषिकांनी आसवें गाळली । अति दुःखें ।। 969 ।। पर्जन्याचा थेंब नाही । उगले न कोंब काहीं । लोक झाले त्राहि! त्राहि! । पशु पक्षी ।। 970 ।। दाणा नाही पाणी नाही । चारा नाही थारा नाही । पोळविल्या दिशा दाही । उष्णतेने ।। 971 ।। रणरण ऊन पडे । मृगजळ चोहीकडे । दिसे जिकडे तिकडे । एक दृश्य ।। 972 ।। भूक भारी सर्वांपोटीं । मरूं गेले कोटि कोटि । गुरें ढोरें मोठीं छोटीं । तहानेने ।। 973 ।। मुलें बाळें ओरडतीं । मुलीं बायका रडतीं । विव्हळ बडबडतीं । आर्त जन ।। 974 ।।

**✍दोहा॰** **अभाव वर्षा का हुआ, भूमि गई थी सूख ।**
**नर पशु खग सब जीव को, सता रही थी भूख ।। 739**
**भूखे नंगे भटकते, निर्धन जन असहाय ।**
**जीव धड़ाधड़ मर रहे, कुछ भी किया न जाय ।। 740**

(अशाही स्थितीत)

**卐ओवी॰** अहोरात्र मुगल टोळ्या । घेरोदारीं करतीं चोऱ्या । पळवितीं मुलिंना गोऱ्या । नीच मति ।। 975 ।। लोक संकटांनी ग्रस्त । जनता दुःखांनी त्रस्त । देश पूर्ण केला ध्वस्त । मुगलांनी ।। 976 ।। पोट जयांचे खंगले । धैर्य तयांचे भंगले । स्वप्न तयांचे संपले । जीवनाचे ।। 977 ।। कुटुंबें जी फार पीडित । निराधार असुरक्षित । केलीं धर्मपरावर्तित । राक्षसांनी ।। 978 ।। परिस्थिति अशी झाली । जनता दुःखांनी न्हाली । कोण आत तिला वाली । शंकरा रे! ।। 979 ।।

# 61. The Great Tragedy on Maharashtra, 1631 AD

✍दोहा॰ ऐसे भी दुष्काल में, जहाँ समस्या घोर ।
घर-घर छापे मारते, मुगल लुटेरे चोर ।। 741
हाथ पड़ा सो छीन कर, नारी का अपहार ।
अगर किया प्रतिकार तो, नर को डाले मार ।। 742
लोग सभी विध त्रस्त थे, डरे हुए लाचार ।
धर्मांतर पर जोर था, जनता बनी शिकार ।। 743
हानि हुई थी धर्म की, अधर्म थी सरकार ।
कौन बचाएगा इन्हें, कहाँ गया अवतार ।। 744
जनता दुख में मर रही, न उनको इसमें गम ।
सुलतानी सत्ता बढ़े, यही ध्येय हरदम ।। 745

संगीत श्री शिवाजी चरित्र राग-छंद माला, पुष्प 155

(त्रहि त्राहि शंकरा रे!)

स्थायी

दुष्काळाचा काळ दुःखांचा, आज विकट आला ।
या विघ्नांचा अंत कराया, कोण करुण वाली ।।

अंतरा-1

हे शिवराया! तूच आमुचा, संरक्षक स्वामी ।
दाखव लीला, तू शत्रूंना, दिव्य हुनर वाली ।।

अंतरा-2

जयतु भवानी! दुर्गे अंबे! दाखव ग! माया ।
पाठव आता तारण करता, जय जय जय काली! ।।

# 62. Shivaji 2 years old, 1632 AD

# YEAR 1632

62. बाल शिवाजी-2 :

## स्वराज्य आंदोलन

## 62. Shivaji 2 years old, 1632 AD

## बाळ शिवाजी दोन वर्षांचा

ॐओवी॰ बाळ आता चालूं लागे । दुडुदुडू धावूं लागे । पडूं झडूं रडूं लागे । मग हसूं ।। 980 ।। झरझर चालला काळ । दोन वर्षांचा झाला बाळ । पायांतील वाजतीं चाळ । रुणझुण ।। 981 ।। येतीं भेटाया भद्रजन । घेतीं कडेला उचलून । देती पापा प्रेम भरून । शिवबाला ।। 982 ।। आई शिकवी त्याला गाणीं । नाम स्मरण संत वाणी । दूध-भात पोळी-लोणी । देई खाऊ ।। 983 ।। आई मागे दिवस सारा । शिवा करतो येरझारा । सर्वांचा तो बहुत प्यारा । राजबिंडा ।। 984 ।।

दोहा॰ **सुलतानों का काम था, करना पापाचार ।**
**भ्रष्ट-दुष्टता में है भला, उन्हें यही थी भ्रांत ।। 746**
**शिवबा है दो साल का, शिवजी का अवतार ।**
**सभी उसे जी जान से, करते प्रेम दुलार ।। 747**
**माता सुत को बोलती, प्रभु के नाना नाम ।**
**भारत माता की छवि, दिखलाती दिन-शाम ।। 748**
**माता सुत को बोलती, करो देश से प्यार ।**
**माता से भी प्रिय बने, भारत-माँ गलहार ।। 749**

(इकडे, सन 1632)

# 62. Shivaji 2 years old, 1632 AD

卐ओवी॰ सन सोळाशे-बत्तीस । ऋतु आला मदतीस । जळ लाभले भूमीस । अहो भाग्य! ।। 985 ।। श्रावणाचा पाऊस पहिला । तहान्या भूमीवर पडला । सौरभ त्याचा दरवळला । सर्व दिशां ।। 986 ।। अमृत तुल्य तो सुगंध । अनुपम मादक मंद । मनोरम आनंदकंद । तृषितांना ।। 987 ।। त्या गंधाने निद्रा तुटली । सृष्टि जागून उठली । झाडांवर पानें फुटलीं । आनंदाने ।। 988 ।। हिरवी गवती चादर । पसरली मेदिनीवर । सजली भू देवी सुंदर । नारी पुन्हा ।। 989 ।। पाण्यानी भरले नाले । तलाव जिवंत झाले । पक्षी परतुनी आले । घरट्यांत ।। 990 ।। वातावरण झाले थंड । कृषिमंच्या मनीं आनंद । गाई गुरें तुष्ट स्वच्छंद । सुख आले ।। 991 ।। कामीं लागले शेतकरी । अर्धमेले होते जरी । दूध-दुभते घरोघरीं, सुरु झाले ।। 992 ।।

दोहा॰ **ज्यों ही सावन आगया, बरखा झरियाँ पात ।**
**धरती गीली हो गई, सजी रंग से सात ।। 750**
**अकाल में जो बच गए, उनमें आई जान ।**
**सभी लोग आनंद में, छू रहे आसमान ।। 751**
**खेती वाले लग गए, ग्वाले ओर किसान ।**
**जितना संभव हो सके, फसल भरे खलिहान ।। 752**

**<u>संगीत श्री शिवाजी चरित्र राग-छंद माला, पुष्प 156</u>**

**खयाल : राग भूपाली तीन ताल 16 मात्रा**

(सावन ऋतु)

**स्थायी**

**सावन ऋतु आयो, सुख लायो, सावन ऋतु आयो, सुख लायो ।**
**बरखा झरी रिम झिम बरसायो ।**

♫ सां-धप गरे सारेध़- सारे गरेग-, गपधसांधप गरे सारेध़- सारे गरेग- ।
गगगरे गप धसां धसां धपगरेग- ।।

**अंतरा-1**

## 62. Shivaji 2 years old, 1632 AD

**धरती पहने सुंदर गहने, रंगीन वाले हरित सुहाने ।**

♪ पपग- पपसांध सां-सांसां सांरेसां-, सां-गंरें ध-सां- सांसांध पगरेग- ।

**अंतरा-2**

**बादल शीतल करत फुहारे, कोयल मंजुल कूहु पुकारे ।**

(आश्विन-कार्तिक)

(आता)

卐**ओवी॰** वाईट ठेऊन मागे । लोक आता झाले जागे । संघटित व्हावे लागे । मनीं आले ।। 993 ।। बोध देत रामदास । पारतंत्र्य व्हावे नास । स्वातंत्र्याचा घ्यावा ध्यास । मराठ्यांनी ।। 994 ।। धीट आम्हीं, शूर आम्हीं । सांगे रामदास स्वामी । फिरत होते ग्रामोग्रामीं । गुरुदेव ।। 995 ।। रामदासांचे ते श्रोते । जे जे खात होते गोते । लोक जागे होत होते । स्वाभिमानी ।। 996 ।। कामीं लागले साधु संत । कार्यकर्ते विचारवंत । पारतंत्र्य कराया अंत । गुप्तपणें ।। 997 ।। अशा त्या योग्य काळीं । महासंकटाचे वेळीं । पार्श्वभूमि तिने केली । स्वराज्याची ।। 998 ।। दृढ केले जन मन । सुरू केले आंदोलन । प्रेरणा बीज पेरून । जिजाऊने ।। 999 ।।

✍**दोहा॰** **जनता में अब आगया, संघटना का होश ।**
**स्पष्ट नजर अब आगए, सुलतानों के दोष ।। 753**
**उन्हें समझ में आ रहे, रामदास-उपदेश ।**
**शुर-ढीठ होना पड़े, स्वयं बचाने देश ।। 754**
**पंडित-संतों ने किया, जन जागृति का काम ।**
**किया गुप्त अभियान था, स्वतंत्रता के नाम ।। 755**
**संतों के आशीष से, जन गण मन के बीच ।**
**जिजा मातु ने बो दिए, आंदोलन के बीज ।। 756**

卐**ओवी॰** दोन तिची ख्यात मुलें । एक संभाजी थोरले । दूजे शिवाजी धाकले । बालवीर ।। 1000 ।। शिवाजीची आई । जशी सीतामाई । आदर्श ती बाई । इतिहासें ।। 1001 ।। धैर्य तिचे प्रचंड । शौर्य जिचे अखंड । पुकारले तिने बंड । स्वातंत्र्याचे ।। 1002 ।। नैराश्याचे

## 62. Shivaji 2 years old, 1632 AD

न्यूनगंड । दूर दृष्टि उदंड । विघ्नास द्याया तोंड । तत्पर ती ।। 1003 ।। परिस्थिति प्रतिकूळ । केली तिने अनुकूळ । उखाडण्याच समूळ । मुगलांना ।। 1004 ।। देशाची तळमळ । हिंदूंची कळकळ । चालविली चळवळ । त्या मातेने ।। 1005 ।। गुंफूनी एकतेचे सूत्र । करुन मराठे एकत्र । केला समरवीर पुत्र । वीर स्त्रीने ।। 1006 ।। भीति होउनी नास । स्वातंत्र्यावा ध्यास । तिला आत्मविश्वास । होता ध्रुव ।। 1007 ।। होती ती वीरांगना । करण्या संघटना । गृहिणी किंबहुना । आदर्श ती ।। 1008 ।। बलाढ्य ते मुगल । देशद्रोही सकळ । करावया विफळ । झाली उभी ।। 1009 ।। सीधी साधी भोळी भाळी । जशी फूलाची पाकळी । वा ती फुल-पाकोळी । जरी वटे ।। 1010 ।। होती नारी ती वाघीण । कशाच्याही धास्ति वीण । तलवारीसम तीक्ष्ण । तिची बुद्धि ।। 1011 ।। युद्धकला ती प्रवीण । कधीं नाही तिला शीण । कधीं नाही झाली क्षीण । कर्तव्यात ।। 1012 ।। शुचिर्दक्ष धीरोदात्त । व्यवहारिक उदात्त । देशप्रेमें एकचित्त । सर्व रीति ।। 1013 ।। गुणवती स्नेहलता । तत्त्वदर्शी शुभव्रता । धार्मिक ती धर्मरता । जिजामाता ।। 1014 ।।

✍ **दोहा॰** **जिजा मातु के पुत्र दो, दोनों वीर महान ।**
**अग्रज संभाजी बड़े, अनुज शिवाजी नाम ।। 757**
**धैर्यशालिनी नार थी, अखंड था विश्वास ।**
**प्रोत्साहित उनको करे, जो थे हुए उदास ।। 758**
**परिस्थिति-प्रतिकूल को, मान लिया अनुकूल ।**
**सुलतानों के राज्य का, उखाड़ देने मूल ।। 759**
**उसको चिंता देश की, खड़ा किया विद्रोह ।**
**उसको आस्था धर्म की, और न कोई मोह ।। 760**
**उसने जोड़े मावळे, एक बना कर सूत्र ।**
**साथ-साथ उसने किया, सूधीर अपना पुत्र ।। 761**
**उसको अब ना भय रहा, ध्रुव उसका विश्वास ।**
**वह गृहिणी वीरांगना, जिसे शस्त्र अभ्यास ।। 762**
**भोली ऊपर से लगे, भीतर से फौलाद ।**

## 62. Shivaji 2 years old, 1632 AD

तीक्ष्ण बुद्धि की नार वो, दिव्य जिसे औलाद ।। 763
ऐसी देवी मातु को, भारतीय प्रत्येक ।
करे वंदना हृदय से, शत-शत, मस्तक टेक ।। 764

卐ओवी॰ शिवमाता राजमाता । हिंदुमाता थोरमाता । मराठ्यांची तीच माता । जिजाबाई ।। 1015 ।। सांगोनी वीरांच्या कथा । बोलोनी संतांच्या गाथा । जागवुनी धर्मआस्था । शिवाजीची ।। 1016 ।। दिली त्याला देशभक्ति । मातृभूमि प्रति प्रीति । केले त्यास थोर व्यक्ति । त्या मातेने ।। 1017 ।। त्या मातोश्रीला वंदन । तिचे बहु अभिनंदन । दिव्य मातेचा नंदन । शिवराया! ।। 1018 ।। शूर वीर धीर फार । कीर्ति त्याची दिशा चार । होता दैवी अवतार । शंकराचा ।। 1019 ।।

✍दोहा॰ ऐसे संकट काल में, जब मुगलों का जोर ।
दक्षिण में था बढ़ गया, हाय! हाय! का शोर ।। 765
खड़ी हुई वह वीर स्त्री, देने स्वराज्य मंत्र ।
समझाती वह पुत्र को, स्वतंत्रता का तंत्र ।। 766
आंदोलन उसने किया, विप्लव का आरंभ ।
देशभक्ति के स्फूर्ति का, प्रचार भी प्रारंभ ।। 768
परिस्थिति प्रतिकूल भी, उसने की अनुकूल ।
मुगलों के साम्राज्य को, करने नष्ट समूल ।। 769
उसने जागृत कर दिये, महाराष्ट्र के पुत्र ।
उनके मन में भर दिये, स्वतंत्रता के सूत्र ।। 770
सीधी भोली वह लगे, मगर शेरनी रूप ।
युद्ध कला में निपुण थी, दुर्गावती स्वरूप ।। 771
माता वह आदर्श थी, शिवमाता सुखधाम ।
मातु वह महाराष्ट्र की, देवी सिया समान ।। 772
माता दैवी पुत्र की, शिवबा जिसका नाम ।
शंकर का अवतार वो, जय जय सीताराम! ।। 773

## 62. Shivaji 2 years old, 1632 AD

मातु शिवाजी की "जिजा," दूरदर्शी महान ।
दीन्हा उसने पुत्र को, महाराष्ट्र अभिमान ।। 774
प्रताप ना होता अगर, भारत की संतान ।
मुगलों का होता सभी, उत्तर हिंदुस्थान ।। 775
शिवजी ना लेते अगर, शिवबा-जन्म महान ।
दक्षिण हिंदुस्थान सब, होता मुगलिस्तान ।।776

  संगीत श्री शिवाजी चरित्र राग-छंद माला, पुष्प 157

कीर्तन : राग भैरवी, कहरवा ताल

(जिजा माता)

### स्थायी

माता म्हणा, म्हणा आई । मैया म्हणा, तिला माई ।
अंबा म्हणा, म्हणा अम्मा । जननी म्हणा, ती पुण्याई ।।

♪ ग-म- पम-, गरे- ग-म- । प-म- गरे-, पम- ग-म- ।
सारे- गम-, पम- ग-म- । पमम- गरे- म ग-रे-सा- ।।

### अंतरा-1

केला पुत्र तिने राजा, गाउनी मंगल अंगाई ।
माता पूज्य मराठ्यांची, देवी तीच जिजाबाई ।।

♪ सारे- ग-ग मप- म-प-, सां-निध नि-धध प-ग-म- ।
सारे- ग-ग मप-म-प-, ध-प- म-ग मग-रे-सा- ।।

### अंतरा-2

अगम अगाध तिची माया, प्रेमळ सदा सुखी छाया ।
जननी कुणास ती आजी, पत्नी सुता सखी ताई ।।

### अंतरा-3

गौरी कौसल्या सीता, यशोमती भारतमाता ।

# 62. Shivaji 2 years old, 1632 AD

**झाशीची राणी लक्ष्मी, धन्य धन्य पन्नादाई ।।**

**संगीत श्री शिवाजी चरित्र राग-छंद माला, पुष्प 158**

**गीत : कहरवा ताल 8 मात्रा**

(शिवलीलामृत)

**स्थायी**

**ऐका सुंदर संगीत सागर, शिवलीलांच्या कथांचा आगर ।**

♫ पधनि सांनिपमं मं- -मंध निध म-गग, -गमधपरेरे सा- साध- धनिधपपप ।

**अंतरा-1**

**देवी भवानीने वर दिधला, परम-सुताचा जिजाबाईला ।**

**जन्म शिवाचा शिवनेरीवर, नर-रूपें अवतरला शंकर ।।**

♫ -गंगंगंरें गं-गं-, -गं-गंमं गंरेंरें-, -निसांनिध निरेंरें- -निरेंगंरें निरेंसां- ।

-प-सांनि पमंमंमं -मंमंधनिध म-गग, -गमधपरेरे सा - साध-ध निधपपप ।।

**अंतरा-2**

**मातेने पढवुनि पुत्राला, स्वातंत्र्याचा पाया रचला ।**

**कर्म शिवाजीं चे अजरामर, इतिहासें जे पहिला नंबर ।।**

**अंतरा-3**

**विजय-तोरणा प्रमाण पहिले, गड सर केले, अनेक रचले ।**

**रोमांचक जय सिंहगडावर, हर्षित झाले भवानी-शंकर ।।**

**अंतरा-4**

**नामांकित अरि सर्व नमविले, दिल्लीपतिला छान चकविले ।**

**सुलातानांना केले जर्जर, गनिमी-काव्यांचे ते संगर ।।**

**अंतरा-5**

**पर-नारी माते सम आदर, भूप शिवाजी सद्गुण आगर ।**

**ऐकुनि दिव्य कथांचा सागर, गदगद झाले धरती अंबर ।।**

# 62. Shivaji 2 years old, 1632 AD

**संगीत श्री शिवाजी चरित्र राग-छंद माला, पुष्प 159**

**गीत : कहरवा ताल 8 मात्रा**

(शिवलीलामृत)

**स्थायी**

**सुना रहा हूँ गायन सुंदर, शिवलीला का कथा समुंदर ।**

♫ पधनि सांनिपमं मं- -मंध निध म-गग, -गमधपरेरे सा- साध- धनिधपपप ।

**अंतरा-1**

**जन्म शिवा का शिव अवतारा, मातु-जिजा का सु-मंत्र न्यारा ।**

**स्वतंत्रता का अद्‌भुत नारा, महाराष्ट्र में पहिला नंबर ।।**

♫ -गंगंगरें गं-गं-, -गं-गंमं गंरेंरें-, -निसांनिध निरेंरें- -निरेंगंरें निरेंसां- ।

-प-सांनि पमंमंमं -मंमंधनिध म-गग, -गमधपरेरे सा - साध-ध निधपपप ।।

**अंतरा-2**

**श्रीगणेश है विजय-तोरणा, जीते और रचे गढ़ नाना ।**

**अमर-कहानी जय-कोंढाणा, हर्ष से खिले धरती-अंबर ।।**

**अंतरा-3**

**ढेर किये अरि जाने-माने, दिल्लीपति को चकमे दीन्हे ।**

**सुलतानों के मुश्किल जीने, कूटनीति से कीन्हे संगर ।।**

**अंतरा-4**

**पर-नारी को माँ का आदर, भूप शिवाजी सद्‌गुण आगर ।**

**सुन कर अमर काथा का सागर, आनंदित हैं भवानी-शंकर ।।**

# 63. Shivaji growing, Shivaji 3 years old 1633 AD

# YEAR 1633

63. बाल शिवाजी-3 :

## निजामशाहीचा अंत

## 63. Shivaji growing, Shivaji 3 years old 1633 AD

संगीत श्री शिवाजी चरित्र राग-छंद माला, पुष्प 160

**राग यमन,** तीन ताल / कहरवा

**भारत माता वंदना**

**स्थायी**

**भाग्य लक्ष्मी भारत माते!, प्रिय आमुची गोड माउली! ।**
**थोर तुझा सुत वीर शिवाजी ।।**

ग-ग गपरेसारे मं-मंधप रे-सा-, ऩिध़ऩि रेमंमंमं- मंधनि धमंधप- ।
प-सां निप- मंग गरेग परे-सा- ।।

**अंतरा-1**

**तूच भावानी, सिंह वाहिनी, पावन भगवा केतु धारिणी ।**

मं-ग गमं-ध- धनिसांसां-निरेसां, निरेंगरें निरेंसां- गमंध परेरेसा - ।

2

**देवी तुजला, सर्व भारती, वंदन करिती हस्त जोडुनी ।**

3

**पुत्र तुझे रणवीर मराठे, झशीची राणी मर्दानी ।**

# 63. Shivaji growing, Shivaji 3 years old 1633 AD

4

**पोरस, रावळ, प्रताप राणा, तान्हाजी, येसाजी, बाजी ।**

## बालक शिवाजी तीन वर्षांचा

**ॐओवी॰** झरझर गेला काळ । मोठा झाला आता बाळ । लाडका बाळगोपाळ । सर्वप्रिय ।। 1020 ।। बालक वर्षांचा तीन । आईच्या आज्ञेत लीन । कुशाग्र बुद्धिशालीन । शिवराया ।। 1021 ।। शिवबा हुशार फार । शहाणा समजदार । करील स्वप्न साकार । मातेचे तो ।। 1022 ।।

**दोहा॰ खेल कूद आनंद में, गुजरता गया काल ।**
**सबका प्रिय शिवबा हुआ, तीन वर्ष का बाल ।। 777**
**बालक कुशाग्र बुद्धिका, हुआ वर्ष का तीन ।**
**शिवा दुलारा मातु का, नित आज्ञा में लीन ।। 778**
**बाल मित्र उसके घने, वीरों के आधार ।**
**महाराष्ट्र-स्वातंत्र्य का, बने स्वप्न साकार ।। 779**

(निजामशाही बुडाली)

**ॐओवी॰** दुष्काळाचा मारा घोर । निरखुनी तो अघोर । मुगलांना आला जोर । युद्धासाठी ।। 1023 ।। कट रचित होता शाहजहान[141] । निजामशाही कराया खतम । योजिला त्याने महाबतखान[142] । सेनाधिप ।। 1024 ।। शाहजहानने बीज पेरले । निजामांवर नांगर फेरले । लगेंच दौलताबाद घेरले । मुगलांनी ।। 1025 ।। महाबतखान तेढा । घातकी बुद्धीचा वेडा ।

---

[141] **शहाजहान :** Shihab-ud-din Khurram Shahjahan I (r. 1627-1658), son of Jahangir, was the 53rd Sultan of Delhi..

[142] **महाबतखान :** Mahabat Khan (d. 1634) was an Afghan marauder who aided a coup against Jahangir and became a favorite of Shahjahan. He was the Chief of Staff of Mughal Camp at Burhanpur. He was the father of well known Mughal chieftain Zaman beg.

## 63. Shivaji growing, Shivaji 3 years old 1633 AD

किल्याला घातला वेढा । शह देण्या ।। 1026 ।। निजामशाह[143] आला शरण । धरुन मुगलांचे चरण । निजामशाहीचे मरण । सिद्ध झाले ।। 1027 ।।

✍दोहा॰ **मुगलों ने लूटे सभी, छोटे बड़े किसान ।**
**निर्घृण अत्याचार से, किया बहुत नुकसान ।। 780**
**भूखमरी सब देश में, भीषण पड़ा अकाल ।**
**जन जीवन मुश्किल हुआ, मुगल बन गए काल ।। 781**
**करके सारे देश में, बरबादी के काम ।**
**मुगलों ने की योजना, करने खतम निजाम ।। 782**
**इसी ताक में था सदा, दिल्ली का सुलतान ।**
**करने दक्षिण देश में, मुगलाई अभियान ।। 783**
**मुगलों का सुलतान था, तब वह शहाजहान ।**
**उसने भेजी फौज जो, कर दे काम तमाम ।। 784**
**सेना का सरदार था, क्रूर महाबतखान ।**
**जिसका दल तूफान था, लड़ने में घमसान ।। 785**
**किला दौलताबाद का, लिया मुगल ने घेर ।**
**शरण निजामत आगई, लड़ कर थोड़ी देर ।। 786**
**खतम निजामत होगई, गया दौलताबाद ।**
**मुगलों का फिर राज था, इस अरसे के बाद ।। 787**

---

[143] **निजामशाह :** Husain Nizamshah (r. 1631-1633) the last Nizamshah of Aurangabad/Daulatabad. He surrendered on June 17, 1633.

# YEAR 1634

64. बाल शिवाजी-4 :

## परिंड्याची लढाई

64. Shivaji, young lad, Shivaji 4 years old, 1634 AD

## बालक शिवाजी चार वर्षांचा

卐ओवी॰ सन सोळाशे-चौतीस । वर्ष चौथे शिवाजीस । फार उत्कंठा आईस । भविष्याची ।। 1028 ।। शिवबा फार खेळकर । नाना युक्त्यांचे आगर । तसेंच त्याचे खोडकर । खेळगडी ।। 1029 ।। अंगणी जाई घडी-घडी । जिथे खेळतीं सवंगडी । काठीलाच मानूनी घोडी । खेळे शिवा ।। 1030 ।। मातीचे रंगीत घोडे । खेळ ज्यांचे नाही थोडे । कुणीं त्यात हत्ती जोडे । लुटुपुटु ।। 1031 ।। गडी टाळ्या वाजविती । हात उंच हालविती । "शिवा" नांव गाजविती ।। आनंदाने ।। 1032 ।। मुलें खेळती विटी दांडू । गोट्या, लपंडाव चेंडू । हाराकरिता फुलें झेंडू । वेचती ते ।। 1033 ।। मग मुलें शांत मति । खाऊन-पीऊन बसती । जिजामातेच्या भवती । ऐकावया ।। 1034 ।। माता सांगे यथा तथा । संत महंतांच्या गाथा । वीरश्रीच्या रम्य कथा । बालकांना ।। 1035 ।। गोष्टी राम-हनुमानाच्या । कहाण्या कृष्ण-अर्जुनाच्या । लव-कुश अभिमन्यूच्या । प्रल्हादाच्या ।। 1036 ।।

दोहा॰ **चार वर्ष का होगया, जिजा मातु का लाल ।**
**माता को विश्वास था, होगा यह भूपाल ।। 788**
**शिवबा बालक तेज था, खेल कूद में चुस्त ।**
**भूल कर किसी काम में, कभी नहीं था सुस्त ।। 789**
**युक्ति-हुनर भंडार था, शिवबा सद्गुण युक्त ।**

## 64. Shivaji, young lad, Shivaji 4 years old, 1634 AD

तरकीबों से थे सभी, संगी उसके पृक्त ।। 790
आँगन में सब खेलते, मित्र युद्ध के खेल ।
जिनमें होता था सदा, राष्ट्रभक्ति का मेल ।। 791
भाग दौड़ में कुछ लगे, कोई गाते गीत ।
अश्व सवारी से सदा, होती सबको प्रीत ।। 792
खेल कूद कर जब थके, लगती सबको भूख ।
जिजा मातु के चरण में, मिलता सबको सुख ।। 793
खान-पान करके सभी, लेकर शिव का नाम ।
माता से सुनने कथा, संत जनों के काम ।। 794
पौराणिक इतिहास भी, और कीर्ति के गान ।
धर्म-नीति आदर्श जो, राम कृष्ण हनुमान ।। 795

(एकदा)

卐ओवी॰ शिवबा मित्रांसह सदा । एकटाच होता एकदा । बघत होती आई तदा । जिजामाता । 1037 ।। मातीचा लहानसा गडा । त्याने उचलला कोरडा । मुखात टाकला तुकडा । सकारण ।। 1038 ।। "थुंक! जे मुखात टाकले । माती खाणे नव्हे चांगले । मातीत किटाणु आगळे" । म्हणे माता ।। 1039 ।। शिवा आईला म्हणाला । कथा तूच बोलली मला । "माती तो भक्षिता झाला । बाळकृष्ण" ।। 1034 ।। तूच संगीतली गोष्ट । विश्वदर्शनाची इष्ट । मला आठवते स्पष्ट । सुंदर ती ।। 1041 ।।

✍दोहा॰ इक दिन शिवबा, अजिर में, बैठा था खुशहाल ।
एक-अकेला सोचता, बिता रहा था काल ।। 796
इधर-उधर के दृश्य पर, नजर रहा था फेंक ।
माता कुतुहल बहुत से, उसे रही थी देख ।। 797
उठ कर शिवबा ने तभी, विचार कर कुछ काल ।
छोटा मिट्टी का डला, मुख में दीन्हा डाल ।। 798

(जिजामाता)

# 64. Shivaji, young lad, Shivaji 4 years old, 1634 AD

जिजाऊला आठवला । पाठ कृष्णायनातला । यशोदा-कृष्णाचा भला । संवाद तो ।। 1042 ।।

दोहा॰ माता ने उसको कहा, शिवबा! क्या है बात ।
मिट्टी खाना है बुरा, तुम्हें पता है तात ।। 799
फिर क्यों तुमने यों भला, खाई मिट्टी आज ।
बोलो क्या कारण, सखे! क्या है इसमें राज ।। 800

(बाल शिवाजी)

दोहा॰ भोले शिवबा ने कही, बाल कृष्ण की बात ।
माता से जो थी सुनी, पौराणिक कल रात ।। 801
हम आये हैं भूमि से, धरती हमरी मात ।
हम जाएँगे भूमि में, मिट्टी हमरे गात ।। 802

  संगीत श्री शिवाजी चरित्र राग-छंद माला, पुष्प 161

(कान्हा माटी खायो)

स्थायी

नंद जी! आज कान्हा माटी खायो ।
मोहे, मुख में विश्व दिखायो ।
नंद जी! आज कान्हा माटी खायो ।।

♪ सा-रे ग-! रेग- म-ग- म-पध प-म- ।
मप, धप म- प-म गरे-सा- ।
सा-रे ग-! मम- प-म- रे-ग- गरेसा- ।।

अंतरा-1

मैं बोली, अपने घर लटके, दूध दधि-माखन के मटके ।
फिर क्यों माटी चखायो ।
नंद जी! आज कान्हा माटी खायो ।।

♪ ग- म-प- गमप-, निध धपध-, नि-नि निनि- सां-निध निध पपम- ।

312
रत्नाकर रचित संगीत-श्री-शिवाजी चरित्र

रेग म- प-म गरे-सा- ।

सा-रे ग-! मम- प-म- रे-ग- गरेसा- ।।

**अंतरा-2**

**बोला, माटी से ही सब आवे, माटी में ही सब मिल जावे ।**

**मोहे, कान्हा ज्ञान सिखायो ।**

**नंद जी! आज कान्हा माटी खायो ।।**

**अंतरा-3**

**देखा मैंने उसके मुख में, विश्व समाया सब है सुख में ।**

**मोहे, कान्हा नेहा लगायो ।**

**नंद जी! आज कान्हा माटी खायो ।।**

**अंतरा-4**

**कान्हा मोरा विश्वरूप है, शिशु गोपन का बाल भूप है ।**

**मोहे, दैवी दरस लखायो ।**

**नंद जी! आज कान्हा माटी खायो ।।**

## परिंड्याची लढाई

**卐ओवी॰** हुसेनशाह जेव्हा गेला । निजामशाहीचा उरला । एकमात्र तो बालेकिल्ला । परिंड्याचा ।। 1043 ।। शहाजीराजे संरक्षक । सैनिकांचे संयोजक । प्रभाव त्यांचा भयानक । दक्षिणेत ।। 1044 ।। जाणून ही परिस्थिति । शहाजीराजेंची कीर्ति । मुगलांना वाटे भीति । युद्धासाठी ।। 1045 ।। शहाजहानने तरी । पाठविले सह तयारी । शुजाला[144] कराया स्वारी । परिंड्यावर ।। 1046 ।। शुजासंगे खानजमान । सेनानी महाबतखान । देत आज्ञा शहाजहान । मुगलांना ।।

---

[144] **शुजा :** Shajahan had four sons : 1. Dara Shukoh (1615-1659), 2. Shuja (1615-1659), 3. Aurangzeb (1618-1707) and Murad Baksh (1625-1661).

## 64. Shivaji, young lad, Shivaji 4 years old, 1634 AD

1047 ।। शहाजीराजे तयार । करावया प्रतिकार । युद्ध झाले घोर फार । दीर्घ काळ ।। 1048 ।। मराठे होते अचल । लढले शूर सकल । युद्ध हारले मुगल । मराठ्यांशी ।। 1049 ।।

✍दोहा॰ सोलह–सौ चौंतीस में, मरा हुसेन निजाम ।
मुगलों ने सोचा तभी, करिये काम तमाम ।। 803
निजामशाही का किला, ख्यात परिंडा नाम ।
लेने की लालच करे, दिल्ली का सुलतान ।। 804
सेना शहाजहान ने, खड़ी करी तूफान ।
शाह शुजा के साथ में, निकला खानजमान ।। 805
वीर शहाजी थे तभी, निजाम के सरदार ।
मुगलों के आगे खड़े, करने को प्रतिकार ।। 806
हुआ युद्ध घमसान था, भीषण घोर प्रहार ।
मुगल न आगे बढ़ सके, मान गए वे हार ।। 807

# YEAR 1635

65. बाल शिवाजी-5 :

## स्वातंत्र्याचे बाळकडू

### 65. Shivaji five years old, 1635 AD

  संगीत श्री शिवाजी चरित्र राग-छंद माला, पुष्प 162

(शिवाजी चे मराठे)

स्थायी

वीर ये भी है, वीर वो भी हैं, वीर से मिलता सो वीर है ।

♪ रे-रे रेग रे सा-, रेग रे गम ग रे-, सा-सा सा रेरेग- प म-ग रे- ।

अंतरा-1

वीर शिवाजी, वीर मराठे, दोनों मिल कर स्वराज्य है ।

♪ सां-नि ध-निध-, सां-नि ध-पम-, ध-ध- पपमम धप-म ग- ।

अंतरा-2

वीर है राणा, वीर शिवाजी, सेना हिंदवी का राज है ।

अंतरा-3

वीरों ने जो, तजे प्राण हैं, अमर वे मर कर भी आज हैं ।

अंतरा-4

जीते हारे, ढेर होगये, हमें सभी पर ही नाज़ है ।

अंतरा-5.

## 65. Shivaji five years old, 1635 AD

जो न वीर थे, धर्म तज गये, हमको उन पर ही लाज है ।

### बालक शिवाजी पाच वर्षांचा

**ओवी॰** उमाबाई ज्याची आजी । आजोबा श्री विठोबाजी । पाच वर्षांचा शिवाजी । झाला आता ॥ 1050 ॥ आईने पाजले गडू । स्वातंत्र्याचे बाळकडू । बाळ जिचा होतकरु । शिवराया ॥ 1051 ॥ बालपणीच आला होश । अंगी त्याच्या परम जोश । आईला द्यावया तोष । स्वातंत्र्याचा ॥ 1052 ॥ मनी त्याच्या स्वप्नें आलीं । वीरवृत्ति जागी झाली । शंकरच त्याचा वाली । आहे आता ॥ 1053 ॥ ऐकोनी वीरांच्या गोष्टी । स्पष्ट त्याची दूरदृष्टि । तुष्टि आणि त्याची हृष्टि । स्वातंत्र्यात ॥ 1054 ॥ स्मरोनी शूरकर्म वीरांचे । प्रताप राणासंग धीरांचे । अंगद भीम बलबीरांचे । धैर्य त्याला ॥ 1055 ॥ साधु-संतांची आणि । ऋषि-मुनींची वाणी । कवि-पंतांची गाणीं । स्फूर्ति त्याला ॥ 1056 ॥ वडिलांचे पराक्रम । देशभक्तांचे श्रम । मुगलांचे दुष्कर्म । मनी त्याच्या ॥ 1057 ॥ आई त्याची खरी शक्ति । मातृभूमीवर प्रीति । भवानीवर भक्ति । दृढ त्याची ॥ 1058 ॥

**दोहा॰** पाँच वर्ष का हो गया, बाल शिवाजी आज ।
वीर पुत्र को देख कर, मातु-पिता को नाज ॥ 808
निजामशाही में पिता, सुभेदार थे श्रेष्ठ ।
माता ने दी सीख थी, स्वतंत्रता की ज्येष्ठ ॥ 809
सुन कर वीरों का महा, उज्ज्वलतम इतिहास ।
शिवबा के मन में जगी, स्वतंत्रता की प्यास ॥ 810
शिवजी उसके थे पिता, और भवानी मात ।
प्रताप, राणा संग से, पुलकित उसके गात ॥ 811
अंगद-अर्जुन-भीम के, धैर्य-शौर्य के काम ।
दीन्ही उसको प्रेरणा, बल-साहस हनुमान ॥ 812
बचनन संत-महंत के, कवीश्वरों के गीत ।
ऋषि-मुनियों से तप मिला, जिजामातु से प्रीत ॥ 813

## 65. Shivaji five years old, 1635 AD

**माता उसकी शक्ति थी, माता उसके प्राण ।**
**माता उसकी थी गुरु, करत नित्य कल्याण ।। 814**

**卐ओवी॰** खूब खेळे शिवराया । मित्रांवर त्याची माया । देशभक्तिगीतें गाया । हौस त्यास ।। 1059 ।। कधी खेळतीं लपाछुपी । कधी काठ्या तलवाररूपी । झुडपांची कापाकापी । शत्रूंसम ।। 1060 ।। मातीचे ढीग गड त्यांचे । त्यांवर खेळ लढायांचे । एक सैन्य मुगलांचे । दूजे हिंदू ।। 1061 ।। नाकेबंदी कशी व्हावी । कशी फौज होणे भावी । काळजी कोणती घ्यावी । सूक्ष्मतेने ।। 1062 ।। कसे असो घोडदळ । कसे सेनानी मंडळ । कसा चि काढावा पळ । योग्य वेळी ।। 1063 ।। कशी लढाईची तयारी । सैनिकांची रचना सारी । काय चूक वा हितकारी । हा विचार ।। 1064 ।। कसा असो भावी राजा । कशी सांभाळेल प्रजा । विना काहीं वाजागाजा । कार्य करो ।। 1065 ।। आई बघायची खेळ । बालकांचा ताळमेळ । शिशुमनीं प्रौढ मेळ । अद्वितीय ।। 1066 ।। आज करावी तितीक्षा । देव घेतो परीक्षा । पूर्ण होतील अपेक्षा । विश्वास तिला ।। 1067 ।।

**✍दोहा॰ बाल शिवाजी खेलता, मित्र वृंद में खेल ।**
**तीर-ढाल-तलवार के, प्रहार लेता झेल ।। 815**
**मिल कर गाते मित्र वे, देशभक्ति के गीत ।**
**निश-दिन सपने देखते, सुलतानों को जीत ।। 816**
**स्वतंत्र करना देश को, उन्हें एक थी प्यास ।**
**सेना करनी है खड़ी, उन्हें यही थी आस ।। 817**
**टीलों पर चढ़ कर सभी, भगवा ध्वज फहराय ।**
**करते भविष्य योजना, शपथ देश की खाय ।। 818**
**कैसा हमरा सैन्य हो, कैसे हमरे शस्त्र ।**
**कैसे हमरे वीर हों, शिरस्त्राण, हय,[145] वस्त्र ।। 819**
**कैसे करना सामना, या पीछे से वार ।**

---

[145] **हय** = अश्व.

## 65. Shivaji five years old, 1635 AD

मार काट कर भागना, जीत मिले या हार ।। 820
रामराज्य कैसा बने, हमरा भारत देश ।
कैसा हमरा भूप हो, क्या उसका संदेश ।। 821
राजा की क्या नीति हो, सदाचार से व्याप्त ।
कैसे उसकी हो प्रजा, सुख संपद् को प्राप्त ।। 822
जिजामातु को आस थी, स्वप्न बने साकार ।
शिवबा देगा एक दिन, स्वराज्य को आकार ।। 823

# YEAR 1636

## 66. बाल शिवाजी-6 :

### शहाजी बंगलुरूला

### 66. Shivaji six years old, 1636 AD

 संगीत श्री शिवाजी चरित्र राग-छंद माला, पुष्प 163

राग : भैरवी, कहरवा ताल

(भज ले शिव के नाम)

**स्थायी**

भज ले प्यारे शिव का नाम, हो जावेंगे तेरे काम ।

♪ रेरे रे रेगरेसा रे-रे ग़ म-म, ध- प-म-ग- प-मग रे-रे ।

**अंतरा-1**

जब-जब संकट घिर कर आवे, बीते दिनों की याद सतावे ।
मन में जपियो शिव का नाम, मिट जावेंगे दुःख तमाम ।।

♪ मम मम ग-रेरे गग मम प-प-, ध-प मग- प- ध-प मग-म- ।
सासा सा रेरेग- प-म ग रे-रे, ध- प-म-ग- प-म गरे-रे ।।

**अंतरा-2**

भक्त प्रलादा बालक ज्ञानी, माया हरि की उसने जानी ।
आपत में थे उसके प्राण, नरसिंह बचायो उसकी जान ।।

**अंतरा-3**

# 66. Shivaji six years old, 1636 AD

**द्रौपदी को हरि चीर बढ़ायो, उस अबला की लाज बचायो ।**
**जब मुश्किल में हो इन्सान, एक सहारा शिव भगवान ।।**

## माहुलीची लढाई

**ॐओवी॰** सन सोळाशे-छत्तीस । शहाजी आले माहुलीस । वळण घेतो इतिहास । मराठ्यांचा ।। 1068 ।। माहुलीचा किल्ला दृढ । रस्ता तिथे होता गूढ । मुगलांना घेण्या सूड । शहाजीचा ।। 1069 ।। मनोहर दृश्य तिथे । राहण्याला सुख इथे । वाटले राहावे इथे । शहाजीला ।। 1070 ।। घेऊन शिवा-माऊलीला । आले शहाजी माहुलीला । परंतु भविष्याची लीला । वेगळीच ।। 1071 ।। शहाजहानला लागले वेड । शहाजीराजेचा करण्या मोड । मराठेलोकांची मोडण्या खोड । पिसाळला ।। 1072 ।। जेव्हां त्याला सुगाव लागला । "आलेत शहाजी माहुलीला" । तेव्हां त्याचा दिमाग फिरला । सूडासाठी ।। 1073 ।। सेना घेऊन निघाला । दौलताबादला आला । आदिल[146] मिळाला त्याला । बिजापुरी ।। 1074 ।। देण्या शह शहाजीला । मुगलांनी तो घेरला । माहुलीचा बालेकिल्ला । चारीं बाजू ।। 1075 ।। जाणोनी आदिलाने बात । युद्धात होणे आत्मघात । टाळावया तो रक्तपात । थांबा म्हणे ।। 1078 ।। जेव्हां नाईलाज झाला । शहाजींनी तह केला । माहुलीचा किल्ला दिला । आदिलाला[147] ।। 1077 ।।

(माहुली का युद्ध)

**✍दोहा॰ सोलह-सौ छत्तीस में, बदल गया इतिहास ।**
**मुगलों ने आक्रम किया, करन निजाम खलास ।। 824**
**निजामाशाही का किला, ख्यात माहुली नाम ।**
**लगे शहाजी थे वहाँ, किलाधीश के काम ।। 825**
**किला माहुली का बड़ा, दुर्गम अति मजबूत ।**

---

[146] **आदिल :** Muh. Adilshah (r. 1626-1655).

[147] **माहुली :** Mahuli was besiged in August 1636 and the fort was surrendered to Adil-Mughaluh alliance in Oct. 1636. Shahaji was given the Jagir of Pune, Chakan and Supe. He was then appointed commander of the Karnatak province, with headquarters at Bengaluru.

## 66. Shivaji six years old, 1636 AD

घने विपिन में था बसा, निसर्ग रम्य बहुत ।। 826
अत: शिवाजी ने किया, इस गढ़ पर विश्वास ।
और सहित परिवार के, किया यहाँ पर वास ।। 827
मुदित शिवाजी थे यहाँ, और जिजाऊ मात ।
उनको बहुत पसंद थी, इस गढ़ की हर बात ।। 828
ठीक चल रहा था यहाँ, उनका कारोबार ।
पुत्र शिवाजी था सुखी, पत्नी का संसार ।। 829
सुखमय इस परिवार को, करन तोड़ कर भंग ।
एक दिवस प्रारब्ध ने, बदला अपना रंग ।। 830
दिल्ली के सुलतान ने, करने खतम निजाम ।
अलग शहाजी को करें, निजाम से, ली ठान ।। 831
किला-दौलताबाद से, निकला शहाजहान ।
उसको आदिलशाह ने, दिया सैन्य-सामान ।। 832
दोनों फौजें चल पड़ी, छुपाय आपस बैर ।
घेर लिया गड़ माहुली, अब न किसी की खैर ।। 833
मुगलों ने ली माहुली, चारों तरफा घेर ।
घामासान अब युद्ध को, कुछ न बची थी देर ।। 834

(तब)

✍ दोहा॰ करके दो-दो हाथ अब, होगा नर-संहार ।
डर कर आदिलशाह ने, कीन्हा सोच विचार ।। 835
उसे शहाजी चाहिए, और मराठा फौज ।
निजाम से करके जुदा, उसकी होगी मौज ।। 836
उसने हमला रोक कर, भेज दिया प्रस्ताव ।
बोला, करते याचना, हमसे तुम मिल जाव ।। 837
लड़ कर होगा युद्ध का, भीषण दुष्परिणाम ।

# 66. Shivaji six years old, 1636 AD

**समझौते में है भला, और सुखद है काम ।। 838**
**दक्षिण आदिल को मिली, उत्तर शहाजहान ।**
**पुणे शिवाजी को मिला, निजाम का नुकसान ।। 839**

## शहाजी बंगलुरूला

**卐ओवी॰** तहाच्या अटी झाल्या । वाटण्या दोन केल्या । दक्षिण-जागीरी नेल्या । आदिलाने ।। 1078 ।। उत्तर मुगलांना । मिळाली युद्धाविना । आनंद झाला त्यांना । विनायास ।। 1079 ।। शहाजी जागीरदार खास । झाले आदिलशाहीचे दास । मिळाला बंगलुरूचा वास । शहाजींना ।। 1080 ।। जिजाऊ-शिवबाला । पाठविले पुण्याला । नवीन त्यांचा झाला । आता वास ।। 1081 ।।

(शहाजी बंगलौर में)

**दोहा॰** **शहाजी को बँगलूर की, मिली भव्य जागीर ।**
**आदिल के अब दास थे, हुए मराठा वीर ।। 840**
**पुणे शिवाजी आगए, जिजामातु के साथ ।**
**पिता गए बँगलूर को, आदिल उनका नाथ ।। 841**

## बालक शिवाजी 6 वर्षांचा

**卐ओवी॰** आता शिवाजी वर्षांचा सहा । पुण्याचा जागीरदार पहा । राज्यव्यवस्थाकुशल महा । आईसम ।। 1082 ।। बंगलुरूला गेले शहाजी । पुण्यात आले राजे शिवाजी । गुरु त्यानां मिळाले दादोजी । कोंडदेव ।। 1083 ।। दादोजींनी दिले ज्ञान । शस्त्रविद्येचे विज्ञान । राजनीतीचे विधान । शिवाजीला ।। 1084 ।। कोंडदेवावर भिस्त । ज्यांनी शिकविली शिस्त । पारतंत्र्य कराया अस्त । शिवबाला ।। 1085 ।।

(बाल शिवाजी)

**दोहा॰** **बाल शिवा छह वर्ष का, नूतन जागिरदार ।**

## 66. Shivaji six years old, 1636 AD

पुणे राज्य उसको मिला, स्वतंत्र कारोबार ।। 842
यहीं किया स्वातंत्र्य का, शिवबा ने आरंभ ।
गुरुवर दादोजी बने, करने शुभ प्रारंभ ।। 843
माता का आशीष था, मित्र वृंद का साथ ।
अंबा का वरदान था, शिवजी किरपानाथ ।। 844

# 67. Shivaji seven years old, 1637 AD

# YEAR 1637

67. बाल शिवाजी–7 :

## शिवाजी जागीरदार

67. Shivaji seven years old, 1637 AD

♫ संगीत श्री शिवाजी चरित्र राग–छंद माला, पुष्प 164

(हे भवानी!)

**स्थायी**

**शिखरिणी छंद**

। ऽ ऽ, ऽ ऽ ऽ, ।।।, ।। ऽ, ऽ।।, । ऽ

♫ निरे–! नि़–सा– रेगरे–, सासासा सासारेगरे गरेनि़ सा– ।
रेग–, नि़–सा–रेगरे गगग मपम– ग रेगरे सा– ।।

(माया)

**तुझी माया देवी! ग्रहण करण्याला अगम ती ।**
**तरी श्रद्धाभावें स्मरण करण्याला सुगम ती ।।**

**अंतरा–1**

**पृथ्वी छंद + शिखरिणी छंद**

। ऽ।, ।। ऽ, । ऽ।, ।। ऽ, । ऽ ऽ, । ऽ
। ऽ।, ।। ऽ, । ऽ।, ।। ऽ, । ऽ ऽ, । ऽ
। ऽ ऽ, ऽ ऽ ऽ, ।।।, ।। ऽ, ऽ।।, । ऽ
। ऽ ऽ, ऽ ऽ ऽ, ।।।, ।। ऽ, ऽ।।, । ऽ

**कुणीं कथन वा, कुणी वचन ही तुझे सांगती ।**

## 67. Shivaji seven years old, 1637 AD

**कुणीं धन तथा, कुणी कुणीं सुख सदा तुला मागती ।**
**तुझी माते! लीला, ऋत समजण्याला कठिण ती ।**
**तरी निष्ठाभावें, मनन करण्याला सुलभ ती ।।**
♫ साप- धपम ग-, मप- धपम ग-, रेग-, म-गरे- ।
सारे- गम गरे-, गम- पम गरे-, सारे- ग-रेसा- ।
निसा-, नि-सा-! रेगरे-, सासा सासासारेगरे- रेगनि सा- ।
रेग-, रेनि-रेगरे-, ममम गमग-रे-, रेगरे सा- ।।
**अंतरा-2**
**तुझ्याच चरणी, मला शरण दे, गडे! तू सदा ।**
**जगी परम तू, जनीं चरम तू, दया-नंददा ।**
**तुझी सेवा, अंबे! अथक करणें मार्ग उमदा ।**
**तरी, आस्था भावें, सतत तुज ध्याणें सत् कृति ।।।**

## पुणें 1637, बाल शिवाजी सात वर्षांचा

卐**ओवी॰** शिवाजी वर्षांचा सात । गुरु त्याला दोन प्राप्त । माता घरी, उद्यमात । कोंडदेव ।। 1086 ।। कोंडदेव शिवरायास । शिकविती शस्त्राभ्यास । शास्त्रज्ञान, नीति त्यास । अर्थविद्या ।। 1087 ।।

(पुणे पुनरुत्थापन)

लोकतंत्र होते भ्रष्ट । श्रमिकांचे व्यर्थ कष्ट । शेत्या केल्या होत्या नष्ट । मुगलांनी।। 1088 ।। आता प्रारंभ पुण्यकर्मांचा । पाप गंगाजळाने धुण्याचा । पुण्याच्या पुनरुत्थापनाचा । तातडीने ।। 1089 ।। पुण्यात नवे बाजार । नवे वाडे, देवद्वार । शाळा, बागा शानदार । सिद्ध व्हाव्या ।। 1090 ।। जिजाऊला विचार भारी । कोण नेमावा कारभारी । करेल जो व्यवस्था सारी । चोखपणे ।। 1091 ।। दादोजी अनुभवी दक्ष । वृद्ध सेवक निरपेक्ष । जबाबदार शुचिर्दक्ष । स्वामीभक्त ।। 1092 ।। एक दादोजींचे नांव । केले तिचे मनी ठाव । राज्यात ज्यांचा प्रभाव । सर्वाधिक ।।

# 67. Shivaji seven years old, 1637 AD

1093 ।। आईसाहेबांनी तरी । दिली त्यांना कामगिरी । झटोनी सर्व परोपरी । काम व्हावे ।। 1094 ।।

✍दोहा॰ सात वर्ष का बाल था, शिवबा शिव-अवतार ।
गुरु थे उसको दो मिले, करने नौका पार ।। 845
माता ने स्वातंत्र्य का, दिया उसे था ध्यान ।
दादोजी ने शस्त्र का, और शास्त्र का ज्ञान ।। 846
राजनीति के नियम का, रीति पूर्ण अभ्यास ।
अर्थ-व्यवस्था, न्याय की, दीन्ही उसको प्यास ।। 847

(मुगलों द्वारा शोषण)

✍दोहा॰ पुणे किया बरबाद था, मुगलों ने सब प्रांत ।
खेती-बाड़ी नष्ट की, शोषण से आक्रांत ।। 848
धर्मस्थान सब तोड़ कर, किए हुए नापाक ।
शिक्षागृह, बाजार भी, किए जला कर राख ।। 849
बाग-बगीचे सूख कर, किए हुए बीरान ।
बड़ी-बड़ी सब कोठियाँ, और ध्वस्त उद्यान ।। 850
लोकतंत्र सब भ्रष्ट था, प्रजा जनों को कष्ट ।
पुनरुत्थापन के लिए, समय आगया इष्ट ।। 851

(पुणे पुनरुत्थापन)

✍दोहा॰ करना काम महान था, राज्य-व्यवस्था नाम ।
प्रजा जनों को कष्ट से, देना था आराम ।। 852
खेती-बाड़ी को पुनः, देकर जीवन दान ।
गाय, भैंस, अज, अश्व सब, होंगे सुखी किसान ।। 853
करने थे नूतन खड़े, मंदिर और मकान ।
नए सजाने थे सभी, सुंदर हाट दुकान ।। 854
किसको यह अधिकार दें, करवाने सब काम ।

## 67. Shivaji seven years old, 1637 AD

**दादोजी ही एक था, सबके मन में नाम ।। 855**
**अनुभव उनका दीर्घ था, नर थे स्वामीभक्त ।**
**वृद्ध सिद्ध निरपेक्ष थे, सेवा रत हर वक्त ।। 856**
**जिजामातु ने सोच कर, किए ठीक अनुमान ।**
**दादोजी को दे दिया, कार्यवाह का काम ।। 857**

### लाल महाल

卐**ओवी॰** करोनी मोरयाचे[148] पूजन । लागले कामास गावजन । करावया पुनरोत्थापन । कसब्याचे ।। 1095 ।। मोरयाच्या सान्निध्यात । कसब्याच्या खमध्यात । भूमि शुच्य सुविख्यात । निवडली ।। 1096 ।। वाडा बांधला अलिशान । करोनी शिव-अनुष्ठान । नांव त्याला दिले छान । "लाल महाल" ।। 1097 ।। लाल महाल त्याला नाम । शिवाजीचे ते धाम । आईसाहेबांचे हे काम । स्त्युत्य फार । 1098 ।। वाडा दणकट फार । शोभनीय डौलदार । उत्तुंग उठावदार । दहा गज ।। 1099 ।। विहिरी हौद पाण्यासाठी । बाग कारंज्यांच्या काठी । फूलोद्यान त्यांच्या पाठी । मनोरम ।। 1100 ।। शोभिवंत दालनें । कुठे कुठे पाळणे । फिटे डोळ्याचे पारणे । बघताना ।। 1101 ।। तळघरें भूमिगत । महत्वाच्या वस्तु ज्यांत । जिथे हेर ही लपत । गुप्तपणें ।। 1102 ।। घोडशाळा, देवद्वार । दप्तरखाने सदर । कोठ्या, स्वयंपाक घर । शिलेखाना ।। 1103 ।।
पुण्यात संगीताला वाव । संस्कृतवचनांना भाव । प्रवचनकारांना ठाव । देई जिजा ।। 1104 ।। आतापावेतो जी ध्वस्त होती । कृषिकांची बहरली शेती । पिकविले त्यांनी हीरे-मोती । धन-धान्य ।। 1105 ।। आणलीं नवीं गाई-गुरें । दूधलोणी पुरोनी उरे । चोऱ्यामाऱ्या अन्याय नुरे । इथे आता ।। 1106 ।।

(लाल महल)

✍**दोहा॰** **गणेश का पूजन किए, करके वास्तु निदान ।**
**जमीन समतल पर किया, निश्चित पावन स्थान ।। 858**

---

[148] **मोरया :** कसब्याचा गणपति ।

# 67. Shivaji seven years old, 1637 AD

महल बनाया भव्य सा, सुंदर आलीशान ।
माता ने उसको दिया, "लाल-महल" शुभ नाम ।। 859
शिवबा का वह धाम था, बनवाया अभिराम ।
सुख सुविधाएँ थी सभी, शासन का सामान ।। 860
सभी व्यवस्था थी वहाँ, खान-पान भरपूर ।
सेवक-सैनिक अश्व भी, जो भी चीज जरूर ।। 861

(पुणे नगर)

✍दोहा॰ नगरी को सुंदर किया, नए किए उद्यान ।
शालाएँ संगीत की, मंदिर नए दुकान ।। 862
हरी-भरी खेती हुई, प्रमुदित हुए किसान ।
दूध अन्न धन धान्य से, संचित हुए मकान ।। 863

# 68. Shivaji eight years old, 1638 AD

# YEAR 1638

68. बाल शिवाजी–8 :

## स्वातंत्र्यप्रेम

## 68. Shivaji eight years old, 1638 AD

` ♬ संगीतश्रीकृष्णरामायण छन्दमाला, मोती 170

(प्रभु तेरी माया)

**स्थायी**

शिखरिणी छन्द[149]

---

[149] ♬ **शिखरिणी छन्द** : इस छन्द के चरण में 17 वर्ण और 25 मात्राएँ होती हैं। इसमें य म न स भ गण और एक-एक लघु गुरु आते हैं। इसका लक्षण सूत्र । ऽ ऽ, ऽ ऽ ऽ, ।।।, ।। ऽ, ऽ।।, । ऽ इस प्रकार होता है। इसके 6-11 पर यति विकल्प से आता है । प्रस्तुत पद्य साग- ऩि-सा-रेगरे- सारेग पमगरे ग- रेगरे सा- इस प्रकार से गाया बजाया जा सकता है।

▶ लक्षण गीत : ✍ **दोहा**. मत्त पच्चीस में सजा, य म न स भ ग का वृंद।
छठी मत्त पर यति जहाँ, चारु "शिखरिणी" छंद ।।

छन्द रचना में प्रायः एक ही सूत्र में सभी पंक्तियाँ लिखी जाती हैं इस लिए साधारणतया छंद की रचनाएँ लघु होती हैं। परंतु, दीर्घ रचनाएँ रुचिकर बनाने के लिए स्थायी में एक छन्द व अंतरे के लिए दूसरा छन्द प्रयोग किया गया है।

🔊 याद रहे कि : गाते समय मात्राएँ रागानुसार लघु या दीर्घ करके वह लय में गायी जाती हैं। स्थायी के लिए शिखरिणी छन्द और अंतरे के लिए पृथ्वी छंद, इस प्रकार की काव्य रचना महाराष्ट्र देश में श्री कृष्णशास्त्री

# 68. Shivaji eight years old, 1638 AD

। ऽ ऽ, ऽ ऽ ऽ, ।।।, ।। ऽ, ऽ।।, । ऽ

♫ सारे-! सानि़सा- रेगरे-, रेरेरे गपमग रेग रेगरे सा-

(माया)

प्रभो! तेरी माया, ग्रहण करने में गहन है ।

मगर सच्चे मन से, स्मरण करके वो सुगम है ।।

अंतरा-1

पृथ्वी छन्द + शिखरिणी छन्द

। ऽ।, ।। ऽ, । ऽ।, ।। ऽ, । ऽ ऽ, । ऽ

। ऽ।, ।। ऽ, । ऽ।, ।। ऽ, । ऽ ऽ, । ऽ

। ऽ ऽ, ऽ ऽ ऽ, ।।।, ।। ऽ, ऽ।।, । ऽ

। ऽ ऽ, ऽ ऽ ऽ, ।।।, ।। ऽ, ऽ।।, । ऽ

♫ मप- धपम ग-, गम- पमग रे-, सारे- मगरेसा-

कोई नमन से, कोई भजन से, तुझे पूजता ।

कोई धन तथा, कोई सुख सदा, तुझे माँगता ।।

प्रभो! तेरी लीला, कथन करने में कठिन है ।

मगर पक्के मन से, मनन करना ही यजन है ।।

अंतरा-2

सदा चरण में, रहो शरण तो हरि साथ है ।

सभी जगत का, अनाथ जन का, वही नाथ है ।।

---

चिपळुणकर जी (1850-1882) ने जानी मानी की थी ।

## 68. Shivaji eight years old, 1638 AD

हरे! तेरी सेवा, सतत करना ही धरम है।
सतत सच्चे मन से, करम करना उद्धरण है ।।

## पुणें 1638, बालक शिवाजी आठ वर्षांचा

**卐ओवी॰** शिवबा आठ वर्षांचा आता । परम ध्येयाचा पूर्ण ज्ञाता । जागरुक होती जिजामाता । सदोदित ।। 1107।। आई सांगे त्यास नीति । राज्य चालवाया रीति । जागवीत राष्ट्रप्रीति । त्याचे मनी । 1108 ।। शिवाजीचा मित्रमेळा । होई वाड्यामध्ये गोळा । खेळती खेळ ते सोळा । व्यायामांचे ।। 1109 ।। ढाल-तलवार सहित । सैन्यशिस्तीची कवाईत । करिती मुलें व्यवस्थित । क्षात्राभ्यास ।। 1110 ।। स्वातंत्र्यप्रेमें उत्तेजित । अंगी उत्साह अगणित । अश्वारोहण पटाईत । वीर सारे ।। 1111 ।। बालवीरांचा चहाता । नीति-नियमांचा जाणता । शिवाजी लाडका नेता । सर्वप्रिय ।। 1112 ।।

**✍दोहा॰** **आठ वर्ष का होगया, वीर शिवाजी बाल ।**
**स्वतंत्रता के ध्येय पर, चलता वह सब काल ।। 864**
**माता उसको बोलती, कैसे करना राज ।**
**नीति नियम हम कौनसे, कैसे पालें आज ।। 865**
**मातृभूमि के प्रेम की, कहती उसको बात ।**
**राष्ट्रभक्ति की प्रेरणा, देती वह दिन-रात ।। 866**
**मित्र शिवा की मंडली, लाल महल में रोज ।**
**आते उससे खेलने, पाते प्रीती भोज ।। 867**
**खेल युद्ध के खेलते, नाना विविध प्रकार ।**
**माता उसको नीति का, बतलाती व्यवहार ।। 868**
**खेल कूद में सीखते, प्रहार अरु प्रतिकार ।**
**वर्जिश भी करके सभी, पात्र क्षात्र तैयार ।। 869**
**अश्वारोहण की कला, योगशास्त्र अभ्यास ।**

## 68. Shivaji eight years old, 1638 AD

करते सिद्धि प्राप्त वे, लुका-छुपी की खास ।। 870
विविध विधा से जानते, ढाल-तीर-तलवार ।
व्यूह तरीके सैन्य के, फौजी सोच विचार ।। 871
कैसे हम स्थापित करें, स्वतंत्र निज सरकार ।
आजादी के वासते, क्या-क्या है दरकार ।। 872

# 69. Shivaji nine years old, 1639 AD

# YEAR 1639

69. बाल शिवाजी-9 :

## “साध्य करा, किंवा मरा”

## 69. Shivaji nine years old, 1639 AD

## कर्णाटक 1638, ललित महाल

卐ओवी॰ शहाजींचा सुंदर तंबू । संग होते कुमार शंभु । शिवाजीचे थोरले बंधु । बंगळुरूला ।। 1113 ।। कर्णाटकाची राणी । म्हैसुरू राजधानी । राजे इथे खानदानी । वोडीयार[150] ।। 1114 ।। कर्णाटकात घडामोडी । झाल्या बळकावया गादी । आला नवा राजा इम्मादी । वोडीयार ।। 1115 ।। कांतिरवला देऊनी मान । राजेशाही नजराणा छान । शहाजींनी निवडले स्थान । बंगळुरू ।। 1116 ।। जसा पुण्याचा लाल महाल । तसा बंगळुरूचा विशाल । घडविला “ललित महाल” । शहाजींनी ।। 1117 ।। राजवाडा महाभव्य । कलाकुसरीं त्यात दिव्य । सर्व प्रांतत दृष्टव्य । महान तो ।। 1118 ।।

शिवाजी नऊ वर्षांचा शिशु । तरणा आता लागला दिसूं । मुखे त्याच्या सदा वसे हसूं । कोमलसे ।। 1119 ।। शिवबाच्या अंगी तेज । नित्य उल्हासची सेज । वदनकमळ सतेज । प्रफुल्लित ।। 1120 ।। प्रभावशाली व्यक्तित्व । ओजसवाणी वक्तव्य । आकर्षक रूप दिव्य । शिवबाचे ।। 1121 ।। जिजामातेची तो आशा । मराठ्यांची अभिलाषा । स्वातंत्र्याची एक भाषा । त्याचे मुखी ।। 1122 ।। आता नौवे वर्ष सरले । आता बलपण नुरले । मोठेपण अंगीं भरले । शिवाजीचे ।।

---

[150] **वोडीयार :** Chamaraja Vodiyar IV (r. 1617-1637), Immadi Wodiyar (1637-1638), Kantideva Narasaraja Wodiyar (1638-1659).

## 69. Shivaji nine years old, 1639 AD

1123 ।। पुणे-चाकण-सुपे प्रांत । जागीर शिवाजीला प्राप्त । मिळाले शिक्का मोरबत । शिवाजीला ।। 1124 ।। पुण्याचा तो जागीरदार । शिवराया वीर कुमार । परम त्याची तलवार । नावाजली ।। 1125 ।। प्रौढाची भूमिका आली । प्रजा आता हाताखाली । टिळक लागला भाली । "राजे" इति ।। 1126 ।। वय लहान, ज्ञान महान । कुणी न मोठा त्याच्या समान । सगळे शिवाला देतीं मान । छोटे-बडे ।। 1127 ।। हुशार, शास्त्र-पंडित । गुणवान, कलावंत । नीतिज्ञ, मुत्सद्दी, संत । सभेमध्ये ।। 1128 ।।

✍दोहा॰ **शिवबा अब नौ वर्ष का, सुदृढ़ राजकुमार ।**
**जिजामातु की छाँव में, करत स्वप्न साकार ।। 873**
**पिता शहाजी व्यस्त थे, कर्नाटक में दूर ।**
**आदिलशाही था जहाँ, भव्य नगर बँगलूर ।। 874**
**वहाँ मराठा छावनी, सजी बड़ी अभिराम ।**
**रहते थे राजे वहाँ, सरदारी के नाम ।। 875**
**पत्नी तुकाबाई वहाँ, रहती उनके साथ ।**
**संभाजी भी था वहाँ, शिवबा का बड़ भ्रात ।। 876**
**राजे शंभु सुधीर थे, यथा शिवाजी वीर ।**
**शिवबा पुणे शहर में, जहाँ उन्हें जागीर ।। 877**
**कर्नाटक के राज्य की, राजधानि मैसूर ।**
**राजा वोड़ीयार थे, हिंदू कुल मशहूर ।। 878**
**नूतन राजा आगया, काँतीरव वड़ियार ।**
**जिने शहाजी का किया, बहुत मान सत्कार ।। 879**
**कांतीरव नृप ने दिया, राजे को सम्मान ।**
**कहा आप बँगलूर में, भव्य सजाओ धाम ।। 880**
**रचा शहाजी ने बड़ा, दिव्य महल अभिराम ।**
**केन्द्र मराठों का बना, करने शासन काम ।। 881**
**पुणे शहर में था यथा, महल बनाया लाल ।**

# 69. Shivaji nine years old, 1639 AD

वैसा ही बँगलूर में, निवास "ललित" विशाल ।। 882
राजमहल वह दिव्य था, सुंदर शिल्पीकाम ।
रंग विविध ढंग के, चित्रकला गुणवान ।। 883

(इधर)

नौ-साल का लाड़ला, हुआ शिवाजी बाल ।
हँसमुख माधव वह लगे, कोमल उसके गाल ।। 884
मुख पर उसके तेज था, चमकत सदा उलास ।
शिवबा बालक दिव्य था, दृढ़ उसका विश्वास ।। 885
आकर्षक उसकी छवी, प्रभावशाली रूप ।
बाल्यकाल से ही सजा, महाराष्ट्र का भूप ।। 886
जिजामातु की आस था, शिवबा बालक वीर ।
इक दिन निश्चित देश की, बदलेगा तकदीर ।। 887
मुख वाणी स्वातंत्र्य की, कर उसके तलवार ।
पुणे प्रांत का था शिवा, स्वतंत्र जागिरदार ।। 888
शिवबा के दरबार में, आते सज्जन लोग ।
स्वतंत्रता के काम में, देने को सहयोग ।। 889
आते प्रिय उसके सभी, बाल मित्र बलवीर ।
साधु-संत विद्वान भी, पंडित कवि शाहीर ।। 890
पुणे नगर उध्वस्त था, तोड़-फोड़ बरबाद ।
मुगलों ने सब लूट कर, दिखलाया उन्माद ।। 891

**ॐओवी॰** राजे शिवाजी सरकार । पुण्याचे जहागीरदार । प्रवेश आता करणार । गृहस्थाश्रमीं ।। 1129 ।। मोठे होणे लागे भराभर । पुढे कामांचा डोंगर । चढणें आहे डोंगरावर । ध्वज हाती ।। 1130 ।। भगवा ध्वज गेरवा साचा । जसा कपिध्वज अर्जुनाचा । उंच मान गडावर त्याचा । होणे लागे ।। 1131 ।। जमा रे! जमा! ध्वजा खाली । वेळ आता आहे रे! आली । लावून गुलाल भालीं । पुढे चलूं ।। 1132 ।। प्रौढ होणे लागे त्वरा । नको दिरंगाई जरा । "साध्य करा, किंवा

# 69. Shivaji nine years old, 1639 AD

मरा" । हाच मंत्र ।। 1133 ।। जन गण करीती आदर । बहु मानाने होती सादर । राजेशिवाजींचे अनुचर । मनोभावे ।। 1134 ।।

✍दोहा॰ **शिवबा "राजे" बन गया, उमर करे न लिहाज ।**
**भले हि वह नौ-साल का, बड़ा होगया आज ।।** 892
**गृहस्थ बन कर कल करे, बड़े-बड़े वह काम ।**
**स्वतंत्रता का ध्वज लिए, जगदंबा के नाम ।।** 893
**लेकर भगवा हाथ में, होता अश्वसवार ।**
**एक हाथ में ढाल औ, दूजे में तलवार ।।** 894
**बाल वीर उसके सखा, हर दिन उसके साथ ।**
**मिट्टी मल कर भाल पर, गाते मिलाय हाथ ।।** 895
**यश का पर्बत लाँघने, देकर अपने प्राण ।**
**प्रौढ़ बन गए आज सब, बालक वीर महान ।।** 896
**"प्राप्त यश करो, या मरो!" देता वह पैगाम ।**
**"यही मंत्र है सिद्धि का, करिए सब मिल काम" ।।** 897
**भगवा झंडा गेरुआ, नेता अपना मान ।**
**वीर मराठे आगए, जिहें देश-अभिमान ।।** 898

## 70. Shivaji ten years old, 1640 AD

# YEAR 1640

70. किशोर शिवाजी-10 :

## सईबाई भोसले

### 70. Shivaji ten years old, 1640 AD

  संगीत श्री शिवाजी चरित्र राग-छंद माला, पुष्प 165

### लावणी
(सईबाई ती)

बाळपणी ती जुळली नाती, नवी संपदा आली हाती ।
जन्मोजन्मी माझी होती, ह्या जन्मीही इथे पुन्हा ती ।
ह्याला नशीब म्हणती ।। 1

दैवाची ही किमया भारी, तीच घडविते माया सारी ।
फलदायी ती व सुखकारी, चैतन्याला उजळविणारी ।
देवा पुढची पणती ।। 2

मंद ज्योत ती स्वतः जळते, मंगळ आभा ती झळझळते ।
दर्शन प्रभुचे ज्याने फळते, ती प्रियदर्शिनी हे मग कळते ।
भाग्यलक्ष्मि कण-कण ती ।। 3

ती राधा ती सीता गौरी, ती मीता ती सजणी नौरी ।
सौभाग्यवती ती अर्धांगिनी, ऋद्धि-सिद्धि डुलवित चौरी ।
स्तुति-स्तोत्र गुणगुणती ।।

## 70. Shivaji ten years old, 1640 AD

## पुणे, 1640, किशोर शिवाजी दहा वर्षांचा

卐ओवी॰ सन सोळाशे-चाळीस । लागले दहावे शिवाजीस । भवानी मातेचे शुभाशीष । प्राप्त त्याला ।। 1135 ।। वयाने तो जरी छोटा । वाटे जगाला तो मोठा । उत्तुंग त्याची प्रतिष्ठा । समाजात ।। 1136 ।। समाजात त्याचे नांव । मंडळींत ज्यांना भाव । पाठवूं लागले प्रस्ताव । विवाहाचे ।। 1137 ।। त्यांत एक परिवार । प्रतिष्ठित बेसुमार । नाईक निंबाळकर । फलटणचे ।। 1138 ।। कन्या नाईकांची सईबाई[151] । जिच्या विवाहाची घाई । मागणी घातली तिची आई । लग्नासाठी ।। 1139 ।।

✍दोहा॰ **शिवबा है दस साल का, आज होगया प्रौढ़ ।**
**आते उसकी फौज में, वीर दूर से दौड़ ।। 899**
**मातु भवानी ने उसे, दीन्हा है वरदान ।**
**बालक होकर भी शिवा, नर वीर था महान ।। 900**
**मान प्रतिष्ठा उच्च थी, जग में उसको प्राप्त ।**
**समाज में वह श्रेष्ठ था, बालक वयस् समाप्त ।। 901**
**रिश्ते आने लग गए, विवाह के प्रस्ताव ।**
**बड़े-बड़े परिवार से, जिन्हें भाव की चाव ।। 902**
**उनमें इक परिवार था, प्रतिष्ठित बेशुमार ।**
**फलटन के निंबाळकर, पुष्कल इज्जतदार ।। 903**
**उनकी कन्या थी सई, रेणूबाई मात ।**
**पिता मुधोजी राव थे, पवार कुल विख्यात ।। 904**

卐ओवी॰ परकर नेसती सई । बघून, ती लाडकी लई । मोहित होत्या जिजाबाई । हो! म्हणाल्या ।। 1140 ।। दिसते पोरगी छान । रंग तिचा गोरा पान । आहे अजून लहान । तरी काय? ।। 1141 ।। खेळकर कन्या फार । शस्त्र कलेत हुशार । बुद्धिमान चिकार । सईबाई ।। 1142 ।।

---

[151] **सईबाई :** Saibai Nimbalkar (1633-1659), daughter of Mudhoji and Renubai Naik Nimbalkar Pawar of Faltan.

# 70. Shivaji ten years old, 1640 AD

लहान असली सध्या जरी । शिवबासाठी हवी ती परी । शहाणी होतां, आणूं सासरी । अशी रीत ।। 1143 ।। करूनी आलाप सुविचार । दोन्हीं बाजूंनी झाला होकार । काढला शुभ-मंगल वार । लग्नासाठी[152] ।। 1144 ।।

दोहा॰ **आया फलटन से जभी, परिणय का प्रस्ताव ।**
**जिजामातु को हो गया, उस परी से लगाव ।। 905**
**सुंदर कन्या भा गई, जिजामातु को खूब ।**
**गोरी बाला लाड़ली, मोहक जिसका रूप ।। 906**
**शस्त्र-शास्त्र वह जानती, उसे कला का ज्ञान ।**
**शिवबा को वह सज गई, पत्नी अति गुणवान ।। 907**
**दोनों तरफा होगया, स्वीकृत वह प्रस्ताव ।**
**मंगल सब सुविचार से, तनिक बगैर दबाव ।। 908**

(समारंभ)

**ओवी॰** लोक लागले तयारीस । झाड-पूस सफेदीस । लावले तोरण हवेलीस । पताकांचे ।। 1145 ।। जशी तारीख जवळ आली । तशी लगीनघाई उडाली । झोप सगळ्यांची बुडाली । मोदामुळे ।। 1146 ।। शिवाजीला हळद लागली । मोत्याची मुंडावळ सजली । वाजंत्री सनईची वाजली । शुभंकर ।। 1147 ।। सुमन गुलाब उधळले । ताशे-चौघडे कडाडले । टाळ्या कडकडाट घडले । एकतान ।। 1148 ।। सईबाईने वरमाला । घातली शिवरायाला । आशीर्वाद आईने दिला । जोडप्याला ।। 1149 ।। शुभ मंगल सावधान! । झाले सह-समाधान । नवरा-नवरी छान । सुशोभले ।। 1150 ।। दोन कुटुंबांत व्हावे सख्य । हाच त्यात उद्देश मुख्य । होतो प्रभुत्व-विस्तार शक्य । संबंधांनी ।। 1151 ।। राजनैतिक ऐसे संबंध । त्या काळी बहुपत्नी प्रबंध । प्रचलित देशात सबंध । राजकुळांत ।। 1152 ।।

दोहा॰ **विवाह मंगल के लिए, आया शुभ संजोग ।**
**तयारियों में लग गए, दोनों कुल के लोग ।। 909**

---

[152] **लग्न तारीख :** May 16, 1640.

## 70. Shivaji ten years old, 1640 AD

नींद सभी की उड़ गई, करने थे **बहु** काम ।
कोई भी ना चाहता, पल भर भी आराम ।। 910
लाल महल पर लग गए, तोरण भगवा रंग ।
महल सजाया सब तरफ, कला-सजावट संग ।। 911
शिवबा को हल्दी लगी, बजे नगाड़े-ढोल ।
नाचे घुंघरू बाँध कर, गाए दिल को खोल ।। 912
दूल्हे राजा सज गए, सुंदर राजकुमार ।
बरात निकली शान से, शिवबा अश्वसवार ।। 913
फेरे-वरमाला हुई, आशीर्वाद अभंग ।
बरसे फूल गुलाब के, तालीयों के संग ।। 914
दूल्हा-दूल्हन थे सजे, मंडप था अभिराम ।
पावन रस्में हो रहीं, प्रसन्न थे महमान ।। 915
कुटुंब दोनों मिल गए, राजकीय संबंध ।
प्रचलित था उस काल में, यह भी एक प्रबंध ।। 916
राजनीति से शादियाँ, प्रभुत्व करने प्राप्त ।
बहुपत्निक संबंध भी, होते थे उस वक्त ।। 917
बधाइयाँ सब ओर से, मंगल आशीर्वाद ।
सई-शिवाजी युगल को, दीन्हा कृपा प्रसाद ।। 918

# 71. Shivaji eleven years old, 1641 AD : विजयनगरचे पुनर्स्मरण

# YEAR 1641

71. किशोर शिवाजी–11 :

## 71. Shivaji eleven years old, 1641 AD : विजयनगरचे पुनर्स्मरण

संगीत श्री शिवाजी चरित्र राग–छंद माला, पुष्प 166

(विजय नगर)

**स्थायी**

विजयनगरचा यादवकुळचा, रामदेव नृपति ।
नंदनवन हे राज्य जयाचे, स्वर्ग धरेवरती ।।

**अंतरा–1**

यादव असुनी नसे यादवी, स्नेहभाव शांति ।
सदाचार सर्वत्र जनमनीं, अद्वितीय जगती ।
सगळे रामराज्य म्हणती ।।

**अंतरा–2**

कणी अयोध्या हिला इंद्रपुरी, अमरावती गणती ।
कुणी कैलासा वा वैकुंठा, ची उपमा देती ।
स्तुति चे राग–छंद गाती ।।

**अंतरा–3**

कांची मथुरा आळंदीचे, साधु–संत येती ।
बोपदेव–हेमाद्री पंडित, सभेत जे असती ।

# 71. Shivaji eleven years old, 1641 AD : विजयनगरचे पुनर्स्मरण

त्यांना आशिष ते घेती ।।
अंतरा–4
दानव चमु ने, भीष हत्या, लूठ भ्रष्ट करुनी ।
सुवर्ण नगरी, यदुवंशाची, नरकप्राय होती ।
बघुनी ग्रंथकार रडती ।।

## बंगळुरु, 1641, किशोर शिवाजी अकरा वर्षांचा

卐ओवी० सन सोळाशे–एक्केचाळीस । अकरावे वर्ष शिवाजीस । शिवबा आणि सईबाईस अभिनंदन ।। 1153 ।। लग्न सोहळे आटोपले छान । परंतु एक उणीव महान । नव्हते शहाजी विद्यमान । सोहळ्यांत ।। 1154 ।। आदिलशहाचे चाकर । परवश सदा सादर । जाणे होते मोहीमेवर । शहाजींना ।। 1155 ।। येऊं न शकले घरी । पुत्राचा विवाह जरी । सुलतानाची नोकरी । आली आड ।। 1156 ।। नाइलाज होता त्यांचा । मालक कठोर ज्यांचा । अवमान मराठ्यांचा । त्यांचे पुढे ।। 1157 ।।

✍दोहा० विवाह उत्सव होगया, बड़ी शान के साथ ।
जिजामातु को रंज था, शरीक ना थे नाथ ।। 919
आदिल–सेवक शाहजी, स्वारी पर थे व्यस्त ।
दक्षिण प्रदेश जीतने, बद्ध कार्य में हस्त ।। 920
राजे घर ना आ सके, करने पुत्र विवाह ।
उत्सव में सब पाहुने, तकत रह गए राह ।। 921
आदिल को अपनी पड़ी, राज्य करन विस्तार ।
घर जाने अनुमति न दी, उसे न जिससे प्यार ।। 922
उत्सव होगा आपका, कर न सको तकरार ।
आपमतलबी चाकरी, रूखा सब व्यवहार ।। 923

# 71. Shivaji eleven years old, 1641 AD : विजयनगरचे पुनर्स्मरण

**ओवी॰** शहाजी होते मोहीमेवर । दक्षिणेत फार शूर । मिळू न शकला अवसर । येण्यासाठी ।। 1158 ।। संपली जेव्हां मोहीम । आटोपली जोखीम । पण चुकले लगीन । शिवबाचे ।। 1159 ।। कराया स्वहस्ते ते काम । केले त्यांनी मत ठाम । जिजावर त्यांचे प्रेम । अधिकच ।। 1160 ।। धाडला मग संदेश । यावे बघाया हा देश । कर्णाटक परिवेश । प्रेक्षणीय ।। 1161 ।। जिजाऊला आवडली ती गोष्ट । ऐकून तो आदेश ती हृष्ट । करून सर्व तयारी इष्ट । निघाली ती ।। 1162 ।।

**दोहा॰** **मुहिम सफल कर आगए, वापस जब वे लौट ।**
**राजे बोले खेद में, इससे अच्छी मौत ।। 924**
**विवाह शुभ हम पुत्र का, देख सके ना आप ।**
**इससे बढ़ कर क्या भला, हो सकता है पाप ।। 925**
**विवाह फिर से पुत्र का, रचें यहाँ पर दिव्य ।**
**लाकर शिवबा को यहाँ, समारोह में भव्य ।। 926**
**भेज शहाजी ने दिया, पत्नी को संदेश ।**
**आओ शिवबा को लिए, लखने को यह देश ।। 927**
**देखो आकर तुम यहाँ, दक्षिण राज्य प्रदेश ।**
**कर्नाटक अति रम्य है, सुंदर सब परिवेश ।। 928**
**भेजे पथ दर्शक पटु, संरक्षक दल साथ ।**
**लाने उनको प्रेम से, देकर उनको हाथ ।। 929**

**ओवी॰** शिवबा बघेल ते स्थान । राजे शहाजींचे धाम । घेईल अनुभव महान । प्रात्यक्षिक ।। 1163 ।। गाड्या, तंबू, रक्षक, चर । खजीना, सेवक, चाकर । यात्रा फार दूर अंतर । बंगळुर ।। 1164 ।। शहाजींनी दक्ष हुशार । पाठविले घोडेस्वार । मार्गाचे माहितगार । संरक्षक ।। 1165 ।। पुण्यापासोनी बंगळुर । मार्ग यात्रेचा होता दूर । बोलावया अवसर । शिवबाला ।। 1166 ।। शिवबाचे मन चौकस । ऐकावया इतिहास । दिव्य कर्णाटकाचा खास । सोज्ज्वळ जो ।। 167 ।।

## 71. Shivaji eleven years old, 1641 AD : विजयनगरचे पुनर्स्मरण

पूर्वी आई कथा सांगे सुखें । ऐकूं आता सेवकांच्या मुखें । कर्णाटकाची विशेष दुःखें । इतिहास ।। 1168 ।।

दोहा॰ **पाकर शुभ संदेश वो, जिजामातु को हर्ष ।**
**बोली शिवबा को, चलो! करने दक्षिण-दर्श ।। 930**
**जिजामातु थी चाहती, देखे शिवबा आप ।**
**पूज्य पिता का कार्य औ, सुलतानों के पाप ।। 931**
**प्रात्यक्षिक अनुभव उसे, देना है दरकार ।**
**देखे वह निज नैन से, आदिल का दरबार ।। 932**
**करी तयारी जोश में, जाने दक्षिण देश ।**
**लेकर सब कुछ साथ में, साधन वस्तु विशेष ।। 933**
**पुणे नगर से हर्ष में, जाना है बँगलूर ।**
**बैलगाड़ियों को लिए, राह बहुत है दूर ।। 934**
**खाना-पीना, तंबू-बिस्तर, रक्षक-चौकीदार ।**
**लदा बहुत सामान है, जाने को तैयार ।। 935**

### इतिहास-पुनर्स्मरण, विजयनगर १५६५

卐ओवी॰ सन पंधराशे-पासष्ट । केले हिंदुसाम्राज्य भ्रष्ट । पाच सुलतानांची दुष्ट । अनागोंदी[153] ।। 1169 ।। जगात पट्टण जे सर्वोत्कृष्ट, विजयनगर झाले उध्वस्त । शहात्तर वर्षांपूर्वीची गोष्ट । ऐका राजे! ... ।। 1170 ।। **निजाम** अहमदनगरचा । **इमादशहा** अचलपूरचा । अली **बारीदशाह** बीदरचा । सुलतान; ।। 1171 ।। बिजापुरी अली **आदिलशाह** । गावळकोंड्याचा **कुतुबशाह** । पाच हे करूनी आपसी तह । एक झाले ।। 1172 ।। विजयनगरचा नृप । हिंदुसाम्राज्याचा भूप । वीर साहसी होता खूप । रामराया ।। 1173 ।। आले संकट अचानक । वातावरण भयानक ।

[153] **अनागोंदी** = Anarchy. **अनेगोंदी** = A place called Talikot.

# 71. Shivaji eleven years old, 1641 AD : विजयनगरचे पुनर्स्मरण

धर्मवेडे घातक । पिसाळले ।। 1174 ।। तत्त्वांची मानूनी हार । टाळण्या नर संहार । केला शांतीचा प्रस्ताव । नायकाने ।। 1175 ।। सुलतान रक्त पिपासु । शांति ऐकोनी आले हसूं । नायकाच्या लोचनीं आसू । असाह्याचे ।। 1176 ।। आला कुणी न संगी । राष्ट्रप्रेम त्याचे अंगी । घेरून संगीन नंगी । तो निघाला ।। 1177 ।। तालीकोटच्या[154] रणावर । झाली लढाई घनघोर । पाच शत्रूंशीं एक वीर । लढूं गेला ।। 1178 ।। कापले गेले हिंदू सर्व । संख्या शत्रूंची होती खर्व । जेणे त्यांचा वाढला गर्व । अमर्याद ।। 1179 ।। कैद झाला रामराया । यत्न सारे गेले वाया । चिऱ्या करोनी त्याची काया । शिरच्छेद ।। 1180 ।।

✍दोहा॰ **यात्रा लंबी बहुत थी, समय प्रचुर था पास ।**
**शिवबा आतुर जानने, कर्नाटक इतिहास ।। 936**
**सुने बहुत से नाम थे, जो थे वीर महान ।**
**वैभवशाली राज्य का, गौरव स्वर्ग समान ।। 937**
**माँ बतलाती थी उसे, जितना उसको ज्ञात ।**
**पथ दर्शक बतलायगे, आज सविस्तर बात ।। 938**
**सुनो शिवाजी! दुखद वो, पूर्ण कहानी आज ।**
**सुलतानों ने था किया, शर्मनाक जो काज ।। 939**

(इतिहास)

**भारत के इतिहास में, कभी न ऐसा नीच ।**
**धर्मांधों ने था रचा, कपट पाँच के बीच ।। 940**
**पन्द्रह-सौ-पैंसठ जभी, निकला खूसट साल ।**
**हिंदू राजा एक के, पाँच बन गए काल ।। 941**
**आया कोई हिंदु ना, देने उसको साथ ।**
**सभी पड़ोसी रह गए, धरे हाथ पर हाथ ।। 942**

---

[154] **तालीकोट =** अनेगोंदी अथवा राक्षसीतंगडी.

## 71. Shivaji eleven years old, 1641 AD : विजयनगरचे पुनर्स्मरण

पाँच पड़ोसी मत्सरी, सुलतानों ने दुष्ट ।
षड्यंत्र बना कर किया, विजयनगर को नष्ट ।। 943
यद्यपि दुष्मन आपसी, जुड़े धर्म के नाम ।
उज्ज्वल हिंदू राष्ट्र का, करने काम तमाम ।। 944
उज्ज्वलतम सब विश्व में, जाना था जो राज ।
कसाइयों के हाथ से, कतल होगया आज ।। 945
तोड़-फोड़ सब लूट कर, राष्ट्र कर दिया नष्ट ।
अराजकों के हाथ से, नर-नारी सब भ्रष्ट ।। 946

卐ओवी॰ उफाळला सुलतानी राग । घराघराला लावुनी आग । विजयनगर बेचिराग । कत्लेआम ।। 1181 ।। कधी न झाला ऐसा कहर । अनर्थाची विषारी लहर । निर्जन झाले सारे शहर । खंडहर ।। 1182 ।। हिंदूंची सुवर्ण नगरी । मातीत मिळाली सगळी । विजापूरने गिळली । संपत्ति ती ।। 1183 ।। खलनेता त्यांचा अघोरी । आदिलशाह विजापूरी । ज्याने बळकावली सारी । संपदा ती ।। 1184 ।। लूटलेले धन-दागिने । सोने चांदी हीरे नगिने । तुडुंब भरले खजीने । विजापूरी ।। 1185 ।। विजापूरचे बदलले रूप । आता इथे वैभव खूप । नायकांचा मारूनी भूप । श्रीमंत हे ।। 1186 ।। परदेशी हा सुलतान । सत्तेचा असीम गुमान । त्याचा धाक इथे महान । राज्यामध्ये ।। 1187 ।।

✍दोहा॰ हुई एक दिन मंत्रणा, सुलतानों के बीच ।
परदेसी उन पाँच में, करने कुकर्म नीच ।। 947
विजयनगर साम्राज्य को, करके समूल ध्वस्त ।
हिंदुराष्ट्र सम्पन्न का, करने जग से अस्त ।। 948
शिवबा! तुमने एक दिन, करना है यह काम ।
वापस उस साम्राज्य को, देना है सम्मान ।। 949
सुनो छहत्तर वर्ष की, करुण पुरानी बात ।
राजे! जिसको जान कर, कंपित होंगे गात ।। 950

# 71. Shivaji eleven years old, 1641 AD : विजयनगरचे पुनर्स्मरण

(कथा)

पाँच अराजक कौन थे, क्या थे उनके नाम ।
क्या उनका षड्यंत्र था, कीन्हे क्या थे काम ॥ 951
आदिलशाह बिजापुरी, अहमदनगर-निजाम ।
बारीदशाह था अली, बीदर का सुलतान ॥ 952
अहमदशाह अचलपुरी, और पाँचवाँ नाम ।
गोवलकुंडा का कुली, कुतुबशाह कुनाम ॥ 953
पाचों बैरी आपसी, बने पाप में मित्र ।
हिंदू-नरसंहार का, जिनके मन में सूत्र ॥ 954
विजयनगर का वीर वो, रामराय विख्यात ।
हिंदू राजा सद्गुणी, अखिल जगत प्रख्यात ॥ 955
हुआ अचानक आक्रमण, एक रात, खूँखार ।
पाँच ओर से घिर गया, कर न सका प्रतिकार ॥ 956
साथ किसी ने ना दिया, करते हरि! हरि! जाप ।
अपनों को मरने दिया, करने पश्चाताप ॥ 957
प्रजा जनों का टालने, भीषण नर संहार ।
करी याचना शाँति की, विवश मान कर हार ॥ 958

(मगर)

बैरी प्यासे खून के, पाँचों थे सुलतान ।
ठुकरा कर प्रस्ताव वो, दिखला दिया गुमान ॥ 959
किया आक्रमण जोर से, टूट पड़े सुलतान ।
रण था तालीकोट का, युद्ध हुआ घमसान ॥ 960
खूब लड़ा रण वीर वो, एक अकेला आप ।
पड़ोस के सब रह गए, करते हरि! हरि! जाप ॥ 961
पाँचों फौजें एक पर, करत रही थी वार ।

## 71. Shivaji eleven years old, 1641 AD : विजयनगरचे पुनर्स्मरण

**फिर भी हिंदू वीर की, रुकी नहीं तलवार ।। 962**

(फिर)

**लड़ते-लड़ते वीर को, लगा अचानक बाण ।**
**गिरा धरा पर धाँय से, मगर न निकले प्राण ।। 963**
**कैद होगया वीर वो, सुलतानों के हाथ ।**
**काटे उसके अंग सब, कुत्सितता के साथ ।। 964**
**उड़ा दिया सिर वीर का, जैसी उनकी रीत ।**
**काटी हिंदू फौज भी, जाहिर करने जीत ।। 965**
**विजयनगर में फिर हुआ, भीषण कत्लेआम ।**
**जला आग में राज्य वो, घर घर था शमशान ।। 966**

**卐ओवी॰** भव्य विजापूरी दरबार । जिथे उगवतो भ्रष्टाचार । इथे शान-शौकत फार । चोरलेली ।। 1188 ।। आलिशान दामी सिंहासन । आरूढ त्यावर सुलतान । सेवक हुजरे दरबान । हिंदू इथे ।। 1189 ।। महाल तो रोमांचकारी । किल्ला त्याचा भक्कम भारी । तलवार-बंदुकधारी । संरक्षक ।। 1190 ।। सभोवती उंच तटबंदी । बुरुजांची चिरेबंदी । खोल खंदक विस्तीर्ण रुंदी । भव्य द्वार । 1191 ।। दारांवर अणकुची खिळे । तुटूं न शकतीं हत्तीबळें । ऐसे द्वार कुठेही न मिळे । मजबूत ।। 1192 ।। बुरुजांवर तोफा प्रचंड । तटबंदी बळकट चंड । शास्त्रधाऱ्यांच्या रांगा अखंड । किल्यावर ।। 1193 ।।

**✍दोहा॰** **बिजापुरी सुलतान ने, लूट लिया धन-माल ।**
**गौरवशाली राज्य वो, बना दिया कंगाल ।। 967**
**माँ-बहिनें सब भ्रष्ट की, सुलतानों ने पाँच ।**
**फौजी उनके हवस में, नग्न रहे थे नाच ।। 968**
**सुवर्ण नगरी लूट कर, गया बिजापुर माल ।**
**थोड़ा देके चार कों, रण से दिया निकाल ।। 969**
**भरे खजाने स्वर्ण से, हीरे मोती वस्त्र ।**

# 71. Shivaji eleven years old, 1641 AD : विजयनगरचे पुनर्स्मरण

**वैभव आदिल को मिला, हाथी घोड़े शस्त्र ।। 970**

(विजापुर)

दोहा॰ **आदिलशाही राज्य का, बदल गया अब रूप ।**
**चोरी के भंडार से, स्वर्ग समान स्वरूप ।। 971**
**बलशाली अब होगया, करने को विस्तार ।**
**हिंदू नृप जो मौन थे, सभी पड़ोसी मार ।। 972**
**परदेसी सुलतान का, देखोगे दरबार ।**
**जहाँ पनपते पाप हैं, उगता भ्रष्टाचार ।। 973**
**दामी सिंहासन बना, गद्दी आलीशान ।**
**आदिलशाही शान में, बैठे वह सुलतान ।। 974**
**भव्य भवन दरबार है, सजा बहुत अभिराम ।**
**राज महल सुंदर बना, कलित कला का काम ।। 975**
**किला बहुत मजबूत है, प्रवेश द्वार विशाल ।**
**परकोटा भरकम बना, गरगज करत कमाल ।। 976**
**बड़ी-बड़ी तोपें लगीं, जिनसे किला अभेद्य ।**
**बंदुकधारी सैन्य है, रक्षा करत अछेद्य ।। 977**
**हाथी स्वागत के लिए, खड़े बनाय कतार ।**
**लश्कर के पोशाक में, रक्षक अश्वसवार ।। 978**

(मराठे)

**ओवी॰** इतुके भव्य वैभव । युद्ध-शक्तीचा आर्णव । शक्य झाला हा तांडव । कसा त्यांना ।। 1194 ।। मराठेच त्यांचे नोकर । मराठेच ह्यांचे चाकर । नाना मराठे सरदार । ह्यांचे बळ ।। 1195 ।। हात जोडोनी अनेक । धर्म सोडोनी अनेक । झालेत त्यांचे सैनिक । लढावया ।। 1196 ।। मारणारे मराठेच । मराणारे मराठेच । अज्ञानाने आम्हां ठेच । देतो आम्हीं ।। 1197 ।। ह्यांचेपुढे दिन-रात । मराठेच झुकतात । करतात कुर्निसात । शिवराया! ।। 1198 ।। जे त्यांच्या

# 71. Shivaji eleven years old, 1641 AD : विजयनगरचे पुनर्स्मरण

नियमांना चुकले । जे न त्यांचेसमोर झुकले । किती वीर प्राणांस मुकले । स्वाभिमानी ।। 1199 ।। असे ताठावलेले । फाशीं चढून मेले । तोफेच्या तोंडी गेले । शिरच्छेद ।। 1200 ।। आता स्वातंत्र्याचा नेता वीर । प्रतापासारखा रणधीर । मराठ्यांत विना चि उशीर । येणे लागे ।। 1201 ।। ऐकोनी ते संभाषण । इतिहासाचे वर्णन । दुखावुन गेले मन । शिवबाचे ।। 1202 ।। बोलता-चालता गेला वेळ । कळले न कसा गेला काळ । शिवाजी पोचले बंगरुळ । द्विधा मन ।। 1203 ।।

✍दोहा॰ सुनकर वह वैभव कथा, मिर्च-मसाले साथ ।
शिवबा ने कल्पित किया, आदिलशाही ठाठ ।। 979
परदेसी सुलतान का, इतना सैन्य विशाल ।
कैसे आदिल बन सका, हिंदुनृपों का काल ।। 980
परदेसी तो अल्प हैं, बने हुए सरकार ।
सेना में देसी भरे, बने हुए मक्कार ।। 981
हिंदू उनकी फौज में, मूर्ख मराठा लोग ।
गुलाम बन कर कर रहे, पारतंत्र्य उपभोग ।। 982
छोड़ किसी ने लाज दी, तजा किसी ने धर्म ।
स्वाभिमान को त्याग कर, करत पातकी कर्म ।। 983
सुलतानों के हुक्म पर, लड़ते हिंदू लोग ।
अपनों को ही मारते, बिना किसी भी सोग ।। 984
हिंदुभूमि को लूट कर, करते दुर्व्यवहार ।
सत्ता सुलतानी बढ़े, हिंदू नृप को मार ।। 985
दुकाड़ों पर वे पल रहे, जिन्हें क्लैब्य का रोग ।
सुलतानों के सामने, झुकते हिंदू लोग ।। 986
सुलतानों के सामने, जो ना झुकते लोग ।
स्वाभिमान जिनमें भरा, उन्हें मृत्यु का भोग ।। 987

# 71. Shivaji eleven years old, 1641 AD : विजयनगरचे पुनर्स्मरण

तोपों से वे उड़ गए, या सिर दीन्हे काट ।
सूली पर वे चढ़ गए, उतर मौत के घाट ।। 988
जिनके घर में एक भी, रखे देश से प्यार ।
उजड़ गए परिवार वे, सबको डाला मार ।। 989
माँ-बहिनें उस वीर की, बिकती बीच बजार ।
ऐसे कितने अनगिनत, नष्ट हुए परिवार ।। 990

(अत:)

शिबवा! अब दरकार है, प्रताप जैसा वीर ।
स्वतंत्रता के काम में, हिंदू जो रणधीर ।। 991
सुनते-सुनते वह कथा, रोमांचक इतिहास ।
पहुँची शिवबा मँडली, बँगलूर के पास ।। 992

# 72. Shivaji twelve years old, 1642 AD, at Karnatak

# YEAR 1642

72. किशोर शिवाजी–12 :

## शहाजींचा ललित महाल

72. Shivaji twelve years old, 1642 AD, at Karnatak

<u>संगीत श्री शिवाजी चरित्र राग–छंद माला, पुष्प 167</u>

राग बिलावल, कहरवा ताल 8 मात्रा

(शंकर भोले!)

**स्थायी**

**आज चलो हम सब मिल गाएँ, शिव के मंगल नाम सुनाएँ ।**

♫ सां–ध पमग मरे गम पग मरेसा–, साग मरे गपनिनि सां–रें सांनिधप– ।

**अंतरा–1**

**भालचंद्र हैं भाते सबको, शंकर–तांडव मन भरमाए ।**

♫ प–पध–ध नि– सां–सां सांरेंसां–, सांगंमंगं रेंसांधप गम पगमरेसा– ।

**अंतरा–2**

**एकलिंग जब आते मुख में, दरशन करने मन ललचाए ।**

**अंतरा–3**

**गंगाधर शिवशंभु दिगंबर, भोले! हमको नेह लगाए ।**

# 72. Shivaji twelve years old, 1642 AD, at Karnatak

## कर्णाटक, 1642, किशोर शिवाजी बारा वर्षांचा

卐ओवी॰ सन सोळाशे-बेचाळीस । बारावे सुरू शिवाजीस । मोठ्या अपेक्षा शहाजीस । पुत्राद्वारे ।। 1204 ।। जसे शहाजींचे मन । बघाया सुत-लगीन । केली तयारी चटकन । सोहळ्याची ।। 1205 ।। शिवबाचे दूसरे लगीन । आल्या मागण्या दूरून । शिर्के घराण्याची सून । आवडली ।। 1206 ।। बघुनी शिर्के कुळ-संस्कार । समाजात आदर सत्कार । शहाजींनी दिला होकार । लग्नासाठी ।। 1207 ।। कोंकणस्थ कन्या छान । सुस्वरूप गोरी पान । कुळात बहु सन्मान । त्या मुलीला ।। 1208 ।। सगुणाबाई मुलीचे नांव । शृंगारपुर कोंकणी गाव । स्वीकारला तो प्रस्ताव । शहाजींनी ।। 1209 ।। लग्नाचा महिना वैशाख । काढून मंगळ तारीख । केला सोहळा सुरेख । विवाहाचा ।। 1210 ।।

दोहा॰ पहुँचे जब बँगलूर में, जिजाऊ माँ के साथ ।
छू कर पितु के पाँव को, शिवबाने जोड़े हाथ ।। 993
स्वागत शिवबा का हुआ, बँगलूर में भव्य ।
सबने सम्मानित किया, राजपुत्र को दिव्य ।। 994
बहुत शहाजी चाहते, बिजापुरी सरकार ।
करें शिवाजी को बड़ा, सुलतानी सरदार ।। 995

(मगर)

मगर शहाजी को अभी, करना है इक काम ।
शिवबा का है देखना, शुभ विवाह अभिराम ।। 996
कोकण से रिश्ता नया, आया विवाह-काम ।
कन्या नाजुक सी परी, सगुणाबाई नाम ।। 997
शिर्के कुल की लाड़ली, बहुत ख्यात परिवार ।
तुरत शहाजी ने किया, नाता वह स्वीकार ।। 998
जिजामातु ने देख कर, कन्या गोरा रंग ।
रिश्ते को हाँ कह दिया, कछु भी बिना अडंग ।। 999

# 72. Shivaji twelve years old, 1642 AD, at Karnatak

**मंगल मुहूर्त देख कर, किया विवाह संपन्न ।**
**दोनों कुल के होगए, माता-पिता प्रसन्न ।। 1000**

卐**ओवी॰** हा शहाजींचा ललित महाल । ह्यात बसविले खरप लाल । सुलतानाच्या सेवेची कमाल । महाल हा ।। 1211 ।। जो करील सुलतानाची सेवा । खाईल तो पुरणपोळी मेवा । पारतंत्र्याचा जो न करी हेवा । सुखी इथे ।। 1212 ।। कर्णाटक आदिलशाही देश । विजनगरचा अवशेष । इथे मराठ्यांचा सध्या निवेश । गुलामीचा ।। 1213 ।। मराठमोळा लाल महाल । इथे तर वेगळाच हाल । सुलतानाने केले बहाल । सर्व इथे ।। 1214 ।। आदिलशहा इथे देव । त्याचेच नांवें देवघेव । नको अधिक उठाठेव । हा नियम ।। 1215 ।।

**दोहा॰** **ललित महल बँगलूर का, पत्थर जिसके लाल ।**
**बिजापुरी सुलतान की, रहमत करी कमाल ।। 1001**
**जो सेवा सुलतान की, करता है चिरकाल ।**
**वह पाता सम्मान है, उसको मिलता माल ।। 1002**
**पारतंत्र्य में जो सुखी, उसको मिलती खीर ।**
**जो अपनों का मारता, वह कहलाता वीर ।। 1003**
**कर्नाटक अब होगया, आदिलशाही देश ।**
**हिंदू यहाँ गुलाम हैं, विजयनगर अवशेष ।। 1004**
**ललित महल में भी यही, बना हुआ है हाल ।**
**आदिल है ईश्वर यहाँ, महाराष्ट्र का काल ।। 1005**

卐**ओवी॰** शिवबाला इथे गमेना । त्याचे मन इथे रमेना । काम त्याचे इथे जमेना । स्व-तंत्र तो ।। 1216 ।। मागे पुण्यात शिवबाचे मित्र । ज्यांनी स्वीकारले कार्य पवित्र । जागें राखतीं स्वातंत्र्याचे चित्र । चिकाटीने ।। 1217 ।। पण बंगळुरात इथे । आदिलशाही जिथे तिथे । शहाजींची वतन इथे । गुलामीची ।। 1218 ।। शहाजींनी राखले सेवक । सुखसोयीं विविध अनेक । सुरक्षेचे उपाय प्रत्येक । पुत्रासाठी ।। 1219 ।। अंगरखा सोईस्कर । वर जरीकाम सुंदर । जिरेटोप डोईवर । डौलदार ।। 1220 ।। कमरेवर तलवार । कासवी ढाल पाठीवर । सजविला राजकुमार । शहाजींनी ।। 1221 ।।

## 72. Shivaji twelve years old, 1642 AD, at Karnatak

✍दोहा॰ ऐसे इस माहौल में, जहाँ खुशी थी आज ।
शिवबा का मन ना लगा, जहाँ गुलामी राज ।। 1006
उसे प्यार स्वातंत्र्य से, वह न बनेगा दास ।
पथ दर्शक उसकी सदा, माता उसके पास ।। 1007
शिवबा को बँगलूर में, मिला बहुत सत्कार ।
वेश सुंदर में सजा, उमदा राजकुमार ।। 1008
सिर पर तुर्रेदार था, जिरे टोप शिरस्त्राण ।
अँगरखे पर था कढ़ा, कलाबतू का काम ।। 1009

卐ओवी॰ पुरे झाले बंगळुर । न्यावे ह्याला तिथे दूर । दाखवाया विजापुर । दरबार ।। 1222 ।। शाही दरबारी आस्वाद । राज्याधिकाऱ्यांशीं संवाद । बादशहाचा आशीर्वाद । द्यावा ह्याला ।। 1223 ।। मग जाईल वेडा नाद । सुटेल स्वराज्याचा छंद । जो करील बरबाद । पूर्ण त्याला ।। 1224 ।। स्वातंत्र्याचा सोडोनी ध्यास । शिवबा होईल का दास । आदिलशहाचा खास । स्वामीनिष्ठ ।। 1225 ।। मोठे मोठे आम्हां सारखे । झालेत जिथे नासके । काय तिथे करूं हा शके । बाल वीर ।। 1226 ।। ज्यांनी दिली पुण्याची जागीर । त्यांच्या सेवेत झडो शरीर । होईल हा शहाचा वजीर । पुत्र माझा ।। 1227 ।।

(तरी)

(शहाजी)

✍दोहा॰ काम होगया एक, अब, दूजा कारोबार ।
दिखलाना है पुत्र को, बिजापुरी दरबार ।। 1010
चकाचौंध को देख कर, होगा वह आगाह ।
मिल कर वह सुलतान से, पाएगा उत्साह ।। 1011
शिवबा जब दरबार में, नम्र झुकाए शीश ।
पाएगा सुलतान से, शुभ मंगल आशीष ।। 1012
करे बहुत सुलतान फिर, शिवबा का सत्कार ।
सुभेदार का पद उसे, देगा खुश दरबार ।। 1013

## 72. Shivaji twelve years old, 1642 AD, at Karnatak

उतरे सिर से पुत्र के, स्वतंत्रता का भूत ।
होगा फिर सुलतान का, सेवक वह मजबूत ।। 1014
बड़े-बड़े हम वीर भी, जहाँ होगए नास ।
हार मान कर बन गए, बादशाह के दास ।। 1015
वहाँ भला कैसे करे, बालक यह प्रतिकार ।
स्वतंत्रता का स्वप्न ये, उसका है बेकार ।। 1016
कितने आए औ गए, स्वतंत्रता के वीर ।
लड़ कर थोड़ी देर में, फिर जाती तकदीर ।। 1017
मिली हुई जागीर है, जिस मालिक से आज ।
उसकी सेवा यह करे, यही सही अंदाज ।। 1018
सेवा सुलतानी किए, होगा नामी वीर ।
कर देंगे इक दिन इसे, सुलतान का वजीर ।। 1019

卐ओवी॰ जाणून होते सुतास जरी । आपल्या मनाची स्थिति खरी । बोलले तया शहाजी तरी । एकदा ते ।। 1228 ।।

✍दोहा॰ इस भाँति सब सोच कर, कही पुत्र को बात ।
सुनो पुत्र! आराम से, कहता हूँ जो बात ।। 1020

# 73. Shivaji thirteen years old, 1643 AD, at Bijapur

# YEAR 1643

73. किशोर शिवाजी–13 :

## आदिलशहा तोंडघशी

## 73. Shivaji thirteen years old, 1643 AD, at Bijapur

संगीत श्री शिवाजी चरित्र राग–छंद माला, पुष्प 168

**खयाल : राग बिलावल, तीन ताल 16 मात्रा**

(शंकर भोले!)

**स्थायी**

**आज चला या कीर्तन गाऊं, शिव नामें शुभ मंगल सारी ।**

धनिसांध पमग मरे गमपग मरेसा–, साग मरेगप निनि धनिसांरेंनिसां निधप– ।

**अंतरा–1**

**भोला शंकर, सबदुखहारी, मंगल पावन गंगाधारी ।**

ग–प– सां–सांसां, धनिसांरेंगंरेंसां–, सांगंरेंसांसांनिधप धनिसांरें सांरेंसांनिधपमग ।

**अंतरा–2**

**शंभु सदाशिव, त्रिशूलधारी, सर्वांचा प्रभु सबसुखकारी ।**

**अंतरा–3**

**रुद्र महेश्वर, भवभयहारी, तूच नाथ वैकुण्ठविहारी ।**

(कर्णाटक, 1643)

# 73. Shivaji thirteen years old, 1643 AD, at Bijapur

卐ओवी० सन सोळाशे-त्रेचाळीस । लागले तेरावे शिवाजीस । झाला विश्वास शिवाजीस । स्वातंत्र्याचा ।। 1229।। तरी शहाजींना वाटे । पुत्र यावा माझ्या वाटें । इतर वाटेत काटे । बोचतील ।। 1230 ।। एकदा म्हणाले त्याला । इच्छा फार आहे मला । माझे बरोबर चला । शिवा राजे! ।। 1231 ।। चला जाऊंया विजापुर । राजे! बघाया दरबार । आवडेल तुम्हाला फार । शाही थाट ।। 1232 ।। दूर दूरचे राजश्री येती । बादशहाचे दर्शन घेती । राजेशाही नजराणे देती । मनसोक्त ।। 1233 ।। ऐरा-गैरा जाऊं शकेना । किल्यामध्ये शिरूं शकेना । बादशाशीं भेटूं शकेना । विना मुभा ।। 1234 ।। आपण सेवक नामांकित । सरदारपदाने अंकित । बसूं शकूं शाही पंक्तीत । जेव्हां वाटे ।। 1235 ।। व्हावे लागे तिथे हुजरा । द्यावया मानाचा मुजरा । तेव्हां होतो कृपाळु जरा । बादशहा ।। 1236 ।। येणे प्रमाणे करोनी विचार । थाटात निघले ते घोडेस्वार । ऐतिहासिक भेट होणार । शिवाजीची ।। 1238 ।। कोणी न जाणे काय होईल । कोण बा ऐन वेळीं नडेल । कोण वा तोंडघशीं पडेल । बादशहा? ।। 1239 ।।

✍दोहा० **कहै शहाजी एक दिन, सुत को मन की बात ।**
**शिवबा! तुम तो आज कल, गुमसुम हो दिन-रात ।। 1021**
**तुम्हें यहाँ बँगलूर में, नहीं भा रहा खास ।**
**चलो बिजापुर की करें, सैर, सहित उल्लास ।। 1022**
**दूर-दूर के नृप कई, आते उस दरबार ।**
**मिल कर आदिलशाह से, पाते हैं उपकार ।। 1023**
**बड़े-बड़े वे तोहफे, लाते हैं अनमोल ।**
**खुश करने सुलतान को, खपते हैं दिल खोल ।। 1024**
**आ न सके दरबार में, ऐरे-गैरे लोग ।**
**मिले इजाजत बस उसे, जिसे राज्य उपभोग ।। 1025**
**हम सेनापति हैं बड़े, विश्रुत सूबेदार ।**
**सेवक स्वामीनिष्ठ हम, हमें प्राप्त अधिकार ।। 1026**
**जब मर्जी हम जा सकें, बादशाह के पास ।**
**जिसकी आज्ञा में सदा, तत्पर हैं हम दास ।। 1027**

## 73. Shivaji thirteen years old, 1643 AD, at Bijapur

**आदर देगी पुत्र को, बिजापुरी सरकार ।**
**स्वागत होवेगा वहाँ, डाल गले में हार ।। 1028**
**सोच शहाजी थे रहे, मन में यह सुविचार ।**
**मगर उन्हें था क्या पता, होगा वहाँ प्रकार ।। 1029**
**कौन झुके दरबार में, कौन करे प्रतिरोध ।**
**ऐन समय पर कौन वा, किसका करे विरोध ।। 1030**
**किसी को न यह था पता, लोग सभी अनजान ।**
**किसे पथा था, गिर सके, मुँह के बल सुलतान ।। 1031**

## विजापुर, 1643, किशोर शिवाजी तेरा वर्षांचा

卐**ओवी॰** शाही सभेची झाली तयारी । आले मोठमोठे अधिकारी । सेनादळांचे पुढारी । भेटावया ।। 1240 ।। "राजे श्री शिवाजी येणार" । ऐकोनी ताजा समाचार । गच्च भरला दरबार । बघण्याला ।। 1241 ।। वाटेत पुत्राला दाखविती । वैभव विजापुरचे किती । सैन्य सैनिक घोडे हत्ती । शाही किल्ला ।। 1242 ।। लुटोनी विजयनगर । दाग दागीने जवाहर । साठले हे धन अपार । नायकांचे ।। 1243 ।। बादशहाला निरोप गेला । आले राजे शहाजी सभेला । संगे पुत्र नावाजलेला । येत आहे ।। 1244 ।। झाला इंतजाम जंगी सारा । गूंजला जय जय चा नारा । झाली सलामी तोफांची बारा । स्वागतास ।। 1245 ।। रंग पताकांचा झळझळला । सुगंध फुलांचा दरवळला । हर्ष जनांत सळसळला । अतोनात ।। 1246 ।।

**दोहा॰** **शाही सभा तयार थी, करने को सत्कार ।**
**शिवबा राजे आ रहे, उत्सुक थी सरकार ।। 1032**
**बैठे थे आसन लिए, बड़े-बड़े सरदार ।**
**सजा धजा था शान से, बिजापुरी दरबार ।। 1033**
**सेना के नेता सभी, जिन्हें शुभ समाचार ।**
**बैठे निर्णित स्थान पर, यथा जिसे अधिकार ।। 1034**
**शिवबा राजे चल पड़े, बँगलूर से आज ।**

## 73. Shivaji thirteen years old, 1643 AD, at Bijapur

**देख रहे थे राह में, आदिलशाही राज ।। 1035**
**विजयनगर के माल से, वैभव पाया देश ।**
**बड़ेबड़े प्रासाद थे, सुंदर वह परिवेश ।। 1036**
**हाथी घोड़े ऊँट थे, पक्का किला विशाल ।**
**जिन्हें देख कर देश के, भोले लोग निहाल ।। 1037**
**किले निकट जब आगए, शिवबा पितु के साथ ।**
**स्वागत करने हो गई, तोपों की बरसात ।। 1038**
**खबर गई दरबार में, विद्युत गति के साथ ।**
**भेजे आदिलशाह ने, लाने सेवक सात ।। 1039**
**जय! जय! के नारे हुए, बरसे सुमन सुरंग ।**
**वृष्टि तालियों की हुई, वर्षा इत्र सुगंध ।। 1040**

**卐ओवी॰** आले शहाजी दरबारात । उभे बादशहाचे पुढ्यात । झुकले करोनी कुर्निसात । आदराने ।। 1247 ।। जैसाचि आदिलशाही थाट । उधळले रूपयांचे ताट । टाळ्यांचा झाला कडकडाट । आनंदाने ।। 1248 ।। हात उंच करोनी सम्मत । बादशहाने केले स्वागत । मानासनावर केले स्थित । शहाजींना ।। 1249 ।। मग करोनी इशारा फक्त । बोलाविले शिवाजीला आंत । आला शिवबा दरबारात । धीटपणे ।। 1250 ।। वदनी तेज त्या मुलाचे । बघुनी भोसले कुळाचे । भान बादशाचे उडाले । क्षणभर ।। 1251 ।। बादशहाशीं पडली गाठ । समक्ष उभा शिबबा ताठ । केले नमन, न कुर्निसात । आदिलाला ।। 1252 ।। मोडेन मी, झुकणार नाही । बादशहा तू, न तू इलाही । माय-बाप-गुरु-देवा-ठायीं । झुकेन मी ।। 1253 ।। सर्व दरबारात झाले थक्क । "बादशहाचा अपमान हा चक्क" । क्रोधाग्नीस आवरणें अशक्य । आदिलाला ।। 1254 ।।

**✍दोहा॰ बिजापुरी सुलतान ने, यथा दिया आदेश ।**
**प्रथम शहाजी ने किया, दरबार में प्रवेश ।। 1041**
**बादशाह के सामने, खड़े शहाजी नम्र ।**
**कुर्निसात करते हुए, खूब झुका कर कम्र ।। 1042**
**आदर पाया शाह ने, उठाय दक्षिण हाथ ।**

# 73. Shivaji thirteen years old, 1643 AD, at Bijapur

दीन्हा आसन मान का, अति गौरव के साथ ।। 1043

(फिर)

✍दोहा॰ एक इशारा फिर किए, दिया नया आदेश ।
शाही इस दरबार में, शिवबा करे प्रवेश ।। 1044
पा कर उस संदेश को, राजे हुए तयार ।
आए फिर दरबार में, बहुत धैर्य को धार ।। 1045
सिंहासन पर बादशा, आदिल विराजमान ।
यथा सुनी दरबार की, दिखी तथा ही शान ।। 1046
ज्यों ही शिवबा आगया, बीच भरे दरबार ।
उज्ज्वल बालक देख कर, विस्मित थी सरकार ।। 1047
तेजस्वी उस मूर्ति को, लख कर आदिलशाह ।
बोले, हाथ उठाय कर, वा भइ! वाह रे! वाह! ।। 1048
बिजापुरी दरबार था, सुंदर आलीशान ।
मगर उसी कारण हुआ, "विजयनगर" शमशान ।। 1049
खड़ा सामने था शिवा, जोड़े दोनों हाथ ।
नमन करत सुलतान को, सदाचार के साथ ।। 1050
बोला, हरगिज ना झुके, यहाँ हमारा शीश ।
आदर वह माता-पिता, पाते गुरु, जगदीश ।। 1051
नृप के आगे सिर झुके, मेरा सुख के साथ ।
मगर सत्य यह बात है, आप न मेरे नाथ ।। 1052

## आदिलशहा, 1643

✍दोहा॰ भरी सभा में होगया, आदिल का परिहास ।
शह देकर सुलतान को, लिखा नया इतिहास ।। 1053
देखा कभी न था सुना, ऐसा अद्‌भुत काम ।

## 73. Shivaji thirteen years old, 1643 AD, at Bijapur

**विश्व न भूलेगा कभी, अब शिवबा का नाम ।। 1054**
**फैली वार्ता विश्व में, यथा प्रलय की आग ।**
**दूर, घोर अपमान से, आदिल सका न भाग ।। 1055**
**सभा विसर्जित होगई, आदिल क्रोधित लाल ।**
**नाम अमर था कर गया, जिजामातु का लाल ।। 1056**

(पुण्याला गमन)

卐**ओवी॰** रचला नवीन इतिहास । देऊन शह बादशहास । प्रसिद्ध तो परिहास । आदिलाचा ।। 1255 ।। वार्ता पसरली जग भर । जैसा प्रलयाचा कहर । शिवाने केले नाम अमर । पृथ्वीवर ।। 1256 ।। कुणी बा भुलेल कैसी । घटना अपूर्व ऐसी । न झाली कधी ही जैसी । होणार वा ।। 1257 ।। पुत्राने दाखविले धैर्य । स्वाभिमान ठेवुनी वर्य । काय कार्य, काय अकार्य । सारासार ।। 1258 ।। शहाजींना आली प्रतीति । दिव्य शिवबाची प्रकृति । शंकराची तो प्रतिकृति । सुत माझा ।। 1259 ।। जे काम झाले आम्हां अशक्य । ते सुत माझा करील शक्य । करोनिया मराठ्यांचे ऐक्य । खात्री मला ।। 1260 ।। धर्मसंख्यापना ह्याचे कर्म । गोब्रह्मण रक्षा त्याचे काम । अधर्मोत्थापन याचा धर्म । हेचि खरे ।। 1261 ।। लिहोनी अमर इतिहास । शिवबा परतला पुण्यास । इथे खूप बाखाणले त्यास । मराठ्यांनी ।। 1262 ।।

(शहाजी)

**देख पुत्र का धैर्य वो, और देश से प्यार ।**
**कहत शहाजी गर्व से, उच्च तुझे संस्कार ।। 1057**
**आया उनके ध्यान में, श्रेष्ठ पुत्र का ध्येय ।**
**बोले, तेरे सुयश का, माता को है श्रेय ।। 1058**
**सुलतानों का ना बने, तू सुत! कभी गुलाम ।**
**सिद्ध करे स्वातंत्र्य तू, होगा तू कृतकाम ।। 1059**
**जो न कर सके हम कभी, तू कर लेगा काम ।**
**शिव का तू अवतार है, शिवबा तेरा नाम ।। 1060**
**वीर मराठे जोड़ कर, करना तू संग्राम ।**

## 73. Shivaji thirteen years old, 1643 AD, at Bijapur

**धर्म संस्थापना किए, करे अधर्म तमाम ।। 1061**
**रच कर यह इतिहास का, सुवर्णमय अध्याय ।**
**पुणे शिवाजी आगए, दक्षिण को सुलगाय ।। 1062**

(पुणें)

**卐ओवी॰** आईसाहेब फार प्रसन्न । म्हणाली, "शिवबा तू धन्य । आता वाजव पांचजन्य । स्वराज्याचा" ।। 1263 ।। आरंभ झाल्या बैठकी गुप्त । बहिरंगी वाटे सर्व सुप्त । करावया पारतंत्र्य लुप्त । मराठ्यांचे ।। 1264 ।। स्वातंत्र्याच्या ध्येयात जे लीन । रोज जुळती वीर नवीन । करोनी शिवबाचे आधीन । निज प्राण ।। 1265 ।। वीर जेधे कान्होजी । मालुसरे तान्हाजी । पासळकर बाबाजी । जेधे बाजी; ।। 1266 ।। काकाडे सूर्याजी । शितोळे विठोजी । मालुसरे सूर्याजी । सर्जेराव; ।। 1267 ।। देशपांडे मुद्गल बापूजी । कंक येसाजी । मल्हार कावजी । महादेव; ।। 1268 ।। देपपांडे चिमणाजी । नाईक गोमाजी । गुप्ते नरसोजी । बांदल बाजी; ।। 1269 ।। नारोबाजी देशपांडे । बळाभाऊ देशपांडे । माणकोजी दहातोंडे । पाणसंबळ ।। 1270 ।।

**✍दोहा॰** **सुन कर करनी पुत्र की, जिजामातु को हर्ष ।**
**गदगद माता होगई, बोली, तुम आदर्श ।। 1063**
**फूँको अब स्वातंत्र्य का, शंख शुभ पाँचजन्य ।**
**शिवबा! मेरे लाड़ले!, धन्य धन्य हो धन्य! ।। 1064**
**लाल महल में योजना, बने अब असामान्य ।**
**बाहर से तो शाँत ही, लगे सभी सामान्य ।। 1065**
**शिवबा करते रात-दिन, नरवीरों की खोज ।**
**वीर मराठे बाँकुरे, आकर मिलते रोज ।। 1066**
**प्राण हथेली पर धरे, स्वतंत्रता के नाम ।**
**जुड़ते रण संग्राम में, करने पावन काम ।। 1067**
**वीर मराठा मावळे, सब शिवबा के संग ।**
**माता के उपदेश से, पाते नई उमँग ।। 1068**

# 73. Shivaji thirteen years old, 1643 AD, at Bijapur

**तान्हाजी जैसा सखा, विविध मराठा वीर ।**
**आए मिल कर काटने, पारतंत्र्य-जंजीर ।। 1069**

**संगीत श्री शिवाजी चरित्र राग-छंद माला, पुष्प 169**

(शिवाजीं ची प्रार्थना)

**स्थायी**

**तुला मागतो अज, भवानी! एक मला वरदान दे ।**
**स्वातंत्र्याची ज्योत जन-मनीं, जागविण्याचे, ज्ञान दे ।।**

♫ निरे-! नि़-सा- रेगरे-, सासासा सासारेगरे गरेनि़ सा-।
गम-प-प- ध-प मगरेग-, सा-सासारे-ग- प-म ग- ।।

**अंतरा-1**

**बापा रावळ, चितोड राणा, प्रसंग त्यांचे ज्वलंत नाना ।**
**अमर करूं, अवधान दे ।। स्वातंत्र्याची ...**

♫ ग-मप ध-धध, निध-प म-प-, धप-म ग-प- धप-म गम- ।
रेरेरे गम- पप-ध-प म- गम-, सासा रेरे गगम-, प-म ग- ।। गम-प-प-

**अंतरा-2**

**वीर मराठे धृष्ट करूं मी, परदेशी अरि नष्ट करूं मी ।**
**देवी! मला अभिधान दे! ।। स्वातंत्र्याची ...**

**अंतरा-3**

**नर नारी जन भ्रष्ट होत हे, मूर्ति-मंदिर ध्वस्त होत हे ।**
**रक्षण करण्या, भान दे! ।। स्वातंत्र्याची ...**

**अंतरा-4**

**प्रति दिन अत्याचार हे इथे, धर्मातर व्यभिचार हे दिसें ।**
**असुरांना अवसान दे! ।। स्वातंत्र्याची ...**

(शिवाजीचे मंत्री मंडळं)

## 73. Shivaji thirteen years old, 1643 AD, at Bijapur

卐ओवी॰ शिवाजींचे मंत्री मंडळ । झाले तयार सुमंगळ । शूर वीर बुद्धिचंचळ । अनुभवी ।। 1271 ।। "पेशवे" झाले रांझेकर । हणमंते "मुजुमदार" । सोनो विश्वनाथ "डबीर" । प्रमुख जे ।। 1272 ।। "सबनीस" रघुनाथ बल्लाळ । "बक्षी" नरहरपंत बल्लाळ । "मजालसी" हरि हरजी बाळ । अन्य मंत्री ।। 1273 ।। दादोजींना "गुरु" स्थान । ज्यांच्या वचनांस सदा सन्मान । भगव्या झेंड्याला अभिधान । राष्ट्रध्वज ।। 1274 ।। अष्टपैलु राजमुद्रा । शिक्का-मोरबत सुद्धा । बहाल राजाचा हुद्दा । शिवाजीला ।। 1275 ।। झाली ही व्यवस्था सारी । नीति रीति सरकारी । मंत्री-तंत्री कारभारी । नियोजिले ।। 1276 ।। कारभार गुप्त मात्र । कळूं नये अत्र-तत्र । सुलतानी काळं कुत्रं । सुंघूं नये ।। 1277 ।।

### रायरेश्वर

**दोहा॰ शिवबा ने सर्जन किया, मंत्री मंडल क्षेम ।**
**शूर चतुर पटु मावळे, जिन्हें देश से प्रेम ।। 1070**
**वीर अनुभवी सूरमे, कुशाग्रबुद्धि सुजान ।**
**निश्चल सेनानी जिन्हें, राजनीति का ज्ञान ।। 1071**
**मंत्री मंडल में सजे, मंत्री अष्टप्रधान ।**
**दादोजी गुरु को मिला, राजगुरु का स्थान ।। 1072**
**अठपहलू सिक्के बने, राजमुद्रा सुवर्ण ।**
**भगवा झंडा राष्ट्रध्वज, उगता सूरज वर्ण ।। 1073**
**शिवबा राजा होगए, बन गया संविधान ।**
**राजनीति सब तह हुई, विधि का यथा विधान ।। 1074**
**सदाचार को स्थान था, यथा हिंदुसंस्कार ।**
**अभी के लिए गुप्त थी, शिवबा की सरकार ।। 1075**

卐ओवी॰ देव दर्शन शिवबाचा छंद । घोडे दौडविणे त्याचा आनंद । सवंगड्यांसह स्वच्छंद । सह्याद्रीत ।। 1278 ।। सह्याद्रीच्या दुर्गम वाटा । दऱ्या-खोरें दगड काटा । उन्ह पाणी चिखल

# 73. Shivaji thirteen years old, 1643 AD, at Bijapur

गाटा । तुडवीत ।। 1279 ।। कधी जेजुरीचे मंदिर । कधी शिव <u>रायरेश्वर</u> । मोरगाव, आळंदी द्वार । दर्शनास ।। 1280 ।।

<u>संगीत श्री शिवाजी चरित्र राग-छंद माला, पुष्प 170</u>

मावळे वंदना

**स्थायी**

**वंदना रे तुला, वरि मावळ्या! वंदना ।**

**अंतरा-1**

**तूच आमुचा स्फूतीदाता, तूच आमुची स्पंदना । वंदना ...**

**अंतरा-2**

**धन्य केली तू भारतमाता, हिंदुभूमिच्यानंदना! । वंदना ...**

**अंतरा-3**

**बाळकडू पय पाजते तुला, जिजामातुवीरांगना! । वंदना ...**

**अंतरा-4**

**सद्धर्माचे शस्त्र धारुनी, पारतंत्र्यदुखभंजना! । वंदना ...**

**अंतरा-5**

**सुगंध शुभमंगल दरवळला, कीर्तिसौरभचंदना! । वंदना ...**

## रणनीति

**दोहा॰** **सह्याद्री पर्बत उन्हें, खेल-कूद का स्थान ।**
**उस गिरिवर की जानते, एक-एक चट्टान ।। 1076**
**घोड़े दौड़ाते वहाँ, जहाँ मिले मैदान ।**
**दरियाँ-कंदर लाँघना, लगे उन्हें आसान ।। 1077**
**मंदिर दर्शन की उन्हें, सदा बहुत थी चाह ।**
**विद्युत गति से दौड़ते, पथरीली भी राह ।। 1078**

# 73. Shivaji thirteen years old, 1643 AD, at Bijapur

**<u>रायेश्वर-शिवजी</u> कभी, कभी जेजुरी धाम ।**
**आळंदी का द्वार या, मोरगाव का ग्राम ।। 1079**

**ओवी॰** आता लढण्याची रीति । गनीमी काव्याची नीति । कुठे लढावे व किती । ह्याचे ज्ञान ।। 1281 ।। शिवाजींच्या मराठा पक्षात । युक्ति एकच होती लक्षात । मुगलांशीं लढावे पहाडांत । यशासाठी ।। 1282 ।। सैन्य मुगलांचे अफाट । रण हवे त्यांना सपाट । दऱ्या खोरें कडे उभाट । नको त्यांना ।। 1283 ।। मराठे वीर खंबीर । डोंगरातले उंदीर । गिरिशिखर जंजीर । त्यांचे बळ ।। 1284 ।। सह्याद्रीच्या दऱ्या-खोऱ्यांत । पळविती घोडे तोऱ्यात । पवन-वेगाने जोऱ्यात । शिव संगी ।। 1285 ।। इंच इंच भूमि तपासून । शिखरापर्यंत तळापासून । करीती सह्याद्रीस तासून । परिचित ।। 1286 ।। दरडी-कपारा सर्व । होत्या ज्ञात पूर्ण खर्व । चोर वाटांचे अपूर्व । चक्रव्यूह ।। 1287 ।। सुळके चढतां येई घाम । येरागबाळांचे नव्हे काम । मराठ्यांचे होते हे रान । नैसर्गिक ।। 1288 ।। नाचणी, ज्वारी वा बाजरी । कांदा-तेल-मीठ भाकरी । राजे शिवाजींची चाकरी । मराठे ते ।। 1289 ।। आंबेमोहोर भात । सणा-वारांना ते खात । मिरच्यांशीं ज्यांना प्रीत । मराठे ते ।। 1290 ।। नद्या-नाले त्यांचे धन । करिती खद्या उत्पन्न । थोडक्यात जे संपन्न । मावळे ते ।। 1291 ।। मायभूमीशीं ज्यांना प्रेम । तिची मातीच ज्यांचे हेम । तिचे रक्षण ज्यांचा नेम । मावळे ते ।। 1292 ।। रोज नवे वीर येतीं । शिवाजीला भेट देतीं । स्वातंत्र्याचा मंत्र घेतीं । आनंदाने ।। 1293 ।। रोज नवे लोक येतीं । दर्शनाचा मोद घेतीं । दान मोहीमेला देतीं । सढळ ते ।। 1294 ।। रोज नवे हेर येतीं । नवीन माहीती देतीं । कुठे कमजोरी किती । मुगलांची ।। 1295 ।।

**दोहा॰** **राजनीति निश्चित हुई, कब क्या करता कौन ।**
**कब लड़ना, कब भागना, या कब रहना मौन ।। 1080**
**कितना बल देना कहाँ, किस पर रखना ध्यान ।**
**गुप्त चरों से जानना, शत्रु पक्ष का ज्ञान ।। 1081**
**करना युद्ध पहाड़ में, सुलतानों के साथ ।**
**वीर मराठे हैं कहे, सह्याद्री के नाथ ।। 1082**
**ऊचे पर्बत लाँघना, लुकाछुपी के खेल ।**

## 73. Shivaji thirteen years old, 1643 AD, at Bijapur

बात उन्हें थी रोज की, कठिनाई को झेल ।। 1083
सुलतानों को चाहिए, रण मैदान सपाट ।
पर्बत पर लड़ना नहीं, उनके बस की बात ।। 1084
पहाड़ियों में थे पले, शूर मावळे लोग ।
खाने-पीने के लिए, निसर्ग का उपभोग ।। 1085
राष्ट्रभक्ति एकाग्र से, उन्हें परम थी प्रीत ।
गाय-भैंस पशु खेत के, घोड़े उनके मीत ।। 1086
देशभक्त आते नए, सैनिक बन कर रोज ।
स्वराज्य के संग्राम में, बिना किए ही खोज ।। 1087
स्वतंत्रता के काम में, देते तन-धन दान ।
शिवबा उनको राज्य में, देते अति सम्मान ।। 1088
शिवबा के जासूस भी, करते अद्भुत कार्य ।
शत्रु पक्ष की खबर वे, बतलाते अनिवार्य ।। 1089

(सह्याद्रीची गोष्ट)

卐ओवी॰ सह्याद्रि फार विशाल । दऱ्या कपाऱ्या सखोल । उंच शिखरांची कमाल । नभचुंबी ।। 1296 ।। उभाट ताठ कडे । उतार घसरडे । सुळके सरळ खडे । भयानक ।। 1297 ।। सह्याद्रीच्या रांगा असंख्य । त्यांत चोवीस खोरे मुख्य । परस्परांत ज्यांचे सख्य । "मावळ" ते[155] ।। 1298 ।।

✍दोहा॰ सुलतानों के सैन्य में, भरे मराठे आम ।
देशद्रोह जिनमें भरा, जो हैं बने गुलाम ।। 1090

---

[155] **24 मावळ** = जुन्नर ते चाकण 12 मावळे : जुन्नर, शिवनेर, भीमनेर, घोडनेर, माननेर, भामनेर, जामनेर, पिंपळनेर, पारनेर, सिन्नेर, संगमनेर, अकोळनेर, आणि पुणें ते शिरवळ; आणि

**12 मावळे :** पुणें, नाणें, आंदरमावळ, कानदमावळ, कोरबारसे खोरे, गुंजनमावळ, पवनमावळ, मुठा खोरे, मुसे खोरे, रोहिड खोरे, वळवंड खोरे, हिरडसमावळ.

# 73. Shivaji thirteen years old, 1643 AD, at Bijapur

सुलतानों के सैन्य हैं, सशस्त्र बहुत विशाल ।
हाथी तोपें ऊँट से, सजे महा विकराल ।। 1091
ढलान पर्बत की उन्हें, चढ़ना दुख का काम ।
हाथी तोपें ऊँट सब, पर्बत पर बेकाम ।। 1092
छापेमारी से हमें, करने होंगे वार ।
चंचल गति के युद्ध में, करना घोर प्रहार ।। 1093
सह्याद्री गिरि में पले, मर्द मराठा वीर ।
चप्पा-चप्पा जानते, गुफा, नदी के तीर ।। 1094

ॐ श्लोक

गिरिवरेषु सह्याद्रिः स प्राचीनतमो मतः ।
एका च प्राङ्मुखी शाखा दक्षिणाभिमुखी परा ।। 166
ज्वालामुख्यास्तु संभूतो नदीनां स पिता महान् ।।
पवित्रा भारते सर्वाः-ताः पूर्वाभिमुखास्तथा ।। 167
सह्याद्रिः पर्वतः श्रेष्ठः सर्वदक्षिणभारते ।
प्राक्तनाः पावनास्तमिन्-महानद्यो नु निःसृताः ।। 168
कन्यासु वैनगंगा च वर्धा गोदावरी तथा ।
मांजरा प्रवरा भीमा नीरा कृष्णा मुळा तथा ।। 169
कोयना तुङ्गभद्रा च कावेरी वरदा तथा ।
घटप्रभा तथा ताम्रा वैगाई च शरावती ।। 170
गोण्डा खोण्डाश्च मुण्डाश्च भिल्ला वैगाश्च कोरवाः ।
वारल्यः कातकर्यश्च सह्याद्रेरादिवासिनः ।। 171
मराठाजातयो नाना वसन्ति पश्चिमे गिरेः ।
अयुध्यत शिवाजीश्च तत्र स न्यवसद्यदा ।। 172

दोहा॰ सर्वसनातन शैल है, गिरि सह्याद्रि महान ।

## 73. Shivaji thirteen years old, 1643 AD, at Bijapur

ज्वालामुखी-उद्भुत गिरि, भारत माँ वरदान ।। 1095
विद्यमान दो शाख में, उत्तर-दक्षिण एक ।
पूरब पश्चिम दूसरी, जैसी लंबी रेख ।। 1096
पवित्र नदियों का पिता, गिरि सह्याद्रि विशाल ।
पावन सरिता हैं सभी, पूरब उनकी चाल ।। 1097
सह्याद्रि के हैं बड़े, ऊँचे शिखर अपार ।
चट्टानों की हैं लगीं, कतार पर हि कतार ।। 1098
हरी करौंदा झाडियाँ, ढकती सघन पहाड़ ।
शेर बबर हैं मारते, कर्कश घोर दहाड़ ।। 1099
सह्याद्रि की कोख में, पले मराठे वीर ।
रण पर जब होते खड़े, शूर रौद्र गंभीर ।। 1100
और जाति सह्याद्रि की, भिल्ल, कोरव, गोंड ।
मुंड, कातकर, वारली, वैग तथा ही खोंड ।। 1101
सह्याद्रि का है उन्हें, चप्पा-चप्पा ज्ञात ।
स्वामी-सेवा में लगे, तन-मन से दिन-रात ।। 1102
अति विशाल सह्याद्रि है, गिरिवर पर्वत राज ।
उत्तर-दक्षिण में यही, करता देश विभाज ।। 1103
शिखर अनेकों तुंग हैं, बहुगुन दीर्घ कतार ।
अंत न दिखता शैल का, बिखरा अचल अपार ।। 1104
झंझा तेजी से चले, वर्षा भी जी तोड़ ।
आतप उष्मा तेज का, प्रपात भी बेजोड़ ।। 1105
महावृक्ष नभ चूमते, वन में पशु खूँखार ।
कृमि अलबेले विपिन में, डंक देत हैं मार ।। 1106

# 74. Shivaji, fourteen years old, 1644 AD, Swami Ramdas.

# YEAR 1644

**74. किशोर शिवाजी–14 :**

## समर्थ स्वामी रामदास

**74. Shivaji, fourteen years old, 1644 AD, Swami Ramdas.**

**संगीत श्री शिवाजी चरित्र राग-छंद माला, पुष्प 171**

**राग भूपाली,[156] कहरवा ताल 8 मात्रा**

(नाम जप, हिंदी)

**स्थायी**

**नाम जपन करले, तन मन से ।**

**सुख-दुख घड़ी हर! हर! मन भज ले ।।**

सां-ध पगरे सारे प-, गरे गप ध-, गग गरे गप धसां धसां धप गरे सा- ।

**अंतरा-1**

**मन में भर ले पूजन कर ले, अंदर शिव का सुमिरन धर ले ।**

गग ग- पप ध- सां-सांसां सांरे सां-, ध-धध सांसां रें- सांरेंगरें सांध प- ।

**अंतरा-2**

---

[156] **राग भूपाली :** हा कल्याण ठाठ चा राग आहे. ह्याला **भूप राग असेही म्हणतात.** आरोह : सा रे ग, प, ध सां । अवरोह : सां ध प, ग रे सा ।

▶ लक्षण गीत : **दोहा॰ ग ध वादी संवाद हों, स्वर म नि का हो त्याग ।**
**"भूपाली" यह गाइये, साँझ समय का राग ।। 1107**

## 74. Shivaji, fourteen years old, 1644 AD, Swami Ramdas.

**जिसके मुखमें राम बसा है, जीवन मानो वही भला है ।**

**अंतरा–3**

**जिसके मन में शिवजी भोले, दीपक जानो वहीं जला है ।**

**अंतरा–4**

**दुनिया में हैं लोग लुटेरे, शंकर है रखवारा ।**

## श्री शिवाजी, चौदा वर्षांचे

**ओवी॰** सन सोळाशे–चौरेचाळीस । लागले चौदावे शिवाजीस । मराठी जनतेचे अधीश । पण दुःखी ।। 1299 ।। जन सुशिक्षित खास । मुगलांचे झाले दास । कसे जागवावे त्यांस । निद्रेतून ।। 1300 ।। चिंता त्यांना सदोदीत । काय काढावे ईंगीत । जेणे होतील ते जागृत । मूढ लोक ।। 1301 ।। मोठे मोठे वीर मराठे । गुलाम बादशहाचे होते । वाटत होती त्यांना कोठे । त्याची लाज ।। 1302 ।। तळवे चाटत ते सरकारी । व्हावया सुलतानी अधिकारी । जीवन जगत अत्याचारी । षंढपणे ।। 1303 ।। बादशहा हा परकीय । पिळतो लोकांना तो स्वकीय । हेच न कळे ज्ञापनीय । त्या मूर्खांना ।। 1304 ।। मुगलांविरुद्ध बंड । "नको" म्हणती ते षंढ । रक्त त्यांचे ऐसे थंड । लोचटांचे ।। 1305 ।। चार तुकड्यांवर तृप्त । सारासार विचार लुप्त । लाचारीच्या पाशात सुप्त । बावळट ।। 1306 ।। स्वतः होऊन ते भ्रष्ट । दास मुगलांचे दुष्ट । देत आपल्यांना कष्ट । भ्रष्टमति ।। 1037 ।। स्वाभिमान त्यांचा नष्ट । सद् विचार त्यांचा भ्रष्ट । जीव होता त्यांचा हृष्ट । गुलामीत ।। 1308 ।। पारतंत्र्य त्यांना मान्य । गुलामीत होते ते धन्य । त्यांना मार्ग न दिसे अन्य । नेमळट ।। 1309 ।। त्यांना जागविणे लागे । सत्य दाखवावे लागे । भीति भागविणे लागे । देशासाठी ।। 1310 ।। अशा घोर परिस्थितीत । देवाने पाठविले मीत । जे करतील पराजीत । अज्ञानाला ।। 1311 ।। कराया करणीय हे काम । घेऊनी रघुवीराचे नाम । आले समर्थ संत महान । रामदास ।। 1312 ।।

**दोहा॰** **शिवबा राजा बन गए, महाराष्ट्र के ख्यात ।**
**फिर भी मन उनका दुखी, चिंता मय दिन रात ।। 1108**
**मंत्री मंडल बन गया, मिले विविध सरदार ।**

## 74. Shivaji, fourteen years old, 1644 AD, Swami Ramdas.

फिर भी जन सामान्य को, मान्य नहीं सरकार ।। 1109
पिछले छह-सौ साल से, सुलतानों का राज ।
परदेसी राजा बने, सेवक हिंदुसमाज ।। 1110
जितने जन शिक्षित धनी, उतने निराभिमान ।
सुलतानों के दास्य में, झूठा उन्हें गुमान ।। 1111
सुलतानों के दास हैं, बड़े गर्व से आज ।
टुकड़ों पर हैं पल रहे, छोड़ शर्म अरु लाज ।। 1112
ख्यात मराठा वीर हैं, फौजी अरु सरदार ।
सुलतानों की शरण में, अपनों को ही मार ।। 1113
पग के तलवे चाटते, पाने को अधिकार ।
अपने भाई-बंधु पर, करके अत्याचार ।। 1114
कई मराठा वीर हैं, तज कर अपना धर्म ।
परदेसी से मिल गए, करने ओछे कर्म ।। 1115
पारतंत्र्य में ना दिखे, उन्हें तनिक भी दोष ।
उनके जूते चूमते, गुलाम वे मदहोश ।। 1116
ऐसे अहमक जनन को, कैसे देना ज्ञान ।
कैसे आँखें खोल कर, करना उन्हें सुजान ।। 1117
कैसे उनमें डालना, देश प्रेम का भाव ।
स्वाभिमान की भावना, स्वातंत्र्य से लगाव ।। 1118
कैसे हो जन जागृति, जो हैं बने गुलाम ।
झुक कर करते रात-दिन, सुलतान को सलाम ।। 1119
ऐसे संकट काल में, आया ईश्वरदूत ।
देकर ज्ञान अबोध को, करने उन्हें सुपूत ।। 1120

## 74. Shivaji, fourteen years old, 1644 AD, Swami Ramdas.

### समर्थ रामदासांची कथा

卐**ओवी॰** जै जै रघुवीर समर्थ! । रामदास सांगती सार्थ । अनर्थाच्या निवारार्थ । भाविकांना ।। 1313 ।। सह्याद्रीत स्वामींचा मठ । भक्त येती तिथे कर्मठ । श्लोक ऐकती एकनिष्ठ । जागृत जे ।। 1314 ।। राम-हनुमानाच्या गोष्टी । मनोरम स्वामींच्या ओष्ठीं । करी श्रद्ध श्रोत्यांची तुष्टी । श्रवणाने ।। 1315 ।। रामदास कर्मयोगी । लंगोटधारी वैरागी । स्वामी फिरे जागोजागी । सह्याद्रीत ।। 1316 ।। ज्यांनी उघडले डोळे । ऐकती ते ज्यांना कळे । पूर्वी होते ते अंधळे । गुलामीत ।। 1317 ।। जन गुलाम भोळे-भाळे । शिष्य श्रद्ध झाले सगळे । मठांचे पसरले जाळे । चहुकडे ।। 1318 ।। ज्यांचे जागले राष्ट्रप्रेम । त्यांचा स्वातंत्र्याचा नेम । शिवचरणीं निष्काम । आपोआप ।। 1319 ।। स्वामी करीती जनजागृति । निष्कामकर्म स्वामीची कृति । शिवबाने ऐकली ती स्तुति । समर्थांची ।। 1320 ।। कोण बरे हे राष्ट्रप्रेमी । समर्थ रामदास स्वामी । भेटूं त्यांस त्यांचे धामी । शिवा म्हणे ।। 1321 ।। जावे तिथे मी एकांतात । कळो न कुणाला ही बात । मुगल होतील आक्रांत । स्वामीवर ।। 1322 ।। परम सेवक हाच खरा । प्रेमळ उपदेशांचा झरा । देओ दीर्घायु अशा नरा । रघुवीर ।। 1323 ।। वायु प्रमाणे फिरतो हा । एके जागीं न स्थिरतो हा । जनमनांत शिरतो हा । न कळत ।। 1324 ।। दाढी, लंगोटी, कमंडलु । पुष्ट बांधा, बोलतो हळु । "एष ईश्वरीदूत खलु" । राम दास ।। 1325 ।। ह्याची स्तोत्र-श्लोक वाणी । भक्ति वाङ्मयांची राणी । ऐकोनी नर होतो ज्ञानी । व शहाणा ।। 1326 ।। ह्यांचा कर्मयोग बोध । ज्यात आहे आत्मशोध । त्यात असे अवरोध । अकर्माचा ।। 1327 ।।

**दोहा॰** **जय! जय! जय! रघुवीर श्री, रामदास समर्थ ।**
**कर्मयोग के ज्ञान से, करते दूर अनर्थ ।। 1121**
**भक्तियोग उपदेश से, हरते जन अज्ञान ।**
**देते मधुतम वचन से, अज्ञानी को ज्ञान ।। 1122**
**सह्याद्री में मठ किया, लिए राम का नाम ।**
**आते भगतन दूर से, सुनने सुबहो-शाम ।। 1123**
**देशभक्ति के भाव से, जागृत होते लोग ।**

## 74. Shivaji, fourteen years old, 1644 AD, Swami Ramdas.

करते उस शुभ ज्ञान का, जीवन में उपयोग ।। 1124
ग्राम-ग्राम वे घूम कर, देते थे उपदेश ।
बंद खिड़कियाँ खोलते, स्वतंत्र करने देश ।। 1125
अंधन को दृष्टि मिले, अकल-मंद को धी ।
भूले-भ्रमित-निराश की, बुझी-आग में घी ।। 1126
आँखें जिनकी खुल गई, और बने निष्काम ।
राष्ट्रप्रेम उनमें जगा, स्वतंत्रता के नाम ।। 1127
पुश्तैनी जो रह चुके, सुलतानों के दास ।
वे भी जन आने लगे, रामदास के पास ।। 1128

(और)

ग्राम-ग्राम में खुल गए, रामदास के धाम ।
स्थान-स्थान मंदिर बने, हनूमान के नाम ।। 1129
शिवराया ने जब सुना, समर्थ का शुभ नाम ।
बोले, "यह गुरु कौन हैं, क्या है उनका नाम" ।। 1130
"जन जागृत हैं कर रहे, दे कर सद् उपदेश ।
देश प्रेम को बाँटना, उनका है उद्देश ।। 1131
"ऐसे संकट काल में, कौन राम का दास ।
महाराष्ट्र में आगया, कहाँ हैं उसका वास" ।। 1132
"जाएंगे हम आज ही, मिलने उनके पास ।
स्वतंत्रता का मंत्र वे, बतलाएँगे खास ।। 1133
"गुप्त वेश में है हमें, जाना उनके धाम ।
पता चला सुलतान को, लेगा उनके प्राण" ।। 1134
शिवबा सब कुछ जानते, कहाँ उचित है मौन ।

## 74. Shivaji, fourteen years old, 1644 AD, Swami Ramdas.

**वह दुनिया पहिचानते, कितने जल में कौन ।। 1135**

(सदुपदेश)

**卐ओवी॰** स्वामी बोलतीं उपदेशांत । करणे काय लागे देशात । काय भले वा बुरे कशात । काय कार्य ।। 1328 ।। व्यवहार असावा रोकडा । साबणा सारखा चोपडा । नसो दिरंगाई वा तोकडा । नडूं नये ।। 1329 ।। जीवन सद्गुणांनी समृद्ध । गबाळेपणाच्या विरुद्ध । आचार-विचार अशुद्ध । नसो कधी ।। 1330 ।। आळसापासोनी दूर । करा प्रयत्न चौखूर । नसा कधी मजबूर । कुणामुळे ।। 1331 ।। दैवाला देऊं नका दोष । रडत करूं नका क्रोश । असावा मनत संतोष । सर्वकाळ ।। 1332 ।। आले त्यास तोंड द्यावे । जशास तसे व्हावे । सदा ईश्वरास ध्यावे । एकनिष्ठ ।। 1333 ।। कर्तव्य बजावा चोख । देवघेव रोकटोक । काय बोलतील लोक । चिंता नसो ।। 1334 ।। जनीं निंद्य ते सोडावे । जनीं वंद्य ते जोडावे । अनिश्चित ते मोडावे । हिशेबाने ।। 1335 ।। धीर कधी न सोडावा । षंढपणा न ओढावा । वाणीत असावा गोडावा । खरेपणा ।। 1336 ।। ताठा नसावा आचारात । काटा नसावा विचारात । घाटा नसावा सदाचारात । कधीकाळी ।। 1337 ।। फुका वाद घालूं नये । घमेंडीत चालूं नये । ध्येयापासोनी हलूं नये । काहीं केल्या ।। 1338 ।। स्वच्छ ठेवावा देह । मंदिर असावे गेह । मनी असावा स्नेह । सर्वांप्रति ।। 1339 ।। वेश असावा साधासुधा । अभ्यासाची असावी क्षुधा । कला-गिरा-गायन सुधा । आत्मसात ।। 1340 ।। सुरळीत चालावा संसार । मुलांना चांगले द्या संस्कार । ज्ञान मान उद्योग संचार । असो घरीं ।। 1341 ।। असा सदा सावधान । देवदेवतांना मान । सत्कीर्तीचा अभिधान । असो तुम्हां ।। 1342 ।। असावी संगती चांगली । वाईट संवय पांगली । दुर्मति दूरच टांगली । असो सदा ।। 1343 ।। अविश्वासूवर विश्वास । न जाणणे शत्रूंचा पाश । दोन्हीं देती आत्मनाश । अज्ञान्याला ।। 1344 ।। मारुती हृदयी धरा । वडीलांचा मान करा । लक्ष्मीदेवी येते घरा । उद्योगींचे ।। 1345 ।। मायभूमीस पूजावे । तिचेसाठी बळी जावे । द्रोह करूं न धजावे । राष्ट्राप्रति ।। 1346 ।। गुलामी नरक जाणावी । विदेशींना सत्ता न द्यावी । लाज अबलांची राखावी । प्राणप्रणें ।। 1347 ।। एका योध्याला जे अशक्य । स्वामींना ते झाले शक्य । जनमनांचे ऐक्य । वाणीद्वारें ।। 1348 ।।

**✍दोहा॰ सच्चा सेवक जो वही, करता जन उद्धार ।**

## 74. Shivaji, fourteen years old, 1644 AD, Swami Ramdas.

देकर शुभ संदेश वो, करता है उपकार ।। 1136
रामदास शुभ नाम है, स्वामी बहुत महान ।
ज्ञानी कविवर श्रेष्ठ है, दैवत उसका राम ।। 1137
जीएँ शत-शत वर्ष वे, अमर करेंगे नाम ।
रघुपति के आशीष से, करे सफल वे काम ।। 1138

(सदुपदेश)

दोहा॰ स्वामी देते जगत को, प्रात्यक्षिक उपदेश ।
लेकर रघुपति नाम को, करत वे श्रीगणेश ।। 1139
जन हित में जाते जहाँ, मन में करते वास ।
तेजस्वी आभा वहाँ, डाले ज्ञान प्रकास ।। 1140
हिरदय-परिवर्तन करे, ओजस उनकी भाष ।
जनगण को तत्काल ही, होजाता विश्वास ।। 1141
गल में माला रुद्र की, लँगोटी है वेश ।
हाथ कमँडलु ताम्र का, लंबे उनके केश ।। 1142
सुधरी उनकी सोच है, परे अँधविश्वास ।
श्लोक[157] सुधारस धान का, शीघ्र बुलावे पास ।। 1143
स्वामी कहते जनन को, करना क्या है काम ।
और न करना क्या, कहाँ, भला-बुरा अंजाम ।। 1144
व्यवहारिक वे ज्ञान के, देते अचूक मंत्र ।
सदाचार समृद्ध के, फलदायक जो तंत्र ।। 1145

(और)

वे कहते, करणीय क्या, क्या यश का पैगाम ।
लापरवाही मत करो, न ही देर से काम ।। 1146

---

[157] **श्लोक छंद :** मराठी में भुजंगप्रयात छंद.

## 74. Shivaji, fourteen years old, 1644 AD, Swami Ramdas.

सदा शुद्ध आचार हो, सात्विक नम्र विचार ।
न हो कभी मजबूर तुम, न ही कभी लाचार ।। 1147
ना कोसो तुम दैव को, रोओ मत बेकार ।
मन तुमरा संतुष्ट हो, हिरदय में हो प्यार ।। 1148
संकट का हो सामना, याद किए भगवान ।
जैसे को तैसा करो, यथोचित समाधान ।। 1149
लेना-देना चोख हो, नीति नियम के साथ ।
आत्म सदा विश्वास हो, तुम्हीं तुम्हारे नाथ ।। 1150

(और भी)

दुनिया को जो मान्य है, उसका हो सत्कार ।
दुनिया में जो निंद्य है, उसका हो दुत्कार ।। 1151
धीरज को ना छोड़िये, मुश्किल यदि हो काल ।
दुर्बल की रक्षा करो, उनकी बन कर ढाल ।। 1152
कठोर बचनन ना कहो, कभी किसी को आप ।
वाणी के आघात से, तुमको लगता पाप ।। 1153
तूँ-तूँ मैं-मैं मत करो, बिना अर्थ बकवाद ।
आत्मश्लाघ से भी परे, रहे नियम यह याद ।। 1154
निर्मल हो मन-देह भी, मंदिर सम हो गेह ।
स्वच्छ रहे परिवेश भी, सब जन के प्रति स्नेह ।। 1155
विमल वस्त्र परिधान हों, हरदम भद्र स्वभाव ।
कला-शास्त्र में हो रुची, शास्त्राभ्यास प्रभाव ।। 1156
मंगल गृह-संसार हो, पावन हों संस्कार ।
सदाचार के तत्त्व सब, तन में हो संचार ।। 1157
सज्जन की हो संगती, दुर्जन से हो दूर ।
बलशाली जो नम्र है, वही कहा है शूर ।। 1158

## 74. Shivaji, fourteen years old, 1644 AD, Swami Ramdas.

बोध वाक्य गुरुदेव के, दिखलाते सन्मार्ग ।
जिन के पालन से बसे, धरती पर ही स्वर्ग ।। 1159

(तथा ही)

उस पर ना विश्वास हो, जो है धोखेबाज ।
दाँव शत्रु के जानना, सफल बनाता काज ।। 116
तन मन में हो मारुती, मातु-पिता सम्मान ।
लक्ष्मी की सेवा करे, वह होता धनवान ।। 1161
मातृभूमि से प्रेम हो, तन मन धन को वार ।
देशद्रोह का छाल करे, पापी वह गद्दार ।। 1162
नरक गुलामी जानिये, कभी न बनना दास ।
राजा की सत्ता न दो, परदेसी के पास ।। 1163
लोगों में स्वातंत्र्य की, जगी सुमंगल ज्योत ।
लाखों सेवक बन गए, राष्ट्रप्रेम का स्त्रोत ।। 1164

## संत तुकाराम महाराजांची कथा

卐ओवी॰ एव्हाच होते दूसरे संत । भक्तिमार्गाचे दूत महंत । विठ्ठल नाम घोष अनंत । तुकाराम ।। 1349 ।। अभंग वाणी तुकोबांची । जीत प्रतीति विठोबाची । जशी प्रीत आई-बाबांची । मनोहर ।। 1350 ।। अत्याचार सुलतानी । जुलूम त्यांचे तूफानी । सज्जनांवर शैतानी । विना सीमा ।। 1351 ।। सुलतानी ती बळजोरी । मुगलहरामखोरी । दिवसदहाडे चोरी । देशभर ।। 1352 ।। भय दूर भागविण्या । मनीं निष्ठा जागविण्या । भक्तिमार्ग दाखविण्या । संत आले ।। 1353 ।। सह्याद्रीच्या डोंगरात । भंडाऱ्याच्या पहाडात । इन्द्रायणीच्या खोऱ्यात । देहू गावी ।। 1354 ।। पाण्यात फेकले अभंग । पण भिजले न अंग । न ही अक्षरांचा रंग । पिघळला ।। 1355 ।। निर्व्याज प्रेम त्यात । शुद्ध अध्यात्म ज्यात । जोडतो जो पुंण्यात । भक्तिभाव ।। 1356 ।। भागवतधर्मध्वजा । मनी विठ्ठलाची पूजा । अवडंबरांच्या वजा । निष्कलंक ।। 1357 ।। जेव्हां राष्ट्र होते पेटले । हृदय चिंतेने दाटले । शिवराया त्यांना भेटले । स्वतःहून ।। 1358 ।।

## 74. Shivaji, fourteen years old, 1644 AD, Swami Ramdas.

शिऊन शिवाजीचे शीर्ष । दक्षिण हाताने विशेष । दिधले मंगल आशीष । तुकोबाने ।। 1359 ।।

दोहा॰ इसी समय पर दूसरे, भक्तिमार्ग के संत ।
तुकाराम शुभ नाम के, विट्ठल-भक्त महंत ।। 1165
गाते अभंग-छंद में, ईश्वर स्तति के गीत ।
उन गीतों में झलकती, उनकी विट्ठल-प्रीत ।। 1166
सुलतानों के देख कर, भीषण अत्याचार ।
जनता थी दहली हुई, करने को प्रतिकार ।। 1167
ऐसे मुश्किल काल में, देने को विश्वास ।
तुकाराम ने जनन को, दीन्हा ज्ञान प्रकाश ।। 1168

(तुकाराम)

देहू नामक ग्राम में, तुकारामजी संत ।
रच कर गान अभंग के, देते ज्ञान अनंत ।। 1169
पानी में जो ना गले, पावन गाथा ग्रंथ ।
भक्तिमार्ग से स्थापित किया, वारकरी का पंथ ।। 1170
सुन कर महती संत की, राष्ट्रप्रेम का काम ।
शिवबा मिलने आगए, तुकाराम के धाम ।। 1171
छू कर चरणन संत के, करके मधु संवाद ।
शिवबा ने उस संत के, लीन्हे आशीर्वाद ।। 1172

## 75. Shivaji, fifteen years old. Story of Ranjhe Patil, 1645 AD

# YEAR 1645

75. किशोर शिवाजी–15 :

### स्वराज्याची शपथ


### 75. Shivaji, fifteen years old. Story of Ranjhe Patil, 1645 AD

संगीत श्री शिवाजी चरित्र राग–छंद माला, पुष्प 172

(हरि)

**स्थायी**

**शिवाजी मराठा, महावीर राजा, धीरोदात्त नेता, सदा युद्ध जेता ।**
**सुकर्मी महात्मा, अशी कीर्ति ज्याची, स्फूर्ति शक्ति ज्योति, जिजाबाई त्याची ।।**

♫ सानि़–सा– रेग–ग–, रेग–म–प म–ग–, मप–म–ग रे–म–, रेग– म–ग रे–सा– ।
रेग–म– पध–ध–, पध– नि–सां नि–ध–, नि–ध प–म ग–म–, पम–म–ग रे–सा– ।।

**अंतरा–1**

**महाराष्ट्र भूमि, तया मातृभूमि, कर्मभूमि त्याची, तथा धर्मभूमि ।**
**पुण्यभूमि तीच, तपोभूमि तीच, यशोभूमि तीच, स्वर्गभूमि त्याची ।।**

♫ सानि़–सा–रे ग–ग–, रेग– प–मग–रे–, ग–रेप–म ग–म–, पम– ग–रेसा–सा– ।
रे–ग–म पध–, पध–नि–सां नि–ध–, निध–प–म ग–म–, पम–म–ग रे–सा– ।।

## श्रीशिवाजी पंधरा वर्षांचे

**卐ओवी॰** सन सोळाशे–पंचेचाळीस । वर्ष पंधरावे शिवाजीस । प्रारंभ झाला चळवळीस । खुले आम ।। 1360 ।। राजे अनेक झाले । जन्मीं आले नि गेले । तामसी नीति वाले । देशोदेशीं ।।

# 75. Shivaji, fifteen years old. Story of Ranjhe Patil, 1645 AD

1361 ।। मिळतात इश्कबाज । लुटणारे स्त्रीची लाज । ज्यांना अत्याचारी खाज । सुलतानी ।। 1362 ।। नावाजले महा-असभ्य । पण रामासमान सभ्य । कलियुगात ह्या अलभ्य । जगामध्ये ।। 1363 ।। राजा बघा इथेच एक । ज्यात स्त्रीदाक्षिण्य अचूक । गुण सात्त्विक स्वाभाविक । आढळतो ।। 1364 ।। जसा शूर तसा भद्र । कधी राम, कधी रुद्र । सुर, तार तथा मद्र । यथा योग्य ।। 1365 ।। द्रौपदीचा जसा कृष्ण । स्त्री-रक्षेस सदा तृष्ण । दुष्टनिकंदने उष्ण । यथोचित ।। 1366 ।। सज्जनांचे त्राण अखंड । दुर्जनांना उचित दंड । अत्याचाराविरुद्ध बंड । जसे ठीक ।। 1367 ।। ज्याचे ठायी योग्य आचार । सदा सारासार विचार । राजा झाला एक थोर । शिवराया ।। 1368 ।।

✍दोहा॰ **संतन के वरदान से, और मातु उपदेश ।**
**शिवबा राजे भद्र थे, सात्त्विक नृप धर्मेश ।। 1173**
**दीन दयाला श्रेष्ठ थे, दया क्षमा सुख धाम ।**
**न्याय नीति के कार्य में, यथा कर्म परिणाम ।। 1174**
**जग में ऐसा और ना, राजा हुआ सुजान ।**
**गो ब्राह्मण दुखभाग औ, स्त्री-रक्षक दरबान ।। 1175**
**राजा अनेक होगए, कामुक लंपट यार ।**
**चालचलन से तामसी, जग में बारंबार ।। 1176**
**सुलतानों ने थे किए, निर्घृण अत्याचार ।**
**भ्रष्ट-दुष्ट व्यवहार भी, नारी पर व्यभिचार ।। 1177**

(और)

**कलियुग में दुर्गम यदि, राजा राम-समान ।**
**आया शिव-अवतार में, राजा शिवबा नाम ।। 1178**
**जितना वह नृप शूर है, उतना ही है भद्र ।**
**कभी राम का रूप है, कभी अवतार रुद्र ।। 1179**
**करता स्त्री सम्मान वो, जाति-धर्म को छोड़ ।**
**पूजनीय है स्त्री सदा, दोनों कर को जोड़ ।। 1180**

## 75. Shivaji, fifteen years old. Story of Ranjhe Patil, 1645 AD

राजा हो या हो प्रजा, एक तुला पर न्याय ।
दंड उसे उस मान का, यथा किया अन्याय ।। 1181
नारी देवी है कही, बहिना कन्या मात ।
पत्नी गृह की लक्षमी, नियम सदा यह ज्ञात ।। 1182
सीता राधा द्रौपदी, लज्जित कीन्हीं नार ।
दुष्ट नृपों ने थे किए, जघन्य अत्याचार ।। 1183
रावण, बाली को मिली, मौत राम के हाथ ।
दुर्योधन चौपट हुआ, समग्र कुल के साथ ।। 1184

(और)

सकल मराठा देश में, स्त्री है देवी ज्ञात ।
दुर्गा लक्ष्मी पार्वती, रमा शारदा मात ।। 1185
गंगा यमुना नर्मदा, सिंधु आपगा आप ।
कावेरी गोदावरी, जो धोतीं हैं पाप ।। 1186
गीता जानी है वही, श्लोक छंद का स्त्रोत ।
वही वेद की है ऋचा, परम ज्ञान की ज्योत ।। 1187
नारी की माया कही, रामराज्य की नींव ।
श्रद्धा, प्रीती, सभ्यता, मानवता का जीव ।। 1188
तन मन धन सब वार कर, नारी को प्रणिपात ।
करिए शाश्वत राज्य में, स्त्री की शुभ सौगात ।। 1189
तानाशाही त्याज्य कर, सदाचार का धाम ।
उसी मराठा राज्य को, "शिव-भारत" हो नाम ।। 1190

## रांझे पाटीलची गोष्ट

(एके दिवशी)

卐ओवी॰ एकदाची बघा गोष्ट । शिवाजीस कळले स्पष्ट । एका पाटीलाने खाष्ट । पाप केले ।।

## 75. Shivaji, fifteen years old. Story of Ranjhe Patil, 1645 AD

1369 ।। माझ्या राज्यात बलात्कार । स्त्रीचा जघन्य असत्कार । कोण हा पापी गुन्हेगार । सांगा मला ।। 1370 ।। राजा असो वा प्रजा । ज्याला पापात मजा । तो बळीची अजा । हीच सजा ।। 1371 ।। परस्त्री मानावी आई । काकू, मामी, कन्या, ताई । लक्ष्मी ती घरची बाई । धर्म सांगे ।। 1372 ।। स्त्री ही पूजनीय देवी । पृथ्वीवर रूप दैवी । तिचा मान जो न ठेवी । असुर तो ।। 1373 ।। स्त्रीचा मान सदा राही । भेद उच्च-नीच नाही । जाति धर्म इथे काही । म्हणे शिवा ।। 1374 ।। सीता, द्रौपदी, तारा । करूनी पाणउतारा । अपमानिल्या दारा । दुष्टात्म्यांनी ।। 1375 ।। रावण, दुर्योधन, बाली । गर्वाचे घर झाले खाली । आले मरण त्यांचे भालीं । यथा नीति ।। 1376 ।। स्त्री ही दैवत मराठ्यांची । आद्य देवता देव्हाऱ्यांची । योग्य मानाच्या मुजऱ्यांची । देवी रूपें ।। 1377 ।। तीच लक्ष्मी, तीच अंबा । सीता राधा दुर्गा रंभा । सरस्वती जगदंबा । गायत्री ती ।। 1378 ।। तीच रामायण गीता । नर्मदा व प्राणहिता । गंगा यमुना सरिता । गोदावरी ।। 1379 ।। तीच रामराज्याचा पाया । अपरंपार तिची माया । स्निग्ध शुभ मंगल छाया । स्त्रीजातीची ।। 1380 ।। करूनी प्रणाम दंडवत । स्त्रीप्रतिष्ठा करूं शाश्वत । तेणे घडवूं 'शिवभारत" । मराठ्यांचे ।। 1381 ।। इथे व्हाया रामराज्य । तानाशाही पूर्णत्याज्य । सदाचार सदा पूज्य । असो आम्हां ।। 1382 ।।

**दोहा॰ शिवबा वो नर आज है, नृप लाखों मे एक ।**
**महाराष्ट्र की भूमि पर, सद् आचारी नेक ।। 1191**
**रक्षण सज्जन का किए, दुर्जन को दे ताड़ ।**
**स्त्री-शोषण जो नर करे, करे न उसके लाड़ ।। 1192**

### रांझे गावच्या पाटीलाची कथा

**ओवी॰** आला एक कारभारी । द्यावया बातमी सारी । बलात्काराची विषारी । शिवाजीला ।। 1383 ।। येथून दहा कोस दूर । रांझा नांवाचे आहे पुर । तेथे पाटील मगरूर । बाबा राव[158] ।। 1384 ।। पाटील फार माजलेला । घमेंडीत नावाजलेला । डंका त्याचा वाजलेला । चहुकडे ।।

[158] **बाबा राव = रांझेगाव चा पाटील बाबाजी भिकाजी गुजर.**

# 75. Shivaji, fifteen years old. Story of Ranjhe Patil, 1645 AD

1385 ।। करतो तो अत्याचार । स्त्रियांवर बलात्कार । त्याचा कुणी न प्रतिकार । करूं शके ।। 1386 ।। गुजर पाटीलाने बेडर । रामजी खोडेच्या मुलीवर । बहुत भीषण बलात्कार । केला काल ।। 1387 ।। ऐकोनी शिवाजी कोपले । अविश्वासाने थरकापले । तळ-मस्तक संतापले । दु:ख झाले ।। 1388 ।। म्हणाले, कोण बरे हा नेणा । मुसक्या बांधून त्याला हाणा । त्वरीत दरबारात आणा । लफंग्याला ।। 1389 ।। आवरून आपला क्षोभ । शिवाजीने ताबडतोब । धाडले स्वार अविलंब । रांझे गावी ।। 1390 ।।

**दोहा॰** **इक दिन शिवबा ने सुनी, बहुत सनसनी बात ।**
**रांझे नामक गाँव में, हुआ घोर उत्पात ।। 1193**
**वहाँ किसी ने है किया, स्त्री पर अत्याचार ।**
**सभी ग्राम के सामने, अबला का अपहार ।। 1194**

(सेवक)

**पुणे नगर से कोस दस, रांझे नामक गाँव ।**
**वहाँ एक मगरूर है, पटेल बाबाराव ।। 1195**
**घमंड में मदमस्त वो, करता ओछे काम ।**
**आदिलशाही दास है, अत: नहीं बदनाम ।। 1196**
**स्त्री पर अत्याचार वो, करता बारंबार ।**
**मगर न कोई कर सके, पटेल का प्रतिकार ।। 1197**
**मारपीट करता बड़ी, और करे तकरार ।**
**उससे डरते हैं सभी, उसका है अधिकार ।। 1198**

(बाबाराव गुजर)

**卐ओवी॰** रांझेगावी येसाजी आले । पाटीलाच्या घरात शिरले । हात-पाय बांधून धरले । बाबाजीला ।। 1391 ।। आणोनी त्याला केले उभा । बोलायची दिली मुभा । विचारला मनसुबा । पाटीलाला ।। 1392 ।। म्हणाला मी पाटील । मला कोण दाटेल । करीन जे वाटेल । रांझे गावी ।। 1393 ।। मला काय कुणाची भीति । ही माझ्या वागण्याची रीति । इथे सर्व नीति-अनीति । मला माफ ।। 1394 ।। पोरी बाळी माझ्या गावी । धन सर्व माझ्या नांवी । त्यात

# 75. Shivaji, fifteen years old. Story of Ranjhe Patil, 1645 AD

दखल कां द्यावी । कुणी बरे? ।। 1395 ।। माझे गावी मीच राजा । माया-लेकीं माझी प्रजा । त्याची जर घेतो मजा । गुन्हा काय? ।। 1396 ।। आणि म्हणे काय झाले । मी हे कित्येकदा केले । त्यात कुणाचे काय गेले । पाटील मी ।। 1397 ।। मिटवितो माझी भूक । त्यात काय बरें चूक । सर्व सुरळीत मूक । चाले इथे ।। 1398 ।। राजा करे मनमानी । हीच प्रथा सुलतानी । ते आहेत आम्हां धनी । तुम्हीं कोण? ।। 1399 ।। वचन पाटीलाच्या मुखी । नारी संभोगात मी सुखी । ह्यात नाही आहे मी दु:खी । मुळीच ही ।। 1400 ।। त्याच्या तोंडी होत्या शिव्या । त्याच्या मनी जशा हव्या । काहीं जुन्या काहीं नव्या । घाणेरड्या ।। 1401 ।। त्याचा तोरा तो सुलतानी । डोळयांस नव्हते पाणी । उभा तसाच तो गुमानी । स्त्रीलंपट ।। 1402 ।।

✍ दोहा॰ **सुनी बात जब सनसनी, शिवबा को अति रोष ।**
**बाले, शठ वह कौन है, करता ऐसे दोष ।। 1199**
**ले आओ उस अधम को, तुरंत हमरे पास ।**
**पटेल ऐसे हैं यहाँ, होत नहीं विश्वास ।। 1200**
**लाओ उसको बाँध कर, दोषी भाग न जाय ।**
**यथा दोष बदमाश को, देंगे उसको न्याय ।। 1201**
**आदिलशाही ना यहाँ, करत मराठे राज ।**
**देंगे उसको हम सजा, यथा नीति से आज ।। 1202**
**पाकर आज्ञा न्याय की, निकले अश्व सवार ।**
**लाने बाबाराव को, शिवबा के दरबार ।। 1203**
**लाकर बाबाराव को, किया पेश साक्षात् ।**
**शिवबा नृप के सामने, सुनने उसकी बात ।। 1204**
**कहा, बताओ क्यों किया, ऐसा ओछा काम ।**
**क्या तुम नाही जानते, इसका क्या अंजाम ।। 1205**

(बाबाराव)

**शिवबा से उसने कही, बेहूदा सब बात ।**
**बोला, मैं पाटील हूँ, राँझा का विख्यात ।। 1206**

## 75. Shivaji, fifteen years old. Story of Ranjhe Patil, 1645 AD

मुझे न कोई रोकता, दुनिया का कानून ।
जो चाहूँ वैसा करूँ, बलात्कार या खून ।। 1207
पहले मैंने हैं किए, बहुत घोर अपराध ।
मुझे किसी ने ना कहा, कुछ भी उनके बाद ।। 1208
बालक! तू ना जानता, मेरी पदवी खास ।
मुझे किसी से डर नहीं, आदिल का मैं दास ।। 1209
भला बुरा जो भी करूँ, मुझे सभी है माफ ।
मेरा तू राजा नहीं, मेरा रस्ता साफ ।। 1210
रांझे की सब औरतें, बेटी हो या मात ।
मेरी ही सौगात हैं, मेरे ही गुण गात ।। 1211
मैं राजा हूँ गाँव का, जाना हूँ प्रतिपाल ।
कन्या-माताएँ सभी, मेरा ही है माल ।। 1212
ऐसा मेरा कायदा, सब सुनते हैं मौन ।
आदिलशाही दास मैं, तू होता है कौन? ।। 1213

卐**ओवी॰** शिवाजीने ऐकले त्याचे । शब्द गलिच्छ उद्धटाचे । घेऊनी मत सचिवांचे । न्याय दिला ।। 1403 ।। ह्याचे हात-पाय कापा । घरावर मारा छापा । ह्याचे धन सर्व दापा । प्रजेसाठी ।। 1404 ।। जरी कलियुगाचा काळ । आला फोडोनी अंतराळ । स्त्री-गो-ब्राह्मण प्रतिपाळ । शिवराया ।। 1405 ।।

(दरबार)

**दोहा॰** सुन बकवाद पटेल की, क्षुब्ध हुआ दरबार ।
शिवबा बोले, न्याय से, करिये कारोबार ।। 1214
जिन पैरों से यह चला, करने को व्यभिचार ।
काटो पग वे पातकी, हो जाएँ बेकार ।। 1215
जिन हाथों से यह करे, स्त्री पर अत्याचार ।
काटो कर वे दुष्ट के, फिर न करे अविचार ।। 1216

## 75. Shivaji, fifteen years old. Story of Ranjhe Patil, 1645 AD

करे न कोई पाप यों, सेवक या सुलतान ।
स्त्री रक्षा कर्तव्य है, स्त्री का हो सम्मान ।। 1217
नृप दाहिर के काल से, खेलोजी तक आज ।
सुलतानों ने लूट ली, पत्नीयों की लाज ।। 1218
कलियुग के भी काल में, सदाचार का त्राण ।
करने आया दूत है, लेने-देने प्राण ।। 1219

संगीत श्री शिवाजी चरित्र राग-छंद माला, पुष्प 173

रांझे पाटील

**छंद : मराठी दोहा**

13, 11 मात्रा

**कुठे वसे पाटील तो, इतकी ज्याला खाज ।**
**आणा दुष्टाला इथे, मुसक्या बांधुनी आज ।। 1**
**ज्या पायांनी चालला, करावया अपहार ।**
**कादुनी टाको, पाय ते, त्याची ती तलवार ।।2**
**ज्या हातांनी ओढले, त्या बाईचे वस्त्र ।**
**कापुनी टाकूं हात ते, घेउनी त्याचे अस्त्र ।। 3**
**ज्या कानांनी टाळले, दारुण तिचे विलाप ।**
**फोडुनी टाकूं कान ते, चुकेल त्याचे पाप ।। 4**
**आदिलशाही देश ना, इथे मराठा राज्य ।**
**नारी रक्षा कायदा, नसे कुणाला त्याज्य ।। 5**

### रोहिडेश्वरची शपथ

**卐ओवी॰** रांझे प्रकरणी खास । जनतेचा झाला विश्वास । मानावे प्रतिपाळ ह्यास । मराठ्यांचा ।। 1406 ।। एके दिवशी अकस्मात । रोहिडेश्वर मंदिरात । झाले मित्र उपस्थित । शिवबाचे ।।

## 75. Shivaji, fifteen years old. Story of Ranjhe Patil, 1645 AD

1407 ।। शपथ घेण्या स्वराज्याची । मातृभूमीच्या रक्षणाची । हिंदू स्वदेश स्थापण्याची । जीवानिशीं ।। 1408 ।। शिवाजीचे स्नेही प्यारे । बाळ तरुण म्हातारे । होते देशभक्त सारे । उपस्थित ।। 1409 ।। मालुसरे तान्हाजी । त्यांचे बंधु सूर्याजी । देशपांडे बाजी । चिमणाजी; ।। 1410 ।। पासळकर बाजी । डबीर, जेधे बाजी । गुप्ते, कंक येसाजी । प्रभु गुप्ते ।। 1411 ।। शिवाजीच्या जीवनात । मराठे इतिहासात । जाणावी ही सुरवात । स्वातंत्र्याची ।। 1412 ।।

**दोहा॰ राँझे प्रकरण से हुआ, जनता को विश्वास ।**
**शिवबा वह प्रतिपाल है, जिसकी सबको आस ।। 1220**
**सुलतानों ने था किया, जनता को पथभ्रष्ट ।**
**अब जनता को मिल गया, राजा निर्मल स्पष्ट ।। 1221**
**जमा होगए एक दिन, शिवबा के सब मीत ।**
**रोहीडेश्वर धाम में, जिन्हें देश से प्रीत ।। 1222**
**करने प्रण स्वातंत्र्य का, अटल शपथ के साथ ।**
**हिंदुराष्ट्र स्थापन करें, अडिग मिला कर हाथ ।। 1223**
**उनको आकर फिर मिले, बूढ़े और जवान ।**
**जिनके मन में था जगा, स्वदेश का अभिमान ।। 1224**
**यहाँ हुआ स्वातंत्र्य का, सत्यकाम प्रारंभ ।**
**भारत के इतिहास में, चढ़ा केसरी रंग ।। 1225**

**संगीत श्री शिवाजी चरित्र राग-छंद माला, पुष्प 174**

स्वराज्याची शपथ

**छंद : सरसी**[159]

---

[159] **सरसी** : ह्या 27 मात्रा वाल्या नाक्षत्रिक छंदात शेवटी एक गुरु व एक लघु मात्रा तेते. ह्याचे लक्षण सूत्र 16, 8 + ऽ। असे असते.

▶ लक्षण गीत : **दोहा॰ मात्रा सत्ताईस में, गुरु लघु कल से अंत ।**

## 75. Shivaji, fifteen years old. Story of Ranjhe Patil, 1645 AD

राजा हमको कहते सारे, अगल-बगल के लोग ।
मगर हमें तो दुखा रहा है, भारत माँ का सोग ।। 1
भूमि हमारी, मालिक वे हैं, जिन्हें न हमसे प्यार ।
लूट-मार औ तोड़-फोड़ भी, बेशर्म बलात्कार ।। 2
लोग हमारे बने हैं कई, मुरख उनके दास ।
माता-बहनें भ्रष्ट हो रही, शर्म न जिनके पास ।। 3
मरे हुए अभिमान जिन्हों के, ठंढा उनका खून ।
पशुवत् जीवन बिता रहे हैं, गुलामी का जुनून ।। 4
चलो मावळों आज शपथ लें, सफल करें सवराज ।
बाजी दाजी तानाजी प्रभु, सब मिल करिए काज ।। 5
ध्येय शपथ के साथ हो, स्वतंत्र्य एकमेव ।
येळकोट मल्हार भवानी! हर हर महादेव! ।। 6

---

सोलह कल पर यति जहाँ, वह है "सरसी" छंद ।। 814/7162

# YEAR 1646

76. किशोर शिवाजी-16 :

## तोरणा विजय

## 76. Shivaji, sixteen years old, Victory over Torna, 1646 AD

### श्रीशिवाजी सोळा वर्षांचे

卐ओवी॰ सन सोळाशे-शेहेचाळीस । लागले सोळावे शिवाजीस । ताव आला आता मिशीस । व दाढीस ।। 1413 ।। सौम्य देखणा तो तरुण । वीर पुरुष तो करुण । दया मायेचा तो वरुण । शिवराया ।। 1414 ।। मंगळ त्याचे चारित्र्य । आदर्श त्याचे पावित्र्य । संधान त्याचे स्वातंत्र्य । अचूक जे ।। 1415 ।। प्रखर आत्मविश्वासाचा । प्रचंड तो स्वाभिमानाचा । प्रकांड शहाणपणाचा । दूरदर्शी ।। 1416 ।। वैरी त्याचे अटखोर । चार सुलतान घोर[160] । गुंडे चोरावर मोर । सैन्यशाली ।। 1417 ।। सर्व किल्ले त्यांचे हाती । सैन्यांमध्ये घोडे हत्ती । महाराष्ट्राची केली माती । ह्या चोरांनी ।। 1418 ।। आदिलशहा विजापुरी । पुण्याहुनी फार न दूरी । दगलबाज मीठी छूरी । भव्य सेना ।। 1419 ।। मुगल शहाजहान । दिल्लीवाला सुलतान । महाराष्ट्रात स्थापन । आहे सध्या ।। 1420 ।। गोळकोंड्याचा कुतुबशहा । धूर्त तसा बर्बर महा । नंबर तीन चा विरोधी हा । शिवाजीचा ।। 1421 ।। जंजीऱ्याचा सिद्दी जौहर । अंगी काळकूट जहर ।

[160] **The four Sultans :** 1. Mh. Adil Shah of Bijapur (r. 1627-1657); 2. Shihab-ud-din Shah Jahan I of Delhi (r. 1628-1657); Abdullah Qutb Shah of Golkunda (r. 1627-1672); and Abyssinian Habshi Ruler Siddi Jauhar of Janjira.

# 76. Shivaji, sixteen years old, Victory over Torna, 1646 AD

बलाढ्य त्याचे आरमार । पश्चिमेला ।। 1422 ।। सैन्यबळ महाविराट । तोफा शस्त्र चमचमाट । धन द्रव्य साठा अफाट । लूटलेला ।। 1423 ।।

**दोहा॰ शिवबा सोलह साल का, दढ़ियल-मुच्छड़ वीर ।**
**मंगलमय चारित्र्य का, आदरणीय सुधीर ।। 1226**
**प्रखर आत्मविश्वास का, अग्रदर्शी जवान ।**
**अचल आत्मसम्मान का, प्रकांड बुद्धिमान ।। 1227**
**हुई शपथ स्वातंत्र्य की, निश्चित हुआ विचार ।**
**मगर न कोई सैन्य था, करने को प्रतिकार ।। 1228**
**बैरी उसके चार थे, बलशाली सुलतान ।**
**मुगल-फिरंगी भी, सभी, सत्तारूढ़ महान ।। 1229**

(पूर्वी)

**ओवी॰** कर्नाटकाचा मागला खास । विस्मृत नव्हता इतिहास । हिंदू साम्राज्य केले खलास । यवनांनी ।। 1424 ।। विजनगर केले साफ । न करता कुणास माफ । नऊ लाख प्राण झाले वाफ । एकाएकी ।। 1425 ।। माझी यवनाक्रांत भूमि । पूर्ण स्वतंत्र करीन मी । म्हणे शिवबा पराक्रमी । बालनृप ।। 1426 ।। अशा राक्षसांनी व्याप्त । जिथे जनता आहे त्रस्त । भूमि करूं आम्हीं मुक्त । प्रयत्नांनी ।। 1427 ।। शिवाजीला खेद फार । लोक आपुले लाचार । परलोकांचे चाकर । गुलामीत ।। 1428 ।।

**दोहा॰ सुलतानों के पास हैं, हाथी घोड़े शस्त्र ।**
**दुर्ग छोटे-बड़े सभी, सेना भार अजस्त्र ।। 1230**
**अपने पास न सैन्य है, नाही शस्त्र न द्रव्य ।**
**ना ही कोई है किला, फहराने ध्वज दिव्य ।। 1231**
**रचने नींव स्वराज्य की, किला चाहिए पास ।**
**ध्वज जिस पर फहरा सके, देने को विश्वास ।। 1232**

## तोरणा विजय

## 76. Shivaji, sixteen years old, Victory over Torna, 1646 AD

卐ओवी॰ संवादुनी मित्र गुरु । विचारचक्र झाले सुरू । कामास कुठे कसा करू । श्रीगणेशा ।। 1429 ।। दृढ गड एक तरी । असावा आपुल्या करी । तेव्हांच सुरवात खरी । स्वातंत्र्याची ।। 1430 ।। ध्वज भगवा तुंग व्हावा । उंच नभात फडकावा । मराठाराष्ट्रास दिसावा । गौरवाने ।। 1431 ।। सैन्य आपुले थोडके । शस्त्र साधन रोडके । जन मनोबळ मोडके । आहे सध्या ।। 1432 ।। किल्ले आहेत दोन-चार । जिथे नाही सुरक्षा फार । मियां रहीम किल्लेदार । नाही दक्ष ।। 1433 ।। त्यांत किल्ले तोरणा छान । त्या गडाला बहु मान । सर करावा तो महान । बाले किल्ला ।। 1434 ।।

✍दोहा॰ **सोच विचार विमर्श से, हुआ एक निष्कर्ष ।**
**एक दुर्ग को जीत कर, हो आरंभ सहर्ष ।। 1233**
**कुछ गढ़ हैं ऐसे जहाँ, नहीं सुरक्षा नाम ।**
**इक उनमें से जीत कर, शुरू हो सके काम ।। 1234**
**उच्च पहाड़ी पर खड़ा, किला तोरणा नाम ।**
**बहुत पुराना ख्यात है, राष्ट्रकूट का धाम ।। 1235**
**किला खंडहर होगया, वहाँ न पहरेदार ।**
**मियाँ रहीम अचेत है, बूढ़ा किलेदार ।। 1236**

(तोरणगड)

卐ओवी॰ उच्च गडावर स्थित[161] । किल्ले तोरणा नामांकित । ह्याच कारणें हा वांछित । शिवाजीला ।। 1435 ।। राष्ट्रकूटांनी हा केला । विलक्षण ज्यात कला । बहुत दुर्गम किल्ला । तोरण्याचा ।। 1436 ।। पुण्याच्या नैऋत्य दिशेस । दूर अंतर वीस कोस । कानदखोऱ्यात पडला ओस । तोरणगड ।। 1437 ।। करून सर्व विचार । केली योजना तयार । कराया झणकेदार । आक्रमण ।। 1438 ।। डोंगरमाथ्यावर स्थित । किल्ला पुरातन खंडित । नसतो रोज उपस्थित । किल्लेदार ।। 1439 ।।

✍दोहा॰ **टीले पर स्थित है किला, घेरा बहुत विशाल ।**

---

[161] **Torna Fort :** 4600 ft. above sea level, 50 Km South-West of Pune.

## 76. Shivaji, sixteen years old, Victory over Torna, 1646 AD

**दुर्गम लंबी राह है, निर्जन साँझ-सकाल ।। 1237**
**कोट अधिकतर बंद ही, रहता है सब काल ।**
**उस पर छापा मार कर, करिये एक कमाल ।। 1238**

**卐ओवी॰** किल्यावर ठेऊनी नजर । दिवस-रात्र सर्व खबर । देत होते शिवाचे चर । शिवबाला ।। 1440 ।। कोण किल्यात येतो जातो । किती वेळ तिथे असतो । कोण काय आणतो नेतो । किल्यातून ।। 1441 ।। मियां रहीम होता निर्धास्त । कुणी न किल्यात घाली गस्त । त्यांच्या किल्याला लावील हस्त । कोण बरें? ।। 1442 ।। जेव्हां न्यून तिथे रक्षण । तेव्हां करूनी आक्रमण । किल्ला हातीं घ्यावा आपण । तोरण्याचा ।। 1443 ।। घेऊनीया मित्र थोडे । भाले तलवारी घोडे । निघाले ते किल्याकडे । एके रात्री ।। 1444 ।।

सर्पाकार सडक लंबी । तुंग गड गगनचुंबी । एक कोस किल्याची लांबी । खोल कडे ।। 1445 ।। मुख्य द्वार होते बंद । मागची वाट निरुंद । किल्यात शांत सबंद । सामसूम ।। 1446 ।। जसे बोलले होते हेर । नव्हता तिथे किल्लेदार । न इतर पहारेदार । उपस्थित ।। 1447 ।। चोरवाटेने जाऊन । शिरले भींत चढून । दिले द्वार उघडून । आंत येण्या ।। 1448 ।। किल्ला हातीं आला भव्य । शस्त्र द्रव्य साठा दिव्य । उजळले भवितव्य । मराठ्यांचे ।। 1449 ।।

**✍दोहा॰** **करके ऐसी योजना, निकले अश्वसवार ।**
**संगी शिवबा के सखा, लिए ढाल-तलवार ।। 1239**
**टूटे तट को लाँघ कर, भीतर आए वीर ।**
**यहाँ न कोई था कहीं, चमक गई तकदीर ।। 1240**
**किला हाथ में आगया, ध्वज रोपण का स्थान ।**
**बहुत बड़ा भंडार था, विपुल जंग सामान ।। 1241**
**मिली वहाँ धन-संपदा, संचित रखी अपार ।**
**लाई जो थी लूट कर, प्रजा जनों को मार ।। 1242**

(मग)

**卐ओवी॰** शिवाजीने केली पाहणी । धन संपदेची मोजणी । कुठे काय हवे, नोंदणी । तोरण्याची ।। 1450 ।। द्वारपाळ, संरक्षक । डाजडुजीचे शिल्पक । बांधणीकामाचे तक्षक । नियोजिले ।।

# 76. Shivaji, sixteen years old, Victory over Torna, 1646 AD

1551 ।। किल्यावर भगवा ध्वज । उंच फडफडला आज । शिवाजीचे आता स्वराज्य । सुरू झाले ।। 1552 ।। गाऊनी गायत्रीचा मंत्र । तोरणा केला स्वतंत्र । मावळ्यांचे आपले तंत्र । आता इथे ।। 1553 ।।

दोहा॰ **गिन कर धन-द्रव्य वो, रखा देश के नाम ।**
**शस्त्र युद्ध-सामान सब, नए सैन्य के काम ।।** 1243
**किया किले पर जब खड़ा, भगवा ध्वज का स्तंभ ।**
**स्वराज्य का तब होगया, यथार्थ में आरंभ ।।** 1244
**खड़ी दुर्ग पर होगई, वीर मराठा फौज ।**
**स्वराज्य के आनंद में, मना रही थी मौज ।।** 1245

संगीत श्री शिवाजी चरित्र राग-छंद माला, पुष्प 175

तोरणा विजय

**स्थायी**

**ध्येय सफल झाले, यश आले,**
**निश दिन शिशु-गण-दळ श्रय फळले ।**

**अंतरा-1**

**आज तोरणा हातीं आला, शत्रूला अमुचे बळ कळले ।**

**अंतरा-2**

**शुभारंभ हा, भाग्य शिवाचे,**
**आता विजय-दिशेला वळले ।**

**अंतरा-3**

**बाल-मराठ्यांचे बळ बघुनी,**
**सुलतानांचे मन हळहळले ।।**

(तिकडे)

# 76. Shivaji, sixteen years old, Victory over Torna, 1646 AD

卐**ओवी॰** आदिलशहा होता व्यस्त । दक्षिणेच्या मोहीमांत ग्रस्त । नायकांना[162] कराया त्रस्त । गुंतलेला ।। 1454 ।। इक्केरीचा वीरभद्र नायक । तंजावूरचा विजय नायक । मदुरेचा तिरुमल नायक । दक्षिणेचे ।। 1455 ।।

**दोहा॰** **आदिलशाही व्यस्त थे, दक्षिण करने व्याप्त ।**
**इधर मराठों ने किया, किला तोरणा प्राप्त ।। 1246**

(इकडे)

卐**ओवी॰** इकडे शिवाजीला मिळाली मुभा । सैनिक घेऊनी तो उभा । जिंकण्यास एक-एक सुभा । शीघ्र गति ।। 1456 ।। बघुनी ध्वज किल्यांवर । मराठे हजारों निडर । झाले शिवबाला सादर । लढावया ।। 1457 ।। शिवाजीची फौज विशाल । बनली स्वराज्याची ढाल । कराया अद्‌भुत कमाल । भविष्यात ।। 1458 ।।

**दोहा॰** **लख ध्वज भगवा रंग का, जनता को उल्लास ।**
**मर्द मावळों को हुआ, स्वराज्य पर विश्वास ।। 1247**
**हुए मराठा फौज में, शामिल कई जवान ।**
**सेना बलशाली हुई, ढीठ और तूफान ।। 1248**

## राजगड किल्याची कथा

卐**ओवी॰** शिवबाला मिळाले धन । पुष्कळ आयुध साधन । सेना त्याची झाली सधन । कटिबद्ध ।। 1459 ।। तोरणगडच्या यशाने धीट । ठेवाया पाऊल पुढे इष्ट । शिवबाने केला विचार नीट । यशासाठी ।। 1460 ।। तोरण्याच्या पूर्वेस, न दूर । मुरुंबदेव डोंगरावर । किल्ला अत्युच्च शिखरावर । अति मोक्याचा ।। 1461 ।। मुरुंबदेव दुर्गम अत्यंत । दुर्ग शिवाजीला आला पसंत । तिथे बांधावा आपुला तुरंत । बाले किल्ला ।। 1462 ।। काढून माहिती पुरेशी । जुळवुन तयारी खाशी । गाठली मुरुंबदेव वेशी । हल्ला केला ।। 1463 ।। किल्ला होता जुनाट पडका

---

[162] **Nayaks :** 1. Tirumal Mayak of Madura (r. 1623-1659), Vira Bhadra Nayak of Ikkeri (r. 1629-1646), Vijay Nayak of Yanjavur (r. 1614-1646), etc.

# 76. Shivaji, sixteen years old, Victory over Torna, 1646 AD

। बहुतेक कुजका सडका । पण पुष्कळ रसद अडका । होता त्यात ।। 1464 ।। पुरातन सातकर्णी[163] पाया । त्यावर शिल्पकारांची माया । पण सर्व गेले वाया । युद्धांमुळे ।। 1465 ।। बांधणी जेव्हां आठवली । रसद खूप पाठवली । किल्यामध्ये साठवली । आदिलाने[164] ।। 1466 ।। निर्धास्त होते विना त्राण । भ्रष्टाचारात त्यांचे भान । मराठे आहेत गतप्राण । त्यांना वाटे ।। 1467 ।। केले दुर्लक्ष किल्यांकडे । जे होते दुर्गम वाकडे । त्यांवर खेळत माकडें । स्वच्छंदाने ।। 1468 ।। मागल्या बारा वर्षांपासोनी । आला कुणी न इथे चुकोनी । गडाचे रूप झाले झिजोनी । खंडहर ।। 1469 ।। ह्या सर्व संधीचे चांगले । महत्त्व शिवाजीने जाणले । तिला उपयोगात आणले । स्वराज्याच्या ।। 1470 ।। किल्ला आणला कबजात । विना विरोध अजीबात । आणले सर्व आटोक्यात । यथा ध्येय ।। 1471 ।। केली सुरवात जीर्णोद्धाराला । स्वराज्याच्या जलद विस्ताराला । दिले नवीन नांव त्याला । "राजगड" ।। 1472 ।। राजगडाची करून पहाणी । शिवरायाचे नीट आले ध्यानी । स्वराज्याची भावी राजधानी । हीच असो ।। 1473 ।। जशी इच्छा तसे करूं । म्हणाले दादोजी गुरु । बांधकाम केले सुरू । झपाट्याने ।। 1474 ।। भिस्ती, गवंडी, लोहार । पाथरवट सुतार । शिल्पी, राज, कामगार । व्यस्त झाले ।। 1475 ।। चुना, वाळु, दगड । विटा, वेळू, लाकुड । गिट्टी, मुरुम, बरड । माती गोटे ।। 1476 ।। छेन्या, कुदळ्या, फावडें । सब्बल, घण, हातोडे । रंदे, कौचे, आऱ्या, फडे । मजुरांचे ।। 1477 ।। तटबंदी वळसेदार । थाटदार प्रवेशद्वार । भव्य तलाव घाटदार । तीन माच्या ।। 1478 ।।

**संगीत श्री शिवाजी चरित्र राग-छंद माला, पुष्प 176**

**राग दुर्गा, दादरा ताल**

**(राजगड)**

**स्थायी**

---

[163] **Satkarni :** Gautamiputra Satkarni (r. 62-86 AD), the 23rd king of Satvahan dynasty (r. 271BC-174AD), built this mighty hilltop fort.

[164] **Adil Shah :** Ibrahim Adilshah (r. 1580-1627 AD), the 7th Sultan of Bijapur.

## 76. Shivaji, sixteen years old, Victory over Torna, 1646 AD

नाम जपा, काम करा, राम म्हणा, नाम रे! ।
♪ ध-ध पम-, प-प मरे-, सा-सा धध-, प-म म- - ।

अंतरा-1

वीट रचा, नीट रचा, एक एक छान, रे! ।
कोट उभा तुंग करूं, त्वरें करा काम, रे! ।।
♪ म-म पसां-, सां-सां सांसां-, ध-सां रें-सां ध-ध प- - ।
ध-ध पम- प -प मरे-, सासा- धध- प-म म- - ।।

अंतरा-2

शत्रु घातकी महा, मातृभूमि संकटे ।
देश रक्षणाय करा, दुर्ग हा महान, रे! ।।

अंतरा-3

छत्रपतीने दिले, काम मुल्यवान, रे! ।
भूल मुळी नसो कुठे, असो सदा ध्यान, रे! ।।

अंतरा-4

राष्ट्रहितें त्याग करे, वीर अर्पण प्राण, रे!
पुण्यवान क्षात्र तोच, स्वर्ग त्यास धाम, रे! ।।

दोहा॰   राजगढ़ किला दूसरा, हुआ ध्येय तैयार ।
दुर्गम जिसका स्थान है, मुरुंबदेव पहाड़ ।। 1249
दुर्ग शिखर पर है खड़ा, फैला बहुत विशाल ।
हाथ अगर वो आगया, बने राज्य की ढाल ।। 1250
यथा पुरातन तोरणा, तथा राजगड जीर्ण ।
सतकर्णी युग में बना, कोट बहुत विस्तिर्ण ।। 1251
आक्रमणों से भग्न थे, कई किले के भाग ।
कला-कर्म का था कहीं, बचा नहीं बेदाग ।। 1252

## 76. Shivaji, sixteen years old, Victory over Torna, 1646 AD

आदिलशाही लूट से, संचित था भंडार ।
गफलत में था सो रहा, गढ़ का किलेदार ।। 1253
वीर मराठे हैं सभी, बने हमारे दास ।
अब न किसी से डर बचा, उनको था विश्वास ।। 1254
पिछले बारह साल से, निर्जन था यह स्थान ।
आया कोई ना यहाँ, न ही किसी का ध्यान ।। 1255
यह सब हालत जान कर, करने अपना काम ।
इक दिन शिवबा ने किया, आक्रम ढलती-शाम ।। 1256
दुर्ग हाथ में आगया, बिना तनिक प्रतिकार ।
फौज किले पर कर खड़ी, दिया उसे अधिकार ।। 1257
धन-संपद थी मिल गई, खुला दुर्ग का द्वार ।
काम शीघ्र गति होगया, करने जीर्णोद्धार ।। 1258

### स्थायी

राम लिखो, नाम लिखो, राम लिखो, नाम रे ।

♪ ध-ध पम-, प-प मरे-, सा-सा साध-, प-म म- - ।

### अंतरा-1

शिला तरे, सेतु बने, स्वेद बिंदु ढार रे ।
राम जपो, नाम रटो, तभी बने काम रे ।।

♪ म-म पध-, सां-सां सांसां-, ध-सां रें-सां ध-ध प- - ।
ध-ध पम-, प-प मरे-, सासा- धध- प-म म- - ।।

### अंतरा-2

जादू भरा, महा भला, राम राम-नाम रे ।
काम करो, काम करो, राम को लो थाम रे ।।

# 76. Shivaji, sixteen years old, Victory over Torna, 1646 AD

**अंतरा-3**

**राह तके, सिया वहाँ, रात दिवस जाग के।**
**अँगुठी को देख देख, कहे प्रभो राम रे ।।**

## कुवारीगडाची कथा

卐**ओवी॰** जो पावेतो आदिल आहे व्यस्त । दक्षिणेत सेना घालते गस्त । इकडे आपण करावी फस्त । त्याची सत्ता ।। 1479 ।। पुण्याहून बावीस कोस । किंचित वायव्य दिशेस । मुळा नदीच्या उगमास । सह्याद्रीत ।। 1480 ।। वाट फार अवगड । पुराणा किल्ला उजाड । मोडका कुवारीगड । क्लृप्ति युक्त ।। 1481 ।। दादोजींनी केले यत्न । हिरावण्या किल्लेरत्न । झाले शिवाजी प्रसन्न । यशामुळे ।। 1482 ।। किल्ले तीन हाती आले । सबळ शिवाजी झाले । बारा मावळ आणले । सत्तेखाली ।। 1483 ।।

✍**दोहा॰** **किला तीसरा अब चुना, बड़े धैर्य के साथ ।**
**नाम कुवारीगढ़ जिसे, लेने अपने हाथ ।। 1259**
**दुर्ग पुरातन जीर्ण था, कई साल से बंद ।**
**इक दिन छापा मार कर, लिया क्षणों में चंद ।। 1260**
**तीन किलों पर चढ़ गए, भगवा रंग निशान ।**
**शिवबा के साम्राज्य की, बढ़ी गगन तक शान ।। 1261**

## रोहिडे विजय

卐**ओवी॰** स्वातंत्र्याची घेऊन शपथ । मराठे जे होते तेथ । श्रीगणेश कराया अस्वस्थ । होते सर्व ।। 1484 ।। सुदैवयोगे कानावर । आली नुकतीच खबर । रोहिडेश्वर किल्यावर । अन्न टंचाई ।। 1485 ।। सरपण, रसद, दाणा-पाणी । नेत आहेत खाद्य पुरवणी । कामगार लोक विना जाचणी । गावातून ।। 1486 ।। मावळ्यांनी बदलून वेश । शस्त्र लपवुन झाले पेश । किल्यात केला गुप्त प्रवेश । सावकाश ।। 1487 ।। शे-दोनशे मावळे रांगेत । मिळताच बिगुल संकेत । पडले

## 76. Shivaji, sixteen years old, Victory over Torna, 1646 AD

तुटून अकस्मात । शत्रूंवर ।। 1488 ।। जिंकले शिवाजीने मावळ । रोहिडेखोर व शिरवळ । मियां रहिम झाला घायाळ । लढाईत ।। 1489 ।।

**दोहा॰ चार दुर्ग अब आगए, शिवबा-नृप के हाथ ।**
**काम दुरुस्ती का चला, बड़े जोर के साथ ।। 1262**
**तभी खबर लाए नई, कुछ जासूस बुजुर्ग ।**
**अकाल में है पड़ गया, रोहीड़ा का दुर्ग ।। 1263**
**दाना-पानी ढो रहे, नगरी से मजदूर ।**
**वहाँ न कोई जाँच है, हालत से मजबूर ।। 1264**
**सिद्ध मराठे होगए, तुरत बदल कर वेश ।**
**शस्त्र छुपा कर होगए, दास रूप में पेश ।। 1265**
**वीर मराठे तीन-सौ, भीतर हुए तयार ।**
**शत्रु जन सभी मार कर, किया राज्य विस्तार ।। 1266**

77. Shivaji, seventeen years old, 1647 AD.

# YEAR 1647

77. किशोर शिवाजी–17 :

## जावळी प्रकरण

77. Shivaji, seventeen years old, 1647 AD.

## श्रीशिवाजी सतरा वर्षांचे

卐ओवी॰ सन सोळाशे–सत्तेचाळीस । वय सतरावे शिवाजीस । गति मिळाली चळवळीस । स्वातंत्र्याच्या ।। 1490 ।। रोहिडा व तोरणा आला । मुरुंबदेव सर झाला । रोहिडेश्वराचा मिळाला । आशीर्वाद ।। 1491।।

✍दोहा॰ **किला रोहिड़ा, तोरणा, पड़ा राजगढ़ हाथ ।**
**बढ़ा काम स्वातंत्र्य का, बड़े जोश के साथ ।। 1267**

(दादोजींचे स्वर्गारोहण)

卐ओवी॰ दादोजींनी केली सेवा । मराठ्यांची देवा! देवा! । शरीर खंगले जेव्हां । थकले ते ।। 1492।। अंतिम दुखणे कोंडदेवाला । दादोजी खिळले अंथरुणाला । द्यावे निमंत्रण मरणाला । देह म्हणे ।। 1493 ।। जरी डोळ्यांत आनंद । झाकूं लागले ते मंद । न कळतच केले बंद । दादोजींनी ।। 1494 ।। झाले विसर्जन आत्म्याचे । स्वर्गारोहण महात्म्याचे । गावें सद्गुण किती त्याचे । चिरंतन ।। 1495 ।। स्वराज्याची कोरूनी चाकोरी । गेले दादोजी अमरपुरी । चालले मराठे त्या वाटेवरी । अनवाणी ।। 1496 ।।

✍दोहा॰ **ऐसे मंगल काल में, घटी दुखद इक बात ।**
**दादोजी गुरुदेव पर, पड़ा मृत्यु आघात ।। 1268**

# 77. Shivaji, seventeen years old, 1647 AD.

**देकर मंत्र स्वराज्य का, रच कर यश की नींव ।**
**कह कर शिवबा को विदा, चला स्वर्ग में जीव ।। 1269**
**दादोजी की याद में, गाएगी जनता गीत ।**
**नीर बहेगा नैन से, जिन्हें देश से प्रीत ।। 1270**

**संगीत श्री शिवाजी चरित्र राग-छंद माला, पुष्प 177**

वीर शिवाजी, रायगड

**स्थायी**

**एक से दूजा दीप जलाओ, स्वतंत्रता की ज्योत जगाओ ।**

**अंतरा-1**

**घन अँधियारा पारतंत्र्य का, सब मिलजुल कर, दूर हटाओ ।**

**अंतरा-3**

**मन में डर का शत्रु छिपा है, दास्य भाव को मार मिटाओ ।**

**अंतरा-4**

**आओ मिल कर फौज बनाएँ, स्वाभिमान का, शस्त्र उठाओ ।।**

## जावळी प्रकरण

卐**ओवी॰** जावळीचे खोरे अगम । पाटील त्याचा भीमासम । वीरश्री-जरबीचा संगम । चंद्रराव[165] ।। 1497 ।। जावळी दाट अरण्यात । कोयनेच्या दऱ्यां-खोऱ्यात । वसली होती सुरक्षित । सह्याद्रीत ।। 1498 ।। कोकण-कृष्णाकाठी त्याचा धाक । त्यामुळे वर होते त्याचे नाक । आदिलशहाचा उपासक । दुर्दैवाने ।। 1499 ।। आदिलशहाचा तो गुलाम । त्याच्या मनी होता हा गुमान । त्याला मुळीच नव्हता मान । शिवाजींचा ।। 1500 ।। असा तो शहाणा-दीड । स्वातंत्र्याची त्याला चीड । त्याच्या जावळीत भीड । अज्ञानींची ।। 1501 ।। त्याला स्वातंत्र्य वाटे

---

[165] **चंद्रराव :** दौलतराव गणपतराव मोरे उर्फ चंद्रराव.

# 77. Shivaji, seventeen years old, 1647 AD.

व्यर्थ । दिसे ना काही त्यात अर्थ । सुलतान फार समर्थ । वाटे त्याला ।। 1502 ।। आदिल आहे जोपर्यत । अमर आम्हीं तोपर्यंत । मोरे कुळाची सत्ता अंत । होणे नाही ।। 1503 ।। मोरे स्वातंत्र्याचा अरि । पहिल्या क्रमाचा वैरी । द्वेष शिवाजींचा करी । चंद्रराव ।। 1504 ।। शेवटी ठेपली ती वेळ । कराया बंद त्याचा खेळ । वाट बघत होता काळ । उत्कंठेने ।। 1505 ।। चंद्रराव मेला निपुत्रक । आता धनी कोण स्वाभाविक । विना वारीस, घेणे दत्तक । भाग होते ।। 1506 ।।

✍दोहा॰ **घाटी जावळी की घनी, बसी विपिन में घोर ।**
**बिखरी भूतल पर बड़ी, चट्टानें चारों ओर ।। 1271**
**निबिड विपिन में कोयना, बहती नदिया धार ।**
**छिपी जावळी है वहाँ, सबकी दृग के पार ।। 1272**
**राजा उस संस्थान का, मोरे चंदर राव ।**
**वीर बहादुर था मगर, तुनक मिजाज स्वभाव ।। 1273**
**डगमग उसकी अकल थी, कर न सको विश्वास ।**
**शिवबा का वैरी बना, आदिलशाही दास ।। 1274**
**करे न कोई मावळा, उसकी सीमा पार ।**
**सीमा पर उसने रखे, सशस्त्र चौकीदार ।। 1275**
**उसको चिड़ स्वातंत्र्य से, वह था निष्ठ गुलाम ।**
**सुलतानों की चाकरी, उसको पसंद काम ।। 1276**
**कहाँ भला है या बुरा, उसे न था वह ज्ञान ।**
**शिवबा की वो एक दिन, लेना चाहे जान ।। 1277**
**हार गया वह अंत में, कर न सका यह काम ।**
**उसे बुलावा आगया, जाने यम के धाम ।। 1278**

(चंद्रराव-2)

卐ओवी॰ विधवा बाई हुशार । तिने केला विचार । घ्यावा आता आधार । शिवाजीचा ।। 1507 ।। सुलतान धोकेबाज । नाही त्याला काही लाज । हडपेल सर्व राज्य । जावळीचे ।। 1508 ।।

## 77. Shivaji, seventeen years old, 1647 AD.

करील तो भ्रष्टाचार । स्त्रीलंपट आहे फार । संपत्तीचा अपहार । करील तो ।। 1509 ।। नीति नाही काडीचीही । गिळेल तो सर्व काही । करावा मी लवलाही । सुविचार ।। 1510 ।। राजे शिवाजी सात्विक । धोरण त्यांचे धार्मिक । डोके त्यांचे सुपीक । सदाचारी ।। 1511 ।। तिने पाठविला संदेश । सेवकाचे हाती निर्देश । "जावळीत व्हावे पेश" । तातडीने ।। 1512 ।। "शिवथरच्या मोऱ्यांचे मूल । हवे दत्तक ते फूल । चालवील माझे कूळ । तुझ्या कृपें" ।। 1513 ।। शिवरायाची नजर । होतीच जावळीवर । पण चंद्रराव हेकेखोर । जुमाने ना ।। 1514 ।। आता वाट मोकळी झाली । संधि स्वतः चालून आली । शिवाजीने तयारी केली । जाण्यासाठी ।। 1515 ।। घेऊनी सैन्य निवडक । निघाले शिवाजी तडक । ठेऊनी पहारा कडक । राजे आले ।। 1516 ।। जावळी पूर्ण हाती आली । बिन विरोध सर झाली । मोरे बाईस भेट दिली । शिवाजीने ।। 1517 ।। जशी इच्छा मोरे बाईची । दत्तक घेण्याच्या घाईची । ओटी भरली त्या आईची । विश्वासाने ।। 1518 ।। पीढीजात "चंद्रराव" । दिले त्या मुलाला नांव । कुळाचा केला बचाव । शिवाजीने ।। 1519 ।।

✍दोहा॰ **चंद्र राव था चल बसा, बिन छोड़े औलाद ।**
**कौन करेगा राज अब, चंद्रराव के बाद** ।। 1279
**घोर समस्या थी खड़ी, करिये क्या अब काज ।**
**आदिल ने यदि सुन लिया, छीनेगा वह राज** ।। 1280
**दगाबाज सुलतान है, स्त्रीलंपट है ख्यात ।**
**भ्रष्टाचारी चोर है, अखिल जगत में ज्ञात** ।। 1281
**कपटी शठ सुलतान है, कर लेगा अपहार ।**
**जाते-जाते क्रूर वो, देगा हमको मार** ।। 1282
**चंद्र राव की दार थी, नारी बहुत सुजान ।**
**सुलतानों की नीति का, उसे पूर्ण था ज्ञान** ।। 1283

(अब)

✍दोहा॰ **उपाय अब था एक ही, करने को तत्काल ।**
**बिना मचाए शोरबा, दत्तक लेना बाल** ।। 1284

## 77. Shivaji, seventeen years old, 1647 AD.

अब विश्वासी एक ही, नीति परायण नाम ।
भद्र शिवाजी भोसले, कर सकता है काम ।। 1285

(अतः)

✍दोहा॰ उसने सब कुछ सोच कर, करके दृढ विश्वास ।
लाने शिवबा को वहाँ, भेजा अपना दास ।। 1286
बरसों से ही चाह थी, शिवबा को बेताब ।
स्वराज्य में हो जावळी, देख रहे थे ख्वाब ।। 1287
आज सुअवसर आगया, चल कर अपने आप ।
पड़ी जावळी हाथ में, बिन बाधा चुपचाप ।। 1288
गिनी चुनी सेना लिए, शिवबा ने तत्काल ।
स्वराज्य में ली जावळी, बगैर दिए मलाल ।। 1289
दत्तक विधि पूरा किया, सर्व शाँति के साथ ।
दत्तक सुत के शीश पर, रख कर दक्षिण हाथ ।। 1290
नामकरण फिर विधि हुआ, दूजा मंगल काम ।
मोरे कुल की ज्यों प्रथा, "चंद्रराव" शुभ नाम ।। 1291
मोरे बाई ने किया, शिवबा का सत्कार ।
उसकी सेवा के लिए, प्रकट किए आभार ।। 1292

## 78. Shivaji, Eighteen years old. Protector of Womens' Honor. 1648

# YEAR 1648

**CONTEMPORARY HISTORICAL STAGE**
**Kingdoms and the Kings.**

Nayak of **Madura** : Tirumal Nayak (r.1623-1659); Nayak of **Ikkeri** : Shivappa (1645-1660); Nayak of **Tanjavur** : Vijaya Raghava (1635-1673); Raja of **Vennad, Kerla** : Ravi Varma-2 (1611-1663); Raja of **Kochin** : Vira Keral Varma-4 (1646-1650); Ali Raja of **Cannanore** : Ali Adil-2 (1647-1655); Aravidu Nayak of **Vijayanagar** : Ranga-3 (1642-1670), *Adil Shahi Sultan of **Bijapur** : Muh. Adil Shah (1627-1657); Qutb Shahi Sultan of **Golkonda** : Abdullah Qutb Shah (1626-1672); Wodiyar Raja of **Mysore** : Kantirav Naras Raja (1638-1659); Malla king of **Patan, Kathmandu, Nepal** : Pratap Malla (1641-1674); Chauhan king of **Bundi** : Chhatrasal (1631-1658); Chauhan of **Kotah** : Madhu Simha (1625-1656); Bhati Rawal of **Jaisalmer** : Kalyandas (1613-1650); Sisodiya Guhila Rana of **Mewad, Udaipur** : Jai Simha-1 (1622-1667); Rana of **Mewad, Jodhpur** : Jaswant Simha (1638-1680); Rathod Rana of **Marwad, Bikaner** : Karan Simha (1638-1669); Jhadeja Rao of **Kacchh** : Khengar-2 (1645-1654); *Mughal Sultan of **Delhi :** Shihab-ud-din Khurram, Shah Jahan-1 (1627-1658).

78. वीर शिवाजी–18 :

## खानाची सून प्रकरण

## 78. Shivaji, Eighteen years old. Protector of Womens' Honor. 1648

### श्रीशिवाजी अठरा वर्षांचे

卐ओवी॰ सन सोळाशे–अठ्ठेचाळीस । वर्ष अठरावे शिवाजीस । केले सुरक्षित जावळीस । शिवबाने ।। 1520 ।। कळली बातमी आदिलास । रहीम मियांने दिली खास । "काबीज केले जावळीस । शिवाजीने" ।। 1521 ।। मियां गेला बीजापुरला । द्यावया खबर हुजूरला ।

## 78. Shivaji, Eighteen years old. Protector of Womens' Honor. 1648

जावळीचा नाही उरला । अधिकार ।। 1522 ।। आदिल भडकला खूप । क्रोधाने लाल त्याचे रूप । ओतले आगेमध्ये तूप । रहीमने ।। 1523 ।। "कोंढाण्याची पुढली स्वारी । करील शिवाजी भारी । खाविंद! असावी तयारी । तोंड देण्या" ।। 1524 ।। ऐकोनी तो त्याचा सल्ला । वाचवाया कोंढाणा किल्ला । नेमले किल्लेदार त्याला । कोंढाण्याचा ।। 1525 ।।

✍दोहा॰ **साल अठारह के हुए, शिवबा वीर जवान ।**
**हासिल करके जावळी, प्राप्त किया सम्मान ।। 1293**
**बिजापुरी दरबार में, बोला मियाँ रहीम ।**
**गई जावळी हाथ से, विजयी हुआ गनीम ।। 1294**
**शिवबा ने स्थापन किया, दूजा चंदर राव ।**
**अमल जावली पर किया, जीत गया वह दाँव ।। 1295**
**पाँच किले वह लेगया, किया राज्य विस्तार ।**
**उसका अगला आ रहा, कोंढाणा पर वार ।। 1296**
**सुन कर खबर रहीम से, चौंक पड़ा दरबार ।**
**सबने कहा, रहीम ही, हो अब किलेदार ।। 1297**
**देदो सेना और धन, करने को प्रतिकार ।**
**कोंढाणा रक्षित करे, मरहट्टों को मार ।। 1298**
**आदिल से सेना लिए, निकला हरामखोर ।**
**विजापूर से चल पड़ा, कोंढाणा की ओर ।। 1299**

(इकडे, कोंढाणा विजय)

卐**ओवी॰** शिवाजीस पूर्ण ज्ञात । रहीम मियांची जात । शिवाजी कुटील त्यात । त्यांचेपेक्षा ।। 1526 ।। मियां वापस परतण्याआधी । शिवाजीने युक्ति काढली साधी । कोंढाणा कबजात घेण्यासाठी । ताबडतोब ।। 1527 ।। कोंढाणा किल्याचा किल्लेदार । पुराणा गडी सिद्दी अंबर । केला त्या अंबरला फितुर । बापूजींनी ।। 1528 ।। देशपांडे बापूजी मुद्गल । कूटनीतीत फार कुशल । वाटाघाटीने केले सफल । काम त्यांनी ।। 1529 ।। जो पावेतो मियां आला । झेंडा गडावर लागला । बघुनी मियां जळला । भस्मसात ।। 1530 ।। मियां उदास परतला । घरी

## 78. Shivaji, Eighteen years old. Protector of Womens' Honor. 1648

ठाणें-शिरवळला । कराया विचार पुढला । युद्धासाठी ।। 1530 ।। इकडे तो मग्न विचारात । तिकडे शिवाजी तयारीत । कराया मियांचे विपरीत । मनोरथ ।। 1531 ।। मियां रहीम भांबावला । त्याचा धीर आंबावला । त्याचा विचार थांबावला । पळाला तो ।। 1532 ।। **शिरवळ** ठाणा हाती आला । **सुभानमंगळ**ही मिळाला । शिवरायाचा विजय झाला । वीज गति ।। 1532 ।। वीर कावजी मल्हार । ख्यात त्याचे शौर्य फार । मानी ना तो मुळी हार । लढताना ।। 1533 ।। ठाणें गड शिरवळ । किल्ले सुभानमंगळ । वाढविले युद्धबळ । शिवाजीचे ।। 1534 ।।

✍दोहा॰ **शिवबा को थी सब पता, रहीम की हर चाल ।**
**उससे आगे दो कदम, बिछा रे थे जाल ।। 1300**
**सिद्दी अंबर नाम का, कोंढाणा सरदार ।**
**रहीम से नाराज था, पर बहुत समझदार ।। 1301**
**विज्ञ दूत को भेज कर, शिवबा ने तत्काल ।**
**कूटनीति से बात कर, खतरा दिया निकाल ।। 1302**
**कोंढाणा पर लग गया, भगवा रंग निशान ।**
**रहीम आकर देखता, बिगड़ा काम तमाम ।। 1303**
**भगवा ध्वज को देख कर, लौटा मियाँ रहीम ।**
**आया शिरवळ स्थान में, रचने नई मुहीम ।। 1304**
**उसके पीछे था लगा, चतुर मराठा सैन्य ।**
**भागा शिरवळ छोड़ कर, हुई अवस्था दैन्य ।। 1305**
**सुभानमंगळ दुर्ग पर, आया मियाँ रहीम ।**
**रह न सका वह दुर्ग पर, पीछे पड़ा गनीम ।। 1306**
**शिरवळ शिवबा को मिला, कोंढाणा के बाद ।**
**सुभानमंगळ का मिला, उसके बाद प्रसाद ।। 1307**
**मिली बहुत धन संपदा, और युद्ध सामान ।**
**हुआ राज्य विस्तार भी, और मिला सम्मान ।। 1308**
**दौड़ा रहीम आगया, पाकर तिगुनी हार ।**

# 78. Shivaji, Eighteen years old. Protector of Womens' Honor. 1648

**भरा हुआ था आदिली, बिजापुरी दरबार ।। 1309**

(तिकडे, विजापुर)

**卐ओवी॰** आता आदिल घाबरला । विषारी फण उगारला । कपटी कट उगारला । कारस्थानी ।। 1535 ।। कट केला विना शोर-गुल । कारण तिकडे होते दल । कुतुबशाही आणि मुगल । टपलेले ।। 1536 ।। त्याने रचले चक्रव्यूह । शिवाजीला देण्या शह । अनिवार्य कराया तह । विना युद्ध ।। 1537 ।। शहाजींशीं मिथ्या मैत्री । करावया हेरगिरी । मुस्तफाला[166] कामगिरी । दिली त्याने ।। 1538 ।। मुस्तफा वजीर आदिलाचा । आदिल जावई त्याचा । बाप ताजजहाँ बेगमचा । नवाब तो ।। 1539 ।। सेना विजापुरी भव्य । आणि मुबलक द्रव्य । दिले कारस्थान दिव्य । आदिलाने ।। 1540 ।। शहाजींचा करूनी घात । फार थेड्या वेळाचे आंत । शिवाजीला देण्या मात । निघाला तो[167] ।। 1541 ।। शहाजींना करणे अटक । आदिलाचा आदेश कडक । मुस्तफा निघला तडक । मोहीमेला ।। 1542 ।। आला बेंगलुरूला बदमाश । सजविली त्याने छावणी खास । शहाजींकडे पाठविला दास । भेट घेण्या ।। 1543 ।। दाखविण्या आपुली शान । धाडुनी नजराणे छान । केला शहाजींचा सन्मान । कपटीने ।। 1544 ।। धाडोनी पुनः पुनः दूत । आणला स्नेहास ऊत । म्हणे, "आमचे मन पूत । मैत्री करूं" ।। 1545 ।। त्याने स्नेह दर्शविला । व विश्वास वाढविला । न कळले शहाजीला । दंभ त्याचा ।। 1546 ।।

**✍दोहा॰** **सुन कर वार्ता हार की, और घोर नुकसान ।**
**आदिल बिगड़ा क्रोध में, शिवबा पर घमसान ।। 1310**
**घबराया भी बहुत वो, सह न सका अपमान ।**
**मन ही मन फिर लग गया, रचने कारस्थान ।। 1311**
**मुगलों का भी डर उसे, अगर दिखा कमजोर ।**
**कुतुबशाह की फौज का, उसे पता था तौर ।। 1312**
**हंगामा कुछ ना किए, रचा कपट का दाँव ।**

---

[166] **Mustafa Khan :** Mirza Muh. Amin Khan, father-in-law and minister of Adilshah of Bijapur.

[167] January 1648.

## 78. Shivaji, Eighteen years old. Protector of Womens' Honor. 1648

**शिवबा को करने दुखी, देकर मन पर घाव ।। 1313**
**भेजा उसने मुस्तफा, देकर सेना साथ ।**
**मित्र शहाजी को करे, झूठ मिला कर हाथ ।। 1314**

### शहाजींना कैद

**ओवी॰** खानाने दिले आश्वासन । आण ईमानाची घेऊन । भाऊ-भाऊ दोघे आपण । शहाजींना । 1547 ।। एक आपुला राजा । एक आपुली प्रजा । मनी नसो भाव दूजा । आपणांत ।। 1548 ।। शहाजी राजे भोळे-भाळे । शपथीवर भुरळले । त्यांना नाटक न कळले ।। खोटाड्याचे ।। 1549 ।। झाला जेव्हां पूर्ण विश्वास । खानाने टाकला नि:श्वास । सफल झाले ते प्रयास । धीर आला ।। 1550 ।। निघाला तो मध्यरात्री । सगळी करोनी खात्री । बरोबर मारेकरी । आणि सेना ।। 1551 ।। गेली खबर ती शहाजीला । घात कराया खान निघाला । पण त्यांना विश्वास न आला । बातमीचा ।। 1552 ।। पृथ्वीराजाने चूक जी केली । भूल तीच शहाजींची झाली । जात खानाची न ओळखली । सुलतानी ।। 1553 ।।

**दोहा॰** **आया वह बँगलूर में, रची छावनी काँत ।**
**मित्र शहाजी को किया, उपरी रह कर शाँत ।। 1315**
**भेजे नजराने कई, बहुत बढ़ाया स्नेह ।**
**बोला, हम दो हैं यदि, एक हमारा देह ।। 1316**
**हम दोनों ही श्रेष्ठ हैं, आदिलशाही दास ।**
**बिना हिचक के हम करें, आपस में विश्वास ।। 1317**
**धर्म सभी तो एक ही, सिखलाते हैं बात ।**
**कभी किसी का मत करो, आश्वासन पर घात ।। 1318**
**भोले मन से शाहजी, कर बैठे विश्वास ।**
**जाना ना सुलतान ने, रचा हुआ है फाँस ।। 1319**
**भाई-भाई सोच कर, कर ली आँखें बंद ।**
**जान न पाए दंभ वो, अकल होगई मंद ।। 1320**

## 78. Shivaji, Eighteen years old. Protector of Womens' Honor. 1648

आसतीन के साँप को, कहा उन्हों ने नेक ।
प्रजा हमारी एक है, स्वामी हमरा एक ।। 1321
हुआ पूर्ण विश्वास जब, नाटक हुआ खलास ।
फिर सुलतानी ढंग से, मित्रघात प्रकास ।। 1322

(तेव्हां)

卐ओवी० करून हेरांशीं सल्ला । केला त्या खानाने हल्ला । जागा! जागा! झाला कल्ला । मराठ्यांचा ।। 1554 ।। अंधारात सर्वव्यापी । झाली सुरू कापाकापी । शहाजी झाले तथापि । घोडेस्वार ।। 1555 ।। छावणीला गराडा होता । मुस्तफाचा दरोडा होता । मराठ्यांचा चूराडा होता । वेढ्यामध्ये ।। 1556 ।। नाकेबंदी चहुंकडे । मारेकरी होते खडे । सुटका मुळी न घडे । कुणाचीही ।। 1557 ।। शहाजी सुटूं न शकले । पळून पळून थकले । कचाट्यामध्ये अडकले । हाती आले [168]।। 1558 ।। शहाजी झाले बंदिस्थ । मुस्तफाने ठोकल्या मस्त । बेड्या हाती-पायी-गळ्यात । लोखंडाच्या ।। 1559 ।। शहाजी झाले होते जखमी । तरी ओढत होता तो छद्मी । अपमान केला नाही कमी । मुस्तफाने ।। 1560 ।। वचनभंग केला भयंकर । विश्वासघात केला अवांतर । छद्म कपट धोका निरंतर । नवे काय ।। 1561 ।। शहाजींना चिंता न जीवाची । परंतु काळजी शिवबाची । त्याहून अधिक बचावाची । स्वातंत्र्याच्या ।। 1662 ।। शहाजी नव्हते भावुक । त्यांना होते ते ठाऊक । राजकारण हे नाजुक । रचलेले ।। 1563 ।। आदिलाला हवा ओलीस । खंडणीच्या वसूलीस । नष्ट कराया शिवाजीस । गळा दाबून ।। 1564 ।।

✍दोहा० इक दिन आधी रात में, होकर पूर्ण तयार ।
सेना लेकर मुस्तफा, निकला अश्व सवार ।। 1323
खबर शहाजी को मिली, पर न हुआ विश्वास ।
हथियारे हैं आ रहे, सुन कर आया हास ।। 1324
भाई मेरा मुस्तफा, करे न ऐसा काम ।

---

[168] July 1648.

# 78. Shivaji, Eighteen years old. Protector of Womens' Honor. 1648

आदिलशाही दास है, शरीफ उसका नाम ।। 1325
अर्ध रात है होगई, मचाओ न कुहराम ।
गलत खबर तुमको मिली, करने दो आराम ।। 1326
पृथ्वीराज ने जो करी, ऐतिहासिक भूल ।
वही शहाजी कर रहे, देगी सबको शूल ।। 1327
सुलतानों की रीत ये, देखी जाती खास ।
भाई-वाई कुछ नहीं, तोड़ेंगे विश्वास ।। 1328
भूलेगा इतिहास के, अहम सबक जो नाम ।
फिर पछता कर ना बने, बिगड़ पड़े जो काम ।। 1329

(तब)

खबर गलत वो थी नहीं, मिथ्या था विश्वास ।
निकल पड़ा था मुस्तफा, लेकर अपने दास ।। 1330
कीन्हा हमला जोर से, जब थी आधी रात ।
टूट पड़ा निद्रस्थ पर, बिना कहे कछु बात ।। 1331
मार-काट करने लगा, निद्रा वाले लोग ।
जागो! जागो! का हुआ, अँधेरे में सोग ।। 1332
सुन कर भारी शोर वो, पड़े शहाजी जाग ।
झट से अश्व सवार हो, तुरत रहे थे भाग ।। 1333
घिरी हुई थी छावनी, सैनिक चारों ओर ।
जखमी होकर गिर पड़े, संकट आया घोर ।। 1333
कैद शहाजी होगए, पड़े शत्रु के हाथ ।
बोला उनको मुस्तफा, कुत्सितता के साथ ।। 1334
सफल योजना होगई, शिवबा को देने सीख ।
प्राण बचाने बाप के, माँगेगा वो भीख ।। 1335

(फिर)

## 78. Shivaji, Eighteen years old. Protector of Womens' Honor. 1648

**हाथ-पाँव में बेड़ियाँ, और गले में डाल ।**
**ठूँसा उनको कैद में, बुरे कर दिए हाल ।। 1336**
**भाई बन कर मुस्तफा, निकल बेईमान ।**
**भद्र शहाजी का किया, उसने अति अपमान ।। 1337**
**डरे नहीं थे मौत से, वीर शहाजी आप ।**
**उनको चिंता पुत्र की, प्रण जिसका निष्पाप ।। 1338**
**शिवबा ने स्वातंत्र्य का, खड़ा किया संग्राम ।**
**जिसको आदिल चाहता, देना पूर्ण विराम ।। 1339**
**यथा शहाजी सोचते, हुआ वही फिर काम ।**
**आदिल ने आतंक का, भेज दिया फरमान ।। 1340**

(विजापुरी धमकी)

**卐ओवी॰** पाठविली धमकी जिजाऊला । स्वातंत्र्य हवे की सौभाग्य तुला । आण पुत्राला आमच्या बाजूला । ताबडतोब ।। 1565 ।। अन्यथा विसर पतीला । आणि गमव शिवाजीला । मिळेल स्वराज्य मातीला । हट्ट सोड ।। 1566 ।।

(पण)

जिजाबाई नारी वाघीण । चवताळलेली जोगीण । स्वराज्य-कोषाची कातीण । धोरणी स्त्री ।। 1567 ।। तन-मन तिचे अर्पण । देशभक्ति तिचे सर्पण । कार्मयोग तिचे तर्पण । योगिनी ती ।। 1568 ।। मराठ्यांची ती भूषण । आली न त्यांना शरण । स्वातंत्र्याची राखण । सर्वांगिण ।। 1569 ।। ऐकून जिजाऊचा अस्वीकार । आदिल झाला लढाया तयार । पाठविली त्याने सेना अपार । सूड घेण्या ।। 1570 ।।

**दोहा॰** **खबर सनसनी जान कर, बिजापुरी दरबार ।**
**बोला, सच है मुस्तफा, बड़ा वीर सरदार ।। 1341**
**सबने उसकी फतह का, किया बहुत सम्मान ।**
**कहा, शिवाजी रोकने, मिला हमें सामान ।। 1342**
**शिवबा पर है मातु का, पूर्णतया अधिकार ।**

## 78. Shivaji, Eighteen years old. Protector of Womens' Honor. 1648

धमकी देकर मातु को, करे सिद्ध व्यवहार ।। 1343
जिजामातु को आगया, धमकी का फरमान ।
पति के प्रिय यदि प्राण हैं, सुत पर लगा विराम ।। 1344
स्वतंत्रता वह छोड़ कर, बने हमारा दास ।
प्राण पिता के माँगने, आए हमरे पास ।। 1345

(जिजाबाई)

नारी वह थी शेरनी, भारत माँ का रूप ।
वीर शिवाजी सुत जिसे, स्वतंत्रता का भूप ।। 1346
तन-मन अर्पण था किया, देश-प्रेम के नाम ।
कर्मयोग वह जानती, कर्म करे निष्काम ।। 1347
भूषण भारत की वही, नारी जग में एक ।
शरण न आयी शत्रु को, प्रण उसका था नेक ।। 1348
ठुकरा कर प्रस्ताव को, खड़ी हुई निर्भीक ।
बोली, निर्मम त्याग का, यही कदम है ठीक ।। 1349
तेरा पति ना छुट सके, अगर न मानी बात ।
आदिल का आदेश है, तुम्हें मिली है मात ।। 1350

(आक्रमण)

卐ओवी० जसे म्हणाला सुलतान । निघाला फौजी फत्तेखान[169] । जिंकावया किल्ले मोठे लाहान । ज्याला रक्ताची तहान । शिवाजींच्या ।। 1571 ।। बरोबर विख्यात सरदार । बाजी घोरपडे विद्रोही फार । आदिलशहाचा विश्वासु फार । मराठा तो ।। 1572 ।। जवळ येत होते बिजापुरी । परिस्थिति गंभीर खरी खुरी । कशा हातावर द्याव्या तुरी । हाच प्रश्न ।। 1573 ।। भवानीला स्मरावे । व करूनी मरावे । कि स्वातंत्र्य विसरावे । समजे ना ।। 1574 ।। झुंज देण्या योग्य

[169] **Fateh Khan :** Son of Malik Ambar (1549-1626, r. 1601-1626), and the murderer of Murtaza Burhan Nizamshah (r. 1603-1630).

## 78. Shivaji, Eighteen years old. Protector of Womens' Honor. 1648

गड । आहे किल्ले पुरंदर । रणक्षेत्र बेलसर । बेत केला ।। 1575 ।। किल्लेदार बहु धार्मिक । महादेवजी सरनाईक । शूर वीर प्रामाणिक । वृद्ध भट ।। 1576 ।। सोडोनी अन्य पर्याय । करोनी मन निर्भय । शेवटी केला निर्णय । लढण्याचा ।। 1577 ।। सगळ्यांनी कसली कंबर । एक करोनी पृथ्वी-अंबर । प्रत्येकाने मारावे शंभर । रणांगणी ।। 1578 ।। शिवाजीचे पाठी जमा झाले । पोरें तरुण म्हातारे वाले । ढाला तलवारी पट्टे भाले । शस्त्रधर ।। 1579 ।।

✍दोहा॰ **लौटा आया दास जब, लेकर अस्वीकार ।**
**उतरा बदले के लिए, बिजापुरी दरबार ।। 1351**
**सबक सिखाने शत्रु को, लड़ने हुए तयार ।**
**निर्दय फत्तेखान को, बना दिया सरदार ।। 1352**
**निकली सेना आदिली, नेता फत्तेखान ।**
**हाथी घोड़े ऊँट औ, तोपों की थी शान ।। 1353**
**लगी छावनी ठाठ से, बेलसर बड़ा स्थान ।**
**तंबू चारों ओर थे, मध्ये फत्तेखान ।। 13554**

### पुरंदरची लढाई

卐ओवी॰ शिवरायाने जासूद धाडला । विनंती करण्या महादजीला । पुरंदर उघडावा, आम्हाला । आंत येण्या ।। 1580 ।। महादजी मित्र शहाजींचे ।। 1581 ।। संबंध पुराण्या घराण्यांचे । नोकर असूनी ते म्लेंच्छांचे । नैतिक ते ।। 1582 ।। त्यांनी सदसत् ताडले । "आंत या," उत्तर धाडले ।। किल्याचे द्वार उघडले । शिवासाठी ।। 1583 ।। सैन्यासह शिवाजी आले । आणि सर्व सुसज्ज झाले । हजार-बाराशे मावळे । लढाईला ।। 1584 ।। धनुष्य-बाण तलवार । जिरेटोप डोईवर । ढाल चिलखत अंगावर । पार्थ जसा ।। 1585 ।। र्धयुद्ध धर्मक्षेत्र । हेच आज कुरुक्षेत्र । "जय भवानी!" हाच मंत्र । गरजला ।। 1586 ।। हर हर महादेव! । खंडोबा! तू छत्र ठेव । मनीं नसो काहीं भेव । मावळ्यांच्या ।। 1587 ।। बेलसर रणांगण । लाल होणार हे रण । जिंकेल-हारेल कोण । देव जाणे ।। 1588 ।। येळकोट जी! जय मल्हार! । तुळजाभवानी जयकार! । गरजले मावळे हजार । एकवट ।। 1589 ।।

## 78. Shivaji, Eighteen years old. Protector of Womens' Honor. 1648

दोहा०  सुना मराठों ने जभी, आया फत्तेखान ।
मरना है, या मारना, लीन्हा सबने ठान ।। 1355
फौज खान की भव्य है, लाएगी तूफान ।
सौ-सौ होंगे मारने, तभी बनेगा काम ।। 1356
पूरब में है छावनी, बेलसर की छोर ।
शीघ्र पुरंदर आयगी, अब पश्चिम की ओर ।। 1357
हमें पुरंदर चाहिये, करने को प्रतिकार ।
शिरवळ में हो सामना, देने उनको हार ।। 1358
कमर शिवाजी ने कसी, और किया निर्धार ।
सिद्ध मराठे होगए, लिए ढाल तलवार ।। 1359
किला पुरंदर था बड़ा, गिरि पर विराजमान ।
बहुत बड़े भी शत्रु से, लड़ने को आसान ।। 1360

(पुरंदर)

किलेदार था मावळा, महादजी[170] शुभ नाम ।
आदिलशाही दास था, मगर सयाना काम ।। 1361
महादजी सब प्रांत में, किलेदार विख्यात ।
मित्र शहाजी का घना, बहुत पुराना ज्ञात ।। 1362
फतहखान से थी घृणा, महादजी को खास ।
पता शिवाजी को चला, यथा रहा इतिहास ।। 1363
सोच शिवाजी ने यही, भेजा करने बात ।
वकील ज्ञानी अनुभवी, वाक्चतुर निष्णात ।। 1364
महादजी ने कर लिया, योगदान स्वीकार ।
किया शिवाजी के लिए, खुला दुर्ग का द्वार ।। 1365

---

[170] **महादजी :** महादजी निळकंठ सरनाईक.

## 78. Shivaji, Eighteen years old. Protector of Womens' Honor. 1648

**भीतर आए मावळे, हजार–डेढ़–हजार ।**
**और शिवाजी ने किया, बंद किले का द्वार ।। 1366**
**उच्च किले पर चढ़ गया, झंडा भगवा रंग ।**
**बजे नगाड़े–नौबतें, बहुत हर्ष के संग ।। 1367**
**सिद्ध शिवाजी होगए, करने को संग्राम ।**
**मार भगाने शत्रु को, लेकर शिव का नाम ।। 1368**
**"जय भवानी अंबिके! येळकोट मल्हार" ।**
**मर्द मराठे मावळे, बोले जय जयकार ।। 1369**

(शिरवळ)

**卐ओवी॰** आम्हीं आधी घेऊं शिरवळ । मग जिंकूं सुभानमंगळ । नंतर बेलसर सरळ । गाठूं रण ।। 1590 ।। ऐकोनी शिवाजींचा आदेश । सगळ्या मावळ्यांत आवेश । सफळ कराया उद्देश । आतुर ते ।। 1591 ।। वाजूं लागली नौबत । रणशिगें सोबत । झेंड्यांनी होता शोभत । पुरंदर ।। 1592 ।। संभाजी काटे, बाजी पासळकर । बाळाजी नाईक, कावजी मल्हार । गोदाजी जगताप, भैरोजी चोर । बाजी जेधे ।। 1593 ।। सर्वांचे अंगी स्फूरण । देशप्रेम विलक्षण । आनंदाने सर्व जण । कूच झाले ।। 1594 ।। शिरवळचा प्रभाव । बाजी हैबतराव । मारला करोनी घाव । कावजीने ।। 1595 ।। बघोनी ते मावळ्यांचे बळ । शत्रु सारे झाले निर्बळ । फत्ते झाला सुभानमंगळ । किल्ला पुन्हा[171] ।। 1596 ।। सुभानमंगळ पडला । भगवा निशाण चढला । गडावर फडफडला । मराठ्यांचा ।। 1597 ।।

**दोहा॰** **किला पुरंदर आगया, अब तो हमरे हाथ ।**
**अब बढ़ सकते सामने, हम आस्था के साथ ।। 1370**
**शिरवळ अब अगला कदम, चलो बढ़ें तत्काल ।**
**सोया फत्तेखान है, गफलत में खुशहाल ।। 1371**
**वीर मराठा बाँकुरे, वायुवेग तूफान ।**

---

[171] August 1648.

## 78. Shivaji, Eighteen years old. Protector of Womens' Honor. 1648

हमला शिरवळ पर किया, युद्ध हुआ घमसान ।। 1372
आदिलशाही सैन्य में, दास मराठा वीर ।
रोक सके ना आक्रमण, हार हुई गंभीर ।। 1373
जीत शिवाजी को मिली, शिरवळ आया हाथ ।
सुभानमंगळ भी मिला, शीघ्र वेग के साथ ।। 1374
भगावा ध्वज गढ़ पर चढ़ा, छूता जो आकाश ।
हर्ष मराठों में चढ़ा, करने शत्रु विनाश ।। 1375
अगला टप्पा बेलसर, जहाँ रुका था खान ।
घने विपिन की छोर पर, फत्तेखान पठान ।। 1376

### बेलसरची लढाई, नव्हेंबर १६४८

卐ओवी० शहाजी बेंगलुरुला बंदिस्थ । मुस्तफाखानाचे कारागृहस्थ । विजापुरला नेण्याच्या घाईत । मेला खान ।। 1598 ।। मुस्तफा वारला अवेळी, बीमार । अफजलखान आता सरदार । जसा मुस्तफा कपटी फार । तसाच हा ।। 1599 ।।

(इकडे बेलसरला)

जिंकताच शिरवळ गड । केली स्वारी फत्तेखानावर । गनीमी काव्यांचा केला वापर । शिवाजीने ।। 1600 ।। बेलसरला छावणी खानाची । बेसावध होती शाही तानाची । चारीं बाजूंनी किर्र रानाची । लपावया ।। 1601 ।। मावळे दाट झाडींत दडले । छावणीच्या भवती पसरले । वाट बघत ठहरले । इशाऱ्याची ।। 1602 ।। अचानक ही चढाई । भीषण ही लढाई । झाली सुरू हातघाई । भयानक ।। 1603 ।। खानाची फौज विशाळ । मावळे तुकड्या किरकोळ । छापे मारोनी काढती पळ । शिताफीने ।। 1604 ।। छावणीत गोंधळ धावपळ । घाबरूनी उडाली तारांबळ । पिसाळलेल्या कुत्र्यांचा धुमाकूळ । अशी स्थिति ।। 1605 ।। मराठ्यांच्या मुसंड्या वारेमाप । केवढा गलबला, अरे बाप! । मुठ भर मावळ्यांचा हा शाप । महाघोर ।। 1606 ।। खानाने आता केला विचार । मराठ्यांना द्यावे बेलसर । आपण जिंकावा पुरंदर । शिवाजीचा ।। 1607 ।। सोडोनी बेलसरचे ठाणे । पळ काढला फत्तेखानाने । नवी चढाई योजिली त्याने ।

## 78. Shivaji, Eighteen years old. Protector of Womens' Honor. 1648

पुरंदर ।। 1608 ।। निघाला खान गडाकडे । पण उंच किल्याचे कडे । मार्ग ते बाकडे-तिकडे । अवघड ।। 1609 ।। उभा तिथे त्याचा काळ । तो रघुनाथ बल्लाळ । शिवाजींचा प्रतिपाळ । महावीर ।। 1610 ।। कराया त्याचा सत्कार । मावळे होते तयार । पाषाणांचा भडिमार । केला सुरू ।। 1611 ।। धोंड्यांचा पाऊस सडासड । शिपाई पडले धडाधड । गाठूं शकले न ते गड । परतले ।। 16121 ।। खानाला वाटली हळहळ । धैर्यगलित तो निर्बळ । गाठले त्याने, काढोनी पळ । विजापुर ।। 1613 ।। न लागता त्याचा टिकाव । धूम पळाला तो गाढव । विना अधिक अडकाव । पोहचला ।। 1614 ।। खान वाचवुनी जीव । आला घरी एकजीव । केला जंगी त्याचा पराभव । शिवाजीने ।। 1615 ।।

**दोहा॰** **छुपे मराठे विपिन में, घेरा चारों ओर ।**
**पता खान को ना चला, संकट छाया घोर ।। 1377**
**सोया था आराम से, आदिलशाही वीर ।**
**जगा नींद से, जब गिरे, शोलों वाले तीर ।। 1378**
**दिया शिवाजी ने जभी, आक्रम का संकेत ।**
**छापेमारी के लिए, सैनिक हुए सचेत ।। 1379**
**सेना फत्तेखान की, संख्या बहुत विशाल ।**
**अल्प मराठा सैन्य था, करने उन पर चाल ।। 1380**
**छोटे छापे मार कर, किया उन्हें बेहाल ।**
**मार काट कर भागते, इधर-उधर तत्काल ।। 1381**
**तंग आगया खान था, बहुत हुआ नुकसान ।**
**सह न सका आघात वो, मुश्किल में थी जान ।। 1382**
**स्थान बेलसर छोड़ कर, मान गया फिर हार ।**
**करना चाहा खान ने, पुरंदर पर प्रहार ।।1383**
**डर के मारे खान की, घबराई थी फौज ।**
**सैनिक सारे थे थके, कर न सके कुछ मौज ।। 1384**

(पुरंदर)

## 78. Shivaji, Eighteen years old. Protector of Womens' Honor. 1648

उच्च पहाड़ी पर बसा, दुर्ग पुरंदर भव्य ।
मार्ग अगम था दुर्ग का, दुर्गम था कर्तव्य ।। 1385
दुर्ग सुरक्षा थी कड़ी, पहरा था मजबूत ।
शत्रु पक्ष को मारते, मावळे यमदूत ।। 1386
पहुँच न पाया दुर्ग तक, वापस लौटा खान ।
गया बिजापुर हार कर, बहुत हुआ अपमान ।। 1387

### शिवाजी महाराज छत्रपति

卐ओवी॰ स्वातंत्र्याचे प्रथम युद्ध । जिंकले शिवराया शुद्ध । आनंदित तरुण-वृद्ध । मराठे ते ।। 1616 ।। शिरवळ-वीर बापूजी मुद्गल । पुरंदरचा रघुनाथ बल्लाळ । बेलसरचा बाजी पासळकर । गौरविले ।। 1617 ।। हर्षित झाला अख्खा देश । विरला जनमन क्लेश । सिद्ध झाला राष्ट्रनरेश । शिवराया ।। 1618 ।। जन जमाव झाला गोळा । कराया साजरा सोहळा । मुजरा तोफांचा सोळा । दिला छान ।। 1619 ।। जन गण सर्व तोषित । मंडळीं-द्वारे पतिष्ठित । शिवराया झाले घोषित । छत्रपति ।। 1620 ।। शिक्का-मोरबत मुद्रा मान । मंत्री-मंडळ अष्टप्रधान । पेशव्याचे पद विधान । नियोजिले ।। 1621 ।। श्यामजी निळकंठ पारासनीस[172] । पात्र झाले पेशव्याच्या पदवीस । मराठ्यांच्या दैनंदिन उन्नतीस । प्रारंभ हा ।। 1622 ।।

✍दोहा॰ प्रथम युद्ध स्वातंत्र्य का, लड़ कर रण घमसान ।
जीत शिवाजी को मिली, बहुत बढ़ा सम्मान ।। 1388
गौरव वीरों का हुआ, यश जिनका था काम ।
लिखे गए एतिहास में, सुवर्ण अक्षर नाम ।। 1389
छत्रपति घोषित हुए, वीर शिवाजी आज ।
शत्रु जीत कर कर दिया, सिद्ध मराठा राज ।। 1390
भारत में स्वातंत्र्य का, यही सत्य प्रारंभ ।

---

[172] Shyamji Parasnia, 1st Peshwa (r. 1648-1662)

## 78. Shivaji, Eighteen years old. Protector of Womens' Honor. 1648

**परदेसी हकूमत यहाँ, ढलने का आरंभ ।। 1391**
**हर्षभरा सब देश था, पुलकित सर्व समाज ।**
**स्वराज्य की घटना बनी, एक नया अंदाज ।। 1392**
**सदाचार सद्धर्म का, स्थापित हुआ स्वराज ।**
**सिंहासन पर शुभग थे, शिवछत्रपति विराज ।। 1393**
**राजनीति अब तह हुई, निश्चित अष्टप्रधान ।**
**सबसे ऊपर पद बना, पेशवा सम्मान ।। 1394**

## खानाची सून प्रकरण

卐**ओवी॰** स्वातंत्र्य स्थापित केले । आता हवे नवे जिल्हे । आणि हवे नवे किल्ले । शीघ्ररीत्या ।। 1623 ।। नवे किल्ले कराया उभे । हस्तगत कराया सुभे । शत्रूंच्या धनावर ताबे । आवश्यक ।। 1624 ।। वाटमारे मावळे दळ । लूटती शत्रूंचे धन । कराया खजीना सधन । मराठ्यांचा ।। 1625 ।। एकदा झाला प्रकार ऐसा । जात होता कराचा पैसा । जातो विजापूरला जैसा । नेहमीच ।। 1626 ।। कल्याणचा दरबान । मुल्ला अहमद खान । धाडीत होता लगान[173] । विजापूरला ।। 1627 ।। आबाजी सोनदेव बहुतकर । आणि शिवाजींचे इतर चाकर । लूटते झाले विजापूरचा कर । वाटेमध्ये ।। 1628 ।। आबाजीने धन लुटून । बंदी केले लोक धरून । त्यांत होती खानची सून । रूपवती ।। 1629 ।। बघूनी नारी रूपमती । आबाजीची फिरली मति । दिली शिवाजीला त्याने ती । नजराणा ।। 1630 ।।

**दोहा॰** **उदय हुआ स्वातंत्र्य का, नए बने सब प्रांत ।**
**प्रांतों के शासक चुने, प्रजा रखी सुख-शाँत ।। 1395**
**नए किले थे बाँधने, जहाँ जहाँ दरकार ।**
**किले पुराने ठीक कर, करना जीर्णोद्धार ।। 1396**
**नया युद्ध सामान भी, नया अश्वदलभार ।**

---

[173] **लगान** : Zakat and other annual taxes.

# 78. Shivaji, Eighteen years old. Protector of Womens' Honor. 1648

नए सैन्य, सेनापति, नूतन कारोबार ।। 1397
राज्य व्यवस्था सब नई, नए कई कानून ।
स्वराज्य सीमा भी नई, सब में नया जुनून ।। 1398
अर्थ व्यवस्था ज्यों बनी, जनता का शुभ-लाभ ।
शत्रुपक्ष को लूट कर, पूरा किया हिसाब ।। 1399
मुगलों का धन चाहिये, करके नए उपाय ।
शत्रु-लुटेरा दल बना, जनता को न अपाय ।। 1400

(बिजापुरी)

सालाना कर प्रांत से, बिजापुरी सरकार ।
वसूलती है भेज कर, रक्षक अश्वसवार ।। 1401
कर का धन किस मार्ग से, जाता है हर बार ।
कितनी वाहक गाड़ियाँ, कितने पहरेदार ।। 1402
बटमारों ने खबर ली, पूरी सह विस्तार ।
उसी खबर अनुसार ही, इक दिन हुआ प्रकार ।। 1403

(एक दिन)

एक बार कल्याण से, बहुत बड़ा भंडार ।
कर का धन था जा रहा, बिजापुरी दरबार ।। 1404
धन था वाहन में भरा, रक्षक चौकीदार ।
एक यान में शोभना, बैठी थी इक नार ।। 1405
आबाजी बटमार ने, रोके उनके यान ।
पहरे वाले कैद कर, लूटा सब सामान ।। 1406
आबाजी को यान में, मिली सुंदरी नार ।
रूपवती को देख कर, मन में गलत विचार ।। 1406
नारी को उस अप्सरा, ले आया वह चोर ।
भेंट शिवाजी को करी, नजराने की तौर ।। 1407

## 78. Shivaji, Eighteen years old. Protector of Womens' Honor. 1648

(पण)

**卐ओवी॰** शिवाजी नीतीचे थोर । म्हणाले, "गुन्हा हा घोर । दंडितव्य हा स्त्री-चोर । सोनदेव ।।
1631 ।। परत देओनी धन लुंठित । मागोनी क्षमा विनयपूरित । पाठवा त्या नारीला सुरक्षित ।
तिच्या घरी ।। 1632 ।। आपण नाही सुलतानी । करूं न शकूं मनमानी । नीति आपली
सनातनी । सदाचार ।। 1633 ।। आपण जर करूं दुराचार । जसे ते करतात अत्याचार । उरेल
आपण-त्यांत अंतर । काय बरें? ।। 1634 ।। ठेवावा आपण आदर्श । करूं नये पापांस स्पर्श"
। दिला शिवाजींनी आदेश । मराठ्यांना ।। 1635 ।।

(मगर)

**✍दोहा॰** **उस नारी को देख कर, शिवबा दुखी अपार ।**
**कहा, घोर यह पाप है, नारी का अपहार ।। 1408**
**माफी माँगी भूल की, उस वनिता से आप ।**
**बोले, हमरे दास से, घोर हुआ है पाप ।। 1409**
**पापी को हम दंड दें, यथा हमारा न्याय ।**
**नारीगौरव भंग का, दोष न बक्षा जाय ।। 1410**
**और शिवाजी ने कहा, धन समेत यह नार ।**
**लेजाओ सम्मान से, बिजापुरी दरबार ।। 1411**
**मुक्त करो सत्कार से, कैदी पहरेदार ।**
**जाने दो घर शाँति से, देकर धन उपहार ।। 1412**
**नारी लक्ष्मी रूप है, यहाँ न धर्म विचार ।**
**संस्कृति यह आदर्श है, सनातन सदाचार ।। 1413**
**यह सुलतानी राज ना, करने भ्रष्टाचार ।**
**उदाहरण इतिहास में, मिलते बारंबार ।। 1414**

**संगीत श्री शिवाजी चरित्र राग-छंद माला, पुष्प 178**

खानाची सून प्रकरण

## 78. Shivaji, Eighteen years old. Protector of Womens' Honor. 1648

लावणी

**स्थायी**

**स्वभाव सुंदर, प्रभाव मंगल, तुझा शिवाजी, अनन्य ग! ।**
**असा जाणता, तथा शहाणा, महान राजा, न अन्य ग! ।।**
♫ मसानि़-रे ग-गग, पम-ग रे-रेरे, धप- मग-म-, गम-ग, रे- ।

**अंतरा-1**

**परस्त्री ज्याला, सुवंद्य माता, तुझा शिवाजी सुवंद्य ग! ।**
**परम धुरंधर तुझा पुत्र हा, जिजाऊ माते तू धन्य ग! ।।**

**अंरात-2**

**अगम्य लीला, अनेक ज्याच्या, चरित्र त्याचे, सुरम्य ग! ।**
**स्वदेश ज्याने स्वतंत्र केला, तया भवानी प्रसन्न ग! ।।**

**संगीत श्री शिवाजी चरित्र राग-छंद माला, पुष्प 179**

(सदाचारी शहाणा राजा)

**असो नार तरणी, असो नार गोरी ।**
**असो वा नसो ती, कुणी नार कोरी ।। 1**

**असो ती कुणाची, सुशालीन पत्नी ।**
**आसो माय-बहीणीं, सुकुमार पोरी ।। 2**

**असो कोण राजा, सैनिक सुलतानी ।**
**जयने न केली, खुले आम चोरी ।। 3**

**आले नि गेले, अरब-अफगाणी ।**
**लंपट-लुटारू, गजनी व घोरी ।। 4**

**गळे कापती वा, बलात्कार करुनी ।**
**पळवून नेती, करुनी बरजोरी ।। 5**

## 78. Shivaji, Eighteen years old. Protector of Womens' Honor. 1648

जगी एक झाला, असा भूप ज्ञानी ।
मातएवत् परदारा, सुस्वरूप छोरी ।। 6

नारी सुरक्षा, सर्वोच्च जाणी ।
स्वधर्मी असो वा, परधर्म नारी ।। 7

सदाचार ज्यांचे, रक्त खानदानी ।
राजा तयांचा, शिवा अवतारी ।। 8

## शहाजहान

**卐ओवी॰** बादशहा शहाजहान[174] । आग्र्याचे सोडोनी स्थान । दिल्लीला नेतो कुशासन । राजधानी[175] ।। 1636 ।। दिल्ली राजधानी पांडवांची । मग पृथ्वीराज चौहाणाची । मग झाली दुष्ट यवनांची । सहा शतकें[176] ।। 1637 ।। मोठा पुत्र दारा शुकोह । आसनाचा त्याला न मोह । नीति अध्यात्म उहापोह । त्याचा छंद ।। 1638 ।। पुत्र दूसरा शुजा शहा । शांत सरळ तो महा । भावाच्या हाती मेला हा । जसा दारा ।। 1639 ।। पुत्र तीसरा औरंगजेब । दुष्ट, क्रूर, कपटी फरेब । आचरण त्याचे गजब । धर्मांधळा ।। 1640 ।। आसनावर त्याचे लक्ष । राजकारणात तो दक्ष । द्रोही खादिमांचा अध्यक्ष । महाघोर ।। 1641 ।। पुत्र चौथा मुरादबक्ष । शासनावर त्याचे लक्ष । सांभाळतो मुगल–पक्ष । गुजरातेत ।। 1642 ।।

**✍दोहा॰** **मुगलों का तानाशहा, खुर्रम शहाजहान ।**
**अडतालिसवाँ बादशा, बहुत ख्यात सुलतान ।। 1415**

---

[174] **शहाजहान** : Ruled 1627-1658. He had four sons : 1. * Dara Shukoh (1615-1659), 2. * Shah Shuja (1617-1659), 3. Aurangzeb (1618-1707, r. 1658-1707), 4. Murad Baksh (1625-1661). * Murdered by Aurangzeb.

[175] **राजधानी** : Lal Quila, coustructed bteween 1639-1648.

[176] **सहा शतकें** : 1206-1858.

## 78. Shivaji, Eighteen years old. Protector of Womens' Honor. 1648

दिल्ली को है जा रहा, आगरा-सुलतान ।
वापस आकर आगरे, तजे कैद में प्राण ।। 1416
दिल्ली पांडव-राज्य था, फिर थे नृप चौहान ।
सुलतानों के हाथ फिर, आया हिंदुस्तान ।। 1417
खुर्रम का सुत तीसरा, जाना आलमगीर ।
महा क्रूर सुलतान है, परिस्थिति गंभीर ।। 1418

# YEAR 1649

79. वीर शिवाजी–19 :

## तुकाराम महाराजांचे स्वर्गारोहण

79. Shivaji, nineteen years old, 1649.

संगीत श्री शिवाजी चरित्र राग–छंद माला, पुष्प 180

शिवा

**स्थायी**

गावें गान खुशीने त्याचे, घ्यावें नाम शिवाचे ।
सुंदर मंगल लक्षण साचे, आवडत्या शिवबाचे ।।

♫ ग–मप रे–नि़ नि़सा–साग रे–सा–, ग–प– ध–ध धनि़सांधप– – – – ।
सां–सांसां सां–सारें नि–धप धसांसां–, सां–सारेनिध मपग– –मरेसाग– ।।

**अन्तरा– 1**

वीरांचा रणवीर खरा जो, चरित्र रोचक ज्याचे ।
शूर बहादुर संगी ज्याचे, देशभक्त रक्ताचे ।
पूज्य नरोत्तम पावन ऐशा, आदरणीय शिवाचे ।।

**अंतरा–2**

स्वातंत्र्याचा जो सेबानी, जन सेवा सुख ज्याचे ।
तन मन अर्पण करुनी करतो, रक्षण जो देशाचे ।
नारी–आदर सद्‌गुण ज्याचा, अवगुण दूर जयाचे ।।

## 79. Shivaji, nineteen years old, 1649.

♫ निसांसां-रें- सांसांनिधप धनिसां सां-, निसां-सां नि-धध निसांसां- - - - - ।
नि-सां सांसां-सांसां निसांसां- निधप-, धनिध प-म पधनिसांसां- - - - - ।
निसांसां सांसां-सारें निधपध निसांसां-, धसांसांसांनिध मपग- -मरेसाग- ।।

# अफजल खानाचे आगमन

卐ओवी॰ जेव्हां मुस्तफाचा गेला प्राण[177] । नेता झाला अफजल सान । शहाजींवर तो पहारे-श्वान । महापापी ।। 1643 ।। त्याला धाडला आदिलाने आदेश । विजापूरला आणावे शहाजीस । त्वरित देणे आहे अपराधीस । मृत्युदंड ।। 1644 ।। खान निघाला विजापूरकडे । हत्यावर शहाजींचे कठडे । हातांत-पायांत लोखंडी कडे । साखळदंड ।। 1645 ।। आला अफजल विजापूरला । आदिलशहा अति आतुरला[178] । आता वेळ फार नाही उरला । प्राण घ्याया ।। 1646 ।।

✍दोहा॰ **सुन कर फत्तेखान की, रण पर भीषण हार ।**
**हुआ मुस्तफा खान के, मन में कष्ट अपार ।। 1419**
**हिरदय से अस्वस्थ था, और बहुत हैरान ।**
**पड़ा बहुत बीमार वो, निकल गए फिर प्राण ।। 1420**
**नेता अब बंगलूर में, आया अफजलखान ।**
**ऊँचा तगड़ा साँड वो, ख्यात बड़ा तूफान ।। 1421**
**भेजा आदिलशाह ने, अफजल को संदेश ।**
**करो शहाजी को यहाँ, बिजापूर में पेश ।। 1422**
**लाओ उसको बाँध कर, छुट कर भाग न पाय ।**
**उन्हें शिवाजी मावळा, छुड़ा कर न ले जाय ।। 1423**
**हाथ-पाँव में बेड़ियाँ, पिंजरे में हो बंद ।**

---

[177] Nov. 09, 1648.

[178] March 10, 1649.

## 79. Shivaji, nineteen years old, 1649.

पहरा उन पर ना घटे, कहीं निमिष भी चंद ।। 1424
देशद्रोह के जुर्म में, कहेंगे गुनहगार ।
और शहाजी को यहाँ, डालेंगे हम मार ।। 1425

## वीर शिवाजी, एकोणवीस वर्षांचे

**卐ओवी॰** सन सोळाशे-एकोणपन्नास । शहाजी कैदेत होते उदास । कैसे बंदीमुक्त करील त्यांस । शिवराया ।। 1647 ।। तिकडे शिरच्छेदाची तयारी । इकडे जिजाऊ उत्सुक भारी । काय काढील शिवबा अखेरी । तडजोड ।। 1648 ।। शिवाजी राजे गूढ चिंतेत । काहींच उमजेना किंचित । नंतर ध्यानी आले इंगित । नामी युक्ति ।। 1649 ।। नाक दाबूनी तोंड उघडावे । आदिलशहाला पेचात पाडावे । त्याने राजे शहाजींना सोडावे । मुकाट्याने ।। 1650 ।।

**दोहा॰** **उधर शहाजी कैद में, पड़े बहुत उदास ।**
**इधर शिवाजी सोचते, उपाय कोई खास ।। 1426**
**कैसे आदिलशाह को, करना है मजबूर ।**
**मुक्त शहाजी को करे, आदिलशाह जरूर ।। 1427**
**आयी युक्ति ध्यान में, शह देकर फिर मात ।**
**चाल शिवाजी ने चली, जिससे सुधरी बात ।। 1428**
**पता किसी को ना चला, चले शिवाजी चाल ।**
**संकट आदिलशाह पर, करने को बेहाल ।। 1429**

**卐ओवी॰** योजना शिवाजीने केली अशी । पाडाया आदिलाला तोंडघशी । कधी न शहाने कल्पिली जशी । चातुर्याची ।। 1651 ।। शिवाजीने रचले छान । पाताळयंत्री कारस्थान । गाठला त्याने सुलतान । दिल्लीवाला ।। 1652 ।। शहा न जाणे संकट आगत । कुणकुण कुणाला विना लागत । आलेली होती मुगली आफत । डोक्यावर ।। 1653 ।। शहाचे मनोरथ कोसळले । ऐन वेळी नशीब ओशाळले । सूड घेण्याचे स्वप्न मावळले । निरूपाय ।। 1654 ।।
(अचूक युक्ति)

**दोहा॰** **तुरत शिवाजी ने लिखा, पत्र एक अति खास ।**

## 79. Shivaji, nineteen years old, 1649.

शहाजहाँ सुलतान को, करने को अरदास ।। 1430
कहा, "हमें मंजूर है, दिल्ली की सरकार ।
सेवा अब हम आपकी, करते हैं स्वीकार ।। 1431
"शरण आ रहे आपकी, पिता शहाजी साथ ।
फौज मराठा राज्य की, सभी तिहारे हाथ ।। 1432
"आप हमारे जानते, यश के सब किरदार ।
हमसे आदिल शाह हैं, हारे बारंबार ।। 1433
"सेवा हमरी हो अगर, दिल्ली को स्वीकार ।
शरण आपकी आ सकें, बिजापुरी सरकार ।। 1434
"अडचन केवल एक है, करने सफल करार ।
कैद शहाजी हैं किये, बिजापुरी दरबार ।। 1435
"मुक्ति तिहारे दास की, करने का फरमान ।
जारी होगा शीघ्र तो, हो सके समाधान" ।। 1436
साम दाम या दंड से, करता जो है भेद ।
वीर वही है काम का, उसे मिले ना खेद ।। 1437

(युक्ति)

卐**ओवी॰** लिहिले एक शिवाजीने पत्र । शहाजहानला अचूक तंत्र । "आम्हीं व आमचे पिता पवित्र । शरण तुम्हां ।। 1655 ।। "करूं आम्हीं आपली चाकरी । खाऊं जी द्याल भाकरी । आपल्या चरणाशीं नोकरी । द्यावी आम्हां ।। 1656 ।। "सेना आमची होईल आपली । आदिलाचीं मुळें जिने कापली । राज्य समृद्धि होईल चांगली । दक्षिणेत ।। 1657 ।। "आमच्या वीरश्रीचे खचित । सर्वच आहेत परिचित । आदिलशाही राज्यासहित । आपणही ।। 1658 ।। "आम्हीं सेवेस आहो राजी, पण । त्यात मात्र एकच अडचण । पिताश्री बंदिस्थ विनाकारण । आदिलांचे ।। 1659 ।। "बाळगून स्वामीभक्ति । सेवेसाठी यथाशक्ति । व्हावी पिताश्रींची मुक्ति । अविलंब ।। 1660 ।। "पाठवावा तसा फर्मान । जेणे व्हावा आमचा मान । पिताश्रींना जीवनदान । देण्यासाठी" ।। 1661 ।।

# 79. Shivaji, nineteen years old, 1649.

✍दोहा॰ **पत्र शिवाजी ने लिखा, शहाजहाँ को खास ।**
**और शहाजी मावळे, बने मुगल के दास ।। 1438**
**जानी आदिलशाह ने, जब इस खत की बात ।**
**कीन्हा आदिलशाह पर, बिजली का आघात ।। 1439**
**जान न पाए बात ये, सोची समझी चाल ।**
**चली शिवाजी ने स्वयं, बुन कर नकली जाल ।। 1440**

卐**ओवी॰** साम दाम दंड भेद । योजितो जो विना खेद । ठीक समयी विच्छेद । तोच वीर ।। 1662 ।। चाल होती अजब अचाट । करील कामगिरी अफाट । प्रयत्न करोनी अटोकाट । गेले पत्र ।। 1663 ।। गुजरातेत मुराद बक्ष । सांभाळतो मुगल पक्ष । गेला खलिता त्याचे समक्ष । दिल्लीकडे ।। 1664 ।। ऐकोनी खलित्याची खबर । आदिल भांबावला जबर । शहाजींना मारले अगर । तोबा! तोबा! ।। 1665 ।। येईल धाड आपल्यावर । शहाजहानचा तो चाकर । त्याचे संरक्षण अत:पर । करणीय ।। 1666 ।। मुगल आहेत टपलेले । मराठे आहेत लपलेले । नष्ट कराया लोभावलेले । आपल्याला ।। 1668 ।। नको! नको! हा धोका । द्वेष आपला फोका । आताच आहे मोका । सुधारण्या ।। 1669 ।।

(आणि मग)

卐**ओवी॰** आदिलशहा घाबरले । मुळापासोनी हादरले । प्रकरण त्यांनी सावरले । शहाजींचे ।। 1670 ।। बेड्या शहाजींच्या तोडल्या । शृंखला त्यांच्या खोलल्या । विस्कळित घड्या जोडल्या । मुकाट्याने[179] ।। 1671 ।। देऊन त्यांना उपहार । करोनी त्यांचा सत्कार । केला त्यांचेशीं करार । सुटकेचा ।। 1672 ।। आदिलाने केली हुशारी । जात होती इभ्रत सारी । अशाही स्थितीत अखेरी । युक्ति केली ।। 1673 । सुटकेची सांगितली अट । द्यावा लागेल कोंढाणा-तट । बेंगलुरु व कंदर्पाचा गड । मोबदला ।। 1674 ।। शहाजींनी नव्हते जाणले । आदिलाला होते ताणले । शिवाजीनेच हे आणले । घडवून ।। 1675 ।। शहाजींनी खंत आवरली । मनात शांति अवधारली । आदिलाची अट स्वीकारली । भोळेपणे ।। 1676 ।। युक्ति चालली शिवाजीची ।

---

[179] May 16, 1649.

## 79. Shivaji, nineteen years old, 1649.

झाली सुटका शहाजींची । जळली खूब विरोधकांची । मराठ्यांच्या ।। 1677 ।। अफजलखान, फत्तेखान । झाले आश्चर्याने बेभान । बघुनी ते कारस्थान । शिवाजीचे ।। 1678 ।।

**✍दोहा॰ घबराए आदिलशहा, मुगलों से तत्काल ।**
**मुगल शिवाजी से मिले, बन सकते हैं काल ।। 1441**
**मुक्त शहाजी को किया, उसने रख कर शर्त ।**
**कोंढाणा उसको मिले, बदले के प्रित्यर्थ ।। 1442**
**न था शहाजी को पता, आदिल था लाचार ।**
**मोचन के आनंद में, शर्त करी स्वीकार ।। 1443**
**भोलेपन में भूल कर, शर्त व्यर्थ ली मान ।**
**कोंढाणा फिर से गया, बहुत हुआ नुकसान ।। 1444**

## राज्य व्यवस्था, राजगड

**卐ओवी॰** कोंढाणा किल्ला जरी गमावला । पूज्य पित्याचा जीव वाचला । राज्य व्यवस्थेस वेळ मिळाला । शिवाजीला ।। 1679 ।। सर्व गडांची राणी । राजगड राजधानी । बांधली गोजिरवाणी । शिवाजीने ।। 1680 ।। आईसाहेबांना आवडली । राजधानीकरिता निवडली । त्यांच्या मताप्रमाणे सजविली । राजगड ।। 1681 ।। गगनचुंबी शिखरावर । बांधला किल्ला शानदार । तटबंदी वळसेदार । सर्पाकार ।। 1682 ।। गडाला जोडल्या माच्या तीन । बालेकिल्ला चढाया कठीण । तीन भव्य तलाव प्राचीन । गडावर ।। 1683 ।। कारखाने बांधले अठरा । देवता देवालयें अकरा । राजवाडे, घरांचा पसारा । फार मोठा ।। 1684 ।। सुव्यवस्था राज्यात सगळ्यांची । शेती, सैन्य, शस्त्र, हेर, किल्यांची । न्याय, कर वसुली, देवळांची । चोख केली ।। 1685 ।। विहिरी, धान्य कोठारें । कालवे-पाटबंधारे । धरण, तलाव सारे । बांधकाम ।। 1686 ।। वृक्ष-झडें लागवण । गोरक्षा-गोसंवर्धन । गोहत्येवर बंधन । लागू केले ।। 1687 ।। जाळपोळी, डाके सबंद । खून मरामाऱ्यांचे छंद । तस्करी दरवडे बंद । राज्यामध्ये ।। 1688 ।।

**✍दोहा॰ कोंढाणा देना पड़ा, रखने पितु सम्मान ।**
**सबसे प्रिय वह दुर्ग था, राजधानि के नाम ।। 1445**

## 79. Shivaji, nineteen years old, 1649.

किला दूसरा रायगड, चुना राज्य का स्थान ।
सजा दिया सुंदर उसे, करके पुनरुत्थान ।। 1446
भारी तटबंदी रची, तीन किए तालाब ।
पानी कम ना हो कभी, अमन रहे आबाद ।। 1447
सिंहासन बढ़िया बना, अथक यतन के बाद ।
सुंदरता इस दुर्ग की, सदा रहेगी याद ।। 1448
राज्य व्यवस्था देश में, जन मन के अनुकूल ।
हटा दिए सब कायदे, जो थे जन-प्रतिकूल ।। 1449
मंदिर के उद्धार के, किए पुण्य सब काम ।
मुगलों के दुष्कर्म थे, जिस कारण बदनाम ।। 1450
कृषकों को राहत मिली, प्रमुदित हुए किसान ।
सुभग कर-व्यवस्था बनी, सुखद न्याय आसान ।। 1451
सुगम नीर उपलब्ध था, सुलभ प्रचुर धन-धान्य ।
सुफल सब व्यवहार थे, सुखमय सबको मान्य ।। 1452
किले ठीक सब कर दिए, शस्त्र अश्व युत सैन्य ।
किसी काम की थी नहीं, कहीं अवस्था दैन्य ।। 1453
वृक्षारोपण योजना, गौरक्षण के काम ।
चोरी-डाके बंद थे, जीवन सौख्य तमाम ।। 1454
मुगलों के अन्याय से, दुखी हुए थे लोग ।
जनता को अब मिल रहा, रामराज्य का भोग ।। 1455

## 79. Shivaji, nineteen years old, 1649.

# संत तुकारामांचे स्वर्गारोहण[180]

卐ओवी॰ तुकोबा लहान बंधुवर । सोडोनी रुखमाबाई दार । तुकारामांनी त्यागले घर । विरक्त झाले ।। 1689 ।। मिळाले गुरु बाबाजी चैतन्य । "रामकृष्ण हरि!" मंत्र अनन्य । विठोबा-भक्तीत पळाले दैन्य । संत झाले ।। 1690 ।। तुकोबांचे अभंग पावन । रामेश्वर भट्टाने घेऊन । इन्द्रायणीत दिले फेकून । ईर्षेमुळे ।। 1991 ।। न ते पाण्यात बुडले । न ते पाण्याने भिजले । पाण्यावर तरंगले । कोरडेच ।। 1692 ।। बहिणाबाई, शिवबा कासार । आले मग भट्ट रामेश्वर । शिष्य तुकारामांचे अमर । झाले सर्व ।। 1693 ।। होण्या आधी सवर्गवास । भेटले ते शिवाजीस । उपदेश दिला त्यांस । प्रेमभावें ।। 1694 ।। महाराष्ट्राचे महासंत । उपकार त्यांचे अनंत । अमर ते, होओनी अंत । तुकाराम ।। 1695 ।। मरोनी ते अमर । जिरोनी जे अजर । खरे भक्त ते नर, । वारकरी ।। 1696 ।।

(संत तुकाराम जी)

✍दोहा॰ **तुकाराम जी संत ने, तज कर घर अरु दार ।**
**विराग धारण कर लिया, पहुँचे गुरु के द्वार ।। 1456**
**बाबाजी चैतन्य को, दे कर गुरु का स्थान ।**
**"राम-कृष्ण-हरि" मंत्र से, किया भक्ति का गान ।। 1457**
**"विठ्ठल-विठ्ठल" नाम का, किया निरंतर जाप ।**
**अभंग वाणी में लिखे, पावन वचन अमाप ।। 1458**
**सोमेश्वर जी भट्ट ने, तुकाराम के ग्रंथ ।**
**फेंक दिए नद नीर में, खुद को मान महंत ।। 1459**
**ना ही डूबे ग्रंथ वे, न ही गए वे भीग ।**
**पानी पर वे तैरते, आए तट नजदीक ।। 1460**
**रामेश्वर जी भट्ट ने, उठा लिए वे ग्रंथ ।**

---

[180] **संत तुकाराम** (1608-1649)

## 79. Shivaji, nineteen years old, 1649.

तुकाराम की शरण में, लीन्हा उनका पंथ ।। 1461
"वारकरी" उस पंथ में, आया संत समाज ।
गूँजी विठ्ठल नाम की, मंगल मय आवाज ।। 1462
मिले शिवाजी संत से, नम्र झुका कर शीश ।
छू कर चरणन संत के, लीन्हा शुभ आशीष ।। 1463
मर कर भी वह अमर हैं, महाराष्ट्र का संत ।
तुकाराम महाराज जी, जिनको नमन अनंत ।। 1464

## 80. Shivaji, twenty years old, 1650.

# YEAR 1650

80. वीर शिवाजी-20 :

**80. Shivaji, twenty years old, 1650.**

संगीत श्री शिवाजी चरित्र राग-छंद माला, पुष्प 181

शिवाजींची चौपाई

कहरवा ताल

चौ. 16, 16; दो. 8 + र, 7 + ज; श्लो. 4 + य + 1, 4 + ज + 1

**श्लोक**

**हानिः कुर्वन्ति धर्मस्य पापाचारा यदा यदा ।**
**दुष्कृतानां विनाशाय हरः सृजति वै तदा ।।**

**दोहा**

**शिव अवतरले कलियुगे, पुत्र-जिजाऊ स्वरूप ।**
**नष्ट कराया भ्रष्टता, रूप मराठा भूप ।।**

निनि निनिनिनि नि- सांसां निसां - - -, नि-निनिनि-रें सांसां - - सां ।
नि-नि निनिपप- ग-प रे - - -, ग-ग परे-रे- सा - - सा ।।

**स्थायी**

**मंगल शुभ मुखमंडल ज्याचे, नाम सुमंगल शिवबा त्याचे ।**
**शिव ओम् जय ओम् जय जय शिव ओम् ।**
**जय ओम् शिव ओम्, जय जय जय ओम् ।। टे०**

ग-परे सासा ऩिऩिध़-रेरे गरेसारे, ग-परे रेरे सासाऩि प़रेरे गरेसारे,
पगप पनिसांरें सां निपगप रे-सा- ।

## 80. Shivaji, twenty years old, 1650.

गग परे रेसा सा-सा नि़प़ रेरे गरे सा-सा ।
गग ग-प रेरे सा-सा, नि़प रेरे गरे सा-सा ।।

**अंतरा-1**

**सत् आचरणी, अद्भुत नृप जो, विश्रुत धर्मी तीन-जगीं तो ।**
**झाला जगती कुठे न ऐसा, भूप महात्मा, शिवबा जैसा ।।**

पग प-सांसांसां-, निनिनिरें धध प-, ग-गग परेसा- नि़-प रेगरे सा - ।
ग-गप रेरेसा- नि़प़रे रे गरेसा-, ग-ग परे-सा- निप़रे- गरेसा- ।।

**अंतरा-2**

**वीर बहादुर तो रणजेता, स्वातंत्र्याचा धीट प्रणेता ।**
**त्याने शत्रु अधम वध केले, बहुत अपेशी वापस गेले ।।**

**अंतरा-3**

**अचाट किल्ले रचले ज्याने, अनेक गड सर केले त्याने ।**
**किल्लो-किल्ली चंचल फिरतो, म्हणतीं, पहाडी जणूं उंदीर तो ।।**

**अंतरा-4**

**एक अनेकांशीं तो लढतो, गनिमी-कावे करुनी बढतो ।**
**अश्वारोह कुशल लढवय्या, रण मैदान तयाची शय्या ।।**

**अंतरा-5**

**जिरें-टोप तो मनांत ठसतो, रुतबा ज्याचा चित्तीं बसतो ।**
**स्थापन केले राज्य-हिंदवी, "दैवत" द्यावी तयास पदवी ।।**

**अंतरा-6**

**धन्य! धन्य! तू जिजामाता! अमर करो तो तुला विधाता ।**
**वाह! वाह! तू भारत माते! जिजा-शिवाचे केले नाते ।।**

**दोहा**

**शिवबा तू शाबास रे! दान तुझे अति खास ।**
**तुझ्या विना अपुरा, गडे! भारतीय इतिहास ।।**

निनिनि- नि- नि-सांसां निसां - - -, नि-नि निनि- रेंसां सां - - सां ।

## 80. Shivaji, twenty years old, 1650.

नि-नि निनि- पपग- परे - - -, ग-गप-रे रेरेसा - - सा ।।

# वीर शिवाजी वीस वर्षांचे

**卐ओवी॰** सन आले सोळाशे-पन्नास । लागले वीसावे शिवाजीस । थोडा मंदावा गतीस । चार वर्षे ।। 1697 ।। आदिलाच्या ताब्यात शहाजी । मुगलांचे आभारी शिवाजी । आणि चिंता पित्याच्या जिवाची । शिवाजीला ।। 1698 ।। नको आदिलाशीं सध्या वैर । न हो मुगल ही हल्ली गैर । त्यातच वाटली आता खैर । शिवाजीला ।। 1699 ।। कैचीत सापडला जीव । आदिलाला मुळी न कीव । मुगलांचा मिथ्या ऐकीव । मोठेपणा ।। 1700 ।। आदिलाला मुळी न लाज । मुगलांना तंट्याची खाज । संकटात हिंदू समाज । आला आहे ।। 1701 ।। आदिलाला नाही लाज । मुगलांना सत्तेचा माज । करोनी असा अंदाज । सध्या तरी ।। 1702 ।। ठेवाव्या लागल्या मोहीमा बंद । राज्य-विस्तार हालचाली मंद । पडला चार वर्षांचा खंड । नाइलाज ।। 1703 ।। केले स्तब्ध संघर्ष । पुढील चार वर्ष । आवरले हर्षामर्ष । मराठ्यांनी ।। 1704 ।।

**दोहा॰** **प्राण शहाजी के बचे, फिर भी सतत उदास ।**<br>
**जिसने था धोखा दिया, रहे उसी के दास ।। 1465**<br>
**वही शिवाजी की व्यथा, दोनों भग्न करार ।**<br>
**ना आदिल, ना मुगल पर, कर सके एतबार ।। 1466**<br>
**ना आदिल से लड़ सके, न मुगल से, कुछ देर ।**<br>
**चार साल यों लग गए, पुनः बदलते फेर ।। 1467**<br>
**बंद सभी अभियान थे, रण को मिला विराम ।**<br>
**अवसर था यह, शाँति से, करने शासन काम ।। 1468**<br>
**करने सामाजिक तथा, राजकीय संबंध ।**<br>
**नए कुलों से जोड़ने, वैयक्तिक अनुबंध ।। 1469**

(तरी)

राज्य सुधारणांस । मिळाला अवकाश । आसन सावकाश । करावया ।। 1705 ।। नवीन सख्य-संबंध । वैवाहिक अनुबंध । जे जाहले उपलब्ध । त्या समयी ।। 1706 ।।

## 80. Shivaji, twenty years old, 1650.

# सोयराबाई भोसले

**ओवी॰** संभाजी मोहिते तळबीडचे । हंबीरराव वीर पुत्र त्यांचे । घराणे राजकीय महत्वाचे । शिवाजीला ।। 1707 ।। सोयराबाई त्यांची कन्या । रूपवती सुश्री अनन्या । झाली शिवाजीला मान्या । लग्नासाठी ।। 1708 ।। शिवाजींचा तृतीय विवाह । मोहिते कुळाची वाह! वाह! । राजपुत्राची तिला चाह । फार होती ।। 1709 ।। सोयराबाई ही मुत्सद्दी । राजकारणी त्यांची बुद्धि । भावासमान त्यांना सिद्धि । प्राप्त होती ।। 1710 ।। मोहित्यांची वाढली ख्याति । शिवाजी सोयराबाईंचे पति । हंबीरराव सरसेनापति । मराठ्यांचे ।। 1711 ।। सरसेनापति हंबीरराव । मोहित्यांचे वाढले भाव । तळबीड त्यांचे लहान गाव । झाले श्रुत ।। 1712 ।। हंसराज उर्फ हंबीरराव । रणात विलक्षण त्याचे डाव । "सरनौबत" हा त्यांचा प्रभाव । त्याचमुळे ।। 1713 ।।

**दोहा॰** **हंबीर राव मोहिते, तळबीड के सुजान ।**
**वीर शिवाजी के लिए, कुटुंब उचित महान ।। 1470**
**सेनापति थे मोहिते, शूर पुरुष विख्यात ।**
**भगिनी उनकी सोयरा, सुस्वरूप थी ख्यात ।। 1471**
**तळबीड के कुटुंब से, दृढ़ करने संबंध ।**
**राजे शिवबा ने किया, सोयरा को पसंद ।। 1472**
**वधू तीसरी सोयरा, पीले कीन्हे हाथ ।**
**लगिन हुआ सम्पन्न था, बड़ी शान के साथ ।। 1473**
**अभिलाषी थी सोयरा, राजकारणी नार ।**
**राजपुत्र मेरा बने, मन में यही विचार ।। 1474**

# 81. Shivaji, twenty-one years old, 1651.

# YEAR 1651

81. वीर शिवाजी–21 :

## सोयराबाई भोसले

81. Shivaji, twenty-one years old, 1651.

संगीत श्री शिवाजी चरित्र राग-छंद माला, पुष्प 182

(नाम जप, मराठी)

**स्थायी**

**नाम जपन करूं या, शिवजीं चे ।**

**सुख-दुख जरी, हर! हर! मनीं भजु या ।।**

♫ सां-ध पगरे सारे प-, गरे गप ध-, गग गरे गप धसां धसां धप गरे सा- ।

**अंतरा-1**

**मनात भरूं या, पूजन करूं या, आंत शंभु चर स्मरण धरूं या ।**

♫ गग ग- पप ध- सां-सांसां सांरे सां-, ध-धध सां-रें रें सांरेंगरें सांध प- ।

**अंतरा-2**

**मनात ज्याच्या शिवा राहतो, जीवन त्याचे तोच वाहतो ।**

**अंतरा-3**

**मुखात ज्याचे नाम सदा ही, त्या भक्ताला शिवा चाहतो ।**

**अंतरा-4**

**जगात सगळया लोक लुटेरे, रक्षण अमुचे शिवा पाहतो ।**

(सोयराबाई)

# 81. Shivaji, twenty-one years old, 1651.

卐ओवी॰ सन सोळाशे-एक्कावन्न । इतिहासाचे नवे पान । एकवीसावे वयोमान । शिवाजींचे ।। 1714 ।। राज्यव्यवस्थेत हातभार । सोयराबाईंचा अधिकार । राजकारणी होती ती नार । जन्मजात ।। 1715 ।। जिजाबाईंना मिळाली सून । चंट अधिक सगळयांहून । जिजामातेची आज्ञा पाळून । वागे सदा ।। 1716 ।। हवा होता तिला पुत्र । धरील जो राज्य सूत्र । करील धारण छत्र । साम्राज्याचे ।। 1717 ।। सोयराबाई आशावादी । तिला हवी होती गादी । पडली ती त्याच नादी । महाराणी ।। 1718 ।। शिवाजींना होती प्रिय । जिजाऊला लोभनीय । मराठयांना शोभनीय । होती बाई ।। 1719 ।। तिला आस्था शहाजींची । काळजी सतत त्यांची । आणि चिंता संभाजींची[181] । होती तिला ।। 1720 ।।

✍दोहा॰ **चंचलमति थी सोयरा, राजनीति का ज्ञान ।**
**अपने ही सुत के लिए, सिंहासन पर ध्यान ।। 1475**
**राज्य व्यवस्था में सदा, रानी लेती भाग ।**
**प्रिया शिवाजी की बनूँ, उसके दिल में आग ।। 1476**
**बेटा जब भी हो मुझे, उसके मन में आस ।**
**गादी उसको ही मिले, उसे लगी थी प्यास ।। 1477**
**जिजामातु से प्रीत थी, और सभी से प्यार ।**
**आज्ञाकारी थी बड़ी, करती ना तकरार ।। 1478**
**उसे शहाजी पर गिरे, संकट की पहचान ।**
**अरु संभाजी जेठ का, उसको था सम्मान ।। 1479**

(शहाजी राजे)

卐ओवी॰ शहाजी अजूनही अस्वस्थ । विजापूरात गृह-बंदिस्थ । आदिलशहाचे लोहहस्त । बळकट ।। 1721 ।। आश्दिलशहा धोकेबाज । मुगलांनाही नाही लाज । केव्हांही बिघडेला काज । जमलेले ।। 1723 ।। शहाजी विजापूरात जोपर्यंत । शिवाजीही हस्तबद्ध तोपर्यंत । समय हा होता नाजूक अत्यंत । महत्वाचा ।। 1724 ।।

---

[181] **संभाजी राजे :** Shivaji's elder brother (1623-1656).

## 81. Shivaji, twenty-one years old, 1651.

✍दोहा॰ शहाजी को बँगलूर में, रखा गया गृहबंद ।
उन्हें तड़पते देख कर, अफजल को आनंद ।। 1480
कैद पिताजी हैं वहाँ, जब तक उनके पास ।
विकल शिवाजी थे यहाँ, तब तक स्तब्ध उदास ।। 1481

### गोवळ्याची लढाई

卐ओवी॰ कथनीय हातघाई । गोवळ्याची ती लढाई । वीर सावंत सवाई । जिंकली ती ।। 1725 ।। सिद्दी युद्ध हारोनी पळाले । गोवळे मराठ्यांना मिळाले । पश्चिम तट जुळाले । स्वराज्याला ।। 1726 ।।

✍दोहा॰ जीता रण सावंत ने, गोवळ का वह युद्ध ।
आदिलशाही पर हुआ, वह था जम कर क्रुद्ध ।। 1482
भागा सिद्दी भी डरा, तज कर पश्चिम तीर ।
कोकण तीर स्वराज्य में, लाया था यह वीर ।। 1483

## 82. Shivaji, twenty-two years old, 1652.

# YEAR 1652

82. वीर शिवाजी–22 :

## औरंगजेबचे आगमन

## 82. Shivaji, twenty-two years old, 1652.

(बंगळूरु)

卐ओवी॰ सन सोळाशे-बावन्न । शांत सुखाचे पावन । बावीसावे वयोमान । शिवाजींचे ।। 1727
।। इकडे आदिलही शांत । तिकडे मुगलांनाही भ्रांत । काही न कुठे आकांत । कुणाचाही ।।
1728 ।। बंगळूरुला दृढ संभाजी । त्वरीत सुटणार शहाजी । आदिलशहा होणार राजी ।
सोडायला ।। 1729 ।। करोनी करार आपस । शहाजी जाणार वापस । जिथे अफजलचा वास ।
आणि त्रास ।। 1730 ।। शहाजी मुक्त होतील । बंगळूरूला जातील । मग शिवाजी करील ।
स्वाऱ्या पुनः ।। 1731 ।।

✍दोहा॰ **इधर शिवाजी थे लगे, राज्यव्यवस्था काम ।**
**उधर शहाजी को लिए, बैठा अफजलखान ।। 1484**
**उधर मुगल भी शाँत थे, कहीं न था उत्पात ।**
**आदिल से थे कर रहे, इधर शिवाजी बात ।। 1485**
**मुक्त शहाजी को किए, रहने दो बँगलूर ।**
**माँग शिवाजी कर रहे, आदिलशाह–हुजूर! ।। 1486**
**आदिल जब भी छोड़ दे, बंदी को इक बार ।**
**तभी शिवाजी कर सके, सुलतानों पर वार ।। 1487**

# 82. Shivaji, twenty-two years old, 1652.

## औरंगजेब

**ओवी॰** दिल्लीहून पुन्हा आला । औरंगजेब लाला । सुभेदार दक्षिणेचा झाला[182] । मुगलांचा ।। 1732 ।। शिवाजी त्याला न आवडे । आदिलशहाशीं वाकडे । कुतुबशाही नावडे । धर्मांधाला[183] ।। 1733 ।। हिंदूंचा त्याला तिटकारा । शियांचा करे कोंडमारा । सुन्नी एकच प्यारा । पंथ त्याला ।। 1734 ।। आदिलशाहीचा विनाश । कुतुबांना लावाया फास । मराठ्यांचा कराया नाश । आला दुष्ट ।। 1735 ।। शांति सर्व झाली भंग । कापले सर्वांचे अंग । उडाला वैभवी रंग । दक्षिणेचा ।। 17370 ।। सुरू झाल्या नव्या चाली । कुणी न बसला खाली । कुणी न कुणाचा वाली । गडबड ।। 1738 ।। तीन्हीं पक्षांत तो भारी । कुणाशीं न त्याची यारी । केव्हां करील तो स्वारी । कोण जाणे ।। 1739 ।। संकट हे अग्रेसर । दक्षिणेत सर्वांवर । मुगल हा विषधर । येत आहे ।। 1740 ।। तोडेल मंदिर-मूर्ति । भ्रष्टाचार त्याची स्फूर्ति । जगामध्ये त्याची कीर्ति । ख्यात आहे ।। 1741 ।।

**दोहा॰** **भेजा शहाजहान ने, पुनः औरंगजेब ।**
**दक्षिण का आसन दिए, शासन नाम फरेब ।। 1488**
**अंधा था वह धर्म का, सुन्नत का वह पीर ।**
**परधर्मी अधिकार को, डालेगा वह चीर ।। 1489**
**हिंदुधर्म से थी घृणा, शिया पंथ से बैर ।**
**दक्षिण के सुलतान थे, उस सुन्नी को गैर ।। 1490**
**उसे न आदिल बंधु था, न ही कुतुब था मीत ।**
**हिंदुधर्म से चिढ़ उसे, सुन्नत से ही प्रीत ।। 1491**
**शहाजादा जब आगया, हुआ शाँति का भंग ।**
**दक्षिण में आतंक से, काँपे सबके अंग ।। 1492**

---

[182] **औरंगजेब सुभेदार :** November 1652.

[183] औरंगजेब - सुन्नी, आादिलशहा - शिया, कुतुबशहा - शिया, शिवाजी - हिंदू.

## 82. Shivaji, twenty-two years old, 1652.

**तोड़ेगा मंदिर कई, भ्रष्ट करेगा लोग ।**
**आगत संकट देख कर, जनता को था सोग ।। 1493**

**卐ओवी॰** अफगाणिस्थानात हारला । म्हणून दक्षिणेत धाडला । ह्या कारण होता वैतागला । औरंगजेब ।। 1742 ।। हारोनी ते युद्ध महान । सोडोनी अफगाणिस्थान । होओनी बहुत बदनाम । आला इथे ।। 1743 ।। लाजून तो परतला । दक्षिणेत थडकला । बऱ्हाणपुरला झाला । सुभेदार ।। 1744 ।।

**✍दोहा॰ च्युत अफगाणिस्तान में, होकर वह बदनाम ।**
**दक्षिण में भेजा गया, बऱ्हाणपुर है स्थान ।। 1494**
**यहाँ मराठा राज है, वैरी है बलवान ।**
**वीर शिवाजी का यहाँ, स्वतंत्रता अभियान ।। 1495**

# 83. Shivaji, twenty-three years old, 1653.

# YEAR 1653

83. वीर शिवाजी–23 :

## शिवाजी तेवीस वर्षांचे

## 83. Shivaji, twenty-three years old, 1653.

संगीत श्री शिवाजी चरित्र राग-छंद माला, पुष्प 183

**राग यमन कल्याण,** कहरवा ताल

शिवाजी वंदना

**स्थायी**

**भारतनंदन वीर शिवाजी, भारतनंदन वीर शिवाजी ।**

**अद्भुत राजा महा प्रतापी ।।**

♫ नि़-रेरे ग-पप रे-ग रेनि़रेसा-, प-म॑ग प-पप म॑धनि धप-म॑ग ।

नि़नि़रेरे गम॑प- रेग- रेनि़रेसा- ।।

**अंतरा-1**

**भारतमाते! पुत्र तुझा हा, शाश्वत जगती कीर्ति तयाची ।**

♫ पगपपसां-सां-! निरेंगं रेंनिरे सां-, सांनिधप पधम॑प म॑धनिध प-म॑ग ।

2

**महाराष्ट्र हा देश तयाचा, स्वतंत्र करणें शपथ तयाची ।**

3

**प्रसन्न त्याला देवी भवानी, तिच्या कृपें तलवार तयाची ।**

## 83. Shivaji, twenty-three years old, 1653.

(गांधार)

卐ओवी० शहाजहानचे पुत्र चार । सिंहासनासाठी मारामार । दुर्लक्ष शासनाकडे फार । झाले त्यांचे ।। 1745 ।। कुणी सर्व धर्म मानणारा । कुणी करणीय जाणणारा । बापालाही न जुमानणारा । त्यांत एक ।। 1746 ।। दिल्ली राजकारण अशांत । मुगलांच्या शासकांना भ्रांत । निसटला कंदाहर प्रांत । सत्तेतून[184] ।। 1747 ।। जैसा क्रूर तैमूर । जैसा दुष्ट नादीर । तसाच हा ही घोर । होता पापी ।। 1748 ।।

दोहा० **शहाजहाँ सुलतान के, राजपुत्र थे चार ।**
**चारों कहते आपको, सिंहासन हकदार ।। 1996**
**एक पुत्र सत्वान था, दो थे कर्तबगार ।**
**एक राजपद चाहता, अन्य तीन को मार ।। 1497**
**इसी सिलसिले में लगा, मुगलों का अवधान ।**
**कंदहार के युद्ध में, हारा हिंदुस्तान ।।**

## पुतळाबाई भोसले

卐ओवी० सन सोळाशे-त्रेपन्न । वय तेवीस आपन्न । विवाह चौथा सम्पन्न । शिवाजीचा ।। 1749 ।। पुतळाबाई पालकर । कन्या सुखरूप सुंदर । कुळ पूर प्रसिद्ध फार । कायस्थ ते ।। 1750 ।। नेताजींची ती पुतणी । मुलगी सुरेख देखणी । बाई होती फार गुणी । मौन वृत्ति ।। 1751 ।।

दोहा० **लगिन शिवाजी का हुआ, चतुर्थ शुभ संपन्न ।**
**पुतळाबाई पालकर, कन्या बहुत प्रसन्न ।। 1498**
**पालकर कुल कायस्थ था, प्रसिद्ध प्रतिभावान ।**
**कन्या सुंदर रूप थी, मौन मगर गुणवान ।। 1499**

---

[184] **गांधार :** Ruler Shah Abbas II (r. 1542-1666), the 7th king of Imperial Safavid Dynasty (r. 1501-1753) of Iran ruled Kabul-Gandhar. Mughals lost Afghanistan for good in Sept. 1653.

## 84. Shivaji, twenty-four years old, 1654.

# YEAR 1654

84. वीर शिवाजी–24 :

### शहाजी राजे मुक्त

### 84. Shivaji, twenty-four years old, 1654.

### वीर शिवाजी चोवीस बर्षांचे

संगीत श्री शिवाजी चरित्र राग-छंद माला, पुष्प 184

**अभंग**[185]

शिवराया

**शिवाजींचे नांव, सुवर्णे लिहावे ।**
**भक्तिभावे गावे, आनंदाने ।। 1**
**महाराष्ट्र राजा, मराठ्यांचा देव ।**
**ज्याला नाही भेव, दानवांचे ।। 2**
**मावळ्यांची सेना, केली ज्याने जंगी ।**
**वीर त्याचे संगी, तान्हा जैसे ।। 3**
**रणधीर राजा, क्षात्रधर्म अंगी ।**

---

[185] ♫ **अभंग छंद :** ह्या भक्तिभावाच्या साडे तीन चरणांच्या व 22 अक्षरांच्या छंदात 6-6-6 अक्षरें पहिल्या तीन चरणांत आणि 4 अक्षरें चौथ्या चरणात असतात.

▶ लक्षण गीत : **दोहा॰ "अभंग" स्वर बाईस का, पद हों साढ़े तीन ।**
**छः अक्षर के तीन हों, वर्ण चार अंतिम ।। 1502**

## 84. Shivaji, twenty-four years old, 1654.

**नसे ज्याला तंगी, सद्भावांची ।। 4**

**ओवी॰** वत्सर सोळाशे-चौपन्न । आले नवा जोम घेऊन । वय चोवीसावे सम्पन्न । शिवाजीला ।। 1752 ।। शहाजी रवाना कर्णाटकास । मिळाली मुभा राजकारणास । उरली भीती न आता कुणास । आदिलाची ।। 1753 ।। चार वर्ष शिवाजी थांबले । स्वाऱ्यांचे बेत होते लांबले । राज्याचे विस्तार खोळंबले । होते सर्व ।। 1754 ।। गांधार राज्य गमावले । मुगल होते दमावले । हेच शिवाजीला फावले । स्वाऱ्यांसाठी ।। 1755 ।।

**दोहा॰** **चार साल के बाद में, हुए शहाजी मुक्त ।**
**वापस फिर बँगलूर में, पद पर हुए नियुक्त ।। 1500**
**मुक्त शहाजी जब हुए, अपने घर बँगलूर ।**
**मुक्त शिवाजी भी हुए, होकर चिंता दूर ।। 1501**
**अब आदिल से डर नहीं, ना मुगलों से त्रास ।**
**मुगल आपसी लड़ रहे, जिन्हें तख्त की प्यास ।।**

(पुरंदर, नेताजी पालकर)

**ओवी॰** पुरंदरचे सरनाईक । शिवाजींचे सेवक लायक । झाले स्वर्गवासी आकस्मिक । महादजी ।। 1756 ।। महादजी निळकंठराव । सासवडकडे त्यांचे गाव । चांबळी हे त्याचे नांव । इनामदारी ।। 1757 ।। आली वार्ता अचानक । शिवाजीला दु:ख अनेक । मनुष्य फार प्रमाणिक । तारफेचा ।। 1758 ।। मुलें पंतांची तरुण चार । निळो, विसा, त्र्यंबक, शंकर । कोण सरनायकी घेणार । वाद झाला ।। 1759 ।। झाले भांडण विना सबर । भाऊबंदकी महा जबर । शिवाजींना मिळाली खबर । तातडीची ।। 1760 ।। महाराज आले गडावर । बोलावले चौघांना जवळ । त्यांना समजावले सकळ । ऐकेना ते ।। 1761 ।। त्यांना हवी मदत खानाची । आदिलशहाच्या दीवाणाची । विजापूरच्या शाही मानाची । अमान्य जे ।। 1762 ।। शिवाजीने त्यांना केली अटक । टाकल्या बेड्या तडकाफडक । दिली तुरुंगाची शिक्षा कडक । चौघांनाही ।। 1763 ।। जेव्हां आले ते भानावर । तेव्हां झाले चौघे तयार । शिवाजींचे होण्या चाकर । आनंदाने ।। 1764 ।। चौघेही झाले शिवाजींचे चाकर । सरनाईक नेताजी पालकर । पुरंदरचे

# 84. Shivaji, twenty-four years old, 1654.

नवीन किल्लेदार । नियुक्त झाले[186] ।। 1765 ।। निर्भीड धैर्यशील वीर । कठिण प्रसंगी खंबीर । धीट पुरुष सदा स्थिर । पालकर ।। 1766 ।।

✍दोहा॰ पुरंदर के महादजी, सरनाईक सुजान ।
किलेदार सम्मान्य थे, सेवक निष्ठ महान ।। 1503
गए अचानक एक दिन, महादजी परलोक ।
हुए शिवाजी थे दुखी, स्वराज्य में था शोक ।। 1504
उनके बेटे चार थे, चारों गुंडाछाप ।
बापू के पद के लिए, झगड़ा किया अमाप ।। 1505
पता शिवाजी को लगा, झगड़ रहे हैं चार ।
वहाँ पुरंदर दुर्ग का, खुला छोड़ कर द्वार ।। 1506
भाई-भाई लड़ रहे, आपस में दिन-रात ।
कही शिवाजी की नहीं, सुनी उन्हों ने बात ।। 1507
उन्हें चाहिए नौकरी, आदिल के ही पास ।
उन्हें मराठों के नहीं, बन जाना है दास ।। 1508
उन चारों को चाहिए, आदिलशाही शान ।
उनको स्वामी चाहिए, बिजापुरी दीवान ।। 1509

(तब)

उन्हें शिवाजी ने किया, इक साथ गिरफ्तार ।
पड़े कैद में वे जभी, मान गए फिर हार ।। 1510
आए फिर वे होश में, पड़ा सखत जब दंड ।
बने दास स्वातंत्र्य के, सेवा करी अखंड ।। 1511
नया पुरंदर का बना, दमदार किलेदार ।
श्री नेताजी पालकर, शूर वीर सरदार ।। 1512

---

[186] नेताजी पालकर, किल्लेदार पुरंदर : November 1654.

## 85. Shivaji, twenty-five years old, 1655.

# YEAR 1655

85. वीर शिवाजी–25 :

## चंद्रराव मोरे

85. Shivaji, twenty-five years old, 1655.

### वीर शिवाजी पंचवीस वर्षांचे

संगीत श्री शिवाजी चरित्र राग–छंद माला, पुष्प 185

**भावगीत**

शिवराया

**आवडीचा माझा, तृप शिवराया,**
**ज्याने सिद्ध केले, स्वातंत्र्य स्वप्न ।। 1**
**ज्याने जुळवीले, महावीर नाना ।**
**तोचि एक माझा, वीरश्री रत्न ।। 2**
**किल्ले ज्याचे हाती, तीनशे–साठ ।**
**नित्य केले त्याने, भीष्म प्रयत्न ।। 3**
**हरले अनेक, ज्यासी महा विघ्न ।**
**हरविले त्याने, नाना सपत्न ।। 4**

**ओवी॰** वत्सर सोळाशे–पंचावन्न । पंचवीशीचे प्रतिपादन । आले सुलक्षण घेऊन । शिवाजीला ।। 1767।। चार वर्षे गेली मंद । स्वराज्याची कामें बंद । आता शिवाजी स्वच्छंद । स्वाऱ्यांसाठी

## 85. Shivaji, twenty-five years old, 1655.

।। 1768 ।। आता पुरे झाल्या गप्पा । तयार झाले पंत, अप्पा । पहिला जावळीचा टप्पा । बेत झाला ।। 1769 ।।

**दोहा॰ चार साल से बंद थे, राज्यवृद्धि के काम ।**
**पिता पड़े थे कैद में, तब तक था विश्राम ।। 1513**
**अब थी बाधा टल गई, खुले होगए हाथ ।**
**अब कर सकते आक्रमण, बड़े जोर के साथ ।। 1514**
**पहिला टप्पा जावळी, चंद्रराव पर वार ।**
**चंद्रराव बागी हुआ, स्वराज्य कर इनकार ।। 1515**

(जावळी)

**ओवी॰** चार पहाडांत लपली जावळी । दऱ्यांच्या झुडुपांत विणली जाळी । घनदाट वृक्षछायेने सावळी । सुखरूप ।। 1770 ।। भव्य मंगळगड, मकरंदगड । महाबळेश्वर, पारघाट पहाड । चहुं बाजूंनी उभे पर्वत प्रचंड । रक्षणाला ।। 1771 ।। हिंस्र श्वापदें शोधती भक्ष । निरुंद वाटांवर काटेरी वृक्ष । पाल्या-पाचोळ्यांत दडलेले तक्ष[187] । प्राणांतक ।। 1772 ।। दगड धोंडे पाषाण गोटे । व्यापती भूमि, लहान मोठे । चालताना पाय द्यावा कोठे । हाच प्रश्न ।। 1773 ।। ताठ पहाडांचे कडे । चंड उतार निसरडे । किर्र जिकडे तिकडे । दाट रान ।। 1774 ।।

**दोहा॰ चार पहाड़ों में बसी, छुपी विपिन में घोर ।**
**चट्टानों की ओट में, नदी कोयना छोर ।। 1516**
**हिंस्त्र जानवर विपिन में, पथरीले पथ क्लिष्ट ।**
**बसी सुरक्षित जावळी, हासिल करने इष्ट ।। 1517**
**आदिल के अधिकार में, ना हो ऐसा स्थान ।**
**स्वराज्य का यह भाग है, स्वराज्य के हैं प्राण ।। 1518**

(चंद्रराव मोरे)

---

[187] **तक्ष :** तक्षक, साप Snake

## 85. Shivaji, twenty-five years old, 1655.

卐ओवी० जावळीच्या गादीवर चंद्रराव । ठेविला शिवाजीने जाणोनी साव । काही वेळाने त्याचे वाढले भाव । बंड झाला ।। 1775 ।। कराया शिवाजी राजेंचा घात । आदिलाशीं जोडले त्याने हात । झाला शिरजोर द्याया मात । मराठ्यांना ।। 1776 ।। नसो असा सुभा स्वराज्यात । आदिलशहाचा ताबा ज्यात । होते हे शिवाजींच्या मनात । नेहमीच ।। 1777 ।। मोऱ्याने स्वराज्यात यावे । सेवकांत सामील व्हावे । आदिलाचे दास नसावे । वाटे त्यांना ।। 1778 ।। शिवाजींनी तसे लिहिले पत्र । पाठविले चंद्ररावला तत्र । त्यात संदेश होता भद्र । साम नीति ।। 1779 ।।

✍दोहा० **चंद्रराव को जावळी, दत्तक रूप प्रदान ।**
**करी शिवाजी ने स्वयं, पधार कर उस स्थान ।। 1519**
**गादी मिलते ही हुआ, चंद्रराव विपरीत ।**
**पक्ष छोड़ कर बन गया, सुलतानों का मीत ।। 1520**
**ना हो राज्य स्वराज्य में, जो आदिल का दास ।**
**चंद्रराव सेवा करे, स्वराज्य की, मुख हास ।। 1521**

(अत:)

**पत्र शिवाजी ने लिखा, चंद्रराव को खास ।**
**भाषा उसमें भद्र थी, समझौते की आस ।। 1522**
**पढ़ कर उस अनुबंध का, चंद्रराव को क्षोभ ।**
**उसको आदिलशाह की, कृपा दृष्टि का लोभ ।। 1523**

(पण, चंद्रराव)

卐ओवी० चंद्रराव मोरे मगरूर । त्याला वाटे तो फार शूर । त्याला न शिवाजींची जरूर । अजीबात ।। 1780 ।। चंद्रराव मोरे तापट । त्याने दिले उत्तर उद्धट । भाषा त्याची होती तिखट । तिरकट ।। 1781 ।। लखोटा तो शिवाजीला मिळाला । वाचोनी त्यांचा संयम पळाला । मग कडक लखोटा निघाला । शिवाजींचा ।। 1782 ।। वाचोनी चंद्रराव हसला । त्याचा विश्वास न बसला । शिवाजी हा राजा कसला । तो म्हणाला ।। 1783 ।। जावळी–कोकण चे आम्हीं राजे । नको लुडबुड आमच्या काजें । आदिलाशी नाते आमुचे ताजे । अधिकृत ।। 1784 ।। जावळी

# 85. Shivaji, twenty-five years old, 1655.

आमची अगम । समजूं नये ती जंगम । इथे येणे न सुगम । कुणासाठी ।। 1785 ।। सैनिक आमचे फिरती । जावळीत जे शिरती । आक्रमकांना ते चिरती । ध्यानीं असो ।। 1776 ।। वाचून मोऱ्याची वल्गना पाजी । शिवाजीने धाडली थैली ताजी । निमुटपणे व्हावे तुम्हीं राजी । हेच बरे ।। 1787 ।। आपण हे ध्यानी घ्यावे आधी । आम्हींच तुम्हां दिली ही गादी । आता आपण झालां उन्मादी । भले न हे ।। 1788 ।। आम्हीं आपणांस करूं कैद । दूर होईल तुमची ऐद । ताळ्यावर यावे तुम्हीं ही उमेद । आहे आम्हां ।। 1789 ।। चंद्रराव चिडोनी लिहीतो उणे । उद्या यायचे करा आजच येणे । येथोन परत होईल न जाणे । बजावितो! ।। 1790 ।। पुरुषार्थ असेल तो दाखवावा । ज्याचे मरणे आले तो पाठवावा । जावळीचा हा इशारा आठवावा । भूल नसो ।। 1791 ।। इथे याल तर होईल अपाय । येथून दूर रहा हाच उपाय । आता, उचित वा अनुचित काय । निवडावे ।। 1792 ।।

**दोहा॰ चंद्रराव मगरूर था, और अकल से मंद ।**
**उसे लगा वह शूर है, धनवान अकलमंद ।। 1524**
**उसने उत्तर में लिखी, बहुत बेतुकी बात ।**
**मुझे नसीहत आप दें, ऐसी क्या औकात? ।। 1525**
**मुझे जरूरत आपकी, नहीं किसी भी बात ।**
**आदिलशाही दास मैं, वहीं हमारे तात ।। 1526**
**मेरे तुम राजा न हो, ना मैं तुमरा दास ।**
**पत्र आपका बाच कर, मुझको आता हास ।। 1527**
**राज्य हमारा जावळी, हम उसके सरकार ।**
**किसी शिवाजी की हमें, तनिक नहीं दरकार ।। 1528**
**अगम हमारी जावळी, रहना सीमा पार ।**
**आ न सकोगे तुम यहाँ, डालेंगे हम मार ।। 1529**
**जवाब चंदरराव का, घमंड का दीदार ।**
**किया शिवाजी पर बड़ा, आश्चर्य का प्रहार ।। 1530**

(शिवाजी राजे)

# 85. Shivaji, twenty-five years old, 1655.

卐ओवी॰ शिवाजींनी दिली ताकीद अंतिम । अधिक न व्हावे आपण उद्दाम । जावळी खाली करोनी यावे शरण । हा हुकूम ।। 1793 ।। अधिक कराल जर घाण । घेणार आम्हीं आपले प्राण । सूचना ही, भवानीची आण । ऐकून घ्या ।। 1794 ।।

✍दोहा॰ लिखा शिवाजी ने तभी, उत्तर उसको साफ ।
आगे गड़बड़ आपकी, नहीं करेंगे माफ ।। 1531
आओ सीधे रासते, अभी आप चुपचाप ।
वरना आकर जावळी, देंगे तुमको ताप ।। 1532
चंद्रराव ने फिर कही, वही घमंडी बात ।
आना है तो आज ही, आओ पाने घात ।। 1533
भेजो ऐसे मर्द को, जिसकी आयी मौत ।
या तुम आओ आप ही, हो जाओगे फौत ।। 1534
सीमा हमरी अगम है, कर न स्कोगे पार ।
कदम यहाँ पर जो रखे, उस पर होगा वार ।। 1535
चाहे आकर देख लो, यहाँ आप इक बार ।
करके तुम स्वीकार ये, चेतावनी हमार ।। 1536

(शिवाजी)

भेजी अंतिम सूचना, चंद्रराव के पास ।
और शिवाजी ने कहा, करलो तुम विश्वास ।। 1537
आओ सब कुछ छोड़ कर, शरण हमारी आज ।
तभी सुरक्षित प्राण हैं, और तिहारा राज ।। 1538

## 86. Shivaji, twenty-six years old, 1656.

# YEAR 1656

86. वीर शिवाजी–26 :

### रायगड विजय

86. Shivaji, twenty-six years old, 1656.

### वीर शिवाजी सव्वीस वर्षांचे

卐ओवी॰ सन सोळाशे-छप्पन, स्वराज्य कराया स्थापन । दिले शत्रूंना आवाहन । शिवाजीने ।। 1795 ।। सव्वीस वर्षे वयाचा तरुण । शिवाजी धोरणी तसा करुण । नीति-नियमांना धरून । वागतो तो ।। 1796 ।।

✍दोहा॰ **राज्य शिवाजी का चले, नीति नियम के साथ ।**
**राजा वह नरवीर है, और दया का नाथ ।। 1539**

### लक्ष्मीबाई भोसले

卐ओवी॰ कराया राजकारणी प्रबंध । जुळविला विवाह संबंध । पाचवे लगीन सानंद । शिवाजींचे ।। 1797 ।। लक्ष्मीबाई पत्नी पाचवी । शिवाजींची नवेली नवी । राजकारण अनुभवी । सुशील स्त्री ।। 1798 ।।

✍दोहा॰ **शसक्त करने के लिए, राजकीय प्रबंध ।**
**नया शिवाजी ने किया, वैवाहिक संबंध ।। 1540**
**लक्ष्मीबाई नाम की, कन्या चारु सुशील ।**
**राजनीति विज्ञात थी, अरु संवेदनशील ।। 1541**

(जावळी काबीज, जानेवारी 1656)

## 86. Shivaji, twenty-six years old, 1656.

**ओवी०** ऐकोनी चंद्ररावचा जवाब । केला निर्णय ताबडतोब । बोलाविले गडी विना विलंब । शिवाजीने ।। 1799 ।। शिवरायाने जोडले वीर । निवडक धारकरी धीर । कराया चढाई विना उशीर । जावळीवर ।। 1800 ।। तुटून पडले अचानक सारे । संभाजी कावजी धावले सामोरे । ठार केला हणमंतराव मोरे । कट्यारीने ।। 1801 ।। लढाई झमकली भयाण । मोऱ्यांची उडाली दाणादाण । मोऱ्यांत उरला नाही त्राण । तोंड देण्या ।। 1802 ।। झाली कापाकापी घोर । चाले ना मोऱ्यांचा जोर । पळाला हरामखोर । चंद्रराव ।। 1803 ।। सोडोनी रण ते अवघड । गाठला त्याने रायरीचा गड । दिधली जावळी, मनाने जड । शिवाजीला ।। 1804 ।। एक मोरे प्रतापराव उरला । तो भिऊन पळाला विजापूरला । आता इथे कोणीच नुरला । जावळीत ।। 1805 ।। मोऱ्यांना करून खारीज । केली जावळी काबीज । प्रशांत झाले काळीज । शिवाजींचे ।। 1806 ।।

**दोहा०** **चंद्रराव ने जब दिया, झट से फिर दुतकार ।**
**तुरत शिवाजी ने किया, फौजी दल तैयार ।। 1542**
**बिना किसी आवाज के, टूट पड़े रणवीर ।**
**जो आया तब रोकने, डाला उसको चीर ।। 1543**
**चंद्रराव के वीर जब, कीन्हे स्वर्ग प्रयाण ।**
**भागा चंद्रराव भी, स्वयं बचाने प्राण ।। 1544**
**छोड़ कर फिर जावळी, चंद्रराव ने आप ।**
**छुपा रायरी-दुर्ग में, आकरके चुपचाप ।। 1545**
**मिला शिवाजी को सभी, जावळी का विभाग ।**
**चंद्रराव ना था वहाँ, कहाँ गया वह भाग? ।। 1546**

## रायगड विजय

(मोरे)

**ओवी०** मोरे हळहळले । धैर्य त्यांचे गळाले । वेगळाले ते पळाले । सैरावैरा ।। 1807 ।। आले रायरीच्या गडावर । जीव वाचवोनी भराभर । डोंगरी किल्ला शिखरावर । फार उंच ।। 1808 ।।

# 86. Shivaji, twenty-six years old, 1656.

सोबत मोठा मुलगा बाजी । आणि लहान पुत्र कृष्णाजी । जसा बाप तसेच ते पाजी । दोन्हीं मुलें ।। 1809 ।। दडून बसले सुरक्षित । तिघेही रायरीच्या कुक्षीत । शिवाजींच्या आले ते लक्षात । पलायन ।। 1810 ।। शिवाजीला आला राग । त्यांनी केला पाठलाग । पोहचले मागोमाग । रायरीला ।। 1811 ।। शिवाजीने घेरला गड । परंतु मोरे वरचढ । संकेत देईना ते धड । तहासाठी ।। 1812 ।। शिवाजीने ठोकला तळ । बघाया त्यांचे किती बळ । काढूं न शकले ते पळ । एक मास ।। 1813 ।। रसद संपली जेव्हां पूर्ण । अभिमान त्यांचा झाला चूर्ण । मोरे तिघेही आले शरण । शिवाजीला ।। 1814 ।। चंद्रराव मोऱ्याची झाली माती । गड पडला शिवाजींच्या हातीं । पराक्रम हा जग जन पहाती । कौतुकाने ।। 1815 ।।

**संगीत श्री शिवाजी चरित्र राग-छंद माला, पुष्प 186**

रायगड

**स्थायी**

**रायगडावर, उंच नभांतर,**
**शिव-विजयाच, ध्वज फडफडतो ।**

**अंतरा-1**

**सूर्य-उगवता, रंग जयाचा,**
**उज्ज्वळ पावन नभीं शोभतो ।**

**अंतरा-2**

**शिवरायाचा बालेकिल्ला,**
**शत्रूंच्या मनीं सतत बोचतो ।**

(चंद्रराव मोरे)

**दोहा॰** **किला रायरी का बसा, उच्च शिखर पर दूर ।**
**अन्न-धान्य था दुर्ग में, भरा हुआ भरपूर ।। 1547**
**लगी मराठा छावनी, गढ़ की चारों ओर ।**
**पुनः किले को छोड़ कर, भाग न पाया चोर ।। 1548**

## 86. Shivaji, twenty-six years old, 1656.

**एक माह के बाद जब, खाना हुआ खलास ।**
**क्षमा माँग कर चंद्रराव, बना मराठा दास ।। 1549**

(शिवाजी)

**卐ओवी॰** शिवाजीने करोनी विश्वास । घेतले राज्य सेवेत मोऱ्यांस । मोरे झाले स्वराज्याचे दास । वरपांगी ।। 1816 ।। शिवाजीला आली दया । केली त्यांची गयावया । त्यांना दाखवोनी माया । मान दिला ।। 1817 ।। छावणीत दिली मोकळीक । पण त्यावे केली आगळीक । संबंध त्याचे अप्रामाणिक । आदिलाशीं ।। 1818 ।। मुक्ति मिळतां आल्यापावली । चोरून पत्रें त्याने धाडली । पण हेरांनी ती पकडलीं । वाटेतच ।। 1819 ।। तिन्हीं मोऱ्यांना पुन्हा पकडले । साखळीने बांधून जकडले । आता त्यांचे नशीब दवडले । मृत्यूकडे ।। 1820 ।। साम-दामादि सर्व काही । मोऱ्यांवर करून पाही । जित्याची खोड जात नाही । मेल्याविना ।। 1821 ।। विश्वास अविश्वासूंचा ही । करून लाभ झाला नाही । दिला शेवटी तिघांनाही । मृत्युदंड ।। 1822 ।। चंद्रराव मोरे मेला । रायरी देऊन गेला । शिवाजींनी पुन्हा केला । जय प्राप्त ।। 1823 ।।

**✍दोहा॰** **माफ शिवाजी ने किया, देकर जीवन दान ।**
**आदर देकर दुष्ट का, किया बहुत सम्मान ।। 1550**
**दिया किले में घर उसे, और सभी सामान ।**
**खाना-पीना सब दिया, सच्चा सेवक जान ।। 1551**
**फिर भी उस बदमाश ने, करके तर्क-वितर्क ।**
**किसी बहाने से किया, आदिल से संपर्क ।। 1552**
**लिखे पत्र संकेत में, रचने को षडयंत्र ।**
**मगर पत्र पकड़े गए, असफल उसका तंत्र ।। 1553**
**पता शिवाजी को चला, जब उसका व्यवहार ।**
**मृत्यु दंड उसको दिया, और किया संहार ।। 1554**

(रायगड)

## 86. Shivaji, twenty-six years old, 1656.

**ॐ ओवी॰** बांधला पक्का, पडका गड । केला विस्तार त्याचा बेजोड । दिले नांव "रायगड" । त्या किल्याला ॥ 1824 ॥ गड फारच विशाळ । उंच स्पर्शतो आभाळ । कीर्ति त्याची सर्वकाळ । इतिहासें ॥ 1825 ॥ मैत्रीचा आणोनी आव । साळसूद बंधुभाव । दर्शविले आम्हीं साव । मुगलांना ॥ 1826 ॥ जोहोर, कांगोरी, चंद्रगड । सोनगड, चांभारगड । चतुर्वेद, मकरंदगड । सर केले ॥ 1827 ॥ आदिलशहा पडला आजारी । जाणत होते त्याची कमजोरी । कुतुब, मराठे शेजारी । मुगलही ॥ 1828 ॥ विजापूरी मोहीमा तहकूब । आणि सुस्त होते कुतुब । शिवाजीने घेतला लाभ खूब । राज्यासाठी ॥ 1829 ॥ सुपे, दाभोळ, कोकण । आदिल निष्क्रिय बघुन । जिंकले अनेक रण । शिवाजीने ॥ 1830 ॥

**दोहा॰** चंद्रराव मोरे मरा, छोड़ गया धनभार ।
दे गया रायरी किला, जावळि भी उपहार ॥ 1555
मिला शिवाजी को यहाँ, संपद का भंडार ।
जिस धन से संभव हुआ, जीर्ण दुर्ग उद्धार ॥ 1556
नया बनाया वह किला, करके दृढ़ विस्तार ।
नया नाम गढ़ के दिया, "रायगड" शानदार ॥ 1557
विशाल ऊँचा रायगड, छूता है आकाश ।
स्वराज्य का यह मुकुटमणि, उज्ज्वल जिसे प्रकाश ॥ 1558

(उधर)

मुगल आपसी युद्ध में; आदिल था बीमार ।
संधि शिवाजी को मिली, करन राज्य विस्तार ॥ 1559
किले अनेकों जीत कर, जीता कोकण देश ।
सागर तट तक कर दिया, स्वातंत्र्य का प्रदेश ॥ 1560
आदिल ना कुछ कर सका, शय्या पर बीमार ।
जीत शिवाजी था रहा, संगर बारंबार ॥ 1561

 संगीत श्री शिवाजी चरित्र राग-छंद माला, पुष्प 187

## 86. Shivaji, twenty-six years old, 1656.

वीर शिवाजी, रायगड

**स्थायी**

**वीर शिवाजी आमुचा, महा झुजारू, रे! ।**
**रायगडावर त्याचा झेंडा, उंच उभारू, रे! ।।**

**अंतरा–1**

**किल्ले त्याने विविध जिंकले, आणि रचले नाना ।**
**विस्मयकारक विश्व जाहले, बघुनी गड किल्यांना ।**
**अभिनंदन या! करूं तयाचे, पोवडे गाऊं, रे! ।**
**या! नाचूं गाऊं, रे! ।।**

**अंतरा–2**

**देवी भवानी प्रसन्न ज्याला, शुभ वर अर्पण त्याला ।**
**दिली तिने तलवार आपुली, आनंदाने त्याला ।**
**अपुला नेता करूं तयाला, शस्त्र उगारूं, रे! ।**
**जुलमींना मारूं, रे!**

(आदिलशहा चा मृत्यु)

**卐ओवी॰** चतुर्थ नोव्हेंबरला । आदिलशहा वारला । सुतुक विजापूरला । शोकसभा ।। 1831 ।।
अली त्याचा पुत्र किशोर । एकुलता एक तो पोर । विजापूरच्या गादीवर । बसविला ।। 1832
।। आई त्याची बडी बेगम[188] । धूर्त बाई नवऱ्यासम । झाली महाराणी सक्षम । अलीतर्फे ।।
1833 ।। एका भावाला मारून । दूज्याचे डोळे फोडून । झाला होता सुलतान । तिचा पति ।।
1834 ।।

**✍दोहा॰** **इक दिन आदिल मर गया, वारिस पुत्र किशोर ।**
**सिंहासन पर आगया, रीति नियम की तौर ।। 1562**
**राज बड़ी बेगम करे, किशोर सुत के नाम ।**

---

[188] **बडी बेगम :** A Taz-ul-Mukhaddirat Uliya Janaba, wife of Muh. Adil Shah (r. 1626-1655).

## 86. Shivaji, twenty-six years old, 1656.

**जैसा वह थी चाहती, वैसे होते काम ।। 1563**
**नारी वह अति क्रूर थी, और बड़ी चालाक ।**
**षड्यंत्रों में निपुण थी, सबको उसकी धाक ।। 1564**
**खून शिवाजी का करें, उसको मन में आस ।**
**ऐसे काबिल वीर की, उसको सदा तलाश ।। 1565**

(संभाजी राजे ह्यांचा मृत्यु)

**卐ओवी॰** कर्णाटकातून आली खबर । दु:ख दायक होती जबर । संभाजी राजे[189] मोहीमेवर । गेले जेव्हां ।। 1835 ।। कनगगिरीच्या स्वारीवर । अफजलखानच्या बरोबर । आदिलशहाचा जो वजीर । दगाबाज ।। 1836 ।। विश्वासघातकी चतुर । अफजल झाला फितूर । मिळाला ऐन वेळेवर । शत्रुसंगे ।। 1837 ।। संकट कोसळले घोर । संभाजी राजे झाले ठार । अफजल झाला फरार । रणातून ।। 1838 ।। घटना ही दु:खद फार । कोसळली मराठ्यांवर । ज्येष्टबंधु कर्तबगार । शिवाजींचा ।। 1839 ।।

**✍दोहा॰** **सेवक आदिलशाह का, संभाजी सरदार ।**
**आजीवन सेवा करी, कर्नाटक के पार ।। 1566**
**बंधु शिवाजी का बड़ा, संभाजी था वीर ।**
**इक दिन रण पर साथ था, अफजलखान वजीर ।। 1567**
**कनकगिरी में युद्ध था, मुकाबला घमसान ।**
**ऐन समय पर होगया, फितूर अफजलखान ।। 1568**
**संभाजी को घेर कर, मरवाने का काम ।**
**कीन्हा अफजलखान ने, पाने बड़ा इनाम ।। 1569**
**संभाजी सरदार ने, खूब कमाया नाम ।**
**सेवा आदिलशाह की, करके कटु परिणाम ।। 1570**

---

[189] **संभाजी राजे :** (1623-1656), Shivaji's elder brother.

## 87. Shivaji, twenty-seven years old, 1657.

# YEAR 1657

87. वीर शिवाजी–27 :

### शिवाजी, ४० किल्ले सर

### 87. Shivaji, twenty-seven years old, 1657.

संगीत श्री शिवाजी चरित्र राग–छंद माला, पुष्प 188

चाल : बेथोवीन ची सिंफनी–9 प्रमाणे

शिवाजी ची अर्चना

**स्थायी**

**दरशन दिज्यो देवी! मोहे सपनन में ।**

♪ गगगम मग गरे! ऩिऩि रेगरेरे ऩि– ।

**अंतरा–1**

**निश दिन अरपण चरण कमल में ।**

♪ गगगम मगगरे ऩिऩिरे गगरे रे– ।

**अंतरा–2**

**शुभ वर दिज्यो देवी! मोहे गरदिश में ।**

**अंतरा–3**

**मोहे यश दीज्यो देवी! अब इस रण में ।**

### सकवारबाई, काशीबाई, गुणवंताबाई भोसले

# 87. Shivaji, twenty-seven years old, 1657.

卐ओवी॰ वाढविण्या राजकीय बंध । शिवाजीने केला प्रबंध । तीन वैवाहिक संबंध । घडवुनी ।। 1840 ।। सकवारबाई पत्नी सहावी[190] । गायकवाड कुळ होते नावी । शिवाजींचे अंगरक्षक भावी । कृष्णराव ।। 1840 ।। काशीबाई पत्नी सातवी[191] । जाधव कुळ अनुभवी । सिंदखेड-राजे पदवी । संताजींना ।। 1841 ।। संताजींची मुलगी काशी । जिजाबाईंची नात-भाची । होती फार त्यांच्या लाडाची । हसमुखी ।। 1842 ।। विदर्भाची वऱ्हाडी भाषिणी । इंगळे कुळाची सौभागिनी । गुणवंताबाई आठवी पत्नी[192] । शिवाजींची ।। 1843 ।। विदर्भाशीं संबंध जुळला । एक नवीन मार्ग खुलला । पूर्वेकडे प्रभाव वळला । स्वातंत्र्याचा ।। 1844 ।।

दोहा॰ **विस्तृत करने राष्ट्र में, राजकीय संबंध ।**
**तीन शिवाजी ने किए, वैवाहिक अनुबंध ।। 1571**
**तीन कुटुंब महान थे, जाधव गायकवाड ।**
**विदर्भ में शुभ नाम का, इंगळे था परिवार ।। 1572**
**विदर्भ से नाता जुड़ा, खुला नया परिवेश ।**
**पूर्व दिशा में राज्य का, उभरा नया निवेश ।। 1573**

(छापेमारी)

卐ओवी॰ सन सोळाशे-सत्तावन । सत्तावीस वर्षांचा तरुण । रण राजनीति निपुण । शिवराया ।। 1845 ।। नव्या मोहीमांना आरंभ । गनीमी स्वाऱ्यांस प्रारंभ । छापेमारीचा अवलंब । अविलंब ।। 1846 ।। किल्ले बांधणीस हवा पैसा । वाहवावा लागे पाण्या जैसा । शत्रूंपासोनी तो घ्यावा कैसा । मुबलक ।। 1847 ।। जनतेवर न देतां भार । विना वढविता कृषि-कर । एक उपाय असेल जर । शत्रुघात ।। 1848 ।। मुगलांनी लूटला जैसा । जनगणांपासोनी पैसा । घ्यावा लागे वापस तैसा । माल तोचि ।। 1849 ।। उभारली गनीमी सेना । वर्णन जिचे करवेना । हातीं

---

[190] **सकवारबाई गायकवाड :** Married Jan 10, 1657.

[191] **काशीबाइ जाधव :** Married April 08, 1657.

[192] **गुणवंताबाई इंगळे :** Married April 15, 1657.

## 87. Shivaji, twenty-seven years old, 1657.

शत्रूंच्या ती लागेना । पळपुटी ।। 1850 ।। छापा इथे, छापा तिथे । संधि प्राप्त झाली जिथे । कराया खजीने रिते । सुलतानी ।। 1851 ।।

✍दोहा० **करने चारों ओर से, स्वराज्य का विस्तार ।**
**धन का सोता चाहिए, बिना प्रजा पर भार ।। 1574**
**सुलतानों ने लूट जो, की दिन-रात अटूट ।**
**वही प्रजा का माल हम, लेंगे उनसे लूट ।। 1575**
**सुलतानों को लूटने, हुआ सैन्य तैयार ।**
**चंचल छापेमार जो, करे अचानक वार ।। 1576**
**हमला करके लूटते, और लगाते आग ।**
**असमंजस में डाल कर, तुरंत जाते भाग ।। 1577**
**यहाँ-वहाँ वे मारते, छापे दिन या रात ।**
**हाथ न आते वे कभी, ऐसे थे निष्णात ।। 1578**

## जुन्नर, चाकण, अहमदनगर

卐ओवी० शिवाजींची सेना खास । दरोडे निपुण नि:शेष । शिलेदारांची विशेष । मावळ्यांची ।। 1852 ।। मुगलांचे ठाणे जुन्नर । राजेशाही फार सुंदर । पहारेदार पाच-शंभर । ठाण्यामध्ये ।। 1853 ।। आहे तिथे धन द्रव्य । शस्त्र साठा फार भव्य । घोडशाळा अवाढव्य । ज्ञात होते ।। 1854 ।।

✍दोहा० **थाना मुगलों का बड़ा, सुंदर, जुन्नर नाम ।**
**लूटा दौलत से भरा, राजेशाही धाम ।। 1579**
**शस्त्रों का भंडार है, संगर का सामान ।**
**घोड़े अरबी पाँच सौ, सजे हुए दरबान ।। 1580**
**तटबंदी मजबूत है, कौन करेगा पार ।**
**खोया है इस ख्याल में, अचेत थानेदार ।। 1581**

(एक दिवस)

# 87. Shivaji, twenty-seven years old, 1657.

卐ओवी॰ एके रात्री मावळे धाड । रात्रीच्या काळोख्या आड । घेऊनीया हेर लबाड । कूच झाली ।। 1855 ।। तटबंदी मजबूत । अभेद्य ही त्यांची समजूत । द्वार बंद करोनी सुप्त । ठाणेदार ।। 1856 ।। दोरांनी भींत चढून । तटबंदी ओलाडून । मावळे आले जपून । किल्यामध्ये ।। 1857 ।। मुळी न लागूं देता चाहूल । शिरले आंत मंद-पाऊल । कापाकापी शत्रूची तुमुल । चालू केली ।। 1858 ।। झोपेतच मेले किती । कुणांला वाटली भीती । लढाया झाली न छाती । कित्येकांची ।। 1859 ।। उघडोनी मुख्य द्वार । मराठे झाले फरार । द्रव्य, घोडे, शस्त्रभार । घेओनिया[193] ।। 1860 ।। जुन्नरचा सर्व खजीना । हिरे मोती सोने दागीना । नेले आडकाठी विना । मराठ्यांनी ।। 1861 ।। "लूटके खजीना, पाग । मऱ्हाटे गये सब भाग" । आपादमस्तकीं आग, औरंग्याच्या ।। 1862 ।।

**दोहा॰** **इक दिन आधी रात में, आए छापेमार ।**
**जुन्नर-थाने में घुसे, फाँद बड़ी दीवार ।। 1582**
**पहरे सोए शांति से, जैसे सोते रोज ।**
**आज आगए मावळे, उनकी करके खोज ।। 1583**
**सोए-सोए कट गए, अनेक पहरेदार ।**
**जो जागे सो डर गए, कर न सके प्रतिकार ।। 1584**
**रुपया गहने स्वर्ण के, हीरे-मोती थाल ।**
**अश्व शस्त्र सामान भी, लूटा सारा माल ।। 1585**
**मुख्य द्वार फिर खोल कर, भागे अश्वसवार ।**
**लेकर धन सब होगए, विद्युत वेग फरार ।। 1586**
**सुनी खबर जब लूट की, द्रव्य अश्व सामान ।**
**हक्काबक्का रह गया, दिल्ली का सुलतान ।। 1587**

(इतर लूट)

---

[193] **जुन्नरची लूट :** April 1657.

## 87. Shivaji, twenty-seven years old, 1657.

卐**ओवी॰** तेथून आले पळून । लूटले ठाणे चाकण । जिथे न मुगल राखण । मजबूत ।। 1863 ।। मग आसपासचे भाग । लूटून नेले मागोमाग । मुगलांना आला राग । पण काय? ।। 1864 ।। मग मुगलांचे शहर । ठाणे अहमदनगर । घेओनी लूट थोडी-फार । निसटले ।। 1865 ।। मुगलांचे अशेरी-कल्याण । राजापुर सिद्दी पासून । जिंकले स्वाऱ्या करून । मावळ्यांनी ।। 1866 ।।

✍**दोहा॰** **मुगलों के थाने कई, लूटे उसके बाद ।**
**जो था मुगलों ने किया, वही दिलाया याद ।। 1588**

### संभाजी राजे ह्यांचा जन्म

卐**ओवी॰** सईबाई वय चोवीस वर्ष । दिव्य-पुत्र प्राप्तीचा हर्ष[194] । भावी महाराष्ट्र-नृप आदर्श । महावीर ।। 1867 ।। नांव त्याला दिले "संभाजी" छान । स्वर्गीय काकांना द्यावया मान । स्मृति त्यांची ठेवाया विद्यमान । चिरकाळ ।। 1868 ।। संभाजी निघाला विक्रमी । इतिहासात पराक्रमी । स्वराज्यसंग्रामाचा प्रेमी । बापासम ।। 1869 ।। बापासमान तो शूर । बापासमान मशहूर । संभाजींची कीर्ति दूर । पसरली ।। 1870 ।। सईबाईंच्या सुकन्या तीन । संभाजीपेक्षा लहान । सखु, राणु, अंबिका छान । नावें त्यांची ।। 1871 ।।

✍**दोहा॰** **चौबीस वर्ष की सई, माता बनी महान ।**
**शूर शेर सम पुत्र की, संभाजी शुभ नाम ।। 1589**
**पिता समाना पुत्र जो, मर्द मराठा वीर ।**
**कीर्तिमान इतिहास में, अटल अडिग रणधीर ।। 1590**

(औरंगजेबची धडपड)

卐**ओवी॰** मराठ्यांनी माजविली लूट । पण मुगल न एकजूट । औरंगजेबला खुटखुट । गादीसाठी ।। 1872 ।। शिवाजीने चालविला धुमाकुळ । तरीही औरंगजेब निर्बळ । त्याला सिंहासनाची कळकळ । दिल्लीवाल्या ।। 1873 ।। लागे न त्याची कुठेच किल्ली । महाराष्ट्रात तो "भीगी

---

[194] **संभाजी राजे :** 1657-1689.

# 87. Shivaji, twenty-seven years old, 1657.

बिल्ली" । पळून त्याने गाठली दिल्ली । शीघ्र गति ।। 1874 ।। शहाजहान पडला आजारी । त्याने वारसाची केली तयारी । दारा शुकोहवर भीस्त भारी । होती त्याची ।। 1875 ।। औरंगजेबला गादीचा मोह । भावांविरुद्ध केला विद्रोह । मुराद, शुजा, दारा शुकोह । भाऊ त्याचे[195] ।। 1876 ।। शुजा बंगालचा प्रांत । मुरादबक्ष गुजरातेत । दारा शुकोह पंजाबात । सुभेदार ।। 1877 ।। भावा-भावंत आलं वाकडं । झाली सुरू धरपकड । औरंगजेबची अकड । तिखट ती ।। 1878 ।। दिल्लीकडे धावपळ । घेऊनी हेरांचे दळ । बाप, भावांच्या सकळ । नाशासाठी ।। 1879 ।।

**दोहा॰ लूट रहे थे राज्य को, इधर मराठे मस्त ।**
**मगर उधर कुल-कलह में, औरंगजेब था व्यस्त ।। 1590**
**दक्षिण को फिर छोड़ कर, दिल्ली को प्रस्थान ।**
**विरुद्ध तीनों बंधु के, रचने कारस्थान ।। 1591**
**दिल्ली में थे चल रहे, दाँव-पेंच के खेल ।**
**उधर मराठों के मजे, रोज रहा था झेल ।। 1592**
**निर्बल ने कुछ ना किया, हमलों का प्रतिकार ।**
**दिल्ली का आसन मिले, उसको यही विचार ।। 1593**
**पड़ा सखत बीमार जब, दिल्ली का सुलतान ।**
**उसने दारा को सही, वारस लीन्हा मान ।। 1594**
**शुजा सदर बंगाल में, कीन्हा था तैनात ।**
**दारा को पंजाब में, मुराद को गुजरात ।। 1595**
**चारों में रंजिश चढ़ी, वरचष्मे के नाम ।**
**चढ़ाचढ़ी में लग गए, करने ध्येय तमाम ।। 1596**

---

[195] **औरंगजेबचे भाऊ :** See footnote in year 1648.

## 87. Shivaji, twenty-seven years old, 1657.

卐ओवी॰ शाह शुजाने सर्व प्रथम[196] । केले जाहिर आपले नाम । दिल्लीचा मुगल सुलतान । माझा मान ।। 1880 ।। राजमहल त्याची राजधानी । नाणीं छापली आपल्या नामी । खुतबा पढून निघाला सेनानी । दिल्लीकडे ।। 1881 ।। मुराद बक्ष दूसरा । औरंगजेब तीसरा । पण दारा होता खरा । वारसदार ।। 1882 ।।

✍दोहा॰ **सबसे पहला था शुजा, जाहिर करने नाम ।**
**खुतबा पढ़ कर कर दिया, उसने पक्का काम ।। 1597**
**अपने सिक्के छाप कर, कीन्हा फिर ऐलान ।**
**मैं हूँ अगला आज से, दिल्ली का सुलतान ।। 1598**
**दारा शुकोह ने कहा, मेरा है यह मान ।**
**मुझे स्वयं हैं दे चुके, अब्बा शहाजहान ।। 1599**
**मुराद ने भी कह दिया, मैं वह राजकुमार ।**
**जो अगला सुलतान हो, मैं ना मानूँ हार ।। 1600**
**औरंगजेब ने उधर, ठान लिया अरमान ।**
**दिल्ली का सुलतान मैं, सुना दिया फरमान ।। 1601**

## शिवाजी, 40 किल्ले सर

卐ओवी॰ मुगलांची भाऊबंदकी । आदिलशहा परलोकी । कुतुबशाहीत बेकी । छान संधि ।। 1883 ।। शत्रु बघुनी कमजोर । किल्ले केले नाना सर । मागोमाग भराभर । मराठ्यांनी ।। 1884 ।। तुंग, तिकोना, लोहगड । राजमाची प्रबळगड । विसापुर, सरसगड । अन्य नाना ।। 1885 ।। जिंकले किल्ले दुर्गाडी । ठाणीं कल्याण-भिवंडी । कोंढाणा, माहुली गढी । शिवाजीने ।। 1886 ।।

✍दोहा॰ **उधर मुगल उलझे हुए; आदिल भी कमजोर ।**

---

[196] **जाहीरनामा :** Dara Shukoh - Sept 1657 early, Shuja - Sept. 1657, Maurad Dec. 1657; Aurangzeb - July 1658.

## 87. Shivaji, twenty-seven years old, 1657.

इधर शिवाजी को मिला, क्षेत्र खुला इस ओर ।। 1602
जीत शिवाजी ने लिए, गढ़ लगभग चालीस ।
विना तनिक प्रतिकार के, कृतार्थ की बारिश ।। 1603

### 88. Shivaji, twenty-eight years old, 1658.

# YEAR 1658

**CONTEMPORARY HISTORICAL STAGE**
**Kingdoms and the Kings.**

Nayak of **Madura** : Tirumal Nayak (1623-1659); Nayak of **Ikkeri** : Shivappa (1645-1660); Nayak of **Tanjavur** : Vijaya Raghava (1635-1673); Raja of **Vennad, Kerla** : Ravi Varma-2 (1611-1663); Rani of **Kochin** : Gangdhar Lakshmi (1656-1658), Raja Rama Varma (1658-1662); Ali Raja of **Cannanore** : Ali Adil-3 (1656-1691); Aravidu Nayak of **Vijayanagar** : Ranga-3 (1642-1670), *Adil Shahi Sultan of **Bijapur** : Ali Adil Shah-2 (1657-1672); Qutb Shahi Sultan of **Golkonda** : Abdullah Qutb Shah (1626-1672); Wodiyar Raja of **Mysore** : Kantirav Naras Raja (1638-1659); Malla king of **Patan, Kathmandu, Nepal** : Pratap Malla (1641-1674); Chauhan king of **Bundi** : Chhatrasal (1631-1658); Chauhan of **Kotah** : Jagat Simha (1657-1669); Bhati Rawal of **Jaisalmer** : Manohardas (1650-1659); Sisodiya Guhila Rana of **Mewad, Udaipur** : Jai Simha-1 (1652-1667); Rana of **Mewad, Jodhpur** : Jaswant Simha (1638-1680); Rathod Rana of **Marwad, Bikaner** : Karan Simha (1638-1669); *Mughal Sultan of **Delhi** : Shihab-ud-din Khurram, Shah Jahan-1 (1627-1658).

### 88. वीर शिवाजी-28 :

## नौसेना

### 88. Shivaji, twenty-eight years old, 1658.

संगीत श्री शिवाजी चरित्र राग-छंद माला, पुष्प 189

चाल : बेथोवीन ची सिंफनी-9 समान

(शिवाजी ची प्रार्थना)

## 88. Shivaji, twenty-eight years old, 1658.

**स्थायी**

**दरशन दिज्यो देवी! मोहे सपनन में ।**

♫ गगगम मग गरे! नि़नि़ रेगरेरे नि़- ।

**अंतरा–1**

**निश दिन अरपण चरण कमल में ।**

♫ गगगम मगगरे नि़नि़रे गगरे रे- ।

**अंतरा–2**

**शुभ वर दिज्यो देवी! मोहे गरदिश में ।**

**अंतरा–3**

**मोहे यश दीज्यो देवी! अब इस रण में ।**

(नौसेना)

卐**ओवी॰** सन सोळाशे अठ्ठावन । अठ्ठावीसचा तो जवान । तीक्ष्ण बुद्धीचा धैर्यवान । शिवराया ।। 1887 ।। केले उभे आरमार । पश्चिम सागरावर । लढाऊ तडफदार । गलबतें ।। 1888 ।। जलसेना त्याचे हाती । तो महार्णवाचा पति । शिवाजीला हे माहिती । होते स्पष्ट ।। 1889 ।। संगमिरी खलबतांची । निर्मिती नव्या जहाजांची । शिवाजी महाराजांची । जलसेना ।। 1890 ।। जंजीऱ्याचा सिद्दी हादरला । तेरदळचा गौड मारला । माहुलीचा प्रदेश जिंकला । शिवाजीने ।। 1891 ।। हिरावलीं चौल, घोसले । समुद्री कोटबंदी तळें । पोर्तुगिजांची ठाणीं बळें । मराठ्यांनी ।। 1892 ।।

✍**दोहा॰** **तीक्ष्ण शिवाजी बुद्धि का, अमीत धीरजवान ।**
**जवान अठ्ठाईस का, दूरदर्शी महान ।। 1604**
**पश्चिम तट पर की खड़ी, नौसेना विस्तीर्ण ।**
**चतुर शिवाजी ने बड़ी, युद्ध वस्तु संपूर्ण ।। 1605**
**नए-नए जलयान के, नूतन आविष्कार ।**
**सागर सेना ने किए, हमले बारंबार ।। 1606**

## 88. Shivaji, twenty-eight years old, 1658.

**भारतीय जल युद्ध की, देख मराठा फौज ।**
**जंजीरा सिद्दी डरा, सहमे पुर्तूगीज ।। 1607**

(औरंगजेब)

**ओवी॰** टाकोनी नहिल्यावर दहिली । औरंगजेबने जिंकली दिल्ली । बळकाविली साम्राज्याची किल्ली । सार्वभौम ।। 1893 ।। सुलतानी प्रघात पाळून । भाऊबंधांचे खून पाडून । बापालाही कैदेत डालून । राजा झाला[197] ।। 1894 ।।

**दोहा॰ भाई तीनों मार कर, पिता कैद में डाल ।**
**चली औरंगजेब ने, अपनी तीखी चाल ।। 1608**
**सब काटों को नष्ट कर, साफ किया मैदान ।**
**बना मुगल साम्राज्य का, सार्वभौम सुलतान ।। 1609**

(आदिलशाही, बडी बेगम)

**ओवी॰** बघूनी मुगलांना व्यस्त । आदिलांना कराया त्रस्त । केल्या तीन स्वाऱ्या निर्धास्त । शिवाजीने ।। 1895 ।। प्रतापगड-तुंग । पन्हाळा, रायबाग । जिंकले लागोलाग । मराठ्यांनी ।। 1896 ।। ऐकून ती बुरी खबर । चिडली ती शिवाजीवर । बडी बेगम अनावर । रागामध्ये ।। 1897 ।। बडी बेगम विजापूरची । कारभारीण मन निष्ठुरची । तिखट जशी लाल मिरची । कैदाशीण ।। 1898 ।। खून पाडले तिने कित्येक । वाकडा आला जो जो प्रत्येक । शिवाजी उरला फक्त एक । शत्रु तिचा ।। 1899 ।। बोलाविला तिने दरबार । आले मोठमोठे सरदार । निवडक मारेकरी घोर । शिवाजीचे ।। 1900 ।। नांव आले एक समोर । अफजलखान अघोर । दुष्ट मारेकऱ्यांत थोर । नावाजला ।। 1901 ।। कापले त्याने अनेक गळे । केले कित्येक नर अंधळे । केले जखमी लंगडे लुळे । अंगभंग ।। 1902 ।। अफजलखान झाला खुश । गर्वाने

---

[197] **औरंगजेब सुलतान :** July 21, 1658. Aurangazeb was born at Dohad in Gujrat Oct 24, 1618. His first wife was as Irani girl Dilras Bano and 2nd wife was a Rajput girl Nawab Bai of Rajaur. He became 53rd Sultan on June 5, 1659 at Delhi.

## 88. Shivaji, twenty-eight years old, 1658.

फुगला भृश[198] । म्हणाला, "मी लोह पुरुष । सदा जेता" ।। 1903 ।। "शिवाजीला मी मारीन । त्याला धोक्यात पाडून । डोके कापून आणीन । शिवाजीचे" ।। 1904 ।। भरला त्याचे अंगी जोश । त्याने सभेत केला घोष । बडी-बेगमला संतोष । दिला त्याने ।। 1905 ।। आनंदित झाली सभा । दिली त्याला सर्व मुभा । मराठ्यांना कराया तभा[199] । पूर्णपणे ।। 1906 ।।

दोहा॰ मुगल व्यस्त थे द्वंद्व में; बिजापूर कमजोर ।
समय शिवाजी को मिला, प्रहार करने घोर ।। 1610

करके हमले शत्रु पर, जीते किले महान ।
और शिवाजी ने किया, राज्य बहुत धनवान ।। 1611

सुन कर खबरें हार की, बिजापुरी सरकार ।
आग बबूली क्रोध में, बदले को तैयार ।। 1612

खून शिवाजी का करें, उनको एक विचार ।
उलझा था इस बात में, बिजापुरी दरबार ।। 1613

बैठे थे दरबार में, बड़े-बड़े सरदार ।
जिनमें अफजलखान था, महाकाय खूँखार ।। 1614

बोला, लाऊँ काट कर, बिना किसी भी सोग ।
शीश शिवाजी का यहाँ, देखोगे तुम लोग ।। 1615

सुन कर उस ऐलान को, सभा सभी में जोश ।
वांछित उस आनंद में, खोए सबने होश ।। 1616

बिजापुरी दरबार ने, दिया उसे अधिकार ।
चतुर मराठा-शत्रु का, करने को संहार ।। 1617

### अफजलखान

---

[198] **भृश** = (संस्कृत) अत्यधिक, अत्यंत.

[199] **तभा** = तबाह, नायनाट, बर्बाद.

## 88. Shivaji, twenty-eight years old, 1658.

卐**ओवी॰** अफजल धिप्पाड बंदा । धूर्त कपटी शठ गंदा । तगडा अकलेचा कांदा । दगाबाज । 1907 ।। घेऊन तो परवानगी । आणि रक्तपिपासु संगी । त्याने केली तयारी जंगी । मोहीमेची ।। 1908 ।। घेऊन तोफा धन सेना । हत्ती घोडे लवाजमा । कराया भाग्याशीं सामना । निघाला तो ।। 1909 ।।

✍**दोहा॰** **लेकर सेना साथ में, निकला अफजलखान ।**
**हाथी घोड़े तोपची, योद्धा दल बलवान ।। 1618**
**सब कुछ अफजलखान को, स्पष्ट हुआ था ज्ञात ।**
**हुनर शिवाजी का तथा, ज्ञापनीय हर बात ।। 1619**
**लड़ना उससे रूबरू, मुश्किल का है काम ।**
**अत: जाल में फाँस कर, देना था यमधाम ।। 1620**

卐**ओवी॰** तालीकोटची जशी कत्तल । करीन मी तिचीच नक्कल । घडेल मग खरी अद्दल । मराठ्यांना ।। 1910 ।। अफजल जाणतो सर्व । शिवाजीचे वीरश्री पर्व । तरीही त्यास होता गर्व । स्वत:वर ।। 1911 ।। शिवाजी मराठा शूर फार । बुद्धिशाली चंचल हुशार । जाणून होता ह्या गोष्टीं चार । अफजल ।। 1912 ।। शिवाजी रणी न हारे । अच्छा-अच्छांना तो मारे । जाणून होता हे सारे । अफजल ।। 1913 ।।

✍**दोहा॰** **जैसी तालीकोट में, की थी कतल महान ।**
**वैसी होगी अब यहाँ, मार काट घमसान ।। 1621**
**इसके आगे ना कभी, होगी हमरी हार ।**
**साथ शिवाजी के सभी, डालेंगे हम मार ।। 1622**
**जानूँ मैं वो शेर है, मगर मैं सवा शेर ।**
**फासूँगा मैं जाल में, रहे न उसकी खैर ।। 1623**

(म्हणून)

卐**ओवी॰** मैत्रीचे नाटक करावे । कपटाने त्याला धरावे । गफलतीत मारावे । ही योजना ।।1914।।

✍**दोहा॰** **मैत्री का नटक किए, जभी बिछेगा जाल ।**
**फँसे शिवाजी पाश में, और मरे तत्काल ।। 1624**

## 89. Shivaji, twenty-nine years old. Afjhal Khan's death, 1659.

# YEAR 1659

89. वीर शिवाजी–29 :

### अफ्जलखानचा वध

89. Shivaji, twenty-nine years old. Afjhal Khan's death, 1659.

(सईबाई)

卐**ओवी॰** महाराणी सईबाई । राजे संभाजींची आई । ज्यांची परम पुण्याई । स्वर्गी गेल्या ।। 1915 ।। सन सोळाशे एकोणसाठ । एकोणतीसावी वर्षगाठ । शिवाजींची पडणार गाठ । अफजलशीं ।। 1916 ।। मैत्रीचा करूनी बहाणा । अफजल दीड शहाणा । भव्य सेनेसह एव्हाना । सिद्ध झाला ।। 1917 ।। सैनिक वीस हजार । पायदळ घोडेस्वार । अफजल हत्यावर । कूच झाला ।। 1918 ।। ऐकोनी ती खबर । ठोकला तळ निडर । प्रतापगडावर । शिवाजीने ।। 1919 ।। खानाचे खरे ध्येय । गुह्य जे, होते ज्ञेय । हेरांना त्याचे श्रेय । शिवाजीच्या ।। 1920 ।। शिवाजीला संपूर्ण ज्ञात । अफजलखानाची जात । दगलबाज करे घात । मिठी छूरी ।। 1921 ।। शिवाजी होते तयार । देण्या योग्य टक्कर । नरकाचा चक्कर । देण्यासाठी ।। 1922 ।। मराठे झाले सर्व सिद्ध । खानाशीं कराया युद्ध । कपटी नायकाविरुद्ध । कपटाने ।। 1923 ।।

**दोहा॰** **स्वर्ग सई बाई गई, संभाजी की मात ।**
**हुआ मराठा राज्य पर, विलाप का आघात ।। 1625**
**दुखी शिवाजी थे हुए, दुखी हुआ परिवार ।**
**संभाजी थे ही दुखी, गया मातु का प्यार ।। 1626**
**ऐसे भीषण काल में, आया कुसमाचार ।**
**अफजलखाँ है आ रहा, बिजापुरी सरदार ।। 1627**

## 89. Shivaji, twenty-nine years old. Afjhal Khan's death, 1659.

**नष्ट मराठा राज्य को, करने का अभियान ।**
**लेकर सेना साथ है, निकला अफजलखान ।। 1628**
**खबर शिवाजी को मिली, पापी की तत्काल ।**
**निकल पड़ा है आज ही, स्वतंत्रता का काल ।। 1629**
**सैनिक उसके साथ हैं, लगभग बीस हजार ।**
**हाथी पैदल तोफची, फौजी अश्वसवार ।। 1630**
**स्पष्ट शिवाजी जानते, क्या है अफजलखान ।**
**कितना धोखेबाज है, कैसा है तूफान ।। 1631**
**कितना छद्मी दुष्ट है, कितना बेईनाम ।**
**कितना पागल क्रूर है, कितना है शैतान ।। 1632**

(खान)

**卐ओवी०** फोडीत मंदिर मूर्त्या । दाखवीत ज्ञान मिथ्या । चालला खान तोतया । मृत्यूकडे ।। 1924 ।। मंदिर मूर्त्या दैवी अभंग । पंढरपुरचा पांडुरंग । तुळजापुरभवानी भंग । करूं गेला ।। 1925 ।। बुत-शिकनने[200] केले पाप । भवानी देवीने दिला शाप । आत्मघात करशील आप । तू अधमा! ।। 1926 ।। नरसिंह तुला धरील । घात तुझा तो करील । पोट तुझे तो चिरील । स्वहस्ताने ।। 1927 ।। जसा पापी हिरण्यकश्यपु । तशी तो फाडेल वपु । प्राण तू न शकशील जपूं । ह्यापुढे, गा! ।। 1928 ।।

**दोहा०** **निकला अफजलखान जब, सेना लेकर काग ।**
**मंदिर मूरत तोड़ता, ओर लगाता आग ।। 1633**
**सुना शिवाजी ने जभी, अफजल का अज्ञान ।**
**ग्रहण शिवाजी ने किया, प्रतापगड पर स्थान ।। 1634**
**सिद्ध शिवाजी होगए, करने दो-दो हाथ ।**
**आएगा अफजल जभी, सेना लेकर साथ ।। 1635**

---

[200] **बुत शिकन** = मूर्त्या फोडणारा. **कुफ्र शिकन** = परधमियांना मारणारा.

## 89. Shivaji, twenty-nine years old. Afjhal Khan's death, 1659.

पंढरपुर में आगया, करने मंदिर भंग ।
शाप दे दिया खान को, विठ्ठल पांडुरंग ।। 1636
आत्मघात तू कर रहा, करके ऐसा पाप ।
तू अब जीवित ना बचे, तुझको मेरा शाप ।। 1637
पकडूँगा अब मैं तुझे, नृसिंह का अवतार ।
पेट फाड़ कर हाथ से, डालूँगा मैं मार ।। 1638
शाप भवानी ने दिया, तेरा आया अंत ।
निमित्त होगा मारने, तुझे शिवाजी संत ।। 1639
घड़ा भरा है पाप का, तेरा अफजलखान! ।
बंद हो रही शीघ्र ही, तेरी पाप-दुकान ।। 1640
आत्मघात से तू मरे, करके ओछे काम ।
वीर शिवाजी अब करे, तेरा खेल तमाम ।। 1641
अभी समय है लौट जा, पापी अफजलखान! ।
कर्म पातकी छोड़ दे, बच जावेंगे प्राण ।। 1642

## वीर शिवाजी एकोणतीस वर्षांचे

**卐ओवी॰** शिवाजीला नको संग्राम सवानात[201] । त्याला हवे युद्ध जावळीच्या वनात । अफजलला नको संघर्ष रानात । शिवाजीशीं ।। 1929 ।। शिवाजी रायगडावर सुरक्षित । अफजलला नव्हते हे अपेक्षित । गप्प बसणे छावणीत प्रतीक्षेत । शिवाजीच्या ।। 1930 ।। शिवाजी डोंगरातला उंदिर । लपला तो उंच गडावर । खानचे हत्ती न चढती वर । नाइलाज ।। 1931 ।। अफजलची सेना भव्य । लवाजमा ही अवाढव्य । शिवाजीची अक्कल दिव्य । श्रेष्ठ कोण? ।। 1932 ।। अफजलने केली युक्ति । दाखवाया आपुली शक्ति । नियोजिली चाल उत्पाती । आत्मघाती ।। 1933 ।। करूनी कटाची उभारणी । केली सुरू तहाची बोलणी । कराया शिवाजीची चटणी ।

---

[201] **सवान** = मोळे रण.

## 89. Shivaji, twenty-nine years old. Afjhal Khan's death, 1659.

ठकवून ।। 1934 ।। लपवून प्रतारणा कुटिल । कराया मैत्रीची भेट कबूल । शिवाजीकडे वकिल कुशल । पाठविला ।। 1935 ।। खानानी धोक्यानी खून पाडले । कित्येक यमसदनी धाडले । सलगी जोडून गळे फाडले । इतिहास ।। 1936 ।। आला दूत अफजलखानाचा । घेऊन नजराणा मानाचा । द्यावया संदेश निमंत्रणाचा । कपटाचा ।। 1937 ।।

**दोहा॰** **फौज बड़ी थी खान की, प्रायह बीस हजार ।**
**नहीं शिवाजी चाहते, रण पर हो प्रतिकार ।। 1643**
**जहाँ शिवाजी चाहते, लड़ने शिखर-ढलान ।**
**वहाँ खान को चाहिए, लड़ने को मैदान ।। 1644**
**हाथी पहाड़ ना चढ़े, लड़ना मुश्किल काम ।**
**छुपा शिवाजी है जहाँ, गढ़ है उसका धाम ।। 1645**
**लगी छावनी खान की, जहाँ मिला मैदान ।**
**अगर शिवाजी आगया, लड़ने को आसान ।। 1646**
**सफल प्रतीक्षा ना हुई, राह तकत है खान ।**
**उसने फिर की योजना, करने की बलिदान ।। 1647**
**उसने भेजा दूत को, नजराने के साथ ।**
**दास शिवाजी को कहे, वचन जोड़ कर हाथ ।। 1648**
**मिलना चाहत खान है, करने सुख से बात ।**
**मैत्री का प्रस्ताव है, नहीं करेगा घात ।। 1649**
**शाँति युक्त है योजना, कृपया हो स्वीकार ।**
**कहाँ मिलें औ कब मिलें, कृपया करें विचार ।। 1650**

(तर)

**卐ओवी॰** शिवाजीने केला परामर्श । मुत्सद्दी वकिलांशीं विमर्श । टाळावया संघर्ष । शक्य जर ।। 1938 ।। त्यांनी केला विचार । आम्हीं राहूं तयार । खानाने अविचार । जर केला ।। 1939 ।। स्वीकारावे त्याचे आमंत्रण । खानालाही द्यावे निमंत्रण । असो स्थितीवर नियंत्रण । सर्वकाळ ।।

# 89. Shivaji, twenty-nine years old. Afjhal Khan's death, 1659.

1940 ।। कपटी तो आहे फार । विश्वास नसो त्यावर । दगा तो देईल जर । तोंड द्यावे ।। 1941 ।।

दोहा॰ **बात शिवाजी ने करी, मंत्री गण के साथ ।**
**बिन टाले ना टल सके, धोखा यह दिन रात ।। 1651**
**अखिल जगत है जानता, अफजल का इतिहास ।**
**स्वयं मौत है माँगना, जाकर उसके पास ।। 1652**
**खान बहुत है घातकी, पापी शठ मक्कार ।**
**फिर भी उस प्रस्ताव को, किया गया स्वीकार ।। 1653**
**सोचा मिल कर देखते, बिला किए विश्वास ।**
**माँगेगा कुछ माल तो, दे दें, विना विनाश ।। 1654**
**धोखा यदि दे खान तो, करें पलट कर वार ।**
**काबू में हम सब रखें, सदा धैर्य के साथ ।। 1655**

(खान)

**卐ओवी॰** स्वीकृति घेवोनी दूत । झाला प्रसन्न बहुत । घेऊन आला सबूत । खानापाशी ।। 1942 ।। आनंदित झाला खान । त्याला फार अभिमान । शिवाजीचा घेऊ प्राण । भेटतांच ।। 1943 ।। दोन्हीं पक्षांनी घेओनी आण । केली दिखाव्याची ओढताण । मित्रत्वाची देवाणघेवाण । वरपांगी ।। 1944 ।। योजना झाली अशी तयार । कराया शिवाजीवर वार । आलिंगुनी भोसकूं कट्यार । पाठीमध्ये ।। 1945 ।। पाठीवर करूनी वार । करीन शिवाजीला ठार । दाखवीन किती हुशार । जगाला मी ।। 1946 ।। ऐकोनी शिवाजीचा विनाश । आदिलशहा होईल खुश । मिळेल मला बक्षीस । फार मोठे ।। 1947 ।। झाल्या सुरू वाटाघाटी । भेटीच्या ठिकाणासाठी । जिथे नसो आडकाठी । योजनेला ।। 1948 ।। नि:शस्त्र होणार होती भेट । लागणार होते गळीं थेट । बोलणी करणार मजेत । दोन्हीं नेते ।। 1949 ।। शिवाजी संगे दहा जण । तेवढेच खानाचे पण । सभोवती सर्व निर्जन । तंबू जिथे ।। 1950 ।। जरी ठरला होता करार । तरी करूनी अविचार । खानाने केले स्थान तयार । दगा देण्या ।। 1951 ।। उभा केला तंबू विशेष । काळजी घेओनी नि:शेष । शिवाजीला कराय शेष । तंबूमध्ये ।। 1952 ।।

## 89. Shivaji, twenty-nine years old. Afjhal Khan's death, 1659.

✍दोहा॰ स्वीकृति लेकर आगया, दूत खान के पास ।
बोला, भोले मावळे, बूझ न पाए फाँस ।। 1656
सुन कर बातें दूत की, अफजल को आनंद ।
बोला, सब कुछ हो रहा, जैसा हमें पसंद ।। 1657
मरा शिवाजी, सोच कर, बेहद खुश था खान ।
सोची-समझी चाल पर, उसको था अभिमान ।। 1658
अपनी बढ़िया चाल पर, उसको था विश्वास ।
सभी मराठा राज्य को, अब तो करूँ खलास ।। 1659
मित्र शिवाजी का बनूँ, करने उसका घात ।
देकर आलिंगन करूँ, छूरे से आघात ।। 1660
मारूँगा मैं पीठ पर, बहुत जोर से वार ।
जानेगा जग, खान है, कितना होशीयार ।। 1661
मृत्यु शिवाजी की सुने, आदिल प्रसन्न गात ।
देगा बक्षिस वो मुझे, बड़े प्रेम के साथ ।। 1662

(और)

कब है मिलना औ कहाँ, आरंभ हुआ आलाप ।
स्थल हो निर्जन स्थान में, एक अकेला आप ।। 1663
बिना शस्त्र के मेल हो, आलिंगन के साथ ।
मित्र भाव स्थापित करें, उभय मिला कर हाथ ।। 1664
फिर दोनों ने बैठ कर, करना है सत्कार ।
किसकी क्या क्या माँग है, होगा फिर सुविचार ।। 1665
"दस-दस मंत्री साथ हों, दोनों दल के संग ।
सभी निहत्थे लोग हों, नियम नहीं हो भंग ।। 1666
"आसपास कोई न हो, केवल हो दरबान ।
सेना कोई निकट न हो," बोला अफजलखान ।। 1667

## 89. Shivaji, twenty-nine years old. Afjhal Khan's death, 1659.

(फिर भी)

**फिर भी कपटी खान ने, किया व्यूह तैयार ।**
**निकल शिवाजी ना सके, जिसमें से इस बार ।। 1668**

(शिवाजी)

**ओवी॰** शिवाजी त्यावर न विश्वासला । केला पलटवाराचा फैसला । जर दगा कुठेही दिसला । जीवावर ।। 1953 ।। शिवाजीने योजना आखली । कामें योग्य नेत्यांना वाटली । पण गुप्तता पूर्ण राखली । बदल्याची ।। 1954 ।। आला दिवस जेव्हां भेटीचा । झाला शेवट वाटाघाटीचा । झाला कळस खटपटीचा । देण्या मात ।। 1955 ।। खानाचे सैनिक उभे दूर । विजयाच्या आनंदात चूर । शिवाजी मरणार जरूर । त्यांना भ्रम ।। 1956 ।। खानाने लपविली कट्यार । शिवाजीला करणार ठार । करूनी पठीवर वार । भेटतांच ।। 1957 ।। शिवाजी नेसले अंगरखे । चिलखत सदऱ्यासारखे । चार बोटांवर वाघनखें । धारदार ।। 1958 ।। चार तुकड्या चार दिशांना । लपल्या अशा, कुणा दिसेना । बघत होत्या खानाची सेना । न कळत ।। 1959 ।। खान ऊंच जसा ताड । दुहेरी त्याचे मांस हाड । देह प्रचंड धिप्पाड । बलिवर्द ।। 1960 ।। शिवाजी न ऊंच, न पुष्ट । ना ही क्रूर, ना ही तो दुष्ट । सर्व परिस्थितींत हृष्ट । सदा तुष्ट ।। 1961 ।। शिवाजी मराठा-राजपूत । देह कसलेला मजबूत । जुलमी पाप्यांचा यमदूत । शिवरूप ।। 1962 ।।

**दोहा॰** **स्पष्ट शिवाजी जानते, अफजल की औकात ।**
**मैत्री का दावा करे, मगर करेगा घात ।। 1669**
**अत: शिवाजी ने करी, पलट योजना ठीक ।**
**अगर कहीं धोखा दिखा, लेने बदला नीक ।। 1670**
**आया दिन जब खान से, मुलाखात का पास ।**
**सूज्ञ शिवाजी ने किया, उस पर ना विश्वास ।। 1671**
**ठीक उसी अंदाज से, रची खान ने चाल ।**
**सेना लैस खड़ी रखी, बिछाय छल का जाल ।। 1672**
**जभी यहाँ से बिगुल का, देंगे हम संकेत ।**

## 89. Shivaji, twenty-nine years old. Afjhal Khan's death, 1659.

सुनने उस संकेत को, रहना सभी सचेत ।। 1673
मिलते ही संकेत को, होजाना तैयार ।
तुरत मराठा राज्य पर, करना घोर प्रहार ।। 1674

(और)

खड़े होगए खान के, सैनिक काफी दूर ।
"मरा शिवाजी है" यही, सुनने को आतुर ।। 1675
चाकू छिपाय खान ने, रखा बगल में, तेज ।
मार शिवाजी को वहीं, देने अंतिम सेज ।। 1676
छोटी कद का युवक है, नन्ही सी है जान ।
जकड़ूँ उसको बाँह में, निकाल दूँगा प्राण ।। 1677

(इधर)

इधर शिवाजी हो रहे, मिलने को तैयार ।
उन्हें पता है खान का, अंदर का अवतार ।। 1678
अफजल ऊँचा ताड़ सा, मोटा देह पहाड़ ।
जितना तगड़ा साँड है, उतना ही मक्कार ।। 1679
नाप शिवाजी ने लिया, क्या सोचत है खान ।
खिचड़ी क्या है पक रही, लगा लिया अनुमान ।। 1980
कपट इरादा खान का, लिया उन्होंने भाँप ।
कहाँ डसेगा वह उन्हें, जहरी काला साँप ।। 1681
देगा आलिंगन वो मुझे, जतलाने को प्यार ।
जकड़ेगा सिर बगल में, देगा चाकू मार ।। 1682
सहनी होगी तब मुझे, उस चाकू की नोंक ।
मारेगा वो पीठ पर, इतना है डरपोक ।। 1983
तभी अचानक फूर्ति से, सारा जोर समेट ।
उस गफलत में खान का, फाड़ूँगा मैं पेट ।। 1864

484
रत्नाकर रचित संगीत-श्री-शिवाजी चरित्र

# 89. Shivaji, twenty-nine years old. Afjhal Khan's death, 1659.

(और भी)

**इस दैवी अंदाज से, लेकर खतरा मोल ।**
**चतुर शिवाजी ने लिया, रूप बहुत अनमोल ।। 1685**
**ढीला कुर्ता अंग पर, भीतर कवच बचाव ।**
**ऊँगलियों पर बाघनख, सतर्कता न अभाव ।। 1686**

(भेटी करिता कूच)

**卐ओवी॰** जेव्हां झाला दूसरा प्रहर । दडून बसले मराठा वीर । दाट झाडी-झुडपांत स्थिर । सभोवतीं ।। 1963 ।। लपले होते वीर खास । वाट बघत आठ तास । विना चाहुल आसपास । कुणासही ।। 1964 ।। विना खाणे-पीणे काहीं । अन्न-पाणी इथे नाही । अन्य भाव कशाचाही । नाही मनीं ।। 1965 ।। वाट बघत इशाऱ्याची । झडप घालाया माऱ्याची । कराया सफाई साऱ्यांची । वेळेवर ।। 1966 ।।

**दोहा॰** **प्रहर दूसरा जब हुआ, तब तक चारों ओर ।**
**छुपे मराठे विपिन में, उस प्रांगन की छोर ।। 1687**
**छिपे आठ घंटे रहे, बिना खान या पान ।**
**राह तकत संकेत की, "मरा हुआ है खान" ।। 1688**

(प्रथम, तंबू मध्ये)

**卐ओवी॰** आली खानाची पालखी । सजली डोली सारखी । आंत बसला घातकी । अफजल ।। 1967 ।। पालखीचा रूंद बांधा । चार भोयांनी दिला खांदा । पालखीत सडका कांदा । बसलेला ।। 1968 ।। खाली उतरला खान । सूरीवर त्याचे ध्यान । लपविली होती छान । झग्यामध्ये ।। 1969 ।। जेवढा तो धटिंग मोठा । तेवढा आत्मविश्वास खोटा । खोटयाचे कपाळी गोटा । बसणार ।। 1970 ।। तंबूमध्ये खान खोता[202] । भ्रमामध्ये खात गोता । वाट तो बघत होता । शिवाजीची ।। 1971 ।।

(शामियाने में)

---

[202] **खोता** = गाढव.

## 89. Shivaji, twenty-nine years old. Afjhal Khan's death, 1659.

✍दोहा॰ पहले आयी पालखी, बड़ी शान के साथ ।
अंदर अफजल खान था, भारी जिसका ठाठ ।। 1689
शामीयाना था सजा, भीतर बैठा खान ।
बाहर कमरे में रुके, उसके दस महमान ।। 1690
शस्त्र सभी के पास थे, छुपाए हुए साथ ।
दिखते भोले थे सभी, बिलकुल खाली हाथ ।। 1691
देख रहा था बगल का, चाकू बारंबार ।
सोच रहा था पीठ पर, कैसे करना वार ।। 1692
आज शिवाजी ना बचे, उसको था विश्वास ।
उतावला वो खान था, भारी था नि:श्वास ।। 1693
देख रहा था राह वो, आतुर अफजलखान ।
जभी शिवाजी आयगा, लूँगा उसके प्राण ।। 1694

(शिवाजी)

卐ओवी॰ मातोश्रींचे धरोनी चरण । भवानीचे करोनी स्मरण । शिवाजीने स्फुरण धारण । केले होते ।। 1972 ।। चिलखत अंगावर । जिरेटोप डोईवर । वाघनखें बोटांवर । लपविले ।। 1973 ।। घेओनी दहा जण बरोबर । विना धारूनी ढाल-तलवार । समय जेव्हां तीसरा प्रहर । निघाला तो ।। 1974 ।। आला जेव्हां शामीयाना । दरबान म्हणाला त्यांना । आत प्रवेश शिवाजींना । आहे फक्त ।। 1975 ।। बाकी अलग दालनात । सर्व नि:शस्त्र लागतात । शस्त्र लपविले आंत । सर्वांनीच ।। 1976 ।। शिवाजीचे दहा जण । तितकेच खानाचे पण । ऐसपैस ते दालन । होते छान ।। 1977 ।। शस्त्र सर्वांनी लपविले । मुखीं हास्य दाखविले । न कुणीच विश्वासले । कुणावर ।। 1978 ।।

✍दोहा॰ चरणन छू कर मातु के, लेकर आशीर्वाद ।
स्मरण भावानी का किए, मंगल उसके बाद ।। 1695
जिरेटोप सिर पर रखे, चला मराठा वीर ।
यथा ध्येय है, मारने, ठीक निशाने तीर ।। 1696

## 89. Shivaji, twenty-nine years old. Afjhal Khan's death, 1659.

**साथ शिवाजी के चले, चुने हुए दस लोग ।**
**सबने शस्त्र छुपा लिए, यथा समय उपयोग ।। 1697**
**प्रहर तीसरा जब हुआ, निकल पड़े सब साथ ।**
**यथा सभा की शर्त थी, दिखते खाली हाथ ।। 1698**

(प्रवेश)

**卐ओवी॰** शिवाजीने केला प्रवेश । बघुनी, खानाला आवेश । उफाळला त्याचा द्वेश । एकवटून ।। 1979 ।। उठून तो उभा झाला । "आओ भाई!" तो म्हणाला । मारावया शिवाजीला । सज्ज झाला ।। 1980 ।। जवळ आला तो खान । दोन्हीं हात पसारून । देण्यासाठी आलिंगन । शिवाजीला ।। 1981 ।। शिवाजीला मारली मिठी । हस्तबद्ध करण्यासाठी । ज्याला राखतो जगजेठी । सदोदित ।। 1982। झाला उद्यत मग खान । शिवाजीची दाबली मान । डाव्या काखेत त्याने छान । घट्टपणें ।। 1983 ।। मग काढोनी कट्यार । दग्याने कराया ठार । पाठीवर केला वार । शिवाजींच्या ।। 1984 ।। खानाची कट्यार पाठीत न गेली । चिलखत कामी आले ऐन वेळी । वाघाच्या तोंडून वाचली शेळी । छोटा घाव ।। 1985 ।। खानाने होते पकडले । मुंडके काखेत अडकले । धैर्य तरीही न सोडले । शिवाजींनी ।। 1986 ।। अफजल पहाड । बांधा त्याचा धिप्पाड । मुस्तंडा तुंग ताड । राजे खुजे ।। 1987 ।।

**✍दोहा॰ किया शिवाजी ने जभी, उस स्थान में प्रवेश ।**
**देख शिवाजी आगया, अफजल में आवेश ।। 1699**
**लोग शिवाजी के रुके, जहाँ खान के दास ।**
**बाहर का कमरा उन्हें, दिया गया था खास ।। 1700**
**यहाँ किसी पर था नहीं, किस को भी विश्वास ।**
**फिर भी बातें मित्र सी, और करत उपहास ।। 1701**
**अंदर बैठा खान था, एक अकेला आप ।**
**देख शिवाजी आ रहा, खड़ा होगया साँप ।। 1702**
**"आओ भाई!" बोल कर, बड़े प्रेम के साथ ।**
**आलिंगन के वासते, ताने दोनों हाथ ।। 1703**

## 89. Shivaji, twenty-nine years old. Afjhal Khan's death, 1659.

लगा शिवाजी को गले, दोनों बाँह लपेट ।
जकड़ी गर्दन बगल में, सारा जोर समेट ।। 1704
फँसा शिवाजी, जान कर, किया पीठ पर वार ।
छूरा तन में ना घुसा, कवच किया प्रतिकार ।। 1705

(शिवाजी)

卐**ओवी॰** शिवाजी म्हणाला, अंबे! । वाचव तू, जगदंबे! । कर ह्या खानाला लंबे । भवानी! तू ।। 1988 ।। भवानी म्हणाली त्याला । कर ठार ह्या पाप्याला । मी मारले आहे ज्याला । आधीच, रे! ।। 1989 ।। खान आणि त्याचे लोक । साधलेत परलोक । निमित्त व्हावे तू स्तोक[203] । शिवराया! ।। 1990 ।। शिवाजी म्हणाला, जय भवानी! तुळजापुरची वरदायिनी! । तूच आमुची रक्षणकारिणी । संकटात ।। 1991 ।। शिवाजीने झटकन । काढला हात वामन । बाहेर अस्तनीतून । अंगरख्याच्या ।। 1992 ।। उगारूनी हस्त उजवा । बाहेर काढला बिचवा । लपविलेला नागवा । पटकन ।। 1993 ।। बिचवा उजव्या हस्ती । वाघनखें डाव्या हाती । भोसकलीं पोटामधी । त्या खानाच्या ।। 1994 ।।

**दोहा॰** समझ शिवाजी अब गए, दगाबाज है खान ।
ढोंग रचा था मित्र का, लेने मेरी जान ।। 1706
कहा शिवाजी ने, प्रभो! मुझे बचा लो आज ।
सबक सिखा इस खान को, जो है धोखेबाज ।। 1707
बचा भवानी! तू मुझे, बिगड़ गया है काज ।
मेरे अंतःकरण का, सही रहा अंदाज ।। 1708
कहा भवानी ने उसे, डर न शिवाजी, वत्स! ।
मार चुकी हूँ खान औ, उसके लोग बिभत्स ।। 1709
निमित्त बन जा, हे सखे! बिना किए कछु शोक ।
पेट फाड़ दे, दुष्ट का, देने को परलोक ।। 1710

---

[203] **स्तोक** = ईषत्, फक्त, मात्र, जरा.

# 89. Shivaji, twenty-nine years old. Afjhal Khan's death, 1659.

## अफजलखानाचा वध

卐**ओवी॰** उदर खानाचे फाडले । आंतडे बाहेर काढले । त्याला भूमीवर पाडले । शिवाजीने ।। 1995 ।। खान उताणा पडला । विह्वळोनी तो रडला । दगा! दगा! ओरडला । मारो! मारो! ।। 1996 ।। ऐकोनी शिवाजीचा संकेत । संभाजी कावळे आले तेथ । खान लवंडला होता जेथ । भूमीवर ।। 1997 ।। कावजीने काढोनी तलवार । खानाच्या मानेवे केला वार । मुंडके उडवोनी केले ठार[204] । क्षणार्धात ।। 1998 ।।

**दोहा॰** **तथास्तु कह कर वीर ने, बाघनखों के साथ ।**
**पेट खान का फाड़ कर, बोला, जय जगनाथ! ।। 1711**
**दगा! दगा! कहता हुआ, गिरा धरा पर खान ।**
**बचा सका ना फिर वहाँ, कोई उसके प्राण ।। 1712**

संगीत श्री शिवाजी चरित्र राग-छंद माला, पुष्प 190

**राग : मालकंस, कहरवा ताल 8 मात्रा**

(सिद्दी जौहर)

**स्थायी**

**सुनो, अकल बड़ी या भैंस बड़ी ।**
**जब मुश्किल हो कोई आन पड़ी ।।**

♪ मम–, गमग सानिसा धनि सामम मम– ।
मम गमगसा निसा धनि सा–म मम– ।

**अंतरा–1**

**अफजल मोटा, ऊँचा तगड़ा, दिमाग मंदा, मन का खोटा ।**
**वीर शिवाजी, चंचल बंदा, उसके आगे कद में छोटा ।**

---

[204] **Death of Afjhal Khan :** Thursday Nov. 10, 1659 at Rajapur at 2.00 pm.

## 89. Shivaji, twenty-nine years old. Afjhal Khan's death, 1659.

**बोलो, अकल बड़ी या भैस बड़ी ।**

**जब मुश्किल हो कोई आन पड़ी ।।**

♫ गगमम ध-नि-, सां-सां- गंनिसां-, निनि-नि नि-निध, धनि सांनि धमम- ।

धनिसां गंगं-गंसां, सांमंगंसां नि-सां-, सांमंमंगं गंसांनिध धनि सांनिधम ।

मम-, गमग सानिसा धनि सामम मम- ।

मम गमगसा निसा धनि सा-म मम- ।।

**अंतरा-2**

**चला शिवाजी, शूर मराठा, मिलने निहत्था, जब अफजल से ।**

**शठ ने शिव को, जकड़ा भुज में, मारा पीठ में जब, चाकू रे! ।**

**सोचो, अकल बड़ी या भैस बड़ी ।**

**जब मुश्किल हो कोई आन पड़ी ।।**

**अंतरा-3**

**सिद्ध शिवाजी था देने को, जवाब ईंट का पत्थर से ।**

**शिव ने झट से बाघनखों से, पेट उधेड़ा राक्षस का ।**

**कहो, अकल बड़ी या भैस बड़ी ।**

**जब मुश्किल हो कोई आन पड़ी ।।**

**अंतरा-4**

**दगा! दगा! चिल्लाया पापी, गिरा धरा पर औंधा, रे! ।**

**निकल रहे थे प्राण अधम के, दे ना पाया धेखा, रे! ।**

**देखो, अकल बड़ी या भैस बड़ी ।**

**जब मुश्किल हो कोई आन पड़ी ।।**

(आणि)

**卐ओवी॰** मिळतांच मृत्यूची खबर । लपलेले मराठे तत्पर । शत्रूंवर धावले जबर । हातघाई ।।
1999 ।। खानाचे सैनिक असावध । यशाच्या स्वप्नात बेसावध । अनेकांचा तिथे झाला वध ।

## 89. Shivaji, twenty-nine years old. Afjhal Khan's death, 1659.

महाभारी ।। 2000 ।। खानाचे सैनिक घाबरले । स्वामीचा आदेश विसरले । शस्त्र टाकोनी ते निसरले । रणातून ।। 2001 ।। जैसी शिवाजीची सुबुद्धि । नि:शस्त्र शत्रु झाले बंदी । खानाचे पुत्र केले कैदी । मराठ्यांनी ।। 2002 ।। राजगडावर निगडयुक्त । आणले कैदी जे शरणागत । शिवाजीने सादर केले मुक्त । यथा नीति ।। 2003 ।। शिवाजीचे सात्विक वर्तन । न कापली बंदींची गर्दन । न केले धर्मपरिवर्तन । जबरीने ।। 2004 ।। हेच आचरण हिंदू धर्म । मानवी-हक्कानुसारे कर्म । सदाचाराचे ते वर्त्म । शास्त्रांमध्ये ।। 2005 ।।

✍ दोहा॰ **अफजलखान मरा जभी, तुरत गया संदेश ।**
**छुपे मराठों को मिला, लड़ने का आदेश ।। 1713**
**उधर सिपाही खान के, गफलत में थे मस्त ।**
**उन्हें खबर ना मिल सकी, खान हुआ था ध्वस्त ।। 1714**
**टूट पड़े सब मावळे, उन पर जब जी तोड़ ।**
**मरे कई, कुछ डर गए, भाग गए रण छोड़ ।। 1715**
**बाकी जो पकड़े गए, खड़े छोड़ कर शस्त्र ।**
**उन कैदी डरपोक में, अफजल के थे पुत्र ।। 1716**
**शरण शिवाजी की सभी, आए कर को जोड़ ।**
**करुण शिवाजी ने तभी, दिया सभी को छोड़ ।। 1717**

(नीति)

**श्लोक**

**बन्दिस्थं शरणाधीनं न कोऽपि सैनिकस्तुदेत् ।**
**भग्नं स्यादायुधं यस्य योद्धव्यो न स सैनिकः ।। 173**

**न च पलायिनो हत्या न घातो रणत्यागिनः ।**
**मृतदेहतिरस्कारो विखण्डनं च पातकम् ।। 174**

✍ दोहा॰ **जिसका छूटा अस्त्र हो, या टूटी तलवार ।**
**जो बंदी या शरण हो, उस पर करो न वार ।। 1718**

## 89. Shivaji, twenty-nine years old. Afjhal Khan's death, 1659.

**जो भागा हो युद्ध से, या नहिँ लगता ढीठ ।**
**उस पर भी ना वार हो, जो दिखलावे पीठ ।। 1719**
**शरणागत को मारना, या देना परिताप ।**
**शरणागत ताड़ना, होकर वह निष्पाप; ।। 1720**
**या परिवर्तन धर्म का, या व्यभिचार कलाप ।**
**हिंदुधर्म के शास्त्र में, कहे गए हैं पाप ।। 1721**
**यही फरक सुलतान में, दिखता है जो खास ।**
**बार बार रोकर हमें, बतलाया इतिहास ।। 1722**

(मग)

**ओवी॰** मारला गेला जेव्हां दुष्ट । मराठ्यांना मिळाली लूट । खजीना हत्ती घोडे ऊंट । तोफा नीट ।। 2006 ।। मराठा-जगात आनंद । लोकांनी विसरली धुंद । हसले नाचले सबंद । जनगण ।। 2007 ।। गडावर भारी मोद । शिंगे नौबतींचा नाद । आनंद अमर्याद । स्वातंत्र्याचा ।। 2008 ।। सगळ्यांना आला चेव । गरजले एकमेव । हर हर महादेव! । जयघोष ।। 2009 ।। खानाला अंत्य संस्कार । दिला सहित सत्कार । सद्धर्माचा हाच प्रकार । हिंदू रीत ।। 2010 ।। हीच भारतीय संस्कृति । मानवी दया क्षमा शांति । नव्हे सुलतानांची रीति । जरी तशी ।। 2011 ।। नि:शस्त्र नर जो रणावर । थकला भागला भ्याला जर । शरण आला असेल तर । मारूं नये ।। 2012 ।। मृतचा देह विखंडन । अथवा त्याचा अपमान । अंतिम संस्कार वंचन । अनैतिक ।। 2013 ।। पराजितांचा कत्लेआम । किंवा धर्मपरिवर्तन । त्यांच्या स्त्रियांशीं दुर्वर्तन । निषेधित ।। 2014 ।। मानवी-अधिकारांचा मान । आर्य नीतीचा सन्मान । धोरण हे श्रीरामासमान । शिवाजींचे ।। 2015 ।। शिवाजी जैसा जाणता । जगात अन्य कोणता । राजा कधीच नव्हता । होणार वा ।। 2016 ।। इतिहासात त्याला आदर । करिती प्रामाणिक सादर । सद्गुणांचा जो आगर । शिवाजी तो ।। 2017 ।।

(इधर)

**दोहा॰** **सुन कर मरना खान का, महाराष्ट्र में हर्ष ।**
**स्वतंत्रता की लहर थी, महानंद का स्पर्श ।। 1723**

## 89. Shivaji, twenty-nine years old. Afjhal Khan's death, 1659.

गली-गली में मोद था, विजय का एकमेव ।
नाच रहे थे, गा रहे, हर हर महादेव! ।। 1724

मुर्दा अफजलखान को, सहित उचित सत्कार ।
सुधी शिवाजी ने दिया, योग्य अंत्यसंस्कार ।। 1725

यथा राम ने थी करी, रावण की अंत्येष्टि ।
तथा शिवाजी ने करी, पुष्प खान पर वृष्टि ।। 1726

युद्ध नीति कहती हमें, करो न मृत से बैर ।
मरने पर पातक सभी, जाते हैं भव तैर ।। 1727

जब तक अफजल दुष्ट था, तब तक उससे वैर ।
अब वह हमरा बंधु है, अब ना हमसे गैर ।। 1728

(अत:)

जग में ऐसा कौन है, दूजा धार्मिक भूप ।
एक शिवाजी होगया, होगा भी न अनूप ।। 1729

अत: शिवाजी है कहा, राजा एक सुजान ।
कहा उसे इतिहास में, नर सद्गुणी महान ।। 1730

  संगीत श्री शिवाजी चरित्र राग-छंद माला, पुष्प 191

### अभंग

जाणता राजा

जाणता जो राजा, रक्षितो समाजा ।
मालोजी ज्याचा आजा, शिवाजी तो ।। 1

पुत्र शहाजींचा, बाळ जिजाऊंचा ।
नृप मराठ्यांचा । शिवाजी तो ।। 2

जीव मावळ्यांचा, कोणी नाही ज्यांचा ।
प्रिय सखा त्यांचा, शिवाजी तो ।। 3

## 89. Shivaji, twenty-nine years old. Afjhal Khan's death, 1659.

**बघोनी अशांति, केली ज्याने क्रांति ।**
**दया क्षमा शांति, शिवाजी तो ।। 4**
**तान्हा बाजी ज्याचे, वीर संगी साचे ।**
**पुढे सिद्धि नाचे, शिवाजी तो ।। 5**
**सदाचार राशी, सदा ज्याचे पाशी ।**
**शिष्य रामदासी, शिवाजी तो ।। 6**
**तुकोबाने ज्याला, दिली रुद्रमाला ।**
**धन्य धन्य झाला, शिवाजी तो ।। 7**

(लगेच नंतर)

**卐ओवी॰** अफजल मरण पावला इकडे । शिवाजीने हल्ले चढविले तिकडे । मराठ्यांची भूमि जप्त होती जिकडे । मुक्तीसाठी ।। 2018।। पहिली धडक राजापुरावर । आक्रमण केले, कराया सर । मग अचानक हल्ले भराभर । मराठ्यांचे ।। 2019।। सासवड, सुपे, शिरवळ । ठाणीं जिंकली त्यांनी सकळ । शरण गेले नेते सबळ । मराठ्यांना ।। 2020 ।।

**✍दोहा॰** **इधर देश में हो रहे, समारंभ थे आम ।**
**उधर शिवाजी कर रहे, स्वतंत्रता के काम ।। 1731**
**शुरू शिवजी ने किए, हमले चारों ओर ।**
**आदिलशाही राज्य पर, खूब लगा कर जोर ।। 1732**
**किले जीत कर आदिली, किए स्वतंत्र प्रदेश ।**
**आए शरण बड़े-बड़े, करने मुक्त स्वदेश ।। 1733**

(बिजापुर)

**卐ओवी॰** बडी बेगम स्वप्नांत रंगली । भ्रमात निद्रस्थ आदिल अली । शिवाजींच्या मुंडक्याची लागली । आस त्यांना ।। 2021 ।। शुभ वार्तेची बघत वाट । प्रसाधित बादशाही थाट । सजले होते बाजार-हाट । बिजापुरी ।। 2022 ।। खान आमुचा बघून संधी । करील त्या शिवाजीला बंदी । अथवा कापून त्याची मुंडी । आणील तो ।। 2023 ।। धरोनी विश्वास ऐसा चिकार । होते तिथे सर्व आतुर फार । मोदोत्सवाला सगळे तयार । बिजापुरी ।। 2024 ।। खान आमुचा

## 89. Shivaji, twenty-nine years old. Afjhal Khan's death, 1659.

इतुका हुशार । कधीच त्याला मिळाली न हार । समजा शिवाजी नक्कीच ठार । होणार तो ।। 2025 ।। जयोत्सवाची जंगी तयारी । करीत होती जनता सारी । कधी न ऐसा होणार भारी । मोदोत्सव ।। 2026 ।। मुळी न आली कुणाच्या मनात । अथवा कुणाच्या कधी स्वप्नात । मरेल तो खान ऐसा रणात । बळीची अजा ।। 2027 ।। ठार केला शिवाजी ने खान । पोट फाडोनी घेतला प्राण । केली त्याची सेना दाणादाण । लूटले सर्व ।। 2028 ।।

✍दोहा॰ **सजा बिजापुर था बड़ा, करने को स्मान ।**
**शीश शिवाजी का कटा, लाए अफजलखान ।। 1734**
**अंत मराठा राज्य का, होगा अब आसान ।**
**भ्रम में खोया था इसी, बिजापुरी सुलतान ।। 1735**

(उसी समय)

**रण तज कर जो आगए, बिजापुरी दरबार ।**
**बोले, "अफजलखान को, उसने डाला मार ।। 1736**
**"कई वीर मारे गए, कुछ तो आए भाग ।**
**बाकी जो पकड़े गए, अनियत उनके भाग" ।। 1737**
**उधर मराठों ने लिया, सब कुछ अपना लूट ।**
**तोप खजीना बंदुकें, हाथी घोड़े ऊँट ।। 1738**

(तब)

**मुक्त शिवाजी ने किए, बंदी जो थे लोग ।**
**वापस वे भी आयगे, और बढ़ाने सोग ।। 1739**
**सुन कर मरना खान का, अशक्य था विश्वास ।**
**धरा का धरा रह गया, सपना हुआ खलास ।। 1740**
**कैसे संभव हो सका, ऐसा दुष्कर काम ।**
**महाकाय बलवान था, अफजल जिसका नाम ।। 1741**
**कैसे संभव हो सकी, अनहोनी सी बात ।**
**अजेय अफजल खान का, करे शिवाजी घात ।। 1742**

## 89. Shivaji, twenty-nine years old. Afjhal Khan's death, 1659.

**चींटी से हाथी मरा, मरा मूष से शेर ।**
**खान शिवाजी से मरा, माया का है फेर ।। 1743**
**अगला बीरा कौन है, करने पूरण काम ।**
**मार शिवाजी को सके, सफल हो इन्तकाम ।। 1744**
**समारोह जो था रचा, विजापुरी दरबार ।**
**शोक सभा वह बन गया, किस्मत का लाचार ।। 1745**

(बिजापुर)

卐**ओवी॰** वार्ता पसरल्या विजापुरात । झाले धस्स सगळ्यांच्या ऊरात । भीषण आक्रोश एका सुरात । अनावर ।। 2029 ।। घाला दुःखाचा घडला सुखात । तोंडचा घास अडला मुखात । गडा मिठाचा पडला दुधात । बासुंदीच्या ।। 2030 ।। खान मेला! खान मेला! । सर्वांनी आक्रोश केला । आनंद निसरून गेला । क्षणार्धात ।। 2031 ।। मुगल, इंग्रज, डच । सिद्दी, मूर, पोर्तुगीच । कुतुबशाही सर्वच । दणाणले ।। 2032 ।। विश्वास वार्तेत कुणाचा बसेना । कसे शक्य झाले कुणाला दिसेना । अफाट इतकी अफजलची सेना । तरी हार? ।। 2033 ।। महातुंग होती खानाची काया । गेली कशी ती क्षणार्धात वाया । केली शिवाजीने कोणती माया । दैवी लीला ।। 2034 ।। सेना प्रबळ झाली बरबाद । उंदरापुढे वाघ झाला बाद । उरला तो शिवाजीच नाबाद । आश्चर्यच! ।। 2035 ।। चेहरे सगळ्यांचे उतरले । सुतुक नगरीत पसरले । सामर्थ्य आदिलांचे घसरले । एकाएकी ।। 2036 ।। समारंभ होते जिथे जिथे । झाल्या शोकसभा तिथे तिथे । धाक शिवाजींचा जिथे जिथे । संचारला ।। 2037 ।। त्यांची हादरली क्षिति । आश्चर्य घडले अति । सर्वांनाच वाटली भीति । शिवाजीची ।। 2038 ।। केव्हां चालून तो येईल । राज्य जिंकून घेईल । विजापुरला शह देईल । कोण जाणे ।। 2039 ।। आता कोण आमुचा तारण । बसली पाचांवर धारण । आता न द्यावे त्याला कारण । स्वारीसाठी ।। 2040 ।। अली आदिलशहा थरकांपला । बडी बेगमचा पारा तापला । म्हणाले, "सूर्य लोपला आपला । अचानक" ।। 2041 ।। श्रीमुखात बसली थापड । अंगांचा झाला तीळपापड । गमावला सेनानी धाकड । अफजल ।। 2042 ।। शोकाघात होईना सहन । दुःख धाडले होते गहन । गर्व सर्वांचे केले दहन । शिवाजीने ।। 2043 ।। बडी-बेगम आजारी पडल्या । शिवाजीचे नांवे शिव्या

## 89. Shivaji, twenty-nine years old. Afjhal Khan's death, 1659.

झडल्या । ओक्साबोक्सी पुन्हा पुन्हा रडल्या । अनावर ।। 2044 ।। सर्वांची विरली आशा । आशेने गुंडाळला गाशा । पडली पदरी निराशा । फार मोठी ।। 2045 ।। जरी सगळ्यांचे उडले अवधान । केले राज्यात सगळे सावधान । जागृत चाकरांपासून प्रधान । आणीबाणी ।। 2046 ।।

**दोहा॰ फैली वार्ता राज्य में, विद्युत प्रवाह रूप ।**
**दिल को झटका दे गई, आदिल जिनका भूप ।। 1746**
**बिखरा मातम शहर में, जहाँ भरा था मोद ।**
**सजावटें सब व्यर्थ थीं, खान मौत की गोद ।। 1747**
**बिजापुरी दरबार में, हुआ शोक प्रस्ताव ।**
**सभा विसर्जित हो गई, चलने अगला दाँव ।। 1748**
**सिद्दी, डच, अंग्रेज भी, सभी हुए हैरान ।**
**सुन कर मरना खान का, डरे सभी महमान ।। 1749**
**डरे शिवाजी से सभी, मगर करे न कबूल ।**
**कब किसको वो क्या करे, इसका कुछ न उसूल ।। 1750**
**सोच-सोच कर काँपता, बिजापुरी सुलतान ।**
**वध से अफजलखान के, बहुत हुआ अपमान ।। 1751**

(बदला)

**ओवी॰** आता घेण्यासाठी सूड । धाडावे कोणते धूड । शौर्याने जे न आखूड । शिवाजीपुढे ।। 2047 ।। आता करावे लागेल अन्य कार्य । शिवाजीला मारणे अपरिहार्य । कोण बरे दाखवील तसे औदार्य । हाच प्रश्न ।। 2048 ।। कृपा भवानी-शिवाची जयाला । मारेल कैसा कुणीही तयाला । सूरमा जगी ह्या पैदा न झाला । सुलतान ।। 2049 ।। ऐशा त्या शिवाजीचे गुणगान । करावे आपण काव्यांनी छान । झाला न ऐसा पुरुष महान । अद्वितीय ।। 2050 ।।

**दोहा॰ दिल में जो है वेदना, कैसे उसे बुझाय ।**
**बदला लेने क्या करें, किसको भेजा जाय ।। 1752**
**भेजें ऐसा वीर जो, काम सफल कर पाय ।**
**मार शिवाजी को सके, खाली हाथ न आय ।। 1753**

## 89. Shivaji, twenty-nine years old. Afjhal Khan's death, 1659.

किसमें है यह वीरता, कौन माइ का लाल ।
शक्ति या फिर युक्ति से, बने शिवाजी-काल ।। 1754
जिसे भवानी ने दिया, पवित्र है वरदान ।
उसे मार कर आ सके, ऐसा को है खान ।। 1755
बिजापुरी दरबार में, सोच रहा सुलतान ।
उधर शिवाजी कर रहा, मनमाना नुकसान ।। 1756

(शिवाजी)

卐ओवी० मराठ्यांच्या स्वाऱ्या । वाऱ्यासम साऱ्या । स्वातंत्र्याच्या आऱ्या । कूच झाल्या ।। 2051 ।। वादळी चढाई । पहिला टप्पा वाई । पुढे जाण्या घाई । झपाट्याने ।। 2052 ।। खटाव, वाळवे, रामपुर । अष्टी, पाली, सावे, वेलापुर । कऱ्हाड, सुपे, तांबे, मसूर । कलेढोण ।। 2053 ।। नेरले, कमेटी, औदुंबर । उरण, कोले व विसापुर । तेरा दिवसांत केले सर । मराठ्यांनी ।। 2054 ।। वसंतगड, वर्धनगड । मच्छिंद्रगड, कल्याणगड । रांगणा, खेळणा, पन्हाळगड । रायबाग ।। 2055 ।। गडग, तिकोटे, लक्ष्मेश्वर । हुक्केरी, गोकाक, कोल्हापुर । पाच दिवांत झाले सर । त्यानंतर[205] ।। 2056 ।।

✍दोहा० हुए मराठों के शुरू, हमले चारों ओर ।
आदिलशाही फौज से, युद्ध हुए घनघोर ।। 1757
पहले वाई पर हुआ, हमला धुँआधार ।
फिर हमले विजयी हुए, अठारह लगातार ।। 1758
तेरह दिन में यह हुआ, पहला झंझावात ।
फिर चौदह हमले किए, पाँच दिनों की बात ।। 1759
बिजली की गति बढ़ रहे, स्वतंत्रता के काम ।
जीते आदिल से किले, बिना किए आराम ।। 1760

[205] December 28, 1659.

## 89. Shivaji, twenty-nine years old. Afjhal Khan's death, 1659.

### विजापुर

卐ओवी० शिवाजीने घेतले कोल्हापुर । आता पुढला टप्पा विजापुर । आदिलशहाचे कांपले ऊर । भीतीमुळे ।। 2057 ।। द्यावया त्यास समाधान । सज्ज झाला फाजलखान । त्याच्या संगे रुस्तुमेजमान । स्वारीवर ।। 2058 ।। कराया शिवाजीला ठार । सेना घेतली दहा हजार । तोफखान हत्ती घोडेस्वार । लवाजमा ।। 2059 ।। जेव्हां मारला अफजलखान । कैद झाला होता फाजलखान । शिवाजीने दिले जीवनदान । शरणागताला ।। 2060 ।। जिवंत सोडला साप । बसेल ना चुपचाप । पुन्हा करील तो पाप । गुण त्याचा ।। 2061 ।। जसा महमुद घोरी । पुन्हा पुन्हा करे स्वारी । त्याची ती जातच न्यारी । सुलतानी ।। 2062 ।। जन्मजात ते कृतघ्न । सुखशांतीत अप्रसन्न । मरेपर्यंत ते विघ्न । महाघोर ।। 2063 ।।

कूच झाली सेना बिजापुरी । कराया मनोकामना पूरी । अफजलखाची अधुरी । राहिली जी ।। 2064 ।। आदिलशाही मातबर । सेना येत आहे जबर । हेरांनी धाडली खबर । शिवाजीला ।। 2065 ।। शिवाजीने आखली योजना । धडाडीने तोंड द्याया त्यांना । पाच हजार मावळ्यांना । केले उभे ।। 2066 ।। मावळ्यांचे जुळविले बळ । पन्हाळ्यावर ठोकला तळ । काढावा लागेल त्यांना पळ । ह्यांचेपुढे ।। 2067 ।। स्वातंत्र्याची कळकळ । निरंतर चळवळ । न होतां डळमळ । तसूभर ।। 2068 ।। शिवरायाने फाजलखान । नेताजीने रुस्तुमेजमान । फेटाळल्या दोन्हीं फळ्या छान । धडाडीने ।। 2069 ।। दाळ त्यांची न गळाली । हिंमत त्यांची चळाली । गुरमी त्यांची पळाली । ह्यांचेपुढे ।। 2070 ।। दोन प्रहरांच्या आंत । फौजांची झाली वाताहात । कापले गेले अतोनात । विजापुरी ।। 2071 ।। मराठ्यांनी किती तरी । ठार केले विजापुरी । हार देओनी माघारी । फिरविले ।। 2072 ।। भीतीने गाळण उडाली । धीठाई पार बुडाली । शेपूट दाबोनिया खाली । पळाले ते ।। 2073 ।। पळाला फाजलखान । वळला उस्तुमेजमान । झाली फार दाणादाण । सैनिकांची ।। 2074 ।। मागे फिरले चेंदून । अपमान वरतून । घरी आले परतून । बिजापुरी[206] ।। 2075 ।। घरी आला जेव्हां खान । खाली झुकवुनी मान । पुन्हा केला अवमान । आदिलाने ।। 2076 ।।

---

[206] Dec. 28, 1659

## 89. Shivaji, twenty-nine years old. Afjhal Khan's death, 1659.

✍दोहा॰ जीता कोल्हापुर जभी, करके हमला घोर ।
अब अगला आघात है, बिजापूर की ओर ।। 1761
घबराया यह सोच कर, बिजापुरी दरबार ।
कौन शिवाजी को अभी, रोक सके सरदार ।। 1762
ऐसे दुःसह दुःख की, कम करने को दाह ।
उत्सुक फाजलखान ने, उन्हें दिया उत्साह ।। 1763
सुन कर फाजलखान का, लड़ने को स्वीकार ।
हर्ष भरा फिर होगया, सुलतानी दरबार ।। 1764
शत्रु शिवाजी ने जभी, मारा अफजलखान ।
शरणागत में था तभी, कैदी फाजलखान ।। 1765
छोड़ शिवाजी ने दिया, था यह फाजलखान ।
शरणागत पर की दया, देकर जीवनदान ।। 1766
आज सभा में था खड़ा, कृतघ्न फाजलखान ।
जिसने उस पर की दया, उसके लेने प्राण ।। 1767

(और)

साथ उसीके दूसरा, उतावला जो खान ।
वह रुस्तुमेजमान भी, होने को कुरबान ।। 1768
दस हजार सैनिक लिए, निकला फाजलखान ।
हाथी घोड़े ऊँट भी, शस्त्र समर-सामान ।। 1769
ज्यों ही सेना चल पड़ी, आदिल की मनहूस ।
खबर शिवाजी के लिए, ले आए जासूस ।। 1770

(तभी)

पलट वार की योजना, नेताजी के साथ ।
तुरत शिवाजी ने करी, देने उसको मात ।। 1771
पन्हाळगड पर स्थित हुए, शिविर शिवाजी डार ।

## 89. Shivaji, twenty-nine years old. Afjhal Khan's death, 1659.

नेताजी के साथ थे, सैनिक पाँच हजार ।। 1772
दो दुश्मन थे आ रहे, दो फौजों के साथ ।
दो सेनाएँ इधर से, करने दो-दो हाथ ।। 1773
रोक शिवाजी ने लिया, अकडू फाजलखान ।
नेताजी से डर गया, वह रुस्तुमेजमान ।। 1774
दो-दो फौजें जब मिलीं, युद्ध हुए घमसान ।
बिजापुरी अगणित मरे, बहुत हुआ नुकसान ।। 1775
बुजदिल रण को छोड़ कर, भागा फाजलखान ।
लौटा सब कुछ छोड़ कर, घर रुस्तुमेजमान ।। 1776
क्रोधित आदिलशाह ने, किया बहुत अपमान ।
मुँह काले कर रह गए, दोनों दंभी खान ।। 1777

### इंग्रजांशीं टक्कर

卐**ओवी॰** बघुनी शिवाजीचे भव्य यश । इंग्रज, फ्रेंच, पोर्तुगीज, डच । चार गोरे परदेशी अवश । हिरसले ।। 2077 ।। इंग्रज त्यांत उचापती मुख्य । आदिलशहाशीं करूनी सख्य । सागरी मार्गांवर शक्य । धंदापाणी ।। 2078 ।। मराठेही त्यांचे दास । ज्यांना गुलामीची आस । ज्यांचा स्वाभिमान खलास । झाला होता ।। 2079 ।। मित्र सारे आदिलांचे । भले त्यात होते त्यांचे । चोर-चोर ह्या भावांचे । नाते होते ।। 2080 ।। शिवाजीची जलसेना । ह्या चोरांना पाहवेना । समुद्र हा त्यांचा मेना । त्यांना वाटे ।। 2081 ।। आपसांत प्रतिस्पर्धी । टोपीकर एक वर्दी । देश लूटण्याची गर्दी । फिरंग्यांना ।। 2082 ।। मुखवटा व्यापाऱ्यांचा । सत्ता खरा हेतु त्यांचा । धर्मपरिवर्तनांचा । व्यवसाय ।। 2083 ।।

✍**दोहा॰** देख शिवाजी का भला, गोरों के मन द्वेष ।
सतावे उन्हें भी वही, जो आदिल को क्लेश ।। 1778
करके आदिलशाह से, सख्य भाव का स्वाँग ।
सागर के व्यापार की, गोरे करते माँग ।। 1779

# 89. Shivaji, twenty-nine years old. Afjhal Khan's death, 1659.

आदिल भी थे चाहते, बदले में सम्मान ।
तोपें अरु बारूद भी, अंग्रेजी सामान ।। 1780
मार शिवाजी को सकें, मन में लेकर आस ।
आते मैत्रीभाव से, अंग्रेजों के पास ।। 1781
दास मराठी भी कई, छोड़ वतन से प्यार ।
चोर-चोर भाई बने, सब मतलब के यार ।। 1782
इन पर रोटी सेंकते, अंग्रेजी व्यापार ।
प्रसार करते धर्म का, लालाच के आधार ।। 1783
सर्व शिवाजी जानते, गोरों के किरदार ।
गोरख धंदे लूट के, छद्मी कारोबार ।। 1784

(राजापुर)

卐ओवी॰ इंग्रजी वखार राजापुरात । प्रमुख बंदर त्यांचे सूरत । हेन्री रेव्हिंगटन टोपीकरांत । मुख्य साहेब ।। 2084 ।। शिवाजीचा एक पद्धतशीर । दारोजी नावाचा सागरी वीर । सांभाळत होता दाभोळ तीर । चिकाटीने ।। 2085 ।। एकदा त्याने घालून छापा । इंग्रजी माल केला गपापा । ताब्यात घेतला कप्पा-कप्पा । आणि कैदी[207] ।। 2086 ।। होऊनी तिथे पदच्युत । कराया गलबतें मुक्त । इंग्रजांनी धाडला दूत । शिवाजी कडे ।। 2087 ।। मुक्त केले शिवाजीने बंदी । जेव्हां इंग्रजांनी केली संधि । शिवाजीशीं मैत्री संबंधी । सिद्दी विरुद्ध ।। 2088 ।।

✍दोहा॰ राजापुर में था बसा, अंग्रेजी गोदाम ।
सूरत का बंदर दिया, दिल्ली का सुलतान ।। 1785

---

[207] **Prisoners** : Daroji marched with 600 soldiers and took following seven people in custody. 1. Henry Revington, the Governor for the factory at Surat (r. 1656-1662), 2. Randolph Taylor, 3. Richard Taylor, 4. Robert Ferrand, 5. Richard Napier, 6. William Mingham and 7. Philip Gifford. After negotiations six people were released and Gifford was imprisoned at the fort of Kharepathan. Gifford was released after Revington promised British help to Shivaji in taking the sea fort of Jangira from Siddi Jauhar.

## 89. Shivaji, twenty-nine years old. Afjhal Khan's death, 1659.

हेन्री रेविंगटन यहाँ, साहेब था प्रधान ।
टोपी वालों में जिसे, बहुत बड़ा सम्मान ।। 1786
पश्चिम तट पर था बसा, एक शिवाजी-दास ।
दारोजी शुभ नाम का, दाभोळ में निवास ।। 1787
उसने सहसा एक दिन, भारी छापा मार ।
अंग्रेजों का ले लिया, राजापुर भंडार ।। 1788
उसने उस गोदाम का, लूटा सारा माल ।
गोरे सारे पकड़ कर, दिया कैद में डाल ।। 1789
कैदी करने मुक्त सब, करने नावें मुक्त ।
पास शिवाजी के बड़ा, आया गोरा दूत ।। 1790
दिया वचन उस दूत ने, लिखित शपथ के साथ ।
मित्र शिवाजी आज से, और मिलाए हाथ ।। 1791
गोरों ने वादा किया, मैत्री का इजहार ।
सिद्दी हमरा शत्रु है, करते हैं इकरार ।। 1792
करके वादा इस तरह, कैदी कीन्हे मुक्त ।
गोरों का यह वचन था, घपलेबाजी युक्त ।। 1793

90. Escape from Pangala

# YEAR 1660

90. वीर शिवाजी–30 :

## पन्हाळ्याहून सुटका
## बाजीप्रभु देशपांडे
## 90. Escape from Pangala

**Shivaji, thirty years old, 1660.**

**वीर शिवाजी तीस वर्षांचे**

卐ओवी॰ सोळाशे–साठ इसवी सन । धीट करीत मराठी जन । तीशीत करतो पदार्पण । शिवराया ।। 2089 ।। एकामागे एक संकट । नवे होत होते प्रकट । संपूर्ण आश्चर्यांसकट । महाघोर ।। 2090 ।। शिवाजी जिवाची जोखीम घेतो । आणि तो विपदांना तोंड देतो । विजय संपादोनी पुढे जातो । ध्येयाकडे ।। 2091 ।। शत्रूंचा झाला आहे सुकाळ । नवीन उभा प्रतिसकाळ । उद्या येणार कोण विक्राळ । बघूं आता ।। 2092 ।।

✍दोहा॰ **विघ्न घोर आते गए, बाद एक के एक ।**
**झेल शिवाजी थे रहे, धीरज से प्रत्येक ।। 1794**
**नए–नए दुश्मन खड़े, करते हैं हर रोज ।**
**देखें कल है कौनसा, लाते करके खोज ।। 1795**

(विजापुर)

# 90. Escape from Pangala

卐ओवी॰ आदिलाला रोज नवी हार । बघूं आता काय करणार । कोणते भूत पाठविणार । मरावया ।। 2093 ।। जसा कंस पाठवी राक्षस । पाठोपाठ होती जे खलास । कृष्ण मारण्याचा त्याला ध्यास । तसाच हा ।। 2094 ।। हारले जेव्हां सर्व नौकर । शिवाजीला मारील कोण लौकर । एक नांव सुचले, सिद्दी जौहर । जंजीऱ्याचा[208] ।। 2095 ।। सिद्दी शिपाई आडदांड । मजबूत जणू लोखंड । शूर लढवय्या प्रचंड । हबशी तो ।। 2096 ।। काळा कभिन्न असुर । उंच धिप्पाड प्रचुर । आक्राळ विक्राळ क्रूर । भयानक ।। 2097 ।। सैनिकांनी आणली खबर । शिवाजी आहे पन्हाळ्यावर[209] । घातला वेढा किल्याला जर । फसेल तो ।। 2098 ।। ऐकोनी ती खबर । झाले बिजापुरी तत्पर । जातो सिद्दीच्या बरोबर । फाजलखान ।। 2099 ।। बरोबर रुस्तुमे-जमान । आदिलाने दिले सैन्य । न व्हावी अवस्था दैन्य ।। सूडघेण्या[210] ।। 2100 ।। फाजलची स्वारी तीसरी । रुस्तुमे-जमानची दूसरी शरणागतिप्राप्त होते अरि । हे दोघेही ।। 2101 ।। माफ करोनी त्याचा गुन्हा । शत्रु सोडला होता पुन्हा । तोच फाजलखान जुना । कृतघ्न जो ।। 2102 ।। दुष्टाला पुन्हा पुन्हा सोडणे । दया नाठाळावर जोडणे । नीति अशी मोठेपण म्हणे । आत्मघाती ।। 2103 ।। इतिहास सांगे नीति । ज्यांची असे नीच जाति । त्यांशीं होऊं नये मीति । चुकोनही ।। 2104 ।। सुलतान तथा गोरे । त्यांचे मन नसे कोरे । दगाबाज जाणा सारे । परदेशी ।। 2105 ।। रिव्हिंग्टन गोऱ्या साहेबानेही । केली होती शपथेवर सही । पण द्रोही झाले साहेब हेही । वेळेवर ।। 2106 ।। सिद्दीला इंग्रजांच्या । तोफा लांब पल्यांच्या । तुकड्या शिपायांच्या । पुरविल्या[211] ।। 2107 ।। वचनभंग, विश्वासघात । नीतीवर करणे आघात । परकियांचे कळले प्रघात । शिवाजीला ।। 2108 ।। जंजीरा व बिजापुरी । सेना ऐसी

---

[208] **सिद्दी जौहर :** The Abyssinsan Habshi ruler of Jangira (d. 1660).

[209] **पन्हाळा :** Shivaji arrived at Panhala Fort on March 2, 1660. This fort was one of the fifteen forts built by the last Silahara King Bhojdeva (r. 1178-1193). It was taken by Yusuf Adil Khan (r. 1489-1510) from the Yadava kings of Devgiri.

[210] March 1660.

[211] April 1660.

# 90. Escape from Pangala

ही दुहेरी । त्यांत मिळाली फितूरी । इंग्रजांची ।। 2109 ।। करोनी जैयत तयारी । कूच झाली फौज तिहेरी । त्यांत मराठ्यांची हजेरी । देशद्रोही[212] ।। 2110 ।।

✍दोहा॰ **जिसे भवानी राखती, उसको मारे कौन ।**
**क्रूर शठ महाकाय भी, हार गए धर मौन ।। 1796**
**हारे सेनानी सभी, तब मन आया नाम ।**
**सिद्दी जौहर एक है, जो कर सकता है काम ।। 1797**
**सिद्दी सबको ज्ञात है, जितना है वह क्रूर ।**
**महाकाय रण बाँकुरा, उतना ही है शूर ।। 1798**
**ऊँचा तगड़ा साँड है, जैसा अफजलखान ।**
**शत्रु शिवाजी का बड़ा, जंजीरा सुलतान ।। 1799**
**दो सुलतानों ने बैठ कर, ध्येय कर लिया स्पष्ट ।**
**हाथ मिला कर तय हुआ, करें शिवाजी नष्ट ।। 1800**
**जासूसों ने खबर दी, कहाँ शिवाजी धाम ।**
**पन्हाळा गढ़ घेर कर, हो सकता है काम ।। 1801**

(तब)

**सुन कर ताजा खबर वो, बिजापुरी तैयार ।**
**निकला फाजलखान भी, पुनः तीसरी बार ।। 1802**
**शरणागत को कर क्षमा, छोड़ दिया दो बार ।**
**आता फिर-फिर लौट कर, शर्महीन मक्कार ।। 1803**
**सेना एक बिजापुरी, दूजी हबशी फौज ।**
**अंग्रेजों की तीसरी, आयी करने मौज ।। 1804**
**मुँह माँगे ही दाम पर, बेच युद्ध सामान ।**
**गोरों ने दी फौज भी, यश करने आसान ।। 1805**

---

[212] **देशद्रोही :** मुधोळचा बाजी घोरपडे (1605-1664), वाडीचा लखम सावंत (r. 1641-1675).

# 90. Escape from Pangala

**गोरे वादा तोड़ कर, मिले शत्रु के साथ ।**
**विमुख शिवाजी से हुए, धोकर अपने हाथ ।। 1806**
**साथ मराठे मिल गए, आदिलशाही दास ।**
**जिन्हें हिंदवी राष्ट्र पर, तनिक न था विश्वास ।। 1807**

(आक्रमण)

卐**ओवी॰** सैन्य असे हे **चव्हेरी** । आपसी मिथ्या कैवारी । ज्यांना शिवाजीचा भारी । द्वेष होता ।। 2111 ।। आले पन्हाळ्याच्या निकट । घातला वेढा बळकट । परिस्थिति झाली विकट । मराठ्यांची ।। 2112 ।। पन्हाळ्याला घातला वेढा । शत्रूंनी वाकडा-तिकडा । कधी न पडला एवढा । अभेद्य जो ।। 2113 ।। सिद्दी जौहर चे दहा हजार । आदिलशहाचे तीस हजार । इंग्रजांचे टोपीकर हजार । छावणीत ।। 2114 ।। किल्याबाहेर भटकणे । वेढ्यातून आता निघणे । शक्य नव्हते निसटणे । शिवाजीला ।। 2115 ।। शत्रूंच्या मनात अख्खी । समजूत होती पक्की । शिवाजीचा मृत्यु नक्की । होणारच ।। 2116 ।। इंग्रजी तोफांचा मारा । भीषण, महिना सारा । करावया कोंडमारा । शिवाजीचा ।। 2117 ।। आतील कुणी जाऊं शके ना बाहेर । बाहेरचा आंत न येऊं शके हेर । तरी सुटका होणार कशी अखेर । शिवाजीची ।। 2118 ।। पन्हाळगड मजबूत । तटबंदी त्याची साबूत । वर दाणापाणी बहुत । साठलेले ।। 2119 ।। सिद्दी करूं पाहतो घात । कोंडून मराठे किल्यात । शिवाजी अडकले आंत । निरूपाय ।। 2120 ।। कराया पन्हाळ्याचा वेढा सैल । मराठ्यांनी ओतले ऐल पैल । गनीमांवर उकळते तैल । चढायांचे ।। 2121 ।। मारोनी नाना छापे चौफेर । ताडले पुणे ते बिजापुर । तरी वेढा ठेवला प्रखर । जौहरने ।। 2122 ।। कचाट्यात फसला जीव । आक्रमकांना नाही कीव । पिपासु ते रक्ताचे इव । शिवाजीच्या ।। 2123 ।। वाटले, होणार आता अंत । घोर रक्तपात अत्यंत । हिंदवी स्वराज्याचा देहांत । जिजाऊंच्या ।। 2124 ।। चुरडण्या शिवाजीला सपशेल । जळत्या आगेत ओतून तेल । दिल्ली-सुलतानाशी साधला मेल । आदिलाने ।। 2125 ।। औरंगजेबाने सह सन्मान । पाठविला वीर

## 90. Escape from Pangala

शाहिस्तेखान[213] । एक लाख सैन्य तूफान । दिले त्याला ।। 2126 ।। अंशी हजार घोडेस्वार । पायदळ तीस हजार । तोफा-बंदुका बेशुमार । हत्ती ऊंट ।। 2127 ।।

**दोहा॰** सेना ऐसी चौतुकी, शत्रु चार की खास ।
आयी चारों ओर से, पन्हाळगड के पास ।। 1808
चारों मिल कर फौज थी, लगभग आधा लाख ।
नष्ट शिवाजी को किए, स्वराज्य करने खाख ।। 1809
पन्हाळगड को घेर कर, लगी छावनी चार ।
फँसे शिवाजी दुर्ग में, सोच रहे उपचार ।। 1810
कोई बाहर जा सके, भीतर न ही प्रवेश ।
गोरों की तोपें चली, बिना खंड लवलेश ।। 1811
दुर्ग बहुत मजबूत था, गिरि पर विराजमान ।
तोपों से ना ढह सका, अविचल उसकी शान ।। 1812
ऊपर ध्वज फहरा रहा, भगवा रंग निशान ।
भीतर खाना विपुल था, जल का भी प्रवधान ।। 1813
जितना संभव हो सके, करने पक्का काम ।
चाहा आदिलशाह ने, दिल्ली से फरमान ।। 1814
पाकर अर्जी शाह की, दिल्ली का सुलतान ।
देने राजी होगया, मुगलों का वरदान ।। 1815
फिर शाहिस्तेखान को, भेजा दक्षिण देश ।
एक लाख की फौज का, उसको दिया निदेश ।। 1816
अस्सी हजार अश्व थे, पैदल तीस हजार ।
तोपें हाथी ऊँट भी, रुपया दिया अपार ।। 1817

---

[213] **शाहिस्तेखान** = औरंगजेबाचा मामा, मीर्झा अबूतालीब मूळ नांव. Mughal Governor of Bengal (r. 1664-1668)

# 90. Escape from Pangala

(पण)

**ओवी॰** आदिलाशीं न मिळविता हात । शिवाजीस करावया नेस्तनाबूत । स्वतंत्र मोहीम घेतली हातात । मुगलाने ।। 2128 ।। मुगल शिवाजीचे जरी शत्रु । बिजापुरचे ते न मित्रु । अरब-हबशी न त्यांचे पितृ । सुन्नी न जे ।। 2129 ।। पन्हाळ्याकाडे गेली न ती फौज । पुण्याकडे वळली करीत मौज । विजापुरचे हित न त्यांची हौस । आपलपोटी ।। 2130 ।। खान चालला तुडवीत गावें । फोडीत मंदिरें धर्माच्या नांवें । दुष्मन शिवाजीचा मनोभावें । पुण्यात आला ।। 2131 ।। सवा लाखावर सैन्य बळ । पुणें नष्ट कराया सकळ । मुठेच्या काठीं ठोकला तळ । छावणीने ।। 2132 ।। लाल महाल शिवबाचे धाम । जिजाऊने बनविले छान । मराठ्यांचे भवन महान । थाटामध्ये ।। 2133 ।। लाल महालात खानाचा वास । वध शिवाजीचा, त्याला ध्यास । मरेल शिवाजी, त्याला विश्वास । होता पूर्ण ।। 2134 ।। राजेशाही लाल महालात । खान निश्वासला आरामात । पुढील स्वारीच्या विचारात । गर्क झाला । 2135 ।।

**दोहा॰** **आया दक्षिण देश में, जब शाहिस्तेखान ।**
**ना वह आदिल से मिला, सिद्दी से न बखान ।। 1818**
**दक्षिण में जब आगया, सेना लेकर खान ।**
**मंदिर-मूरत तोड़ कर, मचा दिया तूफान ।। 1919**
**घोर पाप करता हुआ, मारकूट घनघोर ।**
**पुणे शहर में बस गया, लाल महल में चोर ।। 1820**
**करी योजना खान ने, पाने को सम्मान ।**
**स्वतंत्र अपने आप ही, करके सारा काम ।। 1821**

(क्योंकि)

**उसे न आदिल लाड़ला, ना सिद्दी से प्यार ।**
**शत्रु उनको मानता, मुगलों के खूँखार ।। 1822**
**नष्ट शिवाजी को किए, स्वातंत्र्य हो तमाम ।**
**सारे हिंदुस्तान में, मुगलों का हो नाम ।। 1823**
**दक्षिण के सुलतान भी, करने हैं बरबाद ।**

# 90. Escape from Pangala

जंजीरा भी है हमें, लेना उसके बाद ।। 1824
मदद करूँ ना मैं उन्हें, करना जिन्हें खलास ।
दिल्ली के सुलतान का, मुगलनिष्ठ मैं दास ।। 1825
लाल महल में स्थित हुआ, अब शाहिस्तेखान ।
बनी भयंकर योजना, सहित बड़े अरमान ।। 1826
महल शिवाजी के लिए, बनवाया था खास ।
जिजामातु ने शौक से, बहुत लगा कर आस ।। 1827
मुठा नदी के तीर पर, लाल महल के पास ।
लगी छावनी फौज की, फौजी लाख निवास ।। 1828
सजा चक्र है व्यूह का, करने पूर्ण विनाश ।
अब न शिवाजी बच सके, उसको था विश्वास ।। 1829

卐ओवी॰ खानाला आली भीतीची लहर । पुणे घोषिले मुगल शहर । मराठ्यांना प्रवेश चार प्रहर । मना केला ।। 2136 ।। पुणे प्रांताचा केला नायनाट । एकच ज्यास न लागले बोट । उरला होता किल्ला भुईकोट । चाकणचा ।। 2137 ।। बाकी मुलुख खग्रास ग्रहण । चमकत होता किल्ले चाकण । भगवा ध्वज करूनी धारण । स्वातंत्र्याचा ।। 2138 ।। भगवा झेंडा फडकतो बुलंद । मराठे उभे छाती करोनी रुंद । नावडे खेळ हा सबंद । मुगलांना ।। 2139 ।। जोवर चाकणचा होत न अंत । तोवर पदच्युत न पुणे प्रांत । बोचत होते शल्य हे अत्यंत । मुगलांना ।। 2140 ।। मुगलांनी करोनी सल्ला । ठरविले घेण्या तो किल्ला । करोनी एके रात्री हल्ला । एकाएकी ।। 2141 ।। करोनी पूर्ण तयारी । घेओनी लश्कर भारी । खानाची निघाली स्वारी । उत्तरेला ।। 2142 ।। कूच झाली मुगल फौज प्रचंड । करीत समरगर्जना अखंड । शामील त्यांत मराठ्यांची झुंड । गुलाम जे ।। 2143 ।।

✍दोहा॰ मगर उसे था डर लगा, वध अफजल का जान ।
धूर्त शिवाजी एक दिन, ले ना उसके प्राण ।। 1830
पुणे प्रांत उसने किया, तोड़-फोड़ कर नष्ट ।
एक अकेला था बचा, चाकण किला अनष्ट ।। 1831

## 90. Escape from Pangala

**लेकर चाकण का किला, करें पुणे बरबाद ।**
**रहे शिवाजी का यहाँ, जोर न उसके बाद ।। 1832**

### चाकणची लढाई, जुन्हे-अुगुस्त १६६०

卐ओवी॰ खानाने वेढला किल्ले चाकण । द्यावया मराठ्यांवर झाकण । करोनी चारीं दिशा आक्रमण । रावणाने ।। 2144 ।। पडतांच मुगल सेनेशीं गाठ । मराठे सिद्ध बुरुजांवर ताठ । झाडत तोफगोळे दिशांनी आठ । शत्रूंवर ।। 2145 ।। मराठ्यांनी केले जंगी घाव । सबळ मराठ्यांचा प्रभाव । खानाचा फिसकटला डाव । थबकला ।। 2146 ।। किल्यावरील चारशे वीर । झाडती तोफा, बंदुका, तीर । मुगलांचे हजारों खोगीर । गांगरले ।। 2147 ।। खानाची स्थिति ही दारूण । औरंगजेबाने जाणून । पाडण्या मराठे हाणून । चाकणचे; ।। 2148 ।। जोडले नवीन मुगल सैन्य । सांभाळण्या खानाची गति दैन्य । नेतृत्व जयसिंहाचे[214] अनन्य । नियोजिले ।। 2149 ।।

✍दोहा॰ **किया आक्रमण एक दिन, चाकण पर घमसान ।**
**घेरा चारों ओर से, दे बैठा वह खान ।। 1833**
**किला बहुत मजबूत था, बूर्ज खड़े सब ओर ।**
**रखा सुरक्षित खूब था, सब विध अच्छी तौर ।। 1834**
**भगवा ध्वज था दुर्ग पर, स्वातंत्र्य का प्रतीक ।**
**फहराता अभिमान से, अंबर के नजदीक ।। 1835**
**मर्द मराठे चार सौ, गढ़ पर खड़े जवान ।**
**मुगल निकट ना आ सके, बमबारी घमसान ।। 1836**
**आतिशबाजी कर रहे, गढ़ के तट से वीर ।**

---

[214] **जयसिंह =** सन 1617 पासून मुगलांचा सेवक मीर्झा राजा जयसिंह (1605–1667), अंबरच्या राजा मानसिंह (1562–1614) चा पुत्र. ह्याने अकबर (r. 1556-1605), जहांगीर (r. 1605-1627) आणि औरंगजेची सेवा केली.

# 90. Escape from Pangala

गोले बरसे तोप के, बरस रहे थे तीर ।। 1837
सेना पीछे हट गई, खान हुआ नाकाम ।
नाराज हुआ खान पर, दिल्ली का सुलतान ।। 1838

(जयसिंह)

नेता उसने दूसरा, भेजा करने काम ।
जो करने में खान का, उपाय था बेकाम ।। 1939
नेता वह जयसिंह था, बहुत तजुर्बेकार ।
जिस पर करत यकीन थी, दिल्ली की सरकार ।। 1840

संगीत श्री शिवाजी चरित्र राग-छंद माला, पुष्प 192

चाकण-भूपाळगडचा वीर, फिरंगोजी नरसाळा

**राग : यमन कल्याण**

**स्थायी**

**अमर फिरंगोजी नरसाळे, अर्पण तुजला चंपक माला ।**

♫ निनिप परे-सा-ग- गमंनिधप-, गपगप पधमंप निधपप रेरेसा-।

**अंतरा-1**

**चाकणचा तू भट लढवैया, भूपगडाचा तू रखवाला ।**

♫ प-गगप- निध सांसां सांसांनिरेंसां-, निरेंगरेंसांनिधप गमं धपरे-सा- ।

**अंतरा-2**

**तेजस्वी तू बेडर योद्धा, आशीष शिवाजींचा ज्याला ।**

**अंतरा-3**

**धन्य धन्य! ती भारतमाता, वीर जिचा सुत तू नरसाळा ।**

(तिकडे, पन्हाळ्यावर)

**卐ओवी॰** शिवाजीची वाढली चिंता गहन । कोंडमारा होत नव्हता सहन । भवानी देवीला करोनी नमन । युक्ति काढली ।। 2150 ।। कोंडून अधिक राहवे ना । जौहरचा वेढा पाहवेना ।

# 90. Escape from Pangala

येण्याआधी मुगलांची सेना । सुटका हवी ।। 2151 ।। खानाला चकमा देणे आहे । मुगलांशीं झुंज घेणे आहे । येथून बाहेर जाणे आहे । तातडीने ।। 2152 ।। शिवाजीने आणोनी आवेश । वीर हेरांना दिला आदेश । रात्री जाण्या बदलोनी वेश । गडाबाहेर ।। 2153 ।। हेर गेलेत बाहेर थेट । अंधारात जोखीमे सकट । शोधाया असुरक्षित फट । वेढ्यामध्ये ।। 2154 ।। हेरांनी दृढ धरोनी धीर । चालविला तपास गंभीर । वेढ्यात कुठे आहे का चीर । पळावया ।। 2155 ।। शेवटी हेरांना आनंद । सापडली वाट अरुंद । जी नव्हती मोर्च्यांनी बंद । सुदैवाने ।। 2156 ।। वाट निरुंद किरकोळ । दोन टेकडांतील बोळ । वर झुडपांची खोळ । झाकलेली ।। 2157 ।। इथे न पहारा, न गस्त । जिथे वेढ्याचा होता अस्त । ही संधि सुटकेची मस्त । काळोखात ।। 2158 ।। जिथे भवानी देवीची माया । जिथे शंभूच्या कृपेची छाया । तिथे प्रयत्न न जातीं वाया । सज्जनांचे ।। 2159 ।।

✍दोहा॰ **शिवाजी नहीं जानते, चाकण के हालात ।**
**मुगलों का घेरा पड़ा, करने को आघात ।। 1841**
**उधर शिवाजी थे फँसे, सिद्दी का था घेर ।**
**छुटकारा कैसे मिले, बहुत होगई देर ।। 1842**
**बहुत सोच कर रात-दिन, निकला एक उपाय ।**
**जिससे मोचन हो सके, संकट सकल हटाय ।। 1843**
**उपाय सोचा था यथा, तथा बिछाने जाल ।**
**गुप्त चरों से बात की, चलने अगली चाल ।। 1844**
**कहा शिवाजी ने उन्हें, ढूँढो एक सुराग ।**
**जिसमें से हम रात में, दूर सकेंगे भाग ।। 1845**
**यथा चरों को मिल गया, कारज का आदेश ।**
**उसी रात में चल पड़े करने को अन्वेश ।। 1846**
**एक स्थान में, दुर्ग की, टूटी थी दीवार ।**
**जिसमें से बाहर गए, चुपके से चर चार ।। 1847**
**बाहर पतली बाट थी, ढकी विपिन में खूब ।**

# 90. Escape from Pangala

**घनी झाड़ियों में छुपी, जहाँ सघन थी दूब ।। 1848**
**अगम्य खाई थी यहाँ, धरती बहुत ढलान ।**
**यहाँ न पहरा था कहीं, न ही किसी का ध्यान ।। 1849**
**जहाँ भवानी की कृपा, शिव का आशिर्वाद ।**
**वहाँ सफल सब होत है, विघ्न न उसके बाद ।। 1850**

(युक्ति)

卐**ओवी॰** मिळतांच ती बित्तम बातमी । शिवाजीने काढली युक्ति नामी । होणार जीत काहीच न कमी । हमखास ।। 2160 ।। पळायला हवी होती रात्र । शांत काळी एकच मात्र । जीत शत्रु असावा सर्वत्र । बेसावध ।। 2161 ।। शिवाजीने लिहीले खत । करोनी शिक्का-मोरबत । शरण आम्हीं आहो जात । आपणाला ।। 2162 ।। किल्ले, सत्ता, सर्व आमुचे धन । तयार आम्हीं कराया अर्पण । द्यावी आम्हांस कृपया शरण । बिनशर्त ।। 2163 ।। आम्हीं केले अनेक अपराध । आम्हांस ते सर्व आहेत याद । आपली मर्जी आहे अगाध । माफी द्यावी ।। 2164 ।। चार मास आहेत लोटले । वेढ्यामध्ये आहोत कोंडले । दाणा-पाणी सकळ संपले । किल्यावर ।। 2165 ।। कुमक नाहीं आमुचेपाशीं । इथे सर्व आहेत उपाशी । लागत आहे गळ्यास फाशी । निरूपाय ।। 2166 ।। जर द्याल आम्हां खात्री । भेटूं इच्छितो उद्या रात्री । आणूं मोजके आम्हीं मंत्री । बरोबर ।। 2167 ।। शिवाजीचा घेओनी आदेश । निघाला वकील जो वागीश । कराया शरणनामा पेश । जौहरला ।। 2168 ।।

**दोहा॰** **इधर शिवाजी ने लिखा, खत सिद्दी के नाम ।**
**जिसमें अनुनय नम्र था, करके विनत प्रणाम ।। 1851**
**लिखा शिवाजी ने उसे, तुम हो दया निधान ।**
**क्षमा करो अपराध सब, दे दो जीवनदान ।। 1852**
**शरण आपकी आ रहे, करके बहु सम्मान ।**
**किले, राज्य, धन आपको, कर देंगे सब दान ।। 1853**
**दाना-पानी खतम है, भूखे हैं हम लोग ।**
**ले कर टक्कर आपसे, हमें हो रहा सोग ।। 1854**

## 90. Escape from Pangala

**मिलना हैं हम चाहते, आकर कल की रात ।**
**बैठेंगे हम रूबरू, करने को सब बात ।। 1855**

## सिद्दी जौहर

**卐ओवी०** वाचोनी ती शरणागति । जौहर आनंदित अति । गर्वान्वित जंजीरापति । कमालीचा ।। 2169 ।। जे न साधले आदिलशहाला । जे असाध्य अफजलखानाला । ते शक्य झाले आज आहे मला । मीच खरा ।। 2170 ।। प्रथम तो झाला स्तब्ध । बोलला न एक शब्द । मग झाला तो संदिग्ध । मनामध्ये ।। 2171 ।। शिवाजी फार लबाड । कारस्थानी आहे द्वाड । करूं नये त्याचे लाड । चुकोनही ।। 2172 ।। पण ही सुवर्ण संधि । घ्यावी मी सर्वांचे आधी । करोनी मी त्याला बंदी । ख्यात व्हावे ।। 2173 ।। जीव त्याला टोचत होता । इतिहास बोचत होता । तरी मनी रोंचत होता । लोभीपणा ।। 2174 ।। त्याच्या मनी एकच विचार । जरी शिवाजी फार हुशार । येओनी तो काय करणार । उचापत ।। 2176 ।। उभा करीन मी त्याला दूर । फाडूं शकेल ना माझे ऊर । सर्व खात्री घेईन जरूर । सुरक्षेची ।। 2177 ।। येतांच मी त्याला धरीन । नि:शस्त्र मी त्याला करीन । मी शिवाजीला न डरीन । बेडर मी ।। 2178 ।। शिवाजी येणार बिन शर्त । किल्ले मुलूख देण्या परत । संधि ही दवडूं नये व्यर्थ । घाबरून ।। 2179 ।। राहीन मी अति सावध । करूं शकेन मी त्याचा वध । अशा भ्रमांत झाला मुग्ध । मूढ सिद्दी ।। 2180 ।। मला हवी आहे जी गोष्ट । तीच कबूल त्याला स्पष्ट । होकार देणे हेच इष्ट । त्याला वाटे ।। 2181 ।। होईल तो स्वत: हजर । ठेवील मी तीक्ष्ण नजर । फसला आहे तो जबर । असहाय ।। 2182 ।। देऊं शकेल मला न दगा । इथे येऊन शिवाजी उगा । आता उरली न त्याला जागा । हुशारीची ।। 2183 ।। किल्याच्या सभोवार वेढा । हजारो वीरांचा गराडा । पळतां होईल चुराडा । शिवाजीचा ।। 2184 ।। यश माझे हे अतुलनीय । श्रेष्ठ सेनानी मी अद्वितीय । पर्याय नाही आता द्वितीय । शिवाजीला ।। 2185 ।। आला जरी नाही इथे । मरेल उपाशी तिथे । वेढलेला किल्ला जिथे । अडकून ।। 2186 ।। उरले ते काय आता । मीच त्याचा मोक्ष दाता । मीच परिस्थितीचा ज्ञाता । सारासार ।। 2187 ।।

**✍दोहा०   पाकर चिठ्ठी दूत से, सिद्दी था हैरान ।**

## 90. Escape from Pangala

हर्ष बहुत था हो रहा, काम हुआ आसान ।। 1856
आदिल जो ना कर सका, ना ही अफजलखान ।
आज वही है हो रहा, संभव मुझको काम ।। 1857
फिर जौहर को डर लगा, धोखा हो ना जाय ।
चतुर शिवाजी बहुत है, मुझे करे न अपाय ।। 1858
आवेगा जब वो यहाँ, बैठेगा वह दूर ।
पास न आने दूँ उसे, फाड़े ना मम उर ।। 1859
आते ही, उसको यहाँ, कर दूँगा मैं कैद ।
वापस वह ना जा सके, मै कपटी मुस्तैद ।। 1860
आएगा निःशस्त्र वो, डरने की क्या बात ।
रक्षक मेरे साथ हैं, कर न सकेगा घात ।। 1861
फँसा हुआ लाचार वो, पिंजड़े में है शेर ।
सेना मेरी है खड़ी, किला रखा है घेर ।। 1862
गर वो ना आवे यहाँ, वादा करके झूठ ।
भूखा है वो मर रहा, धैर्य रहा है छूट ।। 1863
मुझे सुअवसर है मिला, होने मालामाल ।
ले लूँ उसकी संपदा, सज्य और सब माल ।। 1864

(मग)

卐ओवी॰ गंगाधरपंत प्रांजळ । चालोनी आलेत जवळ । घेओनी लिखित सकळ । सही सह ।। 2188 ।। संपला शिवाजीचा खेळ । आता गमवूं नये वेळ । स्वीकार द्यावा तत्काळ । विनंतीला ।। 2189 ।। जौहरने करोनी हा विचार । शिवाजीचा अर्ज केला स्वीकार । उसळला आनंद अपार । छावणीत ।। 2190 ।। बाळगोनी विश्वास दाट । सर्व मनीं उल्हासाची लाट । बघत शिवाजीची वाट । आतुर ते ।। 2191 ।।

(यों)

✍दोहा॰ सिद्दी लालच में पड़ा, कर बैठा अविचार ।

# 90. Escape from Pangala

**भ्रम में उस प्रस्ताव को, कर बैठा स्वीकार ।। 1865**
**हर्ष भरी थी छावनी, सबके मन उल्लास ।**
**खतम शिवाजी होगया, सबको था विश्वास ।। 1866**
**राह शिवाजी की सभी, देखने लगे मूढ़ ।**
**मतलब उस प्रस्ताव का, जान न पाए मूढ़ ।। 1867**

(इकडे गडावर)

**卐ओवी॰** इकडे शिवाजीने गडावर । डाव आखला जोखीमेचा फार । दक्षतेने अगदी काटेकोर । तंतोतंत ।। 2192 ।। शरणागतीची दाखवोनी भूल । दिली सिद्दी जौहरला झूल । पळणार मावळे विना चाहूल । फटीतून ।। 2193 ।। गडावर मावळे सहा हजार । त्यांतील सहाशे होतील पसार । जीवावर होओनी उदार । गुपचुप ।। 2194 ।। मावळे सोजीर शूर । सहाशे झाले तयार । सर्वच जवाबदार । वीर भट ।। 2195 ।। देओनी आमीश फाजील । सिद्दीला करोनी गाफील । आज पळून जातील । रातोरात ।। 2196 ।। केवढया धोक्याचे हे काम । दगा नसो कुठे नाम । योजना व्हावी कृतकाम । हाच बेत ।। 2197 ।। पन्हाळ्याहून प्रयाण । वीस कोस पलायन । विशाळगड ठिकाण । गाठायचे ।। 2198 ।। वीस कोस वाट विकट । किर्र जंगल घनदाट । दगड वाटेत अफाट । पसरले ।। 2199 ।। निरुंद खिंडीची वाट । कडे खिंडीचे उभाट । तसू भर ही न सपाट । भूमि जिथे ।। 2200 ।। पावसाळ्याचा दिवस । धो धो पडतो पाऊस । शिथिल होता माणूस । छावणीत ।। 2201 ।। हिरवे गार विपिन । चिखल ओली जमीन । ठीक निवडला दिन । पळावया ।। 2202 ।।

**दोहा॰** **सिद्दी था जब कर रहा, प्रस्ताव पर विचार ।**
**इधर शिवाजी हो रहे, भगने को तैयार ।। 1868**
**छह हाजार थे मावळे, पन्हाळगड पर वीर ।**
**छह सौ भट हैं जा रहे, संग शिवाजी धीर ।। 1869**
**जाएँगे सब रात में, बिना किसी आवाज ।**
**दरार से दीवार की, निकल पड़ेंगे आज ।। 1870**
**चूक न हो जाए कहीं, धोखे का है काम ।**

## 90. Escape from Pangala

एक भूल से हो सके, बहुत बुरा परिणाम ।। 1871
पन्हाळगड से निकल कर, मर्द मराठे शूर ।
विशाळगड पर जा रहे, बीस कोस हैं दूर ।। 1872
बीस कोस का रासता, पथरीली है राह ।
बहुत धैर्य से गुजरना, मन में है उत्साह ।। 1873
गरज रहे बादल घने, अँधियारी है रात ।
भारी वर्षा हो रही, रुक न रही बरसात ।। 1874
शिवजी तांडव कर रहे, बाकी सब कुछ शाँत ।
सैनिक सारे सो रहे, ठंढी सी है घात ।। 1875

### पलायन

卐ओवी॰ आले गंगाधर पंत । झाला उत्कंठेचा अंत । हर्ष सर्वांना अत्यंत । गडावर ।। 2203 ।। सिद्दीने दिला स्वीकार । मानावे त्याचे आभार । होणार बेत साकार । सुटकेचा ।। 2204 ।। लोक बेसावध छावणीत । मस्त जणू अफूच्या गुंगीत । समजूं शकले न ईंगीत । योजनेचे ।। 2205 ।। सहाशे पैदल सोजीर । झाले क्षणार्धात तयार । रात्रीचा द्वितीय प्रहर । वेळ होती ।। 2206 ।। जशीच गेली संध्याकाळ । मेघांनी भरले आभाळ । काळोखले अंतराळ । अनुकूल ।। 2207 ।। गरजले वादळ । पावसाचा सुकाळ । विजांची वरदळ । धुमाकूळ ।। 2208 ।। आकाशात होता चंद्र । आणि रक्षक तो इंद्र । नभी पसरले अभ्र । काळे भोर ।। 2209 ।। सिद्दी छावणीत बसतो । इंद्र आकाशाला हसतो । ईश्वरी असाच दिसतो । चमत्कार ।। 2210 ।। छावणीत सर्व शांत । अति आतुर नितांत । शिवाजीच्या प्रतीक्षेत । बसलेले ।। 2211 ।। सजविली एक पालखी । वजनानी फार हलकी । दिसाया गोपाल सारखी । हुबेहुब ।। 2212 ।। करावया पलायन । पालखीचे काय काम । नेतात ती उचलून । कशासाठी? ।। 2213 ।। नेतात पालखी रिकामी । येईल ती काय कामी । युक्ति ही कोणती नामी । कळेलच ।। 2214 ।। स्तब्ध दिसे गडावर । उघडले चोर द्वार । निघाले पाई सोजीर । बेमालूम[215] ।। 2215 ।।

---

[215] July 12, 1660

# 90. Escape from Pangala

विजांचा कडकडाट । ढगांचा गडगडाट । पावसाच्या धारा दाट । मदतीला ।। 2216 ।।

**दोहा॰** सिद्दी के सेवक सभी, बैठे लापरवाह ।
जौहर की करते हुए, वाह! वाह! जी वाह! ।। 1876
देख शिवाजी की रहे, आने की सब राह ।
सिद्दी उसको मार दे, यही सभी को चाह ।। 1877
स्वीकृति लेकर आगया, चतुर शिवाजी-दूत ।
सिद्दी का सिक्का लिए, सही-सहित सबूत ।। 1878
सिद्दी से प्रस्ताव पर, पाते ही स्वीकार ।
सिद्ध होगए मावळे, करन स्वप्न साकार ।। 1879
छाए बादल गगन में, बरस रहा था नीर ।
मौसम उस अनुकूल में, निकल पड़े सब वीर ।। 1880
साथ ले चले पालकी, वीर चल रहे मौन ।
खाली डोली क्यों भला, उसमें बैठे कौन? ।। 1881
आगे चल कर देखते, क्या है उसका काम ।
दूरदृष्टि की कुशलता, क्लृप्ति जिसका नाम ।। 1882

## शिवा न्हावी

संगीत श्री शिवाजी चरित्र राग-छंद माला, पुष्प 193

शिवा न्हावी

**होओनी जिवावरी उदार, करतो जो क्षणी उपकार ।**
**असो न्हावी, चांभार, कुंभार, ब्राह्मण, माळी, तेली, सुतार ।।**
**धुंडोनी जगती दिशा चार, सेवक असा दुर्मिळ फार ।**
**वीर खरा तो जबाबदार, जाणावा बा! देव अवतार ।।**

(शिवा न्हावी, गडावर)

# 90. Escape from Pangala

卐**ओवी॰** शिवा न्हावी एक इसम । रंग-रूप शिवाजी सम । शिवाजीचे वस्त्र नेसून । तोतया तो ।। 2217 ।। झाला तोतया तयार । दोन शिवाजी फरार । युक्ति ही फार हुशार । कामी आली ।। 2218 ।। जाणारे गेले सबंद । चोरद्वार केले बंद । लागला मुळी न गंध । छावणीत ।। 2219 ।। मावळे चालले झपाट्याने । सहाशे मराठे मुकाट्याने । केली कमाल पळपुट्याने । निसटला ।। 2220 ।। बाहेर पडला जसा कृष्ण । कंसाच्या बंदीतून भीषण । तसाच शिवाजी वेढ्यातून । सटकला ।। 2221 ।। पाऊस जोराने पडत आहे । वारा सोसाट्याचा उडत आहे । सुटका झपझप घडत आहे । शिवाजीची ।। 2222।। मराठे अंतर चिरत आहेत । वनात दूर शिरत आहेत । सिद्दीचे हेर फिरत आहेत । इथे सुद्धा ।। 2223 ।। पाहिले त्यांना जासूदांनी दोन । वेगाने पळत आहेत कोण । सगळे वऱ्हाडी आहेत मौन । घाईमध्ये ।। 2224 ।। लवकरच आता हेर येणार । पाठलाग आपला होणार । आम्हीं त्यांना झुकांडी देणार । ठरलेच ।। 2225 ।। वाटले मावळ्यांना बेत फसला । पण शिवा न्हावी गालांत हसला । आणि रिकाम्या पालखीत बसला । हुल द्याया ।। 2226 ।। गट शिवा न्हाव्याचा गेला समोर । बाकी वळले शिवाजी बरोबर । योजना कामात आली खरोखर । ऐन वेळी ।। 2227 ।। डबकें खळगें उंच सखल । तुडवीत काटे गोटे चिखल । ओले चिंब मराठे सकल । धावतात ।। 2228 ।।

✍**दोहा॰**
**शिवा नाम का एक था, नाई बहुत सुजान ।**
**दिखे शिवाजी की तरह, रंग-रूप समान ।।** 1883
**उसने पहने वस्त्र थे, सर्व शिवाजी रूप ।**
**फर्जी लीन्हा स्वाँग था, यथा मराठा भूप ।।** 1884
**वेश शिवाजी ने लिया, यथा मावळा वीर ।**
**यथा बनी थी योजना, वैसा रूप सुधीर ।।** 1885
**निकल पड़े सब मावळे, बिना किए आवाज ।**
**ओझल वन में होगए, मुक्त होगए आज ।।** 1886
**तेज वेग से चल रहे, जाना है बहु दूर ।**
**कोई उन्हें न देख ले, कर दे सपना चूर ।।** 1887
**बादल गर्जन तेज थी, वर्षा का भी शोर ।**

# 90. Escape from Pangala

**शीघ्र चाल से जा रहे, विशाळगड की ओर ।। 1888**

(तिकडे)

卐**ओवी॰** बघून त्यांना दोन्हीं हेर । थांबले तिथे काही देर । वळले माघारे अखेर । गडाकडे ।। 2229 ।। घेऊन खबर सणसणीत । आनंदाने अन्वित अगणित । पोहचले छावणीत । घोडेस्वार ।। 2230 ।। जासूद म्हणाले सिद्दी जौहरला । शिवाजी पळाला! शिवाजी पळाला! । मेण्यात बसून विशाळगडाला । जात आहे ।। 2231 ।। साधारण ती नव्हती बात । कानांवर त्याच्या वज्राघात । शिवाजीने त्याला दिली मात । अशक्य जी ।। 2232 ।। बातमी ऐकोनी सिद्दी म्हणे । निगराणी होती चोख पणे । कसा सटकला कोण जाणे । वेढ्यातून ।। 2233 ।। वेढा होता अति बळकट । नव्हती त्यात कुठेच फट । कसा निघाला मेण्या सकट । शिवाजी तो! ।। 2234 ।। कैसा उसको मिल गया मौका । भाग निकला देके धोका । किसीने उसे रोका न टोका । आश्चर्यच! ।। 2235 ।। नजर किसी को कैसे न आया । अदृश्य होकर वो भाग पाया । कैसी कमाल शिवाजी की माया । कोण जाणे ।। 2236 ।। शिवाजी निकला बगैर घोड़ा । उसने गड पालखी में छोड़ा । मावळों को साथ लेकर दौड़ा । न कळत ।। 2237 ।। मेरे सैनिक पसतीस हजार । तोफा इंग्रजांच्या होत्या हजर । हमारी कडक होती नजर । किल्यावर ।। 2238 ।। हक्के बक्के झाले जौहर-सेनानी । खबर ऐकून झाले बेजुबानी । चार महिन्यांच्या कष्टांवर पाणी । फिरलेले ।। 2239 ।। सिद्दी जौहर झाला खिन्न । डोळे कान पडले सुन्न । मग झाला फार उद्विग्न । पिसाटला ।। 2240 ।। सिद्दी जौहर झाला दिङ्मूढ । कळले न शिवाजीचे गूढ । झाला तयार घ्यावया सूड । शिवाजीचा ।। 2241 ।। चवताळोनी म्हणाला, जाओ! । शिवाजी को धर कर लाओ । वेळ अधिक मत गमाओ । यहाँ खड़े ।। 2242 ।। क्षणात जणू आले वादळ । छावणीत उडाली धांदल । सैनिकांची सुरू धावपळ । निघण्यास ।। 2243 ।।

✍**दोहा॰** **उसी समय पर विपिन में, सिद्दी के दो दास ।**
**घूम रहे थे अश्व पर, पहरा देने खास ।। 1889**
**उन दासों ने दूर से, जान लिया ये कौन ।**
**भाग रहे हैं मावळे, इस बारिश में मौन ।। 1890**
**सशस्त्र इतने मावळे, स्वराज्य वाले लोग ।**

# 90. Escape from Pangala

**पन्हाळगड से दूर ये, कौन रहे हैं भाग ।। 1891**
**कहीं शिवाजी तो नहीं, निकल गया गढ़ छोड़ ।**
**विशाळगड की ओर ये, भाग रहा जी तोड़ ।। 1892**
**जाकर उनको रोकने, होंगे हमीं शिकार ।**
**पकड़ेंगे उल्टा हमें, डालेंगे वे मार ।। 1893**
**लगाय यह अनुमान वे, निकल पड़े दो दास ।**
**पहुँचाने को खबर वो, झट सिद्दी के पास ।। 1894**
**देख शिवाजी ने लिए, मुगलों के वे दास ।**
**सेना लाने हैं गए, उनको था विश्वास ।। 1895**

(अत:)

**यथा योजना थी बनी, यही सोच कर बात ।**
**डोली में बैठा शिवा, जिसे चाल थी ज्ञात ।। 1896**
**लगभग दो-सौ मावळे, बढ़े शिवा के साय ।**
**आगे चलने लग गए, सभी जोड़ कर हाथ ।। 1897**
**मुड़ कर बाकी मावळे, चले शिवाजी संग ।**
**घोडखिंड के रासते, जिधर राह थी तंग ।। 1898**

(सिद्दी जौहर)

**卐ओवी॰** सिद्दी मसूदला केले तयार । संगे दोन हजार घोडेस्वार । आणि पायदळ एक हजार । दिले त्याला ।। 2244 ।। मसूद निघाला सह आवेग । सेना घेओनी अति शीघ्र वेग । पालखीचा कराया पाठलाग । शिवाजीच्या ।। 2245 ।। जाओनी बरेच अंतर । पुष्कळ समयानंतर । दृष्टीस पडले शंभर । मेणे वाले ।। 2246 ।। मसूदला झाला आनंद । बघोनी तो मावळा वृंद । पकडला तो सबंद । शिपायांनी ।। 2247 ।। गराडा पालखीला घातला । शिवाजी बघितला आंतला । घोळका घेऱ्यात घेतला । मावळ्यांचा ।। 2248 ।। मसूद प्रफुल्लित फार । आज नांव माझे होणार । शिवाजीला कैद मी नेणार । छावणीत ।। 2249 ।। स्वप्नें

## 90. Escape from Pangala

सजवीत अगणित । मसूद परतला धावणीत । बांधोनी मराठ्यांना दावणीत । गार्वान्वित ।। 2250 ।।

दोहा॰ सिद्दी जौहर ने सुनी, जभी सनसनी बात ।
"भाग शिवाजी है गया," उसे हुआ आघात ।। 1899
"हमने देखी पलकी, विशालगड की ओर ।
भाग रहे थे मावले, बिना किसी भी शोर" ।। 1900
सुन कर, सिद्दी, बात वो, कर न सका विश्वास ।
समझ न पाया बात क्या, बोल रहे हैं दास ।। 1901
"कैसे यह संभव हुआ, किला रखा है घेर ।
पहारा चारों ओर है, फिर कैसा अंधेर ।। 1902
"निकला वह किस मार्ग से, कहीं नहीं था भंग ।
लेकर इतने मावले, और पालकी संग ।। 1903
"कैसे अदृश होगया, बिना किसी अटकाव ।
बात अभी था कर रहा, भेज हमें प्रस्ताव ।। 1904
"मेरे सैनिक हैं खड़े, पूरे तीस हजार ।
गोरी तोपें कर रही, गोलों की बौछार ।। 1905
"इतना भारी यत्न है, किया महीने चार ।
उस पर पानी फिर गया, सभी हुआ बेकार ।। 1906
"जाओ जल्दी दौड़ कर, वज्राघात समान ।
सेना लेजाओ बड़ी, नेता मसूद खान ।। 1907
"लाओ उसको कैद कर, उस डोली के साथ ।
अगर न आए प्रेम से, बाँधो उसके हाथ ।। 1908
"जानें वह कैसे गया, पन्हालगढ़ से भाग ।
जब की अपनी फौज के, सभी रहे थे जाग" ।। 1909

(मसूद खान सिद्दी)

# 90. Escape from Pangala

सेना तीन हजार की, लेकर मसूद खान ।
निकला विद्युत वेग से, जैसे हो तूफान ।। 1910
विशाळगड के रासते, फौज रही थी भाग ।
कैद शिवाजी को करूँ, उसके दिल में आग ।। 1911
काफी अंतर दौड़ कर, दिखा उन्हें उस ओर ।
डोली वाले जा रहे, बरातियों की तौर ।। 1912
मसूद की उस फौज ने, दौड़ कर कुछ देर ।
आकर चारों ओर से, लियी पालकी घेर ।। 1913
डोली में उसको दिखा, शख्स शिवाजी छाप ।
डरा हुआ, कर जोड़ कर, बैठा है चुपचाप ।। 1914
उसे शिवाजी जान कर, हर्षित हुआ मसूद ।
बोला, अब ना बच सके, भुगतेगा सह सूद ।। 1915
डोली वालों को लिए, निकला उल्टे पाँव ।
कहा मसूद खान ने, जीत गया मैं दाँव ।। 1916
डोली वाहक मावळे, चलते धीमी चाल ।
ताकि शिवाजी को मिले, अधिक, पहुँचने काल ।। 1917

(छावणीत)

卐**ओवी॰** शिवाजी आला! शिवाजी आला! । छावणीत बोलबाला झाला । चला चला रे! बघू त्याला । जो तो म्हणे ।। 2251 ।। गोळा झाले अधिकारी । छोटे-मोठे पदधारी । आणि जौहरची सारी । खास सेना ।। 2252 ।। पालखीच्या सभोवती । उभे होते मूढमति । आतुर ते सर्व अति । बघावया ।। 2253 ।। जौहरची खूण झाली । पालखी ठेवली खाली । तोतयाची पाळी आली । निघण्याची ।। 2254 ।। बघोनी त्या तोतयाला । बघ्यांना संशय झाला । कोण बा इथे हा आला । पालखीत ।। 2255 ।। जौहरने तोतयाला । आश्चर्याने प्रश्न केला । काय आहे नांव तुला । कोण रे तू? ।। 2256 ।। शिवा न्हावी माझे नांव । पुणे आहे माझे गाव । शिवाजींचा सर्व ठाव । सेवक मी ।। 2257 ।। सगळे लोक हक्के-बक्के । सर्वांना विस्मयाचे धक्के ।

# 90. Escape from Pangala

मसूदचे सुटले छक्के । ओशाळला ।। 2258 ।। बघोनीया ती कमाल । जौहर क्रोधाने लाल । स्वेदपूर्ण त्याचे भाल । कापला तो ।। 2259 ।। फार मोठा घोटाळा झाला । फजीती सहन न त्याला । सिद्दी जौहर वैतागला । भयंकर ।। 2260 ।। मोद जौहरचा विरला । रंग छावणीचा फिरला । गर्व मसूदचा जिरला । क्षणार्धात ।। 2261 ।। लागलीच येओनी भाना । मसूदने काढली सेना । पाठलाग कराया पुन्हा । तीच वाट ।। 2262 ।।

**दोहा॰** **जभी छावनी आगई, सिद्दी के दरबार ।**
**बोल उठा सब हर्ष से, मसूद की जयकार ।। 1918**
**छोटे तथा बड़े सभी, अधिकारी सरदार ।**
**आगे आए देखने, शिवाजी का किरदार ।। 1919**
**सभी शिवाजी देखने, बढ़े खान की ओर ।**
**"हमें शिवाजी मिल गया," सबने कीन्हा शोर ।। 1920**
**सिद्दी ने भी खान की, करी बहुत वाह! वाह! ।**
**"डोली को नीचे रखो," कहा सहित उत्साह ।। 1921**
**डोली जब नीचे रखी, देख शिवा का देह ।**
**कौन भला ये स्वाँग है, उन्हें हुआ संदेह ।। 1922**
**सिद्दी ने पूछा उसे, "क्या है तेरा नाम ।**
**शिवाजी बना, कौन तू, क्यों यह कीन्हा काम" ।। 1923**
**शिवा हमारा नाम है, पेशे से हज्जाम ।**
**नाथ शिवाजी, बाप भी, सखा तथा भगवान ।। 1924**
**सिद्दी को बोला शिवा, पुणे हमारा धाम ।**
**वीर शिवाजी के लिए, दे सकता हूँ प्राण ।। 1925**
**सुन कर नाई का कहा, सभी हुए हैरान ।**
**सिद्दी क्रोधित लाल था, गरम होगए कान ।। 1926**
**सिद्दी ने फिर खूब दी, मसूद को फटकार ।**
**बोला, जाने को पुनः, सेना करो तयार ।। 1927**

## 90. Escape from Pangala

# बाजी प्रभु देशपांडे
# घोडखिंडीचे युद्ध

(तिकडे)

**ओवी॰** मराठे चालले आगे । शत्रु होता त्यांचे मागे । फत्ते व्हा! शिवाजी सांगे । मावळ्यांना ।। 2263 ।। विशाळगड पाच कोस । लागतील सहा तास । घोडखिंड होती पास । पुढे त्यांच्या ।। 2264 ।। शिवाजी विशाळगडाकडे । निघाले, ठेओनी वीर खडे । नेता बाजीप्रभु देशपांडे । खिंडी मध्ये ।। 2265 ।। बाजीप्रभूचा लोखंडी पिंड । त्याने संरक्षिली घोडखिंड । बंद कराया खिंडीचे तोंड । उभा झाला ।। 2266 ।। शिवाजी चालले गडाकडे । मसूद योतोच खिंडीकडे । खिंडीचे तोंड बंद साकडे । थांबला तो ।। 2267 ।। हाय खुदा! कौन ये शेर । खड़ा खिंडीच्या तोंडावर । शिवाजी न येत नजर । कहाँ गया ।। 2268 ।। खिंडीत दोनशे मावळे । कांति शुभ्र, रंगानी सावळे । तुटोनी पडले क्रुद्ध कावळे । शत्रूंवर ।। 2269 ।। लढला एकटा शंभरांशीं । सिद्दी जौहरच्या चाकरांशी । मराठा गुलाम कातरांशी । देशघ्न जे ।। 2270 ।। युद्ध झाले भयंकर । हातघाईचे निकर । केला तीव्र प्रतिकार । मसूदचा ।। 2271 ।। करूं लागली घोर वार । बाजीप्रभूची तलवार । ज्याचे अंगी भूत सवार । वीरश्रीचे ।। 2272 ।। बाजीचे अंगी प्रलयकाळ । गळवीतो मसूदची दाळ । ज्यांवर मावळ्यांचे आभाळ । कोसळले ।। 2273 ।। जखमी होऊनही गंभीर । मनात धरोनी दृढ धीर । लढत राहिला बाजी वीर । सहा तास ।। 2274 ।। अभिमन्यु जसा तिथे । तसा बाजीप्रभु इथे । वीर पुत्र सृष्ट जिथे । धन्य भूमि ।। 2275 ।।

**दोहा॰** **बढ़े जा रहे मावळे, विशालगड की ओर ।**
**पीछा मसूद कर रहा, खूब लगा कर जोर ।। 1928**
**उन्हें शिवाजी कह रहे, ध्येय पर करें गौर ।**
**पाँच कोस का फासला, अभी बचा है और ।। 1929**
**छह घंटों की बात है, बाकी आखिरकार ।**
**“घोड़खिंड” है सामने, चलो करें हम पार ।। 1930**

## 90. Escape from Pangala

घाटी यह है सँकरी, जिसका मुख है तंग ।
बाजी प्रभु ठहरे यहाँ, दो सौ साथी संग ।। 1931
करके बाजी को खड़ा, घाटी का मुख रोक ।
बढ़े शिवाजी सामने, विशालगड बिन-धोक ।। 1932
देखा उन्हें मसूद ने, बनाय एक कतार ।
घाटी में हैं घुस रहे, जाने को उस पार ।। 1933
बोला मसूद फौज को, चलो तेज रफतार ।
पकड़ो या मारो उन्हें, भागे ना इस बार ।। 1934
जब तक मसूद आगया, उस घाटी के पास ।
निकल शिवाजी थे चुके, खड़ा वहाँ था दास ।। 1935
बाजी प्रभु को देख कर, ठहरा मसूद खान ।
घाटी में घुस ना सका, युद्ध हुआ घमसान ।। 1936

(तब)

दोनों हाथों से लड़ा, बाजी बुलंद वीर ।
काटता गया शत्रु को, तलवारों से चीर ।। 1937
लड़े मराठे शौर्य से, जैसे भूत सवार ।
काट रही थी शत्रु को, तलवारों की धार ।। 1938
शत्रु पक्ष में थे भरे, हिंदू भी दाद्दार ।
गुलाम जो थे बन गए, छोड़ वतन से प्यार ।। 1939
दो-सौ जिद्दी मावळे, सिद्दी तीन हजार ।
छह घंटे थे लड़ रहे, बिना मान कर हार ।। 1940
बाजी जखमी था बड़ा, हुआ रुधिर से सिक्त ।
फिर भी मंदा ना हुआ, ना निष्ठा से रिक्त ।। 1941
जैसा अभिमन्यु था लड़ा, पूर्ण छिड़क कर जान ।
बाजी वैसा लड़ रहा, अर्पण करके प्राण ।। 1942

# 90. Escape from Pangala

**धन्य! धन्य! वो भूमि है, धन्य हुआ वह नाथ ।**
**बाजी जैसा पुत्र है, श्रद्धा जिसके साथ ।। 1943**

(शिवाजी)

**ओवी॰** शिवाजी येताच गडाच्या पायथ्याशीं । सूर्यराव सुर्वेने अडविले त्यासी । मराठा असोनही सख्य आदिलाशीं । होते त्याचे ।। 2276 ।। आला हल्ला अचानक । झाली स्थिति भयानक । क्षणात चिंता जनक । शिवाजींची ।। 2277 ।। थकले होते मावळे फार । एकवीस तास श्रम अपार । आता युद्ध होते अनिवार । मराठ्याशीं ।। 2278 ।। शिवाजी लढले महाघोर । सूर्वेचा चालला न जोर । भांबाऊनी तो हरामखोर । माघारला ।। 2279 ।। शिवाजींनी मारोनी धडक । मोडली त्याची फळी कडक । निसटले मराठे तडक । गडाकडे ।। 2280 ।। शिवाजी शिरले गडावर । जीवित सुखरूप अखेर । बाजीप्रभूची चिंता जबर । होती त्यांना ।। 2281 ।। पोहोचतांच गडावर । बाजीला द्यावया खबर । तोफांचा केला भडीमार । इशाऱ्याच्या ।।2282 ।।

**दोहा॰** **जभी शिवाजी आगए, विशाळगड के पास ।**
**आया उनको मारने, आदिलशाही दास ।। 1944**
**आदिलशाही दास का, सूर्याजी था नाम ।**
**छिपा हुआ था वो कहीं, देने को अंजाम ।। 1945**
**वैर शिवाजी से करे, दुष्ट मराठा वीर ।**
**जिस कारण उसको मिले, आदिलशाही खीर ।। 1946**
**थके शिवाजी थे बड़े, मगर न था पर्याय ।**
**छिड़ी लड़ाई घोर थी, लड़ना था अनिवार्य ।। 1947**
**सूर्याजी का ना चला, शिवराया पर जोर ।**
**डटे शिवाजी शत्रु पर, हमला डाला तोड़ ।। 1948**

(फिर)

**निकल शिवाजी थे गए, पीछे शत्रु छोड़ ।**
**विशाळगड पर आगए, विजयश्री को जोड़ ।। 1949**
**बाजी प्रभु की थी उन्हें, चिंता लगी महान ।**

# 90. Escape from Pangala

तोपों के संकेत का, कीन्हा पहला काम ।। 1950

<u>संगीत श्री शिवाजी चरित्र राग-छंद माला, पुष्प 194</u>

बाजी प्रभू देशपांडे

**स्थायी**

**काज सफल झाले, सुख आले ।**

**विजयाचा ध्वनि कानीं आला ।।**

**अंतरा-1**

**भारत माते! तुझा पुत्र हा, मातृमूमि च्या कामीं आला ।**

**अंतरा-2**

**ऐकुनी धीर कथा वीरांच्या, अज्ञानी जन ज्ञानी झाला ।**

**अंतरा-3**

**बाजी प्रभुनी, प्राण अर्पुनी, स्वामीभक्त तो, नामी झाला ।।**

(बाजीप्रभु)

卐**ओवी॰** ऐकोनी तोफांचा इशारा । बाजीप्रभु थांबला बिचारा । जखमांनी लालबुंद सारा । देहत्याचा ।। 2283 ।। दोन्हीं हातांनी लढला सहा तास । क्षण विश्रांतीचा न मिळाला त्यास । लढत राहिला, झाला न हताश । वीर बाजी ।। 2284 ।। मावळे त्याचे दोनशे । एकास दहा माणसे । हे प्रमाण ।। 2285 ।। मारले किती शूर त्याने । छाटले किती शिर त्याने । कापले किती वीर त्याने । कोण जाणे ।। 2286 ।। झाला न ऐसा कधीही वीर । हजारोंच्या समोर खंबीर । परिस्थितीत अशा गंभीर । प्रबळ जो ।। 2287 ।। तोफांचे बार ऐकले । तेव्हां त्याने ओळखले । महाराज पोहोचले । गडावर ।। 2288 ।। झळकत होती त्याची आभा । तलवार टाकोनी झाला उभा । शत्रूला मारण्याची दिली मुभा । त्या वीराने ।। 2289 ।। मसूदने दाखविली जात । करूनी नि:शस्त्रावर घात । केला तलवारीचा आघात । बाजीवर ।। 2290 ।। पराक्रम बाजीचा फळला । योग्य रीतीने जिम्मा ढळला । शिवाजींचा आशय कळला । कृतकृत्य ।। 2291 ।। हर हर महादेव! गरजला । दमदार घोष त्याचा परजला । प्राण विरजुनी त्याचा

# 90. Escape from Pangala

विराजला । स्वर्गासनीं ।। 2292 ।। रुद्र रूप करोनी धारण । शिव-विजयास तू कारण । घोडखिंड केली तू पावन । “पावनखिंड” ।। 2293 ।। हे भारतमातानंदन । न करतां दु:खी क्रंदन । साष्टांग तुला वंदन । लाख तुला ।। 2294 ।।

दोहा॰ **विशाळगड पर बज उठी, तोपों की बरसात ।**
**बाजी को संकेत वो, दीन्हा हर्षाघात ।। 1951**
**कृतकृत्य वह होगया, स्वतंत्रता का शेर ।**
**खड़ा होगया छोड़ कर, दोनों ही शमशेर ।। 1952**
**मार निहत्थे को दिया, मसूद ने बिन लाज ।**
**जैसी नीति में पला, ठीक वही अंदाज ।। 1953**
**गिरा धरा पर वीर वो, लेकर शिव का नाम ।**
**प्रसन्नता मुख पर लिए, हुआ पूर्ण कृतकाम ।। 1954**
**ऐसा योद्धा ना हुआ, ना होगा दो बार ।**
**जैसा बाजी होगया, सच्चा साझेदार ।। 1955**
**स्वामी का रक्षण करे, देकर अपने प्राण ।**
**सौ-सौ से जो लड़ सके, एक-अकेली जान ।। 1956**
**वैसा स्वामी धन्य है, जिसका ऐसा दास ।**
**जिस पर स्वामी कर सके, आँख मूँद विश्वास ।। 1957**
**वंदन ऐसे वीर को, सहर्ष घुटने टेक ।**
**स्तवन हुतात्मा का करे, देशभक्त प्रत्येक ।। 1958**

संगीत श्री शिवाजी चरित्र राग-छंद माला, पुष्प 195

बाजी प्रभु देशपांडे

**स्थायी**

ऐसा कुणी न झाला, होणार ही कधी वा ।
बाजी प्रभु हमारा, तारों में गुलसितारा ।।

# 90. Escape from Pangala

♫ रे-रे- मप- म ग-रे-, म-प-ध प- पमग- म- ।
नि-ध- पम- गरे-म-, ध-प- म गगमरे-ग- ।।

**अंतरा-1**

है धन्य वो शिवाजी, जिसका सख है बाजी ।
आदर्श वो मराठा, साऱ्या जगात न्यारा ।।

♫ नि- निधप म- पध-प-, सांसांनि- धप- ध प-म- ।
रे-रे-ग प- मग-म-, ध-प- मग-म रे-ग- ।। ध-प-

**अंतरा-2**

दोन्हीं करांनी लढला, जिंकोनी शूर, पडला ।
न हजार से वो हारा, वीरों में एक हीरा ।।

**अंतरा-3**

आया जभी दुबारा. सिद्दी मसूद हारा ।
घायाळ बाजी लढला, सांडीत रक्त धारा ।।

**अंतरा-4**

लाखों प्रणाम त्यला, अर्पोनी पुष्प माला ।
वैकुंठ में पधारा, महाराष्ट्र का दुलारा ।।

## शिवाजीची चाल

**卐ओवी॰** छावणीत परतला मसूद । मान झुकलेली, चाल मंद । चेहऱ्यावर गहन विषाद । व्यक्त स्पष्ट ।। 2295 ।। ऐकोनी, "शिवाजी पळाला" । विश्वास सिद्दीचा गळाला । संयम लागला तळाला । कापला तो ।। 2296 ।। प्रयत्न सर्व गेले व्यर्थ । वेढयात उरला न अर्थ । घडविला घोर अनर्थ । शिवाजीने ।। 2297 ।। सिद्दी जौहर चिंतातुर । काय करावे ह्या ऊपर । मनाला एकच विचार । खात होता ।। 2298 ।। न हाती आला पन्हाळगड । न मिळाले शिवाजीचे धड । परिस्थिति झाली अवघड । जौहरची ।। 2299 ।। आदिलशहा काय म्हणेला । जेव्हां अपयश हे जाणेल । कोणते संकट आणेल । माझेवर ।। 2300 ।। एवढा पैसा झाला खर्च । चार महिने

# 90. Escape from Pangala

गेले व्यर्थ । प्रयत्न वाया गेले सर्व । निरर्थक ।। 2301 ।।

दोहा॰ बाजी प्रभु को मार कर, हार गया शैतान ।
निकल शिवाजी थे गए, लौटा मसूद खान ।। 1959
शीश झुका कर आगया, मसूद अपने स्थान ।
जौहर ने उसका किया बहुत घोर अपमान ।। 1960
हाथ से शिवाजी गया, हमें भूल में डार ।
चार महीने रात-दिन, यत्न गए बेकार ।। 1961
न ही पन्हाळा गढ़ मिला, बोला मसूद खान ।
शिवाजी न जिंदा मिला, न ही मिला बेजान ।। 1962
शिवाजी गया सोच कर, जौहर को था रंज ।
आदिल से अब क्या कहूँ, तिक्त कसेगा तंज ।। 1963
इतनी भारी फौज थी, अंग्रजी बारूद ।
पानी जैसा पैसा गया, माँगेगा सह-सूद ।। 1964
माफ करेगा ना मुझे, दिखलाएगा रंग ।
लेगा बदला खूब वो, जस सुलतानी ढंग ।। 1965
जिन्हें न कोई मित्र है, ना भाई, ना बाप ।
हत्या करने को कभी, ये न समझते पाप ।। 1966

## सिद्दी जौहरचा खून

卐ओवी॰ शिवाजीने काढली युक्ति । मिथ्या देओनी त्याला तृप्ति । जोहरची कराया मुक्ति । जगातून ।। 2302 ।। शिवाजीला होते पूर्ण ज्ञात । कशी असे सुलतानी जात । घात करणे मामूली बात । कुणाचाही ।। 2303 ।। परम ज्याने केली सेवा । त्याचाच मनातुनी हेवा । करील खून त्याचा केव्हां । नेम नसे ।। 2304 ।।

दोहा॰ सिद्दी ने फिर गढ़ लिए, दिए मराठे छोड़ ।
पत्र शिवाजी ने लिखा, आदिल को जी तोड़ ।। 1967

# 90. Escape from Pangala

**लेकर सिद्दी ने किला, दीन्हा मुझको छोड़ ।**
**बिना आपकी अनुमति, हमसे नाता जोड़ ।। 1968**

(म्हणून)

**卐ओवी॰** शिवाजी होते निसटले । पण तीनशे अटकले । वाचविणे त्यांचे टकले । वेढ्यातून । 2305 ।। शिवाजीने धाडोनी वकील । देऊं केला पन्हाळा अखिल । प्राणदान जर देईल । मराठ्यांना ।। 2306 ।। भेटले सिद्दीला त्र्यंबक पंत । करावया त्याची काळजी अंत । पेश केली योजना तंतोतंत । आखलेली ।। 2307 ।। आता लढाई पुरे झाली । गड आम्हीं करतो खाली । येऊं द्या मराठ्यांना खाली । सुखरूप ।। 2308 ।। बेत बोलले त्र्यंबक पंत । योजना सिद्दीला आली पसंत । आनंदित होऊन अत्यंत । "हो" म्हणाला ।। 2309 ।। सिद्दीला हाच वाटला न्याय । अन्य नव्हता त्याला पर्याय । "नाही" म्हणून करील काय । वेगळे तो ।। 2310 ।। करोनी पन्हाळगड रिकामा । दूरदर्शी योजना आली कामा । काय द्यावी ह्या युक्तीला उपमा । शिवाजीच्या ।। 2311 ।। सिद्दीला पन्हाळगड मिळाला । त्याने सुखाचा अवंढा गिळाला । त्याला खरा खतरा न कळाला । अनागत ।। 2312 ।।

(दूसरा वार, सिद्दी ठार)

**卐ओवी॰** दिला पन्हाळ गड सिद्दीला । आणि संकेत आदिलाला । चुपचाप पोहचविला । शिवाजीने ।। 2313 ।। "शिवाजी सोडले वेढ्यातून । सिद्दीला पन्हाळगड देऊन । विना लढाई आणि खून । मुकाट्याने ।। 2314 ।। "करोनी पन्हाळगड खाली । सुटका मराठ्यांना मिळाली । सिद्दी जौहरने संधि केली । परभारें ।। 2315 ।। "विना विजापुरी स्वीकार । शिवाजीशीं केला करारा । बिन शर्त वा तकरार । जौहरने" ।। 2316 ।। ऐकोनी ती घोर खबर । आदिलशहाचा पारा वर । म्हणे, सिद्दी झाला बंडखोर । फितुर तो ।। 2317 ।। केली होती सर्व तयारी । तोफा बंदुका शस्त्रधारी । सेना दिली होती भारी ।। जौहरला ।। 2316 ।। खर्च करोनी इतका पैसा । वाहोनी खजीना पाण्याजैसा । हातचा कैदी पळाला कैसा । वेढ्यातून ।। 2319 ।। "जौहरने लेकर लाच । मारी है हमको टाच । अच्छी संधि मिळतांच । धोका दिया" ।। 2320 ।। आदिलशहा भडकला । त्याचा क्रोधाग्नि धडकला । त्याचा श्वास अडकला । सूडासाठी ।।

# 90. Escape from Pangala

2321 ।। आदिलाने करोनी तयारी । केली जौहरवर स्वारी । द्याया फितुराला दंड भारी । सुलतानी ।। 2322 ।।

✍दोहा॰ **पढ़ कर भीषण पत्र वो, आदिल को संताप ।**
**बोला, सिद्दी ने किया, बहुत घोर है पाप ।। 1969**
**हमें शिवाजी ना मिला, न ही किले का लाभ ।**
**सिद्दी ने धोखा दिया, तोड़ा हमरा ख्वाब ।। 1970**
**हमने उसको फौज दी, और किया सत्कार ।**
**मगर मिला वह शत्रु से, निकला वह गद्दार ।। 1971**
**सिद्दी ने है छल किया, नजर आ रहा साफ ।**
**बदला लेंगे हम सही, नहीं करेंगे माफ ।। 1972**

(और)

**सिद्दी को न्यौता मिला, आने को दरबार ।**
**परामर्श है चाहती, बिजापुरी सरकार ।। 1973**
**न्यौता पाकर डर गया, सिद्दी मतलब जान ।**
**गया नहीं दरबार में, खतरे को पहिचान ।। 1974**
**आदिल ने फिर फौज को, हुक्म दिया उद्दंड ।**
**सुलतानों के ढंग से, सिद्दी को दो दंड ।। 1975**

(सिद्दी जौहर)

卐**ओवी॰** आता सिद्दी घाबरला फार । पन्हाळ्याहूनी झाला फरार । जीव घेओनी पळाला दूर । कोकणात ।। 2323 ।। आदिलाने मग रचला कट । कराया सिद्दीला सफाचट । गुप्त हेर सोडले फटाफट । त्याचे मागे ।। 2324 ।। हेरांनी गाठला सिद्दी जौहर । लाओनी त्याला पिण्याची लहर । पाजले त्यांनी धोक्याने जहर । ठार केले[216] ।। 2325 ।। केली सेवा दिन रात । त्याचा केला असा घात । शिवाजीला होती ज्ञात । रीत त्यांची ।। 2326 ।। शिवाजीने केला कावा ।

---

[216] Nov. 1660

# 90. Escape from Pangala

जौहरच्या घेण्या जीवा । संधीच्या घेओनी नांवा । शह दिला ।। 2327 ।। काट्याने काढला काटा । शिवाजीला आला न घाटा । ज्याचा व्यवहार खोटा । त्याला तोटा ।। 2328 ।। पळतांच सिद्दी जौहर । शिवाजीने केला प्रहार । गडांवर पलट वार । सर केले[217] ।। 2329 ।।

✍दोहा॰ **सुन कर आना फौज का, सिद्दी के मन आग ।**
**डर कर वह कोकण गया, पन्हाळगड से भाग ।। 1976**
**भेजा अदिलशाह ने, गुंडा, देकर घूस ।**
**ढूँढ कर उसे मारने, गुप्त वेश जासूस ।। 1977**
**ढूँढ लिया जासूस ने, छिपने का वह स्थान ।**
**सिद्दी जौहर था जहाँ, झुठला कर पहिचान ।। 1978**
**इक दिन उस जासूस ने, बनाय उसको यार ।**
**जहर पिला कर रात में, डाला सिद्दी मार ।। 1979**

(तब)

✍दोहा॰ **चाल शिवाजी की यथा, तथा फँसा सुलतान ।**
**जिसने सेवा परम की, उसकी ले ली जान ।। 1980**
**काँटे से काँटा हटा, बना बिगड़ता खेल ।**
**आदिल के ही हाथ से, पड़ा आग में तेल ।। 1981**
**आदिल को ठंढक मिली, बदला लेकर नेक ।**
**लाभ शिवाजी का हुआ, शत्रु घट गया एक ।। 1982**
**ज्यों ही सिद्दी मर गया, आदिल के उपकार ।**
**चतुर शिवाजी ने किया, पन्हाळगड पर वार ।। 1983**
**पन्हाळगड के युद्ध में, गए आदिली हार ।**
**पड़ी कुल्हाड़ी पाँव पर, सच्चा सेवक मार ।। 1984**

---

[217] **गड जिंकले :** (नेताजी) पन्हाळा, कोंकण, मीरज; शहापुर, तिकोटेपर्यंत, वासेटा, गोरखगड, सिद्धगड, वैरागड; (दोरोजी) राजापुर; (मुरारबाजी) सासवड; रायगड, इत्यादि.

# 90. Escape from Pangala

(चाकणची लढाई, पुढे ...)[218]

卐ओवी॰ चाकणच्या किल्याला वेढा । मुगल सैन्याचा गराडा । मराठे देत होते लढा । दोन मास ।। 2330 ।। सुरक्षा चाकणची चांगली । एक निमिष न थांबली । पंचावन दिवस लांबली । कडेकोट ।। 2331 ।। खानाने मारल्या नाना मुसंड्या । पण मावळ्यांनी पाडल्या थंड्या । मराठे तुझे रे, भगव्या झेंड्या! । धन्य! धन्य! ।। 2332।। शुर वीर चिवट मावळे । सभोवती मुगल कावळे । मगर मिठी त्यांची आवळे । प्रति दिन ।। 2333।।

**संगीत श्री शिवाजी चरित्र राग-छंद माला, पुष्प 196**

**राग : मालकंस, कहरवा ताल 8 मात्रा**

(सिद्दी जौहर)

**स्थायी**

**परम हे नांव गडे ------,**

**स्मरण हे छान गडे --- ।**

**अंतरा-1**

**नरसाळा जे करणार, काम ते सफल घडे ---- ।**

**अंतरा-2**

**हा शूर महा दमदार, कुणाशीं जो न अडे । --- ।**

**अंतरा-3**

**शिवरायाचा सरदार, वीर हा चंड लढे ---- ।**

卐ओवी॰ वारंवार हल्ले न आले कामी । तोफा बंदुका झाल्या कुचकामी । तेव्हां नियोजिली युक्ति नामी । मुगलांनी ।। 2334 ।। छावणीतून खोदले भुयार । कराया सर्व मराठ्यांना ठार । बारूद ठासोनी केले तयार । किल्याखाली ।। 2335 ।। पोखरला सुरुंग बेमालूम । गुप्तपणे दारूचे काम । लागला न मागमूस तमाम । मावळ्यांना ।। 2336।। तिसऱ्या प्रहरी एके राती ।

---

[218] June-August 1660.

# 90. Escape from Pangala

भडकविली डांबर बत्ती । विस्फोट झाला महा घाती । धडद्याक्याने ।। 2337 ।। गगनीं उसळले दगड । किल्याला पडले भगदड । बुरूज कोसळला धडाधड । कोपऱ्याचा ।। 2338 ।। फुटला बाँब हरामखोरांचा । झाला विस्फोट फारच जोराचा । बुरुज राखत्या सर्व पोरांचा । झाला चेंदा ।। 2339 ।। बुरुजाचे झाले पीठ । तरी फिरंगोजी धीट । त्याने केला विचार नीट । सुरक्षेचा ।। 2340 ।। त्याने उभे केले वीर । पोलादी ज्यांचे शरीर । घेवोनी धनुष्य तीर । तोंड देण्या ।। 2341 ।। धूर जेव्हां मंद झाला । मुगलांचा लोंढा आला । पण पुढे थबकला । आश्चर्याने ।। 2342 ।। बुरुज ढासळला जरी । वीर उभे आहेत तरी । असंभाव्य आश्चर्यापरी । मुगलांना ।। 2343 ।। घेओनी पट्टा-तलवार । एकाने मारले हजार । दोन हातांनी लढला वीर । फिरंगोजी ।। 2344 ।। मग आल्या मुगली टोळ्या । सोडीत बंदुकींच्या गोळ्या । जाळपोळ करीत होळ्या । सभोवती ।। 2345 ।। वीर सर्व दिवस लढले । मोठ्या संख्येत बळी पडले । मग मावळे कोलमडले । शत्रूंपुढे ।। 2346 ।। एकेक मराठा वीर लढला । दोन महिन्यांनी गड पडला[219] । मुगलांचा मग झेंडा चढला । गडावर ।। 2347 ।।

**दोहा॰** **तीन मास से चल रहा, चाकण का वह युद्ध ।**
**गढ़ की रक्षा कर रहे, वीर मराठे शुद्ध ।। 1985**
**एक निमिष भी ना रुके, करने में प्रतिकार ।**
**मुगल न आगे बढ़ सके, यत्न सभी बेकार ।। 1986**
**ना तोपों का असर था, हमलों का न प्रभाव ।**
**डटे मराठे थे खड़े, झेल रहे थे घाव ।। 1987**
**हार कर जयसिंह ने, निर्घृण मुगल प्रयोग ।**
**समूह हत्या का किया, गुप्त रीति उपयोग ।। 1988**
**गढ़ के नीचे खोद कर, लंबा एक सुरंग ।**
**भरा उसे बारूद से, निर्दयता के संग ।। 1989**
**जान न पाए आपदा, गढ़ पर जो थे वीर ।**

---

[219] June 21, 1660

# 90. Escape from Pangala

मुगल उड़ाने जा रहे, उन सब की तकदीर ।। 1990
बत्ती को सुलगा दिया, इक दिन आधी रात ।
स्फोट भयंकर होगया, बड़े धमाके साथ ।। 1991
अंबर तक लाशें उड़ी, गिरी कोस तक दूर ।
एक बुरुज उस दुर्ग का, पूरा चकनाचूर ।। 1992

(फिर)

फिर भी दृढ़ थे मावळे, बचे खुचे सब वीर ।
लड़ने को तैयार थे, खड़े चलाने तीर ।। 1993
बढ़े मुगल जब सामने, रुके देख कर तीर ।
छोड़ अगर दें, निमिष में, माँगेंगे ना नीर ।। 1994
पीछे मुड़ कर, आगए, बंदूकधर हजार ।
धाँय! धाँय! चलने लगी, गोली की बौछार ।। 1995
गिरे तीर-तलवारधर, कर न सके प्रतिकार ।
चाकण मुगलों को मिला, कुछ दिन का अधिकार ।। 1996

संगीत श्री शिवाजी चरित्र राग-छंद माला, पुष्प 197

बाजीप्रभु आणि फिरंगोजी नरसाळा

**स्थायी**

बजा कर झांझ डफ घुंघरू, सुनाते गीत पोवाडे ।
बघा हे, संग गाणारे, खंजिरी तुणतुणी वाले ।।
♫ मगम रेरे धपम गग ममप-, सांनि-ध- सां-नि ध-प-ध- ।
सानि़सा रे-, प-म ग-रेगम-, पमगरे- पपमग- रे-सा- ।।

**अंतरा-1**

कभी ना वीर हैं ऐसे, कुणी ना धीर हे ऐसे ।
हुए हैं भुवन में तीनों, जसे बाजी-फिरंगोजी ।

# 90. Escape from Pangala

**सुनाते युद्ध की गाथा, करोनी हातवारे, हे ।।**
**♫ धप- मग रे-ग म- गमप-, मगरे रे- ग-म प- मगरे- ।**
**सानि़सा सा- ममग रे- ग-म-, नि़ध- प-ग- गम-रे-सा- ।।**

**अंतरा-2**

**कहीं ना भूप इस जैसा, कुणी ना नाथ हा ऐसा ।**
**हुआ ना शूर दुनिया में, शिवाजी सारखा राजा ।**
**जिजाऊ सुन रही गाना, ग! डोळे भरुनि हे आले ।।**

**अंतरा-3**

**कहीं ना देश है ऐसा, कुठे ना वेश हा ऐसा ।**
**जहाँ पर नीति का बस है, अर्चना मातृभूमीची ।**
**जहाँ पर वीर हैं सीधे, मराठे मावळे भोळे ।।**

खंडोजी खापोडे ची कथा

**卐ओवी॰** जावळीचा खंडोजी खापोडे । शिवाजीशीं ज्याचे वाकडे । अफजलखानाशीं चोपडे । होते त्याचे ।। 2348 ।। स्वराज्याचा हरामखोर । स्वार्थी दगलबाज घोर । भेकड पळपुटा चोर । देशमुख ।। 2349 ।। जावळीतून होता पळाला । अफजलला जावोनी मिळाला । तेथोनही खंडोजी गळाला । पळपुटा ।। 2350 ।। अफजल जेव्हां मेला । त्याचा आश्रय दाता गेला । आता मित्र कुणी न केला । खंडोजीला ।। 2351 ।। एक वर्ष होता दबून । जंगलोजंगजी पडून । कुठेच न आले घडून । भले त्याचे ।। 2352 ।। भटकोनी इकडे-तिकडे । शेवटी आला जावयाकडे । जरी होते त्याचे वाकडे । जावयाशीं ।। 2353 ।। जावई खंडोजीचा हुशार । हैबतराव शिळमकर । शिवाजींचा शूर सरदार । खातरीचा ।। 2354 ।। म्हणाला तो जावयाला । भेटून तू शिवाजीला । द्यावे म्हणा कृपें मला । जीवदान ।। 2355 ।। ऐकोनी खापोड्याचे नांव । शिवाजींना क्रोधाचा घाव । म्हणाले ते, हैबतराव! । कां ही क्षमा? ।। 2356 ।। शिवाजी बोलले देओनी जोर । खापोडे फितूर हरामखोर । खापोड्याचे अपराध अघोर । देशद्रोही ।। 2357 ।। खापोड्यास आम्हीं दिले वतन । शिक्का दिला कराया जतन । तोच आमुचे कराया पतन । शत्रु झाला ।। 2358 ।। आमुचे खाओनी झाला बेईमान । त्याने स्वीकारला अफजलखान

# 90. Escape from Pangala

। उद्यत घ्यावया चक्क आमुचे प्राण । विना लाजे ।। 2359 ।। जेव्हां कुठेच न त्याला स्थान । सर्वत्र होओनी अपमान । आम्हां मागतो जीवनदान । नाईलाजें ।। 2360 ।। खानाकडे नेओनी पत्र । सुरू केले कपटी सत्र । आम्हांवर धरीले शस्त्र । खापोड्याने ।। 2361 ।। अशा द्रोह्याचे करोनी तुकडे । फेकोनी द्यावे जिकडे-तिकडे । आणा खापोड्यास आमचेकडे । मग बघूं ।। 2362 ।। देश द्रोह्यास दिली न शिक्षा । होईल कायद्यांची उपेक्षा । मग काय करावी अपेक्षा । सेवकांनी? ।। 2363 ।। आम्हीं जर करोनी हयगय । देशद्रोह्यांना दिधले अभय । असेल कुणास कुणाचे भय । त्याऊपर ।। 2364 ।। ज्या हातांनी शस्त्र उगारले । ज्या पायांनी बंड उभारले । ते जर कापोनी उतारले । तर न्याय ।। 2365 ।। तुमचे खातीर देऊं जीवदान । हलके करोनी शिक्षेचे प्रमाण । तरी, सदोष-निर्दोष न समान । ह्या राज्यात ।। 2366 ।। खापोड्यस जीवनदान मिळाले । पण सजेचे भय न पळाले । देशद्रोहाचे पातक फळाले । खंडोजीला ।। 2367 ।। जो दंड रांझे पाटीलाला । तोच खोपड्याला मिळाला । असा स्त्युत्य निर्णय झाला । शिवाजींचा ।। 2368 ।।

✍दोहा॰ **जभी जावळी में हुआ, मोरे नमकहराम ।**
**तभी वहाँ पर एक था, शठ खंडोजी नाम ।। 1997**
**स्वराज्य से उसको घृणा, आदिल का था दास ।**
**उसकी निष्ठा थी नहीं, मगर किसी के पास ।। 1998**
**वैर शिवाजी से करे, यदपि मराठा आप ।**
**सेवक अफजलखान का, माने उसको बाप ।। 1999**
**शिवराया को मारने, आया था वह नाग ।**
**अफजल का जब वध हुआ, निकल गया था भाग ।। 2000**

(तब)

**उसकी निष्ठाहीनता, नजर आगयी साफ ।**
**आदिलशाही ने उसे, नहीं किया था माफ ।। 2001**
**डर कर आदिलशाह से, छिपा बचाने प्राण ।**
**अगर पकड़ में आगया, मारेगा सुलतान ।। 2002**

## 90. Escape from Pangala

उसे सहारा ना कहीं, ना कोई था यार ।
ना ही कोई प्यार का, उसको रिश्तेदार ॥ 2003
वेश बदल कर भटकता, और बचाता जान ।
राज्य शिवाजी का उसे, लगा सुरक्षित स्थान ॥ 2004
रहता था उस गाँव में, उसका इक दामाद ।
खंडोजी उससे मिला, बहुत दिनों के बाद ॥ 2005

(दामाद)

बोला वह दामाद से, करो एक तुम काम ।
सखे! शिवाजी से कहो, मेरा नम्र प्रणाम ॥ 2006
बोलो, मुझको शरण दें, क्षमा करें भगवान! ।
चाहे जो दंड दें, मत लें मेरी जान ॥ 2007
देश द्रोह मैंने किया, बहुत किए हैं दोष ।
मिल कर अफजलखान से, खो बैठा मैं होश ॥ 2008
आया था मैं मारने, धारण कर तलवार ।
फिर भी मुझको माफ कर, दया करो, सरकार ॥ 2009
दयावान नृप आप हैं, नीति-नियम के नाथ ।
शरणागत को बक्ष दो, सदय हृदय के साथ ॥ 2010
सुन कर उस दामाद से, उस पापी के बोल ।
कहा शिवजी ने उसे, अपने मन को खोल ॥ 2011
खंडोजी लाओ यहाँ, फिर करते हैं न्याय ।
उसका कहना मैं सुनूँ, ना होगा अन्याय ॥ 2012
आकर खंडोजी पड़ा, महाराज के पाँव ।
बोला, मुझको बक्ष कर, दो किरपा की छाँव ॥ 2013
माना, मैंने हैं किए, बहुत घृणित अपराध ।
मगर आप किरपाल हैं, राजा दयाअगाध ॥ 2014

# 90. Escape from Pangala

(शिवाजी

✍ दोहा॰ कहा शिवाजी ने उसे, सुनो हमारी बात ।
होगा निर्णय न्याय से, नहीं करेंगे घात ।। 2015
तुमरा यह दामाद है, अहम हमरा दास ।
सेना में सरदार है, सेवक हमरा खास ।। 2016
उसके कहने पर तुम्हें, माफ मृत्यु का दंड ।
मगर नीति से हो सजा, यथा कृत्य उद्दंड ।। 2017
देशद्रोह, फितुरी तथा, नारी पर व्यभिचार ।
तीन पाप अक्षम्य हैं, सद्धर्म सदाचार ।। 2018
इन पापों पर ना मिला, दंड अगर अति घोर ।
सच्चे सेवक राज्य में, बन जाएँगे चोर ।। 2019

शलोक

चेन्न कुर्यामहं कर्म लोके जायेत सङ्करः ।
भ्रंसेत च प्रजा तस्माद्-भवेयं हानिकारणम् ।।

दोहा

अगर करूँ ना कार्य मैं, और करूँ ना कष्ट ।
संकर होगा विश्व में, प्रजा बनेगी भ्रष्ट ।।

(अत:)

✍ दोहा॰ देशद्रोह यदि क्षम्य हो, देशभक्ति किस काम ।
नारी पीड़न सहन कर, हम होंगे बदनाम ।। 2020
रांझे पाटील को मिला, इसी दंड का माप ।
उसको वैसा दंड था, जैसा उसका पाप ।। 2021
खंडोजी तुमको मिले, उसी नाप से दंड ।
देश द्रोह का पाप है, कीन्हा तुमने चंड ।। 2022

# 90. Escape from Pangala

**जिन पैरों से आगए, करने मुझ पर घाव ।**
**तुमरे वे दोनों अघी, काटेंगे हम पाँव ।।** 2023
**जिन हाथों में असि लिए, आए करने वार ।**
**काटेंगे हम हाथ वे, लेकर वह तलवार ।।** 2024

(आनंदी–आनंद)

**ॐओवी॰** अफजल आला नि गेला । जौहर आला नि गेला । शिवबा पुरोनी उरला । सगळ्यांना ।। 2369 ।। आई साहेबांना आनंद । आयाबायांना महानंद । सर्व मनीं आनंदकंद ।। विजयाचा ।। 2370 ।। भव्य उत्सवाची भरली सभा । सेवक मावळ्यांची तिथे प्रभा । शाहीर अज्ञानदासाची आभा । पोवाड्यांची ।। 2371 ।। अज्ञानदास झाला उभा । मुखमंडळाची प्रभा । बघोनी स्तब्ध झाली सभा । ऐकावया ।। 2372 ।। हातीं डफ, सोबत झांज । मागे तुणतुणीचा साज । घुमला मर्दानी आवाज । शाहीराचा ।। 2373 ।। खंजीरी, घुंगरांचा नाद । झणझणीत प्रतिसाद । महाराजांचा आशीर्वाद । गायक्यांना ।। 2374 ।। शाहीराने भक्तियुक्त मुद्रा । शिवाजींना ठोकला मुजरा । आणि राज्याभिषेक दुसरा । अदबीने ।। 2375 ।।

**दोहा॰** **अफजल आया मारने, मगर चल बसा खान ।**
**मार न शिवबा को सका, जौहर भी गत प्राण ।।** 2025
**स्वराज्य में आनंद था, माता हर्षित गात ।**
**सभा भरी उल्लास में, फूलन की बरसात ।।** 2026
**निहाल मन थे मावळे, बहुत मिली थी जीत ।**
**उत्सव में प्रस्तुत हुए, गीत तथा संगीत ।।** 2027
**खड़े अज्ञानदास जी, देश–ख्यात साहीर ।**
**पोवाड़े की पेशगी, करने को जाहीर ।।** 2028
**बुलंद उस आवाज ने, भरा सभा में रंग ।**
**बाज रहे पखवाज थे, झाँझ, ढोल, मिरदंग ।।** 2029
**दिए शिवाजी ने उन्हें, मंगल आशीर्वाद ।**
**दूजा यह अभिषेक था, विजयोत्सव के बाद ।।** 2030

## 91. Shivaji, thirty one years old, Kokan Campaign, 1661.

# YEAR 1661

91. वीर शिवाजी–31 :

## कोकण विजय

## 91. Shivaji, thirty one years old, Kokan Campaign, 1661.

संगीत श्री शिवाजी चरित्र राग–छंद माला, पुष्प 198

भगवा ध्वज

**स्थायी**

**भगवा ध्वज हा भजुनी, गरजा हर हर महादेव! ।**
**ध्वज हा भवानी ने दिला, रक्षण करण्या शिवाला ।।**
♫ मगरे– गम रे– रे–गम–, पमग– पम गरे गम–रे–! ।
मग हा– मम–प– ध– पम–, म–मग पपप– रेप–म– ।।

**अंतरा–1**

**गरुडध्वज हा विष्णु चा, कपिध्वज तो शुभ कीर्ति चा ।**
**रवि सम उज्ज्वल केशरी, नमूया भगवा ध्वजाला ।।**

**अंतरा–2**

**भारत माते! हा तुझा, भगवा पावन केतु, ग! ।**
**प्रताप लक्ष्मीबाईला, स्त्रोत स्फूर्ति चा जहाला ।।**

## वीर शिवाजी एकतीस वर्षांचे

## 91. Shivaji, thirty one years old, Kokan Campaign, 1661.

卐ओवी॰ सन सोळाशे एकसष्ट । जन शिवाजीवर हृष्ट । औरंगजेब मात्र रुष्ट । फार होता ।। 2376 ।। एकतीस वर्षांचा वीर । स्तुति ज्याची गातीं शाहीर । तुणतुणे, डफ, खंजीर । वाजवूनी ।। 2377 ।। हात धरोनी कानावर । मर्दानी पोवाड्यांचे सुर । गीत गातात कविवर । शिवाजींचे ।। 2378 ।। कधी न हारला जो युद्ध । लढोनही नीतीने शुद्ध । न होतां दुष्ट वा क्रुद्ध । रणांवर ।। 2379 ।।

✍दोहा॰ **लड़ कर भी सत् नीति से, कभी मिली ना हार ।**
**शिवाजी वही वीर है, जिसका सत् आचार ।। 2031**
**कवि पोवाडे गा रहे, डफली का है साज ।**
**सेना के रणधीर भी, वीर रहे हैं नाच ।। 2032**
**इधर मराठे गा रहे, विजयोत्सव के गान ।**
**उधर कुचक्कर रच रहा, मुगल कर्तलबखान ।। 2033**

### उंबरखिंडीची लढाई

卐ओवी॰ चाकणचा भुईकोट लहान । मिळूनही न भागली तहान । मुगलांना झाले कष्ट महान । दोन मास ।। 2380 ।। घ्यावया दखखन सकळ । वाढवूनी खानाचे बळ । पाठविले नवीन दळ । औरंग्याने ।। 2381 ।। शिवाजीवर ठेओनी डोळा । शाहिस्तेखानाचे गडी सोळा । लाल महालात झाले गोळा । युद्धासाठी ।। 2382 ।। नेता त्यांचा कर्तलबखान[220] । मायभूमि उझबेगीस्तान । मुगलांचा सूरमा तूफान । नावाजला ।। 2383 ।। कर्तलबने केला बेत । कोकणपट्टी जावी घेत । समुद्रकिल्यांच्या समेत । शिवाजींची ।। 2384 ।। योजना त्याची होती साधी । कोकण ठाणी घ्यावीं आधी । मग किल्ले लोहगडादि । मराठ्यांचे ।। 2385 ।।

✍दोहा॰ **लाल महल में थी सभा, रचने को अभियान ।**
**बना रहा है योजना, मुगल कर्तलबखान ।। 2034**

---

[220] **कर्तलबखान :** Kartalab Khan (d. 1727), an Uzbeki marauder received the titles of Kartalab Khan, Kutluk Khan and Jafar Khan. Ejected from Maharashtra, he was the future Murshid Kuli Khan, the Diwan of Bengal (r. 1701-1727).

## 91. Shivaji, thirty one years old, Kokan Campaign, 1661.

**दिल्ली के सुलतान ने, भेजा उसको खास ।**
**"युद्ध शिवाजी हार कर, हो मुगलों का दास" ।। 2035**
**नौ सेना उसकी बड़ी, रक्षण करती तीर ।**
**पश्चिम तट पर जो खड़े, चंड मावळा वीर ।। 2036**
**कैसे काबिज कर सकें, कोकण क्षेत्र कगार ।**
**जहाँ शिवाजी ने किया, नौसेना विस्तार ।। 2037**
**लेना होगा लोहगड, किला बहुत मजबूत ।**
**तभी शिवाजी का हटे, सवार जो है भूत ।। 2038**

(अत:)

卐**ओवी॰** पुण्याहून निघाली सेना । कुठे चालली कुणा कळेना । गुप्त ठेवली होती योजना । मुगलांनी ।। 2386 ।। इकडे शिवाजींचे हेर । पसरले होते चौफेर । जाणला त्यांनी विना देर । गुप्त बेत ।। 2387 ।। सेना "मुगल" ती नावाचीच । होते मराठे अधिक तीत । देशद्रोही गुलाम अहित । भरलेले ।। 2388 ।। हत्ती, घोडे, बंदूकधारी । भाले, ढाला व तलवारी । जैयत केलेली तयारी । होती त्यांची ।। 2389 ।। जरी बसला होता दूर । पाठीराखा दिल्लीचा असुर । घेत होता सारी खबर । चोखपणे ।। 2390 ।। मुगली सेना सह्याद्रीत । शिरली दाट अटवीत । कडे सरळ जणू भिंत । वाट तंग ।। 2391 ।। सह्याद्रीची उंबरखिंड । घोडखिंडीप्रमाणे अरुंद । दोन्हीं खिंडी समरकुंड । मराठ्यांचे ।। 2392 ।। अडचणीची ही वाट । वन अति घनदाट । भयाण डोंगरी घाट । अवघड ।। 2393 ।। सेना चालली मंद गति । फिरली होती जिची मति । वाटत होती फार भीति । मराठ्यांची ।। 2394 ।। एक हजार वीर मावळे । पोलादी काया, रंग सावळे । लपून बसले जणू कावळे । झाडांवर ।। 2395 ।। नेता नेताजी पालकर । शिवाजींचा उजवा कर । सेनानी तूफान निडर । शिवाजींचा ।। 2396 ।। शिवाजी उभे थोडे दूर । घेओनी लढवैये शूर । योग्य क्षणासाठी आतुर । संकेत द्याया ।। 2397 ।।

**दोहा॰** **सेना मुगलों की चली, अधिप कर्तलबखान ।**
**कहाँ चली और क्यों चली, किसी को न था ज्ञान ।। 2039**
**दिल्ली का सुलतान ही, रखता था सब ध्यान ।**

## 91. Shivaji, thirty one years old, Kokan Campaign, 1661.

मुगलों की इस फौज का, उसको सब था ज्ञान ।। 2040
मुगलों की वह फौज थी, केवल कहने नाम ।
मगर मराठे अधिक थे, उसमें भरे गुलाम ।। 2041
भाड़े के टट्टू सभी, जिन्हें न कोई लाज ।
देशद्रोह जिनके लिए, मामूली अंदाज ।। 2042
हाथी, घोड़े, बंदुकें, लिए ढाल-तलवार ।
पुणे शहर से चल पड़े, करने किस पर वार? ।। 2043

(इधर)

गुप्तचरों ने खबर वो, पहुँचाई तत्काल ।
पाते ही संकेत वो, बने मराठे काल ।। 2044
तुरत शिवाजी ने करी, सेना गुप्त तयार ।
बीच राह में झपट कर, करने को प्रतिकार ।। 2045
सह्याद्री में आगया, मुगल कर्तलबखान ।
वन की राहें निविड थी, चढ़ने कठिन महान ।। 2046
ऊँचे कहीं चढ़ाव थे, गहरी कहीं ढलान ।
पतली राह महीन थी, तंग कहीं चट्टान ।। 2047
आयी उंबरखिंड में, जब मुगलों की फौज ।
भारी तोपों का हुआ, फौज पर बड़ा बोझ ।। 2048
छुपे मराठे वीर थे, पेड़ों पर तैनात ।
दूर शिवाजी थे खड़े, नेताजी के साथ ।। 2049

(मग)

卐**ओवी॰** सेना येतांच सानिध्यात । उचित टप्याच्या मध्यात । केला आक्रमण संकेत । शिवाजीने ।। 2398 ।। झाला हल्ला अचानक । कापाकापी भयानक । लढूं न शकले सैनिक । मुगलांचे ।। 2399 ।। जागा फारच निरुंद । वाट मागे-पुढे बंद । दाटले खिंडीत सबंद । हत्ती-घोडे ।। 2400 ।। हताश झाला कर्तलबखान । हारली मुगली सेना महान । वाचवावा कसा प्राण । चिंता

## 91. Shivaji, thirty one years old, Kokan Campaign, 1661.

त्याला ।। 2401 ।। टाळांवया आता मरण । शिवाजींचे धरोनी चरण । बिनशर्त आला शरण । लाजाळून ।। 2402 ।। शरण आला कर्तलबखान । शिवाजीने दिले जीवनदान । शिवाजीच्या दयेने त्याचा प्राण । बचावला ।। 2403 ।। हत्ती, घोडे, शस्त्रास्त्र, द्रव्य । मराठ्यांना मिळेले भव्य । विजय त्यांचा होता दिव्य । खानावर ।। 2404 ।। परतला कर्तलबखान । खाली धरुन आपली मान । हादरला शाहिस्तेखान । पुण्यामध्ये ।। 2405 ।। निराशला शाहिस्तेखान । जिरला त्याचा अभिमान । दिल्लीवाल्याने अपमान । केला फार ।। 2406 ।।

**✍दोहा॰ घाटी में जब आगए, फौजी मुगल तमाम ।**
**कूद सभी उन पर पड़े, मचा दिया कुहराम ।। 2050**
**घाटी में जो फँस गए, उनका अब क्या होय ।**
**कटे मुगल भीषण वहाँ, भाग न पाया कोय ।। 2051**
**भाड़े के टट्टू वहाँ, छोड़ गए मैदान ।**
**विना शर्त के अगया, शरण कर्तलबखान ।। 2052**
**मिले मराठों को वहाँ, मुगलों के सब शस्त्र ।**
**हाथी, घोड़े, बंदुकें, मिले जरी के वस्त्र ।। 2053**
**दिया शिवाजी ने उसे, फिर से जीवन दान ।**
**वापस लौटा आगया, पुणे कर्तलबखान ।। 2054**
**सुना औरंगजेब ने, हारा कर्तलबखान ।**
**तब शाहिस्तेखान का, किया बहुत अपमान ।। 2055**

## पाली, शृंगारपुर, चिपळुण, संगमेश्वर विजय

**卐ओवी॰** हरवुनी मुगलांना भारी । मराठे उतरले सह्याद्री । तळकोकणात केली स्वारी । जागोजागी ।। 2407 ।। पहिले ठिकाण पाली । सह्याद्री गिरीच्या खाली । इथे सुरवात झाली । विजयांना ।। 2408 ।। कुणी म्हणे पाली, कुणी पालन । कुणी पाळवणी वा पल्लीवन । त्याचेच शेजारी चिपळूण । कोकणात ।। 2409 ।। पालीचा जागीरदार दळवी । चाटतो आदिलशाही तळवीं । गुपितें विजापुरला कळवी । मराठ्यांची ।। 2410 ।। सिद्दी जौहरचा सेवक । सूर्याजी सूर्वेचा

# 91. Shivaji, thirty one years old, Kokan Campaign, 1661.

सहायक । शिवाजींचे अपकारक । दोन्हीं दुष्ट ।। 2411 ।। सूर्याजी सूर्यराव । दगाबाज त्यांचे नांव । त्याला गुलामीची हाव । विजापुरी ।। 2412 ।। शिवाजी जेव्हां आले चालून । यशवंत दळवी गेला पळून । सूर्याजी सूर्वे आला शरण । शिवाजीला ।। 2413 ।। पाली नंतर संगमेश्वर । विना लढाई झाले सर । तान्हाजी सुभेदार त्यावर । नियोजिला ।। 2414 ।। येथोनी चित्रदुर्ग किल्ला । शिवाजींचा पुढला पल्ला । करोनी तडाख्याने हल्ला । सर केला ।। 2415 ।। रचून भक्कम दगड । तटबंदी केली निगड । दिले नांव मंगळगड । त्या किल्याला ।। 2416 ।।

**दोहा॰ उंबर घाटी जीत कर, बढ़े मराठा वीर ।**
**तळकोकण में आगए, पश्चिम सागर तीर ।। 2056**
**पाली टप्पा प्रथम था, पठान था सरदार ।**
**जभी मावळे आगए, कर न सका प्रतिकार ।। 2057**
**चित्रदुर्ग गढ़ जीत कर, बढ़ा राज्य का काम ।**
**दिया शिवाजी ने उसे, मंगळगड था नाम ।। 2058**

(राजापुरचा विध्वंस)

**ओवी॰** राजापुरचे इंग्रज । धोका देण्यात अग्रज । वचनभंग सहज । करती ते ।। 2417 ।। शिवाजीशीं करूनी करार । वचन त्यांचे झाले फरार । सिद्दीकडे मारली भरार । निर्लज्जांनी ।। 2418 ।। मोठा चतुर होता सिद्दी । त्याच्या मनात आली बद्दी । शिवाजीला मारण्या जिद्दी । पकडून ।। 2419 ।। पन्हाळगडाच्या द्वारांवर । इंग्रजी तोफांचा भडिमार । बघोनी आश्चर्य होते फार । शिवाजीला ।। 2420 ।। इंग्रज शिपाई टोपीकर । कंपनीचा झेंडा तोफांवर । झाले होते भाडोत्री नौकर । जौहरचे ।। 2421 ।। शिवाजी पन्हाळ्याहून निस्तरले । विशाळगडावर पसरले । पण विश्वासघात न विसरले । इंग्रजांचा ।। 2422 ।। शिवाजींचे ठाणे संगमेश्वर । इंग्रजांची वखार राजापुर । दोन्हीं तळ नव्हते दूर । सूड घोण्या ।। 2423 ।। शिवाजी निघाले कराया वार । सोबत मावळे चार हजार । गाठली त्यांनी इंग्रजी वखार । राजापुरी ।। 2424 ।। साहेब तिथे हेन्री रेव्हिंग्टन । आणि त्याचे इतर कारकून । कैद केले सर्व साहेब जन । शिवाजीने ।। 2425 ।। माल सगळाच करोनी जप्त । तोफा दारूगोळा सोने जस्त । वखार खणून केली उध्वस्त । इंग्रजांची ।। 2426 ।। जिंकून बहु ठाणीं सभोवती । परतले शिवाजी शीघ्र गति । राजगडावर

## 91. Shivaji, thirty one years old, Kokan Campaign, 1661.

सुखरूप अति । आईकडे ।। 2427 ।। आज आला शिवबा घरी । आता होईल पूजा खरी । मूर्ति स्थापना गडावरी । भवानीची ।। 2428 ।। रत्नखचित अलंकार । भूषणें भुजांवर चार । वस्त्र जरतारी अपार । नंदादीप ।। 2429 ।।

✍दोहा॰ अंग्रेजों ने था किया, वचन भंग अति घोर ।
पन्हाळगड के युद्ध में, लड़े शत्रु की तौर ।। 2059
तोपों का मारा किया, अंग्रजों ने खूब ।
लालच में पागल हुए, बेशरमी में डूब ।। 2060
बदला लेने का अभी, समय आगया ठीक ।
चित्रदुर्ग से बहुत था, राजापुर नजदीक ।। 2061
अंग्रजों का था यहाँ, एक अहम भंडार ।
जहाँ तोप-बारूद का, बहुत बड़ा व्यापार ।। 2062

(अत:)

चले शिवाजी मारने, राजापुर पर वार ।
साथ बहादुर मावळे, लेकर चार हजार ।। 2063
राजापुर पर आगया, हमला वह खूँखार ।
घेर मराठों ने लिया, अंग्रेजी भंडार ।। 2064
विघ्न अचानक आ पड़ा, कर न सके प्रतिकार ।
टोपीवाले मौन से, मान गए फिर हार ।। 2065
सब गोरों को पकड़ कर, कैद में दिया डाल ।
लूट मराठों ने लिया, अंग्रेजों का माल ।। 2066

(फिर)

तळकोकण को जीत कर, लेकर सब सामान ।
वापस घर वे आगए, बने बहुत धनवान ।। 2067
हर्ष राजगड पर बड़ा, विजयों का आनंद ।
गायन-पूजन हो रहे, भक्तिभाव स्वच्छंद ।। 2068

# 92. Shivaji, thirty two years old. Netaji Palkar, 1662.

# YEAR 1662

92. वीर शिवाजी-32 :

### नेताजी पालकर

## 92. Shivaji, thirty two years old. Netaji Palkar, 1662.

  संगीत श्री शिवाजी चरित्र राग-छंद माला, पुष्प 199

शिव लीला

**स्थायी**

शिवलीलेची अमर कहाणी, गाऊंया मधु वाणी, रे! ।
शिवरायाची ऐकुनी गाणीं, झाली रयत शहाणी, रे! ।।

♪ पधम–ग– रेसा सासाग गपम–म–, गमप–प– धसां निधपम मधपमग ।
गमध–ध–ध– धनिधनि पधप–, गमप– पपध सांनिधपम, मधपमग ।।

**अंतरा-1**

दिली शिवजी ला माते ने, स्वातंत्र्या ची किल्ली, रे! ।
वीर मराठ्यां ची मग सेना, शिवबा ने ती केली, रे! ।।

♪ गमधनि सांसां–सां– नि– सांरेंनिसां निध,
नि–नि–सां– सां–पनि सांरेंनिसां– नि–धप ।
ग–ग मध–ध– धनि धनि पधप–, गमप–प– धसां धप गममध, पमग ।।

**अंतरा-2**

लागोपाठ सर किल्ले केले, नवीन रचले भारी, रे!

## 92. Shivaji, thirty two years old. Netaji Palkar, 1662.

**जगात विश्रुत ते गड त्याचे, चढतां येई ग्लानि, रे! ।।**
**अंतरा–3**
**अफजुल, सिद्दी, शाहिस्ते खाँ, हार मानले वैरी, रे!**
**शत्रुदलांवर गनिमी हल्ले, सूरत वर ही स्वारी, रे! ।।**
**अंतरा–4**
**किल्लों–किल्लीं फिरतो चंचल, पकडूं शके न, कोणीं रे! ।**
**अद्भुत सुटका आगऱ्या वरुनी, लीला अनुपम, दैवी रे! ।।**
**अंतरा–5**
**सदाचार हा ज्याचा बाणा, परस्त्री माता मानी, रे ।**
**असा जाणता राजा जगती, कोण भला नृप दानी, रे ।।**
**अंतरा–6**
**कथा ऐकाता, नयनीं येई, आनंदाश्रु पाणी, रे !**
**भारत देशा! लेकरें तुझीं, प्रताप झाशी–राणी, रे! ।।**

## वीर शिवाजी बत्तीस वर्षांचे

卐**ओवी॰** सन सोळाशे बासष्ट । शिवाजी जाणतो स्पष्ट । स्वराज्यास काय इष्ट । व्यवहार ।। 2430 ।। शिवाजीस लागले वय बत्तीस । सुवर्ण अंबारी स्वातंत्र्यहत्तीस । किल्ले शिवाजीचे मुख्य छत्तीस । स्वराज्यात ।। 2431 ।।

✍**दोहा॰** **अब तक जिनके पास थे, अहम किले छत्तीस ।**
**आज शिवाजी वीर की, उमर हुई बत्तीस ।। 2069**
**मुगलों के साम्राज्य पर, मौका मिलते वार ।**
**सेवक अब स्वातंत्र्य के, करने लगे प्रहार ।। 2070**

(नेताजी पालकरचे छापे)

卐**ओवी॰** कोकणात मारूनी छापे । नेताजीने महाप्रतापें । मुगलांची मोजूनी पापें । त्रस्त केले ।। 2432 ।। ह्यानंतर पुणे प्रांत । नेताजीने केला आक्रांत । अनेक ठाणीं पादाक्रांत्त । मुगलांची ।।

## 92. Shivaji, thirty two years old. Netaji Palkar, 1662.

2433 ।। पुण्यावर घातल्या धाडी । उघडोनी नवी आघाडी । मुगलांना ही नासाडी । भंडावली ।। 2434 ।। शाहिस्तेखान चिडलेला । अपमानांनी पीडलेला । अविचारांनी कीडलेला । वेडा-पिसा ।। 2435 ।। नेताजीचा कराया बंदोबस्त । गनीमी काव्यांचा कराया अस्त । शाहिस्तेखानने केला उध्वस्त । पुणे प्रांत ।। 2436 ।। सैन्य धाडोनी एक लाख । केल्या शेती-वाड्या राख । दिले जनतेला दुःख । नाना रीति ।। 2437 ।। चालवूनी अनागोंदी । कडेकोट नाकेबंदी । पुण्यात येण्यास बंदी । मावळ्यांना ।। 2438 ।।

दोहा०  कोकण के रण जीत कर, घर आने के बाद ।
       बहुत शिवाजी ने किया, मुगलों को बरबाद ।। 2071
       तब शाहिस्तेखान ने, बदला लेने काम ।
       नई बनाई योजना, करने इन्तेजाम ।। 2072
       एक लाख की फौज को, दिया खुला आदेश ।
       करने नष्ट स्वराज्य का, सारा पुणे प्रदेश ।। 2073
       लूटी जनता देश की, मार-कूट सब ओर ।
       खेती खड़ी जला दियी, वडवानल की तौर ।। 2074
       दाना खाने ना मिले, जल का पड़ा अकाल ।
       गाय-बैल मरने लगे, स्वराज्य में दुष्काल ।। 2075
       मार मराठे थे रहे, मुगलों के जो दास ।
       मरने वाले भी वही, दुगुना सत्यानास ।। 2076
       मुगली सेना में भरे, अधिक मराठे लोग ।
       मार-पीट जो कर रहे, विना किसी भी सोग ।। 2077
       पहरा डाला सब तरफ, मुगली फौज प्रचंड ।
       पुणे शहर में मावळे, आना-जाना बंद ।। 2078
       लाल महल का द्वार था, भीतर-बाहर बंद ।
       बंद महल में खान को, सब विध था आनंद ।। 2079
       अब न शिवाजी आ सके, करने कोई कांड ।

## 92. Shivaji, thirty two years old. Netaji Palkar, 1662.

**ना वह धोखा दे सके, जो है चतुर प्रकांड ।। 2080**
**खान सुरक्षित होगया, जो था चिंतातुर ।**
**सभी शिथिल अब होगए, होकर चिंता दूर ।। 2081**

(तेव्हां)

卐**ओवी॰** मराठी जे होते त्रस्त । शिवाजींचे झाले भक्त । करा ह्याचा बंदोबस्त । म्हणाले ते ।। 2439 ।। पडला पाण्याचा अकाळ । दाणा-वैरणीचा दुष्काळ । मुगली गुंड्यांचा सुकाळ । राज्यामध्ये ।। 2440 ।। खानाने पेटविली चिता । सभ्यपणा केला रिता । शिवाजीला झाली चिंता । रयतेची ।। 2441 ।। थांबावया खानाचा अन्याय । करावा लागे काय उपाय । कोणता द्यावा त्याला अपाय । हमखास ।। 2442 ।।

✍**दोहा॰** **जनता दुखिया होगई, सह ना सकी अपाय ।**
**तभी शिवाजी को कहा, कुछ तो करो उपाय ।। 2082**

### मिऱ्या डोंगराची लढाई

卐**ओवी॰** कर्तलब झाला निराधार । मग मुगलांचा सरदार । नामदारखान शूर फार । बहु ख्यात ।। 2443 ।। कल्याण भिवंडीचा भाग । खानाने केला बेचिराग । लावोनी मुलुखास आग । तुडवीत ।। 2444 ।। मिटवाया त्याची खोड । करावया खानाचा मोड । शिवाजीने काढली तोड । चढाईची ।। 2445 ।। मिऱ्या डोंगरावर घाई । अकस्मात केली चढाई । निकराची झाली लढाई । मुगलांशीं ।। 2446 ।। युद्ध हारला नामदारखान । मुगलांची उडाली दाणादाण । जीव वाचवोनी पळाला खान । पराभूत ।। 2447 ।।

✍**दोहा॰** **दफा कर्तलबखान को, कर देने के बाद ।**
**नामदार को कह दिया, करे मुल्क बरबाद ।। 2083**
**खान निहायत शूर था, जैसा था वह क्रूर ।**
**मुगलों में वह एक था, विख्यात बहादूर ।। 2084**
**जैसा उसको था मिला, करने का आदेश ।**
**जला दिया उस खान ने, कल्याण का प्रदेश ।। 2085**

## 92. Shivaji, thirty two years old. Netaji Palkar, 1662.

लोग शिवाजी से मिले, करने को फरियाद ।
बोले, उसके पाप से, आयी नानी याद ।। 2086
सबक सिखाने खान को, करके उसे खलास ।
सैन्य मराठों का चला, जन मत जिनके पास ।। 2087
सुन कर आना सैन्य का, खान हुआ तैयार ।
गिरि पर भीषण युद्ध में, हुई खान की हार ।। 2088
मुगल पहाड़ी छोड़ कर, भागे बचाय प्राण ।
बच कर निकला खान भी, छोड़ गया कल्याण ।। 2089
जनता को राहत मिली, फिर से करने काम ।
सबने मुख में ले लिया, स्वतंत्रता का नाम ।। 2090

## 93. Shivaji, thirty three years old. Shahistekhan's defeat, 1663.

# YEAR 1663

93. वीर शिवाजी-33 :

## शाहिस्तेखानचा पराभव

## 93. Shivaji, thirty three years old. Shahistekhan's defeat, 1663.

संगीत श्री शिवाजी चरित्र राग-छंद माला, पुष्प 200

शिवाजी राजा

**स्थायी**

जसा शिवाजी महान राजा, तसा कुणीं या जगी न झाला ।
अनेक आले नि पार झाले, न कर्मयोगी असा मिळाला ।।

**अंतरा-1**

कुणीं क्रूर शठ अत्याचारी, नास्तिक दंभी कुणीं पुढारी ।
कुणीं लालची लंपट भारी, नारी पूजा न गंध ज्याला ।

**अंतरा-2**

मातृभूमिसी न प्रीति ज्याला, सत्ताधारण धोरण ज्याला ।
कुणीं कृपण, कुणीं लोभी झाला, मोह-वासना अनंत ज्याला ।।

**अंतरा-3**

कुणीं तोडतो मंदिर मूर्ति, "धर्म-अंधळा" कुणास कीर्ति ।
स्वार्थ्य-हिताची जयास स्फूर्ति, सर्व-हिताची न खंत त्याला ।।

# 93. Shivaji, thirty three years old. Shahistekhan's defeat, 1663.

## वीर शिवाजी तेहत्तीस वर्षांचे

卐**ओवी॰** नामदारखान गेला । शाहिस्तेखान उरला । त्याचाही उपाय केला । शिवाजीने ।। 2448।। लाल महालामध्ये काग । आयत्या बीळावर नाग । मराठी पुण्यावर दाग । शाहिस्तेखान ।। 2449।। आले सन सोळाशे त्रेसष्ट । शाहिस्तेखानाला दिले कष्ट । सुभेदारी त्याची केली नष्ट । शिवाजीने ।। 2450 ।। शिवाजीला लागले तेहतीसवे । मुगलांच्या डोळ्यांत आसवें । त्रासविले खानाला रडूं-सवे । पुण्यामध्ये ।। 2451 ।। असह्य झाले खानाचे अत्याचार । स्वराज्यात मुगलांचे व्यभिचार । काढला तरी त्यांवर उपाय । शिवाजीने ।। 2452 ।। शिवाजीने ठरविला डाव । मुगलांवर करण्या घाव । पुण्यात जरी होता मज्जाव । मावळ्यांना ।। 2453 ।। डाव होता फार अवघड । होता कामानये उघड । न होतां काही गडबड । शिताफीचा ।। 2454 ।।

**दोहा॰** **नामदार का होगया जभी बहुत अपमान ।**
**मुख्य मुगल अब जो बचा, वह शाहिस्तेखान ।। 2091**
**हरने को इस खान के, असह्य अत्याचार ।**
**रचा शिवाजी ने नया, हिम्मतवर उपचार ।। 2092**
**पुणे, मावळों के लिए, यदि था मना प्रवेश ।**
**जाएँगे हम महल में, सभी बदल कर वेश ।। 2093**
**खतरनाक यह काम है, फिर भी यही इलाज ।**
**आ सकता है काम में, करने अपना काज ।। 2094**
**बिना किसी गड़बड़ किए, करना है यह काम ।**
**खतरा इसमें है बड़ा, जा सकते हैं प्राण ।। 2095**

(बेत)

卐**ओवी॰** असा ठरविला होता बेत । खानाच्या मुखी मारून लात । वाघाच्या तोंडातून दात । चोरण्याचा ।। 2455 ।। शाहिस्तेखान महाक्रूर । डाव सफळ होणे जरूर । अन्यथा तो करील असुर । सर्वनाश ।। 2456 ।। एक लाखाची मुगली फौज । शोषीत होती पुणे समाज । खान

## 93. Shivaji, thirty three years old. Shahistekhan's defeat, 1663.

करीत होता मौज । निर्धास्तीत ।। 2457 ।। मुगलांच्या स्वप्नात सुद्धा नसेल । शिवाजी लाल महालात घुसेल । शाहिस्तेखानाच्या समोर दिसेल । मृत्यु उभा ।। 2458 ।। कुठे, कोण, काय, किती । सर्व आणली माहीती । लाल महालाची स्थिति । जासूदांनी ।। 2459 ।। लाल महालाचे आंतली । तपशीलवार कुंडली । योजने प्रमाणे मांडली । तंतोतंत ।। 2460 ।। कुणी कुठे उभे असावे । केव्हां वा दडून बसावे । कोणत्या समयी दिसावे । उगवून ।। 2461 ।। कोण मारील कोणता पापी । कोण करतील कापाकापी । कोण करील स्तब्ध तथापि । देखरेख ।। 2462 ।। हुलकावुनी सैन्य एक लाख । शिरणे महालामध्ये तलख । मारून खानाला स्वत: सन्मुख । परतणे ।। 2463 ।। जोखीम होती सगळ्यांवर । चुकीला नव्हता अवसर । एक चूक करील कहर । नृसंहार ।। 3464 ।।

**दोहा॰ गुप्त बनी फिर योजना, करें खान का घात ।**
**जाकर मुख से शेर के, चलो चुराएँ दाँत ।। 2096**
**जासूसों ने महल का, किया पूर्ण अन्वेश ।**
**कौन, कहाँ, कब, क्या करे, दिया हाल नि:शेष ।। 2097**
**उसके फिर अनुसार ही, बाँट लिया दायित्व ।**
**किसने करना क्या कहाँ, सभी जान कर तत्त्व ।। 2098**
**मार डाल कर खान को, कैसे भागा जाय ।**
**किसी मावळे को वहाँ, कोई पकड़ न पाय ।। 2099**

(वाटचाल)

**ओवी॰** सिद्ध झाले स्वत: शिवाजी । सवे पालकर नेताजी । बंधु बाबाजी-चिमणाजी । तीन टोळ्या ।। 2465 ।। शिवाजी बरोबर गडी चारशे । गट इतर दोन, दोन-दोनशे । मध्य रात्री वीर निघाले आठशे । शांततेने[221] ।। 2466 ।। पहारेकरी बेसावध । होणार होता ज्यांचा वध । मावळे सगळे सावध । जसा बेत ।। 2467 ।। मावळ्यांनी केले नाटक । उघडा म्हणाले फाटक । आम्हीं जिंकोनी कर्णाटक । येत आहो ।। 2468 ।। मुगलांत मराठे अनेक । दास बनलेले फार

[221] April 06, 1660

## 93. Shivaji, thirty three years old. Shahistekhan's defeat, 1663.

नेक । कोण बरे जाणतो प्रत्येक । गुलामाला ।। 3469 ।। वेश-भाषा होती हमखास । चौकीदारांना झाला विश्वास । मूर्खांनी न अडविले त्यांस । जाऊं दिले ।। 2470 ।। महालाचे द्वार उघडले । आंत मावळे सर्व शिरले । इकडे-तिकडे बिखरले । गुपचाप ।। 2471 ।। जसे ज्याला दिले काम । तसे त्याने घेतले स्थान । दडून बसले सगळे छान । बेमालूम ।। 2472 ।।

✍दोहा॰ **सिद्ध शिवाजी होगए, नेताजी के साथ ।**
**लिए मावळे आठ सौ, करने को आघात ।। 2100**
**आए आधी रात में, करके सीमा पार ।**
**पहुँचे तीन गिरोह में, लाल महल के द्वार ।। 2101**
**बोले, दुआर खोलिए, रुकना है इस रात ।**
**सुबह सवेरे खान से, कहनी है कुछ बात ।। 2102**
**कर्नाटक को जीत कर, लौट रहे हम आज ।**
**निकल पड़ेंगे कल पुनः, नया लिए अंदाज ।। 2103**
**मुगली सारी फौज में, भरे मराठे ढेर ।**
**कौन सभी को जानता, सब कुछ था अँधेर ।। 2105**
**द्वारपाल को ना हुआ, बिलकुल भी संदेह ।**
**कीन्हा दरवाजा खुला, आने को, सह नेह ।। 2106**
**भीतर आकर कर दिया, दरवाजा फिर बंद ।**
**अंदर जो दरबान थे, मार दिए वे चंद ।। 2107**
**बिखर गए सब मावळे, इधर-उधर चुपचाप ।**
**जैसा जिको काम था, वैसी लेकर छाप ।। 2108**

(झडप)

卐**ओवी॰** जेव्हां झाले सर्व शांत । वाड्यात निद्रस्थ प्रशांत । झाला इशारा तंतोतंत । जसा बेत ।। 2473 ।। ऐकतांच तो गुपित संकेत । वीरांनी मुगल केले अचेत । जसे वानरांनी केले लंकेत । असुरांना ।। 2474 ।। शिवाजी धावले खानाकडे । मुख्य झोपेच्या दालनाकडे । मुगली जनानखान्याकडे । शीघ्रतेने ।। 2475 ।। शिवाजी न मारी निद्रस्थाला । शिवाजी ने जागविले

## 93. Shivaji, thirty three years old. Shahistekhan's defeat, 1663.

त्याला । पण खान लढावया भ्याला । शिवाजींशीं ।। 2476 ।। लोक ओरडले दगा! दगा! । ऐकोनी कांगावा व तो दंगा । खान झोपेतून झाला जागा । भांबाऊन ।। 2477 ।। खान घेओनी तलवार । पळाला खोलीच्या बाहेर । शिवाजी दिसला समोर । मृत्यु उभा ।। 2478 ।। खान खाली उडी टाकणार । तोच शिवाजीने केला वार । खानाची बोटें कापली चार । शिवाजीने ।। 2479 ।। तीन बोटें कटली सगळीं । अर्धी कटली करंगळी । लाल झाली कड्याची फळी । कूदला तो ।। 2480 ।। कठडा धरोनी कूदला खाली । काळ आला पण वेळ न आली । खान बचावला, कमाल झाली । लपला तो ।। 2481 ।। फत्तेखान लाडका पोर । मारला गेला डोळ्यांसमोर । कापकापी झाली घोर । वाड्यामध्ये ।। 2482 ।।

**दोहा॰** शाँत होगया महल में, जब माहौल अचेत ।
तभी शिवाजी ने दिया, वीरों को संकेत ।। 2109
सुना जभी संकेत वो, जैसा था अभियान ।
दौड़ पड़े सब मावळे, जाग पड़ा तब खान ।। 2110
सोये पर वह ना करे, कभी शिवाजी वार ।
करी, जगा कर खान को, लड़ने की ललकार ।। 2111
उठा खान जब नींद से, हाथ लिए तलवार ।
दिखा शिवाजी सामने, खड़ा मृत्यु अवतार ।। 2112
एक निमिष में छोड़ कर, लड़ने का कुविचार ।
डर कर भागा खान वो, बिना किए प्रतिकार ।। 2113
कूदा नीचे खान वो, कठड़े पर रख कर हाथ ।
प्राण बचाने के लिए, विद्युत गति के साथ ।। 2114
किया शिवाजी ने तभी, उस बुजदिल पर वार ।
चार ऊँगलियाँ कट गई, बही खून की धार ।। 2115
"नाक कटी" तो क्या हुआ, बचे खान के प्राण ।
सुत उसका मारा गया, मगर छुप गया खान ।। 2116
टूट पड़े फिर मावळे, किया युद्ध घनघोर ।

## 93. Shivaji, thirty three years old. Shahistekhan's defeat, 1663.

मारे रक्षक पुरुष जो, जनानियों को छोड़ ।। 2117

 संगीत श्री शिवाजी चरित्र राग-छंद माला, पुष्प 201

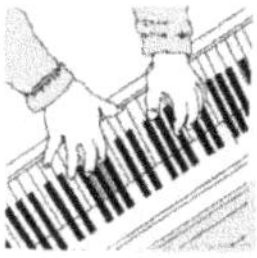

छंद : चौपाई

शाहिस्ते खानाचा पराभव

स्थायी

जान बच गई, लाखों पाए, कटी उँगलियाँ भागे आए ।

अंतरा-1

औरंगजेब के मामाजी, एक लाख थे जिनके फौजी ।

अंतरा-2

पुणे प्रांत पर धाक जमाया, किला एक भी जीत न पाया ।

अंतरा-3

मुल्क सभी था नष्ट कर दिया, जन जीवन भी क्लिष्ट था किया ।

अंतरा-4

फिर भी रैयत साथ शिवा के, वीर मावळे सैनिक बाँके ।

अंतरा-5

आए इक दिन लाल महल में, साथ शिवाजी के थे सूरमे ।

अंतरा-6

देख शिवाजी को थर्राया, शाहिस्तेखाँ था बर्राया ।

अंतरा-7

दुम दबा कर बुजदिल भागा, प्रहार शिवबा का था लागा ।

अंतरा-8

चार उँगलियाँ कटी हाथ की, मगर पाँचवीं बची साथ की ।

अंतरा-9

शीश ना कटा, इंशा अल्ला! शुकर मनावे दुखिया मुल्ला ।

## 93. Shivaji, thirty three years old. Shahistekhan's defeat, 1663.

(मग)

卐ओवी॰ जागी झाली मुगल सेना । काय झाले तेच कळेना । द्वार बंद, काही दिसेना । तारांबळ ।। 2483 ।। द्वारपाळ मारलेले । त्यांचे गळे फाडलेले । आणि वस्त्र काढलेले । कुणी केले ।। 33 ।। मराठे पळाले भींत पाडून । मागले द्वार तोडून-फोडून । मिळाला न कुणी, पुणे शोधून । मुगलांना[222] ।। 2484 ।। चार बोटें कापलेला । शाहिस्तेखान लपलेला । करंगळी जपलेला । गुंडाळून ।। 2485 ।। हादरला शाहिस्तेखान । फारच झाला अपमान । बोटें गेली, वाचली मान । इंशा अल्ला! ।। 2486 ।। सोडावे लागले पुणे त्याला[223] । त्याचे जागी मुअज्जम[224] आला । औरंगजेबचा मोठा वाला । राजपुत्र ।। 2487 ।।

✍दोहा॰ **सुन कर भीतर हो रहा, जनानियों का शोर ।**
**मुगली सेना आगई, मुख्य द्वार की ओर ।। 2118**
**अंदर से जो बंद था, कर ना सके प्रवेश ।**
**पता चला ना, क्या हुआ, किसको दें आदेश ।। 2119**
**निकल गए सब मावळे, गिराय कर दीवार ।**
**पिछले रस्ते चल पड़े, बिना किसी प्रतिकार ।। 2120**
**जनानियों ने दौड़ कर, खोला मुख्य दुआर ।**
**मुगली सेना दंग थी, सेवक मरे निहार ।। 2121**
**मिला न कोई मावळा, ढूँढा चारों ओर ।**
**खान अपाहिज होगया, अवमानित भी घोर ।। 2122**
**पुणे छोड़ जाना पड़ा, मान हुआ कंगाल ।**

---

[222] April 08, 1663.

[223] Shahistekhan was withdrawn form Pune on April 09, 1663 and he was far away appointed Governor of Bengal (r. 1664-1678 and 1679-1688) with headquarters at Dhaka.

[224] **मुअज्जम :** Future Shah Alam or Bahadur Shah I (1643-1712; r. 1707-1712). 2nd eldest among the five sons and five daughters of Aurangzeb.

# 93. Shivaji, thirty three years old. Shahistekhan's defeat, 1663.

दिल्ली के सुलतान ने, भेज दिया बंगाल ।। 2123
पुणे मुअज्जम आगया, दख्खनी सुभेदार ।
पुत्र औरंगजेब का, मुगली राजकुमार ।। 2124

संगीत श्री शिवाजी चरित्र राग-छंद माला, पुष्प 202

पोवाडा

(शाहिस्ते खानाचा पराभव)

काढली शिवबाने तलवार,
चुकेना जिचा कधी ही वार ।
शत्रु चा, करील तो संहार,
बोला त्याचा जय जयकार, हो! जी जी जी, जी जी, जी ।।

दिली शिवाला ती देवीने,
जिची अणकुची धार ।
पळूं शके ना शाहिस्तेखाँ,
जरी तिथे अंधार ।।
काढली शिवबाने तलवार, हो! जी जी जी, जी जी जी, जी ।।

कुदूं लागला मजल्या वरुनी,
भित्रा कठडया-पार ।
शिवरायाने जलद कापलीं,
बोटें त्याचीं चार ।।
काढली शिवबाने तलवार, हो! जी जी जी, जी जी जी, जी ।।

शिवाजी शंभूचा अवतार,
जयाला घडला साक्षात्कार ।
पुत्र जिजाबाई मातेचा,

## 93. Shivaji, thirty three years old. Shahistekhan's defeat, 1663.

मराठा वीरांचा सरदार ।।
काढली शिवबाने तलवार, हो! जी जी जी, जी जी जी, जी ।।

मुगल शत्रु हे तुझ्या भीति ने,
पडती थंडे गार ।
हताश होउनी, राणामधूनी,
घेती ते माघार ।
काढली शिवबाने तलवार, हो! जी जी जी, जी जी, जी ।।

सेनानी नरवीर मावळे,
गेले अटके पार ।
वंदन करिती, तुला शिवाजी!
सगळे सह-सत्कार ।।
काढली शिवबाने तलवार, हो! जी जी जी, जी जी जी, जी ।।

शाहिर कवि गातीं पोवाडे,
बोलणीं ज्यांची सद् सुविचार ।
समर्थ स्वामी देती आशिष,
पुण्य ज्या वचनांचा शृंगार ।।
बोला त्याचा जय जयकार, हो! जी जी जी, जी जी जी, जी ।।

भविष्य वाणी त्यांची पावन,
सत्य सदा होणार ।
देश आमुचा महाराष्ट्र हा,
स्वतंत्र तू करणार ।।
बोला त्याचा जय जयकार, हो! जी जी जी, जी जी जी, जी ।।

वीर शिपाई मर्द मराठे,

## 93. Shivaji, thirty three years old. Shahistekhan's defeat, 1663.

केले तू तैयार ।
गनिमी कावा छापेमारी,
तुझेच आविष्कार ।।
बोला त्याचा जय जयकार,हो! जी जी जी, जी जी जी, जी ।।

वीर मराठ्यांची तू स्फूर्ति,
तूच तयां आधार ।
तुझे मानती सकल भारती,
तुझेच रे आभार ।।
बोला त्याचा जय जयकारहो! जी जी जी, जी जी जी, जी ।।

तूच आमुचा महान नेता,
थोर तुझे उपकार ।
जय जय गाऊं तुझाच आम्हीं,
परम तुझा संस्कार ।।
बोला त्याचा जय जयकार, हो! जी जी जी, जी जी जी, जी ।।

करुनी तुजला नम्र वंदना,
आम्हीं हर्षित फार ।
करतो आम्हीं सर्व मराठी,
साष्टांग नमस्कार ।।
बोला त्याचा जय जयकारहो! जी जी जी, जी जी जी, जी ।।

तुझ्या मातेस नमस्कार, तुझ्या झेंड्यास नमस्कार ।
तुझ्या सेनेस नमस्कार, सम्राज्यास नमस्कार ।
तुझ्या ब्रीदास नमस्कार, तुझ्या प्रीतीस नमस्कार ।
तुझ्या किल्यांस नमस्कार, तुझ्या घोड्यांस नमस्कार ।

## 93. Shivaji, thirty three years old. Shahistekhan's defeat, 1663.

तुझ्या आईस नमस्कार, तुझ्या देवीस नमस्कार ।
तुझ्या शौर्यास नमस्कार, तुझ्या धैर्यास नमस्कार ।
तुझ्या वीरांस नमस्कार, तुझ्या धीरांस नमस्कार ।
तुझ्या मित्रांस नमस्कार, तुझ्या चित्रांस नमस्कार ।
तुझ्या ध्येयास नमस्कार. तुझ्या श्रेयास नमस्कार ।
तुझ्या वेशास नमस्कार, तुझ्या देशास नमस्कार ।
तुझ्या त्वेशास नमस्कार, तुझ्या तेजास नमस्कार ।
तुझ्या युक्तीस नमस्कार, तुझ्या उक्तीस नमस्कार ।
तुझ्या शक्तीस नमस्कार, तुझ्या भक्तीस नमस्कार ।।
काढली शिवबाने तलवार ।
बोला त्याचा जय जयकार, हो! जी जी जी, जी जी जी, जी ।।

## 94. Shivaji, thirty four years old. Sack of Surat-1. (1664)

# YEAR 1664

94. वीर शिवाजी–34 :

## सूरतची पहिली लूट

## 94. Shivaji, thirty four years old. Sack of Surat-1. (1664)

(मावळे)

**ओवी॰** आले सन सोळाशे चौसष्ट । मावळे जाहले धृष्ट । आणले त्यांनी अरिष्ट । गोऱ्यांवर ।। 2488 ।। चौतीस शिवाजींचे वय । त्यांस न मुगलांचे भय । करी न ते वैऱ्यांची गय । स्वराज्याच्या ।। 2489 ।।

**दोहा॰** **मुगलों का भय ना रहा, हुए मावळे धृष्ट ।**
**अगला प्रतिपक्षी बचा, गोरों में जो दुष्ट ।। 2125**
**अंग्रेजों ने था किया, दिए वचन का भंग ।**
**लड़े शत्रु की ओर से, मिल कर उसके संग ।। 2126**

(सूरतची लूट)

**ओवी॰** मुगलांनी पीळला देश । विना सभ्यता लवलेश । अत: शिवाजी झाले पेश । सूरतेत ।। 2490 ।। हात मिळवोनी सिद्दीशीं दुष्ट । धूर्त इंग्रजांनी पाडली फूट । म्हणून शिवाजीने केली लूट । सूरतेची ।। 2491 ।। देश केला खानाने ध्वस्त । एक लाख फौजेने फस्त । कसा आता करूं दुरुस्त । देश माझा ।। 2492 ।। नुकसानी खानाने केली जशी । भरून काढावयाची ती कशी । चिंता दिवस–रात्र होती अशी । शिवाजींना ।। 2493 ।। आरमार बलाढ्य करावे कसे । किल्ले करावयाचे मजबूतसे । कोठून येणार ह्यांकरिता पैसे । कोटि–कोटि ।। 2494 ।। नव्या मोहीमांचे मनसुबे । करीत होते सवाल उभे । धनाच्या टंचाईने खोळंबे । येत होते ।। 2495 ।।

## 94. Shivaji, thirty four years old. Sack of Surat-1. (1664)

मुगलांचे भव्य धन साठे । दौलत भंडार मोठे-मोठे । वसलेले आहेत कुठे । शोध हवा ।। 2496 ।। शिवाजींनी पाठविले हेर । सुगावा लावण्यास चौफेर । ठीक पत्ता मिळाला अखेर । लूटी साठी ।। 2497 ।। हेर बहिर्जी नायक । दूत पूजण्या लायक । सदा संतोष दायक । काम त्याचे ।। 2498 ।। केली त्याने खूप खटपट । उत्तर आणले झटपट । पूर्ण तपशीलासकट । विश्वासाने ।। 2499 ।। राजगडाच्या उत्तरेस । दूरीवर दीडशे-कोस । पश्चिम किनाऱ्याच्या पास । वसलेले ।। 2500 ।। व्यापाराची समुद्र पेठ । सर्व बंदरांत वरिष्ठ । मुगलांची वखार श्रेष्ठ । सुरतेची ।। 2501 ।। व्यापार सुरतचे जगभर । मुगल कमावती त्यांवर । कोट्यावधि रुपयांचा कर । प्रतिवर्षी ।। 2502 ।। कुठे आहेत धनागार । कुठे श्रीमंत लोक फार । कुठे चालतो व्यवहार । दागिन्यांचा ।। 2503 ।। कोणत्या मार्गे येणे बरे । कोणती फोडावीत घरें । कुठे सोन्याचांदीचे झरे । लूटेसाठी ।। 2504 ।। कुठे वखार इंग्रजांची । डच, फ्रांसीस, यहूद्यांची । इराणी, खोजा, अरबांची । मुगलांची ।। 2506 ।। मुगलांचा किल्ला, तट, बुरुज । दारूगोळा आणि हजार फौज । इनायतखान करतो मौज । किल्लेदार ।। 2507 ।। शिवाजीला हवी ती संपत्ति । दोहावयास म्हैस ती दुभती । स्वराज्याची कराया सुस्थिति । खालावलेली ।। 2508 ।।

✍दोहा॰ **मुगलों ने सब देश को, किया हुआ था नष्ट ।**
**लूट-मार-व्यभिचार से, जनता की थी भ्रष्ट ।। 2127**
**जैसा मुगलों ने दिया, महाराष्ट्र को कष्ट ।**
**वैसा गोरों ने किया, स्वराज्य को था रुष्ट ।। 2128**
**उस शाहिस्तेखान की, एक लाख की फौज ।**
**ध्वस्त किए सब देश को, उड़ा रही थी मौज ।। 2129**
**कैसे जनता को करें, इस अकाल से मुक्त ।**
**उपाय इस पर क्या करें, होकर धन से युक्त ।। 2130**
**दुरुस्त करने हैं किले, राज्य सयक्षा नाम ।**
**नौ सेना करनी खड़ी, कैसे हों सब काम ।। 2131**

(अत:)

**मुगलों का धन है कहाँ, कहाँ है धन भँडार ।**

## 94. Shivaji, thirty four years old. Sack of Surat-1. (1664)

अंग्रेजों के शस्त्र का, कहाँ चले व्यापार ।। 2132
पता लगाने के लिए, निकल पड़ा जासूस ।
पता लगाया दूत ने, देकर ढेरों घूस ।। 2133
सूरत है वह एक ही, धनवानों का स्थान ।
मुगलों को मिलती जहाँ, अपार कर भुगतान ।। 2134
सोना चाँदी रत्न के, जहाँ-तहाँ भँडार ।
हीरों के आभरण का, बहुत बड़ा व्यापार ।। 2135
अंग्रेजी, डच, फ्रांसिसी, मुगलों के धनपाल ।
अरब, इरानी, पारसी, यहूदियों का माल ।। 2136
कहाँ बना मुगली किला, है कौन किलेदार ।
कैसी तटबंदी वहाँ, फौजी एक हजार ।। 2137
खबरी ने सब खबर दी, सविस्तार निःशेष ।
वहाँ पहुँचने रासता, सूरत का परिवेश ।। 2138

## वीर शिवाजी चौतीस वर्षांचे

卐**ओवी॰** ऐकोनी सारे वर्णन । शिवाजींना समाधान । स्वतः जाण्या आयोजन । केले त्यांनी ।। 2509 ।। आठ हजार घोडेस्वार । विश्वासु जे होते फार । शिवाजींनी केले तयार । निवडक ।। 2510 ।। गुप्त होती योजना ती । कुणास न काही माहिती । कुठे जाणे, दूर किती । ध्येय काय? ।। 2511 ।। आणि बरोबर थोडे । घेओनी रिकामे घोडे । निघाले सुरतेकडे । उत्तरेला[225] ।। 2512 ।। रातोरात करीत प्रवास । आणि दिवसा वनांत वास । झाला न बोभाटा आसपास । मोहीमेच्या ।। 2513 ।। सात दिवसांचा प्रवास । कळले न काही कुणास । आले सूरतेच्या पास । अचानक[226] ।। 2514 ।। घोडेस्वार सहा हजार । एकाएकी झाले हजर । विस्कळित झाला

---

[225] December 31, 1663.

[226] January 05, 1664.

# 94. Shivaji, thirty four years old. Sack of Surat-1. (1664)

बाजार । सूरतेचा ।। 2515 ।। बघोनी तो शिवाजीचा घाला । कल्लोळ एकच मोठा झाला । शिवाजी आला! शिवाजी आला! । पळा! पळा! ।। 2516 ।। बघोनी मोठे घोडेस्वार । बाजारपेठेत हाहा:कार । शेठ लोक भांबावले फार । पैसेवाले ।। 2517 ।। शिवाजीने पाठविला सुशील । इनायतखानाकडे वकील । टाळावया लूटमार अखिल । खंडणीचा ।। 2518 ।। खंडणी जाणोनी अवांतर । खानाने करोनी अनादर । वकीलास दिले उत्तर । गुरमीने ।। 2519 ।। देऊन त्याला भरपूर खंडणी । खानाने टाळली न लूट तत्क्षणी । वाचविली असती रक्त सांडणी । शांतपणे ।। 2520 ।। खानाने उत्तर धाडले उलट । आशय ज्याचा होता उर्मट । फळ ज्याचे मिळाले तुरट । स्वाभाविक ।। 2521 ।। समजुनी खानास अजेय । व्यापाऱ्यांनी याचिला आश्रय । ज्यांनी आणला धन-संचय । त्यांना घेतले ।। 2522 ।। घेओनी व्यापारी वृंद । किल्याचे द्वार केले बंद । सुरक्षित झाले सबंद । किल्यामध्ये ।। 2523 ।। मराठ्यांचे आले आक्रमण । फोडोनी तिजोऱ्या धणाधण । हिसकले व्यापाऱ्यांचे धन । मावळ्यांनी ।। 2524 ।। ग्रीक, डच, कॅपूसियन । इंग्रज, ऍबिसिनियन । हिंदू, ज्यू, अरब सधन । लूटले ते ।। 2525 ।। लूट करोनी पाच दिवस[227] । मराठे परतले वापस । सोने मोती हीरे निखालास । हाती आले ।। 2526 ।। मारोनी सूरतेचा भुजंग । मिळाली संपत्ति गडगंज । सुधारण्या स्वराज्य अपंग । शिवाजीला ।। 2627 ।। लादोनी घोड्यांवर धन खूप । परतला ससैन्य सुखरूप । सूरतेहून मराठ्यांचा भूप । शिवराया ।। 2528 ।। कुणी न केला पाठलाग । न मुळी दाखविला राग । न स्पष्ट केला वैताग । मुगलांनी ।। 2529 ।। मुगलांचा भितरा परेशान । काढला गेला इनायतखान । नवीन ठेवला घियासुद्दीन । किल्लेदार ।। 2530 ।।

✍दोहा॰ **सुन कर वर्णन दास से, सूरत का ऐश्वर्य ।**
**बहुत शिवाजी को हुआ, नगरी का आश्चर्य ।। 2139**
**विजयनगर को लूट कर, आदिल थे धनवान ।**
**परदेसी धन से करें, स्वदेश को बलवान ।। 2140**
**करके पूरी योजना, होकर आप तयार ।**

---

[227] January 10, 1664.

## 94. Shivaji, thirty four years old. Sack of Surat-1. (1664)

चले शिवाजी, संग में, घोड़े आठ हजार ।। 2141
निकले जंगल मार्ग से, लेकर शस्त्र जरूर ।
जाने कोई ना, कहाँ, जाना कितनी दूर ।। 2142
रुकते दिन के काल में, बढ़ते सारी रात ।
सूरत सीमा आगई, बाद दिनों के सात ।। 2143
समझाया सबको वहाँ, क्या है करना काम ।
उसे न कोई कष्ट हो, जो दे देगा दाम ।। 2144
जनता को हानि न हो, न दीनन का नुकसान ।
महिला सब अस्पृष्ट हों, भग्न न हो सामान ।। 2145
पहरा सीमा पर न था, गायब पहरेदार ।
बिना किसी अटकाव के, पहुँच गए बाजार ।। 2146

(सूरत में)

दूत शिवाजी का गया, किलेदार के पास ।
बोला, दे दो खंडणी, होगा नहीं विनाश ।। 2147
मगर न माना बात वो, धृष्ट इनायतखान ।
टाल सका ना लूट को, सूरत की घमसान ।। 2148
उत्तर पाकर खान का, अकड़ू अशिष्ट कूट ।
हुक्म शिवाजी ने दिया, करने पुर की लूट ।। 2149
आज्ञा पाकर मावळे, पहुँच गए बाजार ।
कुछ व्यापारी भाग कर, गए किले के द्वार ।। 2150
वहाँ इनायतखान ने, लेकर धन उपहार ।
उनको भीतर ले लिया, बंद कर दिया द्वार ।। 2151

(लूट)

गहनों के बाजार में, बड़े-बड़े दूकान ।
अरब, यहूदी, पारसी, कोटि-कोटि सामान ।। 2152

## 94. Shivaji, thirty four years old. Sack of Surat-1. (1664)

**सबने सब कुछ दे दिया, बिना किए प्रतिरोध ।**
**जिसने धन था दे दिया, नहीं हुआ प्रतिशोध ।। 2153**
**भागे जो थे बोहरे, करके दुकान बंद ।**
**वही दुकानें फोड़ कर, लूटा यथा पसंद ।। 2154**
**जेवर के भँडार भी, अमीर के घर-द्वार ।**
**तोड़-फोड़ कर ध्वस्त थे, आग लगी खूँखार ।। 2155**
**मुगल सुरक्षक नगर के, छुपे किले में बंद ।**
**वही सुरक्षित रह गए, मना रहे आनंद ।। 2156**
**पाँच दिवस चलता रहा, लूटपाट का काम ।**
**कोटि-कोटि का धन लिया, सब स्वराज्य के नाम ।। 2157**
**घोड़ों पर सब लाद कर, लौटे बिन प्रतिकार ।**
**मुगल कुछ नहीं कर सके, जिनकी थी सरकार ।। 2158**

### इतर लढाया

**卐ओवी॰** कोंढाणा किल्यावर स्वारी । मुगलांनी केली भारी । जसवंत सिंह[228] पुढारी । होता त्यांचा ।। 2531 ।। घातला वेढा गडाला । पण धीर त्याचा गळाला । विश्वास शेवटी पळाला । जिंकण्याचा ।। 2532 ।। पुढे जाण्यास मज्जाव । मागोनी छाप्यांचे घाव । फिसकटला तो डाव । मुगलांचा[229] ।। 2533 ।। केली मोहीम जोरदार । अहमदनगरावर । मुगलांचा अमलदार । माघारला[230] ।। 2534 ।। बांद्याचा खावीस खान । फोंड्याचा महाबतखान । खुदावंदपुरचा खान । बिजापुरी ।। 2535 ।। अमलदार हुबळीचा । लखन सावंत कुदळचा । बाजी घोरपडे मुधोळचा

---

[228] **जसवंत सिंह :** महाराजा जसवंत सिंह राठोड, मुगल सरदार.

[229] May 28, 1664.

[230] July 30, 1664.

# 94. Shivaji, thirty four years old. Sack of Surat-1. (1664)

। आदिलशाही ।। 2536 ।। रण सोडोनी पळाले । खंडणीने मुक्त झाले । दुरून शरण आले । शिवाजीला ।। 2537 ।।

**दोहा॰** **सूरत की उस हार पर, दिल्ली का सुलतान ।**
**भेजा घियासुद्दीन को, किलेदार के नाम ।। 2159**
**मुगलों ने हमला किया, रुक कर फिर कुछ देर ।**
**मुगली सेना छा गई, कोंढाणा गढ़ घेर ।। 2160**
**नेता जसवंतसिंह था, राजपूत राठौड़ ।**
**गढ़ लेने को आगया, यत्न किए जी तोड़ ।। 2161**
**मगर मराठे होगए, अब तो थे धनवान ।**
**नया जोर औ जोश था, वीर बने बलवान ।। 2162**
**पीछे से हमला किया, भीषण छापे मार ।**
**फँसे बीच में मुगल थे, मान गए जो हार ।। 2163**

(और)

**कोंढाणा रण जीत कर, बढ़े मराठा वीर ।**
**मुगलों के थाने कई, लूटे स्थान अमीर ।। 2164**
**मुगल न कोई अब लड़े, डरे हुए सरदार ।**
**शरण आगए थे सभी, बिना किए तकरार ।। 2165**

(शहाजी राजे ह्यांचे स्वर्गारोहण)

**ओवी॰** उत्कर्षाच्या अशा काळी । आली भयंकर काळी । बातमी, देत कांठाळी । कानांवर ।। 2538 ।। कर्णाटकात होदीगिरी ग्रामी । अपघातात होओनी जखमी । शहाजी राजे स्वर्गगामी । कोसळोनी ।। 2539 ।। घोड्याचे पाय वेलीत अडकले । घोडे अडकून कोलमडले । राजे कोसळून खाली पडले । दगडावर ।। 2540 ।। रक्त वाहिले भळभळ । छोटे पुत्र[231] होते जवळ । ज्यांनी केली कळकळ । पण व्यर्थ ।। 2541 ।। फारच मोठा होता घाव । बंद न झाला

---

[231] **एकोजी राजे :** शिवाजींचा सावत्र भाऊ, तुकाबाईंचा पुत्र, एकोजी राजे (1631–1685).

# 94. Shivaji, thirty four years old. Sack of Surat-1. (1664)

रक्तस्राव । करूं न शकले बचाव । प्राण गेला ।। 2542 ।। जिजाऊला शोक अपार । दुखले शिवाजी अनावर । पण स्वराज्याचा भार । त्यांचेवर ।। 2543 ।। रडत बसूं न शकले स्थिर । शिवाजी सहित मावळे वीर । कामाला लागले धरोनी धीर । स्वराज्याच्या ।। 2544 ।।

✍दोहा॰ **ऐसे उन्नति काल में, मिला बुरा उसंदेश ।**
**गए शहाजी स्वर्ग में, तज कर्नाटक देश ।। 2166**
**घोड़े पर से गिर पड़े, पत्थर पर टकराय ।**
**फटा सिर महाराज का, कुछ ना चला उपाय ।। 2167**
**छोटा बेटा पास था, एकोजी शुभ नाम ।**
**प्रयत्न करके बहुत भी, बचा सका ना प्राण ।। 2168**
**दुखी जिजाबाई हुई, सुन पति का देहांत ।**
**दुखी शिवाजी भी हुए, सुन कर पितु का अंत ।। 2169**
**फिर भी कार्य स्वराज्य के, करने थे अविराम ।**
**रोना-धोना छोड़ कर, करने थे सब काम ।। 2170**

**95. Shivaji, thirty five years old. Treaty of Purandar, 1665.**

# YEAR 1665

95. वीर शिवाजी–35 :

## पुरंदरचा तह

## 95. Shivaji, thirty five years old. Treaty of Purandar, 1665.

## वीर शिवाजी पसतीस वर्षांचे

卐ओवी॰ इसवी सन सोळाशे–पासष्ट । आणले स्वराज्यावर अरिष्ट । मुगलांनी योजूनी महाधृष्ट । सुभेदार ।। 2545 ।। राजा जयसिंह त्याचे नांव । राजपुतान्यात त्याचे गाव । मुगल सभेत त्याला भाव । फार मोठा ।। 2546 ।। राजपूत कछवाहा । स्वामीनिष्ठ होता महा । अधिकारी मुत्सद्दी हा । होता फार ।। 2547 ।। डोक्यावर जयसिंहाचे संकट । तरी शिवाजी सर्व बळासकट । स्वराज्यसीमा कराया बळकट । लागलेले ।। 2548 ।। वय शिवाजीचे पसतीस । लिहिला जाणार नवा इतिहास । होणार सफल कोशीस । मुगलांची ।। 2549 ।। स्वातंत्र्ययत्नास क्षति । जयसिंहाने दिली अति । सश्रम यशाची माती । मराठ्यांच्या ।। 2550 ।। घटना घडल्या अपूर्व । झाले असंभव संभव । मराठा इतिहास सर्व । उजळला ।। 2551 ।। जरी घटनांचा क्रम गंभीर । पायात पडलेली जंजीर । त्यांत होते शिवाजी खंबीर । पुढे बघा ।। 2552 ।।

दोहा॰ **मुगलों की भीषण हार से, लूट भी लगातर ।**
**दिल्ली के सुलतान ने, चुना नया सरदार ।। 2171**
**अनुभव जिसको बहुत था, राजनीति का गूढ़ ।**
**रण जीते जिसने कई, दिमाग से न विमूढ़ ।। 2172**
**मुगलों मे वह एक था, राजपूत जयसिंग ।**

## 95. Shivaji, thirty five years old. Treaty of Purandar, 1665.

सुलतानों का दास था, पूजे जो शिवलिंग ।। 2173

(जयसिंह)

बचपन से वह दास था, मुगलों का श्रुतवान ।
मुत्सद्दी वह वीर था, एकनिष्ठ दरबान ।। 2174
दक्षिण में वह आगया, बन कर चौकीदार ।
करने किसी प्रकार से, स्वराज्य का संहार ।। 2175
उसने हरेक चाल से, किया घोर आघात ।
तदपि शिवाजी अडिग थे, करने में प्रतिघात ।। 2176
अपूर्व घटनाएँ घटी, विपरीत लगातार ।
मगर शिवाजी ने किया, तारण था हर बार ।। 2177
ध्वस्त मराठे होगए, लगभग हुआ विनाश ।
तदपि कर्म कौशल्य से, दीप्त किया इतिहास ।। 2178
आओ आगे देखते, अद्‌भुत उसके काम ।
दिया जिसे इतिहास ने, वीर शिवाजी नाम ।। 2179

### सिंधुदुर्ग आणि नौ-सेना

卐**ओवी**० आटोपून कोकणची स्वारी । शिवाजी आले सागरतीरी । लश्कर असावे आरमारी । मनी आले ।। 2553 ।। माळवणचे बंदर । स्थान वाटले बरोबर । पश्चिम किनाऱ्यावर । शिवाजीला ।। 2554 ।। मालवणचे समुद्र तीर । शिवाजी बघत होते नीर । दृष्टीला पडले जरा दूर । एक बेट ।। 2556 ।। कुंटे नांवाचे बेट । पश्चिम दिशेला थेट । दिली शिवाजीला भेट । कोस पुढे ।। 2557 ।। थबकली शिवाजींची दृष्टि । जणू बोलावीत होती सृष्टि । शिवाजीला झाली पूर्ण तुष्टि । बघून ते ।। 2558 ।। उत्पन्न झाले कुतुहल । मन म्हणाले तिथे चल । बघूं या काय अनुकूल । बेटावर ।। 2559 ।। बेट होते ते एक खडक । जमीन त्याची फार कडक । वाटली ती चांगली टणक । किल्यासाठी ।। 2560 ।। शिवाजीने केला विचार । बांधावा दुर्ग दमदार । व उभारावे आरमार । इथे शीघ्र ।। 2561 ।। लगेच केले भूमि पूजन । वेदमंत्र कीर्तन भजन ।

## 95. Shivaji, thirty five years old. Treaty of Purandar, 1665.

नांव बेटास दिले नूतन । सिंधुदुर्ग ।। 2562 ।। भवानीचीच ही माया । सदोदित जिची छाया । किल्याचा घातला पाया । शिवाजीने ।। 2563 ।। आले गवंडी, पाथरवट । लोहार अवजारांसकट । किल्ला बसवाया दणकट । बेटावर ।। 2564 ।।

**दोहा॰** **कोकण के रण जीत कर, हृष्ट शिवाजी वीर ।**
**नौसेना करने खड़ी, आए सागर तीर ।। 2180**
**खड़े-खड़े उस तीर से, देख रहे थे नीर ।**
**उन्हें सिंधु में दिख पड़ी, एक अहम तस्वीर ।। 2181**
**उस टापू को देख कर, आया उन्हें विचार ।**
**जाकर देखें क्या वहाँ, प्रकृति का भंडार ।। 2182**
**बुला रहा है वह मुझे, करने को दीदार ।**
**चलो वहाँ पर नाव से, करने आविष्कार ।। 2183**
**चट्टानों का द्वीप था, बहुत बड़ा आकार ।**
**दुर्ग बनाने के लिए, सागर का आधार ।। 2184**
**नौ-सेना करने खड़ी, समुद्र का उपहार ।**
**कुदरत की यह देन है, लेने लाभ अपार ।। 2185**
**भूमि-पूजन कर लिया, वास्तु-शास्त्र अनुसार ।**
**नींव किले की डालने, लाए शिल्पीकार ।। 2186**
**दुर्ग समुंदर में बने, बड़ा नमूनेदार ।**
**हीरा स्वराज्य-मुकुट का, अंबा के उपकार ।। 2187**

(पण)

**ओवी॰** किल्याकरिता हवी खंडणी । करावया बुलंद बांधणी । केली प्रजेपासोनी मागणी । आणि स्वाऱ्या ।। 2565 ।। सूरत लूटोनी वैभव आले । आणि कोकणात घातले घाले । योजनांसाठी पुरे न झाले । स्वातंत्र्याच्या ।। 2566 ।। ज्यांनी दिले नाही मुकाट्याने । त्यांचे हिसकोनी घेतले त्याने । मोहीमा करोनी झपाट्याने । शिवाजीने ।। 2567 ।। प्रथम खुदावंदपुर । मग छापा

# 95. Shivaji, thirty five years old. Treaty of Purandar, 1665.

हुबळी वर । नंतर वेंगुर्ला बंदर । डच ठाणें[232] ।। 2568 ।। सर्वांना वाटले शिवाजीचे भय । कुणी म्हणाला शिवाजी हवा मय । कुणी म्हणे तो चपळ अतिशय । पंखयुक्त ।। 2569 ।। आज तो असेल इथे । उद्या फार दूर कुठे । मग दिसे इथे–तिथे । एक वेळी ।। 2570 ।। कुणी म्हणे त्याला भीमाचे बळ । टळते त्याचे समोर अटळ । विस्मयकारक त्याचे सकळ । व्यवहार ।। 2571 ।। काल तो होता सूरतेत । उद्या अहमदाबादेत । परवा गोव्याच्या सीमेत । अचानक ।। 2572 ।। डोंगरी उंदीर त्याची ख्याति । आला न कधी कुणाच्या हाती । न कुणाची तोंड देण्या छाती । शिवाजीस ।। 2573 ।। तोंडात घालोनी बोटें । म्हणती जन छोटे–मोठे । नाही हे अगदी खोटे । मायावी हा ।। 2574 ।।

**दोहा॰** **दुर्ग बनाने के लिए, सरमाया दरकार ।**
**वसूल जो करनी पड़े, करके नए प्रहार ।। 2188**
**जनता से थोड़ा मिला, जिसे न था इनकार ।**
**लोगों ने धन दे दिया, जिन्हें ध्येय स्वीकार ।। 2189**
**गोरे–आदिल–मुगल से, छीना छापे मार ।**
**डरे शिवाजी से सभी, करने में प्रतिकार ।। 2190**
**लोग शिवाजी का कहे, अनुपम है अवतार ।**
**कोई तरल कहे उसे, कोई कहे बयार ।। 2191**
**आज यहाँ तो कल वहाँ, अद्भुत है व्यवहार ।**
**अभी इधर था, फिर उधर, मायावी किरदार ।। 2192**
**कभी बने बलभीम वो, दुष्टों का संहार ।**
**सभी कहें सद्धर्म के, उस पर हैं संस्कार ।। 2193**
**"चूहा पर्बत का" उसे, कहते रचनाकार ।**
**हो जाता है हाथ से, चकमा दिए फरार ।। 2194**
**कहत उसे इतिहास है, नीति नियम का भूप ।**

---

[232] खुदावंदपुर (Nov. 1664), हुबळी (Dec. 1664), वेगुर्ला (Dec 1664).

# 95. Shivaji, thirty five years old. Treaty of Purandar, 1665.

करत प्रशंसा जगत है, सदाचार का रूप ।। 2195
देश विदेशी भी सभी, कहते यही बखान ।
एक शिवाजी भूप है, निर्मल चरित्रवान ।। 2196

संगीत श्री शिवाजी चरित्र राग-छंद माला, पुष्प 203

**छंद : चौपाई**

सिंधुदुर्ग

**स्थायी**

**स्वराज्य का जो है "जंजीरा," सिंधुदुर्ग यह श्रेष्ठ हमारा ।**

**अंतरा-1**

**सूरत से धन हमें मिला है, इसी काम में आवे न्यारा ।**

**अंतरा-2**

**लाओ शिल्पक, दर्शन-ज्ञाता, जल-दल गुर जो जानें सारा ।**

**अंतरा-3**

**आशिष देती सागर धारा, धन्य धन्य! माळवण किनारा ।**

**अंतरा-4**

**द्वीप-अश्म मजबूत बड़ा है, दुर्ग खड़ा जिस पर ध्रुव तारा ।**

**अंतरा-5**

**शत्रु पास ना आने पावे, नौसेना का रहे पहारा ।।**

(पण, औरंगजेब)

काहीं करोनी शोक । देश-विदेशी लोक । स्तुति करिती स्तोक । शिवाजीची ।। 2575 ।। ऐकोनी त्याची ही कीर्ति । औरंग्याला चाटे भीति । तरी, धाडला संप्रति । जयसिंह ।। 2576 ।। जर मी गेलो तिथे । उभा शिवाजी जिथे । येईन का मी इथे । परतून ।। 2577 ।। केव्हांही मारेल मला । कापेल वा माझा गळा । दूरच असो ती बला । दक्षिणेत ।। 2578 ।। अफजलखान मेला । कर्तलबखान गेला । शाहिस्तेखान पळाला । पुण्याहून ।। 2579 ।। नामदारखान च्युत झाला ।

## 95. Shivaji, thirty five years old. Treaty of Purandar, 1665.

इनायतखान घाबरला । तरी जयसिंह मी धाडला । राजपूत ।। 2580 ।। अफाट मुगलांची सेना । अमाप धनाचा खजीना । प्रचंड त्यांचा तोफखाना । शस्त्र-अस्त्र।। 2581 ।। तरी मराठे न हारती । मुगलवीरांना मारती । धूळ धुरंधरांना चारती । आश्चर्यच ।। 2582 ।। अत: धाडला राजपूत । पोलादी वीर मजबूत । कुशाग्र बुद्धीचा दूत । मीर्झा राजे ।। 2583 ।। जयसिंह फार कर्तबगार । प्रचंड अनुभवांचा हुशार । थोर सेनापति यशस्वी फार । मुगलांचा ।। 2584 ।।

✍दोहा॰ **कीर्ति शिवाजी की यही, दिल्ली का सुलतान ।**
**सह न सका था तनिक भी, लगा उसे अपमान ।। 2197**
**करत शिवाजी है बड़ा, मुगलों का नुकसान ।**
**कैसे मैं काबू करूँ, हिंदुराष्ट्र अभियान ।। 2198**
**मुगलों का बस ना चले, विफल हुआ सब जाल ।**
**हिंदू से हिंदू मरे, यही चलूँ मैं चाल ।। 2199**
**मैं तो खुद जाकर वहाँ, मरने वाली बात ।**
**कोटेगा मेरा गला, आकर आधी रात ।। 2200**
**मारा अफजलखान था, गया कर्तलबखान ।।**
**नामदार चंपत हुआ, डरा इनायतखान ।। 2201**
**च्युत शाहिस्तेखान भी, गया पुणे को छोड़ ।**
**जो भी भेजा मारने, वह जाता है दौड़ ।। 2202**

(मगर)

**राजपूत जयसिंह है, हिंदू कर्तबगार ।**
**मरे शिवाजी से स्वयं, या दे उसको मार ।। 2203**
**बुद्धिमान वह वीर है, हमको है विश्वास ।**
**हिंदू है बस नाम का, मुगलों का है दास ।। 2204**

(स्वारी)

## 95. Shivaji, thirty five years old. Treaty of Purandar, 1665.

जयसिंह पुण्यात आला । कराया सफल आपला । नकाशा, युक्तीने रचला । मोहीमेचा[233] ।। 2585 ।। निर्णय योजनेचे असे झाले । प्रथम घ्यावे शिवाजीचे किल्ले । मग जिंकावे मुलूख सगळे । मराठ्यांचे ।। 2586 ।। प्रथम निवडला पुरंदर । गड भक्कम बुलंद सुंदर । पुण्याहून बारा कोस अंतर । आग्नेयेला ।। 2587 ।। शिवाजी आहे कोकणात । सैन्य आणि वीर निष्णात । परतून येण्याच्या आंत । गड घ्यावा ।। 2588 ।। वार्ता जेव्हां त्याला मिळेल । तेव्हां येताना वेळ लागेल । तोपावेतो संपवावा खेळ । ह्या गडाचा ।। 2589 ।। जयसिंहाचा मुगल संच । पुणे तळाहून झाला कूच । पुरंदरला लावाया बूच । धडाक्याने ।। 2590 ।। फौज होती अफाट । तोफखाना विराट । आणि चिकाटी चिवट । ह्या नेत्याची ।। 2591 ।।

**दोहा॰ जयसिंह पुणे आगया, करने अपना काम ।**
**कुशल बनाई योजना, मुगल-विजय के नाम ।। 2205**
**प्रथम किलों को जीत कर, फिर उसका सब देश ।**
**तभी मुगल-सुलतान का, सफल बने उद्देश ।। 2206**
**उसने पहला था चुना, किला पुरंदर नाम ।**
**गढ़ वह बहुत बुलंद था, सबमें बड़ा महान ।। 2207**
**व्यस्त शिवाजी है वहाँ, कोकण तट पर दूर ।**
**जल्दी से गढ़ सर करें, होगा वह मजबूर ।। 2208**
**आ न सकेगा शीघ्र वो, उसे लगेगी देर ।**
**मराठे अगर सेर हैं, मुगल सवा हैं सेर ।। 2209**

(प्रथम)

卐**ओवी॰** शिवाजीला आणाया घाम । प्रथम केले त्यांनी काम । जाळपोळले ग्राम-ग्राम । मराठ्यांचे ।। 2592 ।। स्त्रिया नेल्या पळवून । नर टाकले दळून । शेत्या टाकल्या जाळून । मुगलांनी ।। 2593 ।। धान्य-वैरण लूटले । गाई-गुरांना कूटले । शुद्ध काहीं न सुटले । स्वराज्यात ।। 2594 ।। जयसिंहाची कामें ती ओंगळ । मचविला राज्यात गोंधळ । प्रांतात उडविली तारांबळ ।

---

[233] March 03, 1665.

## 95. Shivaji, thirty five years old. Treaty of Purandar, 1665.

मराठ्यांची ।। 2595 ।। जयसिंहाने उठविले तूफान । वाटले आला पुन्हा शाहिस्तेखान । अथवा कुणी पूर्वीचा सुलतान । परदेशी[234] ।। 2596 ।। मुगलांनी पेच गुंफले । मराठे सेवेत गुंतले । मावळ्यांचे बळ खुंटले । व्यत्ययाने ।। 2597 ।। आणोनी व्यवहारिक आव । जयसिंहाने साधला डाव । माराया स्वराज्यावर घाव । बिनचूक ।। 2598 ।। म्हणाया तो राजपूत । नीति नव्हती त्याची पूत । झाला मुगल-यमदूत । जयसिंह ।। 2599 ।। एक लाखाची फौज । करूं लागली मौज । भ्रष्टाचाराची हौस । बिन बाधा ।। 2600 ।। त्यांनी सदा जे जे केले । तेच त्यांनी इथे केले । त्यांत नवे काय झाले । अनैतिक ।। 2601 ।। स्वराज्याचे कातरोनी पंख । करोनी भद्र जनांना रंक । दिला शिवाजीचे हाती शंख । मुत्सद्याने ।। 2602 ।।

✍दोहा॰ **मुगली सेना चल पड़ी, करने को आघात ।**
**भीषण तोपें साथ थीं, रण में जो विख्यात ।। 2210**
**सेना वह जयसिंह की, दिखती बहुत विशाल ।**
**लड़ने वाले थे वही, हारे हुए निढाल ।। 2211**
**अगर शिवाजी आगया, बिगड़ेगा सब काम ।**
**नष्ट करूँ उसकी सभी, राज्य व्यवस्था आम ।। 2212**
**जन की चिंता है उसे, जिनसे उसको प्यार ।**
**उनकी चिंता में लगा, करेगा न प्रतिकार ।। 2213**
**लेकर इस अंदाज को, मुगलों के उत्पात ।**
**गए चरम सीमांत पर, जनता पर आघात ।। 2214**
**करी अपहृत नारियाँ, करने को व्यभिचार ।**
**पुरुष कैद में डाल कर, किए क्रूर व्यवहार ।। 2215**
**खेती-बाड़ी लूट कर, जला दिए खलिहान ।**
**गाय-बैल-अज मार कर, कीन्हे नष्ट किसान ।। 2216**

---

[234] **परदेशी सुलतानी लूटमार :** Ghazni ( 998-1030), Ghori (1163-1192), Khilji (1296), Timur (1395), Babur (1526). **Later,** after 1665 : Nadirshah (1739), Abdali (1761).

## 95. Shivaji, thirty five years old. Treaty of Purandar, 1665.

**एक लाख की फौज वो, मनमानी में मस्त ।**
**इधर लगे थे मावळे, जन सेवा में व्यस्त ।। 2217**
**दुखी हुई जनता सभी, राज्य हुआ बरबाद ।**
**दिखा दिया जयसिंह ने, सुलतानी उन्माद ।। 2218**

(पुरंदर)

**ॐओवी॰** मुगलांचा आला गराडा । किल्याला घातला वेढा । कधी न पडला एवढा । महाभारी ।। 2603 ।। तोफा, हत्ती, घोडेस्वार । पायदळ भोवताल । भाले, तीर, तलवार । उगारूनी ।। 2604 ।। वेढा पडला पायथ्याशीं । सैनिक उभे तटापाशीं । भव्य दारूगोळ्यांच्या राशि । सज्ज झाल्या ।। 2605 ।। तोफा रचल्या प्रचंड । ढांसळाया तट चंड । बुरुज खंड-विखंड । करावया ।। 2606 ।। पुरंदर गड उत्तुंग । महास्थूळ त्याचे अंग । दगडांचा काळा रंग । भारदस्त ।। 2607 ।। स्थूळकाय जणू गेंडा । दरवाज्यावर झेंडा । नभस्पर्शी ज्याचा शेंडा । भगव्याचा ।। 2608 ।। किल्यावर मावळे गडी । अंगापिंडाने लोखंडी । खाती भाकरी खंडी-खंडी । कांदा-मीठ ।। 2609 ।। किल्ला फार दणकट । बाले किल्यासकट । तटबंदी बळकट । एकच द्वार ।। 2610 ।। बालेकिल्याच्या वेशीस । बुरुज होते चोवीस । रक्षण देत माचीस । उंच उभे ।। 2611 ।। पुरंदरचा सांगाती वज्रगड । दोन किल्यांच्या मध्ये भैरवखिंड । मुरारबाजी[235] किल्लेदार उदंड । त्या किल्यांचा ।। 2612 ।। पुरंदरवर बाराशे । वज्रगडावर चारशे । मराठे नव्हते फारसे । पण दृढ ।। 2613 ।। उंच पहाडांवर दोन्हीं गड । ज्यांवर चढता येईना धड । त्यांवर चढविल्या तोफा जड । मुगलांनी ।। 2614 ।। अशा चिकाटीच्या घोर प्रसंगी । तीन नावाजलेल्या तोफा जंगी[236] । मारूं लागल्या तटावर नांगी । धनाधन ।। 2615 ।। मुगलांच्या फौजा प्रचंड । चारही दिशांनी अखंड । करत्या झाल्या हल्ले चंड । गडांवर ।। 2616 ।। तोफगोळे धडाधड आदळले । दोन्हीं किल्यांचे तट ढासळले । तडाख्यांनी बुरुज कोसळले । मुख्यवाले ।। 2617 ।। इंग्रजी बारूद

[235] **मुरार बाजी :** Murarbaji Deshpande, the great Brahmin warrior from Javli, joined Shivaji's Freedom Movement in 1656.

[236] **जंगी तोफा** : 1. अब्दुल्लाखान, 2. फत्तेलष्कर, 3. महेली.

## 95. Shivaji, thirty five years old. Treaty of Purandar, 1665.

जहाल । केली चिरेबंदी बेहाल । काय सांगावी बा कमाल । या अस्त्राची ।। 2618 ।। तटांत पडले भगदड । गडगडूं लागले दगड । उघडे पडले दोन्हीं गड । अजिंक्य जे ।। 2619 ।।

दोहा॰ दिखलाया जयसिंह ने, मुगलाई क्या चीज ।
सुखमय जनता के लिए, आफत की है बीज ।। 2219
उधर शिवाजी दूर थे, जलसेना के काम ।
इधर मराठे दे रहे, जनता को आराम ।। 2220
सफल हुआ जयसिंह का, जब वह कपटी दाँव ।
छोड़ी सेना राक्षसी, देने भीषण घाव ।। 2220
मुगली सेना ने लिया, दुर्ग पुरंदर घेर ।
लगी छावनी भव्य थी, बारूदों थे ढेर ।। 2221
अंग्रेजी बारूद थी, मगर न थे अंग्रेज ।
उन्हें पता था, मावळे, प्रतिशोध में तेज ।। 2222
तोपें खड़ीं प्रचंड थीं, तट को करने खंड ।
किला बहुत उत्तुंग था, होने खंड-विखंड ।। 2223

(पुरंदर)

मुख्य द्वार पर फड़कता, भगवा ध्वज स्वच्छंद ।
आसमान को छू रहा, देता मन आनंद ।। 2224
पुरंदर और वज्रगड, दो गढ़ साझेदार ।
भैरव घाटी पर खड़े, नद के इस-उस पार ।। 2225
खड़े आमने-सामने, दोनों मिलाय हाथ ।
संरक्षण के काम में, आपस में थे साथ ।। 2226
दक्षिण तट पर था खड़ा, किला पुरंदर भव्य ।
उत्तर तट पर सामने, वज्रगड किला दिव्य ।। 2227
दुर्ग पुरंदर पर खड़े, बारह-सौ थे वीर ।
वज्रगड पर चार-सौ, लेकर बंदुक तीर ।। 2228

## 95. Shivaji, thirty five years old. Treaty of Purandar, 1665.

तोपें गढ़ पर थी लगीं, प्रत्येक बुर्ज पर एक ।
अन्य ठिकानों पर खड़ी, तोपें बड़ी अनेक ॥ 2229
सोलह-सौ थे मावळे, मुगल पक्ष में लाख ।
फिर भी बुलंद हौसले, उन्हें चटाने राख ॥ 2230
किलेदार दो दुर्ग का, मुरार बाजी नाम ।
लोह पुरुष वह वीर था, शत-शत जिसे प्रणाम ॥ 2231
मुगलों की तोपें चढ़ीं, टीलों पर, खूँखार ।
और चढ़ी बारूद भी, गोलों की बौछार ॥ 2232
दुर्ग बुर्ज ढहने लगे, दृढ़ तदपि किलेदार ।
मुगल न आगे बढ़ सके, भीषण था प्रतिकार ॥ 2233

(शिवाजी)

शिवाजीला जेव्हां हे कळले । तडकाफडकी परतले । राजगडावर पोहचले । चिंतातुर ॥ 2620 ॥ शिवाजी हळहळले तिकडे । मावळे तळमळले इकडे । दोन्हीं तट कड्यांचे तुकडे । वज्राघात[237] ॥ 2621 ॥ शिरूं लागले मुगल खालून । मराठ्यांचा गोळीबार वरून । तरी मुगल उरले पुरून । असंख्य जे ॥ 2622 ॥ प्राण प्रणाला लाऊन लढले । पण बहुत मराठे पडले । तरी शेवटी अनिष्ट घडले । गड गेला ॥ 2623 ॥ वज्रगड येतांच ताब्यात । पुरंदर आला धोक्यात । यश मुगलांच्या अवाक्यात । येऊं गेले ॥ 2624 ॥

दोहा॰ खबर शिवाजी को मिली, राज्य हुआ बरबाद ।
मुगलों के जयसिंह ने, मचा दिया उत्पात ॥ 2234
दुर्ग-पुरंदर पर पड़ा, घेरा है तूफान ।
युद्ध वहाँ है चल रहा, तोपों से घमसान ॥ 2235
अंग्रेजी बारूद से, गोलों की बौछार ।
बुर्ज किलों के ढह रहे, जारी है प्रतिकार ॥ 2236

---

[237] April 1665.

## 95. Shivaji, thirty five years old. Treaty of Purandar, 1665.

जीत लिया है वज्रगड, मुगलों ने आखिर ।
कतल मराठे होगए, सभी चार-सौ वीर ।। 2237
फौजी मुगल असंख्य हैं, फिर भी धीरज धार ।
मुरार बाजी लड़ रहा, नहीं मान कर हार ।। 2238
उन्हें मदद की गरज है, फँसे पड़े हैं वीर ।
खतम हुई बारूद है, चला रहे हैं तीर ।। 2239

(पण)

卐ओवी॰ शिवाजीने पोहचविली कुमक । साठा सामग्रीचा अमुक-तमुक । कुणां काहीं न लागता चुणुक । चुपचाप ।। 2625 ।। आणि मागून केले हमले । छावणीवर जसे जमले । मुगल झुगारोनी दमले । चेकाळले ।। 2626 ।। ह्या संधीचा करोनी सुविचार । मुरार बाजीने केला एल्गार । पाचशे मराठ्यांनी जोरदार । अचानक ।। 2627 ।। शिरले ते मुगलांच्या छावणीत । भाले तलवारी खणखणीत । हर हर महादेव! म्हणीत । बेधडक ।। 2628 ।। फौज तीस हजारांची । गोंधळली मेंढरांची । झाली भक्ष्य प्रहारांची । मराठ्यांच्या ।। 2629 ।। कापले मुगल धडाधड । पुरंदर दिला नाही गड । प्राण देओनी तो वरचढ । झाला वीर ।। 2630 ।। मराठ्यांना उगवले बळ । मुगल न झाले सफळ । वाटाघाटीची आली वेळ । तहासाठी ।। 2631 ।। दोन महिने उलटले । पण पारडे न पलटले । तेव्हां मुगलांनी म्हटले । पुरे आता ।। 2632 ।। एकेक किल्ला एवढा मुश्किल । तर केव्हां सगळे मिळतील । आणि शिवाजी हाती येईल । कधी बरें ।। 2633 ।। डोंगरातला उंदीर । हाती असा न येणार । तह करून जमणार । काम आता ।। 2634 ।।

✍दोहा॰ पा कर इस संदेश को, शिवबा ने तत्काल ।
भेजी कुमक मुरार को, बहुत गुप्त थी चाल ।। 2240
मुरार बाजी को मिला, लड़ने को सामान ।
हुए मराठे दृढ़ पुनः, लड़ने को घमसान ।। 2241
तुरत शिवाजी आगए, छोड़ कर सभी काम ।
पीछे से हमले किए, मुगलों पर तूफान ।। 2242

## 95. Shivaji, thirty five years old. Treaty of Purandar, 1665.

मुगल फँस गए बीच नें, कैंची में उनकी जान ।
बाजी ने यह देख कर, किया एल्गार महान ।। 2243

### मुरारबाजी देशपांडे

लिए मावळे पाँच-सौ, टूट पड़ा वह वीर ।
भाले-तलवारें लिए, मुगलों को डाला चीर ।। 2244
मुगल लगे फिर भागने, दूर छावनी छोड़ ।
भूत मराठों पर चढ़ा, उस रण में बेजोड़ ।। 2245
लड़ते-लड़ते लग गया, एक अचानक बाण ।
मुरार बाजी गिर पड़ा, गए वीर के प्राण ।। 2246
मुरार बाजी मर गया, मगर न हारे वीर ।
मुगलों पर डटते रहे, अल्प संख्य रणधीर ।। 2247

 संगीत श्री शिवाजी चरित्र राग-छंद माला, पुष्प 204

राग : यमन कल्याण, कहरवा ताल 8 मात्रा

मुरारबाजी देशपांडे

**स्थायी**

वीर बहादुर मुरारबाजी, शत शत लाख प्रणाम तुला, रे! ।
♪ -पमंरेरे   ग-गग पमंरेरेग-ग-, -निनि रेरे मं-मं मंमंधनि धप- मंग ।

**अंतरा-1**

ऐकुन कीतीचे पोवाडे, पुलकित भारत जनगण सारे ।
♪ -पगपप सां-सां-सां- सांनिध-सांनिप, निगंरेंसां सांनिधप मंधनिध प-मंग ।

**अंतरा-2**

दुर्ग पुरंदर तू लढवीला, अर्पण कस्नी परण तुझा, रे! ।

**अंतरा-3**

## 95. Shivaji, thirty five years old. Treaty of Purandar, 1665.

धन्य! धन्य! तो वीर शिवाजी, ज्यास तुह्मयासम निष्ट सखा, रे! ।।

(जयसिंह)

युद्ध महीने दो चला, मुगल न पाए जीत ।
समझौते पर आगए, जिन्हें प्राण से प्रीत ।। 2248
यही शिवाजी चाहते, बहुत हुआ नुकसान ।
वीर पुरंदर पर फँसे, उनको जीवनदान ।। 2249
उधर यही जयसिंह भी, सोच रहा दिन-रात ।
एक किला इतना कठिन, बाकी की क्या बात ।। 2250
इसका मतलब यह हुआ, ये ना मानें हार ।
देश नष्ट हमने किया, तदपि न ये लाचार ।। 2251
बिना शिवाजी भी अगर, इतना मुश्किल काम ।
अब तो है वह आगया, न लूँ युद्ध का नाम ।। 2252
फँसे हुए हैं आठ-सौ, उसके प्रियजन भ्रात ।
उन्हें बचाने के लिए, मानेगा वह बात ।। 2253

(इकडे)

卐ओवी॰ शिवाजीही चिंताक्रांत । बसवेना त्यांना शांत । गड पडण्याच्या आंत । तह व्हावा ।। 2635 ।। त्यांनी सभेचा करोनी समारोप । धाडला जयसिंहाकडै निरोप । शांत करावा हा युद्धाचा प्रकोप । तह करूं ।। 2636 ।। मराठ्यांशीं मिळवुनी हात । आदिलशहाला देऊं मात । आम्हीं येऊं आपल्या सेवेत । राजीखुशी ।। 2637 ।।

✍दोहा॰ इधर शिवाजी भी उसी, चिंता में आतुर ।
समझौते के वासते, विवश हुए मजबूर ।। 2254
किले अगर देने पड़े, फिर से लेंगे जीत ।
मेरे जन जो हैं फँसे, मुक्ति करूँ अर्जित ।। 2255
इसी सभ्य विचार से, करने युद्ध विराम ।
पत्र शिवाजी ने किया, जयसिंह को प्रदान ।। 2256

## 95. Shivaji, thirty five years old. Treaty of Purandar, 1665.

**लिखी शिवाजी ने उसे, विनम्रता से बात ।**
**बोले, "आदिलशाह को, देंगे मिल कर मात" ।। 2257**
**आदिल दुश्मन आपका, और न हमरा मित्र ।**
**दोनों मिल कर विजय का, बन सकता है सूत्र ।। 2258**
**सेवा में ले लो आपकी, हमें गर्व के साथ ।**
**मैत्री करके आपसे, मिला सकेंगे हाथ ।। 2259**

(जयसिंह)

**卐ओवी॰** जयसिंहाला होता गर्व । मी रचणार नवे पर्व । मला पाहिजे आहे सर्व । मराठ्यांचे ।। 2638 ।। त्याने लिहिले प्रत्युत्तर । आम्हीं आहोत बलवत्तर । तुम्हांस नाही गत्यंतर । शरण या ।। 2639 ।। आम्हीं मुगलांचे गुलाम । तरी आमचे मोठे नाम । आणि आमुचे फत्ते काम । त्यांच्या कृपे ।। 2640 ।। विचार तुम्हीं करा थोडा । स्वातंत्र्याचा नाद सोडा । मुगलांशीं संबंध जोडा । नोकरीचा ।। 2641 ।। मुगलांचे सामर्थ्य अपार । मुगली सेना गगनापार । गुलामीत आदर-सत्कार । फार मोठा ।। 2642 ।। दाखवूं नका उगा प्रताप । जणू पूर्वीचा राणा प्रताप । ज्याने निरर्थ सोसला ताप । स्वातंत्र्याचा ।। 2643 ।। गुलामीत प्राण सुरक्षित । नोकरीत लाभ अगणित । जाणावे त्यांनाच सुरक्षित । शहाणे ते ।। 2644 ।। तुम्हांस पर्याय काही नव्हे । उत्तर सकारात्मक हवे । सेवक बादशहाचे व्हावे । हेच खरे ।। 2645 ।।

स्वातंत्र्याचा अर्थ सोळा आणे । ध्येय शिवाजींचे तो न जाणे । मुगलांना शरण जा म्हणे । दीड शहाणा ।। 2646 ।। स्वातंत्र्याची लागली न हवा । गुलामाला हा विचार नवा । त्याला अनुभव कैसा यावा । स्वातंत्र्याचा ।। 2647 ।। जन्मभर केली सेवा । गुलामीत चाखला मेवा । त्याला स्वातंत्र्याचा हेवा । अंधळ्याला ।। 2648 ।। मातृभूमीचा जो वैरी । परकियांचा कैवारी । नैतिकतेचा भिकारी । देशद्रोही ।। 2649 ।।

**दोहा॰** **पाकर उस प्रस्ताव को, सुखी हुआ जयसिंग ।**
**मगर दिखावे के लिए, मारने लगा डींग ।। 2260**
**बोला, जिसके दास हम, वो है अति बलवान ।**
**बादशाह सम्पन्न है, दिल्ली का सुलतान ।। 2261**

## 95. Shivaji, thirty five years old. Treaty of Purandar, 1665.

हम तुमरे स्वातंत्र्य को, कर सकते हैं नष्ट ।
आओ हमरी शरण में, यही काम है इष्ट ।। 2262
और न कछु पर्याय है, दे दो अपना राज ।
मुगलों की सरकार में, होगा सुखी समाज ।। 2263
सेवा मुगलों की करो, बन कर निष्ठ गुलाम ।
तज कर हठ स्वातंत्र्य का, पाओगे तुम नाम ।। 2264
हम आजन्म गुलाम हैं, हमें बहुत सम्मान ।
वचन हमारा सर्वदा, मान्य करे सुलतान ।। 2265

(मगर)

यह था मत जयसिंह का, जो था सदा गुलाम ।
उसे स्वातंत्र्य क्या पता, क्या है उसका दाम ।। 2266
मातृभूमि का शत्रु जो, अंधा नमकहराम ।
कपूत भारतमातु का, देशद्रोह है काम ।। 2267
अपनों के जो प्राण ले, परदेसी का त्राण ।
निश-दिन गाए षंढ जो, सुलतानों के गान ।। 2268

(शिवाजी)

卐**ओवी॰** दूर सारूनी अविचार । केला सारासार विचार । नष्ट कराया भ्रष्टाचार । "हो" म्हणाले ।। 2650 ।। अडला नारायण हरि । गाढवाचे पाय धरी । भाग्याशीं समझोता करी । ध्येयासाठी ।। 2651 ।। जिजामातेचा तो शिष्य । बघतो तो खरे दृश्य । परखतो तो भविष्य । जाणता तो ।। 2652 ।। शिवाजी हा नव्हता अज्ञ । जयसिंहापेक्षा सूज्ञ । राजनीतीचा प्रज्ञ । बुद्धिमान ।। 2653 ।।

✍**दोहा॰** डरे शिवाजी ना उसे, जिसका ये है दास ।
फिर भी संकट काल में, सहन किया उपहास ।। 2269
आज कहूँ मैं हाँ, मगर, कल है अपने हाथ ।
उसकी नीयत है यथा, तथा हि देंगे साथ ।। 2270

## 95. Shivaji, thirty five years old. Treaty of Purandar, 1665.

जिजा मातु का शिष्य वो, क्षण को लेता जान ।
समझौता वो कर स्के, भविष्य को पहिचान ।। 2271
बुद्धिमान जयसिंह से, राजनीति का प्रश्न ।
चतुर शिवाजी शत्रु से, दूर दृष्टि का सूज्ञ ।। 2272
कालचक्र अनुकूल हो, झुका सके जग आप ।
समय अगर प्रतिकूल हो, कहो गधे को बाप ।। 2273

(तरी)

**卐ओवी०** शिवाजी म्हणाले, बेशक । आम्हीं आपलेच सेवक । तह कराया उत्सुक । अटी सांगा ।। 2654 ।। आपली चाकरी घेऊं । आणि दोन किल्ले देऊं । बोलणी कराया येऊं । आज्ञा द्यावी ।। 2565 ।। शिवाजीने त्याच क्षणी । आदिलाशीं केली बोलणी । आपण हात मिळवुनी । एक होऊं ।। 2566 ।। आपण करूनी तह । गुप्त योजनेच्या सह । मुगलांना देऊं शह । दिल्लीवाल्या ।। 2567 ।। मुगल तुमचे वैरी । मुगल आमुचे अरि । हीच परिस्थिति खरी । दक्षिणेत ।। 2568 ।। प्रस्ताव हा आदिलाला । गुप्तपणे कळविला । पण, तोच कळूं दिला । मुगलांना ।। 2569 ।। जसा बेत होता केला । आदिलाने नाकारला । जयसिंह हादरला । ऐकोनी ते ।। 2570 ।। जयसिंह घाबरला । जरब वाटली त्याला । तरी दम सांभाळला । मुगलाने ।। 2571 ।। लगेच त्याने शिवाजीला । येण्यास परवाना दिला । गंभीर वाटाघाटीला । सुलहीच्या ।। 2572 ।। नाक दाबोनी तोंड उघडले । जसे योजिले तसे घडले । जयसिंहाने तुरंत धाडले । निमंत्रण ।। 2573 ।। जयसिंह महाधूर्त । युक्तिबाज स्वयंस्फूर्त । राजकारणी समर्थ । अनुभवी ।। 2574 ।। तो न देणार शिवाजीला फार । वाटाघटींत हुशार । देईल एकच, घेईल चार । धमकीने ।। 2575 ।। धाडले वस्त्र भूषण । सन्मानाचे निमंत्रण । तुळशी दळ, विडा-पान । शिवाजीला ।। 2576 ।। पाठवूनी निमंत्रण । दिले त्याने अश्वासन । आम्हीं करूं संरक्षण । जीविताचे ।। 2577 ।।

**श्लोक**

**अज्ञानं नाह्वयेज्ज्ञानी कामुकानां कुबुद्धिनाम् ।**
**प्रचोदयेत्स तान्मूढान्-योगयुक्तश्च पण्डितः ।। 175**

## 95. Shivaji, thirty five years old. Treaty of Purandar, 1665.

दोहा
अज्ञानी जड़ मूढ़ का, छेड़ो मत अज्ञान ।
राह दिखाओ सत् उन्हें, और उन्हें दो ज्ञान ।। 176

दोहा॰ अतः शिवाजी ने कहा, ठीक आप की बात ।
जो कहते हैं मान्य है, आप हमारे तात ।। 2274
सेवक हम हैं आपके, बोलो निःसंकोच ।
शर्तों को बतलाइये, कोई बिना दबोच ।। 2275
हमें चाकरी दीजिये, चलो मिलाएँ हाथ ।
हमसे दो गढ़ लीजिये, करें शाँति से बात ।। 2276
आदिल को भी खत लिखा, करें रहस्यमय बात ।
दोनों मिल कर साथ में, मुगलों को दें मात ।। 2277
मुगलों के जासूस को, बतला भी दी बात ।
जो सुन कर जयसिंह के, काँप उठें थे गात ।। 2278
काम कर गई चाल ये, जैसा था अंदाज ।
घबड़ाए जयसिंह जी, सुन कर ऐसा राज ।। 2279
आदिल से वह ना मिले, मुगलों की थी चाह ।
उन्हें शिवाजी चाहिए, लड़ने आदिलशाह ।। 2280
साथ शिवाजी का मिले, और न कोई राह ।
वरना खतरा बन सके, अब तो आदिलशाह ।। 2281
इसी बात को सोच कर, मुगलों के मन दाह ।
अतः शिवजी ने किया, मुगलों को गुमराह ।। 2282
झट से फिर जयसिंह ने, भेजा अपना दास ।
और शिवाजी को कहा, आओ हमरे पास ।। 2283
समझौता हो प्रेम से, मिल कर हम दो साथ ।
दोनों का करने भला, चलो मिलाते हाथ ।। 2284

## 95. Shivaji, thirty five years old. Treaty of Purandar, 1665.

**भेजे भूषण तोहफे, राजवस्त्र सम्मान ।**
**कहा सुरक्षा आपकी, होगी, वचन प्रदान ।। 2285**
**धोखा हम देंगे नहीं, पूर्ण रखो विश्वास ।**
**लकीर है पाषाण पर, शब्द हमारे खास ।। 2286**

(पुरंदर)

**卐ओवी॰** तिकडे पुरंदर गडावर । युद्ध सुरूच होते भयंकर । तरी मानीत नव्हते हार । दोन्हीं पक्ष ।। 2578 ।। इकडे होणार आहे भेट । मुगलांच्या छावणीत थेट । जयसिंहाच्या शाही सभेत । शिवाजीशीं ।। 2579 ।। केले स्वागत सन्मान । देओनी राजाचा मान । जयसिंहाने छान । शिवाजींचे ।। 2580 ।। आंतून जरी होते दुःखात । आले शिवाजी राजे सुखात । मुगलांच्या मगर-मुखात । धीटपणे ।। 2581 ।। जे जे शक्य ते ते करूं । जिवंत येऊं वा मरूं । लाभ-हानीस न डरूं । ध्येयासाठी ।। 2582 ।। वाटाघाटी चालल्या गंभीर । जयसिंह गर्वात खंबीर । शिवाजी होते धरोनी धीर । संकटात ।। 2583 ।। विघ्न टाळाया आलेले । शिवाजीने देऊं केले । मुगलांना दोन किल्ले । आणि सेवा ।। 2584 ।। दोन किल्ले नको त्याला । तेवीसांची भूक ज्याला । अडेल तट्टू झालेला । जयसिंह ।। 2585 ।। माझे, पुरंदरावर भले । मराठे आहेत अडकले । त्या वीरांचे प्राण वाचविले । पाहिजेत ।। 2586 ।। संकटात धरोनी हिम्मत । द्यावी लागेल त्याची किंमत । न डगमगता किंचित । तात्पुरती ।। 2587 ।। आलेली बला टळून जाईल । गेलेले परत घेता येईल । प्राण त्यांचे वाचतील । तेच बरे ।। 2588 ।। बाजी प्रभु शहीद झाला । मुरार बाजी सुद्धा गेला । निमूळते घ्यावेच मला । लागे सध्या ।। 2589 ।। फार अडचण आहे आली । पण जेव्हां संधि मिळाली । गार्वचे घर करीन खाली । मुगलांचे ।। 2590 ।।

**✍दोहा॰** **उधर लड़ाई थी चली, दो पक्षों के बीच ।**
**दोनों अपने प्राण पर, भाग्य रहे थे खींच ।। 2287**
**फिक्र शिवाजी को बड़ी, संकट में हैं लोग ।**
**कैसे उनका त्राण हो, उन्हें बड़ा था सोग ।। 2288**
**नापसंद भी शर्त को, करना होगा मान्य ।**

## 95. Shivaji, thirty five years old. Treaty of Purandar, 1665.

क्यों की आगे है खड़ी, परिस्थिति असामान्य ।। 2289
शहीद बाजी प्रभु हुआ, मेरा करते काज ।
मुरार बाजी भी गया, झुक जाऊँ मैं आज ।। 2290
जो भी अब देना पड़े, कीमत वह है स्वल्प ।
कल सब लूँगा जीत कर, करता हूँ संकल्प ।। 2291
भेजा दल जयसिंह ने, रक्षक अश्वसवार ।
मान शिवाजी को दिए, लाने सह सत्कार ।। 2292
पूर्ण शिवाजी को दिया, संरक्षण विश्वास ।
राजा के स्तर पर दिया, सुंदर उन्हें निवास ।। 2293

(संधि)

चली गुफ्तगू चार दिन, शाब्दिक खींचातान ।
अपनी-अपनी जिद रखी, मगर सहित सम्मान ।। 2294
दुर्ग पुरंदर से सभी, मुक्त करूँ मैं वीर ।
यही शिवाजी चाहते, विवाद के आखीर ।। 2295
मुगल मगर थे चाहते, बने शिवाजी दास ।
आदिल से वह ना मिले, आए हमरे पास ।। 2296
उभय पक्ष की माँग पर, करके बहुत विचार ।
पाँच दफाएँ संधि में, खाका हुआ तयार ।। 2297

### पुरंदरचा तह

**卐ओवी॰** वाटाघाटी झाल्या दिवस चार । संधीचा मसुदा झाला तयार । कलमें तहात खुलासेवार । होतीं पाच[238] ।। 2591 ।। (1.) तहाचा हा **पहिला कलम** । नोंदविला गेला अग्रिम । मसूद्यामध्ये सर्व प्रथम । स्थान ह्याला ।। 2592 ।। शिवाजी घेतील किल्ले बारा । एक लाख होन शेतसारा

[238] June 13, 1665.

## 95. Shivaji, thirty five years old. Treaty of Purandar, 1665.

। बादशहावर विश्वास खरा । अपेक्षित ।। 2593 ।। **(2.)** तहाचा हा **कलम <u>दुय्यम</u>** । जसा बाहशहाचा हुकूम । टाकला गेला होता मुद्दाम । आळ्यासाठी ।। 2594 ।। दक्षिणेचा मुगल सुभेदार । वरिष्ठ असेल शिवाजीवर । आज्ञा ज्याची असो सदा स्वीकार । शिवाजीला ।। 2595 ।। **(3.)** तहाचा हा **कलम <u>तिसरा</u>** । शिवाजीने टाकला साजरा । पुत्रास द्याया मातबरा । अधिकार ।। 2596 ।। संभाजी राजे सरकार । होतील मनसबदार । प्रति मास पाच हजार । होन त्यांना ।। 2597 ।। **(4.)** तहाचा हा **<u>चौथा</u> कलम** । दिला शिवाजीला कोकण । द्यावे चाळीस-लाख होन । शिवाजीने ।। 2598 ।। **(5.)** तहाचा हा **<u>पाचवा</u> कलम** । लावोनी दु:खांना मलम । भरून काढेल जखम । मुगलांची ।। 2599 ।। पाचवा कलम मुगलांस । स्वाधीन केले किल्ले तेवीस । छायेतील मुलूखांसहीत । शिवाजीचे ।। 2600 ।।

(पाँच धाराएँ)

✍दोहा॰ **पहली धारा संधि की, सबसे अधिक प्रधान ।**

(1) **प्रथम शिवाजी को किए, बारह किले प्रदान ।। 2298**

**एक लाख कुल होन का, मिला उसे महसूल ।**

**हर साल शिवाजी करे, कर के रूप वसूल ।। 2299**

**और शिवाजी को मिला, साझे का अधिकार ।**

**बदले में सुलतान को, दे सेवा-सत्कार ।। 2300**

(2)

**द्वितीय धारा संधि की, किया दूसरा काम ।**

**दक्षिण में उसको दिया, दुय्यम स्तर का मान ।। 2301**

(3)

**दफा तीसरी संधि की, किया और इक काम ।**

**संभाजी को भी दिया, मंसब का सम्मान ।। 2302**

(4)

**धारा चौथी संधि की, कीन्हा चतुर्थ काम ।**

**दिए शिवाजी को सभी, कोकण तट के ग्राम ।। 2303**

## 95. Shivaji, thirty five years old. Treaty of Purandar, 1665.

कोकण ना दूँगा कभी, ली थी उसने ठान ।
नौ-सेना को हाथ ना, लगा सके सुलतान ।। 2304

(5)

धारा पंचम संधि की, कीन्हा युद्ध विराम ।
मुक्त मराठे होगए, बना शिवाजी काम ।। 2305
मुगलों को इसके लिए, किले मिले तेईस ।
बहुत बड़ी सत्ता मिली, अव्वल बने रईस ।। 2306

(अत:)

संधि पुरंदर की यही, बदला है इतिहास ।
जिससे मुगलों को लगा, बना शिवाजी दास ।। 2307
मुक्त मावळे होगए, मिला उन्हें उल्लास ।
अब इस अप्रिय संधि में, बचा न मतलब खास ।। 2308

### जिजाऊ

卐ओवी॰ पुरंदरचा तह हा प्रसिद्ध । इतिहासातील झाला सिद्ध । थांबले मुगल-मराठा युद्ध । तात्पुरते ।। 2601 ।। जिजाबाई होत्या कोंढाण्यावर । मिळाली जेव्हां त्यांना ही खबर । काळीजात खच्‌कन खंजीर । खुपसली ।। 2602 ।। कोंढाणा करताना रिकामा । जिजाऊला पडला सदमा । यातनांनी ओलांडली सीमा । त्या देवीच्या ।। 2603 ।। कोंढाणा गड सोडताना । जिजाऊंना वेदना नाना । परतीन मी इथे पुन्हा । प्रतिज्ञा केली ।। 2604 ।। पुरंदर, वज्रगड । इसागड, लोहगड । कोंढाणा, मकरगड । खंडागळा ।। 2605 ।। तुंग, तिकोना, मणिकगड । रोहिडा, माहुली, रूपगड । नरदुर्ग, बख्तगड । माणगड ।। 2606 ।। मामारेबखन, सरूपगड । भंडारदुर्ग, साकरगड । पळसखोळ, सोनगड । व अंकोला ।। 2607 ।। पुरंदरचा जसा झाला तह । दिले तेवीस किल्ले नि:संदेह । चार लाख होन मुलूखासह । मुगलांना ।। 2608 ।।

✍दोहा॰ प्रिय कोंढाणा दुर्ग था, जिजामातु का वास ।
सुन कर वर्णन संधि का, हुआ नहीं विश्वास ।। 2309

### 95. Shivaji, thirty five years old. Treaty of Purandar, 1665.

कोंढाणा तज कर मुझे, जाना होगा आज ।
पीड़ा से वे व्यथित थीं, कोई न था इलाज ।। 2310
करी प्रतिज्ञा मातु ने, लेंगे हम यह स्थान ।
आऊँगी मैं लौट कर, देखेगा सुलतान ।। 2311

## 96. Shivaji, thirty six years old. The Great Escape from Agra, 1666.

# YEAR 1666

96. वीर शिवाजी–36 :

## आग्र्याहून सुटका

## 96. Shivaji, thirty six years old. The Great Escape from Agra, 1666.

(शहाजहानचा मृत्यु)

**ॐओवी॰** दारा, शुजा व मुराद भाऊ तीन । इतर नातलग तीस मारून । औरंगजेबने दिल्ली सिंहासन । हिरावले ।। 2609।। काटे रस्त्यातील काढले । बापाला आग्र्याला धाडले । किल्याच्या कैदेत कोंडले । आजीवन ।। 2610।। नऊ वर्षे कैदेत पडला । पुत्र–विरहांत तो रडला । आता त्याचा देहांत घडला । कैदेमध्ये ।। 2611 ।। औरंगजेबला चिंता अखंड । बाप कदाचित करील बंड । मला पदच्युत कराया कांड । रचेल हा ।। 2612 ।। भय सर्व त्याचे मिटले । डोळ्यांचे पारणे फिटले । बघून पित्याला लोटले । दिवंगत ।। 2613 ।। दूर गेले संकट । सर्व मुळांसकट । अंत झाला विकट । गृह कलह ।। 2614 ।। शहाजहान जेव्हां मेला । औरंगजेब आग्र्याला गेला । आणि तिथेच स्थित झाला । कायमचा ।।26157 ।।

**दोहा॰** **दारा, शुजा, मुराद औ, मारे रिश्तेदार ।**
**दिल्ली का सुलतान ये, बड़ा क्रूर मक्कार ।। 2312**
**बाप डाल कर कैद में, रखा किले में बंद ।**
**पड़ा रहा वह कोसता, जब तक होता अंत ।। 2313**
**खिड़की से जो देखता, बाहर जग का हाल ।**
**रोता पुत्र–विरह में, सड़ा वहाँ नौ साल ।। 2314**

## 96. Shivaji, thirty six years old. The Great Escape from Agra, 1666.

गुजरा शहाजहान जब, मुगलों का परिवार ।
दिल्ली तज कर आगरा, सुलतानी दरबार ।। 2315

### आग्र्याला चला

संगीत श्री शिवाजी चरित्र राग-छंद माला, पुष्प 205

**भावगीत**

शिवाची लीला

**जो बोले तैसा चाले, नांव शिवाजी त्याला ।**
**वंदावी ती पाउलें, वहावी फूलमाला ।। 1**
**तान्हाजी ज्याचा छावा, विजय त्याचा व्हावा ।**
**कोंढाणा हाती यावा, पण सिंह न आला ।। 2**
**बाजीप्रभु सारखा, लाभला ज्याला सखा ।**
**वियन परका, त्या शिवाजी नृपाला ।। 3**
**हिरोजी पाठराखा, त्याचा होईना वाखा ।**
**त्याच्या सुदृढ शाखा, हिरवा गार पाला ।। 4**
**हेर बहिर्जी जैसा, त्यास कमी न पैसा ।**
**तुटवडा कैसा, त्या श्रीमान राजाला ।। 5**
**कोणी शकेना धरूं, कैद शकेना करूं ।**
**भय शकेना धरू, त्या धीमान वीराला ।। 6**

**卐ओवी॰** इसवी सन सोळाशे-सहासष्ट । छत्तीस वर्षांचे शिवाजी हृष्ट । घडली फार रोमांचक गोष्ट । ह्याही वर्षी ।। 2616 ।। पुरंदरच्या तहानंतर । जयसिंहाने केला विचार । शिवाजीला करावे तयार । चलावया ।। 2617 ।। तरी तो शिवाजीला म्हणाला । बादशहाला भेटाया चला । होईल आपला लाभ भला । राजकीय ।। 2618 ।। मीर्झा राजे जयसिंहाने । नाना देओनी आश्वासनें । आणि विविध प्रलोभनें । वारंवार ।। 2619 ।। जयसिंहाने केला वायदा । होईल

# 96. Shivaji, thirty six years old. The Great Escape from Agra, 1666.

त्यात फायदा । जाऊन बघा एकदा । आगऱ्याला ।। 2620 ।। धरूं नका संशय मनात । मुगलांची तशी नाही जात । होणार नाही विश्वासघात । सांगतो मी ।। 2621 ।। करोनी शपथेने वचन । दिले शिवाजीला आश्वासन । सुरक्षित तुमचे प्राण । असतील ।। 2622 ।। दक्षिणेत तुम्हीं सुभेदार । आदिल-कुतुबशाहींवर । वाढेल तुमचा अधिकार । आणि मान ।। 2623 ।। बादशहाला मानून स्वामी । नोकरी तुम्हां येईल कामी । आम्हीं देत आहो हमी । बोलला तो ।। 2624 ।। आम्हीं करतो त्यांची चाकरी । खात आहो त्यांचीच भाकरी । म्हणून आम्हां उजागरी । बोलावया ।। 2625 ।।

✍दोहा॰ **संधि पुरंदर की हुई, बना शिवाजी दास ।**
**उस पर अब जयसिंह का, हुआ पूर्ण विश्वास ।। 2316**
**दक्षिण में सुलतान का, होगा राज्य विकास ।**
**आदिल का अब अंत है, स्वातंत्र्य भी खलास ।। 2317**
**मिला अगर सुलतान का, इसको आशीर्वाद ।**
**करे शिवाजी ना कभी, विरोध उसके बाद ।। 2318**
**बने मुगल सरदार वो, दक्षिण का दीवान ।**
**मुगलों का हो जायगा, सारा हिंदुस्तान ।। 2319**
**लगाय कर अनुमान ये, सब कुछ सोच विचार ।**
**छेड़ी फिर जयसिंह ने, बात धमाकेदार ।। 2320**

(आगरा चलिए)

**बोला, चलिये आगरा, मुगलों के दरबार ।**
**आदर देगा बादशा, और करे सत्कार ।। 2321**
**प्राण सुरक्षा पूर्ण है, लिख कर वचन हमार ।**
**धोखा देती ना कभी, मुगलों की सरकार ।। 2322**
**सुनो शिवाजी! आपका, होगा लाभ अपार ।**
**राजकीय, आर्थिक सभी, बोला बारंबार ।। 2323**
**आश्रय में सुलतान के, बढ़ता है अधिकार ।**

## 96. Shivaji, thirty six years old. The Great Escape from Agra, 1666.

और बनेगा आपकी, सत्ता का विस्तार ।। 2324
हम उसके नौकर बने, जीवन सफल तमाम ।
धन सत्ता सम्मान है, दुनिया में है नाम ।। 2325
ऐसे आश्वासन दिए, कह कर हित की बात ।
वादे पर वादे किए, नम्र शपथ के साथ ।। 2326
और कहा, संशय न हो, शुभ होगा अंजाम ।
जाओ तुम विश्वास से, होगे तुम कृतकाम ।। 2327
वचन हमारा मानता, दिल्ली का सुलतान ।
मुगलों के दरबार में, हमको है सम्मान ।। 2328

(पण)

卐ओवी॰ औरंगजेब पातळयंत्री । कुणां न कळली त्याची तंत्री । डोकीं हालविती त्याचे मंत्री । भीतीमुळे ।। 2626 ।। मित्र, भावंड, माणसे नेक । नातेदार मारले कित्येक । कलह फत्ते करून प्रत्येक । आनंदाने ।। 2627 ।।

✍दोहा॰ पर न कहा जयसिंह ने, छद्मी है सुलतान ।
डरते हैं उससे सभी, कहत न सत्य बखान ।। 2329
न था पता जयसिंह को, क्या सुलतानी जात ।
सुलतानों की नजर में, क्या उसकी औकात ।। 2330
कीमत उसके वचन की, कितनी उसके पास ।
कितना उसके वचन पर, हो सकता विश्वास ।। 2331

## वीर शिवाजी शिवाजी छत्तीस वर्षांचे

卐ओवी॰ ठेवोनिया त्यावर मदार । करोनिया खूप विचार । शिवाजी झाले तयार । निघावया ।। 2628 ।। शिवाजी जाणतो, बादशहा क्रूर । कपटी, दगाबाज, शीत-रुधिर । केव्हांही बदलूं शकतो सुर । क्षणार्धात ।। 2629 ।। तरी आम्हीं मराठे शूर । जाऊं तिथे आग्र्याला दूर । बघूं

## 96. Shivaji, thirty six years old. The Great Escape from Agra, 1666.

मुगल किती फितुर । होऊं जाती ।। 2630 ।। आम्हां देतात मीर्झा राजे हमी । सुरक्षेत होणार नाही कमी । दगा न देणार तुम्हां तो छद्मी । बादशहा ।। 2631 ।। मीर्झा राजे आहेत जामीन । म्हणतात प्राण मी राखीन । घेओनी बघावी जोखीम । एक वेळा ।। 2632 ।। तरी, जाऊन बघावे एक वार । मुगलशाही हा काय बा प्रकार । आल्या संधीस देऊं नये नकार । हेच ठीक ।। 2633 ।। प्रत्यक्ष बघावी त्यांची नाडी । किती सभ्यता, किती लबाडी । करावी नोंदणी काडी-काडी । मुगलांची ।। 2634 ।।

**दोहा॰** यथा कहा जयसिंह ने, उस पर कर विश्वास ।
भला-बुरा सब सोच कर, करके शुभ की आस ।। 2332
वीर शिवाजी आगरा, जाने हुए तयार ।
मुगलों के दरबार का, करने को दीदार ।। 2333
यदपि शिवाजी जानते, कैसा है सुलतान ।
बिना किसी भी वजह से, बदले अपनी तान ।। 2334
उसे न कोई बंधु है, ना ही रिश्तेदार ।
कपटी छद्मी क्रूर है, दगाबाज मक्कार ।। 2335
हमें भवानी तारती, शिवजी हमरे नाथ ।
वचन दिया जयसिंह ने, सत्य शपथ के साथ ।। 2336

जाकर देखूँ, मुगल ये, कितने धोखेबाज ।
कितने पानी में खड़े, क्या उनके अंदाज ।। 2337
सुना न कोई आज तक, भद्र मुगल सुलतान ।
फिर भी मैं जयसिंह का, करूँ वचन सम्मान ।। 2338
राजपूत जयसिंह है, यद्यपि मुगल गुलाम ।
देखूँ उसके शब्द में, कितना है परिणाम ।। 2339

संगीत श्री शिवाजी चरित्र राग-छंद माला, पुष्प 206

# 96. Shivaji, thirty six years old. The Great Escape from Agra, 1666.

आग्रा प्रयाण

**स्थायी**

**परम तुला रे आशिष, शिवबा!**

**आग्ऱ्याहुनी सुखरूप ये, तू! ।**

**अंतरा–1**

**सुल्तानाचा काय भरोसा, दुष्ट अधम तो जगीं नकोसा ।**

**तरी, कार्य हे हातीं घे, तू! ।।**

**अंतरा–2**

**स्वर्गासम हा देश आपुला, नरकासम हा आज बापुडा ।**

**भारतमातेला सुख दे, तू! ।।**

**अंतरा–3**

**देशावर हे संकट आले, लोक ज्यामुळें दास जाहले ।**

**त्यांची मुक्ति आपुला हेतु ।।**

## प्रवास

卐**ओवी॰** तारीख ठरली प्रवासास । शुद्ध नवमीचा दिवस । जिजाऊने केला नवस । भवानीला[239] ।। 2635 ।। भेटण्याचा ठरला दिवस । आग्ऱ्यात समारंभ खास । औरंगजेबचा जन्मदिस । पन्नासवा[240] ।। 2636 ।। सुरू झाली जैयत तयारी । धाडाया आगऱ्यावर स्वारी । कामाला लागले कारभारी । शिवाजीचे ।। 2637 ।। राजेशाही नजराणे । सोने-हीऱ्यांचे दागीने । मूल्यवान प्रसाधनें । उपहार ।। 2638 ।। शिवाजींच्या बरोबर । संभाजी राजे जाणार । किशोर राजकुमार । नऊ वर्षांचे ।। 2639 ।। शिबंदी किती घेणार । बरोबर कोण येणार । बारगीर-शिलेदार । गाडी-घोडे ।। 2639 ।। दिले जिजाऊने आशीष । व्हावया सफळ निःशेष । राखोत तुम्हां जगदीश । शिव-अंबा ।। 2640 ।। समोर हत्यावर भगवा झेंडा । निघाला चारशे मंडळींचा तांडा । गात

[239] March 05, 1666.

[240] March 27, 1666.

# 96. Shivaji, thirty six years old. The Great Escape from Agra, 1666.

मराठा विजयाचा पोवाडा । आग्ऱ्याकडे ।। 2641 ।। आगऱ्यात सोहळा मोठा । पाहुण्यांचा तिथे न तोटा । जरी दिखावा होता खोटा । सगळ्यांचा ।। 2642 ।। त्यांच्या राहण्या-खाण्याची व्यवस्था । लगीन घाई सारखी अवस्था । कुणास नव्हती कुणाची आस्था । जरी तिथे ।। 2643 ।। दिवस लागले एकवीस । गाठण्या आग्ऱ्याच्या वेशीस । वाटले येईल स्वागतास । मोठे धेंड ।। 2644 ।।

✍दोहा॰ **कब जाएँ हम आगरा, विचार कर बारीक ।**
**जन्म दिवस सुलतान का, जाने की तारीख ।। 2340**
**पचासवाँ है जनम दिन, बहुत बड़ा त्यौहार ।**
**बढ़िया शाही तौर के, ले जाएँ उपहार ।। 2341**
**संकट मोचन वस्तुएँ, बनवा कर सब खास ।**
**करने लगे तयारियाँ, करने दीर्घ प्रवास ।। 2342**
**संभाजी को ले चले, प्रज्ञ शिवाजी साथ ।**
**राजकीय अनुभव मिले, देख मुगल साक्षात् ।। 2343**
**बालक यह नौ साल का, शूर पिता-प्रतिरूप ।**
**भविष्य का जो छत्रपति, महाराष्ट्र का भूप ।। 2344**
**साथ मराठे चार-सौ, चुने हुए जो वीर ।**
**चले वीर सब आगरा, स्वामीभक्त सुधीर ।। 2345**
**दौड़ रहे थे मावळे, योद्धा अश्व सवार ।**
**आठ दिनों में आगए, सातपुड़ा के पार ।। 2346**
**पोवाडे गाते चले, उच्च उठा कर सीस ।**
**दूर बहुत था आगरा, दिवस लगे बाईस ।। 2347**

## आगरा

**पहुँचे जब वे आगरा, लगभग सीमा पास ।**
**सोचा स्वागत अब यहाँ, होगा शाही खास ।। 2348**

## 96. Shivaji, thirty six years old. The Great Escape from Agra, 1666.

मगर वहाँ कोई न था, मुगलों का सरदार ।
भिजवाया सुलतान ने, करने को सत्कार ।। 2349
आया एक मुनीम था, लेकर साथीदार ।
लाया था जो पुष्प का, पहनाने को हार ।। 2350
समझ शिवाजी ना सके, कैसा यह व्यवहार ।
बूझ न पाए क्या हुआ, सुलतान को विकार ।। 2351
"स्वागत होगा आपका, करके जय जयकार" ।
दिया वचन जयसिंह ने, सब निकला बेकार ।। 2352
तदपि शिवाजी ने लिया, संयम से था काम ।
बोले, आगे देखते, चलिये निवास स्थान ।। 2353

卐ओवी॰ औरंग्याने धाडले दोन । तिसऱ्या दर्जाचे कारकुन । स्वागतासाठी हार घेऊन । शिवाजींच्या ।। 2645 ।। शिवाजींना न कळला प्रकार । काय औरंगजेबला विकार । तरीही न दिला नकार । भेटण्यास ।। 2646 ।। कारकुनांनी स्वागत केले । धर्मशाळेमध्ये त्यांना नेले । आग्ऱ्याच्या बाहेर ठेवले । शिवाजीला ।। 2647 ।। औरंगजेबाची मति भिकार । शिवाजीला हिणविले चिकार । अशा वागण्याचा केला धि:कार । शिवाजींनी ।। 2648 ।। शिवाजी सारखा महापुरुष । आवंढा गिळोनी विना आवेश । सहन करीत होता अवश । अपमान ।। 2649 ।।

✍दोहा॰ मुनीब ले आया उन्हें, दिखलाने को स्थान ।
मुगलों का पहरा लगा, टूटा हुआ मकान ।। 2354
देख शिवाजी दंग थे, सुलतानी बर्ताव ।
फिर भी आपे में रहे, दिखलाने सद्भाव ।। 2355
नौकर का यह दोष ना, यदपि हुआ अवमान ।
आज्ञा का पालन करे, यथा कहे सुलतान ।। 2356

· (जन्म दिवस)

## 96. Shivaji, thirty six years old. The Great Escape from Agra, 1666.

**ओवी०** दिवस दूसरा उगवला । जन्मदिवसाचा गलबला । दरबार चिकार भरला । पाहुण्यांनी ।। 2650 ।। समारंभ नेत्रदीपक । हीरे-मोत्यांची चमक । सर्वत्र थाटांचा भपक । दालनात ।। 2651 ।। पुढल्या सर्व ओळी मागे ओळ । त्यांत नव्हते शिवाजी केवळ । त्यांना आणाया लावला वेळ । सकारण ।। 2652 ।। शिवाजींना आणले उशीरा । केले उभे सर्वांच्या माघारा । कराया त्यांचा पाणउतारा । सभेमध्ये ।। 2653 ।। पहीली ही सभा दीवाने-आम । इथे हजर अतिथि तमाम । येथून बिघडले होते काम । शिवाजींचे ।। 2654 ।। दूसरी सभा दीवाने-खास । सभेत पाहुणे शे-पन्नास । तेच इथे, निमंत्रण ज्यांस । सरकारी ।। 2655 ।। इथेही होती तीच गति । शिवाजींची केली फजीती । उभे करूनी मागे अति । डिचविले ।। 2656 ।। मग दरबार गुसलखान्यात । मोजकेच आणले अतिथि त्यात । शिवाजी पुन्हा खालच्या दर्ज्यात । उभे केले ।। 2657 ।। त्यांच्यापुढ्यात ते हलकट । लढाया हारलेले नेमळट । अरेरावी उर्मट उद्धट । चाटुकार ।। 2658 ।। मानकरी जे जे दरबारात । दिली गेली मानाची खिल्लत । शिवाजी वगळले गेले त्यांत । उघडपणे ।। 2659 ।।

**दोहा०** **अगले दिन त्यौहार था, जन्म दिवस के नाम ।**
**दूर-दूर से देखने, आए थे महमान ।। 2357**
**खाना-पीना शोर था, किसी को न था होश ।**
**किसी को किसी की न थी, नाटक में मदहोश ।। 2358**
**बैठे सब दरबार में, पूर्व नियंत्रित स्थान ।**
**आगे-आगे थे वही, जिन्हें जहाँ था मान ।। 2359**
**स्थान शिवाजी को दिया, करने को अपमान ।**
**अंतिम पंक्ति में जहाँ, बैठे थे दरबान ।। 2360**
**पहली शाही यह सभा, स्थान दीवाने-आम ।**
**जिसमें जन थे वे सभी, सेवा जिनका काम ।। 2361**

(फिर)

**सभा दूसरी थी वहीं, चमचों को था मान ।**
**हारे थे जो युद्ध में, उनका था गुणगान ।। 2362**

## 96. Shivaji, thirty six years old. The Great Escape from Agra, 1666.

**कायर जो रण छोड़ कर, गए बचाने जान ।**
**आगे-आगे थे किए, शठ वे विराजमान ।।** 2363
**पीछे दार्जा तीसरा, खड़े जहाँ दीवान ।**
**पुनः शिवाजी को दिया, हलकेपन का स्थान ।।** 2364

(और फिर)

**सभा तीसरी फिर हुई, करने को सम्मान ।**
**गुसलखाने में तनिक, चुने हुए महमान ।।** 2365
**बात यहाँ पर भी वही, आगे थे वे खान ।**
**दिया शिवाजी ने जिन्हें, रण पर जीवनदान ।।** 2366
**बँटीं खिल्लतें सामने, शाही रंग-स्वरूप ।**
**छोड़ा केवल एक ही, दिव्य मराठा भूप ।।** 2367
**काफी अब तक होगई, "राजे" की तौहीन ।**
**और सहन ना हो रही, मुगल शरारत हीन ।।** 2368

(शिवाजी)

**卐ओवी॰** आता शिवाजी वैतागले । अपमानाने संतापले । नखशिखांत ते कापले । स्वाभिमानी ।। 2660 ।। शिवाजीने दर्शविला धि:कार । म्हणाले काय हा तुमचा प्रकार । कुठे गेला आमचा अधिकार । राजे आम्हीं ।। 2661 ।। शिवाजींचा झणकार । ऐकोनी रुबाबदार । दचकला दरबार । मुगलांचा ।। 2662 ।। केवढा हा धीटपणा । सिंहाची गर्जना म्हणा । कोण बरे हा पाहुणा । सभेमध्ये ।। 2663 ।। सभेत न हसायचे । न ही कुणी बोलायचे । न वा उगाच उठायचे । विना आज्ञा ।। 2664 ।। बादशहाला बघून । खाली मान वाकवून । मांजरासारखे दबून । बसायचे ।। 2665 ।। शेकडो वर्षांची रूढी । चालत आली पिढोपिढी । आज केली कुरघोडी । शिवाजीने ।। 2666 ।। बघा कसा हा मराठा । केवढा त्याचा हा ताठा । बेपर्वेची पराकाष्ठा । आज झाली ।। 2667 ।। नको मला तुमची खिल्लत । ज्यात भरली आहे जिल्लत । अशा मानाची काय किंमत । धैर्य ज्याला ।। 2668 ।। शिवाजी बोलले जोरा । मला नको इत्ते थारा । मला धरा

# 96. Shivaji, thirty six years old. The Great Escape from Agra, 1666.

किंवा मारा । निघालो मी ।। 2669 ।। हीच औरंगजेब-शिवाजींची । भेट पहिली आणि शेवटची । संपली सभा गुसलखान्याची । अशारीति ।। 2670 ।।

(तब)

दोहा॰ किया शिवाजी ने कड़ा, सलतनत पर प्रहार ।
"कहाँ हमारा खोगया, राजा का अधिकार ।। 2369
"मुझे न ऐसा चाहिये, जिल्लत का व्यवहार ।
रखो आपके पास ही, खिल्लत का उपहार ।। 2370
"चला यहाँ से मैं अभी, देखो मुझको रोक ।
मुझे किसी से डर नहीं, मुझसे डरते लोक" ।। 2371
निकल शिवाजी जा रहे, देख रहा सुलतान ।
भरी सभा में हो रहा, सरे आम अपमान ।। 2372

(और)

और शिवाजी ने कहा, "चला सभा मैं छोड़ ।
पकड़ो या ताड़ो मुझे, डालो हड्डी तोड़" ।। 2373
कभी किसी का ना खुला, मुख, जहाँ सुलतान ।
धैर्य्य शिवाजी का लखे, सभी हुए हैरान ।। 2374
सभी सभा में सोचते, कौन भला ये वीर ।
ललकारे सुलतान को, यह है इतना धीर ।। 2375
कभी किसी की ना हुई, हिम्मत लाँघन रेख ।
या फिर उस सुलतान को, पलक उठा कर देख ।। 2376

(औरंगजेब)

खौल गया सुलतान अब, लेने को प्रतिशोध ।
सोच रहा अब क्या करें, उसे सिखाने बोध ।। 2377
सभा विसर्जित होगई, अब तो अपने-आप ।
दुम दबाकर पाहुने, निकल पड़े चुपचाप ।। 2378

## 96. Shivaji, thirty six years old. The Great Escape from Agra, 1666.

**बज़्म भरी सुलतान की, मंत्रीगण थे खास ।**
**कहो शिवाजी को करें, कैसे यहाँ खलास ।। 2379**

### आग्र्याच्या कैदेत

卐**ओवी॰** आग्र्याला येऊन दगा झाला । पैसा, मेहनत, वेळ गेला । कळून चुकले शिवाजीला । आता स्पष्ट ।। 2671 ।। जयसिंह मुगलभक्त । राजपूत नावाने फक्त । गुलामगिरी त्याचे रक्त । तोबा! तोबा! ।। 2672 ।। आम्हीं त्यावर विश्वासलो । राजपूतावर निश्वासलो । वाघाच्या जबड्यात आलो । चूक झाली ।। 2673 ।। मगराच्या दाढेत मी पडलो । मुगलांच्या राज्यात मी अडलो । प्राणघातक धोक्यात नडलो । तोड काय? ।। 2674 ।। कुठे प्रताप, कुंभ, बाप्पा रावळ । उज्ज्वळ राजपूतांची वंशावळ । हा तर मुगलांचा प्यादा केवळ । जयसिंह ।। 2675 ।। त्याच्या वचनांना न इथे मान । वाळूत लिहिल्या शब्दांसमान । इथे औरंगजेबाचा गुमान । फक्त खरा ।। 2676 ।। औरंगजेब घातपातकी । भयंकर विश्वासक्षातकी । धर्मांध, कपटी, अविवेकी । क्रूर फार ।। 2677 ।। त्याने केला मंत्र्यांशीं विचार । शिवाजीला करायचे ठार । हलका कराया त्याचा भार । देशातून ।। 2678 ।। कैद करावे त्याला ताबडतोब । पाठवूनी पायदळ अविलंब । फरमान सोडले विना विलंब । औरंग्याने ।। 2679 ।। शिवाजी अडकले कोठडीत । कैदी पहारेकऱ्यांच्या कोंडीत । फसले जणू हत्तीच्या सोंडीत । आंवळून ।। 2680 ।। जो पावेतो आहे शिवाजी जिवंत । निसटता कामा नये तोपर्यंत । पहारा असूद्या त्यावर अनंत । अहोरात्र ।। 2681 ।।

**दोहा॰** **कैद शिवाजी होगए, कड़ी नजर में बंद ।**
**भाग शिवाजी ना सके, भीषण किया प्रबंध ।। 2380**
**रखो शिवाजी कैद में, कर ना सके अपाय ।**
**छुटे न अब वो कैद से, जिंदा बच ना पाय ।। 2381**
**मथुरा के उस कैद से, निकला था गोपाल ।**
**वैसे यदि यह छुट गया, होगा हमरा काल ।। 2382**
**पहरा उस पर हो कड़ा, निश-दिन आठों याम ।**

## 96. Shivaji, thirty six years old. The Great Escape from Agra, 1666.

            जब तक हम ना कर सकें, उसका काम तमाम ।। 2383

(यों)

            इधर डरा सुलतान है, चोट जिगर पर खाय ।
            उधर शिवाजी सोचते, कैसे भागा जाय ।। 2384
            जान शिवाजी थे चुके, बड़ी हुई है भूल ।
            वफा करी जयसिंह पर, गुलाम जिसका मूल ।। 2385
            राजपूत बस नाम का, असली मात्र गुलाम ।
            "मीर्झा" ओहदा है मिला, चले न उससे काम ।। 2386
            राजपूत वे वीर थे, राणा संग समान ।
            कठपुतली जयसिंह है, वजूद मात्र गुलाम ।। 2387
            यहाँ न उसके शब्द को, कोई भी सम्मान ।
            चाटूकारों पर यहाँ, निर्भर है सुलतान ।। 2388
            मुगलों के जंजाल में, फँसे सभी हम आज ।
            मरगरमच्छ की दाढ़ में, अटकी है अब जान ।। 2389
            घर से इतनी दूर है, यहाँ न कोई यार ।
            इतना पैसा कष्ट भी, समय गया बेकार ।। 2390
            कपटी शठ सुलतान है, हत्यारा मशहूर ।
            धर्मिक अंधा घातकी, आदत से मजबूर ।। 2391

(अंत में)

            बहुत सोच कर आखरी, आया एक विचार ।
            जिसमें धोखा है घना, मगर हुए लाचार ।। 2392
            इस राक्षस की कैद से, स्वयं बचाने प्राण ।
            साथ चार-सौ वीर हैं, उनका करना त्राण ।। 2393
            संभाजी भी साथ है, नौ साल का बाल ।
            सबको लेकर भागना, कैसे करूँ कमाल ।। 2394

## 96. Shivaji, thirty six years old. The Great Escape from Agra, 1666.

**अपने से भी अधिक हैं, प्यारी उनकी जान ।**
**पहले उनको तार दूँ, फिर हो अपना काम ।। 2395**

### आग्र्याहून सुटका

**卐ओवी॰** आषाढचा महिना आला । धो धो पाऊस न थांबला । वादळांचा प्रकोप झाला । आगऱ्यात ।। 2682 ।। सर्वत्र झाली सामसूम । बंद होती धामधूम । लोक घरांत बसले दडून । अशा वेळी ।। 2683 ।। शिवाजींनी सर्व बहुतेक । बरोबर आलेले सेवक । पावणे-चारशे-अधिक । घरी धाडले ।। 2684 ।। अडका देओनी पुष्कळ । वेगळे-वेगळे सकळ । जा म्हणाले गतीने चपळ । काळजीने ।। 2685 ।। शिवाजी गढले विचारांत । योजना आखण्या रेखण्यात । काटेकोरपणे देखण्यात । संभावना ।। 2686 ।। शेवटी नामी युक्ति सापडली । यथा योजना होती घडविली । प्रकृति शिवाजींची बिघडली । त्याच रात्री ।। 2687 ।। शिवाजी कण्हूं-कुथूं लागले । पोटात फार दुखूं लागले । अस्वस्थ बसूं-लोटूं लागले । जागोजागी ।। 2688 ।। घडविली तारांबळ । वैद्य नव्हते जवळ । केली सुरू धावपळ । लुटुपुटु ।। 2689 ।। गावातून वैद्य आले । नाना अनुमान झाले । उपचार तर्क वाले । दवा-पाणी ।। 2690 ।।

(पण)

काहीं ज्याला झाले नाही । त्याला औषध न काही । तो सगळी गंमत पाही । मजेने ती ।। 2691 ।। स्थिति दिसली फार गंभीर । आता काहीं दिवसांची देर । वाचण्याची आशा नाही फार । उरलेली ।। 2692 ।। मराठ्यांनी आणला आव । चेहऱ्यांवर छान भाव । चुकूं देणार नाही डाव । नाटकाचा ।। 2693 ।। भेटी साठी येती बुवा । स्वास्थ्यासाठी देती दुवा । शिवाजी खेळत जुवा । मुगलांशीं ।। 2694 ।। पूजा पाठ झाले सुरू । आले महासंत गुरु । अधिक आशा नका धरूं । म्हणतीं ते ।। 2695 ।। दान धर्मात वेळ काटा । जनतेला मिठाया वाटा । करूं नका आटापीटा । जीवनाचा ।। 2696 ।। वार्ता वाऱ्यावर पसरली । शिवाजींची तब्यत घसरली । कानांवर मग ठहरली । औरंग्याच्या ।। 2697 ।। ज्याचे आले आहे मरण । त्याचा वध काय कारण । औरंग्याने धीर धारण । केला थोडा ।। 2698 ।। त्याला वाटले बरेंच होईल । मारल्या वाचून बला टळेल । आपोआप प्राण जाईल । तेंच बरें ।। 2699 ।। परवानगी त्याने दिली ।

## 96. Shivaji, thirty six years old. The Great Escape from Agra, 1666.

मिठाया वाटण्यास उगी । झाली मग तयारी जंगी । मिठायांची ।। 2700 ।। शिवाजींना मिळाला वेळ । जुळवूनी ताळमेळ । कराया सफल हा खेळ । यथा इष्ट ।। 2701 ।।

दोहा॰ यथा बनी थी योजना, नौटंकी का खेल ।
तथा मराठों ने किया, सब पात्रों का मेल ।। 2396
पात्र शिवाजी मुख्य थे, पीड़ित व्याधि अनाम ।
अन्य पात्र थे कर रहे, यथा मिला था काम ।। 2397
किया शिवाजी ने तभी, सबसे पहिला काम ।
भेज दिए घर मावळे, सिवाय थोड़े नाम ।। 2398
पैसे उनको दे दिए, बोला, तुम घर जाव ।
सावधान रहना सभी, अपने प्राण बचाव ।। 2399
अलग-अलग सब चल पड़े, पता न चलने पाय ।
खिचड़ी क्या है पक रही, कैसे उसको खाय ।। 2400

(और फिर)

पड़े शिवाजी खाट पर, अब ना ऊठा जाय ।
स्वास्थ्य बिगड़ता जा रहा, कीन्हे बहुत उपाय ।। 2401
फटा जा रहा शीश था, बढ़ी पेट में दर्द ।
जोड़ो में पीड़ा भरी, जिगर हो रहा सर्द ।। 2402
आए पंडित, वैद्य भी, दरबार से हकीम ।
नुक्से बतलाते सभी, दारू-दवा-अफीम ।। 2403
जिसको कुछ भी ना हुआ, उसको दवा न कोय ।
लग न रहा अनुमान था, व्याधि नाम क्या होय ।। 2404
हारे जब नुस्खे सभी, सबने दीन्ही राय ।
प्राण शिवाजी के अभी, कोई बचा न पाय ।। 2405
दान-धर्म-तीरथ करो, अंतिम यही उपाय ।
दुआ दवा से है बड़ी, स्वर्ग प्राप्त होजाय ।। 2406

## 96. Shivaji, thirty six years old. The Great Escape from Agra, 1666.

(तब, औरंगजेब)

**काशी तीरथ धाम की, यात्रा का अरमान ।**
**डरे हुए सुलतान ने, नहीं दिया फरमान ।। 2407**
**जो करना हो, कैद से, करो दान या धर्म ।**
**स्वर्ग मिले या ना मिले, करलो अंतिम कर्म ।। 2408**
**मरो यहीं तुम कैद में, कर दो सब आसान ।**
**मरे साँप, मारे बिना, सोच रहा सुलतान ।। 2409**

**卐ओवी॰** मोठ-मोठ्या आल्या करंड्या । त्यांत छोट्या-छोट्या परड्या । बड्या करंड्यांना कड्या । दोरखंडी ।। 2702 ।। दोन-दोन कड्या जुळवून । करंड्यांमध्ये दांडा घुसवून । पाळण्यासारख्या उचलून । खांद्यांवर ।। 2703 ।। पेट्यांत लहान टोपल्या । मेवा-मिठायांनी भरल्या । मावळ्यांनी त्या जेव्हां आणल्या । तुरुंगात ।। 2704 ।। मुगलांनी तपासल्या । त्यांत त्यांना मिठाया दिसल्या । मग शिवाजीकडे जाऊं दिल्या । पूजे साठी ।। 2705 ।। मिठाया शिवाजीकडे आल्या । हस्तस्पर्शाने पावन झाल्या । गावामध्ये मग परतल्या । वाटावया ।। 2706 ।। मोठमोठ्या धेंडांकडे । प्रथम गेले परडे । मग ते इतरांकडे । पोहोचले ।। 2707 ।। बघोनी मिठाई सारी । मुफत आलेली द्वारी । मुगल प्रसन्न भारी । गावातले ।। 2708 ।। अमीर उमराव सुखात । उत्तम मेवा मजेने खात । पेटाऱ्यांची आयात-निर्यात । सुरू होती ।। 2709 ।। करंड्या जाऊं लागल्या सतत । दिवसांमागून दिवस गत । मिठाई घरपोंच जात । मोठ्यांकडे ।। 2710 ।।

**✍दोहा॰** **अनुमति दी सुलतान ने, बिना किए संदेह ।**
**बर्फी-लड्डू बाँटने, मुगलों को सस्नेह ।। 2410**
**रोज मिठाँइ-पेटियाँ, आती भरसक कैद ।**
**जैसा पहरेदार को, बोले पंडित-बैद ।। 2411**
**बड़े पिटारे बेंत के, जिन्हें डोर के कान ।**
**जिनमें डंडा डाल कर, ढोना था आसान ।। 2412**
**बड़े पिटारे में भरी, छोटी-छोटी गोल ।**
**टोकरियाँ मिष्टान्न कीं, मोल जिन्हें अनमोल ।। 2413**

## 96. Shivaji, thirty six years old. The Great Escape from Agra, 1666.

बर्फी की तरतीब ये, बहुत महंगा काम ।
मुगलों को देकर किया, मुख माँगे भी दाम ।। 2414
देने को उपहार जो, लाए थे धन ढेर ।
उसी खजाने से हुआ, मिठाइयों का फेर ।। 2415
आतीं जब वे कैद में, होती उनकी जाँच ।
और शिवाजी स्पर्श कर, पढ़ते मंतर पाँच ।। 2416
तुरत मिठाई गाँव में, घर-घर देते भेंट ।
पहले अधिकारी बड़े, फिर छोटे घर ठेठ ।। 2417

(मगर)

मिले मिठाई ना उन्हें, जो करते थे जाँच ।
अमीर खुश थे मुगल वे, जिन को मिलती लाँच ।। 2418
जिन्हें मिले ना टोकरी, उनको क्या आनंद ।
जिनको मिलता माल था, उनके मुख थे बंद ।। 2419
इसी धूर्तता से किया, गया छद्म यह काम ।
जितना मीठा, तल्ख है, वे ना पाए जान ।। 2420

卐ओवी॰ चालला हा असा क्रम । दिवसेंदिवस भ्रम । नोकर घेईना श्रम । तापासणारे ।। 2711 ।। येवढी चांगली मिठाई । गावातच वाटली जाई । पण त्यांना मिळेना काही । जे तपासती ।। 2712 ।। ज्यात ज्यांना मिळेना काही । त्यात त्यांना धन्यता नाही । ते न बारकाईने पाही । पेटाऱ्यांना ।। 2713 ।। पेटारे येती त्यांचेपाशीं । तपासाया काळजीनिशीं । त्यांना त्यात नव्हती खुशी । स्वाभाविक ।। 2714 ।। योजनेची हीच खूबी । आता झाली होती उभी । होऊनी यशाची चाबी । ऐन वेळी ।। 2715 ।। जेव्हां झाला पूर्ण विश्वास । तपासक करती आळस । तेव्हां सुटकेचा दिवस । ठरविला[241] ।। 2716 ।। आणला होता मोठा खजीना । देण्या उपहार मुगलांना । सफल केली त्याने योजना । मिठायांची ।। 2717 ।।

---

[241] August 17, 1667.

## 96. Shivaji, thirty six years old. The Great Escape from Agra, 1666.

✍दोहा॰ **चला सिलसिल रोज ये, शिथिल पड़ गए दास ।**
**रोज पिटारे देखना, उन्हें लगे परिहास ।। 2421**
**जिसे न जिसमें लाभ हो, करके प्रति दिन काम ।**
**उसे भला क्या हो रुचि, करने में वह काम ।। 2422**
**बनी हुई थी योजना, इस खूबी से खास ।**
**सफल बनेगा दाँव ये, सबको था विश्वास ।। 2423**
**हुआ पूर्ण विश्वास जब, सफल बनेगी चाल ।**
**मोचन का दिन तय हुआ, जिस दिन था शुभ काल ।। 2424**

(सफलता)

येतांच पेटारे तुरुंगात । शिवाजी बसले एकात । संभाजी दडले दुसऱ्यात । झटकन ।। 2718 ।। वर मिठायांच्या टोपल्या । छान सजवून ठेवल्या । करंड्या जरी उघडल्या । कळू नये ।। 2719 ।। हिरोजी फर्जंद नावाचा वीर । शिवाजी सारखे ज्याचे शरीर । झोपला शिवाजींच्या गादीवर । पटकन ।। 2720 ।। घोंगडे घेतले तोंडावर । बाहेर काढोनी एक कर । हातात त्याच्या सोन्याचं कड । शिवाजींच ।। 2721 ।। पेटारे निघाले तुरुंगातून । नेहमी प्रमाणे रांग करून । सर्वांनी भाव तोच धरून । साधारण ।। 2722 ।। चौकीवाल्यांनी थांबविले । पेटारे उघडून बघितले । जसे नेहमी, तसेच दिसले । "जा" म्हणाले ।। 2723 ।।

✍दोहा॰ **शुभ दिन जब वह आगया, शुरू होगया काम ।**
**यथा योजना थी बनी, लेकर शिव का नाम ।। 2425**
**सभी पिटारे जाँच कर, पहुँच गए जब कैद ।**
**न्यास होगई योजना, मुगल न जाने भेद ।। 2426**
**एक शिवाजी का सखा, वीर हिरोजी नाम ।**
**सिद्ध, शिवाजी के लिए, देने अपने प्राण ।। 2427**
**पास शिवाजी के खड़ा, आज हिरोजी वीर ।**
**खास शिवाजी ने उसे, कार्य दिया गंभीर ।। 2428**

(ज्योंही)

## 96. Shivaji, thirty six years old. The Great Escape from Agra, 1666.

उठे शिवाजी खाट से, झट से उनके स्थान ।
लेटा कंबल ओढ़ कर, माथे तक परिधान ।। 2429
स्वर्ण शिवाजी का कड़ा, कर में लीन्हा डाल ।
कंबल से कर काढ़ के, बाहर दिया निकाल ।। 2430
कड़ा देख कर स्वर्ण का, समझे पहरेदार ।
अभी शिवाजी सो रहे, भीषण जो बीमार ।। 2431
कराहता वो बीच में, करने अच्छा ढोंग ।
कभी हिलावे पाँव वो, दुखदायी है रोग ।। 2432

(और, फिर)

तुरत पिटारी एक में, गए शिवाजी बैठ ।
संभाजी भी अन्य में, बैठे अंग समेट ।। 2433
ऊपर टोकरियाँ रखीं, अच्छी भाँति सजाय ।
देखा भी यदि जाँच में, पता न चलने पाय ।। 2434
चले पिटारे शहर में, घर घर देने माल ।
पकड़े गए न जाँच में, सफल हो रही चाल ।। 2435
खास पिटारे दो वही, जिनमें थे महमान ।
उत्तर दिश में चल पड़े, जाने मथुरा स्थान ।। 2436
अन्य पिटारे बाँट कर, शीघ्र बदल कर वेश ।
दक्षिण दिश को मुड़ गए, जाने अपने देश ।। 2437
अलग-अलग रस्ता लिए, निकल पड़े थे लोग ।
पैसे सबके पास थे, खान-पान-उपभोग ।। 2438

(सुटका)

卐**ओवी॰** झपझप पुढे निघाले । सगळेच पेटारेवाले । दोन उत्तरेला वळले । अन्य पुढे ।। 2724 ।। सगळ्यां जवळ सोने-नाणे । पुष्कळ होते रुपये-आणे । कराया मार्गात खाणे-पिणे । यथोचित ।। 2725 ।। गेल्यावर अंतर थोडे । वाट बघत होते घोडे । दाढी, मिशा, कपडे, जोडे ।

## 96. Shivaji, thirty six years old. The Great Escape from Agra, 1666.

सर्वांसाठी ।। 2726 ।। पेटारे त्यांनी नदीत टाकले । किंवा कुठे कुणी जाळले । कुणास कधीच न कळले । इतिहासें ।। 2727 ।। दक्षिणेकडे होते जे गेले । महाराष्ट्राकडे ते वळले । भिन्न-भिन्न मार्गांनी सगळे । कूच झाले ।। 2728 ।। दोन जे गेले उत्तरेकडे । त्यांनीही बदलून कपडे । गमन केले मथुरेकडे । शीघ्र गति ।। 2729 ।। शिवाजीला होते पूर्ण ज्ञान । दक्षिणेकडे जाईल खान । कराया माझा तूफान । पाठलाग ।। 2730 ।। जाऊं द्या त्याला दक्षिणेकडे । आपण जावे उत्तरेकडे । न्यावया संभाजीला तिकडे । मथुरेत ।। 2731 ।। मार्ग मथुरेचा लांब होता । रात्रीचा झाला समय आता । विचार केला जाता-जाता । पुढे काय? ।। 2732 ।। मार्गात रात्र होती काळी । अंधारात चालली टोळी । आले मथुरेला सकाळी । सर्वजण ।। 2733 ।। जेव्हां आले मथुरेच्या द्वारीं । आग्र्याहून सुटका खरी । कृष्णाजी त्रिमल यांचे घरी । पोहोचले ।। 2734 ।। तिथेच ठेओनी संभाजीला । जोखीम देऊन कृष्णाजीला । निघावे लागले शिवाजीला । तातडीने ।। 2735 ।। वेष पालटून झाले तयार । थेट दक्षिण दिशेला पसार । थाट बैराग्याचा रुबाबदार । अंगावर ।। 2736 ।। हातातून पक्षी उडाला । औरंग्याचा खेळ बुडाला । कोण बा धरील त्याला । अधर जो ।। 2737 ।। पूसती जन चौकस । पंडित विज्ञ ज्ञानीस । अक्कल मोठी की म्हैस । सांगा बरे ।। 2738 ।। उसको क्या मारे कोई । जिसको राखे हैं साई । जिसको भवानी माई । सँभालती ।। 2739 ।।

✍दोहा॰ **खास पिटारे दो जभी, आए सीमा पार ।**
**घोड़े, कपड़े, मार्ग का, दर्शक वहाँ तयार ।। 2439**
**मथुरा काफी दूर है, चलो तेज गति चाल ।**
**जब पहुँचे मथुरा सभी, होने लगी सकाल ।। 2440**
**घोड़े रख कर दूर ही, आए सकुशल स्थान ।**
**उनको मिलने आगए, कृष्ण त्रिमल सुजान ।। 2441**
**संभाजी को छोड़ कर, कृष्णाजी के पास ।**
**तुरत शिवाजी चल पड़े, घर की ओर प्रवास ।। 2442**
**बैरागी के वेश में, दिव्य मराठा वीर ।**
**आड़े-टेढ़े मार्ग से, घर को चला फकीर ।। 2443**

## 96. Shivaji, thirty six years old. The Great Escape from Agra, 1666.

सबको चकमा दे रहा, जान न पाया कोय ।
अकल बड़ी की भैंस, रे! दूध दूध का होय ।। 2444
जिसे भवानी की कृपा, करती निश-दिन त्राण ।
मारे कोई क्या उसे, साईं राखे प्राण ।। 2445

(तिकडे)

卐**ओवी॰** तिकडे आग्र्याच्या तुरुंगात । फर्जंद पडले होते शांत । बाहेर काढोनी हात । पलंगाच्या ।। 2740 ।। बघोनी हातात सोन्याचे कडे । पहारेदार आला न तिकडे । नि:शंक हिंडला तो पलिकडे । काहीं तास ।। 2741 ।। मग झाली रात्रीची वेळ । जाणला न कुणी तो खेळ । वाटला सगळा ताळमेळ । बरोबर ।। 2742 ।। रात्री उठला फर्जंद सत्वर । घोंगडे पांघरून उशांवर । केला आकार पलंगावर । शिवाजींचा ।। 2743 ।। गस्तवाल्याला म्हणाला हिरोजी । फार आजारी आहेत शिवाजी । मी दवाई घेऊन येतो ताजी । लवकर ।। 2744 ।। गेला पण परत न आला । तोही तसाच फरार झाला । महाराष्ट्राकडे पळाला । सरळ तो ।। 2745 ।।

✍**दोहा॰** उधर मुगल अनजान हैं, रखवाल रहे जाग ।
भनक किसी को ना लगी, गए शिवाजी भाग ।। 2446
मुगल मिठाई खा रहे, लुटा रहे आनंद ।
इधर खाट पर कैद में, लेटा है फरजंद ।। 2447
बीच-बीच में झाँक कर, देखे पहरेदार ।
हाथ का कड़ा देख कर, निसंदेह हर बार ।। 2448

(आधी रात में)

उठ कर आधी रात में, करन स्वप्न साकार ।
सिरहानों का खाट पर, बना लिया आकार ।। 2449
ऊपर कंबल डार कर, असीम धीरज धार ।
बोला पहरेदार को, भैया! खोलो द्वार ।। 2450
आज शिवाजी ग्रस्त हैं, बुखार से बीमार ।
औषध लेकर शहर से, आता हूँ तत्कार ।। 2451

## 96. Shivaji, thirty six years old. The Great Escape from Agra, 1666.

**अध सोए उस मुगल ने, खोल दिया वह द्वार ।**
**एक मात्र फर्जंद भी, गया कैद से पार ।। 2452**
**बचा न कोई कैद में, सारे हुए फरार ।**
**महाराष्ट्र की ओर सब, निकले अश्वसवार ।। 2453**

(दुसऱ्या दिवशी)

दूसरा दिवस उजाडला । लख्ख सूर्य प्रकाश पडला । अजून कुणी न ताडला । प्रकार तो ।। 2746 ।। मग हशमांच्या आले ध्यानात । एवढे शांत कसे तुरुंगात । त्यांनी डोकावून पाहिले आंत । दिली हाक ।। 2747 ।। शिवाजी न बोलले । न मुळीच हालले । मृतप्राय भासले । हशमाला ।। 2748 ।। हशम पळत गेला । आणावया द्वारपाला । म्हणाला शिवाजी मेला! । वाटे मला ।। 2749 ।। द्वारपाळ आला पळत । आणि गेला तुरुंगात । शिवाजी दिसला झोपेत । गाढ त्याला ।। 2750 ।। हाका अनेक मारल्या त्याने । उत्तर न दिले शिवाजीने । घोंगडे मग ओढले त्याने । तोंडावरून ।। 2751 ।। बघून तो फार घाबरला । फक्त उशाच दिसल्या त्याला । म्हणाला शिवाजी पळाला! । हाय अल्ला! ।। 2752 ।। अरे! शिवाजी कसा पळाला । भुईत गेला की गुप्त झाला । पसारला घेऊन मुलाला । कसा बरे! ।। 2753 ।। रात्री तसाच निजलेला । हात त्याचा मला दिसला । सोन्याचे कडे घातलेला । कण्हत होता ।। 2754 ।। बघा! बघा! इकडे तिकडे । पाठवा सैनिक चोहीकडे । आणा पाडूनी त्याचे तुकडे । लवकर ।। 2755 ।। कोण्या दिशेस जावे कळेना । काय करावे बुद्धि वळेना । आजूबाजूला शिवाजी मिळेना । काय करूं! ।। 2756 ।। कसे सांगू बादशहाला । सोडणार नाही तो मला । नक्की कापेल माझा गळा । तोबा! तोबा! ।। 2757 ।। खानाची उडाली तारांबळ । सुरू झाली धावपळ । जीवनात उठले वादळ । फार मोठे ।। 2758 ।। शिवाजी गेला, सेवक गेले । मराठे सर्व गायब झाले । पैसा-दागीने लंपास केले । न कळत ।। 2759 ।। सैनिक धावले चोहीकडे । मिळेना कुणीच कुणीकडे । तोंडघशीं पडले उपडे । द्वारपाळ ।। 2760 ।।

✍दोहा॰ **हुआ शाँत सब कैद में, सोया पहरेदार ।**
**कटी रात आराम से, दिन निकला दुखकार ।। 2454**
**बहुत देर तक कैद में, आज लगा सब शाँत ।**

# 96. Shivaji, thirty six years old. The Great Escape from Agra, 1666.

अभी शिवाजी सो रहे, यही सभी को भ्राँत ।। 2455
बहुत समय जब होगया, उसने दी आवाज ।
ना कोई हलचल हुई, मिला न उत्तर आज ।। 2456
लगा शिवाजी मर गया, या होगा बेहोश ।
देखूँ क्या है माजरा, बोला लाकर जोश ।। 2457
भीतर आकर मुगल ने, फिर से दी आवाज ।
मगर शिवाजी थे कहाँ, सुनने को अल्फाज ।। 2458
आया फिर वह क्रोध में, मूरख पहरेदार ।
खेंचा कंबल जोर से, देकर गाली चार ।। 2459
चौंका वह आश्चर्य से, कर न सका विश्वास ।
अभी-अभी तो था यहाँ, गया कहाँ बदमाश ।। 2460
चीख पड़ा वो जोर से, कहाँ गया है चोर ।
"पकड़ो! पकड़ो!" का मचा, तभी कैद में शोर ।। 2461

(आश्चर्य!)

कैसे गायब होगया, लेकर बच्चा संग ।
जमीन में है घुस गया! या है उड़ा विहंग ।। 2462
मायावी वह रूह है, सुनी हुई थी बात ।
हमने था देखा उसे, यहीं पड़ा कल रात ।। 2463
गया शिवाजी हाथ से, संभाजी भी गुप्त ।
सेवक छूमंतर हुए, पैसा-जेवर लुप्त ।। 2464
क्या बतलाऊँगा उसे, पूछे जब सुलतान ।
छोड़ेगा ना वो मुझे, लेगा मेरी जान ।। 2465

(औरंगजेब)

卐**ओवी॰** औरंगजेबला कळले मग । ऐकोनी हादरले त्याचे जग । क्रोधाने तप्त त्याची रग-रग । लाल झाली ।। 2761 ।। विश्वास त्याचा बसेना । रडेना की तो हसेना । करावे काय दिसेना ।

## 96. Shivaji, thirty six years old. The Great Escape from Agra, 1666.

त्याला आता ।। 2762 ।। त्याच्या अंगाचा तिळपापड । तोंडावर बसली थापड । केली सर्वांवर चिडचिड । औरंग्याने ।। 2763 ।। जमीन त्याची हादरली । विना पाण्याने भादरली । इज्जत त्याची कातरली । शिवाजीने ।। 2764 ।। बातमी जगात पसरली । किंमत मुगलांची घसरली । हिंमत मराठ्यांची दूसरली । एकाएकी ।। 2765 ।। शिवाजी म्हणजे आहे काय । चंचल चपल त्याचे पाय । चेटूक करतो उपाय । जादूटोणा ।। 2766 ।। केवढा हा बुद्धिमान । चकविले आम्हां छान । जाणले न डोळे-कान । त्याची कला ।। 2767 ।। केवढी त्याची धडाडी । त्याने केली कुरघोडी । कैदेतून मारली उडी । न कळत ।। 2768 ।। कसा पळाला, कोठून गेला । हवेत कसा अदृश्य झाला । कोण्या मुगलाने साथ दिला । द्रोही कोण ।। 2769 ।। कुणी केली हरामखोरी । कोण शिवाजीचा कैवारी । कुणी लपविले घरी । आहे त्याला ।। 2770 ।। आता मुंडके पडतील । न जाणे किती मरतील । काय प्रकार घडतील । कोण जाणे ।। 2771 ।। इथेच असेल जर लपला । रात्री येऊन करेल घपला । अफजलखान जसा कापला । धावा! धावा! ।। 2772 ।। त्याला बसला धसका । आला जोराचा ठसका । अविश्वासाचा दचका । आला त्याला ।। 2773 ।। शिवाजीला पकडून आणा । शोधा त्याचा गुपित ठिकाणा । घरी पोचूं नये शहाणा । काहीं केल्या ।। 2774 ।।

**दोहा॰ पता चला सुलतान को, छुप न सकी यह बात ।**
**आग बबूला होगया, सह न सका आघात ।। 2466**
**रोना आवे ना हँसी, समझ न पाया मूढ़ ।**
**आगे अब वह क्या कर, खड़ी समस्या गूढ़ ।। 2467**
**छुप कर बैठा तो नहीं, यहीं कहीं शैतान ।**
**आकर आधी रात में, लेगा मेरी जान ।। 2468**
**ढूँढो उसको सब तरफ, दक्षिण भाग न जाय ।**
**पकड़ो उसको मार दो, जिंदा बच ना पाय ।। 2469**
**खिसकी जमीन पाँव से, हो न रहा विश्वास ।**
**दुनिया में अपमान भी, सुलतान था उदास ।। 2470**

(शिवाजी)

## 96. Shivaji, thirty six years old. The Great Escape from Agra, 1666.

卐ओवी॰ मोठा आला बादशहा । जरी होता क्रूर महा । फसली हुशारी पहा । त्याची कशी ।। 2775 ।। सेना निघाली दक्षिणेला । सरकारी आदेश नेला । गावो-गाव तपास केला । आटापिटा ।। 2776 ।। वेळ होती जरी आणीबाणी । उत्तरेला गेला न कुणी । अक्कलशून्य पागल प्राणी । मुगल ते ।। 2777 ।। रानावनांत शिरले । नद्याखोऱ्यांत फिरले । प्रयत्न जेव्हां जिरले । परतले ।। 2778 ।। औरंगजेब झाला हताश । अभिमान अत्यंत ज्यास । गर्व त्याचा केला खलास । शिवाजीने ।। 2779 ।। बसला हात चोळीत । पराजितांच्या ओळीत । मनात सूड घोळीत । शिवाजीचा ।। 2780 ।।

शिवाजी धावले वायु वेगाने । मार्गात प्रदेश जरी बेगाने । आड रस्ते घेऊन नवे-जुने । घराकडे ।। 2781 ।। लपत-पळत तीन आठवडे । सरळ निघाले महाराष्ट्राकडे । पार करीत नद्या पर्वत कडे । निश्चयाने ।। 2782 ।। विंध्य, नर्मदा, सातपुडा । तापी, सह्याद्रीचा कडा । ओलांडत त्यांचा घोडा । भरधाव ।। 2783 ।। घेत पूर्ण काळजी चौफेर । चुकवीत मुगलांचे हेर । पोहोचले शिवाजी अखेर । सीमेवर ।। 2784 ।। आली महाराष्ट्राची सीमा । मग पार केली भीमा । तेव्हां वेग केला धीमा । शिवाजीने ।। 2785 ।। गाठला जेव्हां रायगड । हलके झाले, मन जड । तेव्हां थोडे वाटले धड । शिवाजीला[242] ।। 2786 ।। कुणाला नव्हती खबर । सुटकेची देशभर । शिवाजी आले सत्वर । घरी आता ।। 2787 ।।

✍दोहा॰ **वायु वेग से दौड़ते, लुका-छुपी का खेल ।**
**मुगलों से बचते हुए, मुसीबतों को झेल ।। 2471**
**सूरज तारे गगन के, दिखा रहे थे राह ।**
**निश-दिन उनको थी लगी, मातु-मिलन की चाह ।। 2472**
**पार किया विंध्या गिरि, नदी नर्मदा तोय ।**
**सातपुड़ा, तापी नदी, रोक सका ना कोय ।। 2473**
**भीमा सरिता पार कर, आए घर के पास ।**
**दुर्ग रायगड पहुँच कर, लीन्ही सूख की साँस ।। 2474**

---

[242] Sept 12, 1666.

## 96. Shivaji, thirty six years old. The Great Escape from Agra, 1666.

**किसी को न कछु खबर थी, लगभग सारा माह ।**
**ढूँढ रहा सुलतान था, माता देखत राह ।। 2475**

### राजगडावर

**卐ओवी॰** घोड्यावर बैरागी आला । कुणी न ओळखले त्याला । म्हणाला आंत घ्यावे मला । काम आहे ।। 2788 ।। किल्लेदार म्हणाला, थांबा! । कोठून आले तुम्हीं, बाबा! । कुणाशीं भेटायची मुभा, ।। हवी तुम्हां? ।। 2789 ।। भेटणे आहे जिजाऊंशी । उदास आहे ज्यांची कुशी । देणे आहे आज खुशी । त्या मातेला ।। 2790 ।। निरोप राजमातेला गेला । कुणी बैरागी भेटाया आला । पाठवावे काय आंत त्याला । वाड्यामधी? ।। 2791 ।। जिजाबाईंना आला मोद । घ्यावा बाबांचा आशीर्वाद । जाईल मनाचा विषाद । प्रसादाने ।। 2792 ।। शिवबा बाबा होते थकले । सर्वांनी बैराग्याला देखले । पण मुलाला न ओळखले । आईनेही ।। 2793 ।। मुलाने ठेवले शिर । आईच्या चरणांवर । म्हणाला मी खरोखर । पुत्र तुझा ।। 2794 ।। पुत्र शब्द ऐकताच आई । गहिवरून आली ती बाई । रडत म्हणाली, “अग बाई । शिवबा हा!” ।। 2795 ।। रडण्यात तिच्या हसूं । हसण्यात होते रडूं । उमजेना काय करूं । गांगरली ।। 2796 ।। तिने दिले आलिंगन । शिवबाला चटकन । गदगदले नयन । त्या मातेचे ।। 2797 ।। म्हणाली, काढ हे सोंग । पुरे झाले आता ढोंग । सांग मला यथासांग । कसा आला ।। 2798 ।। शिवबा बोलले सर्व । विना दु:ख, विना गर्व । कसे आटोपले पर्व । सुटकेचे ।। 2799 ।।

**✍दोहा॰** **बैरागी है द्वार पर, आया अश्वसवार ।**
**बाबा! किससे काम है, बोला चौकीदार ।। 2476**
**आदर के सद्भाव से, आया जब वह पेश ।**
**लगा शिवाजी को तभी, यह है मेरा देश ।। 2477**
**यहाँ लोग सब भद्र हैं, सद् आचार-विचार ।**
**यहाँ किसी में ना मिले, सुलतानी व्यवहार ।। 2478**
**उसे शिवाजी ने कहा, नम्र जोड़ कर हाथ ।**
**मातोश्री दुख गात को, देनी है सुख बात ।। 2479**

## 96. Shivaji, thirty six years old. The Great Escape from Agra, 1666.

सुन कर डयोढ़ीदार ने, कहा ठहरिए, तात! ।
आता हूँ में पूछ कर, माताजी से बात ।। 2480
जिजा मातु से पूछने, चला गया वह दास ।
खड़े शिवाजी द्वार पर, मातु मिलन की आस ।। 2481

(दरबार में)

जिजा मातु दरबार में, आसीन थी उदास ।
तब उस पहरेदार ने, पहुँचाई अरदास ।। 2482
बोला, कोई साधु है, खड़ा द्वार पर मौन ।
मिलना चाहे आपसे, कहा नहीं, है कौन ।। 2483
लाया है कुछ काम की, खुश खबरी की बात ।
कहना चाहे आपको, उसे सत्य जो ज्ञात ।। 2484
माता ने कुछ सोच कर, किया भद्र अनुमान ।
ना जाने किस वेश में, आजाएँ भगवान ।। 2485
माता बोली भृत्य से, उठाय दक्षिण हाथ ।
भीतर लाओ संत को, परमादर के साथ ।। 2446
पूछूँगी मैं संत से, मन पर जो है चोट ।
कैसा मेरा पुत्र है, कब आए घर लौट ।। 2487

(शिवाजी)

**卐ओवी॰** जाहली प्रमुदित फार ती । तिने उतरविली आरती । धन्य झाले आज भारती । म्हणाली ती ।। 2800 ।। असंभव झाले संभव । स्वातंत्र्याचा हा गौरव । करावा आता उत्सव । धडाक्याने ।। 2801 ।। उत्सवाचे ऐकताच नांव । उत्सुक झाले सर्व गाव । आरंभ झाली धावाधाव । तयारीला ।। 2802 ।। शिवाजी महाराज आले । कैदेतून मोकळे झाले । लोक वेडाऊन गेले । आनंदाने ।। 2803 ।। कडाडले फटाके बार । आकाशबाण जोरदार । विहरला उल्हास फार । जनमनीं ।। 2804 ।। सजधजले घोडे हत्ती । तोफगोळ्यांची सरबत्ती । कर्णे, शिंगे विना विश्रांती । गडावर ।। 2805 ।। पोवाडे गाईले शाहीर । कवायत करूनी वीर । विजय करीती जाहीर ।

## 96. Shivaji, thirty six years old. The Great Escape from Agra, 1666.

शिवाजींचा ।। 2806 ।। सुंदर सजला प्रासाद । नाच–लावण्या प्रतिसाद । ललना वाटती प्रसाद । मिठायांचा ।। 2807 ।। चोणके घुंगरांचा नाद । सर्वत्र पसरला मोद । मातेने दिला आशीर्वाद । शिवबाला ।। 2808 ।। यावत् चंद्र–दिवाकर । गंगा, हिमाद्रि गिरिवर । तावत् राहील रे! अमर । कीर्ति तुझी । 2809 ।। कविवर लिहिती गाथा । उदो! उदो! जगनाथा! । चरणीं टेकोनी माथा । शिवशंभो! ।। 2810 ।। सुटका केल्या, करीती नाना । हातावर तुरी देओनी त्यांना । हातीं मिठाई देई पळताना । हाच एक ।। 2811 ।।

**दोहा॰** **मातोश्री के सामने, पीत वस्त्र परिधान ।**
**पुत्र खड़ा, कर जोड़ कर, नहीं सकी पहिचान ।। 2488**
**बोली, बाबा! कौन हो, क्या कहनी है बात ।**
**हमें बताओ प्रेम से, जो है मन में, तात! ।। 2489**
**आँसू सुत के नैन में, पग पर रख कर शीश ।**
**बोला, “मैं तेरा शिवा! मुझको दे आशीष” ।। 2490**

(माता)

**“शिवा” शब्द सुन कर हुई, माता गदगद गात ।**
**उसके हिरदय पर हुआ, प्रेमल हर्षाघात ।। 2491**
**नीर भरे फिर नैन से, रोते बोली बोल ।**
**“ओरी मैया! ये मेरा, शिवबा सुत अनमोल” ।। 2492**
**पहले रोयी, फिर हँसी, फिर बोली मधु बैन ।**
**स्वाँग साधु का बस करो, अब दो मन को चैन ।। 2493**
**कहो सविस्तर बात वो, सुनने आतुर कान ।**
**कैसे उस जल्लाद से, बचे तुम्हारे प्राण ।। 2494**
**बिना क्रोध, बिन दुःख भी, बतलाया सब हाल ।**
**मित्र जनों की मदद में, कैसे बीता काल ।। 2495**
**माता बोली पुत्र को, देश किया तू धन्य ।**
**तुझसा प्रेमी देश का, और न कोई अन्य ।। 2496**

## 96. Shivaji, thirty six years old. The Great Escape from Agra, 1666.

संभव जिसने कर दिया, बहुत असंभव काम ।
उत्सव हो सब देश में, स्वतंत्रता के नाम ।। 2497
सुन कर उस आदेश को, उत्सुक सारा देश ।
मुक्त शिवाजी होगए, सुख दीन्हा संदेश ।। 2498
आतिशबाजी गगन में, तोप-धमाके शोर ।
ढोल-नगाड़े-नौबतें, गान-बजाना जोर ।। 2499
लड्डू-पेढ़े बाँट कर, सब पाते आनंद ।
देकर शुभ आशीष भी, लेते परमानंद ।।

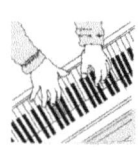  **संगीत श्री शिवाजी चरित्र राग-छंद माला, पुष्प 207**

आगऱ्याहून सुटका

**स्थायी**

आला ग बाई! राजा शिवाजी घरी आला ।
♪ रेग प- म-ग-! ध-प मग-प- मग- रेगरे- ।

**अंतरा-1**

सांगे जिजाऊ माता, शिवबा शहाणा ।
देऊ ग आशिष त्याला ।।
♪ सा-रे- गरे-ग- म-ग-, पमग- रेग-म- ।
ध-प- म ग-म-ग रेगरे- ।।

**2.**

लपून-छपून कसा, तिथून निघाला ।
देऊन त्रास जिवाला ।।

**3**

देऊन तुरी ग बाई! मुगलांच्या हातीं ।

96. Shivaji, thirty six years old. The Great Escape from Agra, 1666.

बसून पेटारीं निघाला ।।

4

सुलतान त्याच्या मागे, शोधत आला ।

सुगाव न काहींच त्याला ।।

5.

अंबा भवानीचा, वरदान त्याला ।

ओवाळूं ग आरती त्याला ।।

6.

अवतार तो शुभ, शिव-शंकराचा ।

मानाचा मुजरा ग! त्याला ।।

## स्वराज्य विस्तार, रांगणा विजय

卐ओवी॰ स्वातंत्र्य तंत्र-मंत्र ज्याने दिले । इथे नव्हता, तरी काय गेले । मराठे निष्प्राण नव्हते झाले । राजा विना ।। 2812 ।। सुभेदार सोमनाथ रावजी । ह्यांनी घेओनी अत्यंत काळजी । वाढविली स्वराज्याची आराजी । अलगद ।। 2813 ।। आदिलशाहीवर करोनी हल्ला । विना करतां विनाकारण कल्ला । हस्तगत केला रांगण्याचा किल्ला । स्वराज्यात ।। 2814 ।।

✍दोहा॰ उधर शिवाजी कैद में, पड़े हुए जब आप ।
ऊधर मराठे, राज्य का, बढ़ा रहे थे व्याप ।। 2500
सोमनाथजी रावजी, कीन्हा बहुत प्रताप ।
आदिलशाही सैन्य को, दीन्हा निश-दिन ताप ।। 2501
हमले करके रात में, जीते नाना जंग ।
आदिलशाही फौज का, कीन्हा साहस भंग ।। 2502
किला रांगणा नाम का, बिना मचाए शोर ।
जीत लिया इस वीर ने, होने पहले भोर ।। 2503

## 97. Shivaji, thirty seven years old. Kingdom Expansion, 1667.

# YEAR 1667

97. वीर शिवाजी–37 :

## स्वराज्य विस्तार

97. Shivaji, thirty seven years old. Kingdom Expansion, 1667.

## शिवाजी सदतीस वर्षांचे

संगीत श्री शिवाजी चरित्र राग-छंद माला, पुष्प 208

आदर्श शिवाजी

**स्थायी**

**वीर शिवाजी, मंगल पावन, नीति परायण, नृपवर हैं – – – ।**

**दीनन बंधु, करुणा सिंधु, सद्गुण इंदु, सुधाकर हैं – – – ।।**

♫ सारेसा साप-प-, पधनिसां पनिधप, ग-रे निसारेगम, रेगसारे सा – – – ।

सारेनिसा प-प-, पधनिसां पनिधप, गगरेनि सारेग, मरेगसारे सा – – – ।।

**अंतरा-1**

**संकट त्राता, हैं सुख दाता, चंचल चतुर, सुधी नर हैं – – – ।**

**शूर शिवाजी, तान्हा बाजी, विघ्न विनाशक, शुभंकर हैं – – – ।।**

♫ ग-मप ध-नि-, सां- सांसां निरेंसां-, नि-निनि सांसांसां, सांसांरे निसां ध प प प ।

म-प पप-प-, पधनिसां पधपम, गरेनि निसारेग, मरेगसारे सा – – – ।।

**अंतरा-2**

**भारत गौरव, कीर्ति सौरभ, अबला रक्षक, नृपवर हैं ।**

# 97. Shivaji, thirty seven years old. Kingdom Expansion, 1667.

**कर्म अनेक महान किए हैं, चरित्र मंगल सुंदर है ।।**

**अंतरा-3**

**पुत्र बहादुर, भारत माँ का, धर्म ध्वजा का पूजक है ।**
**राज्य हिंदवी, स्वराज्य स्थापक, शुचि अवतारी शंकर है ।।**

**卐ओवी॰** शिवाजींनी सोसले कष्ट । अविश्रांत जलद थेट । मथुरेहून महाराष्ट्र । गाठण्यात ।। 2815 ।। झाली पुष्कळ दगदग । दुखूं लागली रग-रग । तरी न झाले डगमग । शिवराया ।। 2816 ।। काहीं दिवस होते आजारी । पण स्वातंत्र्याची चिंता भारी । झाले स्वस्थ कराया तयारी । मोहीमांची ।। 2817 ।। औरंगजेब दगलबाज । जाणतो हे सकळ समाज । तरी आपण करावे काज । हुशारीने ।। 2818 ।। माझी जरी झाली सुटका । इतरांना झाल्या अटका । पडतो आहे त्यांना फटला । आग्ऱ्यामध्ये ।। 2819 ।। त्यांना सोडविण्या मानासह । द्यावा लागेल त्याला शह । करावा लागेल आम्हां तह । मुगलांशीं ।। 2820 ।। शिवराया म्हणाला, आई! । त्याचे पेक्षा आपण सवाई । द्यावी त्याला त्याचीच दवाई । हीच युक्ति ।। 2821 ।।

**✍दोहा॰** **मथुरा से जब चल पड़ा, महाराष्ट्र का भूप ।**
**धारण करके गेरुआ, बैरागी का रूप ।। 2505**
**खाना-पीना नींद ना, मिला तनिक आराम ।**
**बहुत कष्ट का स्वास्थ्य पर, बुरा हुआ परिणाम ।। 2506**
**कुछ दिन वे बीमार थे, कर न सके कुछ काम ।**
**चिंता सब हमदर्द की, सता रही थी प्राण ।। 2507**
**हम तो बच कर कैद से, गुपचुप हुए फरार ।**
**मगर वहाँ सुलतान है, पकड़े लोग हमार ।। 2508**
**रखे हुए हैं कैद में, पड़ती उन पर मार ।**
**मगर एक दिन तो उन्हें, डालेगा वो मार ।। 2509**
**उन्हें बचाने के लिए, चलनी होगी चाल ।**
**शह देने सुलतान को, बुनना होगा जाल ।। 2510**

## 97. Shivaji, thirty seven years old. Kingdom Expansion, 1667.

**आमिष ऐसा हो बली, मछली रुक ना पाय ।**
**फँसे मीन जब जाल में, निर्बल वह बन जाय ।। 2511**

(अत:)

**देना होगा शह मुझे, देकर लालच खूब ।**
**सराहना के ताल में, जावेगा वो डूब ।। 2512**

(जाळे)

**ओवी॰** सन सोळाशे सदुसष्ट आले । शिवराया सदतीसचे झाले । जरी ते सुलतानाला न भ्याले । तह केला ।। 2822 ।। वागले जणू, चुकीने झाले । आमचे दोष लक्षात आले । ते औरंगजेबला म्हणाले । पत्रांद्वारे ।। 2823 ।। बाजूला ठेवोनी अपमान । दाखवोनी मिथ्या अभिमान । दिला औरंगजेबला मान । खलित्यांनी ।। 2824 ।। आपण आमचे देवक । तुम्हीं स्वामी, आम्हीं सेवक । अशा प्रकारें उत्तेजक । पत्रें होती ।। 2825 ।। आमचे सर्व किल्ले तुम्हां देऊं । आपल्या सेवेत आनंद घेऊं । कसूर कधीच काहीं न ठेऊं । सवेमध्ये ।। 2826 ।। विना विचारता आम्हीं निघालो । आग्ऱ्याहूनी उगाच आलो । आम्हीं फार दिलगीर झालो । खेद आहे ।। 2827 ।। क्षमा कराल ही अभिलाषा । तह करण्याची आहे आशा । बोलले शिवाजी अशी भाषा । पत्रोपत्री ।। 2828 ।। वचन ते तसे चोख । जशी वाळूवर रेख । करीती जे देखरेख । तेही द्वाड ।। 2829 ।। बादशहाचे नाक दाबले । तेव्हां त्याने तोंड उघडले । लालची मन राजी झाले । तहासाठी ।। 2830 ।। त्याने धाडला फरमान ताजा । शिवाजीला जाहीर केले “राजा” । माफ केल्या मराठ्यांच्या सजा । मुक्त केले ।। 2831 ।।

**दोहा॰** **लिखे शिवाजी ने कई, सुलतान को उपाय ।**
**चलो मिलाते हाथ हैं, मत भेद को मिटाय ।। 2513**
**लिखी शिवाजी ने उसे, समझाने की बात ।**
**करने को सुलतान पर, जादू का आघात ।। 2514**
**भूल हमारी है हुई, आये उत्सव छोड़ ।**
**क्षमा चाहते आपसे, दोनों कर को जोड़ ।। 2515**
**शाही अनुमति के बिला, छोड़ दिया दरबार ।**

## 97. Shivaji, thirty seven years old. Kingdom Expansion, 1667.

छोड़ा हमने आगरा, बिन आदेश तिहार ।। 2516
आप दयामय नाथ हैं, क्षमा कीजिए, तात! ।
करते हैं फरियाद हम, समझौते की बात ।। 2517
आये थे हम आगरा, बनने तुमरे दास ।
मगर चूक हमरी हुई, अब हमको अहसास ।। 2518
सेवा में हमको लिए, हमको करो गुलाम ।
किले सभी इस राज्य के, ले लो राज्य तमाम ।। 2519
सकल हमारी फौज भी, सेवा करे तिहार ।
सुलतानी साम्राज्य से, मान गए हम हार ।। 2520
सेवा स्वीकृति आपकी, अगर हमें हो प्राप्त ।
आदिलशाही राज्य को, कर दें पूर्ण समाप्त ।। 2521

(तब, औरंगजेब)

पढ़ कर हित की बात वो, और स्तुति के गान ।
लालच में वो आगया, स्वार्थी शठ सुलतान ।। 2522
सुन कर आदिलशाह की, सत्ता का नुकसान ।
शिया शत्रु के नाश में, ललचाया सुलतान ।। 2523
दास शिवाजी मान कर, जान न पाया जाल ।
मुक्त मराठे कर दिए, कैदी सब तत्काल ।। 2524
उतावले सुलतान ने, निकाल कर फरमान ।
दिया शिवाजी को बड़ा, "राजा" का सम्मान ।। 2526
और मराठों के किए, अपराध सभी माफ ।
होने गुलाम मुगल के, कीन्हा रस्ता साफ ।। 2527

(जयसिंहाचा मृत्यु)

卐ओवी॰ जयसिंहाला खेद फार । विश्वास त्याचा झाला ठार । शब्द त्याचे ठरले बेकार । आगऱ्याला ।। 2832 ।। एवढा पुरुष तो थोर । झाला अवमानित घोर । चालला नाही त्याचा

## 97. Shivaji, thirty seven years old. Kingdom Expansion, 1667.

जोर । मूढापुढे ।। 2833 ।। उदासले ते मनातून । वाटले जावे जगातून । प्रकृति त्यांची आंतून । बिघडली ।। 2834 ।। शरीराला झाला अपाय । थकले सगळे उपाय । मृत्यूकडे वळले पाय । निरुपाय ।। 2835 ।। स्वामीनिष्ठ ते आपण । अंत त्यांचा झाला दारुण । आज[243] त्यांना आले मरण । निरर्थक ।। 2836 ।। एक राजपूत तरुण । मुगलांना गेला शरण । चाटोनी त्यांचे चरण । राजा झाला ।। 2837 ।। थोर मुत्सद्दी तो आपण । स्वामी त्याचा कृतघ्न, पण । झाला पतनाला कारण । अकारण ।। 2838 ।। संज्ञा त्याला "मीर्झा राजा" । थोर नातवांचा आजा । देशभर वाजागाजा । जयसिंह ।। 2839 ।।

**दोहा॰ खेद हुआ जय सिंह को, और लगा अवमान ।**
**वचन और फरमान से, मुकर गया सुलतान ।। 2528**
**सुना शिवाजी का हुआ, घोर वहाँ अपमान ।**
**कैद शिवाजी को किया, धोखे में थे प्राण ।। 2529**
**वादे सब जयसिंह के, निकले बिलकुल झूठ ।**
**दुखी भयंकर होगया, और गया वह रूठ ।। 2530**
**पछताया वह घोर था, कर न सका विश्वास ।**
**कितने पानी में खड़ा, उसे हुआ अहसास ।। 2531**
**"दिया हुआ तो है मुझे, "राजा" का सम्मान ।**
**फिर भी मुगलों में मुझे, गुलाम का ही स्थान ।। 2532**
**"चलती मेरी एक ना, सुनत नहीं सुलतान ।**
**आजीवन मैं दास था, उसका यह परिणाम" ।। 2533**
**सदमें में था वीर वो, फोका था अधिकार ।**
**सोच-सोच उसको हुआ, गहरा हृदय विकार ।। 2534**
**राजपूत था जनम से, मुगलों का था दास ।**
**अपने कुल देश का, द्रोह किया विश्वास ।। 2535**

---

[243] July 11, 1667.

## 97. Shivaji, thirty seven years old. Kingdom Expansion, 1667.

**निराश होकर थक गया, पड़ा बहुत बीमार ।**
**देशद्रोह में क्या मिला, मरण सहित-धिक्कार ।। 2536**

### स्वराज्य विस्तार

卐**ओवी॰** प्रमुख लढाया चार । गाजल्या ह्यावर्षी फार । शिवाजी लढले चत्वार । शत्रु दोन ।। 2840 ।। आदिल आणि पोर्तुगीज । शत्रु कलहांचे बीज । गमावलेले तमीज । आप्पलपोटे ।। 2841 ।। किल्लेदार सैयद असील । गुलबर्गाचा मुख्य अखिल । आला आदिलशाही वकील । तहासाठी ।। 2842 ।। पोर्तुगीज अम्मलदार । कोळवलचा, झाला तयार । शिवाजीने दिली हार । लढाईत ।। 2843 ।। रांगण्याचा बहलोलखान । आला घेऊनी सेना महान । पण गेला सोडोनी मैदान । शिवाजींपुढे ।। 2844 ।। बार्देशच्या लढाईत । शिवाजीने केले चकित । पोतुगीज पटाईत । तह केला ।। 2845 ।।

✍**दोहा॰** **लड़े शिवाजी ने बड़े, चार युद्ध इस साल ।**
**महान जिनमें शत्रु दो, बन ना पाए ढाल ।। 2537**
**आदिलशाही प्रथम था, बिजापुरी सुलतान ।**
**पुर्तगीज थे दूसरे, कलह बीज शैतान ।। 2538**
**गुलबर्गा का वीर वो, असील सैयद खान ।**
**किलेदार मशहूर था, लड़ता था घमसान ।। 2539**
**हार गया जब युद्ध में, सुलह को आतुर ।**
**शरण शिवाजी ने दियी, बक्षा उसे कसूर ।। 2540**
**रांगणा का दूसरा, आदिलशाही दुर्ग ।**
**किलेदार उस दुर्ग का, बहलोल था बुजुर्ग ।। 2541**
**लड़ने को वह आगया, लेकर फौज महान ।**
**डरा शिवाजी देख कर, गया हार वह मान ।। 2542**
**कोळवल का उचापती, पुर्तगीज सरदार ।**
**हार गया जब युद्ध वो, सुलह को हुआ तयार ।। 2543**

## 97. Shivaji, thirty seven years old. Kingdom Expansion, 1667.

युद्ध हुआ बार्देश का, फिरंगी अमलदार ।
हारा वह भी युद्ध में, शरण का किया करार ।। 2544

**97. Shivaji, thirty seven years old. Kingdom Expansion, 1667.**

# YEAR 1668

## Portuguese Governors/Viceroys of Goa

1. Alphonso de Albuquerque (r. 1509-1515), 2. Don Lope Soarez de Albergaria (1515-), 3. Diogo Lopes de Sequeyra (1518-), 4. Duarte de Menezes (1521-), 5. Vasco da Gama (1524 died), 6. Dom Henrique de Menezes (1524-), 7. Lope Vaz de Sampayo (1527-), 8. Nuno da Cunha (1529-), 9. Dom Garcia de Noronha 1538-), 10. Dom Esterao da Gama (1540-), 11. Martin Affonso de Sousa (1542-), 12. Dom Joao de Castro (1545-), 13. Garcia de Sa (1548-), 14. Jorge Cabral (1549-), 15. Dom Affanso da Noroha (1550-), 16. Dom Pedro de Mascarenhas (1554-), 17. Francisco Baretto (1555-), 18. Dom Constantino de Braganza (1558-), 19. Dom Francisco de Coutinho Condo de Redondo (1561-), 20. Dom Antonio de Noroha (1564-), 21. Antonio de Noroha (1566), 22. Dom Luiz de Ataide Conde de Atouguia (1586-), 23. Dom Antonio de Noroha (1571-), 24. Dom Diego de Menezes (1576-), 25. Dom Luiz de Ataide (second term 1578-), 26. Farnao Telles (1581-), 27. Dom Francisco de Mascarenhas (1591-), 28. Dom Duarte de Menezes (1524-), 29. Manoel de Sousa Coutinho (1588-), 30. mathias de Albuquerque (1591-), 31. Dom Francisco de Gama (1597-), 32. Ayres de Saldanha (1600-), 33. Dom Martin affonso se Castro (1604-), 34. Dom Alexis de Menezes (1606-), 35. Andre Furtado de Mendoca (1609-), 36. Dom Hierome de Azeredo (1612-), 37. Dom Joao de Coutinho (1617-), 38. Rernao de Albuqueurue (1619-), 39. Dom Affonso de Noronhe (1621-), 40. Dom Dom Francisco da Gama (1622-), 41. Dom Francisco de Brito (1627-), 42. Pedro da Silva (1635-), 43. Antonio Telles de Menezes (1639-), 44. Joao da Silva (1640-), 45. Dom Philippe Mascarenhas (1645-), 46. Dom Franciaco de Martyres (1651), 47. Antonio da Sousa Coutinho (1651), 48. Francisco de Mello de Castro (1651), 49. Dom Vasco de Mascarenhas (1652-), 50. Braz de Castro (1653-), 51. Dom Rodrigo Sobho de Silveira (1655-), 52. Manuel Mascarenhas Homes (1656-), 53. Antonio de Mello de Castro (1662-), **54. Joao Nuno de Cunha (1666-1671)**, 55. Luiz de Mendoza Furtado de Albuqueuque (1671-), 56. Dom Pedro de Almeida (1677 died), 57. Francisco de Tavora (1678-1681), ..

98. Shivaji, thirty eight years old. Siddi and Portuguese wars, 1668.

98. वीर शिवाजी-38 :

## सिद्दी आणि पोर्तुगीज

98. Shivaji, thirty eight years old. Siddi and Portuguese wars, 1668.

## वीर शिवाजी अडतीस वर्षांचे

卐**ओवी**॰ सन सोळाशे-अडुसष्ट । जंजीरा सिद्दी देई कष्ट । जुमानी ना कुणला तो खाष्ट । फत्तेखान ।। 2846 ।। सेनानी त्याचे तीन फार क्रूर । संबूल, कासीम, खैर्यत शूर । सिद्दी हे एबिसिनीयन मूर । ख्यात फार ।। 2847 ।। हिंदूंना बाटविणे त्यांचा धर्म । दरोडे कापाकापी त्यांचे कर्म । ह्यात त्यांना न लाज न शर्म । तीळ मात्र ।। 2848 ।। उभी शेतें कापून लूटणे । सुंदर बायकांना पळविणे । तरुणांना बाटवुनी विकणे । त्यांची हौस ।। 2849 ।। अति घातक स्वराज्यास । झाले असह्य शिवाजीस । शिवाजी वय अडतीस । नुकतेच ।। 2850 ।। तसेंच शत्रु दूसरे । गोव्याचे फिरंगी गोरे । धर्मांधळे तेही सारे । कमालीचे ।। 2851 ।। पोतुगीजांशीं गोवेवाल्या । लढाया मराठ्यांनी केल्या । पण त्या अपेशी झाल्या । सध्या तरी ।। 2852 ।। पार्तुगीज शास्ता हा । जाओ-नूनो-डा-कुन्हा । चौपन्नवा हा तेव्हां । गोमांतकी ।। 2853 ।।

(सिद्दी)

**दोहा**॰ **जंजीरा का नामवर, सिद्दी फत्तेखान ।**
**शूर वीर हबशी बड़ा, लड़ने में तूफान ।। 2545**
**सिद्दी हबशी सूरमे, सच थे वीर जरूर ।**
**जितने जाने शूर वे, उतने ही थे क्रूर ।। 2546**
**खून, डकैती, कूटना, हिंदू करना भ्रष्ट ।**
**स्त्रीयों के अपहार में, उन्हें तनिक ना कष्ट ।। 2547**
**दुखी शिवाजी थे हुए, इन दुष्टों से खूब ।**
**सह न सके यह क्रूरता, घृणा से गए ऊब ।। 2548**

(पुर्तगीज)

## 98. Shivaji, thirty eight years old. Siddi and Portuguese wars, 1668.

ऐसे ही थे दूसरे, धर्म प्रचारक पीर ।
गोवा में पुर्तगीज थे, गोरा जिन्हें शरीर ।। 2549
युद्ध मराठों ने किए, उनसे विविध प्रकार ।
गोरे लड़ते रह गए, मगर न माने हार ।। 2550
पुर्तगाल से था उन्हें, सरकारी आधार ।
तोप शस्त्र बारूद से, करते थे प्रतिकार ।। 2551
सुलतानों से शस्त्र का, करते थे व्यापार ।
जिनसे इनको प्राप्त था, व्यवसायिक अधिकार ।। 2552
परदेसी वे थे बने, परदेसी के नाथ ।
करने मनमाना बुरा, देसीयों के साथ ।। 2553

संगीत श्री शिवाजी चरित्र राग-छंद माला, पुष्प 209

शिवाजी राजे

**राग : भैरव, कहरवा ताल, 8 मात्रा**

**स्थायी**

**वीर शिवाजी, हैं सुख दाता, नीति परायण शासक हैं ।**
**दीनन बंधु, किरपा सिंधु, विपदा शत्रु विनाशक हैं ।।**

♪ सारेसा साप-प-, पध निसां पनिधप, ग-रे निसारेगम रेगसारे सा - - - ।
सारेनिसा प-प पधनिसां पनिधप, गगरे- सारेग मरेगसारे सा - - - ।।

**अंतरा-1**

**कर्म अनेक महान किये हैं, संकट विघ्न निवारक हैं ।**
**सत्य सहायक अनुपम सज्जन, योगी तापस साधक हैं ।।**

♪ ग-म मध-नि निसां-सां निरें- सां-, नि-निनि सां-सां मांमांनिसां धपपप ।
ग-प पप-पप पधनिसां पधपम, गरेनि- सारेगम रेगसारे सा - - - ।।

**अंतरा-2**

## 98. Shivaji, thirty eight years old. Siddi and Portuguese wars, 1668.

पुत्र बहादुर भारत माँ का, धर्मध्वजा का पूजक है ।
राज्य हिंदवी स्वराज्य स्थापक, शिव अवतार शुभंकर है ।।

## 99. Shivaji, thirty nine years old. Aurangzeb's wanton destruction, 1669

# YEAR 1669

99. वीर शिवाजी–39 :

## वेडा औरंगजेब

## 99. Shivaji, thirty nine years old. Aurangzeb's wanton destruction, 1669

## वीर शिवाजी एकोणचाळीस वर्षांचे

卐ओवी० सन सोळाशे–एकोणसत्तर । मोरोपंत पेशवे बरोबर । निघाले शिवाजी जंजीऱ्यावर । स्वारी साठी[244] ।। 2854 ।। सिद्दी फत्तेखान होता माजला । कोकणपट्टीत फार गाजला । डंका त्याचा सभोवती वाजला । जुलूमांचा ।। 2855 ।। शिवाजींचे भव्य आरमार । आधुनिक लढाऊ तयार । झाले कूच तडफदार । समुद्रात ।। 2856 ।। शिवाजींचा निघाला तांडा । प्रतिकार पडला थंडा । घेतले राजापुर–दंडा । मराठ्यांनी ।। 2857 ।। वाटेत किल्ले केले सर । सहा ठिकाणीं भराभर । मग समोर आले द्वार । जंजीऱ्याचे ।। 2858 ।। शिवाजीला ते घाबरतीं । थरकापे त्यांची धरती । उगाच येईल वरती । गंडांतर ।। 2859 ।। सिद्दीने मुगलांना बोलाविले । मुगलांनी खलीते डोलाविले । पण सर्वच ते धुडकाविले । शिवाजीने ।। 2860 ।।

✍दोहा० **सुन कर सिद्दी के बुरे, अत्याचारी काम ।**
**किया शिवाजी ने खड़ा, विरोध का अभियान ।। 2554**
**सिद्दी फत्तेखान को, सबक सिखाने घोर ।**

---

[244] May 1669.

## 99. Shivaji, thirty nine years old. Aurangzeb's wanton destruction, 1669

**समुद्र सेना चल पड़ी, जंजीरा की ओर ।। 2555**

卐**ओवी॰** जंजीऱ्याहून तोफा सुटल्या । बंदूकांच्या बारुदी फुटल्या । सिद्यांच्या युद्ध आरोळ्या उठल्या । लढो! लढो! ।। 2861 ।। जंजीऱ्याचा पडला लढा । कधी न पडला येवढा । सोडावया अंतिम लढा । किल्यावर ।। 2862 ।। सिद्दी आला होता जेरीला । फौज त्याची आली टेकीला । झाला सिद्ध तडजोडीला । शिवाजीशीं ।। 2863 ।।

**दोहा॰** **जंजीरा पर जोर का, करने हमला घोर ।**
**नौ-सेना दल चल पड़ा, जभी होगई भोर ।। 2556**
**जीते बंदर राह में, घेरा चारों ओर ।**
**सिद्दी फत्तेखान का, चल न सका कछु जोर ।। 2557**
**सिद्दी ने फिर मान ली, अपने मन में हार ।**
**संधि करने के लिए, भेज दिया इजहार ।। 2558**

(सिद्दी कासीम, संबूल, खैर्यत)

卐**ओवी॰** सिद्दी खैर्यत कासीम संबूल । न झाले त्या संधीला कबूल । फत्तेखानच्या प्रतिकूल । उभे झाले ।। 2864 ।। त्यांनी फत्तेखानला पकडले । साखळ्यांनी बांधून जखडले । मग जे नको होते तेच घडले । जंजीऱ्याचे ।। 2865 ।। संबूलने जंजीरा लढविला । मराठ्यांचा वेढा पडला ढीला । काहीं दिवसांनी तो उठविला । तात्पुरता ।। 2866 ।। शिवाजीनी स्वीकारला तह । करणे होते कारणांसह । औरंजजेबने दिला शह । स्वराज्याला ।। 2867 ।।

**दोहा॰** **पता चला कासीम को, वह ना माना बात ।**
**बिगड़ गया संबूल भी, उसने मारी लात ।। 2559**
**सिद्दी खैर्यत भी नहीं, माना बिलकुल हार ।**
**उसने फत्तेखान का, किया कड़ा प्रतिकार ।। 2560**
**बगावती तीनों हुए, लड़ने को तैयार ।**
**पकड़ा फत्तेखान को, कैद में दिया मार ।। 2561**

## 99. Shivaji, thirty nine years old. Aurangzeb's wanton destruction, 1669

काम शिवाजी का हुआ, पूर्ण हुआ उद्देश ।
उधर मुगल सुलतान ने, त्रस्त किया था देश ।। 2562

### वेडा औरंगजेब बुतशिकन, कुफ्रशिकन

संगीतश्रीकृष्णरामायण गीतमाला, पुष्प **236**

**(अज्ञानी दुर्योधन)**

स्थायी

**मैं ही एक सयाना, बाकी, दुनिया उल्लू की पट्ठी ।**

♫ सा- रे- ग-ग मग-रे-, सा-सा-, रेरेरे- ग-ग- प- म-म- ।

अंतरा-1

**मैं बलशाली, सबसे जाली । मैं हूँ ज्ञानी, बड़ा तूफानी ।**

**दुनिया वालों की सत्ती पर, होगी मेरी अट्ठी ।।**

♫ सा- सासारे-रे-, गमग- म-म-। प- ध- नि-ध-, निध- पम-प- ।

मगरे- सा-रे- ग- म-म- म-, रे-ग- म-प- म-म- ।।

अंतरा-2

**मुझमें बुद्धि, मुझमें सिद्धि । होगी मेरी, निश-दिन वृद्धि ।**

**चोर फरेबों की है टोली, करली मैंने कट्ठी ।।**

**अंतरा-3**

**मैं हूँ धार्मिक, मन का मालिक । मुझको कुछ भी नहीं अनैतिक ।**

**कोई मेरा भेद न जाने, बंधी मेरी मुट्ठी ।।**

# 99. Shivaji, thirty nine years old. Aurangzeb's wanton destruction, 1669

**अंतरा-4**

**दुष्ट बुद्धि ये क्यों हैं आते । भद्र जनों को जो तरसाते ।**

**या प्रभु! इसको दो सद्बुद्धि, या हो इनकी छुट्टी ।।**

卐**ओवी॰** कर्म जे चालविले गझनीने । घोरी, बख्तियार, ऐबकने । खिलजी, तुकलघ, तैमूरने । बाबरने[245] ।। 2868 ।। ह्याने नेले ते कळसास । स्वधर्माचे भूत चढले त्यास । कराया हिंदुधर्म नासधूस । चेकाळला ।। 2869 ।। औरंग्याने काढले फरमान[246] । पसरविण्या अधर्माची घाण । हिंदुस्थानात मांडले थैमान । हाहाकार! ।। 2870 ।। हुकूम सोडले भराभर । मंदिरें पाडली धडाधड । मूर्त्या फोडल्या खडाखड । देशभर ।। 2871 ।। हिंदूंची सुरू छळवणूक । जिथे तिथे फसवणूक । सरकारी करमणूक । झाली होती ।। 2872 ।। बाटवाबाटवी सक्तीने । या ना त्या अधम युक्तिने । हिंदूंच्या कत्तली मुफ्तीने । मनसोक्त ।। 2873 ।। शिरच्छेद झाला स्वस्त । शिवाळे जमीनदोस्त । धर्मपीठें झाली अस्त । जागोजागीं ।। 2874 ।। उत्तुंग कळस ढासळले । मंदिर शिखर कोसळले । मूर्त्या गेल्या कुणा न कळले । सुवर्णाच्या ।। 2875 ।। गदा काशीविश्वनाथवर । पाडले मंदिर विश्वेश्वर । उध्वस्त केले सर्व शहर । बनारस ।। 2876 ।। मथुरेचा केशवदेव । वाराणसी बिंदुमाधव । सोमनाथचा महादेव । तोड-फोड ।। 2877 ।। पडती हिंदूचीं मंदिरद्वारें । हिंदूच अधिकांश पाडणारे । मुगलांची चाकरी करणारे । षंढ सारे ।। 2878 ।। असूनही अफाट प्रचंड । जनता बघत होती बंड । रक्त पडले सर्वांचे थंड । आत्मघाती ।। 2879 ।।

**दोहा॰** **सफल शिवाजी लौट कर, आए अपने धाम ।**
**इधर मुगल सुलतान ने, किए दुष्ट थे काम ।। 2563**

---

[245] गझनी (सन 998), घोरी (1163), बख्तियार (1194), ऐबक (1200), खिलजी (1296), तुकलघ (1325), तैमूर (1398), बाबर (1526).

[246] April 1669.

## 99. Shivaji, thirty nine years old. Aurangzeb's wanton destruction, 1669

गजनी-घोरी ने किए, जो थे पापी काम ।
ऐबक-बख्तियार भी, जिनसे थे बदनाम ।। 2564
खिलजी-तुकलघ ने किए, जैसे अत्याचार ।
दिल्ली के सुलतान में, भरे सभी कुविचार ।। 2565
करने हिंदू धर्म को, इस दुनिया से नष्ट ।
किए दुष्ट सुलतान ने, जन-मन-मंदिर भ्रष्ट ।। 2566
निकाल कर सुलतान ने, नए-नए फरमान ।
मंदिर-मूरत तोड़ कर, मचा दिया कुहराम ।। 2567
कतल किए हिंदू कई, दिए अमानुष कष्ट ।
डाले सहसों कैद में, जुलम किए निकृष्ट ।। 2568
मुगलों के इस पाप को, करने वाले हाथ ।
हिंदू ही वे दास हैं, जिन्हें मुगल हैं नाथ ।। 2569
आज्ञा देते मुगल हैं, हिंदू करते काम ।
सेना में जो हैं भरे, बिक कर बने गुलाम ।। 2570
मंदिर-मूरत तोड़ते, करते ओछे काम ।
हिंदू ही गद्दार हैं, मुगल नाम बदनाम ।। 2571
आज्ञा देता एक है, करने वाले लाख ।
हिंदू ही वे दास हैं, खुली न जिनकी आँख ।। 2572
गौरवशाली संस्कृति, भूल गए वे लोग ।
तजा आत्मसम्मान है, जिन्हें दास्यता रोग ।। 2573

  संगीत श्री शिवाजी चरित्र राग-छंद माला, पुष्प 210

भजन

(हे दुष्ट औरंगजेब!)

## 99. Shivaji, thirty nine years old. Aurangzeb's wanton destruction, 1669

**स्थायी**

**अगर शिव को तू अपना ले, तो अघ अपने चुका देगा ।**
**अहम अपना रुका दे तो, तु दुनिया को झुका देगा ।।**

♫ सासासा रेरे ग- प मगरे- सा-, ध धध पमप- गम- प-ध- ।
सांसांरें सांनिध- निध- पम ग-, सा सासारे- ग- पमग रेगसा- ।।

**अंतरा-1**

**शांति में हि भलाई है, जो तुमने भुला दी है ।**
**करम गंदे तू तज देगा, तो नरक में धाम न पाएगा ।।**

♫ सां-सां- रें- सां नि-ध-नि- सां-, ध- धनिप- निध- प-म- ।
गरेरे ग-म- रे गप मगरे-, सा रेरेग म- प-म ग मगरेगसा- ।।

**अंतरा-2**

**जग माया का मेला है, तीन गुणों का खेला है ।**
**अगर मन को न रोक सका, तो भव सारा दुखा देगा ।।**

**अंतरा-3**

**शिव चरणों में सहारा ले, तो सुख में भव तर जाएगा ।**
**पाप अगर तू तज देगा, तो नाम अमर तेरा होगा ।।**

**अंतरा-4**

**मंदिर पावन तुने तोड़े, बुत भगवान के फोड़े हैं ।**
**अगर जुनून ये तज देगा, तो जनता का भला होगा ।।**

(शिवाजी)

**卐ओवी॰** परंतु एक होता वीर । ज्याला कळकळ गंभीर । दिन-रात्र त्याला फिकीर । जनतेची ।। 2880 ।। कराया मुगलांचा माज व्यर्थ । कसे वाढवूं आपले सामर्थ्य । आळा घालाया होऊं मी समर्थ । कसा आता ।। 2881 ।। मागील हानि ठेओनी मागे । पुढे पावलें टाकणे लागे । गेलेले सर्व जिंकणे आगे । व अधिक ।। 2882 ।। करोनी मराठे एकजूट । पाडावी लागे शत्रूंत फूट ।

# 99. Shivaji, thirty nine years old. Aurangzeb's wanton destruction, 1669

करावी लागे मुगलांची लूट । धनासाठी ।। 2883 ।। शिवाजींचे हुकूम सुटले । झोपलेले मराठे उठले । उत्सुकतेचे बांध फुटले । कार्यासाठी ।। 2884 ।। निरनिराळे बेत आखले । कोणत्या क्रमाने घ्यावे किल्ले । कुठे कुठे करावेत हल्ले । दणाणून ।। 2885 ।। कुठे दौडाव्या घोड्यांच्या टापा । कुठे मारावा पुढला छापा । जवळचा की दूरचा टप्पा । घेणे ठीक ।। 2886 ।।

दोहा॰ ऐसे दुर्घट काल में, खड़ा एक था वीर ।
स्वतंत्रता का मारने, ठीक निशाने तीर ।। 2574
जिसको अपनी संस्कृति, और देश से प्रेम ।
भारत माँ के मुकुट का, सुपुत्र जो है हेम ।। 2575
उसको चिंता थी लगी, निश-दिन एक विचार ।
जनता को जागृत किए, कैसे हो उद्धार ।। 2576
अकल बेच कर लोग जो, हिंदू हुए गुलाम ।
करने अपने देश का, आप स्वयं नुकसान ।। 2577
अपने ही जन मारते, बन कर जो हैवान ।
मंदिर-मूरत तोड़ते, खुश करने सुलतान ।। 2578
लागों को जागृत किए, कैसे बनें समर्थ ।
अब तक जो भी हो चुका, समय न अब हो व्यर्थ ।। 2579
गया हुआ सब जीतना, और अधिक भू-भाग ।
स्वतंत्रता के ध्येय पर, जनता जाए जाग ।। 2580
किले कौनसे जीतने, कहाँ करें हम लूट ।
करें तयारी पूर्ण हम, कुछ ना जाए छूट ।। 2581

संगीत श्री शिवाजी चरित्र राग-छंद माला, पुष्प 211

(दुष्ट औरंगजेबं)

**स्थायी**

## 99. Shivaji, thirty nine years old. Aurangzeb's wanton destruction, 1669

कहाँ से लोग आते हैं, जहाँ में दुष्ट ये सारे ।
करें तो क्या करें इनका, यहाँ के लोग बेचारे ।।
♫ मग- रे- म-ग- रे-सारे ग-, पम- ग- प-म ग- रे-सा- ।
रेग- म- नि- धप- ममप-, मग- रे- म-ग रे-गरेसा- ।।

अंतरा-1

सताने साधु जन गण को, सयाने लोग पावन को ।
ये जालिम कंस रावण से, असुर ये कुमति के मारे ।
जहाँ में क्यों कर आते हैं, ये पापी हृदय के कारे ।।
♫ सानि़सारे- म-ग रेसा रेग म-, पम-ग- म-ग रे-सासा रे- ।
सा रे-गग म-प ध-निध प-, सांनिध प- निधप म- प-ध- ।
पम- प- म- ग- रे-ग- म-, प म-ग- ममग रे- गरेसा- ।।

अंतरा-2

दीवाने धर्म के अंधे,
दीवाने धर्म के अंधे, दैत्य ये करम के गंदे ।
चलाने तुच्छतम धंदे, अधम ये पातकी बंदे ।
न जाने क्यों ये आते हैं, कलंकी कुल के ये सारे ।।

अंतरा-3

गिराने पूज्य मंदिर को, लुटाने जग तबाही से ।
फरेबी धूर्त ये आये, विदेशी नीति हैं लाये ।
बचा रे, ओ शिवा प्यारे! हमारे नैन के तारे! ।।

## 100. Shivaji, forty years old. Kondhana Conquest, 1670.

# YEAR 1670

100. वीर शिवाजी–40 :

### गड आला पण सिंह गेला

## 100. Shivaji, forty years old. Kondhana Conquest, 1670.

### वीर शिवाजी चाळीस वर्षांचे

卐ओवी० सन सोळाशे–सत्तर । मिळाले धन प्राप्तीस उत्तर । येणार सूरतेवर वत्तर । बघा पुन्हा ।। 2887 ।। शिवाजीला लागली चाळीशी । तरी आई विना न उडे माशी । सल्ला घेण्या येई मातेपाशी । शिवराया ।! 2888 ।। जिजा म्हणाली करा पराक्रम । पण छाप्यांना लावा लगाम । त्यां आधी करा एक काम । महत्वाचे ।। 2889 ।।

✍दोहा० **सब कुछ सोच विचार से, निकला एक उपाय ।**
**सूरत के बाजार को, फिर से लूटा जाय ।। 2582**
**सोना चाँदी का बड़ा, परदेसी व्यापार ।**
**और मुगल सुलतान का, वही अहम बाजार ।। 2583**
**निर्णय पक्का कर लिया, बहुत सोच के बाद ।**
**गए शिवाजी मातु के, लेने आशीर्वाद ।। 2584**
**माता बोली पुत्र को, लेकर शिव का नाम ।**
**छापेमारी से बड़ा, और एक है काम ।। 2585**
**लखो यहाँ से दिख रहा, उस घाटी के पार ।**
**कोंढाणा गढ़ सामने, हमको रहा पुकार ।। 2586**
**"करो मुक्त सुलतान से, मुझको छापा मार ।**

## 100. Shivaji, forty years old. Kondhana Conquest, 1670.

लो मुझको स्वातंत्र्य में, कर दो मम उद्धार" ।। 2587

(अत:)

स्वराज्य का ये मुकुट है, पहन रहा सुलतान ।
वापस लेकर दुर्ग वो, दो उसको सम्मान ।। 2588
सुन कर बचनन मातु के, हुए शिवाजी मौन ।
लगे सोचने, "काम ये, वीर करेगा कौन" ।। 2589

(पुरंदर का करार)

हुआ पुरंदर तय यदा, मुगल-मराठों बीच ।
स्थान शिवाजी का तदा, कोंढाणा था नीक ।। 2590
जिजा मातु को था बड़ा, कोंढाणा से प्यार ।
छोड़ा जब गढ़, तब हुआ, उनको क्लेश अपार ।। 2591
किया मातु ने प्रण तदा, भीष्म-प्रतिज्ञा साथ ।
लौटेंगे हम शीघ्र ही, गवाह भोलेनाथ ।। 2592

### गड आला पण सिंह गेला

### परम वीर तान्हाजी मालुसरे

(राजगड)

卐ओवी॰ पुरंदरच्या तहाचे आधी । शिवाजी होते कोंढाण्यामधी । राजाची गादी तिथेच साधी । स्वातंत्र्याची ।। 2890 ।। जिजाऊंना गड तो प्रिय । किल्ला दणकट माननीय । महत्व त्याला राजकीय । फार होते ।। 2891 ।। दुर्ग सोडला जेव्हां तिने । केला प्रण तेव्हां मातेने । परतीन मी शपथीने । पुन्हा इथे ।। 2892 ।। राजगडावर शिवाजींचा वास । आई बरोबर त्यांना एक ध्यास । गडावरून दिसे कोंढाणा त्यांस । ईशान्येस ।। 2893 ।। अवघे सहा कोस दूर । दोन डोंगरात अंतर । पहाडांच्या उतरणी पार । सह्याद्रीत ।। 2994 ।। अभेद्य हा किल्ला प्रचंड । स्वराज्याचा श्रेष्ठ हा गड । मालकीत पडला खंड । चार वर्षे[247] ।। 2895 ।। घ्यावा लागे हा

[247] June 14, 1665 - Feb. 14, 1670.

## 100. Shivaji, forty years old. Kondhana Conquest, 1670.

परत । त्या विना नाही सरत । डोळ्यांत आहे सलत । उणीव ही ।। 2896 ।। करोनी दीर्घ विचार । संकल्प झाला तयार । कराया कोंढाणा सर । सर्वांआधी ।। 2897 ।।

**दोहा०**

**कोंढाणा गढ़ जब तजा, करार के अनुसार ।**
**राजगड पर तबादला, घाटी के उस पार ।। 2593**
**कोंढाणा से राजगड, अंतर था छह कोस ।**
**किले खड़े दो रूबरू, आपस में दो दोस ।। 2594**
**स्वराज्य के थे श्रेष्ठ दो, दुर्ग महा मजबूत ।**
**अभेद्य बहुत प्रचंड थे, ऊँचे अगम बहुत ।। 2595**
**राजगड गढ़ से दिखे, कोंढाणा दिन-रात ।**
**चार वर्ष से देखती, मातु उसे दिन-सात ।। 2596**
**सबसे पहले लें इसे, हुई योजना ठीक ।**
**एक रात के काम को, गढ़ यह है नजदीक ।। 2597**

(कोंढाणा)

**ओवी०** किल्ला फारच बळकट । चढावया वाट विकट । चहूंकडे बुरुज तट । मोर्चे बंदी ।। 2898 ।। किल्यावर बुरुज तेहतीस । बरुजांवर तोफा चहूं दिश । मोकळी जागा होती ऐसपैस । माथ्यावर ।। 2899 ।। पंधराशे सैनिक किल्यावर । घोडे, दारूगोळ्याचे कोठार । उदयभान राठोड किल्लेदार । राजपूत ।। 2900 ।। किल्यावर पहारे ताठ । गस्त चौक्या दिशांनी आठ । गडाभोवती काठोकाठ । नाकेबंदी ।। 2901 ।। किल्याला फक्त दोन द्वारें । पूर्वाभिमुखीं उघडणारे । अभेद्य होतीं दोन्हीं दारें । टोलेजंग ।। 2902 ।। सभोवती अरण्य दाट । दरड्या घळ्यांतून वाट । काटेरी झुडपें अफाट । तीन बाजूं ।। 2903 ।। चौथ्या बाजूला ताठ कडा । सुरक्षित वाटे सांकडा । तट रहित हा तुकडा । पश्चिमेचा ।। 2904 ।। ही बाजू फारच बळकट । सुरक्षेत होती इथे फट । घटूं शके इथे अघट । भविष्यात ।। 2905 ।।

**दोहा०**

**दुर्ग बहुत मजबूत था, बुर्ज खड़े सब ओर ।**
**चारों बाजू मोरचा, पहरा लगा अघोर ।। 2598**
**किला बहुत विशाल था, तटबंदी हर छोर ।**

# 100. Shivaji, forty years old. Kondhana Conquest, 1670.

किलेदार रणशूर था, उदयभान राठौर ।। 2599
फौजी पन्द्रह सौ वहाँ, जिनका मुगली ठाठ ।
सब बूर्जों पर तोप थीं, लक्ष्य दिशाएँ आठ ।। 2600
ऊँचे टीले पर बसा, कोंढाणा का दुर्ग ।
ऊँचाई से देखता, जिस भाँति शतुर्मुर्ग ।। 2601
घने विपिन में था बसा, चारों ओर ढलान ।
एक तरफ सीधी खड़ी, ऊँची थी चट्टान ।। 2602
दुर्घट थी जो लाँघना, उधर न रक्षा खास ।
अगम्य यह पाषाण है, सबको था विश्वास ।। 2603
मगर उन्हें ना था पता, रहा शिवाजी देख ।
जिसे न कुछ दुर्गम्य है, लाँधे जो हर रेख ।। 2604

(तान्हाजी मालुसरे)

**卐ओवी॰** उमरठे गावाचा वीर । जडीव घडीव शरीर । मिशीदार पद्धतशीर । सिंहमुद्रा । 2906 ।। मारुतीचा अनन्य भक्त । स्वामीनिष्ठा तो जाणे फक्त । युद्ध कलेने पूर्ण युक्त । मावळा हा ।। 2907 ।। स्मरणीय ह्याचे चरित्र । आचरण ह्याचे पवित्र । बालपणीचा हा मित्र । शिवबाचा ।। 2910 ।। प्रत्येक संकटात हा बरोबर । सर्वच मोहीमांत आघाडीवर । अफजलखान वधात हा समोर । पाठीराखा ।। 2911 ।। शाहिस्तेखान प्रकरणी । पुढारी होता हा अग्रणी । स्वातंत्र्य वीर हा धोरणी । राजनिष्ठ ।। 2912 ।। शिवाजींचा त्यावर विश्वास । तान्हाजी जवाबदार खास । बोलावणे पठविले त्यास । तातडीचे ।। 2913 ।। जेव्हां आले बोलावणे । तान्हाजीचे घरी पाहुणे । लागले होते उटणे । रायबाला ।। 2914 ।। रायबाचे होते लग्न । तान्हाजी कामांत मग्न । सोहळ्यात आले विघ्न । अचानक ।। 2915 ।। ऐकोनी शिवाजींचा संदेश । शिरोधार्य जो आदेश । तान्हाजीकरिता तो विशेष । प्राथमिक ।। 2916 ।। करोनी अधिक-उणे हिशेब । सोडोनी मुलाच्या लग्नाचा लोभ । तान्हाजी निघाले ताबडतोब । स्वामीकडे ।। 2917 ।। सोबत सूर्याजी बंधु आले । आणि शेलारमामा निघाले । शिवचरणीं सादर झाले । ऐकावया ।। 2918 ।। त्यांना न कल्पना काय । म्हणतील शिवराय । पण, ऐकल्याशिवाय । राहवेना ।। 2919 ।।

## 100. Shivaji, forty years old. Kondhana Conquest, 1670.

तनाजी बोलले विधान । राजे! काय ते सांगा काम । ऐकावया आमुचे कान । उतावळे ।। 2920 ।।

दोहा॰ वीर शिवाजी का सखा, तान्हाजी शुभ नाम ।
परम भक्त हनुमान का, गाँव उमरठे धाम ।। 2605
मोटी-मोटी मूँछ का, मुद्रा सिंह समान ।
युद्ध निपुण यह मावळा, इतिहास में महान ।। 2606
साथ शिवाजी के सदा, बचपन से हर वक्त ।
हर संकट में साथ था, परम शिवाजी भक्त ।। 2607
सदा शिवाजी ने किया, उस पर था विश्वास ।
योद्धा जिम्मेदार था, मुश्किल क्षण में खास ।। 2608

(अत:)

इन बातों को सोच कर, तानाजी का नाम ।
लगा शिवाजी को सही, करने को यह काम ।। 2609
दूत शिवाजी का गया, तानाजी के पास ।
बोला, शिवा बुला रहे, काम बहुत है खास ।। 2610
सुन कर स्वामी नाम को, हुआ वीर तैयार ।
लगिन पुत्र का छोड़ कर, लिए ढाल-तलवार ।। 2611
घर में उत्सव हो रहा, आए थे महमान ।
बोला, उत्सव फिर करें, लौटूँगा जब धाम ।। 2612
साथ वीर भी चल पड़े, मामाजी शेलार ।
भाई सूर्याजी अनुज, होकर अश्वसवार ।। 2613
उन्हें खबर ना, क्या उन्हें, करना होगा काम ।
उतावले थे जानने, आतुर उनके कान ।। 2614
चरण शिवाजी के पड़े, बोले, क्या है काम ।
जितना जल्दी हो सके, आए हम, भगवान! ।। 2615

# 100. Shivaji, forty years old. Kondhana Conquest, 1670.

(शिवाजी)

卐ओवी॰ शिवाजी राजे जाणती न । रायबाचे आहे लगीन । तान्हाजी आलेत सोडून । सोहळा तो ।। 2921 ।। शांत स्वरात बोलले शिवबा । प्रकट करावयास मनसुबा । विचार होता जो मनात उभा । तातडीचा ।। 2922 ।। किल्ले ताब्यात दोनशे-साठ । घेणे आहेत वर्षांत आठ । तेव्हांच होईल मान ताठ । स्वराज्याची ।। 2923 ।। कोंढाणा आम्हां जीव की प्राण । आरंभ कराया गड छान । किल्लेदार उदयभान । मुगलांचा ।। 2924 ।।

✍दोहा॰ **पता शिवाजी को न थी, तानाजी की बात ।**
**विवाह तज कर पुत्र का, आया हर्षित गात ।। 2616**
**अनजाने में कह गए, जो कहनी थी बात ।**
**हमें पूर्ण विश्वास है, तुम हो लायक, तात! ।। 2617**
**किले जीतने हैं हमें, दो-सौ-साठ महान ।**
**तभी हमारे राज्य का, होगा पक्का काम ।। 2618**
**कोंढाणा गढ़ एक है, हमरा प्रियतम प्राण ।**
**उसको पहले जीतना, होगा शुभ वरदान ।। 2619**

(तान्हाजी)

卐ओवी॰ ऐकतांच वचनांना । "मी घेतो गड कोंढाणा" । बोलला त्वरित तान्हा । नरवीर । 2925 ।। "आधी लगीन कोंढाण्याचे । मग होईल रायबाचे । काम प्रथम स्वराज्याचे । करीन मी" ।। 2926 ।। ऐकोनी तान्हाजीचे शब्द । शिवाजी झाले गदगद । आतुरतेची सरहद । पार झाली ।। 2927 ।। माघ वद्य नवमीची रात्र[248] । मोहीमेकरिता एकमात्र । गडद कभिन्न झाली पात्र । अंधाराची ।। 2928 ।। पाचशे मावळ्यांची तुकडी । तान्हाजी मालुसरेचे गडी । ओतप्रोत धरोनी धडाडी । कूच झाले ।। 2929 ।। लपत-छपत धीर धरत । डोंगराच्या भयाण दरीत । उतरले आवज न करीत । कड्याखाली ।। 2930 ।। कोंढाण्याचा पश्चिम काठ । कडा सरळ उभा ताठ । पडली न शत्रूशीं गाठ । ह्या बाजूला ।। 2931 ।। ह्या दिशेला होती सामसूम । मराठे आले

---

[248] Friday Feb. 04, 1670.

## 100. Shivaji, forty years old. Kondhana Conquest, 1670.

गिरि चढून । मुगलांना न झाले मालूम । यत्किंचित ।। 2932 ।। कडा पश्चिमेचा अवघड । चढावया कोंढाणा गड । म्हणून आणली घोरपड । यशवंती ।। 2933 ।। घोरपडीला बांधला दोर । चढविले तिला कड्यावर । चढून अर्धवट अंतर । थांबली ती ।। 2934 ।। दोन वेळा हाच प्रकार । जाईना घोरपड वर । मग चढली भराभर । कड्यावर ।। 2935 ।। माथ्यावर तटबंदी नव्हती । इकडे पहारे-गस्त न होती । संधि ही फार अनुकूल होती । चढाईला ।। 2936 ।। काही मावळे चढले वर । बाकी लपले द्वारासमोर । वरचे उघडतील द्वार । आंत येण्या ।। 2937 ।। पश्चिम बाजूचा चढून तट । दोनशे चढले बिन बोभाट । तीनशे तिथे बघतात वाट । लपलेले ।। 2938 ।। पुणेद्वाराकडे पळताना । लागली चाहूल मुगलांना । मराठ्यांनी उडविला फन्ना । जे जे आले ।। 2939 ।। झाली सुरू कापाकापी । कटले मुगल पापी । न ते जाणले किमपि ।। कोण आले ।। 2940 ।। जेव्हां गेले अनेक प्राण । सांभाळून आले भान । पुढे आला उदयभान । लढावया ।। 2941 ।। मुगलांकडून राजपूत । मराठयांचा मावळा सुपूत । दोन्हीं वीरांच्या अंगात भूत । चढलेले । 2942 ।। युद्ध झाले घनघोर । तलवारीवर तलवार । दोघांच्या अंगात जोर । भयंकर ।। 2943 ।। खणखण तलवारी । चमचम ज्यांच्या धारी । दोन्हीं एकमेकावरी । आदळतीं ।। 2944 ।।

**दोहा॰ सुने शिवाजी के जभी, वचन भक्ति के साथ ।**
**बोला तानाजी तभी, नम्र जोड़ कर हाथ ।। 2620**
**लाता हूँ मैं ब्याह कर, कोंढाणा को आज ।**
**फिर ब्याहूँगा रायबा, सफल किए यह काज ।। 2621**
**लेता हूँ मैं आज ही, कोंढाणा गढ़ हाथ ।**
**फिर ब्याहूँगा पुत्र मैं, बड़े प्रेम के साथ ।। 2622**
**आऊँगा जब लौट कर, गढ़ लेने के बाद ।**
**देना मेरे पुत्र को, मंगल आशीर्वाद ।। 2623**
**इतना कह कर चल पड़ा, तान्हाजी रणवीर ।**
**साथ मावळे पाँच सौ, लेकर वह रणधीर ।। 2624**
**तान्हाजी ने साथ ली, एक पालतु गोह ।**

## 100. Shivaji, forty years old. Kondhana Conquest, 1670.

ताकि सारा चढ़ सके, चट्टान पर गिरोह ।। 2625
छिपते-छिपते आगए, गढ़ की पश्चिम छोर ।
जिधर न था पहरा लगा, न था ध्यान इस ओर ।। 2626
इधर तुंग चट्टान थी, बनी हुई दीवार ।
मुगलों को विश्वास था, हो न सके यह पार ।। 2627

(मगर)

उस अँधियारी रात में, तान्हाजी सरदार ।
निकला लेकर पाँच-सौ, साथी अश्वसवार ।। 2628
घाटी में जब आगए, अश्व वहीं पर छोड़ ।
चढ़ान वे चढ़ने लगे, बिना मचाए शोर ।। 2629
अतट खड़ी चट्टान वो, चढ़ जाना उस रात ।
बिना गोह की मदद से, लगी असंभव बात ।। 2630

(अत:)

डोर बाँध कर पूँछ को, चढ़ाने लगे गोह ।
फिसल गिरी दो बार वो, बिना किसी भी टोह ।। 2631
चढ़ी तीसरी बार वो, ऊपर तक चट्टान ।
डोर पकड कर चढ़ गया, एक वीर जवान ।। 2632
उसने सीढ़ी डोर की, बाँधी ऊपर नीक ।
जिससे दो-सौ मावळे, चढ़े फटोफट ठीक ।। 2633
अन्य मावळे छिप गए, मुख्य द्वार के पास ।
मुख्य द्वार जब खोल दे, एक मावळा खास ।। 2634
मुगल किले पर सुप्त थे, खा कर उत्तम भोज ।
उन्हें न कुछ संदेह था, जैसे सोते रोज ।। 2635

(मग)

## 100. Shivaji, forty years old. Kondhana Conquest, 1670.

卐ओवी॰ एक आघात झाला काळ । दुर्दैवाची होती ती चाल । तान्हाजीची तुटली ढाल । लढताना ।। 2945 ।। तरी ताना शरण न गेला । डाव्या हाती लपेटून शेला । ढाली सम उपयोग केला । त्या वीराने ।। 2946 ।। जखमांनी देह झाला व्रणित । बिघडूं लागले मग गणित । तरी धैर्य त्याचे अगणित । उमळले ।। 2947 ।। मृत्यु दिसूं लागला निकट । तरी हिम्मत त्याची चिकट । अंतिम वार केला विकट । शत्रूवर ।। 2948 ।। अंतिम घाव झाला सार्थ । प्राण घातक जगत्कीर्त । पडले दोघे धारातीर्थ । मृत्युमुखी ।। 2949 ।। तान्हाजी बघोनी पडला । मराठ्यांचा धीर खचला । पळा! पळा! शोक मचला । मावळ्यांचा ।। 2950 ।। शेलारमामांनी दिला धीर । सूर्याजीने आह्वान गंभीर । लढूं लागले मराठा वीर । जिंकले ते ।। 2951 ।। थोडे बहुत मुगल वाचले । पळू न शकले, गेले कापले । काहीं कड्यावरून उत्पतले । मृत्युमुखी ।। 2952 ।। हस्तगत झाला आहे किल्ला । संकेत हा देण्या शिवाजीला । भगवा ध्वज फडकविला । किल्यावर ।। 2953 ।। ठोकत विजय आरोळी । रचूनी लाकडांच्या ओळी । पेटविली पावन होळी । गडावर ।। 2954 ।। कोंढाणा झाला काबीज । कर्तव्याचे झाले चीज । सिद्धीचे पेरले बीज । मराठ्यांनी ।। 2955 ।। किल्ले घ्यावया दोनशे-साठ । पुढील फक्त वर्षांत आठ । हा झाला श्रीगणेशाचा पाठ । अथ इथे ।। 2956 ।।

✍दोहा॰ **द्वारपाल को काट कर, खोला मुख्य दुआर ।**
**जाग पड़े कुछ मुगल जो, चीखे मार पुकार ।। 2636**
**शुरू लड़ाई होगई, कटे अनेक अचेत ।**
**अध-सोये फौजी किये, नींदर में ही खेत ।। 2637**
**जाग गया सुन शोर को, उदयभान राठौड़ ।**
**आगे आया वीर वो, लड़ने को जी तोड़ ।। 2638**
**तानाजी भी आगया, लड़ने उसके साथ ।**
**वीर-वीर से भिड़ गए, करने दो-दो हाथ ।। 2639**
**दोनों योद्धा शूर थे, युद्ध हुआ घनघोर ।**
**वार पर प्रतिवार से, तलवारों से शोर ।। 2640**
**मुगल पक्ष से लड़ पड़ा, राजपूत गुलाम ।**

## 100. Shivaji, forty years old. Kondhana Conquest, 1670.

इधर मराठा लड़ रहा, मातृभूमि के नाम ।। 2641

(मग)

एक दुखद आयी घड़ी, बन कर अशकुन काल ।
टूट गई लड़ते हुए, तानाजी की ढाल ।। 2642
तभी वीर वह ना रुका, करने को प्रतिकार ।
लपेट साफा हाथ पर, लगा झेलने वार ।। 2643
जखमों से तन भर गया, बहने लगा रुधिर ।
मृत्यु समय है आगए, जान गया वह वीर ।। 2644
पूरी ताकत से किया, उसने अंतिम वार ।
वैरी ने भी जोर से, किया प्रचंड प्रहार ।। 2645
दोनों कट कर गिर पड़े, धाँय! धरा पर वीर ।
अंतिम साँसें ले रहे, मरणासन्न शरीर ।। 2646

संगीत श्री शिवाजी चरित्र राग-छंद माला, पुष्प 212

तान्हाजी

**स्थायी**

सिंहगडाला जातो लढाया,
खरा कर्मयोगी, स्वामीनिष्ठ ताना ।

**अंतरा-1**

सेना घेउनी वीर निघाला, संग तयाच्या शेलार मामा ।

**अंतरा-2**

लगिन टाकुनी बघा मुलाचे, मातृभूमिच्या येतो कामा ।

**अंतरा-3**

गड आला पण सिंह न आला, गेला ताना श्रीहरि धामा ।

**अंतरा-4**

# 100. Shivaji, forty years old. Kondhana Conquest, 1670.

मरुनी वीर जगी तो उरला, आत्मा अमर महान हुतात्मा ।

(तब)

तानाजी-मृत देख कर, रुके मराठा लोग ।
हाय! हाय! के शोर से, मना रहे थे सोग ।। 2647
तभी सामने आगए, मामाजी शेलार ।
लड़ो! लाड़ो! कहने लगे, वीरों! धीरज धार ।। 2648
सूर्याजी भी आगए, लेकर नूतन जोश ।
सभी मराठों ने लिए, सँभाल अपने होश ।। 2649
जीत गए वे अंत में, गए मुगल फिर हार ।
भाग गए सो बच गए, बाकी डाले मार ।। 2650
किला हाथ में आगया, मुगल होगए नष्ट ।
भगवा ध्वज ऊपर चढ़ा, विजय दिखाने स्पष्ट ।। 2651
विजय होलिका जल पड़ी, दिखलाने संकेत ।
जिसे, शिवाजी, देख कर, जय से हुए सचेत ।। 2652
यही सफल आरंभ था, लेने दो-सौ-साठ ।
स्वतंत्रा संग्राम में, किले, साल में आठ ।। 2653

संगीत श्री शिवाजी चरित्र राग-छंद माला, पुष्प 213

कोंढाणा : लावणी

**स्थायी**

जिरे टोप शुभ झळझळ झळके, कंगन कंठी व कुण्डलें ।
मंगल मुंदरी, मुकुन्द माला, काळीं घनदाट कुन्तलें ।।

**अंतरा-1**

घण घण करिती घंटा घुंगरू, सैनिक नाचात रंगले ।
कौढाण्यावर जय-शिवबाच्या, शाहिर गाण्यांत दंगले ।।

## 100. Shivaji, forty years old. Kondhana Conquest, 1670.

**अंतरा–2**

**पुष्प उधळतीं सुंदर ललना, योद्धे युद्धात जिंकले ।**
**शिंपडतीं जल पावन ऋषि मुनि, घेउनी हातीं कमंडलें ।।**

**अंतरा–3**

**विजयी झाले वीर मावळे, मुगलांचे राज्य संपले ।**
**भारतमाते! तुझ्या मुलांनी, स्वप्न स्वराज्याचे गुंफले ।।**

(शिवाजी)

**卐ओवी॰** भगवा ध्वज कोंढाण्यावर । होळीची आग आणि धूर । शिवाजी राजगडावर । निरखती ।। 2957 ।। लगेच पोहचला दूत । घोऊन विजय सबूत । आणि सांगाया सर्व वृत्त । लढाईचे ।। 2958 ।। ऐकोनी तान्हाजीचे मरण । शिवाजीला दुःख गहन । म्हणाले, **"गड आला पण । सिंह गेला"** ।। 2959 ।। गड आला पण सिंह गेला । तान्हाजीने इतिहास केला । भवसागरी जरी तो मेला । अमर तो ।। 2960 ।। गड आला पण सिंह गेला । अमरत्व कीर्तिरूप त्याला । नांव "सिंहगड" कोंढाण्याला । त्याचे नवे ।। 2961 ।। गड आला पण सिंह गेला । भावपूर्ण श्रद्धांजलि त्याला । ऐसा साहसी वीर न झाला । हुतात्मा तो ।। 2962 ।। ऐसा नरकेसरी आम्हीं स्मरूं । त्याचे अधूरे काम शिरीं धरूं । रायबाचे लगीन आम्हीं करूं । म्हणाले ते ।। 2963 ।। ह्या शहीदाचे अभिनंदन । गुढगे टेकोनी लाख वंदन । अर्पण करूनी पुष्प-चंदन । मनोभावें ।। 2964 ।।

**✍दोहा॰** **दुर्ग राजगड पर खड़े, आतुर चातक तौर ।**
**देख शिवाजी थे रहे, कोंढाणा की ओर ।। 2654**
**कोंढाणा पर देख कर, विजयोत्सव की आग ।**
**जान शिवाजी थे गए, खुले मराठा-भाग ।। 2655**
**उतने में ही आगया, तानाजी का दूत ।**
**बतलाने को वृत्त सब, लेकर सही सबूत ।। 2656**
**सुन कर कोंढाणा विजय, जितनी थी सुखबात ।**
**मरना सुन कर मित्र का, उतना दुःखाघात ।। 2657**

# 100. Shivaji, forty years old. Kondhana Conquest, 1670.

कहा शिवाजी ने तभी, "गढ़ तो आया हाथ ।
मगर सिंह ना आ सका, विजय केतु के साथ" ।। 2658
कोंढाणा गढ़ को तभी, मिला "सिंहगड" नाम ।
अमर हुआ इतिहास में, सुंदर यह अभिधान ।। 2659
ऐसे वीर शहीद को, वंदन लाखों बार ।
दुर्मिल ऐसा केसरी, विश्वदिशा में चार ।। 2660

संगीत श्री शिवाजी चरित्र राग-छंद माला, पुष्प 214

वीर तान्हाजी, सिंहगड

**स्थायी**

**सिंहगडावर ध्वज शिवबाचा, गड आला पण सिंह न आला ।**

**अंतरा-1**

**अज हसूं की रडूं कळे ना, हर्ष मुखावर, आग जिवाला ।**

**अंतरा-2**

**तान्हाजीने लगिन सोडुनी, कर्तव्याचा विडा उचलला ।**

**अंतरा-3**

**हळद लावुनी अपुल्या माथी, प्राण अर्पुनी, बघा निघाला ।**

(राजे राजाराम ह्यांचा जन्म)

**卐ओवी॰** कोंढाणा विजय परमानंद । आनंदावर अधिक आनंद । सुपुत्रप्राप्तीचा[249] आनंदकंद । अमर्याद ।। 2965 ।। सोयराबाई झाल्या प्रसूत । मंगल क्षणी जन्मला सुत । राजाराम सद्‌गुणी अद्भुत । भावी राजे[250] ।। 2966 ।।

**दोहा॰ कोंढाणा के विजय से, जन मन में आनंद ।**

---

[249] Rajaram (Feb. 24, 1670 - March 02, 1700).

[250] Raje Rajaram (r. Sept. 02, 1689 - March 02, 1700).

## 100. Shivaji, forty years old. Kondhana Conquest, 1670.

**ऐसे पावन नंद में, मंगल परमानंद ।। 2661**
**पुत्र सोयरा मातु को, हुआ सुमंगल प्राप्त ।**
**राजे "राजाराम" जो, हुआ नाम से ख्यात ।। 2662**
**बजे वाद्य संगीत के, गीत सुरों में सात ।**
**चरित्र सुत का सद्‌गुणी, इतिहास को ज्ञात ।। 2663**
**रानी का जो स्वप्न था, आज हुआ साकार ।**
**बहुत प्रतीक्षा थी करी, आज मिला आकार ।। 2664**

(मराठ्यांच्या स्वाऱ्या)

卐**ओवी॰** निळोजीपंत पेशव्यांनी गड । पुरंदर व कर्नाळा, लोहगड । सुलतानगड, भुईगड । सर केले ।। 2967 ।। चांदवड मुगल बेगीखान । वाणी दिंडोरीचा दाऊदखान । साल्हेरचा फतहउल्लाखान । शिवाजीने । 2968 ।। कल्याणचा उजबेगखान । माहुलीचा अलीवर्दीखान । भद्रपूरचा हमीदखान । च्युत केले ।। 2969 ।। प्रबळगड, खोज, कारंजा । जुन्नर, राजापुर, हिंदोळा । रासकली, त्र्यंबक, रोहीडा । राजमाची; । 2970 ।। सुपे, हिहिडा, विसापूर । तंग-तिकोना, इंदापूर । चाकण, भिवंडी, वज्रगड । मराठ्यांनी[251] ।। 2971 ।।

✍**दोहा॰** **कोंढाणा के विजय से, हुआ पुण्य प्रारंभ ।**
**करने नष्ट बिजापुरी; मुगलों का भी दंभ ।। 2665**
**छह खानों को च्युत किया, थाने जीते बीस ।**
**छोटे-मोटे जोड़ कर, गढ़ भी जीते तीस ।। 2666**

## सूरतची दूसरी लूट

Oct 17, 1670

[251] **मुख्य लढाया :** पुरंदर (March 08, 1670), कल्याण, भिवंडी (March 15), नगर, परिंडा (April-May), लोहगड (May 13), हिंगोळा (June 15), माहुली (June 16), कर्नाळ (June 22), रोहीडा (June 24), दिंडोरी, त्र्यंबक, ब्रह्मगिरि (Oct. 1660), etc.

## 100. Shivaji, forty years old. Kondhana Conquest, 1670.

卐**ओवी॰** जिंकले किल्ले छोटे-मोठे तीस । लूटली ठाणीं मोठी-लहान वीस । आता लूटणे व्यापार नगरीस । बेत झाला ।। 2972 ।। इथे मुगल, फ्रेंच, युनानी । डच, इंग्रज, अरबस्थानी । सूरत व्यापार राजधानी । भारताची ।। 2973 ।। इथे मोठ-मोठे धन्नाशेठ । हिरे-सोन्याची बाजार पेठ । तोफा-बंदुका विक्रीचे देठ । हेच होते ।। 2974 ।। निघाले पंधरा हजार । मावळे होऊनी तयार । सूरत कडे घोडेस्वार । शिवाजीचे ।। 2975 ।।

**दोहा॰** **कोंढाणा के बाद में, जीते युद्ध पचास ।**
**कुछ छोटे, कुछ थे बड़े, कीन्हे शत्रु हताश ।। 2667**
**अब हम लूटेंगे पुनः, सूरत नगर संपन्न ।**
**दिव्य हाट व्यापार का, सबको बहुत प्रसन्न ।। 2668**
**यहाँ मुगल, अंग्रेज हैं, अरब, युनानी, फ्रेंच ।**
**हिंदू, डच, हैं फारसी, व्यापारी गण मंच ।। 2669**
**सोना-चाँदी-रत्न के, अनमोल अलंकार ।**
**हीरे-मोती का यहाँ, बहुत भव्य व्यापार ।। 2670**
**थोक माल बिकता यहाँ, बड़े-बड़े भँडार ।**
**वितरण भी बारूद का, होता इस बाजार ।। 2671**
**व्यापारी धनवान हैं, लंका का अवतार ।**
**रावण नगरी है यही, मुगलों की सरकार ।। 2672**
**इस नगरी को लूटने, होकर पूर्ण तयार ।**
**पन्द्रह हजार मावळे, निकले अश्व सवार ।। 2673**

(सूरत)

卐**ओवी॰** "शिवाजी आला," जेव्हां कळले । धैर्य व्यापाऱ्यांचे गळले । लोक खेड्यापाड्यांत पळाले ।। सैरावैरा ।। 2976 ।। सूरतेला मुगलांचे पहारे । मराठे बघोनी आले शहारे । पळाले जीव घेओनी माघारे । किल्यामध्ये ।। 2977 ।। तटबंदी सोडोनी उघडी । सुरक्षा पडली उपडी । मराठे आले मारून उडी । शहरात ।। 2978 ।।

**दोहा॰** **"पुनः शिवाजी आगया!" सुन कर सब धनवान ।**

घबड़ा कर बोले, “अरे! अब होगा नुकसान!” ।। 2674
जनता को तो डर न था, उनके रक्षित प्राण ।
बंद हुए बाजार के, बड़े-बड़े दूकान ।। 2675
भागे सारे शहर के, मुगली पहरेदार ।
बंद चौकियाँ होगयी, फरार चौकीदार ।। 2676
द्वार भले ही बंद थे, कीन्हे ताला मार ।
शहर मराठे आगए, फाँद कर दीवार ।। 2677

(इंग्रज)

ओवी॰ विलायती व्यापार मोठा । दारूगोळ्यांचा भव्य साठा । ईंग्रजी साहेबांत ताठा । सहाजीक ।। 2979 ।। इंग्रजांचे कोठार विशाळ । आक्रमण आले काहीं काळ । पण, गळूं शकली न दाळ । परतले ।। 2980 ।। इथे कडक पहारा । तोफा-बंदुकांचा मारा । वाचविला माल सारा । इंग्रजांनी ।। 2981 ।। टोपीकर न आले शरण । त्यांच्या तोफा-बंदुका भीषण । आक्रमकांना देती मरण । दूरूनच ।। 2982 ।। शेवटी देओनी थोडेसे धन । त्यांनी जिंकले शिवाजींचे मन । आणि राखला आपला मान । संकटात ।। 2983 ।। इंग्रजांनी धाडला नजराणा । आणि उपहार गोजिरवाणा । तृप्त कराया मराठ्यांचा राणा । परभारें ।। 2984 ।। इंग्रजांनी सांभाळले छान । होऊं न दिले नुकसान । त्यांचा स्वत:वर अभिमान । कामी आला ।। 2985 ।।

दोहा॰ अंग्रेजों का है जहाँ, बहुत बड़ा व्यापार ।
तोप-शस्त्र-बारूद का, विशाल है भंडार ।। 2678
दिल्ली के सुलतान का, यही खरेदी केन्द्र ।
इसी माल से वे बने, भारत में भूपेन्द्र ।। 2679
अंगैजी भंडार पर, तोपें पहरेदार ।
पास न कोई जा सके, दूर से डाले मार ।। 2680
अंग्रजों को भेज कर, नजराना उपहार ।
किया शिवाजी ने सही, समझौता इस बार ।। 2681
गोरों ने भी कर लिया, अक्लमंदी का काम ।

## 100. Shivaji, forty years old. Kondhana Conquest, 1670.

**देकर थोड़ा धन उसे, किया ठीक सम्मान ।। 2682**
**छोड़ शिवाजी ने दियी, गोरों की दूकान ।**
**अंग्रेजों का ना हुआ, बिलकुल भी नुकसान ।। 2683**

(मुगल)

**卐ओवी॰** मुगल किल्यात दडले । द्वार बंद, टाळे जोडले । जैसे मागल्या खेपी घडले । तेच आता ।। 2986 ।। मुगल किल्यात सुरक्षित । मलमत्ता सगळी रक्षित । त्यांना न काळजी किंचित । जनतेची ।। 2987 ।। मुगल विघ्नातून वाचले । धन त्यांचे किल्यात साचले । ते आनंदाने नाचले । खरे वीर ।। 2988 ।।

**✍दोहा॰ मुगल किले में छुप गए, बंद कर लिया द्वार ।**
**रुके रहे आराम से, सूरत के पहरेदार ।। 2684**
**उन्हें न चिंता नगर की, होकर भी सरकार ।**
**जनता अपना देख ले, करने को प्रतिकार ।। 2685**

(हिंदू)

**卐ओवी॰** हिंदू-अहिंदू नाना व्यापारी । देते झाले नारळ-सुपारी । निमूटपणे खंडणी भारी । शिवाजीला ।। 2989 ।। त्यांची घरें न जळाली । त्यांची भीती मग पळाली । तडजोड त्यांची फळाली । शिवाजीशीं ।। 2990 ।।

**✍दोहा॰ गरीब हिंदू बच गए, कुछ ना जिनके पास ।**
**हमें न होगी यातना, उनको था विश्वास ।। 2686**
**व्यापारी धन देगए, आकर अपने आप ।**
**स्वराज्य के ही नाम पर, उन्हें हुआ ना ताप ।। 2687**

(फ्रेंच)

**卐ओवी॰** फ्रेंच गोऱ्यांची भव्य वखार । दारूगोळ्यांचा जंगी व्यापार । पण, लढाया ते न तयार । शिवाजीशीं ।। 2991 ।। त्यांनी केला शिवाजीशीं तह । दिल्या बंदुका, खंडणी सह । वाचविले धन आणि देह । शांतपणे ।। 2992 ।।

**✍दोहा॰ सभी फिरंगी एक से, नीयत से नापाक ।**

## 100. Shivaji, forty years old. Kondhana Conquest, 1670.

**बाहर से लगते भले, अंदर से चालाक ।। 2688**
**लड़ना वे ना चाहते, होंगे वे बरबाद ।**
**नीति शिवाजी की भली, उनको सब थी याद ।। 2689**
**शरण शिवाजी की लिए, दिया ढेर सा दान ।**
**दिए शस्त्र-बारूद भी, और किया सम्मान ।। 2690**

(तार्तर)

卐**ओवी॰** काशनगरचा तार्तर सुलतान । अति धनाढ्य अब्दुल्लाखान । देऊन पळाला कोटि होन । मराठ्यांना ।। 2993 ।।

✍**दोहा॰** **काशनगर का तारतर, करोड़पति सुलतान ।**
**देकर दौलत बच गया, सुधि अबदुल्लाखान ।। 2691**

(इतर)

卐**ओवी॰** स्त्रीयांना न दीनांना त्रास । न परधर्मियांना क्लेश । न धार्मिक स्थळांचा ध्वंस । शिवाजीने ।। 2994 ।। सुलतानांची रीत वेगळी । भ्रष्ट दुष्ट अधम आगळी । नीचतेत खालची पातळी । गाठलेली ।। 2995 ।। तिकडे मंदिरें ढासळतीं । मूर्त्या घरें द्वारें कोसळती । शोतांत उभी पिकें जळती । मराठ्यांची ।। 2996 ।। जरी लूटले रूपये कोटि । न केली आपली जात खोटी । शिवाजीने सोडली न नीति । कदापिही ।। 2997 ।।

✍**दोहा॰** **गरीब जन, स्त्रीयाँ सभी, अरु परधर्मी लोग ।**
**या धार्मिक जो स्थान थे, उन्हें शाँति उपभोग ।। 2692**
**सुलतानों के ढंग से, अलग शिवाजी रीत ।**
**सदाचार हर काम में, हार मिले या जीत ।। 2693**
**कोटि-कोटि की लूट की, त्यागे नहीं उसूल ।**
**अधर्म से कौड़ी कभी, नहीं करी वसूल ।। 2694**

## 100. Shivaji, forty years old. Kondhana Conquest, 1670.

### कारंज्याची लूट

卐ओवी॰ कारंजे गाव वऱ्हाडात । फार नावाजले लाडात । जाणले उच्च श्रीमंतांत । शोभिवंत ।। 2998 ।। यादवराज्यात वाढले । मुगलदास्यात लाडले । दिवस भ्रमात काढले । ह्या गावाने ।। 2999 ।। गावात मोठ-मोठे वाडे । नाना फळ-फुलांची झाडें । लोकांचे अभिमान जाडे । ह्या धेंडांचे ।। 3000 ।। सोने नाणे रेशिम जरी । हीरे दागीने घरोघरी । इथे नांदली लक्ष्मी खरी । गुलामीने ।। 3001 ।। धन खजीने दाटलेले । घरोघरी साठलेले । जमीनीत गाडलेले । रांजणांत ।। 3002 ।। शिवाजीला कळली खबर । मुगलांचे दास हे गबर । अलेशान कारंजे नगर । धनवान ।। 3003 ।। मुगलांना मिळे शेतसारा । पण इथे न त्यांचा पहारा । लाडांना न कुणाचा सहारा । रक्षणास ।। 3004 ।। टाळण्या वृथा मरण । सगळे गेले शरण । धरले त्यांनी चरण । शिवाजींचे ।। 3005 ।। श्रीमंतांनी खजीने धाडले । बाकी शिवाजींना सापडले । खणून काढले गाडलेले । ढीगोंढीग ।। 3006 ।।

✍दोहा॰ **छोटा ग्राम विदर्भ में, "कारंजा" था नाम ।**
**धनाढ्य लोग बहुत यहाँ, करत ऐश आराम ।। 2695**
**सुलतानों के दास्य में, गुजरे उनके साल ।**
**खान-पान के मौज में, बीता उनका काल ।। 2996**
**सभी निठल्ले लोग थे, नाम जिन्हें था "लाड" ।**
**मुगलों के डर से सभी, धन रखते थे गाड़ ।। 2997**
**बड़े-बड़े थे घर यहाँ, फल-फूलों के झाड़ ।**
**काम करत मजदूर थे, फल खाते थे लाड ।। 2998**
**इन लाडों के घर भरे, सब थे मालामाल ।**
**चाँदी-रूपयों से भरे, हर घर में थे थाल ।। 2999**
**वहाँ न पहरा है कहीं, न ही सुरक्षा नाम ।**
**मुगलों का कर ऐंठना, यही एक है काम ।। 2700**
**वसूल करते कर निधि, मुगलों के सरदार ।**
**मगर न जन रक्षा करे, कोई पहरेदार ।। 2701**

## 100. Shivaji, forty years old. Kondhana Conquest, 1670.

(शिवाजी)

पता शिवाजी को लगा, कारंजा के लाड ।
बहुत धनी परिवार हैं, जनता रहे बिगाड़ ।। 2702
वहाँ देश से प्रेम ना, ना स्वराज्य का नाम ।
करते मुगलों के लिए, देशद्रोह का काम ।। 2703
जभी शिवाजी की पड़ी, कारंजा पर धाड़ ।
पूँजी लेकर आगए, शरण पड़े सब लाड ।। 2704
जिन लाडों ने ना दिया, छुपा रखा जो माल ।
उनके धन को छीन कर, बना दिया कंगाल ।। 2705

# YEAR 1671

101. वीर शिवाजी–41 :

## साल्हेरची लढाई

## 101. Shivaji, forty one years old. Battle of Salher, 1671.

## वीर शिवाजी एकेचाळीस वर्षांचे

(साल्हेरची लढाई)

卐ओवी॰ कारंज्याच्या आजूबाजू । शिवाजी लागले गाजूं । चौथाईचा कर रुजू । केला त्यांनी ।। 3007 ।। मुगलांचा काटोनी पत्ता । हातात आली मालमत्ता । वऱ्हाडात शिवाजींची सत्ता । सुरू झाली ।। 3008 ।। मुगलांची एलीचपूर । मराठ्यांची नागपुर । दोन राजधान्या दूर । वऱ्हाडात ।। 3009 ।। सन सोळाशे एकाहत्तर । एकेचाळीस वर्षांचे वीर । शिवाजी भरभराटीवर । होते आता ।। 3010 ।। ऐकोनी शिवाजीचा पराक्रम । दिल्लीबादशहा झाला चक्रम । शिवाजीवर कराया आक्रम । बेत केले ।। 3011 ।। त्याने धाडला बहादूरखान । महाबतखान, दाऊदखान । गड घ्यावया शिवाजीपासून । दक्षिणेचे[252] ।। 3012 ।। सुंदर किल्ला साल्हेर । अति उंच गिरी वर । नाशिक निकट फार । वसलेला ।। 3013 ।। आली महाबतखानची धाड । घेरला त्याने अहिवंतगड । एक महीना केली धडपड । मुगलांनी ।। 3014 ।। महाबतच्या इतर चार । स्वाऱ्या शिवाजींच्या राज्यावर । महाराष्ट्रात गाजल्या फार । मागोमाग ।। 3015 ।। महाराष्ट्रात अचलगड । मारकिंडा, रावळगड । महाबतला न धड । यश आले ।। 3016 ।। चवथा मुगल

[252] Janyary 05, 1671.

## 101. Shivaji, forty one years old. Battle of Salher, 1671.

दिलेरखान । दिलेरने केल्या मोहीमा दोन । कान्हेरगड, पुणे पेठ छान । लूटावया ।। 3017 ।। पाचवा इखलिसखान । नांव मुगलांत महान । सरदार महा तूफान । मुगलांचा ।। 3018 ।। त्याला मिळाला दिलेरखान । घोओनी फौज महाविस्तिर्ण । कराया लढाई घमसान । शिवाजीशीं ।। 3019 ।। सैनिक अर्ध्या लाखावर । घेरला त्यांनी गड साल्हेर । उभे केले नायक चौफेर । मुगलांनी ।। 3020 ।।

**दोहा॰** **कारंजा को जीत कर, वहाँ मराठा राज ।**
**विदर्भ में है आगया, स्वतंत्रता रण आज ।। 2706**
**मुगलों के अब स्थान पर, हुआ शिवाजी नाम ।**
**विदर्भ में भी आगए, स्वराज्य के अब काम ।। 2707**
**चौथाई कर तय हुआ, विदर्भ में सब ग्राम ।**
**मुगलों के अब बंद हैं, लूट–मार के काम ।। 2708**
**एलिचपुर में मुगल थे, जमाए हुए स्थान ।**
**नागपुर था विदर्भ का, मुख्य मराठा धाम ।। 2709**
**सुना शिवाजी का जभी, विदर्भ पर आघात ।**
**दिल्ली के सुलतान का, शुरू हुआ प्रतिघात ।। 2710**
**विदर्भ में कोई न थे, मुगलों के सरदार ।**
**ना ही कोई फौज थी, करने को प्रतिकार ।। 2711**
**विदर्भ में सामर्थ्य वो, नहीं हो सका प्राप्त ।**
**दक्षिण में सब सौन्य था, करने शिया समाप्त ।। 2712**
**तीन खान अब आगए, करने को यह काम ।**
**दाऊद, बहादुर और था, जिन्हें महाबत नाम ।। 2713**

(साल्हेर)

**गढ़ सुंदर साल्हेर का, गिरि पर विराजमान ।**
**तीनों छापा मार कर, लेना चाहत खान ।। 2714**
**प्रथम महाबत चल पड़ा, खूब मचाता शोर ।**

## 101. Shivaji, forty one years old. Battle of Salher, 1671.

घेर लिया आहंतगड, उसने चारों ओर ।। 2715
लगी छावनी खान की, समय रहा था बीत ।
एक माह लड़ता रहा, मगर न पाया जीत ।। 2716

(अचलगड)

उसने फिर दूजा किया, अचलगड पर वार ।
वहाँ भी न उसकी चली, और गया वह हार ।। 2717

(मारकिंडा)

मारकिंडा का किला, उसने लीन्हा घेर ।
मुगल वहाँ भी हार कर, बहुत होगए ढेर ।। 2718

(रावळगड)

रावळगड को घेर कर, बैठा फिर वह खान ।
पिट कर भागा मुगल वो, बहुत सहा नुकसान ।। 2719

(फिर)

तीन खान जब होगए, मुगलों में बदनाम ।
चौथा आया मुगल फिर, दिलेरखान पठान ।। 2720

(पुणे)

पुणे हाट को लूट कर, लेने कान्हेरगड ।
विशाल सेना को लिए, आया गिरि पर चढ़ ।। 2721
उसे मिला फिर पाँचवाँ, मुगली इखलिसखान ।
खानों में जो ख्यात था, खान महा तूफान ।। 2722
सेना दोनों खान कीं, लिन्हा नासिक घेर ।
मुगली आधे लाख थे, सुंदर गढ़ साल्हेर ।। 2723

(इकडे)

**卐ओवी॰** मराठा पेशवे मोरोपंत । प्रतापराव सरनौबत । आले रक्षणाला तुरंत । साल्हेरला ।। 3021 ।। मराठे नामांकित शूर । सैन्य अफाट मशहूर । धावले पळविले घोडे चौखूर । गडाकडे ।। 3022 ।।

## 101. Shivaji, forty one years old. Battle of Salher, 1671.

(इधर)

✍दोहा॰ सुन कर आना फौज का, चले पेशवे आप ।
लेकर सैन्य विशाल को, देने उनको शाप ।। 2724

## 102. Shivaji, forty two years old. Battle of Salher, continued, 1672.

# YEAR 1672

102. वीर शिवाजी–42 :

## साल्हेर विजय

**102. Shivaji, forty two years old. Battle of Salher, continued, 1672.**

## वीर शिवाजी बेचाळीस वर्षांचे

संगीत श्री शिवाजी चरित्र राग–छंद माला, पुष्प 215

राग यमन, कहरवा ताल

**शिवाजी वंदना**

**स्थायी**

**सुंदर मंगल स्मरण शिवाचे, आरती कीर्तन भजन तयाचे ।**

पमंगरे ग–गग पमंग रेग–ग–, ऩिरेगग मंमंमंमं धनिध पमं–ग– ।

**अंतरा–1**

**स्वातंत्र्याचा तो सेनानी, स्वातंत्र्याचा तो सेनानी,**

**शूर मराठे सैनिक त्याचे ।।**

पगप–सां–सां– सां– निधसांनिनि–, पगप–सांनिरेंसां सां– निधसांनिनि– ।

निगंरे सांसांनिधप मंधनिध प–मंग ।।

**अंतरा–2**

**सदाचारमय वर्तन त्याचे, आनंदें करूं वर्णन त्याचे ।।**

**अंतरा–3**

## 102. Shivaji, forty two years old. Battle of Salher, continued, 1672.

**परम शिवाजीची ती लीला, अकथ महा उपकार जयाचे ।।**
**अंतरा–4**
**अद्‌भुत राजा वीर शिवाजी, प्राप्त जयाला कृपा शिवाची ।।**
**अंतरा–5**
**बंधु अमुचा, सखा शिवाजी, जिजाऊ माता, पिता शहाजी ।।**

(साल्हेरची लढाई सुरूच)

**ओवी०** सन सोळाशे–बहात्तर । उन्नतीला आला बहर । किल्ले आले शंभरावर । स्वराज्यात ।। 3023 ।। शिवाजी वय बेचाळीस । शत्रु आले मोडकळीस । मुगल नीच पातळीस । पोहचले ।। 3024 ।। मुगलांनी महीना भर । वेढला होता गड साल्हेर । वर्ष सोळाशे–एकाहत्तर । लोटले ते ।। 3025 ।। शत्रूवर ठेओनी डोळा । मोरोपंतांनी केल्या गोळा । मावळ्यांच्या तुकड्या सोळा । हल्यासाठी ।। 3026 ।। प्रतापराव गुजर । शिवाजींचे नौबत–सर । मोरोपंतांच्या बरोबर । कूच झाले ।। 3027 ।। मराठ्यांचे अकस्मात । उठले होते झंझावात । आले नाही अवाक्यात । मुगलांच्या ।। 3028 ।। पेशवे–गुजर मिळून । दुतर्फा पडले तुटून । मुगलांच्या वेढ्यात घुसून । एकाएकी ।। 3029 ।। गुजरांचे घोडदळ । पेशव्यांचे पायदळ । मुगलांची तारांबळ । उडविली ।। 3030 ।। हर हर महादेव! । मुगलांना आला चेव । झाली सुरू देवघेव । तडाख्यांची ।। 3031 ।। युद्ध झाले घनघोर । मराठे चोरांवर मोर । भिओनी पळाले चोर । वाचले जे ।। 3032 ।।

**दोहा०** **स्वराज्य में अब आगए, किले एक–सौ–आठ ।**
**सुलतानों के हाथ में, बचे एक–सौ–साठ ।। 2725**
**आदिलशाही भग्न थी, मुगल हुए थे क्षीण ।**
**फिर भी उनकी दुष्टता, ज्यों की त्यों थी हीन ।। 2726**
**मुगलों ने घेरा हुआ, था वह गढ़ साल्हेर ।**
**एक महीना हो गया, मुगल हो रहे ढेर ।। 2727**
**गढ़ पर जो बलवीर थे, जीना करत हराम ।**
**छापे मारत मावळे, बाहर से अविराम ।। 2728**

## 102. Shivaji, forty two years old. Battle of Salher, continued, 1672.

**सोलह दल के मावळे, हुए युद्ध-तैयार ।**
**विशाल सेना चल पड़ी, करने अंतिम वार ।। 2729**
**मुगल धड़ाधड़ कट गिरे, जो न गए थे भाग ।**
**भाड़े के टट्टू जिन्हें, निगला रण की आग ।। 2730**

(साल्हेर विजय)

**卐ओवी॰** मराठ्यांची फत्ते झाली । हाती खूप लूट आली । जंगी संपत्ति मिळाली । उंट घोडे[253] ।। 3033 ।। शस्त्र, दारूगोळा, तोफखाना । जडजवाहीर खजाना । वस्त्र धान्य वैरण दाणा । अगणित ।। 3034 ।। मग एका मागोमाग । प्रचंड विजय भोग । मिळाले नाना सुयोग । मराठ्यांना ।। 3035 ।। कीर्ति मराठ्यांची भारतात । पसरली सकळ जगात । दरारा मुगलांच्या मनांत । घर केले ।। 3036 ।। प्रतिष्ठा वाढली अपार । शिवाजीची सीमे पार । औरंगजेबला विचार । रात्रंदिन ।। 3037 ।। स्वातंत्र्य उत्कर्षावर । शत्रूंचे चाले ना फार । किल्यावर किल्ले सर । होत होते ।। 3038 ।। कराया स्वराज्य विस्तार । स्वाऱ्यांना आली बहार । हाती आले धन चिकार । मराठ्यांच्या ।। 3039 ।। यथा रीति नियमां प्रमाणे । लहान-माठे राजघराणें । पाठवूं लागले नजराणे । शिवाजींना ।। 3040 ।। चौथ कर शेतकरी । देऊं लागले, व्यापारी । गुंडगिरी, दंगेखोरी । नरमली ।। 3041 ।। वाढूं लागली दौलत कुंजी । किल्यांची कराया डागडुजी । सक्षम झाले राजे शिवाजी । सत्ताधीश ।। 3042 ।।

**दोहा॰** **जीत मराठे थे गए, पड़ी हाथ में लूट ।**
**जंगी शस्त्र धन संपदा, हाथी घोड़े ऊँट ।। 2731**
**लगातार इस विजय से, हुए शिवाजी ख्यात ।**
**सारे भारतवर्ष में, शूर-वीर विख्यात ।। 2732**

### कुतुबशहाचा मृत्यु

**卐ओवी॰** इतक्यात समाचार पावला । अब्दुल्ला कुतुबशहा वारला । मुगलांचा आनंद न मावला ।

---

[253] Feb. 1672.

## 102. Shivaji, forty two years old. Battle of Salher, continued, 1672.

गगनात ।। 3043 ।। आनंदाला आला ऊत । अंगात शिरले भूत । कराया नेस्तनाबूत । कुत्बशाही ।। 3044 ।। मुगलांचा आला लोंढा । जसा माजलेला गेंडा । घेरला गोवळकोंडा । कुतुबांचा ।। 3045 ।। हादरली कुतुबशाही । मार्ग अन्य उरला नाही । किल्यात अडकोनी राही । किती काळ ।। 3046 ।। कुतुबशहा सप्तम[254] । करूं न शके हजम । डोळ्या समोर अंजाम । भयानक ।। 3047 ।। जवळ दिसले मरण । आला मुगलांना शरण । संयम करोनी धारण । तह केला ।। 3048 ।। गोवळकोंड्याचा किल्ला । मुगल सत्तेत गेला । लावोनी मुगल-बिल्ला । छातीवर ।। 3048 ।। अपमान न झाला सहन । स्वाभिमानाचे झाले दहन । हृदयावर घाव गहन । झाला होता ।। 3050 ।। खेदाचे जाहले न निवारण । हृदय विकाराला झाला कारण । थोड्या दिवसांत आले मरण । अब्दुल्लाला ।। 3051 ।। मुलगा अबुल हसन । झाला आठवा सुलतान । कुतुबशाहीचा नवीन । शेवटचा ।। 3052 ।। कट्टर शिया पंथी असून । मनात इच्छा नसून । मुलगी केली सुन्नीची सून । मुगलांची ।। 3053 ।।

दोहा॰ धनी मराठे हो रहे, मुगलों का धन लूट ।
पुनरोत्थापन हो रहा, चारों ओर अटूट ।। 2733
स्वतंत्रता उत्कर्ष से, दिल्ली का सुलतान ।
मायूसी से देखता, बंद होत दूकान ।। 2734
किले हाथ से जा रहे, सत्ता हुई महीन ।
दास हमारे हो रहे, स्वराज्य के आधीन ।। 2735
चौथ शिवाजी ले रहा, कर की सब भुगतान ।
गुंडागर्दी बंद है, सभी प्रसन्न किसान ।। 2736
इतने में सुलतान को, मिली खबर गुलकंद ।
कुतुबशहा है मर गया, मुगलों को आनंद ।। 2737

---

[254] **अब्दुल्ला कुतुबशहा :** Qutab Shah (1614-1672), the last and 7th ruler of Golkunda (r. 1626-1672) died on April 21, 1672. He was succeeded by his son-in-law Abul Hasan Tana Shah (1639-1686), the last ruler (r. 1672-1686) as Mughal vassal. Tana Sha's daughter was given to Sultam Mirza (1639-1676), the eldest son of Aurangzeb.

## 102. Shivaji, forty two years old. Battle of Salher, continued, 1672.

जैसी सबको थी पता, सुलतानों की रीत ।
कुतुबशहा की मौत में, मुगल मनावे जीत ।। 2738
आया मुगलों का जभी, हमला धुँआधार ।
डरे कुतुबशाही सभी, कर न सके प्रतिकार ।। 2739
घेरा मुगलों ने किला, गोलकुंडा महान ।
रक्तपात होना ही था, और बहुत नुकसान ।। 2740
कुतुबशाह के बाद में, अब्दुल्ला सुलतान ।
सह न सका आघात यह, और घोर अपमान ।। 2741
शरण मुगल की माँग ली, बन कर मुगल-गुलाम ।
किला समर्पित कर दिया, तभी बन सका काम ।। 2742
अब्दुल्ला को होगया, गहारा हृदय विकार ।
कुछ ही दिन में मर गया, छोड़ गया संसार ।। 2743
बेटा उसका लाड़ला, ताना शाह उपनाम ।
अबुल हसन था आठवाँ, अंतिम कुतुब सुलतान ।। 2744

(मराठ्यांच्या मोहीमा)

卐ओवी॰ कोळी, सिद्दी, आदिल, मुगल । चार शत्रू केले असफल । मराठ्यांचे वृद्धिंगत बल । अविराम ।। 3054 ।।

(जव्हार-रामनगरचे कोळी)

卐ओवी॰ कोळी अधिप सोमशहा । आणि राजा विक्रमशहा । कैवारी मुगलांचे महा । च्युत झाले[255] ।। 3055 ।। एक दमणला पळाला । दूजा मुगलांना मिळाला । स्वाऱ्या दोन्हीं आल्या फळाला । मराठ्यांच्या ।। 3056 ।।

✍दोहा॰ मछियारों का अधिपति, सोमशहा अभिधान ।
मुगलों का मैं दास हूँ, उसको था अभिमान ।। 2745

---

[255] June 1672.

## 102. Shivaji, forty two years old. Battle of Salher, continued, 1672.

**दूजा था विक्रमशहा, मिल कर उसके साथ ।**
**वैर शिवाजी से करे, हिंदू होकर जात ।। 2746**
**जभी मराठों ने किये, आक्रमण लगातार ।**
**भागे दोनों छोड़ कर, अपना राज्य "जव्हार" ।। 2747**

(आदिलशाही)

**ओवी॰** आदिलशाही अमलदार । जपूं न शकला कारवार । केले त्याला सहज ठार । मराठ्यांनी[256] ।। 3057 ।।

**दोहा॰ प्यादा आदिलशाह का, कारवार सरदार ।**
**जभी शिवाजी से लड़ा, दिया गया वह मार ।। 2748**

(मुगल)

**ओवी॰** हरिश्चंद्र, मुल्हेर । नाशिक, त्र्यंबकेश्वर । तेलंगणही केले सर । मराठ्यांनी[257] ।। 3058 ।। चिडले मग मुगल फार । दिलेरखान त्यांचा सरदार । घुसले पुण्यात घोडेस्वार । मुगलांचे ।। 3059 ।। पुण्यात भारी लूटमार । कत्तल जबरदस्त फार । दिलेरखानाने केली अपार । मुगलाने ।। 3060 ।।

**दोहा॰ किले त्र्यंबकेश्वर तथा, हरिश्चंद्र, मुल्हेर ।**
**जीत मराठों ने लिये, मुगलों के सब घेर ।। 2749**
**चिढ़ कर दिलेरखान ने, भेजे अश्वसवार ।**
**बदला लेने के लिए, पुणे शहर को ताड़ ।। 2750**
**तोड़-फोड़ सब ओर की, नगर किया बरबाद ।**
**कतलें भीषण जो करी, रहे हमेशा याद ।। 2751**

---

[256] June 1672.

[257] July 1672.

## 102. Shivaji, forty two years old. Battle of Salher, continued, 1672.

वाणी-दिंडोरीचा सिद्दी हिलाल । मुगलांचा झाला होता दलाल । मराठ्यांनी त्याला केले कंगाल । पराभूत[258] ।। 3361 ।। सोडले सिद्दीने मुगलांना । मिळाला पुन्हा तो मराठ्यांना । पूर्वी करायचा उपासना । शिवाजींची ।। 3062 ।।

(सिद्दी)

✍दोहा॰ **वाणी-डिंडोरा पति, सिद्दी नाम हिलाल ।**
**वैर शिवाजी से करे, बना मुगल-दलाल ।। 2752**
**छीन मराठों ने लिया, उसका सारा माल ।**
**भगा भी दिया राज्य से, बना दिया कंगाल ।। 2753**

(आदिलशहाचा मृत्यु)

卐**ओवी॰** आदिलशहा होता त्रासला । मराठ्यांनी रंजविले त्याला । शेवटी थकोनी तो वारला । सोळाव्या वर्षी[259] ।। 3063 ।। मुलगा त्याचा सिकंदर । बसला मग गादीवर । चार वर्षांचा मातबर । बालक तो ।। 3064 ।। सिद्दी खवासखान अधीर । झाला विजापुरचा वजीर । शिवाजीचा तो शत्रु जाहीर । सर्वश्रुत ।। 3065 ।।

✍दोहा॰ **हार मिली हर युद्ध में, मिली सदा ही मात ।**
**तंग मराठों ने किया, रंज बहुत दिन-रात ।। 2754**
**आदिल सोलह साल था, गादी पर सुलतान ।**
**बेचैनी से मर गया, असह्य था अपमान ।। 2755**
**नाम सिकंद पुत्र का, पिता हुए निष्प्राण ।**
**चार साल का बाल वो, बना नया सुलतान ।। 2756**
**नाबालिग सुलतान की, लेने दखल, अधीर ।**
**शत्रु शिवाजी का बना, खवासखान वजीर ।। 2756**

---

[258] July 1672.

[259] Adil Shah II (1638-1672, r. 1656-1672) died on Nov. 24, 1672 at Bijapur. He was succeeded by his son Sikandar (1668-1686), the last ruler (r. 1672-1686).

## 102. Shivaji, forty two years old. Battle of Salher, continued, 1672.

वजीर आदिलशाह का, जालिम खवासखान ।
द्वेष शिवाजी का करे, मन पर बिना लगाम ।। 2757

## 103. Shivaji, forty three years old. Panhalgad conquest, 1673.

# YEAR 1673

103. वीर शिवाजी–43 :

## पन्हाळगड विजय

## 103. Shivaji, forty three years old. Panhalgad conquest, 1673.

## वीर शिवाजी त्रेचाळीस वर्षांचे

संगीत श्री शिवाजी चरित्र राग-छंद माला, पुष्प 216

भजन : राग रत्नाकर, कहरवा ताल 8 मात्रा

स्थायी

**शिव जी तुम किसमें रहते तुम, बताओ श्रवण प्यासे हम ।**

**प्रभोः भोः! कुत्र तिष्ठसि त्वं, वदतु मां, ज्ञातुमिच्छामि ।।**

♪मग म रेरे! धपम गगम– प–, सांनिधप– मगरे ग–म– रे– ।

सानि़सा रे–! प–म ग–रेग म–, पमग रे–, प–मग–रे– सा– ।।

अंतरा–1

**जहाँ पर नाद ब्रह्मा का, जहाँ पर राग सरगम का ।**

**वहाँ पर स्थान है मेरा, अरे! मैं, "तत्र तिष्ठामि" ।।**

♪धप– मग– रे–ग म–ग– प–, मग– रेरे– ग–म पपमग रे– ।

सानि़ सासा– म–ग रे– ग–म–, निध–! प–, ग–ग म–रे–सा– ।।

अंतरा–2

## 103. Shivaji, forty three years old. Panhalgad conquest, 1673.

जहाँ पर है दिलों में गम, जहाँ पर बेदिली है कम ।
वहाँ पर वास है मेरा, सुनो! मैं, "तत्र विष्ठामि" ।।

अंतरा–3

कहीं ना देश है ऐसा, कोई ना वेश है ऐसा ।
जहाँ ना अंश है मेरा, अरे! सर्वेषु निवसामि ।।

अंतरा–4

कहीं ना धाम है ऐसा, कोई ना नाम है ऐसा ।
जहाँ ना वास है मेरा, सदा सर्वत्र गच्छामि ।।

अंतरा–5

जहाँ पर पाप का नहीं दम, जहाँ पर पुण्य है हरदम ।
वहाँ आधार है मेरा, सखे! मैं, "भद्ररक्षामि" ।।

(पन्हाळगड विजय)

**ओवी॰** सोळाशे–त्र्याहात्तर सन । शिवाजी त्रेचाळीस वयोमान । वृद्धिंगत स्वराज्याची कमान ।। होत होती ।। 3066 ।। खवासखान वागे ना धड । त्याला शिवाजींची होती चीड । त्याच्या सत्तेत पन्हाळगड । किल्ला होता ।। 3067 ।। शिवाजीला हवा होता तो गड । जरी काम ते होते अवगड । मराठ्यांना सर्वच अजड । करावया ।। 3068 ।। पन्हाळगड उत्तुंग फार । स्थित विशाल शिखरावर । अवाढव्य किल्ल्याचा विस्तार । बळकट ।। 3069 ।। प्रचंड फौज किल्यावर । तोफा–दारूगोळा अपार । फार सावध किल्लेदार । गस्त कडक ।। 3070 ।। शिवाजींनी गडी निवडले । जे त्यांच्या मनाला आवडले । कुणां न कधी जे अडले । बेधडक ।। 3071 ।।

**दोहा॰** अगला किला पन्हाळगड, बुलाने लगा रोज ।
"मुझे मुक्त करने, सखे! करो रासता खोज" ।। 2758
आदिलशाही दुष्ट यह, मेरा मालिक खान ।
मुझे न भाता तनिक भी, घटिया है इनसान ।। 2759
वीर शिवाजी ने सुनी, जब वह आर्त पुकार ।

## 103. Shivaji, forty three years old. Panhalgad conquest, 1673.

बोले, तुझको मुक्त अब, करना ध्येय हमार ।। 2760
बनी फटोफट योजना, करने को यह काम ।
कहे अनाजी पंत मैं, देता हूँ अंजाम ।। 2761

(पन्हाळगड)

ऊँचे पहाड़ पर खड़ा, किला विशाल महान ।
बना हुआ मजबूत है, कहता खवासखान ।। 2762
"यहाँ न कोई आ सके, ना हो सकता घात ।
यहाँ सुरक्षा कुदरती, चिंता की ना बात" ।। 2763
इसी भूल में थे सभी, खोए पहरेदार ।
सोते थे आराम से, करके बंद दुआर ।। 2764

(एकदा)

卐ओवी॰ शिवाजींनी एका दुपारी । दिली पन्हाळ्याची सुपारी । सहित तलवार दुधारी । अनाजींना ।। 3072 ।। सुरनीस पंत अनाजी । सोबत मोत्याजी, गणाजी । सेनानी फर्जंद कोंडाजी । निवडक ।। 3073 ।। आधी गेले तरबेज हेर । पहाणीला तपशीलवार । कुठे सुरक्षेत आहे कसर । पन्हाळ्याच्या ।। 3074 ।। मध्यंतरी न बसले उगीच । तयारी केली महीने अडीच । जेव्हा झाली सिद्धता सगळीच । निघाले ते ।। 3075 ।।

✍दोहा॰ तलाश कर जासूस ने, ढूँढ लिया उपचार ।
गढ़ की पश्चिम तरफ है, चट्टान में दरार ।। 2765
अगम्य तट वह जान कर, उधर न पहरेदार ।
तटबंदी टूटी पड़ी, हो सकती है पार ।। 2766
छह हफ्ते फिर सिद्धता, करके हुए तयार ।
गिने-चुने कुछ मावळे, करके योग्य विचार ।। 2767

(मोहीम)

卐ओवी॰ विपिन वाट दरडीतून । जिथे कडा पडला तुटून । भेग आहे गडाला तिथून । गस्त नाही ।। 3076 ।। गुप्ततेची करून खात्री । दोन पात्यांची करून कात्री । चढल्या गड मध्यरात्री ।

# 103. Shivaji, forty three years old. Panhalgad conquest, 1673.

दोन टोळ्या ।। 3077 ।। साठ जमा झाले बोळीत । तीस-तीस एका टोळीत । वर जाण्या ओळी-ओळींत । गडावर ।। 3078 ।। गडाची भेग निरुंद ताठ । दोन्हीं बाजूंनी सरळ काठ । उंची भेगेची गज साठ । अदमासे ।। 3079 ।। हातापायांचे टेकण करून । काहीं चढले भींतींना धरून । दोर सोडला मग वरून । चढावया ।। 3080 ।।

✍दोहा॰ **आए आधी रात में, पन्हाळगड के पास ।**
**पश्चिम दिश पहरा नहीं, नहीं हुआ विश्वास ।। 2768**
**साठ मावळे आगए, उस दरार के पास ।**
**सीधी ऊँची जो खड़ी, लगभग हाथ पचास ।। 2769**
**दरार काफी तँग थी, वही आगई काम ।**
**तरेर पतली दरक थी, भाग्य यही है नाम ।। 2770**
**हाथ पाँव टेकन किए, ऊपर चढ़े जवान ।**
**चढ़े मावळे दुर्ग पर, ताकतवर बलवान ।। 2771**

(तिकडे)

卐**ओवी॰** द्वारपाळ ज्यावेळी थकले । द्वार बंद करून टाकले । सर्व निद्रस्थ झाले आंतले । गडावर ।। 3081 ।। गडावर आलेले मावळे । कैची व्यूह रचून आपले । कच कच मुगल कापले । पेंगलेले ।। 3082 ।। जागा होऊन किल्लेदार । आला घेऊन तलवार । त्याचा केला प्रतिकार । कोंडाजीने ।। 3083 ।। द्वंद्व झाले घनघोर । दोन्हीं वीरांमध्ये जोर । कोण कुणापेक्षा थोर । लढाईत ।। 3084 ।। झाले वारांवर वार । कोंडाजीचा अंत्य प्रहार । किल्लेदार झाला ठार । शिरच्छेद ।। 3085 ।। कोंडाजीची तलवार । केला मानेवर वार । मुंडके उडाले पार । हवेमध्ये ।। 3086 ।।

✍दोहा॰ **आदिलशाही सो रहे, कहीं न कोई शोर ।**
**नजर किसी सरदार की, पड़ी न इनकी ओर ।। 2772**
**आदिलशाही आठ सौ, ऊँघ रहे थे वीर ।**
**साठ मावळे तब उन्हें, डाल रहे थे चीर ।। 2773**

## 103. Shivaji, forty three years old. Panhalgad conquest, 1673.

(फत्ते)

卐ओवी॰ किल्लेदार पडला वीर । मुगलांचा खचला धीर । अनेक पळाले अधीर । प्राणप्रेमी ।। 3087 ।। मराठ्यांचे वीर साठ । आदिलाचे शेकडा-आठ । दाखवते झाले पाठ । भीतीग्रस्त ।। 3088 ।। पळाले ते वाचले । लढले ते कापले । वीर गेले आपले । एक-दोन ।। 3089 ।। मराठे आदिलांना जड । जिंकले वीर वरचढ । फत्ते केला पन्हाळगड । मावळ्यांनी[260] ।। 3090 ।। आदिल गिळले एका घासात । युद्ध संपविले तीन तासांत । तेव्हांच आला श्वास श्वासात । मराठ्यांचा ।। 3091 ।।

✍दोहा॰ **जागे डर कर जब सभी, मचाने लगे शोर ।**
**भाग गए सो बच गए, बाकी जग को छोड़ ।। 2774**
**केवल घंटे तीन में, युद्ध होगया शेष ।**
**संगर खवासखान था, हार गया निःशेष ।। 2775**
**भगवा ध्वज ऊपर चढ़ा, गढ़ पर विराजमान ।**
**महाराष्ट्र में फिर बढ़ी, स्वतंत्रता की शान ।। 2776**

(आनंद)

卐ओवी॰ रायगडावर आनंद । तुताऱ्या पोवाडे बेधुंद । तोफा-बारूद बार रुंद । गगनात ।। 3092 ।। नगारे नौबती वाजल्या । बाया नाचाया न लाजल्या । नारे-ललकाऱ्या गाजल्या । स्वराज्यात ।। 3093 ।।

✍दोहा॰ **पुलकित था आनंद से, सकल मराठा देश ।**
**रायगड पर महान था, आनंदोत्सव पेश ।। 2777**
**पोवाडे संगीत का, जशन हो रहा खूब ।**
**खान-पान के मोद में, सभी रहे थे डूब ।। 2778**

## इतर स्वाऱ्या April-Dec. 1673

---

[260] March 06. 1673.

## 103. Shivaji, forty three years old. Panhalgad conquest, 1673.

(April 1673)

卐ओवी॰ साताऱ्याचा सर्जेखान । आदिलशाही पठाण । भ्रष्ट हिंसक महान । अपकारी ।। 3094 ।। नाना परामर्श घेत । मराठ्यांचे झाले बेत । सरजाखानचे प्रेत । हवे त्यांना ।। 3095 ।। मराठ्यांनी केले सर । नंदागिरी, कोल्हापूर । परळी, पावनगड । लगातार ।। 3096 ।। तिकडे आदिलाने फटोफट । दरबारात रचला कट । बहलोलखानाला निकट । बोलावून ।। 3097 ।। बहलोलखान पठाण । करतो सदा अकल्याण । खून खराबा मारहाण । अत्याचार ।। 3098 ।। धिप्पाड, क्रूर, शूर, तूफान । जणु दूजा अफजलखान । आदिलशहा करी सन्मान । पठाणाचा ।। 3099 ।। मीरजचा तो सुभेदार । मोहीमेस झाला तयार । शिवाजीला कराया ठार । पकडून ।। 3100 ।। प्रसन्न अतीव बिजापूर । मोहीम देऊन शिरावर । बहलोलला बारा हजार । फौज दिली ।। 31401 ।। शिवाजींना मिळाली खबर । मोहीम येत आहे जबर । बारूद, शस्त्र, धन गबर । विजापुरी ।। 3102 ।।

✍दोहा॰ **सातारा का भ्रष्ट वो, सर्जेखान पठान ।**
**आदिलशाही दास था, महा दुष्ट शैतान ।। 2779**
**सदा मराठे चाहते, उसको देनी हार ।**
**करें उसे बरबाद हम, या फिर डालें मार ।। 2780**
**सबक सिखाने खान को, करने हैं कुछ काम ।**
**सातारा को बाद में, दे देंगे अंजाम ।। 2781**
**पावनगड, नंदागिरी, परळी, कोल्हापूर ।**
**जीत मराठे थे रहे, वीर मावळे शूर ।। 2782**
**बिजापूर दरबार में, मचा दिया हड़कम्प ।**
**सभी शिवाजी के प्रति, जताने लगे कोप ।। 2783**

(अत:)

**बुला लिया दरबार में, बहलोलखान पठान ।**
**खून शिवाजी का करे, चाहे दे दे जान ।। 2784**
**खान बड़ा था शोहदा, शूर क्रूर तूफान ।**

## 103. Shivaji, forty three years old. Panhalgad conquest, 1673.

**ऊँचा तगड़ा साँड था, दूजा अफजलखान ।। 2785**
**सुन कर आदिल का कहा, और बड़ा ईनाम ।**
**बोला, खान उतावला, मैं करता यह काम ।। 2786**
**आदिल बहुत प्रसन्न था, सुन कर वह स्वीकार ।**
**सेना दे दी खान को, बारह अश्व हजार ।। 2787**

(इकडे, शिवाजी)

卐**ओवी॰** वीर प्रतापराव गुजर । सेना घेऊन झाले हजर । जय! जय! करीत गजर । निघाले ते ।। 3103 ।। खानाला नाही कळले । नशीब आहे त्याचे वळले । सैन्य त्याचे जाणार दळले । जात्यामध्ये ।। 3104 ।। घेरला गेला अचानक । दोन बाजूंनी भयानक । नौबती, दुंदुभी, आनक । दणाणल्या ।। 3105 ।। मराठ्यांच्या तुकड्या जशा । टोळधाड, गांधिल माशा । उडवित्या झाल्या फडशा । आदिलांचा ।। 3106 ।। छावणीत उडाली धांदल । बहिलोलखानाची तारांबळ । आदिलांची झाली धवपळ । हाहाकार ।। 3107 ।। लढाई चालली काहीं तास । एक प्रहर जवळपास । आदिलांचा झाला सर्वनाश । हारले ते ।। 3108 ।। आदिलांचा झाला चोळामोळा । पळाले सोडून दारूगोळा । मराठ्यांनी माल केला गोळा । फुकटचा ।। 3109 ।।

✍**दोहा॰** **पता शिवाजी को चला, निकल चुका है खान ।**
**साथ तोप-बारूद है, दस हजार जवान ।। 2788**
**इधर शिवाजी का हुआ, लड़ने सैन्य तयार ।**
**पता खान को ना चला, होगा उस पर वार ।। 2789**
**घेरा उसकी फौज को, दो सैन्यों के बीच ।**
**इधर-उधर ना जा सका, घबराया वह नीच ।। 2790**
**आदिलशाही छावनी, कर न सकी प्रतिकार ।**
**हुआ अचानक आक्रमण, कटे हजार-हजार ।। 2791**
**लगे सिपाही भागने, वहीं खान को छोड़ ।**
**खिसक गया फिर खान भी, अपनी हिम्मत जोड़ ।। 2792**

## 103. Shivaji, forty three years old. Panhalgad conquest, 1673.

**वहीं माल सब तज दिया, तोपें धन बारूद ।**
**माल मराठे लूट कर, रहे हर्ष से कूद ।। 2793**

(July 1673)

卐**ओवी॰** सातारा आदिलांचा सुभा । सरजाखान तिथे उभा । अत्याचाराची त्याला मुभा । प्राप्त होती ।। 3110 ।। सातारा मराठ्यांचा देश । तसेच बाजूचे प्रदेश । केले आहेत परदेश । आदिलांनी ।। 3111 ।। मराठ्यांचा होता बेत । अंबेची शपथ घेत । सरजाखानाचे प्रेत । पाडूं आम्हीं ।। 3112 ।। शिवाजींनी केले काबीज[261] । मराठवाड्याचे काळीज । सातारा घेओनी, समाज । मुक्त केला ।। 3113 ।।

✍**दोहा॰** **हार गया बहलोल था, छोड़ गया सब माल ।**
**आदिल अब ठंढा हुआ, चलने कोई चाल ।। 2794**
**अब सातारा होगया, बिलकुल अलग अनाथ ।**
**रहा न सर्जाखान अब, बिजापूर के साथ ।। 2795**
**सैन्य शिवाजी का चला, सातारा की ओर ।**
**जान गया तब खान वो, संकट छाया घोर ।। 2796**
**सातारा में जब घुसा, वीर मराठा सैन्य ।**
**हालत सर्जेखान की, बहुत होगई दैन्य ।। 2797**
**भाग गया वह छोड़ कर, सर्जाखान पठान ।**
**मोचित सातारा हुआ, मिला ढेर सामान ।। 2798**
**मुक्त शिवाजी ने किया, फिर से हिंदू राज ।**
**सातारा का प्रांत अब, हुआ प्रसन्न समाज ।। 2799**

(Oct. 1673)

---

[261] July 27, 1673.

## 103. Shivaji, forty three years old. Panhalgad conquest, 1673.

**卐ओवी॰** शिवाजीनी घेतला सातारा । आजूबाजूंचा मुलूख सारा । वाढला मराठ्यांचा दरारा । चहूंकडे ।। 3114 ।। उमरावी, वाई-लक्ष्मेश्वर । चंदनवंदन, कारवार । अथनी, कऱ्हाड केले सर । मराठ्यांनी ।। 3115 ।। मग लूटले बंकापूर । आणि गाठले चांदगड । सरजाखान केला ठार । मराठ्यांनी ।। 3116 ।।

**✍दोहा॰** **जहाँ-जहाँ वह भागता, बुजदिल सर्जाखान ।**
**पहुँच मराठा सैन्य ने, जीत लिया वह स्थान ।। 2800**
**धरती अब छोटी पड़ी, खान गया वह हार ।**
**पकड़ मराठा फौज ने, डाला उसको मार ।। 2801**

104. Shivaji, forty four years old. Coronation of Shivaji, 1674.

# YEAR 1674

104. वीर शिवाजी–44 :

## छत्रपति शिवाजींचा राज्याभिषेक

## 104. Shivaji, forty four years old. Coronation of Shivaji, 1674.

**CONTEMPORARY HISTORICAL STAGE**

**Contemporary Kingdoms and the Kings.**

*__Delhi__ Sultan : Aurangzeb (ruled 1658-1707); Khan of Kalat, **Sindh** Sardar Mir Ahmad Khan (1666-1695); Guhila Rana of **Mewad** : Raja Singh (1652-1680); Rathod Maharaja of **Jodhpur Marwad** : Ajit Singh (1638-1680); Rathod Maharaja of **Bikaner** : Anup Singh (1669-1698); Kachhwaha Maharaja oh **Ambar Jaipur** : Ram Singh-1 (1667-1685); Chauhan Maha Rao of **Bundi** : Bhao Singh (1658-1678); Chauhan Maha Rao of **Kota** : Kishor Singh (1669-1685); Bhatti Maharawal of **Jaisalmer** : Amar Singh (1661-1702); Maharaja of **Kacch** : Rai Dhan (1662-1697); Adilshahi Sultan of **Bijapur** : Sikandar Adilshah (1672-1686); Qutabshahi Sultan of **Golkunda** : Abul Hasan (1672-1687); Nayak of **Ikkeri** : Chennamma (1671-1696); Nayak of **Tanjavur** : Vyankoji Bhosle (1674-1686).

संगीत श्री शिवाजी चरित्र राग–छंद माला, पुष्प 217

शिवाजी राजा

**स्थायी**

**झनक झनक झन् मंगल वाजे, वीणेची झनकार ।**

**छम् छम् घुंगरूंचा रव ताल, ग! वाजे ... ।।**

**अंतरा–1**

## 104. Shivaji, forty four years old. Coronation of Shivaji, 1674.

आज शिवाजी राजा झाला, उत्सव हा रंगदार, ग बाई! ।
फूल मोगरा चाफा उधळूं, घालूं गुलाब हार ग! ।
गाऊं त्याचा जय जयकार, ग! ।। वाजे ...

अंतरा-2

गीत लावण्या अन् पोवाडे, वाजत डफ दमदार, ग बाई! ।
ललना गाती सुंदर गीतें, ताल जयां रसदार, ग! ।
कवि शाहिर गातीं दणकट, छत्रपति जयकार, ग! ।।

अंतरा-3

राजा सजला श्री शिवराया, इन्द्र जसा सुकुमार, ग बाई! ।
देश देशचे नृपवर आले, इंग्रज ही सरकार, ग! ।
बाधा मुळीं न घालूं शकले, सुलतानी सरदार, ग! ।।

अंतरा-4

विजय पताका किल्ले सजले, सजले पहरेदार, ग बाई! ।
आशिष देतीं गुरुजन सगळे, काशी-पंडित चार, ग! ।
कधी न झाला असा सोहळा, महाराष्ट्र खुश फार, ग! ।।

## वीर शिवाजी चौरेचाळीस वर्षांचे

(शिव छत्रपति)

卐ओवी० सन सोळाशे-चौऱ्याहत्तर उगवले । सौभाग्य स्वराज्याचे उजळले । वर्ष चौव्वेचाळीसवे उतरले । शिवाजीला ।। 3117 ।। मराठे उन्नतीच्या वाटेवर । आदिल मरणाच्या खाटेवर । मुगल सदा वहिवाटेवर । दगाबाजीच्या ।। 3118 ।।

दोहा० सन चैहत्तर ने किया, भारत माँ को हृष्ट ।
स्वर्णाक्षर इतिहास में, लिखा जा रहा पृष्ठ ।। 2802
मर्द हुए चौंतीस के, वीर शिवाजी आज ।
उन्नति पर स्वातंत्र्य के, दिव्य मराठा राज ।। 2803

## 104. Shivaji, forty four years old. Coronation of Shivaji, 1674.

**आदिलशाही मर रही, अंतिम है सुलतान ।**
**मुगल शिकंजा कस रहे, धोखाधड़ी लगान ।। 2804**

(तिकडे)

**卐ओवी॰** शिवाजींच्या नजरेच्या आड । येत होती विजापुरी धाड । सरदार त्यांचा उनाड । बहलोल ।। 3119 ।। महाराजांना कळले विधान । आदिलशाही बहलोलखान । घेओनी पठाणी सैन्य तूफान । येत आहे ।। 3120 ।। हाच तो बहलोल खान । गत वर्षी[262] चेंदून छान । दिले ज्याला जीवन दान । मराठ्यांनी ।। 3121 ।। शिवाजीने निवडला वीर । प्रतापराव गुजर धीर । ज्याला स्वराज्याची फिकीर । जीवापाड ।। 3122 ।। गुजर निघाला घेओनी गडी । बरोबर सेना फारच थोडी । तुरळक मावळ्यांची तुकडी । महावीर ।। 3123 ।। नेसरीच्या डोंगरात । केली वीरांनी भिडंत । लढले मरेपर्यंत । रणावर ।। 3124 ।। मग आला आनंदराव । कराया खानावर घाव । दे माय धरणी ठाय । आदिलांना ।। 3125 ।। वाटेत त्याने लूटले पेंच । खानाचे खास गाव तेंच । मराठ्यांचा हा डावपेच । कामी आला ।। 3126 ।। येथोनी तो आनंदराव । लूटता झाला सांपगाव । बंकापूर पुढला घाव । होता त्याचा ।। 3127 ।। मराठे आले, खानाला कळाले । ऐकानी त्याचे धैर्य गळाले । आदिल रण सोडोनी पळाले । विजापुरला ।। 3128 ।। रावाला मिळाली लूट भारी । आणली रायगडाच्या द्वारी । बैलांवर लादोनी ती सारी । तीन हजार ।। 3129 ।।

**✍दोहा॰** **बिजापुरी बहलोल वो, भागा था गत साल ।**
**आया फिर से मारने, जिजामातु का लाल ।। 2805**
**प्रचंड सेना साथ थी, करने फत्ते काम ।**
**मगर उसे क्या था पता, देख रहा शिवनाम ।। 2806**
**गुप्त योजना खान की, छुपी रही ना बात ।**
**पता शिवाजी को चला, करने को आघात ।। 2807**
**वीर मावळे चल पड़े, करके दो दल खास ।**

---

[262] April 1673, Battle of Umrani.

## 104. Shivaji, forty four years old. Coronation of Shivaji, 1674.

बड़ा आनंदराव का, स्वल्प गुजर के पास ।। 2808
छोटा दल आगे बढ़ा, करने को प्रतिकार ।
नेसरी के पहाड़ पर, किया खान पर वार ।। 2809
दल में केवल साठ थे, करने को बलिदान ।
उन्हें सामने देख कर, उन पर झपटा खान ।। 2810
शेरों के वे शेर थे, युद्ध किया घमसान ।
हार न मानेंगे कभी, जब तक उनमें प्राण ।। 2811
वीरश्री आश्चर्य से, देख रहा था खान ।
काट रहे थे शत्रु वे, गा कर हर! हर! गान ।। 2812

(पीछे से)

पीछे से सेना लिए, आए आनंदराव ।
करने हमला खान पर, यथा रचा था दाँव ।। 2813
आगे पीछे दो तरफ, कटे खान के वीर ।
घबड़ाया अब खान वो, चकराया वह धीर ।। 2814
भाग गया रण छोड़ कर, त्याग दिया सामान ।
लूट मराठों को मिली, और मिला सम्मान ।। 2815

(मुगल)

**卐ओवी॰** कोंकणघाटचा दिलेरखान । दमगावचा कुतुबखान । पेडगावचा बहादुरखान । मुगल हे ।। 3130 ।। मुगल सेनानी समस्त । सुलतानाचे लांब हस्त । मराठ्यांनी केले परास्त । जागोजागी ।। 3131 ।। सुलतानांचा सिलसिला । उत्तरेकडून इथे आला । तीन शतकें स्थायी झाला । दक्षिणेत ।। 3132 ।। रक्तशोषित इतिहास तो । आम्हां भयानक भासतो । बघोनी सुलतान हासतो । विना लाज ।। 3133 ।। आला होता सुलतान । खिलजी अलाउद्दीन । आपला धर्म घेऊन । दक्षिणेत ।। 3134 ।। यादवांना केले नष्ट[263] । देवगिरी केली भ्रष्ट । गुलामीत महाराष्ट्र ।

---

[263] March 1307.

## 104. Shivaji, forty four years old. Coronation of Shivaji, 1674.

राबविला ।। 3135 ।। मग तालीकोटची लढाई । पाच[264] सुलतानांची चढाई । विजयनगरची सफाई[265] । केली त्यांनी ।। 3136 ।। कत्तल केली भीषण । नायकांचे लूटले धन । विजापुर झाले संपन्न । आदिलांचे ।। 3137 ।। होऊनी सुलतानी गुलाम । हिंदूंनी विकला स्वाभिमान । गुलामीत वाटे अभिमान । मराठ्यांना ।। 3138 ।। मराठे सुप्त झाले गाफील । गणले गेले हीण काफीर । फक्त सेवकांत सामील । होण्याजोगे ।। 3139 ।। त्यांच्या जीवाला शून्य दाम । करतां सुलतानचे काम । स्वेच्छेने बनलेले गुलाम । पथभ्रष्ट ।। 3140 ।।

**दोहा॰** **कुतुब, बहादुर, दिलेर भी, कोकण के थे खान ।**
**प्रसन्न जिन पर बहुत थे, मुगलों के सुलतान ।। 2816**
**उत्तर से सेना लिए, दुष्ट कर्म आधीन ।**
**आए दक्षिण में मुगल, पूर्व शतक से तीन ।। 2817**
**चोदहवीं शती में प्रथम, खिलजी था सुलतान ।**
**देवगिरी को लूट कर, जमा लिया था स्थान ।। 2818**
**उनके वंशज पाँच थे, दक्षिण के सुलतान ।**
**विजयनगर को लूट कर, कीन्हा कत्लेआम ।। 2819**
**सधन उसी से था हुआ, बिजापुरी सुलतान ।**
**हिंदू गुलाम होगए, जिन्हें न था अभिमान ।। 2820**

(और)

**स्वाभिमान को बेच कर, बने मराठे दास ।**
**कहे गए काफीर वे, सहन करत परिहास ।। 2821**
**पथभ्रष्ट वे जी रहे, अपनों को ही मार ।**

---

[264] **पाच सुलतान : 1.** Husain Nizam Shah of Ahmadnagar (r. 1554-1565), **2.** Ibrahim Qutub Shah of Golkunga (r. 1550-1581), **3.** Burhan Imad Shah of Achalpur (r. 1560-1568); **4.** Ali Barid Shah of Bidar (r. 1538-1582) and **5.** Ali Adil Shah of Bijapur (r. 1557-1580).

[265] January 23, 1565.

## 104. Shivaji, forty four years old. Coronation of Shivaji, 1674.

**लाज-शर्म सब छोड़ कर, गुलाम बन लाचार ।। 2822**
**लगभग पौने-चार-सौ, रह कर साल गुलाम ।**
**भूल गए हिंदू गधे, स्वदेश का भी नाम ।। 2823**
**टूकड़ों पर थे पल रहे, कुत्ते बन कर वीर ।**
**दिमाग पर ताले लगे, पाँव पड़ी जंजीर ।। 2824**
**भ्रष्ट हुआ निज धर्म था, माँ-बहिनों की लाज ।**
**वीर षंढ थे होगए, बुजदिल बना समाज ।। 2825**

卐**ओवी॰** लोटली शतकें पावणेचार । हिंदू विसावले, मानोनी हार । खुशीने पत्करला अत्याचार । दास झाले ।। 3141 ।। बाटली भाषा, धर्म, समाज । आया-बहिणीं-मुलींची लाज । परिवर्तनदिन आला आज । मराठ्यांचा ।। 3142 ।। स्थिति ही पालटण्याची । स्वराज्य पुन्हा थाटण्याची । वैभवशाली वाटण्याची । घडी आली ।। 3143 ।। एक आई धैर्यशाली । निद्रेतून जागी झाली । तिला सद् बुद्धि आली । स्वातंत्र्याची ।। 3144 ।। तिने जागृत केला पुत्र । देओनी स्वराज्याचे सूत्र । ज्याला गुलामी वाटली क्षुद्र । विदेशींची ।। 3145 ।। सुलतानांशीं करोनी द्रोह । स्वराज्याचा ठेऊनी मोह । आसा वीर पुरुष लोह । जन्मला हा ।। 3146 ।। ज्याने करूनी प्रयत्न । परास्त केले सपत्न । जन कराया संपन्न । स्वाभिमानी ।। 3147 ।। जाणोनी त्यांची अवदशा । लोकांना दाखविली दिशा । त्याने पालटविली दशा । स्वराज्याची ।। 3148 ।। सुलतानांस ज्याने हरविले । आपले वर्चस्व दर्शविले । स्वराज्य ज्याने ध्येय ठरविले । शिवाजी तो ।। 3149 ।। औरंगजेबास चकविले । आदिलांस ज्याने थकविले । इंग्रजांस पाणी दाखविले । शिवाजी तो ।। 3150 ।। श्रद्धा-वैखरी-संस्कृति त्रय । धर्मास ज्याने दिला आश्रय । पीडितांस सदय हृदय । शिवाजी तो ।। 3151 ।।

**दोहा॰** **को काटे जंजीर को, और करे उद्धार ।**
**प्राण हथेली पर धरे, सदा देश से प्यार ।। 2826**
**आयी जब वह शुभ घड़ी, परिवर्तन की पास ।**
**एक मातु को होगया, स्वराज्य पर विश्वास ।। 2827**

## 104. Shivaji, forty four years old. Coronation of Shivaji, 1674.

निद्रा से जागृत हुई, धैर्यशालिनी नार ।
वैभवशाली राज्य को, करने को साकार ।। 2828
उसने अपने पुत्र को, देश प्रेम का भाव ।
स्वार्थत्याग, बलिदान भी, सिखा दिया सद्भाव ।। 2829

(और)

उस सुपुत्र ने कर दिया, अचरज चकित कमाल ।
लाया गुलाम-देश में, स्वतंत्रता का काल ।। 2830
बाप्पा रावल ने किया, सुकर्म जो आरंभ ।
उसे शिवाजी ने दिया, प्रात्यक्षिक प्रारंभ ।। 2831
विदेशियों की दास्यता, समझ घोर अपमान ।
ठुकारा दी जिसने, उसे, लोह-पुरुष अभिधान ।। 2832
उसने जागृत कर दिया, स्वतंत्रता अभियान ।
कुचल रहे थे सब जहाँ, परदेसी सुलतान ।। 2833
राजपूत सब थे हुए, मुगल राज्य में दास ।
दक्षिण की सत्ता गई, बहामनी के पास ।। 2834
बहामनी के पाँच फिर, अलग हुए सुलतान ।
सुलतानों के हाथ में, सारा हिंदुस्थान ।। 2835

(तब, शिवाजी ने)

वैरी जो स्वातंत्र्य के, कहलाते सरकार ।
उन सब को ललकार कर, किया राज्य विस्तार ।। 2836
किया पराजित मुगल को, आदिल माना हार ।
मान गए अंग्रेज भी, स्वराज्य का अधिकार ।। 2837
पाकर इतनी विजय भी, तजा नहीं सद्धर्म ।
सर्वधर्म जन, दीन से, सदय हृदय युत कर्म ।। 2838

# 104. Shivaji, forty four years old. Coronation of Shivaji, 1674.

संगीत श्री शिवाजी चरित्र राग-छंद माला, पुष्प 218

राग : यमन कल्याण

(शिवाजीची सुटका)

**स्थायी**

**चंचल रे! हा शिवाजी, पकडूं शका ना ह्याला ।**
**धुंडोनी मुगल हे थकले, चार ही दिशांनी ह्याला ।।**

♫ ग-रेरे सा-! नि़- रेग-ग-, गमंप- पमं- ग- रे-सा- ।
नि़-रे-ग- मंमंमं प- धपमं-, प-मं ग- रेग-मं- गरेसा- ।।

**अंतरा-1**

**ह्याचा सखा तान्हाजी, ह्याचा गडी तो बाजी ।**
**ह्याचे मराठे संगी, देती कटीची लुंगी ।**
**सर्वस्व अर्पण त्यांचे, मिटवाया संकटाला ।।**

♫ गमंप- निध- प-मं-प-, गमंप- मंध- प- मं-ग- ।
नि़रेग- मं-प-ध- प-मं, ध-प- निध-प- मं-प- ।
सा-रे-रे- ग-मंप- मं-ग-, पपमं-ग- मंगरे-सा- ।।

**अंतरा-2**

**ह्याची जिजाऊ आई, जी थोर मनाची बाई ।**
**जाणुनी वेळ काळाची, उमजुनी उचित ती घाई ।**
**नीतीचे गूढ जे नाना, दिधले तिने बाळाला ।**

**अंतरा-3**

**शिवबाची ठाम ती श्रद्धा, प्रतिकूल काळीं सुद्धा ।**
**घोडे तूफानी त्याचे, किल्ले पहाडी त्याचे ।**
**त्याचा गनीमी कावा, तुळणा असे ना ज्याला ।।**

(तरी)

## 104. Shivaji, forty four years old. Coronation of Shivaji, 1674.

卐**ओवी॰** परंतु काहीं विमूढ षंढ । करते झाले विरुद्ध बंड । गुलामीत ज्यांचे रक्त थंड । झाले होते ।। 3152 ।। अशांचा विश्वास बसेना । गुलामीत पाप दिसेना । अपमानाचे साप डसेना । ह्या मूर्खांना ।। 3153 ।। गुलामगिरीच त्यांचा ठेवा । मराठींना मराठ्यांचा हेवा । करीती सुलतानांची सेवा । आनंदाने ।। 3155 ।। चालले आहे सुखामध्ये । कोण पडेल दु:खामध्ये । हीच वल्गना मुखामध्ये । होती त्यांच्या ।। 3156 ।। परदेशी राजा नसतो का? । हिंदू बादशहा असतो का? । हिंदू तख्तावर बसतो का? । कधी तरी ।। 3157 ।। शिवाजी कालचा छोकरा । पाठीराखे जमवुनी जरा । राजा होऊं बघतो, खरा । वाटे त्यांना ।। 3158 ।। इंग्रज असो, मुगल असो । निजाम असो, आदिल असो । अधम असो, फाजील असो । त्यात काय! ।। 3159 ।। असावे त्यांचेशीं निष्ठ । जाणोनी त्यांना वरिष्ठ । राहावे आपण कनिष्ठ । त्यात लाभ ।। 3160 ।। करावी त्यांचीच चाकरी । खावी देतील ती भाकरी । हीच अक्कल-हुशारी खरी । त्यांना वाटे ।। 3161 ।। नको द्रोह सुलतानांशीं । महाबली ते अविनाशी । राजद्रोह्यास ते विनाशी । विना दया ।। 3162 ।। गैरां समोर झुकणे शिरस् । स्वकीयांप्रति सदा हिरस । घरच्या स्वजनांची किळस । रक्तातच ।। 3163 ।। सुलतानांशीं राहूनी कृतज्ञ । शिवाजीला समजती कृतघ्न । आणती स्वराज्यात नाना विघ्न । आपलेच ।। 3164 ।। माय बहीण लाजा विकते । देशाची अब्रू निघते । आमची पोळी पिकते । आम्हां काय ।। 3165 ।। मोरे, घाटगे, गाढे । सावंत, घोरपडे । ऐसे शत्रु नव्हते थोडे । मराठेच ।। 3166 ।। इतरांशीं हेळीमेळी । आपल्यांशीं गुपचिळी । देतीं दगा वेळी-अवेळी । आपल्यांना ।। 3167 ।। मराठींना मराठ्यांचा हेवा । हेच रक्त, हाच ठेवा । त्यांना सद्बुद्धि देगा देवा! । कधी तरी ।। 3168 ।।

**दोहा॰** **हुआ न होगा फिर कभी, इस भाँति असामान्य ।**
**उतना नृप सन्मान्य भी, हुआ न सबको मान्य ।। 2839**
**अपनों से करते घृणा, परदेसी से प्यार ।**
**गैरों का करते भला, अपनों को ही मार ।। 2840**
**पुर्तगीज हों, फ्रैंच हों, डच से नाता जोड़ ।**
**गोरों का करते भला, अपनों को ही छोड़ ।। 2841**
**आदिल हो या मुगल हो, या फिर हो अंग्रेज ।**

## 104. Shivaji, forty four years old. Coronation of Shivaji, 1674.

**हिंदू, सेवा में लगे, खिदमत में हैं तेज ।। 2842**
**न हो द्रोह सुलतान से, नहीं करेगा माफ ।**
**घर दारा परिवार का, होगा सुपड़ा साफ ।। 2843**
**देशद्रोह में फायदा, कहीं नहीं नुकसान ।**
**मालिक से रोटी मिले, समाज में सम्मान ।। 2844**
**माता-बेटी भ्रष्ट हो, बहुत आम है बात ।**
**बैर न हो सुलतान से, मारेगा वो लात ।। 2845**

(अत:)

**ऐसी किंकर सूझ से, मूढ़ मराठे लोग ।**
**कर न सके बरदाश्त वे, दासता से वियोग ।। 2846**
**विमुख शिवाजी से हुए, लेने को प्रतिशोध ।**
**यथा शक्ति स्वातंत्र्य का, करते रहे विरोध ।। 2847**
**सभी चल रहा ठीक है, फिर क्यों लेना ताप ।**
**गुलाम ही हम हैं सुखी, उसमें क्या है पाप ।। 2848**
**तख्त पर सदा राजना, सुलतानों का कार्य ।**
**परदेसी राजा उन्हें, हिंदू से स्वीकार्य ।। 2849**

(शिवाजी)

**卐ओवी०** जोखीम चित्तथरारक । पराक्रम नेत्रदीपक । साहस रोमहर्षक । शिवाजींचे ।। 3169 ।। स्वराज्य वाढले विशाल । किल्ले, सैन्य, धन धमाल । वीर्य, धैर्य, शौर्य कमाल । शिवाजींचे ।। 3170 ।। आता हवे अधिकृत्य । छत्राचेच अधिपत्य । अभिषेकाचे सत्कृत्य । आवश्यक ।। 3171 ।। आईने दिला उपदेश । अधिकृत होईल देश । जेव्हां व्हाल तुम्हीं नरेश । शिवराया! ।। 3172 ।। लोकांना हवा साक्षात्कार । दैदीप्यमान सुसत्कार । नेत्रदीपक जयकार । स्वराज्याचा ।। 55 ।। मंत्री मंडळाचा होकार । सर्वां छत्रपतीचा स्वीकार । कोण करील प्रतिकार । बघूं आम्हीं ।। 3173 ।। समारंभ होईल दिव्य । राज्याभिषेक महाभव्य । जेणेकरून भवितव्य । उजळावे ।। 3174 ।। महापंडितांचे आशीर्वाद । सकारात्मक प्रतिसाद । शिवछत्रपति निर्विवाद । मान्य झाले

# 104. Shivaji, forty four years old. Coronation of Shivaji, 1674.

।। 3175 ।। गीते लिहूं लागले कवीश्वर । रचूं लागले पोवडे शाहीर । शिवचरित्र इतिहासकार । विश्ववंद्य ।। 3176 ।।

**दोहा॰** **होकर भी हालत यही, सोया हुआ समाज ।**
**वीर शिवाजी ने किया, परम धैर्य का काज ।। 2850**
**जोखिम अपने सिर लिए, खतरा बेअंदाज ।**
**किले, सैन्य, धन-संपदा, किया विशाल स्वराज ।। 2851**
**स्वराज्य को अब चाहिये, जनता का स्वीकार ।**
**छत्रपति का ओहदा, नरेश का अधिकार ।। 2852**
**जनता को था चाहिये, मंगल साक्षात्कार ।**
**देदीप्य समारोह में, अभिषेक सत्कार ।। 2853**
**मंत्री मंडल स्थापना, उदो! उदो! जयकार! ।**
**शत्रु सभी सहमें रहें, कर न सकें प्रतिकार ।। 2854**
**संतों के आशीष हों, वेद-शास्त्र संस्कार ।**
**लिपिक लिखे इतिहास वो, देख सके संसार ।। 2855**

**संगीत श्री शिवाजी चरित्र राग-छंद माला, पुष्प 219**

(शिवाजी छत्रपति)

**स्थायी**

**क्षण हा आनंदाचा, शिवबा आज छत्रपति ।**
**पहिला भूप मराठा, रे दादा! आज हर्ष अति ।।**

♪ पप प- पनिधपम-म-, ममम पमग म-पपनिध- - ।
सांसांसां- सां-सां निधध- ध धध धध मधनि रेंसांध ।।

**अंतरा-1**

**आज घरो-घरी गुढी उभारा, आज घरो-घरी गुढी उभारा,**
**"जय जय शिवबा!" करा पुकारा, ग गडे! आज हर्ष अति ।।**

## 104. Shivaji, forty four years old. Coronation of Shivaji, 1674.

♫ मम धनिसांसांसां- धनिरें सांध-पम, मम धनिसांरेंगेंरें सांधनि रेंसांधपम ।
रेप पप पनिध पम-म । म मप! मग म-प पनिध- - ।।

**अंतरा-2**

**विजयश्रीचे गा पोवाडे, विजयश्रीचे गा पोवाडे ।**
**उडवा दरूकाम फटाके, रे भाऊ! आज हर्ष अति ।।**

**अंतरा-3**

**ध्वजा-पताका तोरण लावा, ध्वजा-पताका तोरण लावा ।**
**वाटा पेढे लाडू मेवा, ग सखी! आज हर्ष अति ।।**

(तयारी)

**ओवी॰** राजधानी कराया निश्चित । रायगड केला निर्धारित । उत्तुंग मजबूत खचित । यथोचित ।। 3177 ।। आरंभ झाली तयारी । राज्याभिषकाची सारी । रायगडावर भारी । झपाट्याने ।। 3178 ।। गडावर कारखाने अठरा । निर्माण केले महाल बारा । सजविला दिवणखाना न्यारा । सभेसाठी ।। 3179 ।। झाल्या तपशीलवार याद्या । अतिथीं साठी नरम गाद्या । लाल हिरव्या पिवळ्या ऊद्या । सतरंज्या ।। 3180 ।। कामांच्या वाटण्या खातेवार । पाहुण्यांची नांवें सविस्तार । पहारेकऱ्यांची काटेकोर । नेमणूक ।। 3181 ।। पालख्या, शामीयाने, अंबाऱ्या । चौरंग, मोर्चेले, अब्दागिऱ्या । छाल्या, पंचारत्या, घडे, चौऱ्या । शालू-शेले ।। 3182 ।। पुष्प, पर्ण, फळ, दूध । अक्षत, तुळशीदळ, मध । सात सरितांचे जळ शुद्ध । पुण्यप्रद ।। 3183 ।। मेवा-मिठाई, दही, तेल-तूप । कापूर, चंदन, केशर, धूप । बुक्का, गुलाल, हळद-कुंकु खूप । समीधादि ।। 3184 ।। हत्ती-घोडे विविध प्रकार । पान-सुपारी गजरे-हार । सुवर्ण-रजत अलंकार । हीरे-मोती ।। 3185 ।। संत-कलावंत छान । थोर सज्जनांचा मान । गोरगरीबांना दान । रेलचेल ।। 3186 ।।

**दोहा॰** **निहित रायगड को किया, स्वराज्य शासन केन्द्र ।**
**अभिषेचित होगा वहीं, मराठों का नरेन्द्र ।। 2856**
**तयारियाँ आरंभ थीं, बहुत जोश के साथ ।**
**नर नारी छोटे बड़े, बँटाने लगे हाथ ।। 2857**

## 104. Shivaji, forty four years old. Coronation of Shivaji, 1674.

नाम अतिथियों के चुने, चुना गया सामान ।
कार्यकरम निश्चित हुआ, कर्मचारी सुजान ।। 2858
पहरे वाले तय हुए, पंडित जन विद्वान ।
कवि-साहिर नर्तक गुणी, संगीत उपादान ।। 2859
हल्दी, कुमकुम, अक्षता, पर्ण, पुष्प, फल, दूब ।
गुलाब, केसर, कस्तुरी, घृत, मधु, दधि, गौदूध ।। 2860
सात शुचितम सरित का, शीतल सागर नीर ।
लाया सुवर्ण कलश में, जाकर उनके तीर ।। 2861
आसन चंदन काष्ठ के, दरियाँ नीली लाल ।
इत्र-गुलेल सुगंध के, मिठाइयों के थाल ।। 2862
दान-धर्म सामान भी, स्वर्ण-रत्न उपहार ।
खान-पान पकवान सब, भोजन के भंडार ।। 2863

(आणि)

卐**ओवी॰** साफ करूनी भूमि सपाट । गोल जसे जेवणाचे ताट । उभारला मंडप अफाट । गोलाकार ।। 3187 ।। करूनी चोखट देखरेख । सजविले सर्व लाखांत एक । जैसे रंगीत चित्र सुरेख । कलाश्रेष्ठ ।। 3188 ।।

✍**दोहा॰** खड़ा किया मंडप बड़ा, समतल भूमि देख ।
बनी सजावट सोहनी, जिसका चित्र सुरेख ।। 2864
रंग सुरंगित सुमन के, मणि-मोती के हार ।
झूले-झूमर स्फटिक के, वस्त्र जरी के तार ।। 2865
चंदन के आसन रखे, नरम गलीचे और ।
सिंहासन हीरक मढ़ा, इन्द्रपुरी की तौर ।। 2866
लाए पटु संगीत के, मृदंग वीणा साज ।
सरस्वती का दर्श था, उस मंडप में आज ।। 2867

## 104. Shivaji, forty four years old. Coronation of Shivaji, 1674.

विधि-नियम से सब हुआ, यथा शास्त्र विधान ।
अपूर्ण कछु भी ना रहा, अथक किया सब काम ।। 2868
पूजा व्यंजन थे सभी, पुष्प पर्ण फल दूध ।
तुलसी दल घी दधि मधु, गंगाजल शुचि शुद्ध ।। 2869
कपूर चंदन कस्तुरी, कुमकुम केसर धूप ।
चारु अतिथि उपहार थे, सजे शिवाजी भूप ।। 2870

### उत्सव

卐ओवी० असा न झाला उत्सव कधी । अख्या महाराष्ट्रात आधी । गेल्या कित्येक वर्षांमधी । इतिहासें ।। 3189 ।। कुणबी, ब्राह्मण, तेली । महार, मांग, कोळी । सर्वांनी वंदना केली । उत्सवात ।। 3190 ।। पाहुणे आले जणु नदीचा पूर । विलायती आले साडोनी गरूर । आदिल-मुगल राहिले दूर । नाइलाजें ।। 3191 ।। पहारेकऱ्यांचा कडेकोट बंदोबस्त । मावळे चोख घालीत होते गस्त । विघ्नसंतोषींचा तिथे होता अस्त । दूर उभे ।। 3192 ।। आले कुटुंबीय सारे आप्त । येणाऱ्यांची पंक्ति न समाप्त । सर्वांना उचित स्थान प्राप्त । सोहळ्यात ।। 3193 ।। सोयराबाई महाराणी मान । सौभाग्यसंपन्न सजल्या छान । शंभुराजे युवराज प्रधान । राजाराम ।। 3194 ।।

✍दोहा० हुआ न ऐसा था कभी, सदियों से शुभ काम ।
समारोह इस भाँति का, हिंदुराष्ट्र के नाम ।। 2871
परदेसी जब से यहाँ, स्थापित हैं सुलतान ।
नहीं मराठों को मिला, कभी कहीं सम्मान ।। 2872
इस उत्सव में ना कहीं, जात-पात का भेद ।
दूर रहे सुलतान सब, जिन्हें खा रहा खेद ।। 2873
गोरे परदेसी मगर, आए लेकर भेंट ।
मिला उन्हें आदर यहाँ, राजा के सम ठेठ ।। 2874
पायी रानी सोयरा, पटरानी का मान ।

## 104. Shivaji, forty four years old. Coronation of Shivaji, 1674.

**संभाजी युवराज को, राजपुत्र सम्मान ।। 2875**

(सोहळा)

**卐ओवी॰** सोहळ्याचे प्रथम काज । शास्त्रविधीने केली मुंज । शिवबाला क्षत्रिय-द्विज । करावया ।। 3195 ।। मग वैदिक रीतीने लग्न । टाळण्या गृहस्थाश्रम विघ्न । शास्त्रविधीने झाल्या संलग्न । पत्न्या तीन ।। 3196 ।। मग सुवर्णतुला विधि । सोळा सहस्त्र होन निधि । शिवाजींच्या भारा येवढे । दान केले ।। 3197 ।।

**✍दोहा॰ उत्सव का विधि प्रथम था, यज्ञोपवित संस्कार ।**
**फिर हुआ विधि विवाह का, यथा वेद-संसार ।। 2876**
**सुवर्णतुला विधि फिर हुआ, देने अपार दान ।**
**छत्रपति के तोल में, सोलह सहस्त्र होन ।। 2877**

(शुभ मुहूर्त)

**卐ओवी॰** ज्येष्ठ शुद्ध त्रयोदशी । शुभ मंगल दिवशी[266] । ज्याची तुलना न कशाशीं । अभिषेक ।। 3198 ।। आनंदी आनंद उसळला । चारहीं दिशांत घुसळला । सकळ मनांत मिसळला । ओतप्रोत ।। 3199 ।। पाहुणे, सुहृद, राजदूत । सामंत, जिवलग, पंडित । अधिकारी, वीर नामांकित । उपस्थित ।। 3200 ।। उपस्थित होते चारशे । अनुपस्थित नव्हते फारसे । दिवंगतांना विसरावे कसे । सोहळ्यात ।। 3201 ।। त्याने हळहळले शिवाजी । इथे नव्हता तो वीर बाजी । ज्याची आठवण होती ताजी । मनावर ।। 3202 ।। आणि नव्हता मुरारबाजी । सिंहगडचा सिंह तान्हाजी । सोडोनी गेला होता नेताजी । पालकर ।। 3203 ।। नव्हते बाजी पासलकर । आणि प्रतापराव गुजर । सूर्याजी काकडे व इतर । हुतात्मे जे ।। 3204 ।।

**✍दोहा॰ आयी जब वह शुभ घड़ी, चारों दिश में हर्ष ।**
**रायगड पर आनंद से, हुआ स्वर्ग का स्पर्श ।। 2878**
**आए सहृद, पाहुने, पंडित, गुरु, सामंत ।**

---

[266] शालीवाहन शके 1596, ज्येष्ठ शुद्ध तेरा ।

## 104. Shivaji, forty four years old. Coronation of Shivaji, 1674.

वीर, अधिकारी सभी, साधू, संत, महंत ।। 2879
आए सब थे प्रेम से, देने आशीर्वाद ।
मगर शिवाजी खिन्न थे, परम हर्ष के बाद ।। 2880
उत्सव में बाजी नहीं, ना तानाजी वीर ।
ना सूर्याजी काकडे, ना मुरार रणधीर ।। 2881

  संगीत श्री शिवाजी चरित्र राग-छंद माला, पुष्प 220

(मरुनी अमर झाले)

स्थायी

छत्रधारी श्री शिवाजी! तुझे सखे रे! तान्हा बाजी ।
मरुनी अमर जाहले, शिवबा! मरुनी अमर जाहले ।।

अंतरा-1

त्या वीरांच्या आठवणींनी, आज अश्रु आणले ।
राया! मरुनी अमर जाहले ।।

अंतरा-2

वीरश्रीच्या अनुपम गाथा, स्मरुनी मन दाटले ।
राया! मरुनी अमर जाहले ।।

अंतरा-3

अर्पण करुनी प्राण आपुले, चार चंद्र लावले ।
राया! मरुनी अमर जाहले ।।

अंतरा-4

स्वातं5याच्या इतिहासाला, स्वर्णपर्ण लागले ।
राया! मरुनी अमर जाहले ।।

(अभिषेक)

## 104. Shivaji, forty four years old. Coronation of Shivaji, 1674.

卐**ओवी॰** सात सरितांची उदकें । पूज्य जलाशय नीर तितुके । तीर्थक्षेत्रांची तीर्थोदकें । नामांकित ।। 3205 ।। सप्त स्वर्ण कलश नीर । सात ताम्र तांबे सुंदर । अष्ट प्रधान होते तत्पर । स्नानासाठी ।। 3206 ।। सिद्ध होते स्वर्ण सिंहासन । बत्तीस मण ज्याचे वजन । जडित त्यावर नवरत्न । अमोलिक ।। 3207 ।। पेशवे पिंगळे मोरोपंत । सचिव दत्तो अनाजीपंत । हंबीरराव सरनौबत । सेनापति ।। 3208 ।। आणि त्र्यंबक सुमंत । मंत्री त्रिंबक दत्ताजीपंत । अमात्य रामचंद्रपंत । नीळकंठ ।। 3209 ।। पंडितराव रघुनाथपंत । आणि न्यायाधीश निराजीपंत । इति अष्टप्रधान तंतोतंत । शिवाजींचे ।। 3210 ।।

**दोहा॰** **सप्त सरित के नीर औ, सात जलाशय अंभ ।**
**सात धाम के तीर्थ से, स्नान विधा आरंभ ।। 2882**
**सात स्वर्ण के कलश थे, सात ताम्र के कुंभ ।**
**अष्ट प्रधान तयार थे, करने विधि आरंभ ।। 2883**
**सिंहासन था स्वर्ण का, बत्तीस मन का भार ।**
**नव रत्नों से था मढ़ा, राजछात्र संभार ।। 2884**
**मंत्री मंडल सिद्ध था, आठ विभाग प्रधान ।**
**प्रधानमंत्री पेशवे, जो सबसे गुणवान ।। 2885**

(क्षीर स्नानम्)

卐**ओवी॰** प्रथम कलश धेनु क्षीर । मग सात सरितांचे नीर । प्रक्षालले शिवबाचे शिर । यथा विधि ।। 3211 ।। अष्टप्रधान आठ दिशांस । उभे हातीं धरोनी कलश । सप्तनद्या व सागरांभस । स्नान द्याया ।। 3212 ।।

**दोहा॰** **धेनु क्षीर का प्रथम था, रजत कलश से स्नान ।**
**माता सुरभी शुभ्र को, दिया अग्र सम्मान ।। 2886**
**क्षीर स्नान के बाद में, नदी नीर को स्थान ।**
**सप्त-सरित के बाद में, सरवर जल से स्नान ।। 2887**
**अष्ट दिशा में थे खड़े, मंत्री आठ प्रधान ।**

## 104. Shivaji, forty four years old. Coronation of Shivaji, 1674.

आठ–आठ जल कलश के, देने विमल नहान ।। 2888

### नीर स्नानम्

### १. गंगा जळ

卐ओवी॰ प्रथम मान गंगा नदीचा । प्रवाह पावन पुण्य जिचा । इतिहास पुरातन तिचा । अप्रतिम ।। 3213 ।। गंगा सरिता मंगल माता । गुणगान तिचे गाऊं आता । स्निग्ध माउली, तीच दाता । पापहर्ता ।। 3214 ।। शिव जटा तिचे जन्म स्थान । भगीरथ राजाने महान । दिले तिला भूमीवर स्थान । भागीरथी ।। 3215 ।। जन्हू राजाची तू कन्या । म्हणून गंगे! तू धन्या । तरी सरिता अनन्या । जान्हवी! तू ।। 3216 ।। हिमगिरीचे निर्मल नीर । भरती तुझे उभय तीर । माया तुझी आहे चिरस्थिर । तीन्हीं लोकीं ।। 3217 ।। हिमालयातून नद्या निघाल्या । यमुना शरयु तुला मिळाल्या । तुझ्याच कृपेने पवित्र झाल्या । गंगे माते! ।। 3218 ।। तुझ्या तीर्थाची लीला अपार । पापांचा ती करूनी संहार । धार्मिकांचा करीतीं उद्धार । जन्मोजन्मी ।। 3219 ।। आज शिवबाचा अभिषेक । विघ्नें जरी धनघोर कैक । दे शुभ वर त्याला अनेक । स्वराज्याचे ।। 3220 ।।

दोहा॰ प्रथम नीर गंगा नदी, अग्र जिसे सम्मान ।
मंगल माता जो कही, गाएँ उसके गान ।। 2889
गंगे! तेरे नीर की, महीमा अगम महान ।
आज शिवाजी नृप बने, दीज्यो शुभ वरदान ।। 2890
शंभुजटाओं से चली, जन्हु सुपुत्री होय ।
भगिरथ लाया भूमि पर, पावन अमृत तोय ।। 2991
पावन शीतल पूज्य है, निर्मल गंगा नीर ।
जीवन उसका सिद्ध जो, आवे गंगा तीर ।। 2892
गंगा हिमकन्या कही, गिरिजा गौरी नाम ।
गंगा सम बहु भाग्य की, और न नदी ललाम ।। 2893

## 104. Shivaji, forty four years old. Coronation of Shivaji, 1674.

पुराण गाते कीर्ति के, गंगा के शुभ गान ।
स्कंद भागवत शिव तथा, मार्कण्डेय पुराण ।। 2894
धौलागिरि से चल पड़ी, निर्मल जल की धार ।
मुमुक्षु को दे मोक्ष जो, गंगा पवित्र नार ।। 2895
पलते जिसके नीर पर, पादप पशु खग जीव ।
जल में जिसके हैं खिले, रंग रंग राजीव ।। 2896
खेती जिसके तोय से, उपजे सोना सस्य ।
ऋषि-मुनि तट पर जप किए, पाते आत्म रहस्य ।। 2898

श्लोक

गङ्गा भागीरथी माता हिमकन्या च जाह्नवी ।
त्रिपथगा च वैकुंठी पावना परमेश्वरी ।। 177
पवित्रा धवला पूज्या निर्मला शीतला शुभा ।
पापघ्ना मोक्षदा वन्द्या पुण्या देवी सनातना ।। 178
गङ्गाऽग्रजा हिमाद्रेस्तु गौरी मताऽनुजा तथा ।
जटायां जायते शम्भोः-गङ्गा सा शाङ्करी मता ।। 179
पुराणं स्तौति गङ्गां तां स्कन्दं भागवतं शिवम् ।
देवीभागवतं लिङ्गं मार्कण्डेयं च वामनम् ।। 180
अग्नि मत्स्यं वराहं च नारदीयं च पद्म च ।
भविष्यं ब्रह्मवैवर्तं ब्रह्मण्डं विष्णु ब्रह्म च ।। 181

<u>संगीत श्री शिवाजी चरित्र राग–छंद माला, पुष्प 221</u>

# 104. Shivaji, forty four years old. Coronation of Shivaji, 1674.

गंगा मैया

**श्लोक**

**जाह्नवी गोमती गंगा गायत्री गिरिजा च यः ।**

**भागिरथी नु यो ब्रूयात्-पापात्स मुच्यते नरः ।। 179**

♫ सा-सासा- सा-सासा- ग-रे-, रे-रे-रे- मपम- ग- रे- ।

रे-म-पध- नि ध- प-म-, ध-प-म- पं-मग- रेसा- ।।

**स्थायी**

**गंगा मैया! तू मंगल है माता, तेरा अँचल है कितना सुहाना ।**

**तेरी लहरों में है गुनगुनाता, मैया! संगीत सरगम सुहाना ।।**

♫ -मग म-ध- ध- पधपम म- - ग- म- -प - - - - -,

-गग गसाग- - ग- म-प- ध-प- - म- - म - - ।

-मग ममध- ध- पधप म-ग-म- -प - - - - -,

-गग गसाग-ग- म-प- ध-प- - म - - - - - ।।

**अंतरा-1**

**निकली शंकर की काली जटा से, तुझको भगिरथ ने लाया धरा पे ।**

**तुझको जन्हू की कन्या है माना, तेरा इतिहास पावन पुराना ।।**

♫ -सां-सां नि-रेंरें सां- निध नि- ध-प- - म - - - - -,

-सां-सां निनिरेंरें सां- निधनि- ध-प- - म - - - - - ।

-म-ग म-ध- ध- पधपम-ग- म- - प- - - - - - -,

-गग गसाग-ग- म-पप ध-प- -म- - म - - ।।

**अंतरा-2**

**तेरे जल में हिमालय की माया, तुझमें जमुना का पानी समाया ।**

**सरयु को भी गले से लगाया, तूने उनको भी दीन्ही गरिमा ।।**

## 104. Shivaji, forty four years old. Coronation of Shivaji, 1674.

**अंतरा-3**

**तेरा तीरथ है लीला जगाता, सारे पापों से मुक्ति दिलाता।**
**है सनातन तेरा मेरा नाता, बड़ी पावन नदी तू मेरी माँ ।।**

### २. यमुना राणी

**ओवी॰** कालिंदी! तू यमुना राणी । गंगेला तू मिळाली, आणि । अमृत झाले तुझे पाणी । भाग्य तुझे ।। 3221 ।। मथुरा नगरी ऐलतीरी । गोकुळ वसले पैलतीरी । कान्हा आला यशोदेच्या घरी । अर्धरात्री ।। 3222 ।। गोप-गोपी तुझ्या तीरी । भरती नीर घागरी । राधा-कृष्ण रास करी । विलसती ।। 3223 ।। कालियाने केले कलुषित । जळ तुझे विष भरित । कृष्णाने केले पुन्हा पुनीत । पाणी तुझे ।। 3224 ।। पूजती तुला व्रजवासी । देवी! तू त्यांची सुखराशि । येती तहानले तुजपाशी । गाई-गुरें ।। 3225 ।। नर-पशूंचा प्राण तू माते! । व्रजभूमीला जीवन देते । आज मन तुझे गीत गाते । यमुने ग! ।। 3226 ।। आज शिवाजीचा अभिषेक । मराठा वीर तुझा हा लेक । आशीष दे ग! शुभ प्रत्येक । स्नानं स्वहा! ।। 3227 ।।

**दोहा॰** **कालिंदी देवी तुझे, विनय करत हैं आज ।**
**करो सुरक्षित हर्ष से, छत्रपति शिवराज ।। 2899**
**गंगा नद के मिलन से, पवित्र तेरा नीर ।**
**मायामय वह है, यथा, कामधेनु का क्षीर ।। 2900**
**एक तीर पर मथुरा बसी, दूजे गोकुल धाम ।**
**मथरा से गोकुल गया, बालकृष्ण घनश्याम ।। 2901**
**कान्हा पर इस जगत के, जन हैं सभी निहाल।**
**कालिंदी पर मुग्ध हैं, राधावर गोपाल ।। 2902**
**यमुना के तट पर बसे, व्रज के तीनों ग्राम।**
**मथुरा वृंदावन तथा, मधुबनगोकुल धाम ।। 2903**

## 104. Shivaji, forty four years old. Coronation of Shivaji, 1674.

शिशु लेकर वसुदेव जी, आए जमुना तीर।
हरि चरणन के स्पर्श से, घटा नदी का नीर॥ 2905
मधुबन में हरि जात हैं, लेकर बछड़े गाय।
जमुना तटपर बांसुरी, सुंदर कृष्ण बजाय॥ 2906
पनघट पर जब गोपियाँ, आतीं भरने नीर।
कृष्ण सुदामा फोड़ते, मटकी जमुना तीर॥ 2907
किया कालिया नाग ने, जभी विषैला नीर।
कान्हा कूदा नीर में, आकर जमुना तीर॥ 2908
केशव कूदा नीर में, जहाँ छुपा था साँप।
ताड़ा कालिय कृष्ण ने, दूर हटाने पाप॥ 2910
जमुना के तट है बसा, कुरुक्षेत्र का ग्राम।
उस भूमि को है मिला, "धर्मक्षेत्र" का नाम॥ 2911

शोकहर छन्द[267]

8, 8, 8, 4 + ऽ

(यमुना नदिया)
जमुनारानी पवित्रपानी राधाकृष्णविलासधरा।

---

[267] ♪ **शोकहर छन्द** : इस 30 मात्रा वाले महातैथिक छन्द के चरणों में 8, 8, 8, 4 और अंत में एक गुरु मात्रा आती है। यह छन्द गाने के लिए बहुत सुंदर है।

शोकहर छंद लक्षण गीत दोहा :   रचना मात्रा तीस की, गुरु कल से हो अंत।
विरम मत्त प्रति का, रुचिर "शोकहर" छंद॥ 2912

## 104. Shivaji, forty four years old. Coronation of Shivaji, 1674.

पापहारिणी तापहारिणी व्रजवासीजनचित्तहरा[268] ।। 1
गिरिविहारिणी हृदयमोहिनी गोकुलभीतिविनाशकरा ।
शुभसुहासिनी मधुरभाषिणी धेनुवत्समनमोदभरा ।। 2
विमलवारिणी कमलधारिणी सीताराघववरग्रहिणी ।
मंगलवदनी चंचलरमणी पूज्यनीरगङ्गाभगिनी ।। 3
अघटनाशिनी अघनिषूदिनी स्वर्गसेउतरी सुरतटिनी ।
गोपमोहिनी गोपिमोदिनी मधुबनदूबहरितकरिणी[269] ।। 4
सुंदरललना मंजुलबैना नरपशुतरुआह्लादखरा ।
गहरापानी अनहदवाणी कर्णमधुरसुरनादभरा ।। 5

### ३. नर्मदा देवी

**卐ओवी०** ॐ ह्रीं श्रीं नर्मदायै नमः । बीज मंत्र पावन महा । जपावा संध्या-सकाळी हा । महामंत्र ।। 3228 ।। नर्म म्हणजे परम सुख । हरविते जे त्रिकाळ दुःख । अंध पंगु बधिर मूक । सकळांचे ।। 3229 ।।

**✍दोहा०** **देवी! तेरे नीर से, करके पावन स्नान ।**
**आज होत अभिषेक है, मंगल करना काम** ।। 2913
**तेरे वर से, नर्मदे! पुनीत है तिरलोक ।**
**तेरा वर जिसको मिले, उसे न कोई रोक** ।। 2914
**गंगा यमुना नर्मदा, नदियाँ तीन विशाल ।**
**वेद पुराणों ने कही, जिनकी कीर्ति त्रिकाल ।। 2915**

---

[268] इस पद्य में : **धरा** = धारण करने वाली, **हरा** = हरने वाली, **भरा** = भरने वाली, **करा** = करने वाली ।
[269] दूब = दुर्वा, लंबी मुलायम घास ।

## 104. Shivaji, forty four years old. Coronation of Shivaji, 1674.

**तीनों सरित पवित्र हैं, तीनों पावन धाम।**
**तीनों देवी-रूप हैं, तीनों मंगल नाम ।। 2916**

**बालानंद छन्द**[270]

8 + 6, 8 + 6, 8 + 6, 8 + 6, 8 + 6, 8 + 6, 8 + 8, 8 + 8, 8 + 6, 8 + 6

(नर्मदा देवी, हिंदी)

**अमृत कहता जग सारा, नदी नर्मदा की धारा।**
**विंध्या गिरिवर से निकली, सातपुड़ा से फिर उछली।**
**नाम राम का तू कहती, पश्चिम दिश को है बहती।**
**राम चरण से, नाम स्मरण से।**
**पवित्र जल का फव्वारा, महान नदिया की धारा ।। 1**

**तीरथ तेरा है न्यारा, देव देवता का प्यारा।**
**निर्मल ये नीला पानी, जिसका ना कोई सानी।**
**तू नदिया शुभ है गहरी, स्वर्गगंग सी तू नहरी।**
**राम चरण से, नाम स्मरण से।**
**पावन कहता जग सारा, मंगल सरिता की धारा ।। 2**

(नर्मदा देवी, मराठी)

---

[270] **बालानंद छन्द** : यह छन्द गाने के लिए बहुत मधुर है। **बालानंद छन्द** में 14 मात्राएँ होती हैं। यति 8-6 पर विकल्प से आता है। गाने के लिए यह एक बहुत मधुर छन्द है। सूत्र । । । । ऽ । ।, । । ऽ ऽ - ऽ ऽ ऽ । ।, ऽ ऽ ऽ - ऽ ऽ ऽ । ।, ऽ ऽ ऽ - । । ऽ, ऽ ऽ ऽ, ऽ ऽ ऽ है।

## 104. Shivaji, forty four years old. Coronation of Shivaji, 1674.

**अमृत म्हणतो जग सारा, नदी नर्मदेची धारा ।**
**विंध्या उजवा हात जिचा, सातपुडा कर वाम तिचा ।।**
**पूर्व दिशेला योग जिचा, पश्चिमे कडे ओघ तिचा ।**
**पशिम सागर, सासरचे घर ।**
**जय जय देवी ना नारा, निनादतो महीने बारा ।।**
**पूज्य नर्मदा देवी ती, भक्तांची वज ठेवी ती ।**
**निर्मळ मंगळ नीर तिचे, तीर्थक्षेत्र मय तीर तिचे ।**
**पथिकांना मिळतो थारा, गाईंना मिळतो चारा ।**
**जल शीतल चा फव्वारा, नदी नर्मदे ची धारा ।।**

### ४. तापी देवी

卐**ओवी॰** सूर्यकांता जिची ख्याति । तापिका, तापिनी, तापती । तापी, ताप्ति, धर्मदाती । तिला संज्ञा ।। 3230 ।। नर्मदेची अनुजा ताई । तापी नदी पवित्र बाई । सासरी जाण्या तिला घाई । तीव्र ओघ ।। 3231 ।। सरिता वाहते खळखळ । तरीही नीर नाही गढूळ । लहरींचा नाद निनाद मंजुळ । मनोरम ।। 3232 ।। पात्र जिथे फार रुंद । तिथे जळ ओघ मंद । तिथे खळखळ बंद । संथ दिसे ।। 3233 ।। इथे येतात साधुसंत । कवि योगी वीर महंत । कराया यातनांचा अंत । शांतपणे ।। 3234 ।। इथे मिळे मन:शांति । सुदूर पळते भ्रांति । घडते जीवन क्रांति । आत्मतृप्ति ।। 3235 ।। शांत शीतळ नीळे जळ । चांदण्यांत दिसते उजळ । स्फटिकां प्रमाणे सोज्ज्वळ । काळ्यारात्री ।। 3236 ।। आकाशात टिमटिम तारे । वैकुंठाचे मोती-हीरे । प्रतिबिंब त्यांचे भासे न्यारे । पाण्यावर ।। 3237 ।। असे निर्मळ जिचे नीर । जणु कामधेनूचे क्षीर । शिवाजींचे शीरीं धार । अमृताची ।। 3238 ।। वेद मंत्रांचा गजर । मंत्री ओतती घागर । शिवाजींच्या डोईवर । भक्तिभावें ।। 3239 ।।

**दोहा॰** **तापी के जल पूज्य से, सफल होत सब काम ।**
**पापी पाते मुक्ति हैं, संत स्वर्ग का धाम ।। 2917**
**आज तिहारे नीर से, करत शिवाजी स्नान ।**

## 104. Shivaji, forty four years old. Coronation of Shivaji, 1674.

माते! उसके विघ्न सब, कर दे तू निष्काम ।। 2918

श्लोक

सूर्यपुत्री नदी तापी, सूर्यकन्या च नर्मदा ।
तापी देवी महापुण्या पावना खलु पापहा ।। 182
अनुजा पावना तापी भानुकन्या च सा तथा ।
तापहा दुःखहा माता, तापि देवि! नमोस्तु ते ।। 183

त्रयी छन्द[271]

ऽ । ऽ, ऽ । ऽ, ऽ । ऽ, ऽ

(तापी देवी)
सूर्य कन्या कही जो नदी है ।
धर्म दाती कही है सदी से ।। 1
"नर्मदा की," कही "दक्षिणा" भी ।
संग तापी बही सर्वदा ही ।। 2

राग बागेश्री, तीन ताल 16 मात्रा

(चंदा चकोरी)

स्थायी

---

[271] **त्रयी छन्द** : इस 10 वर्ण, 17 मात्रा वाले छन्द के चरण में तीन र गण एक गुरु वर्ण आता है । इसका लक्षण सूत्र ऽ । ऽ, ऽ । ऽ, ऽ । ऽ, ऽ इस प्रकार होता है । चरणान्त विराम होता है ।

त्रयी छन्द लक्षण गीत दोहा : सत्रह मात्रा का बना, गुरु कल से हो अंत ।
तीन र गण का पद्य जो, "त्रयी" कहा है छंद ।। 2919

## 104. Shivaji, forty four years old. Coronation of Shivaji, 1674.

**चंदा चकोरी, चंदा चकोरी, रात चाँदनी,**

**आसमान में टिम-टिम तारे। चंदा चकोरी, रात चाँदनी ।।**

♫ रेसानिध निसा-म- म-प धमगरेसा, रेसानिध निसा-म-, म-प धमगरेसा,

गमधधनिसांसां सां- गग गम गरेसा, रेसानिध निसा-म-, म-प धमगरेसारे ।।

**अंतरा-1**

**नील गगन से मोतियन बिखरे, धरती पर बैकुंठ उतारे।**

♫ गमध निसां सां सां- धनिसांगं रेंसांनिध, धनिसांमं गंरें सां-ग-ग मगरेसा।

अंतरा-**2**

**सुंदर सृष्टि, भुवन सुखारे, कण-कण तन-मन मंगल सारे।**

### ४. गोदावरी माता

श्लोक

गङ्गां च यमुनां तापीं गोदावरीं च नर्मदाम्।
प्रगे पञ्च नदीः स्मृत्वा सर्वं पापं विनश्यति ।।

♫ म-म- म- पपप- ध-प-, ध-ध-धनि- ध प-मप-।

मम- म-म मप- म-ग-, रे-ग- म-प- मग-रेग- ।।

सह्याद्रिः प्राक्तनो यावत्-तावद्गोदावरी नदी।
पुरातनतमौ द्वौ तौ गिरिनदीषु भारते ।।

ज्येष्ठा नदी च प्राचीना गोदावरी महानदी।

स्थूला नव बृहन्नद्यः-तस्या उपनदीषु च ।।

इन्द्रावती मुळा वर्धा धारणा प्रवरा तथा।

## 104. Shivaji, forty four years old. Coronation of Shivaji, 1674.

शबरी वैनगंगा च प्राणहिता च कादवा ॥
गोदावर्यास्तटे सन्ति पुण्यस्थानानि काशिवत् ।
नाशिकं तीर्थक्षेत्रं च प्रतिस्थानं स्थितं तथा ॥
वटवृक्षास्थिता यत्र पञ्च गोदावरी तटे ।
तद्धि पञ्चवटी स्थानम्-आगतो यत्र राघवः ॥

ॐ ओवी॰ गंगा यमुना नर्मदा । तापी गोदावरी सर्वदा । स्मरूनी सकाळी सश्रद्धा । पापें जाती ॥ 3240 ॥ गोदावरी प्राचीनतम । सह्याद्रीतून जिचा जन्म । दक्षिणगंगा तिचे नाम । सहाजिक ॥ 3241 ॥ दक्षिणेत पवित्रतम । उत्तरेच्या गंगेसम । न्हाईला होता श्रीराम । ह्या नदीत ॥ 3242 ॥ आज तुझ्या तीर्थाने स्नान । शिवरायाला हे पावन । वेदमंत्रांसह पावन । गोदावरी! ॥ 3243 ॥

✍ दोहा॰ पवित्र जल गोदावरी, देत शिवा को स्नान ।
आज दिव्य अभिषेक है, सिद्ध बने अभियान ॥ 2920

गंगा यमुना नर्मदा, तापी गोदा मात ।
सरिता पाँच पवित्र ये, पापघ्ना हैं ज्ञात ॥ 2921

प्राक्तन सह्याद्रि यथा, गोदावरी पुराण ।
सर्वपुरातन है नदी, कहते लोग सुजान ॥ 2922

इसके तट पर क्षेत्र हैं, पावन तीरथ धाम ।
नासिक त्र्यंबक हैं बसे, हरि-धाम, "प्रतिस्थान" ॥ 2923

वृक्ष पाँच बरगद जहाँ, पंचवटी वह स्थान ।
गोदावरी के तीर पर, आगत हैं श्रीराम ॥ 2924

(देवी गोदावरी, दक्षिणगंगा)
स्थायी

## 104. Shivaji, forty four years old. Coronation of Shivaji, 1674.

गीत शारद ने मंजुल है गाया, साज नारद मुनि ने बजाया ।
रत्नाकर से है मंगल रचाया, रामायण को है सुंदर सजाया ।।
♫ म-ग म-म- म प-म- ग म-प-, रे-ग म-म- मध- प- मग-म- ।
रेगम-म म- म ध-प- गम-प-, रे-ग-म- म- म ध-प- मग-रे- ।।

अंतरा-1

नौ नदियों में मानी पुरानी, नद गोदावरी सबकी रानी ।
नीर इसका है तीरथ कहाया, मठ तट पर मुनि ने बनाया ।।
♫ सां- निनिरें- सां ध-नि- धप-म-, सांसां नि-रें-सांध- नि-ध प-म- ।
म-ग म-म- म प-मम गम-प-, रेग मम म- मध- प- मग-रे- ।।

अंतरा-2

विंध्या वन से मुनि अगस्त्य धाया, तट गोदावरी पर था आया ।
पाँच वट की जहाँ पर थी छाया, पंचवटी का वो तीरथ बसाया ।।

अंतरा-3

नीर इसका है अमृत की धारा, जिसका दैवी महा गुण है भारा ।
इसका तीरथ, चलाय कर माया, पूज्य "दक्षिण की गंगा" कहाया ।।

(सिंधु नदी)

卐ओवी॰ शिवाचे चरणी वंदन । करूनी पार्वती नमन । निघाली कैलासातून । सिंधु नदी ।। 3244 ।। झक्कर प्रथम मिळाली । मग गिलगीट जुळाली । मग सतलज, व्यास आली । मिळावया ।। 3245 ।। रावी तिच्या खाली । चिनाब पुढे मिळाली । झेलम नंतर आली । सात नद्या ।। 3246 ।। आठ सरितांचा सागर । पवित्र पाण्याचे आगर । जणु अमृताची घागर । सिंधु नदी ।। 3247 ।। आशिर्वाद देतो सांब । सिंधु रुंद सर्वांत लांब । इंद्रधनूची जशी लांब । वर्तुळाकार ।। 3248 ।। सिंधुसभ्यता प्राचीनतम । हिंदुसंस्कृतीचा उगम । आर्य लोकांची देवी

## 104. Shivaji, forty four years old. Coronation of Shivaji, 1674.

सुगम । भारतात ।। 3249 ।। आज शिवाजीचा अभिषेक । आशीष दे तू त्याला अनेक । स्वातंत्र्याचा स्थापक तो एक । भारतात ।। 3250 ।। सफल करो तुझे नीर । यशस्वी होईल तो वीर । आज राजा होईल सुधीर । छत्रपति ।। 3251 ।।

**दोहा॰ करके शिव को वंदना, उमा चरण को स्पर्श ।**
**निकल पड़ी कैलास से, सरिता सिंधु सहर्ष ।। 2925**
**संगम सरिता सात से, सुंदर सजा सलील ।**
**सुविसृता स्रोतस्विनी, शीतल सिंधु सुशील ।। 2926**
**शिवजी के आशीष से, सुदीर्घ जल की धार ।**
**शिव-धनु के प्रतिरूप सी, अर्धवर्तुलाकार ।। 2927**
**आर्य सनातन सभ्यता, पली सिंधु के तीर ।**
**फल-फूले वंशज यहाँ, पीकर पावन नीर ।। 2928**
**संस्कृति कलुषित आज है, हिंदू हुए गुलाम ।**
**मुक्त शिवाजी कर रहा, आर्य सभ्यता धाम ।। 2929**
**देवी! तेरे नीर से, पाकर पावन स्नान ।**
**बने छत्रपति सफल वो, करने मंगल काम ।। 2930**

## ९. सिंधु नदी

संगीत श्री शिवाजी चरित्र राग-छंद माला, पुष्प 222

सिंधु देवी

गीत, दादरा ताल

**स्थायी**

**सात नदियों में रानी है सिंधु, सात नदियों में दीदी है सिंधु ।**
**सात नदियों में वायव्य सिंधु । सारी नदियों की सिंधु है इंदु ।।**

♫ म-ग मम्म- म प-म- ग म-प-, रे-ग मम्म- म ध-प- म ग-म- ।

## 104. Shivaji, forty four years old. Coronation of Shivaji, 1674.

रेगम ममम- म ध-प-ग म-प-, रे-ग- ममम- म ध-प- म ग-रे- ।।

अंतरा–1

**निकली कैलाश पर्बत शिखा से, शिव शंकर के चरणों को छू के ।**
**होके पावन तू आयी धरा पे, तू ही आर्यों का है मान बिंदु ।।**

♫ सांसां निसांनि धधनि धप-म-, सांसां निसांसां नि धधनि ध प-म- ।
रे-ग म-मम म प-मग रेग-म-, सा- रे ग-म- प म- ग-म गरेसा- ।।

अंतरा–2

**तुझको आकर वो सतलज मिली है, तुझको बियास रानी मिली है ।**
**तुझको चीनाब, झेलम मिलीं हैं, पाँच नदियों का तू नीरसिंधु ।।**

अंतरा–3

**तेरे तीरथ की मंगल है माया, तेरे जल में जो देही समाया ।**
**उसने साक्षात है स्वर्ग पाया, तू है भारत के माथे का सिंदूर ।।**

अंतरा–4

**तेरे तट पर सिकंदर खड़ा था, उससे पोरस घमासाँ लड़ा था ।**
**हार कर शत्रु लौट पड़ा था, तेरी किरपा से जीते थे हिंदू ।।**

अंतरा–5

**तेरे जल की सुमंगल वो धारा, आज हमरा करेगी उद्धारा ।**
**आज शिवबा है राजा दुलारा, प्रिय भारत का जो भारतेंदु ।।**

(कावेरी नदी)

**卐ओवी०** सह्याद्रीत ब्रह्मगिरी प्रचंड । त्यात अति पवित्र ब्रह्मकुंड । ब्रह्मकुंडातुनी वाहते अखंड । कावेरी नदी ।। 3252 ।। कवेर मुनीने दिला जन्म । ज्याचे आशीष तिला आजन्म । कवेर मुनीची कन्या धन्य । अवखळ ।। 3253 ।। खळखळ कावेरीचे पाणी । धबधबे तिचे गातीं गाणीं । कुठे घोर, कुठे मंद वाणी । प्रवाहांची ।। 3254 ।। घनदाट वनें तिच्या पाठी । सुंदर निसर्ग तिचे काठीं । भक्तजन येती तीर्थासाठी । तिच्या तिरी ।। 3255 ।। तीर्थक्षेत्रें चिदंबरम,

## 104. Shivaji, forty four years old. Coronation of Shivaji, 1674.

शिवसमुद्रम । तंजाऊर, तिरुवैयार, कावेरीपट्टम । श्रीरंगपट्टम, श्रीरंगम, कुंबकोणम । तिच्या काठीं ।। 3256 ।। असे पवित्र कावेरी चे नीर । स्पर्श करूनी शिवाजींचे शिर । धुते धत्रपतींचे शरीर । आनंदाने ।। 3257 ।।

**दोहा॰ ब्रह्मकुंड से चल पड़ी, सह्याद्री के पार ।**
**मिलने पूर्व समुद्र से, कावेरी की धार ।। 2931**
**कवेर मुनि के योग से, मिला परम वरदान ।**
**स्नान नीर से जो करे, उसका हो कल्याण ।। 2932**
**आज छत्रपति को मिले, मंगल आशीर्वाद ।**
**सफल शिवाजी भूप हो, पा कर पुण्य प्रखाद ।। 2933**

**संगीत श्री शिवाजी चरित्र राग-छंद माला, पुष्प 223**

**स्थायी**

**कावेरी नदी, पावन ग! जल धारा ।**

♫ गमध- प-म-, प-पप निध पमग- ।

**अंतरा–1**

**कवेर मुनींची कन्या, कृष्णेची ताई ।**
**दोघींना पूर्व उतार ।।**

♫ मधनि- सांसां-सां- नि-सां-, सां-धसां नि-ध- ।
नि-नि-नि सांनिध पमग- ।।

**अंतरा–2**

**सासरी जाण्या तिला, आहे ग! घाई ।**
**खळखळ जळ तिचे फार ।।**

**अंतरा–3**

**अभिषेक शिवाजींचा, आज ग! बाई ।**

## 104. Shivaji, forty four years old. Coronation of Shivaji, 1674.

**सात नद्यांचे शुचि नीर ।।**

### राज्याभिषेक

**गंगा च यमुना चैव, सिंधुः तापी च नर्मदा ।**
**गोदावरी च कावेरी, दद्युर्भाग्यं च सागराः ।।**

卐**ओवी॰** स्वर्ण-ताम्र घागरी सुमंडित । सात सरितांचे नीर सांडित । सिंधुजळ आनंद ओसंडत । मंडपात ।। 3258 ।। अभिषेक झाला आरंभ । वेदमंत्रानी शुभारंभ । गागाभट्टांनी वाहिले अंभ । शिवचर्णीं ।। 3259 ।। रत्नजडित सिंहासन । महाराज सजले छान । करूनी सर्व परिधान । राजचिन्हें ।। 3260 ।। शिवाजी झाले विराजमान । सिंहासनधारी सन्मान । मराठा छात्रपति महान । दीप्तिमान ।। 3261 ।। तुडुंब भरली राजसभा । झळकत शिवाजींची आभा । प्रखर देशनिष्ठेची प्रभा । मंडपात ।। 3262 ।। कडाडला टाळ्यांचा निनाद । करा रामराज्य निर्विवाद । मातोश्रीने दिला आशीर्वाद । शिवराया! ।। 3263 ।। मराठी जनगणमनीं हर्ष । गदगद झाला भारतवर्ष । बघुनी मराठ्यांचा उत्कर्ष । जग हृष्ट ।। 3264 ।। जिजामातेचा बाळ प्रसिद्ध । करता झाला मनोरथ सिद्ध । मराठ्यांनी जिंकले युद्ध । स्वातंत्र्याचे ।। 3265 ।। मराठ्यांचा अधिकृत राजा । छात्रपति बघा ताजा ताजा । नगारे-चौघड्यांचा वाजागाजा । देशभर ।। 3266 ।। अष्टप्रधानांची फारसी नावें गेली । त्यांना संस्कृत नवीन नावें दिली । राज्यकारभारातही रूजू केली । नवी नावें ।। 3267 ।। राजव्यवहारकोश केला सिद्ध । सुवर्ण ताम्र नाणीं झाली प्रसिद्ध । "राजा शिवछत्रपति" स्वयंसिद्ध । अक्षरांनी ।। 3268 ।। उज्ज्वळ करूनी भवितव्य । निघाली मिरवणूक भव्य । हत्यावर अंबारीत, दिव्य । छत्रपति ।। 3269 ।। हत्ती चालला रुबाबदार । स्वराज्यध्वज भगवा समोर । मागे लवाजमा घोडेस्वार । मंद गति ।। 3270 ।। रस्त्यांच्या दोहोंतर्फे उभे जन । फेकत लाह्या गुलाल प्रसून । वंदती पंचारत्या ओवाळून । शिवाजीला ।। 3271 ।। सर्वत्र विखुरला आनंद । पृथ्वी मेघ ब्रह्मांड सबंद । देव-देवता-गंधर्व वृंद । हर्षविला ।। 3272 ।।

**दोहा॰** **सप्त सरित के स्नान से, सरवर जल से धौत ।**
**भूप शिवाजी हो रहा, जिजामातु का पूत ।। 2934**

## 104. Shivaji, forty four years old. Coronation of Shivaji, 1674.

वेद ऋचा से हो रहा, अभिषेक अधिष्ठान ।
गागाभट हैं गा रहे, ब्रह्मसूत्र के गान ।। 2935
सिंहासन पर होगए, राजा विराजमान ।
सिर पर जिनके छत्र है, छत्रपति अभिधान ।। 2936
वीर मराठा हो रहा, आज अधिकृत भूप ।
अंबे के आशीष से, शिवजी का प्रतिरूप ।। 2937
मंडप में अभिषेक है, दरबार है प्रचंड ।
वैदिक विधि है चल रही, मंत्रोच्चार अखंड ।। 2938

संगीत श्री शिवाजी चरित्र राग-छंद माला, पुष्प 224

### राग बिलावल, तीन ताल

### शिवाजी राजा झाला

**स्थायी**

आज शिवाजी राजा झाला, अभिनन्दन द्या मंगल त्याला ।
धनिसांरेंसांनि धपमगमरे गपनि- सां-सां-, गगमरेगप नि- सां-गंरेंसां निधप- ।

**अंतरा-1**

देश स्वतंत्र जयाने केला, घालूं तयाला चंपक माला ।
ग-प पप-नि धसां-सां- सांरेंसां-, सां-गं मंगंरेंसांनि धनिसांरें सांरेंसंनिधपमग ।

**अंतरा-2**

धर्म परायण शीलवान हा, राजा ऐसा कधी न झाला ।

**अंतरा-3**

गातीं स्तोत्रें त्याच्या स्तुति ची, नर नारी जन बालक बाला ।

(और)

दोहा० सिद्ध होगई जब विधा, हुआ तालियाँ नाद ।

# 104. Shivaji, forty four years old. Coronation of Shivaji, 1674.

गदगद माता ने दिया, नृप को आशीर्वाद ।। 2939
ढोल-नगाड़े बज पड़े, और बजे सब साज ।
अष्ट-प्रधानों का सजा, मंत्री-मंडल आज ।। 2940
लफ्ज पुराने हट गए, फारसी जिन्हें मूल ।
संस्कृत वाणी में नए, बने शब्द के फूल ।। 2941
संस्कृत शब्दों का बना, राजव्यवहार कोश ।
स्वराज्य के सिक्के बने, जनता को संतोष ।। 2942

## राग 𝄞 पीलू, तीन ताल

शिवाजी राज्याभिषेक

**स्थायी**

**जय जय गरजा, शिवबाची, नाचत थैया तान्हाजी ।**

♫ गरे सानि़ सासारेप गरेसानि़ सा- - -, मपनिनि सां-निधप रेमधप गरेसा- ।

**अंतरा-1**

**आज गजावर स्वार शिवाजी, अंबारीमध्ये मातोश्री ।**
**पंखा देतो संभाजी ।।**

♫ सा-ग मप-पप ग मनि पगरेसा-, ग-ग-म-म-रेम धपगरेनिसा ।
मपनि- सां-निधप रेमधपगरेसा- ।।

**अंतरा-2**

**भव्य मिरवणुक सजली त्यांची, वाजंत्री ढोलक-करण्यांची ।**
**वर्षा आशिष पुष्पांची ।।**

**अंतरा-3**

**नारद शंकर बघती नभातुनी, प्रसन्न झाली देवी भवानी ।**
**देते मंगल वर अंबा जी ।।**

(सिद्धि)

## 104. Shivaji, forty four years old. Coronation of Shivaji, 1674.

सिद्ध शिवाजी का हुआ, अभिषेक अधिष्ठान ।
शोभा यात्रा हर्ष से, भव्य हुई प्रस्थान ।। 2943
हाथी पर आरूढ़ थे, वीर शिवाजी भूप ।
हौदे पर लहरा रहा, भगवा ध्वज था खूब ।। 2944
पीछे अश्वसवार थे, और चल रहे वीर ।
पथ के दोनों ओर थी, जनता खड़ी अधीर ।। 2945
उतावले थे देखने, सबके मन में प्यास ।
सब लोगों को थी बड़ी, शिव दर्शन की आस ।। 2946
जनता सब थी गा रही, राष्ट्रभक्ति के गीत ।
राजा पर बरसा रही, शब्दसुमन की प्रीत ।। 2947
हाथ जोड़ कर कह रही, हे शिव-भोलेनाथ ।
स्वराज्य ध्वज ऊँचा रहे, परम गर्व के साथ ।। 2948

संगीत श्री शिवाजी चरित्र राग-छंद माला, पुष्प 225

### राग बिलावल

### शिवाजी राज्याभिषेक

**स्थायी**

**आज शिवाजी राजा झाला, हार्दिक अभिनंदन द्या त्याला ।**
♫ सां-ध पमगमरे गपमग मरेसा-, सागमरे गपनि-सांसां रेंसां निधप- ।

**अन्तरा-1**

**धन्य जिजाबाई मातोश्री, छत्रपति सुत ज्यांचा झाला ।**
♫ प-प पसां-सां-सां- सां-सांरेंसां-, सांगंमंगंरेंसां धप गपमग मरेसा- ।

**अंतरा-2**

**सुत प्रताप राणा संगाचा, ध्वज उज्ज्वल भगव्या रंगाचा ।**

## 104. Shivaji, forty four years old. Coronation of Shivaji, 1674.

अंतरा–3

कर तान्हाजी–बाजी ज्याचे, वंदन लाख करावे त्याला ।

हो! जी जी जी, जी जी, जी ।।

### मातोश्री जिजाबाई

卐ओवी॰ शिवबाचे दैवत आई । त्याचे सर्वस्व जिजाबाई । गोंजारूनी गोड अंगाई । रोज गाई ।। 3273 ।। बाळाला ती देई स्फूर्ति । शिकवोनी त्याला नीति । तिने दिली त्याला कीर्ति । जगामध्ये ।। 3274 ।।

✍दोहा॰ जिजामातु जननी उसे, भारत माँ का पूत ।
धरती माता अन्न दे, गौमाता दे दूध ।। 2949
माता का वह लाड़ला, वीर पुत्र गुणवान ।
माँ ने दी कीर्ति उसे, और विश्व सम्मन ।। 2950
माता देवी थी उसे, माता उसके प्राण ।
माता पथ दर्शक उसे, माता ही भगवान ।। 2951
माता उसकी थी गुरु, देत उसे वरदान ।
माता ने उसको दिया, सभी ज्ञान–विज्ञान ।। 2952

माता

श्लोक

**माता या सर्वजीवानां बलदा च शुभप्रदा ।**
**तां धेनुं शिरसा वन्दे पूज्याममृतदां सदा ।। 184**

♫ ध-ध- ध- नि-धप-ध-नि-, सांनिध- प- गम-पध- ।
नि- ध-प- गमप- म-ग-, ध-प-म-गमग- रेसा- ।।

स्थायी

**हमें जनम जो देती वो माता है, अरु दूध पिलाती वो माता है ।**

## 104. Shivaji, forty four years old. Coronation of Shivaji, 1674.

♪ पप पधनि ध प-ग म रे-ग- म-, पप सां-नि धप-ध नि ध-प- म- ।

अंतरा-1

**पेट में पाले, लोरी गा ले, प्यार उसी का भाता है ।**

♪ सां-नि ध नि-सां-, नि-धप म- प-, प-म गरे- म- ग-रे- म- ।

**अंतरा-2**

**गोद में ले ले, साथ में खेले, भार सहे भू माता है ।**

**अंतरा-3**

**कामधेनु बन, मन की मुरादें, पूरी करे गौ माता है ।**

**अंतरा-4**

**गौरी लछमी, सिया शारदा, जनम-जनम का नाता है ।**

**अंतरा-5**

**जनम की भूमि, धेनु जननी, स्वर्ग से ऊँची माता है ।**

**अंतरा-6**

**कर्मभूमि जो, धर्मभूमि वो, प्यारी भारत माता है ।**

(स्वर्गवास)

卐**ओवी॰** त्या मातेचा आशीर्वाद । दिला स्वातंत्र्याचा नाद । आज देओनी प्रसाद । धन्य झाली ।। 3275 ।। राजा झाला तिचा बाळ । गो-ब्राह्मण प्रतिपाळ । जसा राजा तसा काळ । तुकाम्हणे ।। 3276 ।। सरला जेव्हां सोहळा । बघूनी प्रयत्न आले फळां । दाटोनी आला मातेचा गळा । बोलली ती ।। 3277 ।। इथे संपले आमुचे काम । आता गाठावे स्वर्गाचे धाम । घेओनी त्या भवानीचे नाम । लोटली ती ।। 3278 ।। अंग पडले तिचे थंड । श्वास झाला तिचा मंद । डोळे दोन्हीं तिचे बंद । हळुहळु ।। 3279 ।। ज्येष्ट वद्य बुधवार । नवमीची मध्यरात्र । सोळाशे-

# 104. Shivaji, forty four years old. Coronation of Shivaji, 1674.

चौऱ्याहत्तर । अंत्यश्वास ।। 3280 ।। प्राण पांखरू उडाले । श्वास शांतीने बुडाले । अंत्य प्रयाण घडले । स्वर्गाप्रति ।। 3281 ।।

दोहा॰ धन्य हुई माँ आज वो, स्वप्न हुआ साकार ।
जीवन सार्थक होगया, सफल सभी व्यवहार ।। 2953
सुत मेरा राजा बना, दिव्य मिला अधिकार ।
कर्म यहाँ अब शेष है, चलूँ स्वर्ग के द्वार ।। 2954
नाम भवानी का लिया, और गई वह लेट ।
देह शिथिल पड़ता गया, व्यथा भरा था पेट ।। 2955
तन शीतल होने लगा, श्वास हो रही मंद ।
प्राण पखेरु उड़ रहे, नैन हो रहे बंद ।। 2956
माते! तूने देश को, दिया पुत्र गुणवान ।
धन्यवाद, वंदन तुझे, नृप जो बना महान ।। 2957

  संगीत श्री शिवाजी चरित्र राग-छंद माला, पुष्प 226

जिजाबाईंचा स्वर्गवास

छंद : चौपाई

स्थायी
हमें छोड़ ना जाओ, माता! ।
हिरदय हमरा है कलपाता ।।

अंतरा-1
छिना गया है छत्र पिता का, बिरहा हम से सहा न जाता ।

अंतरा-2
स्वराज्य का तुम सूत्र पिरोया, आगे यश दे, हमें विधाता ।

अंतरा-3
महाराष्ट्र में दुःख समाया, वियोग में मन सबका रोता ।

# 104. Shivaji, forty four years old. Coronation of Shivaji, 1674.

अंतरा–4
स्वप्न आप का पूर्ण करेंगे, हमें शक्ति दें, शिवजी दाता ।।

## 105. Shivaji, forty five years old. Chhatrapati, 1675.

# YEAR 1675

105. वीर शिवाजी–45 :

## अभिनंदन

105. Shivaji, forty five years old. Chhatrapati, 1675.

(शिव छत्रपति)

卐**ओवी॰** सोळाशे–पंचाहत्तर आले । राजे पंचोचाळीस चे झाले । जगत छत्रपति म्हणाले । शिवाजींना ।। 3282 ।। शिवराया छत्रपति झाले । मुगल दुराग्रही राहिले । आदिलांनी दूरून पाहिले । समारंभ ।। 3283 ।। करोनी समारंभ सफळ । मराठ्यांना आले नवे बळ । चेतला महाराष्ट्र सकळ । लढावया ।। 3284 ।। निर्बळ ते सबळ झाले । हजारों येओनी मिळाले । विरोधी दूर पळाले । मराठे जे ।। 3285 ।। मोहीमांना आला ऊत । सेनापति मजबूत । अंगी स्वार झाले भूत । मराठ्यांच्या ।। 3286 ।।

**दोहा॰** **छत्रपति शिवाजी बने, सबने देखा पर्व ।**
**आदिल देखत दूर से, मुगलों मे था गर्व ।। 2958**
**जोश मराठों में नया, भरा अचानक आज ।**
**महाराष्ट्र में होगया, सिद्ध मराठा राज ।। 2959**
**निर्बल जो थे, सबल हैं, डर सब हुए फरार ।**
**कल के शत्रु, मित्र बन, आकर मिले हजार ।। 2960**
**वीर शूर सेनापति, बढ़े शेर की तौर ।**
**हमले रोज नए–नए, निकले चारों ओर ।। 2961**

# 105. Shivaji, forty five years old. Chhatrapati, 1675.

<u>संगीत श्री शिवाजी चरित्र राग-छंद माला, पुष्प 227</u>

### राग 𝄞बिलावल, तीन ताल

शिवाजी राज्याभिषेक

**स्थायी**

**आज शिवाजी राजा झाला, अभिनंदन द्या त्याला ।**

♫ धनिसांरेंसांनि धपमगमरे गपनिनि सां-सां-, सागमरेगप नि- सां-रेंसां निधप- ।

**अंतरा-1**

**धन्य जिजाबाई मातोश्री, छत्रपति सुत ज्यांचा झाला ।**

♫ प-प पसां-सां सांसां-सां- सांरेंसां-, सां-गं रेंसांनिधप गमपग मरेसा- ।

**अंतरा-2**

**सुत प्रताप राणा संगाचा, ध्वज उज्ज्वळ भगव्या रंगाचा ।**

**अंतरा-3**

**कर तान्हाजी-बाजी ज्याचे, वंदन लाख करावे त्याला ।**

## पेडगावची लढाई, April 1675

卐**ओवी॰** काढून दिलेरखान पठाणास । दख्खनचा सुभेदार खास । बहादूरखान कोकलताश । झाला नवा ।। 3287 ।। त्याची छावणी पेडगाव । बहादूरगड ज्याचे नांव । मांडत होता गुप्त डाव । मोहीमेचा ।। 3288 ।। इकडे शिवाजी ही तयार । कराया मुगलावर वार । सोडले दोन सरदार । दोन सैन्य ।। 3289 ।। एक दळ लहान फार । आले हुल द्याया समोर । दूजे मोठे, महान घोर । लपलेले ।। 3290 ।। बघोनी सेना उभी दूर । सामोरा गेला बहादूर । माघारी फिरली चौखूर । छोटी सेना ।। 3291 ।। मागे लागला तो नाग । करावया पाठलाग । सेना ती झाली पांगापांग । दूर जातां ।। 3292 ।। गेला दूर जेव्हां तो काग । छोट्या सेनेच्या मागं । दूज्या सेनेने लावली आग । छावणीला ।। 3293 ।। न सोसतां मराठ्यांचा मार । पळाले मुगल घोडेस्वार । लूटपाट

## 105. Shivaji, forty five years old. Chhatrapati, 1675.

केली मग फार । मावळ्यांनी ।। 3294 ।। बहादूरखान कोकलताश । तेथून पळाला तो बदमाश । औरंगाबादला हताश । छावणीत ।। 3295 ।।

✍दोहा॰ दफा हुआ सरदार जब, दिलेरखान पठान ।
दखखन में आया नया, मुगल बहादुर खान ।। 2962
पेडगाव थी छावनी, सुभेदार था खान ।
बहादूरगड दुर्ग का, किलेदार तूफान ।। 2963
बना रहा था योजना, यथा उसे आदेश ।
पता शिवाजी को चला, गुप्त मिला संदेश ।। 2964
चर से पाकर सूचना, हुए शिवाजी सिद्ध ।
दो दल उस पर भेज कर, करने उससे युद्ध ।। 2965
छोटे दल में साठ थे, गिने हुए सब वीर ।
छोटा दल आगे चला, जिधर है खान शिविर ।। 2966
दूजा दल जो है बड़ा, बढ़ा दिशा में चार ।
घूम कर वे आगए, पीछे करने वार ।। 2967
छोटे दल को देख कर, खान में चढ़ा जोश ।
सेना लेकर लड़ पड़ा, खो कर अपने होश ।। 2968
वीर मराठे शूर थे, चुने हुए जो साठ ।
मुगल सैकड़ों काट कर, खूब लगा दी वाट ।। 2969
दूजी सेना आगई, पीछे से घमसान ।
रुके मुगल फिर देख कर, डरा बहादुर खान ।। 2970
जली छावनी आग में, भाग गया वह खान ।
अरु औरंगाबाद में, छुपा बचाने जान ।। 2971
लूट मराठों को मिली, अश्व, तोप, तलवार ।
वस्त्र, खजीना, शस्त्र सब, मुगली माल अपार ।। 2972

## 105. Shivaji, forty five years old. Chhatrapati, 1675.

(औरंगाबाद, May 1675)

**卐ओवी॰** औरंगाबादची लढाई महान । तिकडे मुगल बहादूर खान । इकडे मोरोपंत पंतप्रधान । मराठ्यांचे ।। 3296 ।। मोरोपंत त्र्यंबक पिंगळे । शस्त्र-शास्त्र जाणते सगळे । राज्यव्यवस्था नेता आगळे । फत्ते झाले ।। 3297 ।। मोरोपंत त्रिंबक पिंगळे । शिवाजींचे विश्वासू चांगले । शत्रु ह्यांचे पुढे न थांबले । सुलतानी ।। 3298 ।।

**दोहा॰ पीछा करते आगए, लड़ने मोरोपंत ।**
**वीर मराठा ख्यात जो, नेता विचारवंत ।। 2973**
**डरा बहादुरखान फिर, कर न सका प्रतिकार ।**
**भाग गया लासूर को, छुपा दूसरी बार ।। 2974**

(लासूर, May 1675)

**卐ओवी॰** पुन्हा पळाला बहादूर । सरळ गाठले लासूर । लपोनी बसला असुर । छावणीत ।। 3299 ।। मागे हंबीरराव[272] लागले । त्यांनी बहादूरला गाठले । भाग बहादूरला पाडले । तहासाठी ।। 3300 ।। आले औरंगजेबचे फरमान । भीमेच्या उत्तरेची जमीन । सतरा किल्ले कराया स्वाधीन । शिवाजींना ।। 3301 ।। अशी झाली मुगलांची हार । आता आदिलांवर प्रहार । कराया जागोजागी बेजार । दक्षिणेत ।। 3302 ।। शिवाजींचे वीर अजेय । मराठे निघाले अभय । कराया दक्षिण-विजय । जिंजीपर्यंत ।। 3303 ।।

**दोहा॰ छुपा छावनी में वहाँ, वीर बहादुर खान ।**
**मगर मराठों ने लिया, पता मुगल का जान ।। 2975**
**हंबीरराव ने किया, उस पर घोर प्रहार ।**
**प्राण बचाने के लिए, मान गया वह हार ।। 2976**
**दिल्ली के सुलतान से, आया फिर फरमान ।**
**भीमा नद सीमा बनी, मुगल-मराठा स्थान ।। 2977**

---

[272] **हंबीरराव मोहिते :** सरनौबत. मूळ नांव हंसराज मोहिते.

## 105. Shivaji, forty five years old. Chhatrapati, 1675.

**उत्तर में अब बन गया, भव्य मराठा राज ।**
**दक्षिण में सुलतान सब, आदिल-मुगल समाज ।। 2978**
**हुए शिवाजी को सभी, सत्रह किले प्रदान ।**
**जो थे हथियाए हुए, दिल्ली के सुलतान ।। 2979**
**मुगलों की इस हार से, हुआ शत्रु वह शाँत ।**
**आदिल को अब ताड़ने, मिला समय उपराँत ।। 2980**

### दक्षिणेत : अंकोला, शिवेश्वर, काद्रा, कोकण किनारा, May 1675

**卐ओवी॰** मराठ्यांनी जिंकले शिवेश्वर । काद्रा, अंकोला, कारवार । लढाया आदिलांचा सरदार । आला पुन्हा ।। 3304 ।। अंकोल्याचा सरदार । आदिलांचा किल्लेदार । मराठ्यांनी केला ठार । लढाईत ।। 3305 ।। कोकण किनाऱ्याचा सिद्दी । हबशी होता फार जिद्दी । मोहीम होती त्याची रद्दी । हारला तो ।। 3306 ।।

**✍दोहा॰** **जीत शिवाजी ने लिया, आदिल से कारवार ।**
**अंकोला का खान भी, सरवर डाला मार ।। 2981**
**बढ़ कर कोकण तीर पर, हबशी था सुलतान ।**
**बैर शिवाजी से करे, लड़ने में तूफान ।। 2982**
**लड़ा शिवाजी से मगर, हार गया वह खान ।**
**भाग गया गढ़ छोड़ कर, रिक्त कर दिया स्थान ।। 2983**

(कोल्हापुर, फोंडा, पुनगिरी, सातारा, April 1675)

**卐ओवी॰** सचिव अनाजी दत्तोपंत । तीन मोहीमा विना उसंत । आदिलशाहीचा केला अंत । कोल्हापुरी ।। 3307 ।। किल्लेदार मोहामदखान । फोंड्याचा बळकट पठाण । बिजापुरी बहलोलखान । त्याचा गडी ।। 3308 ।। फोंड्याच्या किल्याला पडला घेर । गडी न पोहचला वेळेवर । शिवाजींनी सहज केला सर । फोंडागड ।। 3309 ।। मग झाला बहलोल हजर । सेना घेओनी पंधरा-हजार । शिवाजींची होती पूर्ण नजर । खानावर ।। 3310 ।। वाटेत अडविले

## 105. Shivaji, forty five years old. Chhatrapati, 1675.

त्याला । म्हणून उशीर झाला खानाला । शिवाजींच्या पकडीत तो आला । कैद झाला ।। 3311 ।।

दोहा॰ सचिव अनाजी ने किए, हमले बिला विराम ।
आदिलशाही पर बड़े, बिना तनिक आराम ।। 2984
कोल्हापुर से मिट गया, आदिलशाही राज ।
फोंडा का गढ़ भी लिया, विस्तृत हुआ स्वराज ।। 2985
रोज नए गढ़ लेते रहे, वीर मराठा लोग ।
आदिलशाही खत्म है, मुगल बचा अब रोग ।। 2986

# 106. Shivaji, forty six years old. Southern Campaigns, 1676.

# YEAR 1676

106. वीर शिवाजी–46 :

## जाणता राजा

106. Shivaji, forty six years old. Southern Campaigns, 1676.

 संगीत श्री शिवाजी चरित्र राग–छंद माला, पुष्प 228

छंद : भुजंगप्रयात

जाणता शिवाजी राजा

स्थायी

सदा ओळखोनी उचित काळ-वेळ ।
शिवाजी गनीमी करी युद्ध खेळ ।।

अंतरा–1

धरी धैर्य ध्यानी-मनी ताळमेळ ।
अटळ धैर्य अंगी कधी ना अवेळ ।।

अंतरा–2

शिवाजी मराठा जरी वीर योद्धा ।
सदा सभ्य सुकृत जनीं तो कृपाळ ।।

अंतरा–3

जयाने घडविला शुभ पुन्हा सुकाळ ।
जिजा मातुचा श्री शिवा तोच बाळ ।।

अंतरा–4

## 106. Shivaji, forty six years old. Southern Campaigns, 1676.

**शिवाजी नृपाने परम पेरले बी ।**
**तयाते उगविली सुखाची सकाळ ।।**

(एकोजी राजे)

**卐ओवी॰** शहाजी राजे भोसले । ह्यांचे सुपुत्र धाकले । शाही सेवेत लागले । श्री व्यंकोजी[273] ।। 3312 ।। व्यंकोजी राजेची आई । शहाजींची सुखदाई । दूजी पत्नी तुकाबाई । दक्षिणेत ।। 3313 ।। शिवाजींचे भाऊ सावत्र । ख्यात दक्षिणेत सर्वत्र । शिवाजीसमान पवित्र । नीति त्यांची ।। 3314 ।। एकोजींनी करूनी तयारी । तंजावूरवर केली स्वारी । नायकाला[274] हरविले भारी । मदुरेच्या ।। 3315 ।। तंजावूरचे राजे भोसले । इतिहासाने उपभोगले । आदिलशहाचे ते दोगले । जरी होते ।। 3316 ।। मराठ्यांचे राज्य स्थापले । वाढविले कुळ आपले । दोन शतक व्यापले । दक्षिणेत ।। 3317 ।।

**✍दोहा॰** **नायक तंजावूर का, आदिल का सरदार ।**
**एकोजी के सामने, मान गया था हार ।। 2987**
**आदिलशाही को हुआ, जिंजी तक था कष्ट ।**
**एकोजी तब नृप बने, अलग रूप से स्पष्ट ।। 2988**
**अनुज शिवाजी के भले, एकोजी शुभ नाम ।**
**तंजावुर के नृप बने, सह शाही सम्मान ।। 2989**

(शिवाजींचा दक्षिण विजय)

(अथनी, बेळगाव, Aug 1676)

**卐ओवी॰** वीर बकाजी फरजंद । ह्यांनी अथनी केली बंद । आदिल सरदार मंद । नम्र झाला ।। 3318 ।। मग बेळगावचा पठाण । आदिलशाही अनुखान । शिवाजींनी केला त्याचा छान । पराभव ।। 3319 ।।

---

[273] **व्यंकोजी भोसले :** Also known as Ekoji Bhosle (1631-1685), the ruler of Tanjavur (r. 1676-1686). This Maratha dynasty of 10 kings ruled for 180 years.

[274] **चोक्कन्नाथ नायक.**(r. 1670-1685), the 15th Nayak ruler of Madura.

## 106. Shivaji, forty six years old. Southern Campaigns, 1676.

(दमण, परनेर, रामनगर, Aug 1676)
मोरोपंतांचे निघाले स्वार । प्रथम दमण-परनेर । मग जंजीरा-रामनगर । लागोपाठ ।। 3320 ।। जंजीऱ्याचा कासमखान । शौर्याचा त्याला अभिमान । पण झुकविली त्याने मान । पंतांपुढे ।। 3321 ।।

**दोहा॰** बंकाजी फर्जंद ने, अथनी लीन्ही घेर ।
शरण गया सरदार वो, नहीं लगाई देर ।। 2990
बेळगाव का खान भी, मान गया फिर हार ।
राज्य शिवाजी का बढ़ा, कारवार के पार ।। 2991

(हेळगेंदळ)
हेळगेंदळचा हुसेनखान । आदिलशाही विक्रमी पठाण । हंबीररावांना आला शरण । मुकाट्याने ।। 3322 ।। मराठ्यांची वाटचाल । स्वातंत्र्याची धरूनी मशाल । करीत सतत कमाल । दक्षिणेत ।। 3323 ।।

**दोहा॰** प्रथम दमण को जीत कर, फिर जीता परनेर ।
रामनगर के बाद में, जंजीरा के शेर ।। 2992
पठान हेळगेंदळ का, हारा हुसेन खान ।
हंबीरराव ने किया, स्वातंत्र्य को महान ।। 2993

**107. Shivaji, forty seven years old. Campaigns up to Jinji. 1677**

# YEAR 1677

107. वीर शिवाजी–47 :

## जिंजी विजय

**107. Shivaji, forty seven years old. Campaigns up to Jinji. 1677**

  संगीत श्री शिवाजी चरित्र राग–छंद माला, पुष्प 229

शिव लीला

**स्थायी**

ह्या वीरांची अमर ही गाथा, इथे गाइली रत्नाकर ने ।

♪ पध म–ग–रेसा सासाग ग पम–म–, गमप– प–धसां निधपममध पमग ।

**अंतरा–1**

ह्या शूरांनी, दीप जाळिला, अखंड अविरत, कीर्ती ने ।

♪ गमध निसां–सां–, नि–सां रेंनिसांनिध,

निनि–नि सांसांसांसां, पनिसांरें निसां–नि–धप ।

**अंतरा–2**

तान्हा, बाजी, अमर शिवाजी, ह्याच्या मंगल मूर्ती ने ।

**अंतरा–3**

वाचुनी त्यांचे, चरित्र अमुचे, जीवन सार्थक, स्फूर्ती ने ।

(दक्षिण विजय)

# 107. Shivaji, forty seven years old. Campaigns up to Jinji. 1677

卐ओवी॰ सन सोळाशे-सत्याहत्तर । यश-वर्षा छत्रपतीवर । सत्तेचाळीसचा महावीर । शिवराया ।। 3324 ।। कर्णाटक घेतां हाती । आदिलांची केली माती । स्वाऱ्या पुढे-पुढे जातीं । दक्षिणेत ।। 3325 ।।

✍दोहा॰ **कर्नाटक में सब तरफ, जब आदिल हुए चित ।**
**बढ़े शिवाजी सामने, दक्षिण लेने जीत ।। 2994**

## हंबीरराव मोहीते

卐ओवी॰ हंबीरराव सरनौबत । प्रबळ झाले कर्णाटकात । हुसेनखानला शह देत । पुढारले ।। 3326 ।। हुसेनखान मियाना । अब्दुर्रहीम मियाना । आदिलाने योजिले यांना । बंधु दोघां ।। 3327 ।। गडगचा संग्राम विख्यात । मियाना हारले त्यात । हुसेन पडला हातात । मराठ्यांच्या ।। 3328 ।। अरणीचा किल्लेदार । व्यंकोजी प्रख्यात फार । आदिलांचा सरदार । अभिमानी ।। 3329 ।। व्यंकोजी युद्धात हारला । अरणी सोडोनी पळाला । पण कुठेच न मिळाला । थारा त्याला । 7 ।। त्याच्या सत्तेत कोलाट । चिदंबर, हसकोट । वलंगड, शिरकोट । देवगड ।। 3330 ।। सत्ता जिथे, तिथे तो गेला । सर्वच जागीं तो हारला । शेवटी तो गेला मारला । सत्ता गेली ।। 3331 ।। हंबीररावांचा पराक्रम । अरणी ते वरुणाचलम । माराठ्यांनी केले हजम । स्वराज्यात ।। 3332 ।।

✍दोहा॰ **खान मियाना गडग का, लड़ने में मशहूर ।**
**हारा हंबीरराव से, भाग ना सका दूर ।। 2995**
**अरणी का सरदार भी, योद्धा था मशहूर ।**
**हारा हंबीरराव से, भाग गया वह दूर[275] ।। 2996**
**भागा बहुत यहाँ-वहाँ, मगर न पाया ठौर ।**
**जहाँ-जहाँ सत्ता उसे, भागा वह उस ओर ।। 2997**
**पीछा उसका हो रहा, भाग सका ना और ।**

[275] Oct. 1677.

# 107. Shivaji, forty seven years old. Campaigns up to Jinji. 1677

**आखिर में पकड़ा गया, मरा अजा की तौर ।। 2998**

(मोरोपंत त्रिंबक पिंगळे)

**卐ओवी॰** उलनूरचा अजाण । किल्लेदार शेरखान । तूफान लोदी पठाण । भांबावला ।। 3333 ।। मोरोपंतांनी गाठले त्याला । मराठ्यांना बघोनी तो भ्याला । किल्ला सोडोनी धूम पळाला । दक्षिणेला ।। 3334 ।।

**✍दोहा॰** **शेरखान उलनूर का, लोदी वीर पठान ।**
**आए जब हंबीरराव, घबड़ाया वह खान ।। 2999**
**भागा गढ़ को छोड़ कर, गया बहुत वह दूर ।**
**किला मराठों को मिला, दक्षिण का उलनूर ।। 3000**

(दादोजी रघुनाथ)

**卐ओवी॰** आदिलशाही दास मराठा । यशप्रभु स्वाभिमानी मोठा ।। शिवाजी विरुद्ध त्याचा ताठा । सर्वश्रुत ।। 3335 ।। बेळवाडी हे त्याचे ठाणे । गुलामगिरीचे टिपुनी दाणे । आदिलशाहीचे गाई गाणे । विना लाज ।। 3336 ।। रघुनाथांची आली स्वारी । क्रेधा त्याची उडाली भारी । मिळाला न त्याला कैवारी । च्युत झाला ।। 3337 ।।

**✍दोहा॰** **यशप्रभु स्वामीनिष्ठ था, आदिलशाही दास ।**
**शत्रु शिवाजी का बड़ा, बना हुआ था खास ।। 3001**
**हमला यशप्रभु पर किया, दादोजी रघुनाथ ।**
**घबड़ा कर वह आगया, शरण जोड़ कर हाथ ।। 3002**

(शिवाजींच्या स्वाऱ्या)

**卐ओवी॰** शिवाजी निघाले घेओनी सेना । सोबत सैनिक पुढारी नाना । दक्षिणविजय संधान ज्यांना । वीर नेते ।। 3338 ।। हंबीरराव मोहिते । रघुनाथ हणमंते । जनार्दन हणमंते । बंधु दोघे ।। 3339 ।। सूर्याजी मालुसरे । नानाजीपंत मोरे । बाबाराव ढमढेरे । पालकर ।। 3340 ।। बाळाजी आवजी । कंक येसाजी । पंत दत्ताजी । सर्जेराव ।। 3341 ।। शिवाजी सह मोरोपंत । आदिलांचा कराया अंत । पोहचले जिंजी पर्यंत । दक्षिणेत ।। 3342 ।। वेल्लोरचा किल्ला प्रचंड

## 107. Shivaji, forty seven years old. Campaigns up to Jinji. 1677

। पारतंत्र्यात होता अखंड । आदिलांनी केला उदंड । सुरक्षित ।। 3343 ।। अब्दुलखान किल्लेदार । हबशी तो चिवट फार । वाटाघाटींत हुशार । ऐनवेळी ।। 3344 ।। त्याच्या किल्याला पडला घेरा । आला जेव्हां शिवाजींचा फेरा । झाला आरंभ तोफांचा मारा । धडाधड ।। 3345 ।। किल्याला तटामागे तट । अनेक बुरुज बळकट । समोर खंदक अफाट । फार खोल ।। 3346 ।। वेल्लोरचा गड दृढतर । मारा करावा कसा त्यावर । सुचला उपाय बरोबर । शिवाजीला ।। 3347 ।। आजूबाजूला बांधले दोन । छोटे किल्ले करोनी त्रिकोण । आता थांबवेल कसा, कोण । तोफ मारा ।। 3348 ।। किल्यांना नांवें साजरा-गोजरा । वर चढला तोफांचा गजरा । दोन दिशांनी अकरा-अकरा । पुढे-मागे ।। 3349 ।। सरबत्ती केली सुरू । तरीही मानीना अब्दुल्ला गुरु । परंतु काही शके ना करूं । किल्लेदार[276] ।। 3350 ।। इथे वेळ लागेल फार । करावया किला तो सर । तरी केला असा विचार । शिवाजींनी ।। 3351 ।। किल्याचा वेढा ठेओनी स्थिर । निघावे पुढे स्वारीवर । करूं श्रीरंगपट्टण सर । ताडतीने ।। 3352 ।। पट्टणचा रांझा सरदार । आदिलशाही चाकरीकार । झाला लढाईसाठी तयार । पण व्यर्थ ।। 3353 ।। पडले श्रीरंगपट्टण । मराठ्यांपुढे चटकन । करूं न शकला जतन । सरदार ।। 3354 ।।

**दोहा॰** **लेकर सेना साथ में, और बहादुर वीर ।**
**चुने हुए सरदार सब, युद्ध नीति गंभीर ।। 3003**
**बढ़े शिवाजी सामने, कर्नाटक को जीत ।**
**जिंजी तक सब जीतने, सब प्रतिकार अतीत ।। 3004**
**पहले गढ़ वेल्लोर का, विशाल और बुलंद ।**
**सिद्दी अब्दुलखान का, पहरा वहाँ अखंड ।। 3005**
**घेर शिवाजी ने लिया, किला बहुत मजबूत ।**
**समझौते के वासते, भेजा अपना दूत ।। 3006**
**हबशी भी मगरूर था, सुनी न उसने बात ।**

---

[276] May, 1667.

## 107. Shivaji, forty seven years old. Campaigns up to Jinji. 1677

तोपों का मारा चला, गढ़ पर फिर दिन-रात ।। 3007

(वेल्लोर गढ़)

उँचाई पर गढ़ बसा, तटबंदी सब ओर ।
नीचे से बारूद का, चल न रहा था जोर ।। 3008
गढ़ वह लेने के लिए, अब क्या कीन्हा जाय ।
बहुत सोच कर अंत में, निकला मस्त उपाय ।। 3009
ऊँचे टीले थे खड़े, गढ़ की दोनों छोर ।
दोनों टीलों से दिखे, गढ़ आगे की ओर ।। 3010
दोनों टीलों पर नए, किले बनाए खास ।
चतुर शिवाजी ने किया, खड़ा तिकोना फाँस ।। 3011
एक किले को "साजरा," सुंदर था अभिधान ।
दूजे को फिर "गोजिरा," मिलता जुलता नाम[277] ।। 3012
दोनों पर तोपें चढ़ी, ग्यारह उग्र महान ।
हुआ धमाका फिर शुरू, हौलनाक अविराम ।। 3013
तीन माह चलती रही, बमबारी घमसान ।
जब तक इक दिन हार कर, माना अब्दुलखान ।। 3014

(मग)

卐ओवी० मग भुवनगिरी पट्टन । किल्लेदार लोदी शेरखान । पूर्वी पळाला होता सोडून । उलनूर ।। 3355 ।। त्याची सत्ता वलिंगपुरम । बाळदूर, तेवेनापट्टम । अरुलुआर्यम । तिरुवाडी ।। 3356 ।। एकामागे एक नगर । शिवाजींनी केले सर । आता भुवनगिरीवर । झाली स्वारी ।। 3357 ।। भुवनगिरी पट्टन । इथे होता शेरखान । बसला होता लपून । आरामात ।। 3358 ।। शिवाजीने घेरले पट्टण । शेरखान आला शरण । आणि पुत्र इब्राहीमखान । शिवाजींना[278] ।।

---

[277] May, 1667.

[278] **साजरा, गोजिरा** = (मराठी) सुंदर.

# 107. Shivaji, forty seven years old. Campaigns up to Jinji. 1677

3359 ।। आता अंतिम टप्पा उरला । जबरदस्त कराया हल्ला । सर कराया जिंजीचा किल्ला । दक्षिणेत ।। 3360 ।। जिंजीचा आदिल किल्लेदार । नासीरखान समजदार । शिवाजींचे आले जेव्हां स्वार । तह केला ।। 3361 ।। घेओनी मुकाट्याने उपहार । पन्नास हजारी जागीरदार । दिला त्याने किल्याचा अधिकार । मराठ्यांना ।। 3362 ।। जिंजीचा किल्ला बळकट गेंडा । त्यावर लावला भगवा झेंडा । जिंजी पर्यंत स्वराज्याचा शेंडा । दक्षिणेत ।। 3363 ।।

**दोहा॰** **भुवनगिरी में था छुपा, शेरखान पठान ।**
**भुवन शिवाजी ने लिया, शरण गया वह मान ।। 3015**
**जिंजी अंतिम ध्येय था, दक्षिण वाली छोर ।**
**बढ़ा शिवाजी का चमू, जिंजी गढ़ की ओर ।। 3016**
**गढ़ का नायक आदिली, नाम नासीरखान ।**
**लड़ा शिवाजी से नहीं, अधिपति उनको मान ।। 3017**
**किला मराठों को दिया, लेकर धन उपहार ।**
**होन पचास हजार का, बन कर जागिरदार ।। 3018**
**जिंजी पर अब चढ़ गया, भगवा केतु निशान ।**
**दक्षिण में स्वातंत्र्य की, पहुँची सच्ची शान ।। 3019**

## 108. Shivaji, forty eight years old. Sambhaji Raje, 1678.

# YEAR 1678

108. वीर शिवाजी–48 :

### संभाजी राजे

## 108. Shivaji, forty eight years old. Sambhaji Raje, 1678.

(परत, रायगड)

卐ओवी० सन सोळाशे–अठ्याहत्तर । शिवाजींनी जिंजी करोनी सर । परतले रायगडावर[279] । सुखरूप ।। 3364 ।। दीड वर्ष दक्षिणेत वास । करावया आदिल खलास । वय आता अठ्ठेचाळीस । शिवाजींचे ।। 3365 ।।

दोहा० दक्षिण तक साम्राज्य को, करके विराजमान ।
लौट शिवाजी आगए, वापस अपने स्थान ।। 3020
रायगड पर महान था, उत्सव जय जयकार ।
आदिलशाही खतम थी, बिजापूर के पार ।। 3021

संगीत श्री शिवाजी चरित्र राग–छंद माला, पुष्प 230

शिवाजी राजा

**स्थायी**

पैंजण खण खण वाजत पायीं, कंगण रुण झुण करतीं हातीं ।
सुंदर ललना गातीं ।।

---

[279] June 1678.

## 108. Shivaji, forty eight years old. Sambhaji Raje, 1678.

**अंतरा–1**

**गंभीर रव हा रणशिंगांचा, गूंजत गूंजत पडतो कानीं ।**

**अंतरा–2**

**आनंदोत्सव मंगलकारी, भट वीरांची फुगली छाती ।**

**अंतरा–3**

**शंकर भोला, देवी भवानी, करती सदा दुष्टांची माती ।**

(वेल्लोर)

卐**ओवी**॰ वेल्लोरचा गराडा सतत । चालला चौदा मास पर्यंत । विना दिरंगाई किंचित । अहोरात्र ।। 3366 ।। शेवटी सिद्दी अब्दुल्ला । किल्लेदार जेरीस आला । किल्याचा कबजा दिला[280] । मराठ्यांना ।। 3367 ।।

**दोहा॰ वेल्लोर किले पर चली, गोलों की बौछार ।**
**जब तक अब्दुलखान ना, माना अपनी हार ।। 3022**

(बंकापुर)

卐**ओवी**॰ बंकापुरचा खान । जमशीद त्याचे नाम । दाखवी फुकट शान । मराठ्यांना ।। 5 ।। जमशीदखान गाई । आदिलशाही बढाई । शिवाजींनी केली चढाई । नरमला ।। 6 ।।

**दोहा॰ गर्व भरा जमशीद था, बंकापुर का खान ।**
**गाता आदिलशाह की, स्तुति के निश–दिन गान ।। 3023**
**किया शिवाजी ने जभी, उस पर घोर प्रहार ।**
**होश ठिकाने आगए, फिर माना वह हार ।। 3024**

(शिवनेरी)

卐**ओवी**॰ मुगल अब्दुल अजीज खान । शिवनेरीवर आला चालून । कराया भयानक नुकसान । पण व्यर्थ ।। 3368 ।। मराठ्यांची स्थिति दृढ । मुगलांपेक्षा वरचढ । लष्करी डावपेच गूढ । होते त्यांचे ।। 3369 ।।

---

[280] July 1678.

## 108. Shivaji, forty eight years old. Sambhaji Raje, 1678.

✍दोहा॰ मुगलों का सरदार था, अब्दुल अजीज खान ।
शिवनेरी गढ़ जीतने, लाया फौज महान ।। 3025
वीर मराठों ने किया, उसका दृढ़ प्रतिकार ।
लौट गया रण छोड़ कर, खान मान कर हार ।। 3026

### संभाजी राजे प्रकरण

卐ओवी॰ शिवाजींची पहिली दार । सईबाई निंबाळकर । भाग्यवान ती बाई फार । महाराणी[281] ।। 3370 ।। तिचा पुत्र शूर संभाजी । जसा वीर पिता शिवाजी । जशी साहसी त्याची आजी । जिजाबाई ।। 3371 ।। पण विरुद्ध झाला काळ । दोन वर्षांचा जेव्हां बाळ । आई त्याची झाली अकाळ । स्वर्गवासी ।। 3372 ।। संभाजीची सावत्र आई । राजकारणी सोयराबाई । स्वपुत्र व्हावा उत्तरदाई । तिला वाटे ।। 3373 ।। जेव्हां झाला तिला पुत्र । बदलले तिचे सूत्र । दिवा पाजळे त्याचे मुत्र । सोयराचा ।। 3374 ।। विना मंथरा, ही कैकेई । स्वार्थभावें निर्णय घेई । महत्वाकांक्षा तिला नेई । हानीकडे ।। 3375 ।।

✍दोहा॰ दार शिवाजी की "सई," रानी प्रथम प्रधान ।
सुत संभाजी वीर था, अपने पिता समान ।। 3027
अनुभव बचपन से मिला, संभाजी को खूब ।
वीर पिता को देख कर, वह भी वीर बखूब ।। 3028
गया हुआ था आगरा, मुगलों के देखे हाल ।
छुट कर आया कैद से, दस वर्षों का बाल ।। 3029
जब था शिशु दो साल का, हुआ मातु देहांत ।
सौतेली माँ "सोयरा," रखती उसे अशांत ।। 3030
"संभाजी को ना मिले, राजकुँवर सम्मान ।
मेरा बेटा नृप बने," उसका था अभियान ।। 3031

---

[281] **सईबाई :** Married May 14, 1648. Son Sambhaji born May 14, 1656.

## 108. Shivaji, forty eight years old. Sambhaji Raje, 1678.

संभाजी सुत ज्येष्ठ थे, छोटे राजाराम ।
करना चाहे सोयरा, कैकेयी का काम ।। 3032
विनाश पथ पर ले चली, उसको उसकी आस ।
डालेगी वह भूल से, पति के गल में फाँस ।। 3033

(पुत्र राजाराम)

卐ओवी॰ तिचा पुत्र राजाराम[282] । प्रकृति त्याची, जसे नाम । सौम्य होते त्याचे काम । सदाचारी ।। 3376 ।।

✍दोहा॰ सुत उसका दस साल का, किशोर राजाराम ।
स्वभाव जिसका सौम्य था, जैसा उसका नाम ।। 3034
लड़ना वह ना चाहता, बन कर रण पर वीर ।
ना लड़ता तलवार से, न ही चलाता तीर ।। 3035

(संभाजी, यशवंती)

भेद भाव से ऊब कर, संभाजी को रंज ।
बात-बात पर क्रोध में, वह थे कसते तंज ।। 3036
शूर-वीर संस्कृत पढ़े, होकर शास्त्र प्रकांड ।
पत्नी यशवंती उन्हें, कहती करने कांड ।। 3037
लड़ती थी वो सास से, लेकर छोटी बात ।
उकसाती पति को सदा, करने को उत्पात ।। 3038
बार-बार कहती, चलो! रहें कहीं हम दूर ।
अपने हठ को मानने, करती थी मजबूर ।। 3039

(यशवंती)

उसे देश की क्या पड़ी, करती थी अविचार ।
स्वतंत्रता संग्राम से, उसे नहीं था प्यार ।। 3040

---

[282] **राजाराम (1670-1700) :** Born Feb 24, 1670.

## 108. Shivaji, forty eight years old. Sambhaji Raje, 1678.

**मगर शिवाजी से डरे, कहने कोई बात ।**
**उनके आगे सहम कर, रहती थी दिन-रात ।। 3041**

(एकदा)

**卐ओवी॰** संभाजीला सावत्रवास । देत होता मनाला त्रास । चिडखोर आणि उदास । झाले राजे ।। 3377 ।। यद्यपि शूर अनुभवी । खोड लागली त्याला नवी । उग्र वचन अरेरावी । बंडखोरी ।। 3378 ।। शास्त्र ज्ञान होते त्यास । संस्कृताचा होता ध्यास । पत्नी चीड देई त्यास । यशवंती ।। 3379 ।। नव्हती ती दूरदर्शी । देशहित जाणेल कशी । नवऱ्याला झाली सरशी । हट्ट केला ।। 3380 ।। तिला बोचला सासुरवास । तिने दिला पतीला त्रास । म्हणे करूं आपण निवास । दूर कुठे ।। 3381 ।। जेव्हां वारल्या जिजाबाई । राज्यसत्तेची तिला घाई । बिघडूं गेली तिच्या पाई । परिस्थिति ।। 3382 ।। शिवाजींना पडली चिंता । काय बरें करावे आता । कोण समजावेल ज्ञाता । संभाजीला ।। 3383 ।। चिन्हें दिसली विपरीत । जमत नव्हते गणित । कुठे पाठवावे त्वरीत । ह्या पोराला ।। 3384 ।। एकदा सासूने भांडण केले । शिवाजी होते दक्षिणेत गेले । तेच अनायसे निमित्त झाले । कलहाला ।। 3385 ।। येशूबाई मोठी चतुर । संभाजींना केले फितुर । म्हणाली चला येथून दूर । ह्याच क्षणी ।। 3386 ।। पत्नी येशू होती गर्भार । वेडेपणा तिच्यात फार । करायला वेगळा संसार । उतावळी ।। 3387 ।। पतीला करून मजबूर । केले पत्नीने त्याला फितुर । आणि गाठले श्रृंगारपूर । एकाएकी[283] ।। 3388 ।। शिवाजी होते मोहीमेवर । त्यांना ह्याची काही न खबर । संभाजीने सोडले घर । पत्नीसह ।। 3389 ।। राहतां इथे महीने तीन । येशूस जन्मले कन्यारत्न[284] । ठेवले तिचे भवानी नाम । भक्तिभावें ।। 3390 ।।

**✍दोहा॰ गए शिवाजी दूर थे, कोई था अभियान ।**
**यशवंती ने सास से, किया कलह घमसान ।। 3042**
**संभाजी भी लड़ पड़े, अपनी माँ के साथ ।**

---

283] November 1676.

[284] **भवानी :** Born Sept 04, 1677.

# 108. Shivaji, forty eight years old. Sambhaji Raje, 1678.

दोनों घर से चल पड़े, उन्हें जोड़ कर हाथ ।। 3043
यशवंती थी पेट से, फिर भी घर को छोड़ ।
उतावले होकर चले, माँ से नाता तोड़ ।। 3044
तीन माह थे वे वहाँ, रायगड से दूर ।
छोटा सा वह गाँव था, नाम श्रृंगारपूर ।। 3045
यहाँ उन्हें कन्या हुई, रखा भवानी नाम ।
पता शिवाजी को चला, संभाजी का काम ।। 3046
लौट शिवाजी आगए, वापस अपने धाम ।
करने अपने पुत्र का, अच्छा इन्तेजाम ।। 3047

(सज्जनगड)

बघूनी संभाजीचे मित्र । व त्याचे वर्तन विचित्र । नियोजिले स्थान पवित्र । शिवाजींनी ।। 3391
।। सारासार करूनी विचार । द्यावया मुलाला सुविचार । केले आयोजन तयार । पावन जे ।।
3392 ।। शिवाजींनी आदेश देऊनी । धाडले सभाजीराजेंना झणी । रामदास स्वामींचे चरणीं ।
सज्जनगड ।। 3393 ।। स्थळ हे फार पवित्र । इथे शांतता सर्वत्र । धार्मिक इथले तंत्र । जप-तप
।। 3394 ।। रोज कीर्तनें-प्रवचनें । सदुपदेशांची वचनें । कडक शिस्तीने वागणे । लागे इथे ।।
3395 ।। संभाजीला इथे करमेना । त्याचे मन जरा रमेना । येसूबाईचे सूत्र जमेना । शिस्तीमध्ये
।। 3396 ।। येसूबाई झाली बेचैन । ती राहू शकली न मौन । नवऱ्याची हरविली चैन ।
अहोरात्र ।। 3397 ।। जावे तर कुठे जावे । बाई-पोर कसे न्यावे । आश्रयाला कुणा घ्यावे । प्रश्न
होता ।। 3398 ।। नको हा सज्जनगड । नको होता रायगड । समजेना काही धड । कुठे जावें
।। 3399 ।।

✍दोहा॰ संभाजी को भेज कर, रामदास के पास ।
सुंदर वातावरण में, सज्जनगड पर वास ।। 3048
यहाँ काम सब नियम से, चलता था दिन रात ।
अरुणोदय पर जागना, सोना पड़ते-रात ।। 3049
प्रवचन कीर्तन भजन औ, करना पूजन पाठ ।

## 108. Shivaji, forty eight years old. Sambhaji Raje, 1678.

**ब्रह्मचर्य की शपथ से, रहना प्रहरों आठ ।। 3050**
**यशवंती से ना हुआ, जीना यह बरदाश्त ।**
**इक दिन आश्रम छोड़ कर, निकल पड़े बिन बात ।। 3051**
**जाएँ तो जाएँ कहाँ, सज्जनगड से भाग ।**
**दूर रायगड से कहीं, जहाँ बुझे मन आग ।। 3052**

(तेव्हां)

**卐ओवी०** मग एकदा घडला प्रकार । संभाजी सपत्नी झाले फरार । दिलेरखान मुगलाचे द्वार । गाठावया[285] ।। 3400 ।। औरंगजेब आनंदात । शिवाजींवर वज्राघात । महाराष्ट्र अविश्वासात । थक्क झाला ।। 3401 ।। काहींही न करतां कावा । हाती आला मराठा छावा । आता ह्याचा फायदा घ्यावा । सत्तेसाठी ।। 3402 ।। संभाजींना मान राजासम । काढोनी मनसबीचे फरमान; । धर्मपरिवर्तनाची रसम । बाकी होती ।। 3403 ।। "शिवाजीपुत्र पडला हाती । हिंदू कुळांची होईल माती । येतील हजारों नाती-गोतीं । त्याच्यामागे ।। 3404 ।। "हिंदू राजपुत्र सोडोनी धर्म । करील आमच्या धर्माचे कर्म" । मुगलांना न कळले वर्म । संभाजींचे ।। 3405 ।।

**✍दोहा०** **सज्ज्नगड से भाग कर, बिना किए, सुविचार ।**
**आए संभाजी चले, मुगल शत्रु के द्वार ।। 3053**
**संभाजी को देख कर, प्रमुदित दिलेर खान ।**
**खुश खबरी से तुष्ट था, दिल्ली का सुलतान ।। 3054**
**बकरा आया हाथ में, कर दो इसे गुलाम ।**
**परिवर्तन करके इसे, करो स्वराज्य तमाम ।। 3055**
**पुत्र शिवाजी का पड़ा, फिर से हाथ हमार ।**
**अब न कहीं वह जा सके, मुगल कैद से पार ।। 3056**
**अब अपनों से यह लड़े, जैसा हुकम हमार ।**
**आज्ञा हमरी ना सुनी, डालो उसको मार ।। 3057**

---

[285] Dedember 1678.

## 108. Shivaji, forty eight years old. Sambhaji Raje, 1678.

(और)

"संभाजी राजे" कहो, और करो सम्मान ।
आया इस आदेश का, दिल्ली से फरमान ।। 3058
इसके पीछे अनगिनत, छोड़ेंगे निज धर्म ।
मुगलों का भाई बने, करे हमारा कर्म ।। 3059

(शिवाजी)

पता शिवाजी को चला, सुत का यह उत्पात ।
उनके हिरदय पर हुआ, भीषण वज्राघात ।। 3060
हक्के-बक्के लोग थे, कर न सके विश्वास ।
पुत्र शिवाजी का बने, मुगल शत्रु का दास ।। 3061

## 109. Shivaji, forty nine years old. Sambhaji Raje, 1679.

# YEAR 1679

109. वीर शिवाजी–49 :

## घोर आघात

109. Shivaji, forty nine years old. Sambhaji Raje, 1679.

संगीत श्री शिवाजी चरित्र राग-छंद माला, पुष्प 231

भगवा ध्वज

**स्थायी**

**भगव्या झेंडया! तुला नमन रे! तू निष्ठे चा, दाता, रे!**

♫ पधम-ग-रेसा! सासाग गपम म-, गम प-प- धसां, निधपम, मधपमग! ।

**अंतरा–1**

**घोर संकटें आली गेली, तूच संस्कृति-, त्राता, रे!**

♫ गमध निसांसांसां- नि-सांरें निसांनिध,

नि-नि निसांसांसां-, पनिसांरें, निसां-नि-धप ।

**अंतरा–2**

**तूच कपिध्वज! गरुडध्वज तू! तुला शरण मी, आता, रे!**

**अंतरा–3**

**धन्य जाहली, तुझ्या कांति ने, पावन भारत माता, रे!**

(परत, रायगड)

## 109. Shivaji, forty nine years old. Sambhaji Raje, 1679.

卐ओवी॰ मनावर प्रहार प्रचंड । राजकारण पडले थंड । मोहीमांना पडला खंड । शिवाजींच्या ।। 3406 ।। बसला होता गंभीर धक्का । तरी करोनी विचार पक्का । क्रोध गिळला, मारोनी फक्का । शिवाजींनी ।। 3407 ।। सन सोळाशे-एकोणअंशी । पोराने लावली गळ्यास फाशी । शिवाजींची झाली स्थिति कशी । सांगवेना ।। 3408 ।। वय झाले एकोणपन्नास । लागला मोठा घाव मनास । बोलूं शके ना कुणा जनास । मनस्थिति ।। 3409 ।।

**दोहा॰ असह्य थी वह यातना, देख पुत्र का द्रोह ।**
**शूर मराठा शेर था, कर बैठा विद्रोह ।। 3062**
**सह न सके आघात वो, लगा गले में फाँस ।**
**काम शिवाजी छोड़ कर, भीषण हुए उदास ।। 3063**
**जिसे छुड़ा कर कैद से, ले आए इस पार ।**
**वही उन्हीं के कैद में, गया आप, इस बार ।। 3064**

(भूपाळगड, संभाजी राजे)

卐ओवी॰ भूपाळगड व त्याचा तट । शस्त्र-धान्य सामग्रीसकट । शिवाजींनी केला बळकट । साताऱ्याचा ।। 3410 ।। फिरंगोजी नरसाळा । त्या किल्याचा प्रतिपाळा । मुगलांवर घालोनी आळा । दृढ होता ।। 3411 ।। असा किल्ला भूपाळगड । किल्लेदार वरचढ । मुगलांना अवघड । झाला होता ।। 3412 ।। मुगलांना मिळतांच संभाजी । महत्वाकांक्षा त्यांची झाली ताजी । संभाजीला त्यांनी करोनी राजी । स्वारी केली ।। 3413 ।। साताऱ्याच्या भूपाळगडाला । मुगलांचा गराडा पडला । संभाजीचा उघड घडला । देशद्रोह ।। 3414 ।। तोफ मारा दणकट । किल्ला फार बळकट । त्यांहूनी धडधाकट । किल्लेदार ।। 3415 ।। फिरंगोजीने धरला किल्ला । दिलेर करूं शके ना हल्ला । पंधरा दिन करोनी सल्ला । थलका तो ।। 3416 ।। चालली न जेव्हां शक्ति । खानाने काढली युक्ति । संभाजींना केली उक्ति । "आपण जा!" ।। 3417 ।। संभाजींना करोनी समोर । राहिला मागे हरामखोर । पेच पाडला नैतिक घोर । मराठ्यांना ।। 3418 ।।

**दोहा॰ दुर्ग मराठा राज्य का, भूपाळगड महान ।**
**सबल शिवाजी ने किया, सातारा की शान ।। 3065**

## 109. Shivaji, forty nine years old. Sambhaji Raje, 1679.

किला शिवाजी ने रखा, जतन किए गंभीर ।
वीर किलेदार था, नरसाळा रणधीर ।। 3066
मुगलों का बस ना चला, असफल थे हर बार ।
दुर्ग मराठों ने लड़ा, देकर उनको हार ।। 3067

(मगर)

संभाजी जब बन गए, मुगलों के सरदार ।
देश द्रोह करने हुए, खुले आम तैयार ।। 3068
संभाजी को साथ में, लेकर के इस बेर ।
दिलेर ने फिर से लिया, भूपाळगड को घेर ।। 3069
पन्द्रह दिन लड़ता रहा, हर विध दिलेरखान ।
मगर मुगल से ना डरा, किलेदार तूफान ।। 3070
कुछ न मुगल जब कर सका, मावळों को अपाय ।
आखिर दिलेरखान ने, कायर किया उपाय ।। 3071
दिलेर पीछे फौज में, छिपा बदल कर वेश ।
संभाजी आगे हुए, छत्रपति सम वेश ।। 3072
संभाजी आगे खड़े, छत्रपति सम रूप ।
बगल मराठा दल खड़े, और मराठा भूप ।। 3073
संभाजी ने जब दिया, अपने-मुख आदेश ।
"द्वार दुर्ग का खोल दो, देने हमें प्रवेश" ।। 3074
सुन कर उस आदेश को, किलेदार को भ्राँत ।
स्वामी का आदेश है, रहना होगा शाँत ।। 3075
संभाजी ने जब कहा, आश्वासन पर खास ।
किलेदार ने कर लिया, स्वामी पर विश्वास ।। 3076
वह दुविधा में था पड़ा, कर न सका सुविचार ।
स्वामी का आदर किए, खोल दिया गढ़ द्वार ।। 3077

# 109. Shivaji, forty nine years old. Sambhaji Raje, 1679.

(मराठे)

卐**ओवी॰** बघोनी समोर स्वामी भोळे । मराठ्यांचे थबकले डोळे । विराम केले तोफांचे गोळे । आदराने ।। 3419 ।। न करतां विलंब विशेष । संभाजीनी धाडला आदेश । किल्यात आम्हां द्यावा प्रवेश । सुखरूप ।। 3420 ।। फिरंगोजीने केला विचार । कसा मी करावा प्रतिकार । कैसा करूं मी शस्त्र प्रहार । स्वामीवर ।। 3421 ।। जैसा अर्जुन रणावर । किंकर्तविमूढ नर । सोडूं धजला नाहीं शर । गुरूंवर ।। 3422 ।। फिरंगोजीने सोडला गड । खुले करोनी किल्याचे द्वार । मुगलांनी केला किल्ला सर । मुफतचा ।। 3423 ।। सहाशे मराठे गडावर । शरण, करोनी हात वर । कापले त्यांचे उजवे कर । कृतघ्नांनी ।। 3424 ।। बघोनी अन्याय आप्तांवर । दिलेरखानेचे कृत्य घोर । संभाजी कापले थरथर । शिसारीने ।। 3425 ।। स्वगत म्हणाले, दुःख स्वर । सुलतानी काय हा प्रकार । अन्याय शरणागतांवर । अमानुष ।। 3426 ।। ज्यांनी आम्हां देओनी आदर । किल्ला ह्यांना करूं दिला सर । त्यांचेच कापले गेले कर । अनर्थ हा ।। 3427 ।। ही न मराठ्यांची रीत । हीन मनस्थिति तीत । हिंसा कराया न भीत । मुगल हे ।। 3428 ।।

✍**दोहा॰** **गढ़ पर छह–सौ मावळे, होकर सब निःशस्त्र ।**
**प्रणाम करके थे खड़े, लगभग अर्ध–सहस्त्र ।। 3078**
**खुला द्वार जब दुर्ग का, स्वागत करने भव्य ।**
**संभाजी आगम किए, छत्रपति सम दिव्य ।। 3079**
**उनके पीछे मुगल भी, आए भीतर चोर ।**
**यथा नीति सुलतान की, करने कुकर्म घोर ।। 3080**
**मुगलों ने सब मावळे, कृतघ्नता के साथ ।**
**बंदी करके हर्ष से, काटे सब के हाथ ।। 3081**
**संभाजी के सामने, हुआ घोर यह काम ।**
**संभाजी चुप रह गए, मजबूरी के नाम ।। 3082**

(मगर)

**काँप उठे वे देख कर, सुलतानी व्यवहार ।**
**बदले में विश्वास के, निर्घृण अत्याचार ।। 3083**

## 109. Shivaji, forty nine years old. Sambhaji Raje, 1679.

यह न मराठों को जचे, इसको कहते पाप ।
सोच-सोच कर आ रहा, उनको था संताप ।। 3084

(शिवाजी)

**ओवी॰** ऐकोनी हा वृत्तांत सारा । शिवाजींचा चढला पारा । लढण्या सर्व किल्लेदारां । बजाविले ।। 3429 ।।

**दोहा॰** सुन कर करनी पुत्र की, और सकल वृत्तांत ।
क्षुब्ध शिवाजी होगए, जागृत किया कृतांत ।। 3085
शीघ्र शिवाजी ने तभी, सरदारों के पेश ।
सभी किलों पर युद्ध का, भेज दिया अनुदेश ।। 3086

## तिकोट्याचे दुष्कर्म

संगीत श्री शिवाजी चरित्र राग-छंद माला, पुष्प 232

तिकोटा धाम

**स्थायी**

काय पुंण्याच ग बाई! तिकोटा म्हणावे धाम ।

**अंतरा**

इथे ब्रह्म विश्णु शिव, इथे कृष्ण दत्त राम । 1
इथे भजन कीर्तन, इथे भक्तिभाव काम । 2
इथे नित्य आराधना, इथे हरि! हरि! नाम । 3
इथे मुनि साधु संत, करिती प्रणाम । 4
इथे जन गण मनीं, चिंतनाचा परिणाम । 5
इथे ध्यान मग्न ऋषि, यति योग्यांचा मुक्काम । 6
इथे मूर्त्या देवलयें, इथे पूजा अविराम । 7
इथे शिल्पकला छान, सौंदर्याला न विराम । 8

## 109. Shivaji, forty nine years old. Sambhaji Raje, 1679.

**इथे यात्रेकरु भीड, वैभवाला न लगाम । 9**
**इथे शांति समाधान, सुखावतो आत्माराम । 10**
**तीर्थक्षेत्र काशी सम, पावन तिकोटा ग्राम । 11**

卐**ओवी॰** बळकावूनी भूपाळगड । दिलेर आला तिकोट्यावर । संभाजी होते बरोबर । मोहीमेत ।। 3430 ।। तिकोटे असुरक्षित ग्राम । विविध इथे पवित्र धाम । जिथे तिथे हरि! हरि! नाम । गरजत ।। 3431 ।। मुगलांनी केली लूट मार । पूज्य लोकांना छळले फार । बाया-पोरीं वर अत्याचार । सुलतानी ।। 3432 ।। शेकडो हिंदूंचे धर्मांतर । गुलामी लादली लोकांवर । बधितला हा सर्व प्रकार । संभाजींनी[286] ।। 3433 ।। बघुनी तसा सुलतानी । नीच दुराचार तो हैवानी । आला वीट मनापासोनी । संभाजींना ।। 3434 ।।

**दोहा॰** **मुफ्त मिला भूपाळगड, दिलेर को बिन युद्ध ।**
**मुगलों के गुण देख कर, संभाजी थे क्रुद्ध ।। 3087**
**अगली मुहिम तिकोट पर, दिलेर था गुमराह ।**
**संभाजी थे साथ में, पापी के हमराह ।। 3088**
**तिकोट पावन क्षेत्र था, पवित्र यात्रा धाम ।**
**नाना आश्रम थे बने, मंदिर थे अभिराम ।। 3089**
**भगत जनन की भीड़ थी, कीर्तन पूजा पाठ ।**
**गायन मधु संगीत से, भरीं दिशाएँ आठ ।। 3090**

(अचानक)

**मुगल गाँव में घुस गए, अशस्त्र डाले मार ।**
**महिलाओं पर अनगिनत, कीन्हे अत्याचार ।। 3091**
**मंदिर सुंदर लूट कर, मूरत डालीं फोड़ ।**
**धर्म-परिवर्तन किए, बल से हाथ मरोड़ ।। 3092**
**करके भ्रष्ट समाज को, सबको किया गुलाम ।**

---

[286] November 1679.

## 109. Shivaji, forty nine years old. Sambhaji Raje, 1679.

**संभाजी के सामने, कीन्हे पापी काम ।। 3093**

(संभाजी राजे)

**ओवी॰** जरा घेओनी अवकाश । डोक्यात पडला प्रकाश । कळून आले सावकाश । चूक झाली ।। 3435 ।। डोक्यात उठले वादळ । विचार करोनी प्रांजळ । द्रोह-भाव झाला सादळ । क्रोधाग्नीचा ।। 3436 ।। महाराष्ट्राचा मी युवराज । सुसंस्कृत माझा समाज । गलत रस्त्यावर मी आज । आलो आहे ।। 3437 ।। शिवछत्रपतींचा मी छावा । स्वातंत्र्यध्वज मी हातीं घ्यावा । भावी छत्रपति मीच व्हावा । मराठ्यांचा ।। 3438 ।। संभाजींचे मन बिघडले । डोळे प्रस्तावोनी उघडले । दिलेरखानावर चिडले । राजे आता ।। 3439 ।।

**दोहा॰** **कांड दुबारा देख कर, करके योग्य विचार ।**
**संभाजी पीड़ित हुए, सह न सके दुखभार ।। 3094**
**बोले, मुझसे होगई, बहुत बड़ी है भूल ।**
**सुलतानों की नीति का, जान न पाया मूल ।। 3095**
**पत्नी की जिद के लिए, घर से नाता तोड़ ।**
**दुष्टों से मैं आ मिला, अपनों से मुख मोड़ ।। 3096**
**मातु पिता को दुख दिया, नाम किया बरबाद ।**
**अब ना इनका साथ दूँ, अघ में इसके बाद ।। 3097**
**पूत्र मराठा भूप का, होकर मैं युवराज ।**
**गलत राह पर चल पड़ा, समझ गया मैं आज ।। 3098**

(दिलेरखान)

**ओवी॰** दिलेरखान बिचकला । रोष बघोनी दचकला । गर्व त्याचा पिचकला । संभाजींनी ।। 3440 ।। विश्वास त्याचा खचला । मनी कोलाहल मचला । त्याला जवाब न पचला । संभाजींचा ।। 3441 ।। सरदार तो सुलतानी । पाप कराया अभिमानी । त्याला नाही दिसली हानि । अन्यायात ।। 3442 ।। काही दिवसांच्या आंत । दाखविली त्याने जात । नेहमीचा जो प्रघात । सुलतानी ।। 3443 ।। खानाने रचले षड्यंत्र । संभाजींना धाडण्या तत्र । दिल्लीला पाठविले पत्र । गुप्तपणे ।। 3444 ।। कैद करोनी संभाजीला । पाठवितो मी दिल्लीला । वाचूं

## 109. Shivaji, forty nine years old. Sambhaji Raje, 1679.

नये तो ह्या खेपेला । पूर्वी जसा ।। 3445 ।। संभाजींना कळला कट । केली तयारी फाटोफट । निसटण्या बघोनी फट । सुरक्षेत ।। 3446 ।। विचार करोनी अनेक । घेऊनी बायको व लेक । गवसली सुसंधि एक । पळावया[287] ।। 3447 ।। पस्ताओनी ओशाळले मनी । स्वराज्याचा व्हावया धनी । संभाजी आले पितृचरणीं । पन्हाळ्याला[288] ।। 3448 ।।

**दोहा॰** **संभाजी के रोष को, समझ गया वह खान ।**
**संभाजी का ना रहा, उसको अब सम्मान ।। 3099**
**बदला लेने के लिए, उतावला वह खान ।**
**बनाने लगा योजना, लेने उसके प्राण ।। 3100**
**दिल्ली के सुलतान से, करके पत्र विचार ।**
**संभाजी को मारने, हुआ खान तैयार ।। 3101**

(संभाजी)

**करने वाला खान है, मुझे अचानक कैद ।**
**पता चला जासूस से, संभाजी को भेद ।। 3102**
**दिलेर को ना था पता, गुप्त रहा ना भेद ।**
**बनाता रहा योजना, लेने को प्रतिशोध ।। 3103**
**ठीक समय को देख कर, करके बहुत प्रयास ।**
**फरार संभाजी हुए, जाने पितु के पास ।। 3104**
**किए कर्म पर शर्म से, झींखे और हताश ।**
**पितु चरणन में आगए, पीड़ित और उदास ।। 3105**

---

[287] November 30, 1679.

[288] December 04, 1679.

## 110. Shivaji, fifty years old. Death of Shivaji, 1680.

# YEAR 1680

110. वीर शिवाजी-50 :

छत्रपति श्री शिवाजी महाराजांचे स्वर्गारोहण

110. Shivaji, fifty years old. Death of Shivaji, 1680.

---

**CONTEMPORARY HISTORICAL STAGE**
**Kingdoms and the Kings.**

**Delhi** Sultan : Muhyi-ud-din Aurangzeb (ruled 1658-1707); Guhila Rana of **Mewad, Jaipur** : Raja Singh (1652-1680); Guhila Rana of **Mewad, Udaipur** : Raj Simha (1652-1680), Jai Simha (1680-1699); Rathod Maharaja of **Jodhpur Marwad** : Jaswant Simha (1638-1680), Ajit Singh (1680-1725); Rathod Maharaja of **Bikaner** : Anup Singh (1669-1698); Kachhwaha Maharaja oh **Ambar Jaipur** : Ram Singh (1667-1688); Chauhan Maha Rao of **Bundi** : Anirudh Singh (1678-1706); Chauhan Maha Rao of **Kota** : Kishor Singh (1669-1685); Bhatti Maharawal of **Jaisalmer** : Sabal Simha (1661-1702); Maharaja of **Kacch** : Rai Dhan Tamachi-1 (1662-1697); Adilshahi Sultan of **Bijapur** : Sikandar Adilshah (1672-1686); Qutabshahi Sultan of **Golkunda** : Abul Hasan (1672-1687); Nayak of **Madura** : Chokkan Nath (1659-1682), Vyankoji Bhosle (1674-1686); Nayak of **Ikkeri** : Chennamma (1671-1696); Rani of **Venad Travankor** : Ummaya Amma (1677-1684); Nayak of **Tanjavur** : Vyankoji Bhosle (1674-1686), Haleri Raja of **Coorg** : Mudda Raja-1 (1633-1687); Raja of **Kochin** : Vira Kerala Varma-4 (1663-1687); Khan of **Kalat** : Mir Ahmad Khan (1666-1695); .

---

  संगीत श्री शिवाजी चरित्र राग-छंद माला, पुष्प 233

शिवाजी

स्थायी

## 110. Shivaji, fifty years old. Death of Shivaji, 1680.

**सगळ्यांत श्रेष्ठ राजा, शिवबा महान माझा ।**

**कोणी तसा न ह्या जगात, रे! ।।**

♫ नि़नि़ध़-नि़ सा-सा रे-ग-, रेरेग- गमंधप मं-ग- ।

ग-मं- पध- प, मं- गरे-सा नि़- ।।

**अंतरा–1**

**सात्त्विक बुद्धि त्याची, श्रवणीय उक्ति ज्याची ।**

**राजा तसा न ह्या जगात, रे! ।।**

♫ ग-मं- पध- प मं-ग-, मंप ध-नि सां- निध-प- ।

गगमं- पध- प, मं-ग रे-सा नि़- ।।

**अंतरा–2**

**कान्हा समान लीला, चकवी सदा अरीला ।**

**शिवबाच एक, जगात, रे! ।।**

**अंतरा–3**

**अवतार श.कराचा, अद्‌भुत प्रभाव ज्याचा ।**

**झाला झकास, ह्या जगात, रे! ।।**

## रायगड

**ॐओवी॰** इसवी सन सोळाशे-अंशी । शिवाजींना लागली पन्नाशी । पाच-शतकें गेली कशीं । भराभरा ।। 3449 ।। घोड्यावर येणे-जाणे । घोड्यावर खाणे-पीणे । घोड्यावरच झोपणे । जशी वेळ ।। 3450 ।। किल्लोकिल्लीं धावपळ । दाखविणे रणीं बळ । हाडे झाली खिळखिळ । शरीराची ।। 3451 ।। ना धड खाणे-पीणे । न आरामाचे जीणे । संकटांना न भीणे । जीवापाड ।। 3452 ।। पन्नास वर्षें एकच ध्यास । मुलाने दिला गळफास । आधिव्याधि आल्या पास । शिवाजींच्या ।। 3453 ।। आजाराने जकडले । हात-पाय अकडले । अंथरूण पकडले । विसावले ।। 3454 ।। स्वास्थ्य झाले चोळामोळा । पोटामध्ये आला गोळा । दवादारू आणे-सोळा । सर्व व्यर्थ ।। 3455 ।। स्वातंत्र्याचे रोऊनी बीज । अवताराचे झाले चीज । नीज बाळा!

# 110. Shivaji, fifty years old. Death of Shivaji, 1680.

आता नीज! । अंबा म्हणे ।। 3456 ।। अंगात उरला न त्राण । जात आहे वीराचा प्राण । जवळ जवळ निर्वाण । येत आहे ।। 3457 ।। सुरू होते वैद्य उपचार । प्रकृतीत पडेना उतार । ज्वराचा कोणता हा प्रकार । उमगेना ।। 3458 ।। आप्त सर्व होते जवळ । आणि जिवलग सकळ । सर्वांची मनें तळमळ । होत होतीं ।। 3459 ।। आला दिवस निर्वाणाचा । चैत्र शुद्ध पौर्णिमेचा । हनुमान जयंतीचा । शनिवार[289] ।। 3460 ।। जिथे गेली होती आई । जिथे होती सईबाई । जिथे गेले वीर लई । स्वर्गधामी ।। 3461 ।। प्रयाण करीती तिथे आज । शिवाजी मराठे महाराज । पूज्य छत्रपति शिवराज । सह्याद्रीचे ।। 3462 ।।

✍दोहा॰ **सोलह-सौ-अस्सी बड़ा, निकला अशकुन काल ।**
**महाराष्ट्र-इतिहास में, बना शिवाजी-काल ।। 3106**
**स्वतंत्रता संग्राम का, शेष एक अध्याय ।**
**नियति-नियम के सामने, और न था पर्याय ।। 3107**
**सोलह-सौ-चालीस में, बोया था जो बीज ।**
**किशोर ने दस साल के, मित्र वर्ग के बीच ।। 3108**
**प्रथम विजय था तोरणा, किला बहुत मजबूत ।**
**यहाँ हुआ स्वातंत्र्य का, सवार उन पर भूत ।। 3109**
**संकट नाना थे खड़े, सुलतानी उत्पात ।**
**शिवबा को स्वातंत्र्य की, माता कहती बात ।। 3110**
**उसने शिवबा को किया, स्वतंत्रता का वीर ।**
**घोर विपद भी आ पड़े, अडिग अचल रणधीर ।। 3111**
**परदेसी सुलतान को, कहते पिता "हुजूर" ।**
**शीश झुकाना पुत्र को, मगर न था मंजूर ।। 3112**
**वीर बहादुर नर मिले, लड़ने को संग्राम ।**
**यदपि गुलामी चाहती, हिंदू जनता आम ।। 3113**

---

[289] April 03, 1680.

## 110. Shivaji, fifty years old. Death of Shivaji, 1680.

अद्भुत घटनाएँ घटी, किया सभी को पार ।
जिंजी तक बढ़ता गया, स्वराज्य का विस्तार ।। 3114
कभी बगल में शत्रु के, कभी किले में बंद ।
कभी कैद सुलतान की, सभी गले के फँद ।। 3115

(संभाजी, आज)

सदा शिवाजी ने किया, मुसीबतों से त्राण ।
मगर आज घटना घटी, सुखा रही है प्राण ।। 3116
अपना ही सुत जा मिला, सुलतानों के साथ ।
कटवा बैठा जो वहाँ, अपनों के ही हाथ ।। 3117
जाकर उनके साथ वो, कर बैठा है पाप ।
माँ-बहिनों को भ्रष्ट कर, पछताया फिर आप ।। 3118
पिता-चरण में आगया, कहने "कर दो माफ ।
मैंने अपने हृदय को, बना लिया है साफ" ।। 3119
आहत होकर अनमना, पड़े हुए हैं तात ।
बरसों के श्रम घोर से, थके हुए हैं गात ।। 3120
आना जाना अश्व पर, देह हुआ था क्लांत ।
खाना-पीना ठीक ना, कठिन कष्ट दिन-रात ।। 3121

(अतः शिवाजी)

रुग्ण शिवाजी होगए, और गए थे लेट ।
दवा-दारु का असर ना, दर्द भरा था पेट ।। 3122
तज्ञ वैद्य थे कर रहे, नाना विध उपचार ।
मगर न कोई हो रहा, प्रभाव था गुणकार ।। 3123
लगाय तरु स्वातंत्र्य का, करके वृक्ष विशाल ।
चला जा रहा वीर को, लेकर अंतिम काल ।। 3124
वीर मराठे रह गए, पीछे, हुए अनाथ ।

## 110. Shivaji, fifty years old. Death of Shivaji, 1680.

गए छत्रपति स्वर्ग में, वीरश्री के नाथ ।। 3125
राजा ऐसा ना हुआ, ना हो जिसके बाद ।
प्राप्त भवानी के जिसे, मंगल आशीर्वाद ।। 3126
यदा यदा ही धर्म की, होजाती है हार ।
आता पुनरुद्धार को, हरि-हर का अवतार ।। 3127

संगीत श्री शिवाजी चरित्र राग-छंद माला, पुष्प 234

शिवाजी राजे

**स्थायी**

**महावीर राजा, शिवाजी मराठा, जगी कोण दूजा, असा शूर झाला ।**
♫ रेनि़-रे-ग रे-ग-, पमं-ग- रेग-मं-, मंप- मं-ग रे-ग-, मंग- रे-नि़ सा-सा- ।

**अंतरा-1**

**महाराष्ट्र अमुचा, स्वतंत्र कराया, पारतंत्र्याची, गुलामी हराया ।**
**मावळा शिवाजी, पुत्र जिजाचा, शिवशंकराचा, अवतार झाला ।।**
♫ रेसा-रे-रे गरेग-, धप-मं- गमं-प-, सां-निध-नि-सां-, निरें-गं- रेंनि-सां- ।
निनिधप मंध-प-, प-मं गरेग मं-, पमंगरे-ग-, मग-रेनि़ सा-सा- ।।

**अंतरा-2**

**नवयुग-निर्माता, जाणता राजा, तीन जगीं ज्याचा, वाजतो बाजा ।**
**प्रभो! शंभु भोले! गिरजा भवानी! खूप छान द्यावे, वरदान त्याला ।।**

卐**ओवी॰** विचार करोनी जो बोले । बोले तैसा तो चाले । त्याची वंदती पाउलें । देशप्रेमी ।। 3463 ।। लावोनी लळा मावळ्यांना । देओनी जोड मोडक्यांना । लावोनी वेड म्होरक्यांना । स्वातंत्र्याचे ।। 3464 ।। न करी तो अपमान । स्त्रीचा तो करी सम्मान । तरी जाणला महान । शिवराजा ।। 3465 ।। शिवराय प्रेमळ कनवाळू । रयतेशीं तो दीनदयाळू । नाठाळांशीं नव्हाता अश्रुढाळू । जाणता तो ।। 3466 ।। शत्रुविरुद्ध फंदफितुर । उग्र, निश्चयात्मक, कठोर ।

## 110. Shivaji, fifty years old. Death of Shivaji, 1680.

सामर्थ्यवान, आत्मनिर्भर । शिवराया ।। 3467 ।। स्वप्रयत्नांनी यशवंत । कीर्तिमान वरदवंत । नीतिनियत, पुण्यवंत । मानाचा तो ।। 3468 ।। सत्पुरुषांत महापुरुष । महापुरुषांत तो आदर्श । आदर्शांत तो युगपुरुष । शिवरूप ।। 3469 ।।

**दोहा॰** **रामदास का शिष्य वो, शिवजी का अवतार ।**
**नीति नियम के राज्य का, छत्रपति सुखकार ।। 3128**
**अनुरागी स्वातंत्र्य का, निर्भय वीर सुधीर ।**
**महा चतुर वह पुरुष था, पुरुषोत्तम बलबीर ।। 3129**
**न्याय नीति से निरखता, प्रजा जनों के काम ।**
**कर्म निपुण धर्मातमा, जैसे थे श्रीराम ।। 3130**
**राजा वह रणधीर था, योद्धा शूर महान ।**
**स्थिरमति संत सुशील था, सुबुद्धि सुजन सुजान ।। 3131**
**मूर्ति-भंजक को दिये, योग्य दंड भरपूर ।**
**जीवन जोखिम में किये, संकट करता दूर ।। 3132**
**साधु संतजन संग में, लेता वह आनंद ।**
**शुभ मधु सुंदर वचन से, देता परमानंद ।। 3133**
**पूज्य पुण्य आचार से, रति-मदिरा से दूर ।**
**क्रूर कुकर्मों से परे, जनहित में नित चूर ।। 3134**
**गो-ब्राह्मण प्रतिपाल था, सर्वधर्म सुखकार ।**
**शास्त्र-पठित विद्वान था, दयावान हितकार ।। 3135**
**त्राता हिंदूधर्म का, महाराष्ट्र का नाथ ।**
**ऐसे अद्भुत व्यक्ति को, वंदन मन के साथ ।। 3136**
**रक्षक हिंदू धर्म का, करके अरि-संहार ।**
**कभी शिवाजी को नहीं, भूलेगा संसार ।। 3137**

## 110. Shivaji, fifty years old. Death of Shivaji, 1680.

 श्रद्धांजलि

संगीत श्री शिवाजी चरित्र राग-छंद माला, पुष्प 235

छंद : भुजंगप्रयात

। ऽ ऽ, । ऽ ऽ, । ऽ ऽ, । ऽ ऽ

राग : कलावती, ताल : खेमटा

स्थायी

जया दंभ नाही, तमो छंद नाही ।
असा एक जाणा, शिवाजीच राजा ।।

♪ मप- - सां-नि निपपम- -, मगम प--मग म-मग- ।
सासारे- - ग-रे सा-रे- -, साम- -ग-ग प-प - - ।।

अंतरा-1

मरोनी उरे जो, जगी धन्य राया ।
शिवाची जयाला, अलौकीक माया ।
सदा ही तयाचा, सखाभाव ताजा ।।

♪ पमपम-- ममप- प--, पपध नि-ध पधध-- ।
पपनिपम- पपसांसां--, निसांगरेंगरें सां-रें-सां--।
धध-- निसां- निधपप--, पसाम--ग-ग प-प-- ।।

अंतरा-2

सदा जो शहाणा, सदा जाणता जो ।
सदा जो सहारा, सदा आसरा जो ।
समाधान देतो, सदा तो समाजा ।।

## शांति पाठ

# 110. Shivaji, fifty years old. Death of Shivaji, 1680.

संगीत श्री शिवाजी चरित्र राग-छंद माला, पुष्प 236

**प्रार्थना**

**स्थायी0**

**देना प्रभो! शांति इस आतमा को ।**
**तुमको हमारी, यह वंदना है ।।**

♫ सारेग- पम- रेसानि़ गग रे-सासा-सा- ।
पपप- पपनिधपमरे रेम ध-पग- रे-सा- ।।

**अंतरा-1**

**आत्मा मिले ये परमातमा से ।**
**लेना चरण में, यह प्रार्थना है ।।**

♫ पधनि- रेंसां- निधसांनिधनिध प- ।
सारेग- पमम रेसानि़-, नि़ग, ग-रेसा- सा- ।।

**अंतरा-2**

**सारे जगत के, आनंद दाता ।**
**गोविंद! देना, सुख आतमा को ।।**

**अंतरा-3**

**हे कृष्ण! दामोदर! चक्रपाणि! ।**
**इसे मोक्ष देना, यह अर्चना है ।।**

**अंतरा-5**

**इसे पुण्य की तू, घनी छाँव देना ।**
**तुझसे भवानी! यही माँगना है ।।**

**अंतरा-6**

**नीति सदाचार का ये पुजारी ।**
**आजन्म इसकी, हृद् स्पंदना है ।।**

# APPENDIX

# APPENDIX

# परिशिष्ट

# APPENDIX

## दिल्लीचे सुलतानी वंश

**Slaves**
1. Qutb-ud-din Aybak (1206-1210). Slave of Muh. Ghori
2. Aram Shah (1210-1210). Son of Aybak. Killed by Altamash, son-in-law of Aybak.
3. Shams-ud-din Altamash (1210-1236). Son-in-law of Aybak
4. Rukn-ud-din Firuz Shah, Furuz Shah I (1236-1236). Son of Altamash
5. Raziya Sultana (1236-1240). Daughter of Altamash. Killed by Bahram Khan.
6. Muizz-ud-din Bahram Shah (Bahram Khan) (1240-1242). Son of Altamash. Killed by Nizam.
7. Ghiyas-ud-din Balban (1242-1242). Slave of Altmash. Father-in-law of Mahmud Shah
8. Ala-ud-din Masud Shah (1242-1246). Son of Firuz Shah I. Killed by Nasir-ud-din Mahmud.
9. Nasir-ud-din Mahmud Shah (1246-1266). Son of Altamash.
10. Ghiyas-ud-din Balban (1266-1287). Same as No. 7
11. Muizz-ud-din Kaikubad (1287-1290). Son of Bughra Khan, Sultan of Bengal. KIlled by Jalal-ud-din Khilji
12. Shams-ud-din Kaikumars (1290-1290). Son of Kaikumars. KIlled by Jalal-ud-din Khilji

**Turks**
13. Jalal-ud-din Khilji (Firuz Shah II) (1290-1296). Son of Qaim Khan of Qunduz. Killed by his nephew Ala-ud-din Khilji
14. Rukn-ud-din Khilji (Ibrahim Shah I) (1296-1296). Son of Firuz Shah II. Driven away by Ala-ud-din Khilji
15. Ala-ud-din Khilji (Muh. Shah I) (1296-1316). Nephew of Firuz Shah II
16. Shihab-ud-din Khilji (Umar Shah I) (1316-1316). Son of Firuz Shah II, Blinded by Qutb-ud-din Khilji
17. Qutb-ud-din Khilji (Mubarak Shah I) (1316-1320). Killed by Nasir-ud-din Khilji
18. Nasir-ud-din Khilji (Khusrav Shah) (1320-1320). Killed by Ghias-ud-din Tughluq.
19. Ghiyas-ud-din Tughluq (Tughluq Shah I) (1320-1325). Slave of Balban.

# APPENDIX

    Killed by his own son, Fakhr-ud-din Jauna.
20 Muh. ibn. Tughluq I (the Crazy) (1325-1351). Son of Tughluq Shah I.
21 Mahmud Shah (Mahmud Shah I) (1351-1351). Son of Tughluq Shah I.
    Killed by his cousin Firuz Shah Tughluq.
22 Firuz Shah Tughluq (Firuz Shah III) (1351-1388). Cousin of Tughluq Shah.
23 Ghiyas-ud-din Tughluq (Tughluq Shah II) (1388-1389).
    Grandson of Tughluq Shah I. Killed by his wazir Rukn-ud-din Janda.
24 Abu Bakr Shah (1389-1390). Grandson of Tughluq Shah I.
    Imprisoned by Nasir-ud-din Tughluq, died in jail.
25 Nasir-ud-din Tughluq (Muh. Shah II). Wazir of Abu Bakr.
26 Ala-ud-din Sikandar (Sikandar Shah) (1394-1394). Son of Firuz Shah Muh. Shah II
27 Mahmud Tughluq (Mahmud Shah II) (1394-1395). Brother of Sikandar Shah
28 Nusrat Shah     (1395-1399). Brother of Tughluq Shah II
    Timur Lane, Tartar Marauder I(1395).
29 Mahmud Tughluq (Mahmud Shah II). 1399-1412 Second term
30 Daulat Khan Lodi (1412-1414).
31 Khizr Khan Sayyid (1414-1421).
32 Muizz-ud-din Sayyid (Mubarak Shah II) (1421-1434). Son of Khizr Khan
33 Muh. Shah Sayyid (Muh. Shah IV) (1434-1445). Grandson of Khizr Khan
34 Ala-ud-din Sayyid (Alam Shah) (1445-1451). Son of Muh. Shah IV

**Afghans**
35 Bahlul Lodi (1451-1489).
36 Nizam Khan Lodi (Sikandar Shah II) (1489-1517). Son of Bahlol Lodi
37 Ibrahim Khan Lodi (Ibrahim Shah II) (1517-1524). Son of Sikandar Shah II.
38 Ala-ud-din Alam Khan Lodi (1524-1524). Ururper. Son of Daulat Khan Lodi of Lahor..
39 Ibrahim Lodi (1524-1526). Second Term (Panipat War 1). Killed by Babar.

**Mughals**
40 Zahir-ud-din Babar (1526-1530), Afghani of Kabul.

# APPENDIX

41 Nasir-ud-din Humayun (1530-1540). Son of Babar. Pushed by someone or fell to death.

**Afghans**
42 Farid-ud-din, Sher Shah Sur (1540-1545). Son of Hasan Khan. Killed in battle.
43 Salim Shah Sur (1545-1554). Son of Sher Shah.
44 Firuz Shah Sur (1554-1554). Son of Salim Shah. Killed by Mubariz Khan Sur.
45 Mubariz Khan Sur (Muzzaffar Adil Shah) (1554-1554). Nephew of Sher Shar. Killed by his cousin Ibrahim Khan Sur.
46 Ibrahim Khan Sur ((Ibrahim Shah III) (1554-1555). Cousin of Adil Shah. Killed by Sikandar Shah Sur.
47 Sikandar Shah Sur (Ahmad Shah) (1555-1656).

**Mughals**
48 Nasir-ud-din Humayun (1556-1556). Second term
49 Jalal-ud-din **Akbar** (1556-1605). Son of Humayun (Panipat War II) Killed Maharaja Vikramaditya.
50 Nur-ud-din Salim (Badshah Ghazi **Jahangir**). (1605-1627) Son of Akbar
51. Dawar Baksh (1627-1627). Grandson of Jahangir.
52 Shihab-ud-din Khurram (**Shahjahan** I) (1627-1658). Son of Jahajgir.
53 Muhi-ud-din Aurangzeb (Alamgir)(1658-1707). Son of Shahjahan. Killed his brothers 1. Dara Shukoh (1615-1659), 2. Shah Shuja (1617-1659), 3. Murad Baksh (1625-1661) and
inprisoned his father Shahjahan (1592-1658) till his death.

# APPENDIX

# शिवाजींचे मित्र आणि शत्रु

## शिवाजींचे ऐतिहास्कि शुभचिंतक

आनंदराव
आवजी, बाबाजी
इंजळे, कानोजी
उपाध्ये, मल्हारभट
कंक, कोंडाजी
कंक, येसाजी
करवर, संभाजी
काकडे, सूर्याजी
काटके, सूरजी
काशीद, शिवा
कृष्णाजी, पंत
कृष्णाजी, बाबाजी
कोंढाळकर, संभाजी कावजी
कोरडे, रघुनाथपंत
खोपडे
गंगाधरपंत
गायकवाड, कृष्णाजी
गावजोशी
गिरिधरलाल
गुजर, प्रतापराब (कडतोजी)
गुप्ते, दादाजी
गुप्ते, नरसप्रभु
गुरव
गोपीनाथ, पंताजी
घोरपडे, संताजी
चोर, तुकोजी
जाधव, धनाजी
जेधे, कान्होजी
जेधे, नागोजी
जेधे, बाजी
जेधे, सर्जेराव
जोशी, जीवो
डबीर, त्र्यंबक सोनोपंत
डोहार
ढमढेरे, बाबाजी
ढमाले
तुकाराम महाराज
त्र्यंबकपंत
दत्ताजीपंत
दत्तो, अनाजी
दहातोंडे, माणकोजी
दादोजी कोंडदेव
देशपांडे, चिमणाजी
देशपांडे, नारोबा
देशपांडे, फुलाजी

# APPENDIX

देशपांडे, बाजीप्रभु
देशपांडे, बाबाजी
देशपांडे, बाळाजी
देशपांडे, मुरार बाजी
देशमुख, कोंडे
देशमुख, पायगुडे
दोरोजी
नरसाळा, फिरंगोजी
नाईक, गोमाजी
नाईक, कान्होजी
नाईक, बहिर्जी जाधव
नाईक, बांदल
नाईक, सोनाजी
निंबाळकर, निळकंठराव
निंबाळकर, सिदोजी
निराजीपंत
नेवाळकर, परमानंद
पांगेरा, रामजी
पाणसंबळ, गोमाजी
पालकर, नेताजी
पासलकर, बाजी
पिंगळे, मोरोपंत
पुरोहित, बळीराम
फर्जंद, कोंडाजी
फर्जंद, बंकाजी
फर्जंद, हिरोजी
बल्लाळ, नरहर
भंडारी, मैनाक
भोसले, बाबाजी
मलकारे, अनाजी रघुनाथ
मल्हार, कावजी
महाबळेश्वरकर, गोपाळभट
महाला, जिवाजी
मारणे
मालुसरे, तान्हाजी
मालुसरे, सूर्याजी
मुजुमदार, नारोपंत
मुजुमदार, निळोजीपंत
मुद्गल, बापूजी
मुरुंबक, विसाजी
मूलचंद
मोरे, मानाजी
मोहिते, सोमाजी
मोहिते, हंबीरराव
मोहिते, हंसाजी
येसकर
रघुनाथपंत
रांझेकर, शामराव नीळकंठ
रामदास स्वामी
लोहकरे, दादाजी कृष्ण
विश्वनाथ, सोनो
शामराजपंत

# APPENDIX

शितोळे, विठोजी
शिळमकर, बाळाजी
शिवा काशीद, न्हावी
शेलारमामा
श्रीकिशन
सर्जेराब, बाजी
सोनदेव, त्र्यंबक
हणमंते, बाळकृष्ण
हरी, बाळाजी

## इतर

इब्रहीमखान
काझी हैदरदर्या सारंग
दावूदखान
दौलतखान
नूरखान बेग
मदारी मेहतर
याकूत बाबा
शामखान
सिद्दश्र मिस्त्री
सिद्दी वाहवाह
सुलतानखान
हुसेन मियानी
हैदर अली कोहरी

## शिवाजींचे ऐतिहास्कि अशुभचिंतक, मराठे गुलाम

काकाडे, दिनकरराव
किरदत्त, गंगाजी विश्वासराव
कोकाटे, कमळोजीराव
कोकाटे, यशवंतराव
खंडागळे, अंताजीराव
खंडागळे, त्र्यंबकराव
खंडागळे, दत्ताजीराव
खापोडे, खंडोजी
गाडे, कमळोजीराव
गायकवाड, सूरजी
गुजर, बाजीराव मुधोळकर
चव्हाण
चोरघे, रामाजी
जगदळे, सुलतानजी
जाधव, दत्ताजी राजे
जाधव, रुस्तुमराव राजे
ढोणे
दळवी, यशवंतराव
दळवी, सूर्यराव
देशमुख, उदाराम
देशमुख, जगजीवनराव
निंबाळकर
पवार, रंभाजीराव

# APPENDIX

बांदल, कृष्णाजी
भोसले, त्र्यंबकजी राजर
भोसले, जिवाजी राजे
भोसले, परसोजी राजे
भोसले, बाळाजी राजे
मसूरकर
माने
मोरे, कृष्णाजी
मोरे, चंद्रराव (दौलतराव)
मोरे, प्रतापराव
मोरे, बाजीराव
मोरे, चंद्रराव (यशवंतराव)
मोरे, हणमंतराव
रायबागन, सावित्रीबाई
सावंत, लखम
सावंत, सूर्यरावहोनप

## शिवाजींचे ऐतिहास्कि अशुभचिंतक, राजपूत गुलाम

अनिरुद्ध
अमरसिंह चंद्रावत
उदयभान राठौड
राजा किशोरसिंह
गिरिधर
गोवर्धन
**जयसिंह कछवाह, मीर्झा राजे**
**जसवंतसिंह राठौड**
पुरुषोत्तम
प्रद्युम्न
बिरमदेव सिसोदिया
राजा भावसिंह
राजासिंह गौड
शामसिंह
रायसिंह सिसोदिया

# APPENDIX

## शिवाजींचे किल्ले

370 पैकी ऐतिहासिक प्रमुख 303

1. अंजनवेल
2. अंबोळगड
3. अकोले
4. अचलगिरीगड
5. अजमेरागड
6. अजिंक्यतारा
7. अनूरगड
8. अमरापूर
9. अवचितगड
10. अहमंदगड
11. आंबेनिराईगड
12. आखलूगड
13. आजोबा
14. आटनूर
15. आरकट
16. आरनाळा
17. आलूर
18. आवढा
19. आसागड
20. इंद्राई
21. उंदेरी
22. औसा
23. कंचणा
24. कंकराळा
25. कठर
26. कडणार
27. कडवळ
28. कणकई
29. कनकादिगड
30. कमलगड
31. करोला
32. कर्नाळा
33. कर्मटगड
34. कर्हेगड
35. कलबर्गे
36. कलानिधीगड
37. कल्याणगड
38. कळपगड
39. कस्तूरीगड
40. कांगोरी
41. कांचनगड
42. कांतरा
43. कान्हेरा
44. काळा कोट
45. कावन्ही
46. काहूर
47. कुंभगड
48. कुंवारी
49. कुलंग
50. कुलाबा
51. कुसूर
52. कृष्णागिरी
53. केंजळगड
54. केळना
55. कैलासगड
56. कोटगरुड
57. कोटधर्मपुरी
58. कोडफोंडे
59. कोपलगड
60. कोरलै
61. कोरीगड
62. कोलबाळगड
63. कोल्हार
64. कोळधेर
65. खळगड
66. खांदेरी
67. खेळणा
68. गंधर्वगड
69. गगनगड
70. गजेंद्रगड
71. गडगडा
72. गणेशगड
73. गर्जनगड
74. गहनगड
75. गळणा
76. गोवळकोट
77. घरगड
78. घोसाळगड
79. चंजिवरा
80. चंदनगड
81. चंद्रमाल
82. चांदवड
83. चाकण
84. चावंड
85. चित्रदुर्ग
86. चेतपाव्हली
87. चेनगड
88. चौल्हेरगड
89. जंगली
90. जगदेवगड
91. जयदुर्ग
92. जवळागड
93. जवादीगड
94. जीवधन
95. टणकई
96. ठाकूरगड
97. डेरमाळ
98. ढाकेगड
99. तळगोंडा
100. तळागड
101. तळेगिरी
102. तांदुळवाडी
103. तांम्रगड
104. ताथवडा
105. तिकोना
106. तुंग
107. तोरणा
108. त्रिकोनदुर्ग
109. त्रिपादपूरे
110. त्रिमल

# APPENDIX

111. त्रिवादी
112. त्र्यंबक
113. थळागड
114. दातेगड
115. दीर्घपलीगड
116. दुंधागड
117. दुटानेटी
118. दुभेगड
119. दौलतमंगळ
120. धोडप
121. नंदीगड
122. नंदीगड
123. नरगुंद
124. नलदुर्ग
125. नांदगिरी
126. नारायणगड
127. निवती
128. न्हावीगड
129. पटागड
130. पन्हाळा
131. पराक्रमगड
132. परेंडा
133. पळणापट्टण
134. पांडवगड
135. पालगड
136. पाली
137. पाळे
138. पावनगड
139. पिंपळा
140. पिसोळ
141. पुरंदर
142. पूर्णगड
143. प्रकाशगड
144. प्रचीतगड
145. प्रतापगड
146. प्रबळगड
147. प्रमोदगड
148. प्रल्हादगड
149. प्रसन्नगड
150. प्रसिद्धगड
151. प्राणगड
152. प्रेईवारगड
153. प्रेमगीरी
154. बकर
155. बल्लाळगड
156. बहिरवगड
157. बाळगड
158. बावडा
159. बाहदूरबिंडा
160. बाहुला
161. बिदनूरकोट
162. बिरवाडी
163. बिरुटकोट
164. बिष्टागड
165. बुधला
166. ब्रम्हगड
167. ब्रम्हनाळ
168. भरतगड
169. भवंतगड
170. भवानीदुर्ग
171. भास्करगड
172.भिलाईगड
173. भिवगड
174. भीमगड
175. भुदरगड
176. भूपाळगड
177. भूमंडलगड
178. भूषणगड
179. भैरवगड
180. भोरप
181. मंगरुळ
182. मंगळगड
183. मंचकगड
184. मंडणगड
185. मंडविडगड
186. मकरंदगड
187. मच्छिंद्रगड
188. मदनगड
189. मदोन्मत्तगड
190. मनरंजन
191. मनोहरगड
192. मनोहरगड
193. मलकोल्हार
194. मल्लिकार्जुनगड
195. मल्हारगड
196. महंतगड
197. महाराजगड
198. महिनदीगड
199. महिपतगड
200. महिमंडन
201. महिमंतगड
202. महिमानगड
203. महीधरगड
204. महीपाळगड
205. मांगीतुंगी
206. माणिकगड
207. माणिकपुंज
208. मानगड
209. मार्कंडेयगड
210. मार्तंडगड
211. मालवण
212. मासणागड
213. माहुली
214. मित्रगड
215. मिरागड
216. मुख्यगड
217. मुल्हेर
218. मृगगड
219. मृगमदगड
220. मेदगिरीचेनगड
221. मोरगिरी
222. मोरागड
223. यशवंतगड
224. रंजनगड
225. रणगड
226. रत्नागिरी
227. रमणगड
228. रसाळगड
229. रांगणा
230. राजकोट
231. राजगड
232. राजधेर
233. राजपेहर
234. राजमाची

# APPENDIX

235. रामगड
236. रामसेज
237. रायगड
238. रुद्रमाळ
239. रेवदंडा
240. रोहिडा
241. लखनूर
242. ललींग
243. लिंगाणा
244. लोहगड
245. वंदनगड
246. वडन्नगड
247. वनगड
248. वर्धनगड
249. वसंतगड
250. वाघेरा
251. वारुणगड
252. वासोटा
253. विजयदुर्ग
254. विराडे
255. विशाळगड
256. विसापूर
257. वीरगड
258. वृंदावन
259. वैराटगड
260. व्यंकटगड
261. शामल
262. शिवनेरी
263. शिवेश्वर
264. श्रीगदनगड
265. श्रीमंतदुर्ग
266. श्रीवर्धनगड
267. संतोषगड
268. सबलगड
269. समानगड
270. सरसगड
271. सहनगड
272. सागरगड
273. साजरागड
274. सातारा
275. सामरगड
276. सारंगगड
277. सालोटा
278. साल्हेर
279. सिंदगड
280. सिंधुदुर्ग
281. सिंहगड(कोंढाणा)
282. सिकेरागड
283. सीताबर्डी
284. सिद्धगड
285. सुंदरगड
286. सुदर्शनगड
287. सुपेगड
288. सुभानगड
289. सुमारगड
290. सुरंगगड
291. सुवर्णदुर्ग
292. सेटगागड
293. सोमसेखरगड
294. हटगड
295. हडपसरगड
296. हडसर
297. हनुमानगड
298. हरगड
299. हरिहरगड
300. हरीष
301. हरींद्रगड
302. हर्षण
303. हातमंगळगड

# APPENDIX

# APPENDIX

# APPENDIX

www.ingramcontent.com/pod-product-compliance
Lightning Source LLC
Chambersburg PA
CBHW081341080526
44588CB00016B/2343
* 9 7 8 1 8 9 7 4 1 6 8 4 6 *